심리학의 이해 5판

Introduction to Psychology

윤가현 · 권석만 · 김경일 · 김신우 · 남종호 · 서수연 · 송현주 · 신민섭
유승엽 · 이영순 · 이현진 · 전우영 · 천성문 · 최준식 · 최해연 공 저

학지사

[5판 머리말]

사람은 갓 태어난 순간부터 끊임없이 다양한 사람들을 만나고 살아가야 하는 사회적 존재이다. 만나는 사람들 중 일부와는 본인의 의지와 상관없이 직접 또는 간접적으로 관계를 형성하고 유지하게 된다. 그 관계를 형성하고 유지하는 동안 서로에게 영향을 주고받는데, 그 영향이 긍정적일지 부정적일지는 또 어느 정도일지는 개인마다 상황마다 다르다.

나이가 들수록 그 영향이 누적되면서 사람은 느끼고 생각하는 것이 달라지고, 행동하는 것도 달라진다. 그 결과 어떤 사람은 성장이나 발전이라는 변화의 길로 가게 되는데, 이를 적응이라 한다. 그 반면에 어떤 사람은 정체 상태에 빠지거나 퇴보의 길로 가게 되는데, 이를 부적응이라 한다. 심리학은 대인관계를 경험하는 동안, 또 경험이 누적되는 동안 사람들이 왜 서로 다른 길을 가게 되는지를 연구하면서 개인이 주변 환경에 잘 적응하면서 성장하고 발전할 수 있도록 도와주는 학문이다.

시간이 흐르면 흐를수록 우리 주변 환경은 더 복잡하고 다양한 모습으로 바뀌고 있다. 이로 인해 개인이 형성하고 유지하는 대인관계도 더 복잡해지고 있으며, 또 그 복잡한 행동을 설명하는 이론도 다양하게 정립되고 있다. 대인관계의 원리를 습득하는 방안은 단순하게 둘로 구분할 수 있다.

하나는 학교에서 교과목 선택을 통하여 체계적으로 배우는 이론적인 방안이며, 다른 하나는 여러 사람들과 다양한 상황에서 직접 만나고 부딪치는 경험을 통하여 배우는 실제적인 방안이다. 그 두 가지 방안 모두 장단점을 갖지만, 그 하나만으로 복잡한 세상에 적응하는 것은 너무 느리거나 또 심지어는 그 느림으로 인해 도태당할 가능성이 높다. 도태를 예방하기 위해서는 직접적인 경험과 함께 심리학 공부를 하면서 간접적으로라도 실전 경험을 쌓아야 하고, 그 경험을 쌓으면서 심리학 이론을 더 연마해야 한다.

심리학 공부를 통해 자기 자신의 생각과 행동의 동기나 이유를 이해하게 되면 나중에 다른 장면의 대인관계에 응용할 때 큰 도움이 된다. 사람이 가야 하는 길이 단 한 차례의 만남에 의해 좌우되어 버리는 경우가 적지 않다. 예를 들면, 단 한 차례의 면접을 통해서 취업 여부가 결정되기도 하며, 심지어 한 번의 만남에 의해 결혼을 결정해 버리기도 한다. 또 만남의 기회를 가진 이후 원만한 관계가 지속될 수 있는지 여부는 자신에게 얼마나 밝은 미래가 전개되는지를 좌우한다. 연인이나 가족하고의 관계, 선후배와 동료와의 관계 등에서 꼬임이 심하지 않아야 밝은 미래가 지속되지만, 그렇지 못하면 개인의 삶의 질은 저하될 수밖에 없다.

심리학 공부는 자기탐색의 기회를 기본으로 대인관계를 원만하게 하면서 삶의 질을 향상시키는 데 도움을 준다. 그 도움을 얻게 해 주는 심리학 서적은 다양하지만, 심리학에서 다루는 범주가 매우 넓어서 혼자서 공부하기가 어렵고 어떤 책부터 공부해야 할지 망설여질 수 있다. 이럴 때 가장 먼저 읽어 보라고 권해 드리는 책이 바로 전체적인 틀을 잡을 수 있는 개론 서적이다.

본서인 『심리학의 이해』는 국내에서 가장 오랫동안 명맥을 유지해 오고 있는 심리학 개론 서적이다. 이 책을 접한 상당수의 대학생들보다 나이가 더 많을 정도인데, 1993년 초판을 선보인 이래 26년이 지난 시점에 제5판을 출간하게 되었다. 초판부터 여러 교수가 집필자로 참여하여 자신의 전공 영역에 따른 관점을 피력하였으며, 개정판이 나올 때마다 집필자의 일부는 퇴직하시거나 작고하시어 다른 교수로 교체되었다.

다수의 전공자가 한 권의 책을 만들어 출간시키는 작업은 매우 어려운 일이다. 개정판이 거듭될수록 그 작업은 더 어려워지고 있다. 그 이유는 우선 과거에 비해 교과서의 각 장(chapter)마다 독립성이 감소하는 대신에 상호 관련성이 넓어져 중복된 내용이 많아졌기 때문이다. 또 해가 거듭할수록 정보과학이나 인지과학, 신경과학 등과 관련된 새로운 연구 결과들이 쏟아져 나오고 있어서 교과서 내용도 갈수록 두꺼워질 가능성이 높아졌기 때문이다. 그렇지만 가능하면 한 학기에 소화해 낼 수 있는 내용으로 분량을 조정해야 했다. 각 장마다 중요하지 않는 부분이 없지만, 전체적인 틀에서 일부 내용을 추려 내면서도 깊이 있게 담아내려고 조율하는 일이 매우 어려웠다.

그럼에도 불구하고 학지사 편집부 직원들의 끈기 가득한 노력과 1993년 첫 발간부터 애정을 갖고 지원해 주신 김진환 사장님 덕분에 부끄러움을 무릅쓰고 7년 만에 다시 개정판을 내놓았다. 이 책을 통해 공부하는 모든 분들이 시시각각 변모하고 있는 정보화 시대에도 부디 잘 적응하실 수 있기를 기대해 본다.

2019년 6월
대표저자

〔1판 머리말〕

예로부터 사람들은 자신 및 타인에 대한 이해, 즉 인간의 행동 및 정신 과정의 이해에 대해 많은 관심을 가져왔다. 인간 행동의 이해에 관한 지식의 탐구가 서구 학자들에 의해 심리학이라는 체계적인 학문으로 정립된 것은 약 100여 년 전의 일로서, 다른 학문 분야에 비하면 그 역사가 비교적 짧은 편이다. 그러나 심리학적 지식의 필요성과 가치가 일반 사회 인접 학문 분야의 학자들에게 널리 인식됨에 따라 심리학은 양적 및 질적으로 급속한 성장을 하여 이제는 이공계통에서 물리학과 화학이 기초가 되는 것과 마찬가지로 심리학은 인문사회계통의 학문에 기초가 된다는 인식이 보편화되었다.

우리나라에도 심리학이 소개된 지는 약 50여 년이 되었다. 그러나 1970년대에 이르기까지는 경제적으로 빈곤한 상태에 처해 있었기 때문에 사람들의 관심사는 주로 경제와 관련된 분야인 경제학, 법학, 정치학, 공학 등에만 집중되었다. 1980년대 이후 경제적으로 비교적 여유가 생기면서 심리학에 대한 관심이 높아졌고, 이에 따라 각 대학교에 심리학과가 많이 신설되었다. 또 경제수준의 향상과 더불어 사회의 발전이 가속화되면서 사회생활이 복잡해짐에 따라 인간 이해에 관한 지식의 요구가 더욱 증가하게 되었다.

일반 사회에서 심리학적 지식의 요구가 증가한 것뿐만 아니라 학계에서도 심리학이 제반 인문사회계통의 학문에 기초가 된다는 데 대한 인식이 우리나라의 학자들 간에도 널리 확산되었고, 최근 들어서 관련 인접 학문들 간의 상호교류 및 합동 연구(interdisciplinary study)가 활발해지고 있는 최근의 국제적 추세에 맞추어 사회과학 분야에서의 심리학적 지식의 요구는 더욱 증가하고 있다.

이러한 요구들에 부응하기 위하여 이 책은 일반인, 사회과학 분야의 학자 및 심리학 입문자들에게 심리학을 소개하는 개론서로서 저술되었다. 심리학 비전공자 및 심리학의 초심자들에게 심리학 지식을 쉽게 이해할 수 있도록 하면서도 비교적 심도 있는 지식을 전달하도록 하기 위하여 집필진을 심리학의 각 하위 분야별 전공자로 구성하였다. 이에 따라 제1장 심리학의 본질은 박영호 교수, 제2장 행동의 생물학적 기초와 제8장 동기와 정서는 윤영화 교수, 제3장 감각과 지각은 윤가현 교수, 제4장 학습과 제15장 심리학의 응용은 심웅철 교수, 제5장 기억과 제6장 언어와 사고는 이현진 교수, 제7장 발달은 송명자 교수, 제9장 성격과 제11장 이상행동은 이철원 교수, 제10장 지능과 심리검사는 송인섭 교수, 제12장 적응과 제13장 심리치료는 김정희 교수, 그리고 제14장 사회적 행동은 남기덕 교수가 담당하여 집필하였다.

그동안 우리나라에서도 여러 권의 훌륭한 심리학 개론서가 저술 또는 번역되었다. 그러나 시간의 흐름과 더불어 심리학 지식에 있어서 많은 수정과 발전이 있었기 때문에 이러한 변화를 반영하는 것이 필요하게 되었다. 따라서 이 책에서는 기존의 개론서에서 다루어진 내용에 더하여 새로운 내용을 추가하고 보완하도록 애썼다.

이 책의 또 다른 특징은 각 장의 맨 앞에 학습목표 및 개요를 간략히 기술하여 그 장의 내용을 파악하고 전반적인 윤곽을 잡는 데 도움이 되도록 하였고, 각 장의 맨 끝에는 요약과 학습과제를 두어서 학습한 내용을 정리하는 데 도움이 되도록 하였다. 그리고 책의 맨 뒤에는 '용어 해설'을 첨부하여 학습하는 데 편리성과 효율성을 높이도록 하였다.

다수의 집필자들이 하나의 책을 만드는 과정에서 가장 어려웠던 점은 용어의 통일과 내용의 중복을 피하는 일이었다. 용어의 통일을 위하여 최대한의 노력을 기울이긴 하였지만 아직 심리학계 내에서 이것이 완전히 이루어져 있지 않기 때문에 동일한 개념이 두 가지 이상의 용어로 표현 또는 기술된 경우가 있음을 밝혀 둔다. 그리고 각 장의 성격상 독자의 이해를 돕기 위해서 내용이 중복되어 기술된 경우가 있음을 또한 밝혀 둔다.

집필자들이 각고의 노력을 들여 이 책을 썼지만 여러 부분에서 부족한 점과 보완해야 할 점이 많으리라고 생각한다. 제현 선배과 독자들의 충고와 조언이 있으시길 바라 마지않는다.

　끝으로, 이 책이 나오기까지 집필자들의 원고 수집, 타자, 편집, 교정 및 인쇄의 과정에서 수고를 아끼지 않으신 학지사의 김진환 사장님과 직원 여러분에게 감사드린다.

1993년 1월
저자 일동

10

[차례]

chapter 01
심리학이란 무엇인가   16

chapter 15
광고와 소비자　458

심리학이란 무엇인가

- 심리학의 정의가 무엇인지를 이해한다.
- 현대 심리학이 철학에서 독립할 수 있었던 배경을 알아본다.
- 현대 심리학이 출범한 이후 인간의 심리를 어떻게 연구해 왔는지 간단한 역사를 살펴본다.
- 행동주의 심리학 및 인지주의 심리학을 비롯하여 심리학의 다양한 관점을 이해한다.
- 심리학의 영역이 다양하더라도 기초와 응용의 두 분야로 구분됨을 이해한다.
- 과학적 요건을 충족하는 심리학의 연구 방법에 대해서 알아본다.

　많은 사람이 심리학에서 다루는 주제나 영역 또는 그 내용에 대해서 오해하고 있는데, 이와 같은 오해는 과학적인 연구 방법을 응용하고 있는 현대 심리학을 학문적으로 접해 보지 못했기 때문에 생긴 것이다. 심리학은 인간을 이해하고 개개인의 삶의 질을 향상해 주기 위해서 행동과 정신 과정을 연구하는 학문이다.

　과학으로서의 심리학, 즉 현대 심리학은 분트(Wundt)가 의식을 실험실에서 연구하기 시작했던 1879년을 원년으로 삼고 있기 때문에 타 학문에 비해서 역사가 짧지만, 연구 대상이 무엇인지 그리고 어떻게 연구하는지에 따라서 매우 빠르게 발달한 학문이 되었다. 그 배경에는 의식을 연구하던 초창기의 심리학, 행동을 연구하던 심리학, 행동과 의식을 접목시켜 연구하던 심리학을 비롯하여 보다 최근에 와서는 생물학이나 생리학, 해부학, 정신의학 등의 자연과학 및 철학이나 인류학, 사회학, 교육학 등의 인문사회과학 분야와의 관련성을 가지면서 매우 광범위하게 확장된 상태로 발달하고 있다.

　심리학의 영역이 다양하게 세분화되어 발달되었지만, 그 목적에 따라서 기초 분야와 응용 분야로 크게 이분할 수 있다. 기초심리학은 행동이나 정신 과정에 관한 이론이나 원리를 찾아내는 것을 목적으로 하는 반면, 응용심리학은 기초심리학에서 추출된 원리를 다양한 생활 장면에 활용하는 것을 목적으로 하는 심리학이다. 심리학의 원리나 이론의 추출과 응용은 기술법, 상관법, 실험법에 의해서 과학적으로 이루어지고 있다.

01 chapter
심리학이란 무엇인가

1. 심리학의 정의

자신의 전공이 무엇이든지 상관없이 수많은 대학생이 심리학에 대한 호기심을 갖고 적어도 교양과목으로라도 심리학 강좌의 수강을 원하고 있다. 대학생이 아니더라도 심리학에 대한 흥미나 관심, 매력 때문에 심리학에 관련된 서적을 뒤적거려 본 사람이 적지 않을 것이다. 그 이유는 바로 심리학이 자신이 살아가는 데 매우 유용하고 중요할 것이라는 생각이 들기 때문이다. 그러나 심리학을 체계적으로 배우기 이전에는 심리학 내용에 관해서 오해하는 부분이 적지 않다. 예를 들면, 상대방의 얼굴 표정이나 몸가짐 등을 토대로 다른 사람의 마음을 읽는다는 독심술, 암시나 지시 등으로 주의 집중을 요구하여 상대방의 의식 상태를 변형시킨다는 최면술, 자유연상이나 꿈의 해석 등을 통해서 무의식적인 충동이나 불안 및 내면적으로 억압되어 있는 갈등을 찾아낸다는 정신분석, 태어난 시점의 별자리 모양이나 위치에 따라서 개인의 운명이나 성격이 좌우된다고 설명하는 점성술, 물리적으로 볼 수 없는 거리에서 발생한 사건이나 물체를 볼 수 있다는 천리안과 같은 초능력이나 심령과학 등을 심리학의 일부 또는 주요 영역으로 여기는 사람들이 많다. 물론 이것들이 심리학에서 연구하는 분야와 부분적으로는 관련이 있지만, 심리학의 과학적 접근 방법을 이해하지 못한 상태에서는 이들을 심리학의 핵심이라고 오해하고 있다.

그럼 심리학은 도대체 어떤 학문이라고 말할 수 있는가? 우선 국어나 영어사전에 심리학(psychology)이 어떻게 정의되어 있는지를 살펴보자. 국어사전에 언급된 가장 간단한 정의는 "마음의 이치를 다루는 학문"이라고 되어 있는데, 이는 '마음 심(心)' '이치 리(理)' '배울 학(學)'이라는 세 글자의 의미를 그대로 풀이해 놓은 것이다. 영어사전에 언급된 심리학의 정의도 매우 비슷하게 되어 있다. 영문 단어 'psychology'의 어원을 보면, 그리스어로 마음 또는 영혼을 의미하는 'psyche'라는 단어와 학문을 의미하는

'logos'라는 단어가 합해졌는데, 이는 마음을 다루는 학문이라는 뜻이다. 여기에서 '다루다'의 의미는 '연구한다'는 의미로 해석할 수 있다.

심리학 이해의 도움을 위해 물리학(physics)을 무엇이라고 정의할 수 있는지 생각해 보자. 글자 그대로 풀이하면, 물리학은 물질의 이치를 연구하는 학문이다. 연구 대상이 '마음'인지 아니면 '물질'인지에 따라서 심리학 또는 물리학이라고 다르게 부르고 있을 뿐이며, 그 둘의 관련성이 적지 않음을 짐작할 수 있다. 그렇다면 그 두 학문을 비교해 보자. 물질의 연구를 통해서 찾아낸 물리학의 원리나 법칙은 시간이나 공간이 달라도 통용될 가능성이 매우 높은 편이다. 그렇지만 마음의 연구를 통해서 찾아낸 심리학의 원리나 법칙은 물리학에서처럼 통용 가능성이 높은지를 생각해 보자. 전혀 그렇지 않다. 어떤 특정한 물질이라고 하더라도 그와 동일한 물질이 수없이 존재할 수 있지만, 어떤 사람이든지 그와 동일한 사람은 존재할 수 없기 때문이다. 심리학의 원리나 법칙은 성별에 따라서도 다를 수 있고, 어느 연령층인가에 따라서 또는 사는 곳이 어디인가에 따라서도 다를 수 있다. 심지어는 이미 찾아냈던 원리라고 하더라도 동일한 연구 대상자에게 적용할 때 상황이 바뀌거나 시간이 지나가 버리면 잘 들어맞지 않을 가능성도 커진다. 게다가 마음이라는 연구 대상은 물질처럼 보이는 것도 아니고 만질 수 있는 것도 아니다. 그러한 맥락에서 마음을 다루는 심리학 연구는 물질을 다루는 물리학 연구보다 더 어렵다고 할 수 있다.

그럼에도 불구하고 심리학에서는 사람의 마음을 연구한다. 그렇다면 과연 마음을 연구한다는 것이 가능한 일인가? 가능하다면 어떻게 마음을 연구한다는 것인가? 솔직하게 표현하자면, 현대의 과학 수준으로는 마음을 직접적으로, 또 완벽하게 연구한다는 것은 거의 불가능에 가까운 일이다. 그래서 이 장의 뒤편에서 좀 더 상세하게 거론되겠지만, 마음 대신에 '행동'을 연구하면서 마음을 간접적으로 이해할 수밖에 없는 실정이다.

여기에서 행동이 어떻게 나타나는지의 원리를 간단하게 정리해 보자. 어떤 행동이든지 그 원인이 되는 자극이나 정보가 존재했을 가능성이 크고, 그 자극이나 정보를 받아들인 다음에 이를 종합적으로 분석하고 판단하는 정신적인 처리 과정이 필수적으로 존재했으며, 그 정신 과정의 결과가 행동으로 표출되었던 것이다. 그러므로 인간의 마음에 작용하는 정신 과정을 이해하지 못하고서 행동을 이해할 수 없다. 정신 과정이란 개인적이고 내부적인 다양한 마음의 활동(예: 사고, 계획, 추론, 꿈, 창조 등)을 뜻한다. 이러한 맥락에서 심리학을 다시 정의해 본다면, 행동과 정신 과정을 연구하는 학문이라고 할 수 있다.

　이제 왜 심리학에서 인간의 행동이나 정신 과정을 연구하는가를 간략하게 살펴보자. 이는 심리학의 목표 또는 심리학이 존재하는 이유가 무엇인지를 살펴보는 일과 비슷하다. 심리학은 인간을 이해하고 개개인의 삶의 질을 향상시켜 주기 위한 학문이며, 이를 위해서 행동과 정신 과정을 연구한다고 할 수 있다. 예를 들면, 어떤 사람이 일상생활에 지장을 받을 정도로 우울이나 불안 증상을 심하게 보일 경우 그 개인의 적응을 위한 도움이 절대적으로 필요하다. 그 목표를 위해서 심리학자들은 최소한 다음의 다섯 가지 일을 한다. 첫째, 우선 발생한 어떤 행동(예: 바람직하지 못한 행동)이나 정신 과정의 내용을 객관적으로 기술하는 일을 한다. 둘째, 왜 그와 같은 행동이나 정신 과정이 발생했는지의 이유를 찾아내는 일을 한다. 셋째, 조건이나 상황의 변화에 따라서 그와 같은 행동이나 정신 과정이 발생하는 것을 예측하는 일을 한다. 넷째, 그와 같은 행동이나 정신 과정을 어떻게 통제할 수 있는지를 기술하는 일을 한다. 다섯째, 그와 같은 행동이나 정신 과정이 바람직하지 못할 때 어떻게 변화 또는 수정할 수 있는지를 기술하는 일을 한다.

2. 현대 심리학의 역사

　고대 그리스 시대부터 적어도 18세기 후반까지 심리학은 독립적인 학문이 아니라 철학의 한 범주에 해당되었다. 그동안 인간의 본질에 대한 다양한 심리학적인 질문이 존재했지만, 모두 철학의 입장에서 답을 추구했다. 예를 들면, 마음(mind)과 몸(body)은 하나의 실체로 서로 영향을 주고받는 관계인지[이러한 입장을 '심신일원론(monism or nondualism)'이라고 함] 아니면 두 개의 서로 다른 실체로서 별개인지[이러한 입장을 '심신이원론(mind-body dualism)'이라고 함]의 질문은 고대부터 근래에까지 수많은 논쟁을 불러일으켰던 철학적 과제였다.

　그 밖에도 인간에 대한 수많은 질문이 있는데, 그들의 대다수는 아직도 현대 심리학에서 큰 관심을 두고 연구하는 주제가 되고 있다. 인간에 대한 현대 심리학에서의 연구는 자연과학적인 연구 방법을 응용하면서부터, 다시 말하면 철학적인 접근 방법에서 탈피하면서부터 가능해지기 시작했다. 그 결과 현대 심리학에서는 마음과 몸이 따로따로 존재하기 때문에 관련이 없다는 심신이원론을 일축하게 되었다. 그 대신 몸이 아프면 심리적으로 약해질 수 있고, 심리적으로 불편할 경우 몸에 질환이 생길 수 있다는 관점[그 예로 정신신체질환(psychosomatic disease)을 들 수 있음]이 더 지배적이다.

인간에 대한 심리학적인 연구가 자연과학적 배경에서 이루어지기 시작한 시기는 1800년대 중반 무렵이다. 당시 페흐너(Gustav Fechner, 1801~1887)는 마음과 몸의 관계에 대한 법칙을 양적으로 정리할 수 있을 것이라는 자신감을 갖고서 연구한 결과, 자극의 물리적인 강도와 심리적인 감각 사이의 관계를 양적으로 측정하는 정신물리학(psychophysics)이라고 부르는 분야를 발전시켰다. 정신물리학에서 밝히고자 하는 관심 사항에 대한 예를 들면, 하나의 자극이 존재함을 감지할 수 있는 상태[이를 탐지(detection)라 함]가 되려면 자극의 강도가 어느 정도이어야 하는지를 밝히는 실험이나

페흐너(Gustav Fechner)

두 개의 자극이 서로 다름을 감지할 수 있는 상태[이를 변별(discrimination)이라 함]가 되려면 자극 강도의 차이가 어느 정도이어야 하는지를 밝히는 실험 등이 있다. 페흐너의 연구는 인간의 마음을 자연과학적 접근 방법으로 연구하는 현대 심리학이 탄생하는 기초가 될 수 있었으며, 후세의 심리학자들은 그를 실험심리학의 개척자로 평가하고 있다.

1) 구성주의 심리학

독일의 분트(Wilhelm Wundt, 1832~1920)는 1856년 하이델베르크(Heidelberg) 대학교에서 의학박사학위를 취득한 후 그곳에서 인류학 및 의학심리학 교수 생활을 하면서 '생리심리학'을 가르쳤으며, 1874년에는 『생리심리학의 원리』라는 서적을 발표하기도 했다. 1875년 라이프치히(Leipzig) 대학교 철학 및 생리학 교수로 자리를 옮긴 그는 심리학도 고유한 질문과 연구 방법론을 고안할 경우 철학에서 독립된 하나의 학문으로 발전할 수 있다고 믿었다. 그것은 바로 그동안 철학에서 추구해 왔던 인간에 대한 질문을 자연과학적인 접근 방법으로 풀어 보고자 하는 분트의 1879년도의 실험실 창건으로 이어졌는데, 이는 인간의 내면적인 정신 과정에 대한 연구를 실험실에서 시도한 것이다. 페흐너처럼 분트도 실험심리학의 아버지로 평가받고 있지만, 20세기의 심리학자들은 분트

분트(Wilhelm Wundt)

가 실험실 기법으로 연구를 시도했던 1879년을 현대 심리학이 탄생한 원년으로 평가하고서 그를 심리학의 아버지라고 부르고 있다. 이러한 이유로 심리학은 철학적 질문과 연구라는 수천 년의 과거가 존재하지만, 그 역사가 짧다고 표현하고 있다.

티치너(Edward Titchner)

옥스퍼드(Oxford) 대학교에서 공부하던 영국의 티치너(Edward Titchner, 1867~1927)는 분트의 연구 업적을 읽고 매료되었고, 분트의 『생리심리학의 원리』를 영어로 번역하기도 했다. 그는 1890년 분트의 제자가 되기 위해 라이프치히 대학교로 건너가 박사학위를 받고 다시 옥스퍼드로 돌아왔다. 그는 마음이 어떻게 작동하는지의 원리를 밝혀 보려는 데 관심을 갖고서 분트의 수제자가 되어 마음의 구조를 묘사하는 심리학을 이룩했는데, 분트와 티치너는 인간의 마음, 즉 의식(consciousness)의 구조를 자연과학적 연구방법으로 파헤치려고 시도했던 것이다. 그들은 화학자들이 물질을 분자나 원자들의 결합으로 설명하듯이—예를 들면, 물(H_2O)을 산소(O)와 수소(H)라는 화학적 성분의 결합으로 설명하듯이—마음의 구조도, 즉 사람의 생각이나 감각적인 경험도 여러 가지 구성 요소의 결합으로 설명이 가능하다고 믿었다. 그들이 실험실에서 마음의 구조를 어떤 요소의 결합으로 이루어졌는지를 살펴보려는—역으로 표현하면 마음의 구성 요소를 분해하려는—의도로 이용했던 과학적 접근 방법은 내성법(introspection)이었다. 내성법이란 생각이나 욕망, 느낌 등을 자기 스스로 내적으로 들여다보고서 언어로 보고하는 방법을 뜻한다. 티치너는 분트보다 더 엄격한 기준을 제시하면서 내성법에 의해서 보고된 내용을 분석하였다.

그들은 의식 내용이 아무리 복잡하더라도 엄격하게 잘 훈련된 내성법을 이용할 때그 의식의 구성 요소를 분석하는 것이 가능하며, 그렇게 해야 마음이나 의식을 이해할수 있다고 믿었다. 또 그들은 마음의 구성 요소가 무엇이며, 그 요소가 어떻게 상호작용을 하고 있는지, 그리고 왜 그 요소가 그와 같이 상호작용을 하고 있는지를 알 수 있다고 믿었던 것이다. 나중의 심리학자들은 분트와 티치너 등이 이와 같은 접근 방법으로 연구했던 심리학을 '구성주의(structuralism) 심리학' '요소주의 심리학' 또는 '내성심리학'이라고 부르고 있다. 티치너는 옥스퍼드에는 잠시 머물다가 1892년 가을 미국의 코넬(Cornell) 대학교에 가서 1893년 심리학 실험실을 세웠으며, 그곳에서 미국의 초창기 심리학자들 중의 한 사람으로 구성주의 심리학을 전파하였다.

2) 기능주의 심리학

분트가 독일에서 실험실 연구를 하던 무렵 미국에서는 하버드 (Harvard) 대학교 철학 및 생리학 교수였던 제임스(William James, 1842~1910)도 인간의 의식 연구에 관심을 갖고 있었다. 그는 하버드 대학교에서 1875년 '실험심리학'이라는 명칭의 교과목을 설강하기도 했으며, 미국 심리학의 아버지라고 일컬어지고 있다. 그러나 제임스의 의식에 대한 관점은 분트의 것과는 차이가 있었다. 제임스는 의식이 어떠한 요소들로 구성되어 있는지를 안다고 하더라도 인간을 올바르게 이해할 수 있는 것이 아니라고 하면서 구성주의 심리학의 접근 방법을 비판했다. 그는 의식이나 정신 과정을 여러

제임스(William James)

개의 요소로 나눌 수 없는 하나의 상태로 보았기 때문에 구성 요소를 찾아보려는 일은 무의미한 행위라고 평가했다.

그 대신 제임스는 인간 이해를 위해서는 의식의 전체적 기능을 밝혀야 한다고 주장했다. 그가 가졌던 관심 사항의 핵심은 바로 의식의 기능, 즉 어떠한 의식이 존재하는 목적이나 이유 등이었다. 당시 적자생존(survival of the fittest)의 진화론의 영향을 받았던 제임스는 인간을 비롯한 고등동물이 끊임없이 변화하는 환경에 적응하기 위해서 노력하고 있는데, 이러한 노력이야말로 생존과 관련된 정신 활동이나 의식의 기능이라고 설명했다. 예를 들면, 배가 고프다는 생각이 들 때 생존하기 위해서 음식을 찾는 행위가 나타나야 하는데, 그 행위 자체가 바로 의식의 기능에 해당된다. 이와 같이 의식의 기능에 대한 관심을 가졌던 제임스의 접근 방법을 후세대 심리학자들은 '기능주의(functionalism) 심리학'이라고 불렀다. 나중에 교육철학자로 명성을 얻었던 듀이(John Dewey, 1859~1952)도 제임스의 견해에 동의하면서 기능주의 심리학을 발전시켰다. 듀이는 곧이어 이론과 실제의 연결에 초점을 맞추는 철학의 한 부류인 실용주의(pragmatism) 철학을 주창했는데, 그런 맥락에서 제임스도 역시 실용주의자로 분류되고 있다.

3) 형태주의 심리학

구성주의 심리학자들에 이어서 독일 지역에서는 의식의 연구를 지속해 왔지만, 20

베르트하이머(Max Wertheimer)

세기 초반 구성주의 심리학자들과는 다른 관점에서 의식을 연구했던 대표적인 세 사람은 체코 출신의 심리학자 베르트하이머(Max Wertheimer, 1880~1943)와 독일 심리학자 코프카(Kurt Koffka, 1886~1941) 및 쾰러(Wolfgang Köhler, 1887~1967)였다. 그들은 1910년대에 소위 '게슈탈트 심리학(Gestalt psychology, gestaltism)'을 창건했는데, 우리는 이를 '형태주의 심리학'으로 번역하고 있다. 제1차 세계대전이 발발하자 본인들의 의지와 상관없이 전쟁과 관련된 연구를 할 수밖에 없는 형편이었던 그들은 전쟁 종료 후 다시 심리학 공동 연구를 하게 되었다. 그들의 연구 핵심은 구성주의의 관점을 비판하면서 그 대안을 마련하는 것이었다.

그들은 내성법으로 의식을 연구하는 접근 방법에 대해 비판했으며, 마음이나 의식을 요소나 부분의 합으로 이해하기보다도 잘 조직화된 하나의 전체로 이해해야 한다고 주장했다. 하나의 의식을 이해할 때 구성주의 입장에서는 분석에 의해서 찾아낸 여러 가지 요소의 합이지만, 게슈탈트 심리학에서는 의식을 전체적인 맥락에서 이해하려고 했기 때문에 여러 가지 요소의 합이 하나의 의식과는 다르다고 설명했다. 이를 수학적으로 표기하면, 구성주의 입장에서는 '전체 = Σ 부분'이라고 할 수 있지만, 게슈탈트 심리학에서는 '전체 $\neq$ Σ 부분'이 된다.

예를 들면, 전광판에 '사랑해요!'라는 메시지가 왼쪽에서 오른쪽으로 빠른 시간에 이동했다고 하자. 이 메시지는 전광판에 설치된 수많은 전구에다가 짧고 일정한 시간 간격으로 전기가 흐르고 중단되고 또다시 흐르고 중단되도록 하는 조작을 한 결과, 마치 글자가 좌에서 우로 움직이는 모양처럼 느껴지도록 한 것이다. 하나의 전구에 일정한 시간 동안 전기가 흐르는 것이나 또 일정한 시간 동안 전기가 흐르지 않는 것을 각각 하나의 자극이라고 한다면, 그 자극들의 합이 전체적인 맥락에서 '사랑해요!'라는 메시지로 조직화되어 전달되기 때문에 게슈탈트 심리학자들의 주장처럼 "부분의 총합은 전체와 다르다!"라고 할 수 있다. 부분의 총합이 전체와 다르다는 또 다른 예로 두 개의 숫자 1과 3을 간격이 좁혀진 상태로 배열되었을 때 어떻게 지각되는가를 생각해 보자. 만약 그 배열된 형태가 12와 14 사이에 존재할 경우 '13'으로 읽을 수 있겠지만, A와 C 사이에 존재했을 경우에는 'B'로 읽을 수 있을 것이다. 동일한 자극이더라도 주변 상황 등에 따라서 전체적으로 틀이 다르게 해석되는 상황이 수없이 존재한다.

이와 같이 전체적으로 잘 조직화된 형태나 모양을 독일어로 게슈탈트(Gestalt)라고 부르는데, 이는 영어로 형태(form)와 전체(whole)의 의미를 모두 포함하고 있지만 그 의미를 살릴 수 있는 단어가 없어서 독일어를 그대로 사용하고 있으며, 또 우리말로는 '형태'라는 의미가 가장 가까워서 그렇게 번역하기도 한다. 주변에 존재하는 수많은 자극을 따로따로 분해해서 지각하는 것보다도 집단으로 엮어서 완전한 형태나 모양으로 지각하려고 하는 성향이나 능력은 바로 게슈탈트 효과 때문이다. 이 게슈탈트 심리학의 원리는 다른 감각보다도 시각적인 형태나 모양을 설명할 때 더 적합하다. 결국 게슈탈트 심리학자들은 감각을 토대로 형태를 형성해 내는 능력 중에서 특히 시각적인 형태에 대한 논리를 체계화하였다.

4) 행동주의 심리학

왓슨(John Watson)

독일에서 형태주의 심리학이 발달할 무렵, 미국에서는 현대 심리학 역사의 측면에서 커다란 변혁이 이루어졌다. 기능주의 심리학자 교수의 지도 아래 동물 행동을 연구하고서 박사학위를 취득했던 왓슨(John Watson, 1878~1950)이 그 중심적인 역할을 했다. 왓슨은 기능주의를 비롯하여 구성주의, 정신역동 이론(뒷장에서 소개하는 정신분석학적 관점) 모두 과학적인 측정이 어려운 마음을 직접 다루려고 시도하기 때문에 심리학을 발전시키는 데 한계가 있다고 비판했다. 왓슨의 입장에서 내성법은 결과가 너무 주관적이며, 질문에 대한 정의 및 답변이 너무 불분명하며, 또 실용적으로 가치가 매우 낮았던 것이다.

그는 인간을 이해하기 위한 연구란 객관성에 의거한 관찰이나 측정이 가능하고, 또 설명이 가능해야 한다고 주장하면서 1913년 행동 연구에 초점을 맞춘 심리학에 관한 논문을 발표했다. 그게 바로 심리학 변혁의 출발이었던 소위 '행동주의(behaviorism) 심리학' 이론이었다. 어떤 행동이든지 그 원인이 되는 자극(stimulus: S)과 결과가 되는 반응(response: R) 사이의 관계로 설명했기 때문에 행동주의 심리학을 'S-R 심리학' 또는 'S-R 접근 방법'이라고도 부른다. 단순히 행동을 자극과 반응의 관계로 설명하는 차원에서 끝나지 않고 행동의 이해나 예측·수정도 가능해지면서, 심리학은 다른 학문과 마찬가지로 과학적인 발전을 모색할 수 있었다.

왓슨은 모든 행동이 특정한 환경이나 경험에 의해 좌우된다고 하면서 행동의 원인이 되는 자극에 대한 중요성을 강조했다. 그는 개인의 능력이나 장래 직업도 경험에 의해서 결정된다고 주장했다. 예를 들면, 그는 어린아이를 후천적인 경험에 의해서 매우 유능한 사업가, 변호사, 도둑으로 성장하도록 양육하는 것이 가능하다고 주장했다.

그는 심지어 정서까지도 환경이나 경험의 결과라고 주장했다. 왓슨에 따르면, 정서적인 반응은 공포(fear)와 분노(rage) 및 사랑(love)이라는 세 가지 형태의 기본적인 반응이 경험에 의해서 조합된 결과라고 했다. 결국 그는 공포라는 정서도 후천적으로 획득된다는 것을 설명하기 위해서 어린아이를 상대로 공포 획득 과정을 실험으로 보여 주기도 했는데, 이를 비판하는 사람들에게 획득된 공포를 감소시키는 과정을 획득 과정의 역순으로 제시하는 실험 절차를 보여 주기도 했다. 후자의 실험 절차가 나중에 바람직하지 못한 행동을 바람직한 행동으로 바꾸는 행동수정(behavior modification)의 기틀이 되기도 했다. 그는 최소한 1930년대까지 자녀 양육에 관한 수많은 글을 신문이나 잡지에 소개하면서 아동 교육에 관한 최고의 유명인사가 되었던 심리학자였다.

5) 인지주의 심리학

행동주의 심리학에서는 자극(환경)에 따라서 행동이 결정되므로 어떠한 행동이든지 예측이 가능하다고 설명했다. 그러나 그와 같은 입장이 항상 통용되지 않는다는 주장이 제기되었다. 그 대표적인 경우가 바로 쾰러(Köhler, 형태주의 심리학자)의 원숭이 실험 결과와 톨만(Edward Tolman, 1886~1959)의 쥐 실험 결과였다.

쾰러는 침팬지를 우리 속에 가둔 후 크고 작은 막대기 몇 개와 상자를 우리 바닥에 그리고 바나나를 천장에 매달아 놓았다. 이 상황에서 침팬지는 바나나를 따 먹기 위해서 여러 가지 행동을 시도했지만, 계속 실패를 경험했다. 그러다가 침팬지는 갑자기 작은 막대와 큰 막대를 연결한 후 상자를 받침대로 삼아 올라가서 바나나를 따서 먹는 해결 방안을 찾아내게 되었다. 쾰러는 그 실험 결과를 1917년 발표하면서 침팬지가 바나나를 딸 수 있는 해결 방안이 문제에 대한 통찰이 생겼던 결과라고 설명했다.

쾰러(Wolfgang Köhler)

한편, 톨만은 쥐를 먹이가 있는 목표 지점까지 도달할 수 있도록 여러 개의 통로가 설계되어 있는 미로에 넣고 어떻게 먹이를 찾아가는가를 살펴보았다. 시간이 흐르자 쥐는 최단거리를 선택해서 목표 지점에 도달하게 되었으며, 이러한 상황에 이르자마자 최단거리로 가는 통로를 차단하였다. 이때 쥐는 시간이 별로 흐르지 않았음에도 불구하고 곧바로 두 번째로 짧은 통로를 택해서 목표 지점에 도달함을 발견했다. 이에 대해 톨만은 1930년 쥐가 훈련 초기에 이미 미로에 대한 지도를 머릿속에 그렸기 때문에 그와 같은 행동 변화가 나타났다고 설명했다.

퀼러의 침팬지 실험은 '통찰학습(insight learning)' 그리고 톨만의 쥐 실험에서 쥐의 행동 변화를 '인지도(cognitive map)'의 형성 때문이라고 했는데, 인지도란 앞 문단에서 언급한 상황을 소개하기 위해 도입한 개념이다. 이와 같은 통찰학습과 인지도의 개념은 동물이 무언가를 기대하고 그 행동을 유도하는 활동이 내적으로 존재했음을 보여 주는 것으로 행동주의 심리학에서처럼 자극과 반응의 관계로 설명하지 못하고 있다. 이와 더불어 1950년대부터는 기억이나 주의 집중에 대한 연구가 본격적으로 전개되면서, 특히 인간과 같은 고등동물의 행동을 설명할 때 행동주의 심리학 원리들은 한계점을 보여 주었다.

곧 1950년대에는 단순히 S-R 접근 방법으로 인간 행동을 이해하려는 관점이 충분하지 못함을 인식하게 되었고, 그 대신 주의 집중이나 사고, 기억 등과 같은 인지적인 활동(즉, 생각의 과정) 연구에 초점을 맞추어야 한다는 입장이 부각되었다. 예를 들면, 가장 의미가 있는 어떤 행동은 전적으로 또는 겉으로는 단순히 현재의 자극에 의한 결과인 것 같지만, 이미 기억 속에 보관된 생각과 함께 종합적으로 판단한 결과에 해당한다는 것이다. 행동주의 심리학에서 예측할 수 있는 것과는 달리 경험 유무나 다소에 따라서 인간의 행동은 동일한 자극을 받더라도 사고방식이 다르므로 본질적으로 달라져 버린다는 것이다. 이와 같은 입장을 '인지주의 심리학(cognitive psychology)'이라고 부른다.

인지주의 심리학 관점에서의 행동 이해는 "인간이기 때문에 생각하고, 생각하기 때문에 행동한다."라는 틀에서 이루어지고 있다. 앞에서 소개한 역사적인 배경을 고려할 때 인지주의 관점은 의식을 연구했던 구성주의나 기능주의, 그리고 형태주의 심리학과 일맥상통하고 있다. 한편, 인지주의 관점을 고려하여 행동주의의 입장을 도식적으로 표현할 때에는 그 내용이 달라진다. 우드워스(Robert Woodworth, 1869~1962)는 1929년 인간의 행동을 단순히 행동주의에서의 'S-R'로 표현되는 것이 아니라, 기능주의 심리학적으로 접근하여 S와 R 사이에 인지 과정을 삽입시켜 'S-O-R'이라고 표현했다. 여기에서 O는 유기체(organism)의 인지적 활동을 의미한다.

이와 같은 개념의 발달은 1950년대 이후 입력(input, '자극'에 해당)과 출력(output, '반응'에 해당)의 관계를 프로그램의 기능(O라는 인지적 활동에 해당)으로 설명하는 컴퓨터 과학의 등장에 의해서 영향을 받았다고도 할 수 있다. 컴퓨터 과학이 발달하면서 인지주의 심리학도 1970년대 이후 빠른 속도로 발달했는데, 인지주의 관점에서는 행동주의의 S-R 접근 방법을 '검은 상자 접근 방법(black box approach)'이라고 비판하기도 했다. 그 이유는 행동의 원인이 되는 자극을 어떻게 받아들여 해석하고 판단하는지에 대한 내용을 전혀 설명하지 못하기 때문이었다.

그러나 1980년대 이후의 심리학계에서는 행동주의와 인지주의가 모두 인간의 행동 이해에 절대적으로 필요한 요소임을 인식하고서 아예 '인지행동주의'라는 개념으로 그 둘을 포함시켜 표현하고 있다. 특히 심리치료 분야에서 행동주의 치료 기법과 인지주의 치료 기법을 구분하지 않고, 인지행동주의 치료(cognitive behavioral therapy)라는 개념으로 표현하고 있다. 또 행동주의 심리학을 토대로 O라는 인지적 활동의 중요성을 강조한 S-O-R 접근 방법을 신행동주의(neo-behaviorism)라고 표현하는데, 이러한 개념은 이미 1930년대에 싹트기 시작했다. 곧 현대 심리학은 행동의 구조와 기능에 모두 관심을 가지면서 인간을 폭넓게 이해하고 있는 것이다.

3. 심리학의 관점

심리학을 철학에서 독립시킬 때 결정적인 역할을 했던 분트나 제임스 등은 당시 철학뿐만 아니라 생물학이나 생리학 분야를 연구한 학자들이었다. 당시에는 이미 물리학이나 화학과 같은 자연과학 분야도 상당히 발전한 상태였고, 그 영향으로 분트는 마음의 연구를 자연과학적으로 이해할 수 있다고 믿었다. 아울러 과학사에 큰 변혁을 가져다주었던 진화론도 초창기 심리학자들에게 상당히 큰 영향을 미쳤다. 이와 같은 이유로 생물학을 비롯한 제반 자연과학은 현대 심리학의 발전과 밀접한 관련을 갖게 되었으며, 해부학이나 신경학, 생리학, 정신의학도 마찬가지로 관련성이 적지 않은 인접 학문에 해당된다.

심리학은 철학에서 독립했지만, 근래에 와서 학문적 존재의 목적을 다시 철학적 입장에서 찾아보려는 경향도 두드러지고 있을 뿐만 아니라 행동과학으로서 사회학이나 인류학과 관련성도 커지고 있다. 곧 근래에는 인간의 행동을 이해하고 설명하려는 다양한 관점이 발전했으며, 또 어느 관점이 가장 옳거나 중요한가를 구별하지 않고 모두 중요하게 인식되고 있다. 다양하게 발전한 인간 이해의 관점은 앞 절에서 설명했던 '행동주의'와 '인지주의'가 그 기본이 되고 있어서 그 분야에 대한 설명은 여기서 생략한다. 그러나 다음의 네 가지 관점도 현대 심리학에서 무시할 수 없을 정도로 중요하게 부각되고 있다.

1) 정신역동학적 관점

오스트리아 의사 프로이트(Sigmund Freud, 1856~1939)는 1880년대 후반 프랑스에 건너가 인턴 생활을 하는 도중 당시 신경증 환자의 치료 기법으로 각광받았던 최면술을 배웠다. 그렇지만 시간이 흐를수록 최면술의 치료 효과에 의문을 갖게 되었던 그는 고국으로 돌아와서 최면술 대신에 자유연상(free association, 분석가의 생각이 아니라 내담자의 머릿속에 떠오른 생각을 단서로 이용하면서 계속해서 과거의 이야기를 유도하여 현재 내담자가 지닌 문제의 원인을 찾아내려는 분석 기법)이나 꿈의 분석(dream analysis, 꿈의 내용에 의미를 부여하는 과정으로 주로 꿈의 내용을 해석하므로 꿈의 해석이라고도 부름)과 같은 기법을 이용하여 새로운 치료 기법을 고안했는데, 이를 정신분석(psychoanalysis)이라고 부른다. 프로이트에 이어서 융(Carl Jung, 1875~1961)도 꿈의 분석 등을 토대로 정신분석 기법을 발전시켰는데, 융의 기법을 프로이트의 것과 차별화하여 '분석심리학(analytical psychology)'이라고 부른다.

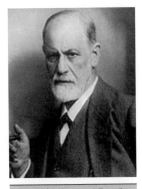

프로이트(Sigmund Freud)

융(Carl Jung)

프로이트의 정신분석 이론에 의하면, 인간 행동은 내적으로 강한 심리적 힘에 의해서 움직이고 동기화된다. 행동 기저에 있는 그 심리적 힘이란 선천적인 본능(instinct)이나 욕구 등을 의미하며, 프로이트는 이것을 체계적으로 연구하면서 사람의 성격이나 사고 등의 행동을 설명하였다. 그는 정신질환, 특히 대인관계 공포 등으로 고생하는 수많은 신경증 환자들의 사례 연구를 통해 인간의 행동이나 사고는 의식(consciousness, 정신분석에서는 현재 머릿속에 떠오른 생각을 의미함)보다도 무의식(unconsciousness, 정신분석에서는 그 내용이 현실적으로 바람직하지 못한 것으로 현재의 머릿속에서 끄집어내려고 하더라도 억압해 버리기 때문에 끄집어낼 수 없는 과거의 의식을 의미함)의 지배를 받는다면서 그와 같은 무의식을 분석해야 인간 이해가 가능하다고 주장했다. 정신분석 기법을 응용한 분야를 굳이 심리학으로 표현하자면, 의식보다 더 깊은 무의식 영역의 연구를 강조하였기 때문에 심층심리학(depth psychology)이라고 부른다.

심층심리학은 무의식적 요인이 어떤 방식으로 의식이나 행동에 영향을 주는가를 살펴보기 때문에 '정신역동학(psychodynamics)' 또는 '역동심리학(dynamic psychology)'이라는 용어로도 표현한다. 감각 및 지각 또는 사고에 대한 초점을 맞추는 초창기 심리학 연구들이 마음이나 영혼(psyche)에 대한 정적인(static) 접근 방법이라면, 심층심리학은 정신 과정에서의 동적인(dynamic) 요소, 즉 동기나 경향성, 관심, 정서, 갈등 등을 비롯하여 그들의 상호작용에 초점을 맞추는 접근 방법이라고 할 수 있다. 곧 '동적'이라는 용어는 내적인 에너지의 '상호작용'이라는 의미를 내포하고 있다. 심층심리학 분야는 인간의 성격이 형성되거나 발달하는 것을 비롯하여 정상 범주에서 벗어난 행동의 원인을 설명하는 데 주로 응용되고 있다. 또 이 분야는 과학적인 접근 방법을 이용한 심리학 입장에서 비판을 많이 받고 있지만, 인간 행동 이해의 폭을 넓혀 주는 역할을 한다는 긍정적인 평가도 받고 있다.

2) 생물학적 관점

생명체의 기본 단위는 세포이며, 유기체의 성장이나 발달 및 노화 과정은 세포 내에서 발생하는 수많은 변화 그리고 세포와 세포 사이의 상호작용으로 설명할 수 있다. 사람이 생각하고, 느끼고, 배우고, 알아차리는 등의 제반 심리적 현상이나 행동은 물론 기쁨이나 슬픔, 흥분, 우울, 불안 등의 정서적 경험, 또 판단이나 해석, 기억 상실 등과 같은 인지 과정에 관련된 심리적인 현상이 아무리 복잡하더라도 신경 세포의 복잡한 연결 구조, 신경 세포 안팎에서 전개되는 다양한 생화학적 변화 및 신경 세포끼리의 상호작용, 즉 뇌의 기능으로 설명하는 것이 가능하다.

심리적 현상이나 행동의 원인을 생물학적 원리로 설명, 또는 행동의 생물학적 기제를 연구하는 분야를 일반적으로 생물심리학(biological psychology, 이를 biopsychology 또는 psychobiology로도 표현함)이라고 부른다. 특히 신경 세포(neuron)의 기제에 관한 연구이기 때문에 행동신경과학(behavioral neuroscience)이라는 용어로 표현하기도 한다. 생물심리학과 거의 동일한 용어로 이해되고 있는 생리심리학(physiological psychology)은 생물심리학의 한 부류에 해당된다. 이와 같은 생물학적 관점에서는 모든 행동이나 정신 과정을 발달시키고 결정하는 데 있어서 생리학적 영향을 가장 중요하다고 설명한다. 생물학적 관점은 기초심리학 분야는 물론 임상심리학 등의 응용 분야 등에 폭넓게 적용되고 있다.

3) 진화론적 관점

자연도태(natural selection) 과정에 의해서 진화가 이루어졌다는 다윈(Charles Darwin, 1809~1882)의 주장은 현대 심리학이 출범한 시절부터 초창기 심리학자(예: 기능주의 심리학자인 제임스)에게 심리학을 발전시키는 데 큰 영감을 주었다. 유기체의 적응 가치(adaptive value)나 능력은 개체마다 다른데, 선택된 유기체는 열등하게 적응하는 유기체보다도 자신의 유전자를 물려주기 위하여 환경에 더 성공적으로 적응하는 편이다. 인간의 정신 능력이나 심리적인 특성도 오랜 세월에 걸친 진화 과정에 의해 나타난 적응 결과다. 즉, 인간 행동이 진화로 인하여 어떻게 달라졌는지, 왜 더 나은 짝을 찾고 있는지(mate selection), 왜 타인과 협동하려는 행위를 보이는지(altruism), 왜 문화권에 따라서 행동의 차이가 생기는지, 또 남녀가 왜 서로 다른 생각을 하는지 등의 수많은 질문에 대한 답은 바로 사회적인 영향이나 압력의 산물이라기보다도 진화의 오랜 과정에 의해서 적응한 산물이라는 것이다.

그 산물이란 인류의 조상들이 여러 문제에 직면했을 때 이들을 풀어내는 방안을 발달시켰으며, 그들 중에서 가장 성공적인 문제 해결책이 기본적인 본능으로 발달했다는 것이다. 이와 같은 입장에서 인간의 행동을 설명하려는 분야를 '진화심리학(evolutionary psychology)'이라고 부른다. 진화심리학은 물리적 또는 사회적 환경의 변화에 대한 인간의 심리적 적응을 연구하지만, 심리학의 한 영역이라기보다도 심리학의 전반적인 영역에 기초 개념을 통합시켜 주는 틀을 제공하는 관점으로 이해해야 한다. 초창기 심리학자들은 대다수가 진화론의 영향을 받은 자들이었지만, 진화심리학이라는 용어는 1970년대부터 사용되었으며, 심리학의 일반 영역에 대한 영향력은 1980년대부터 커지고 있다. 이 관점은 근래 개인차를 설명할 때 광범위하게 적용되고 있는데, 특히 뇌 구조의 변화나 인지적 기제, 행동의 개인차 등의 설명에 이용되고 있다.

4) 인본주의 관점

행동주의 심리학에서는 행동을 연구하는 일이 인간 이해에 필수적이며, 모든 행동이 자극이나 후천적인 환경에 의해 조정된다는 주장을 했다. 또 역동심리학에서는 대부분의 행동은 본능과 같은 강한 내면적인 힘에 의해서 좌우된다고 주장했다. 그러나 인간을 이해할 때 행동주의나 정신역동처럼 기계론적이고 분석적인 방법으로 하는 것은 적절하지 못하다면서 그 대안으로 1950년대 등장한 관점이 바로 인본주의 심리학(humanistic psychology)이다. 이는 심리치료 분야의 개척자 중 한 사람이었던 로저스(Carl Rogers, 1902~1987)에 의해서 창립되었는데, 그 뿌리는 현상학 및 실존주의 철학이어서 현상학적 심리학(phenomenological psychology) 또는 실존주의 심리학(existential psychology)이라고 표현할 때도 있다.

인본주의 심리학에서는 인간을 선천적으로 선한 의지와 선택 능력이 있는 능동적인 창조물로 본다. 이 관점에서는 인간을 위한 주요한 과제는 그들의 잠재력(potential)을 개발하고 성장을 위해 부단히 노력하는 것이다. 행동을 연구하는 것 자체를 반대하지는 않지만, 실험실 연구처럼 구성 요소, 자극과 반응의 관계 등으로 설명하는 것이 아니다. 그 대신에 개인이 어떻게 살아왔는가와 같은 그 사람이 경험해 왔던 주관적인 세계에 초점을 맞추고 있으며, 이는 상담이나 인간 행동의 치료 영역에 주로 응용되는 관점이다. 인본주의 심리학에서는 개인 중심의 접근 방법으로 성격이나 인간관계를 이해하고 있기 때문에 심리치료나 상담 장면의 경우 고객중심치료(client-centered therapy), 또 교육 장면의 경우 학생중심학습(student-centered learning)을 표방한다. 곧 인간의 존재에 대해서 의미, 가치, 자유, 책임감, 잠재 능력, 자아실현 등의 조사를 통한 총체적인 접근 방법이라고 할 수 있다.

4. 심리학의 분야

심리학에서 다루는 영역은 매우 광범위하다. 인간의 생활 환경이 복잡해질수록 행동 역시 복잡하고 다양해지므로 심리학 연구 분야도 세분화되고 있다. 우리나라보다도 심리학의 역사가 긴 미국의 경우 미국심리학회의 분과가 이미 50개 이상으로 분류되어 있으며, 한국심리학회도 분과가 현재 10개 이상으로 세분화되어 있다. 심리학의 영역은 그와 같이 다양하게 세분화되고 있음에도 불구하고 심리학 분야는 여느 학문들처럼 목적에 따라 크게 기초심리학[basic psychology, 심리학의 이론적이고 철학적인 관점을 다룰 경우에는 이를 '이론심리학(theoretical psychology)'이라고도 표현함] 및 응용심리학(applied psychology)으로 구분한다.

기초심리학은 인간 행동에 관한 원리나 이론을 추출하는 것이 목적이다. 예를 들면, 인간의 행동이나 태도, 가치, 성격이 서로 어떻게 관련되어 있는가를 찾아내는 것이다. 이 책에서는 마음과 행동의 생물학적 기초(2장), 감각과 지각(3장), 학습(4장), 기억(5장), 언어와 사고(6장), 발달(7장), 동기와 정서(8장), 성격(9장) 분야가 기초심리학에 속한다고 할 수 있다.

한편, 응용심리학은 기초심리학에서 추출된 행동이나 심리 현상에 관련된 원리나 이론, 법칙 등을 실생활 장면에 이용하는 것이 그 목적이다. 예를 들면, 청소년이 비행을 저질렀다고 했을 때 어떻게 그 행동을 이해할 것인가부터 그와 같은 행동을 수정하거나 예방하는 데 기초심리학의 원리를 적용하는 것까지다. 이 책에서는 심리검사와 지능(10장), 이상행동과 적응(11장), 스트레스와 건강(12장), 상담과 심리치료(13장), 사회적 행동(14장), 광고와 소비자(15장) 분야가 속한다고 할 수 있다.

응용심리학의 대표적 분야는 임상심리학, 상담심리학, 학교 및 교육심리학, 산업 및 조직심리학이며, 이 밖에도 환경심리학, 스포츠심리학, 공학(engineering)심리학, 소비자심리학, 법정(forensic)심리학 등도 있다. 또 편의상 기초심리학이나 응용심리학으로 분류하기는 했지만, 그 분야가 엄밀하게 구분되지 않고 중복된 경우도 많다. 예를 들면, 사회심리학은 기초심리학 성격의 사회심리학 분야가 있는가 하면, 응용심리학 성격의 사회심리학도 있다.

5. 심리학 연구 방법

행동의 원리를 밝히려는 심리학 연구에서는 어떤 과학적 방법을 응용하고 있는가? 우선 찾아낸 행동의 원리가 과학적 요건에 부합해야 하는데, 그러기 위해서는 연구하려는 행동을 비롯한 모든 과학적 현상은 관찰될 수 있는(observable) 것이어야 하고, 검증할 수 있는(testable) 것이어야 하며, 또 동일한 상황에서 반복될 수 있는(repeatable) 것이어야 한다. 이는 곧 심리학이 관찰이나 검증 등의 객관성을 토대로 한 과학적 방법을 이용하고 있다는 의미다.

행동의 원리를 설명하는 심리학에서는 어떤 특정한 행동을 달라지게 만드는 영향력 또는 그 행동에 미치는 영향력을 '요인(factor)'이라는 용어로 표현한다. 또 그 요인의 세부적인 내용을 수량화하여 표현할 경우에는 '변인(variable, 심리학이 아닌 다른 학문에서는 이를 '변수'로 번역하기도 함)'이라고 부른다. 물론 요인과 변인의 의미가 거의 동일하게 적용되는 경우도 있지만, 일반적으로는 구분된다. 예를 들면, 술을 마시고 운전을 하면 판단이나 조작 능력이 저하되어 사고가 날 가능성이 크다는 현상 또는 원리를 검증한다고 하자. 이때 사고에 영향을 미치는 요인은 '음주'다. 그러나 이를 검증하는 과정에서 술을 마시지 않는 집단, 술을 한 잔 마신 집단, 그리고 술을 두 잔 마신 집단을 비교한다면, 세 집단을 수량화할 수 있는 상태의 '음주량'은 변인이 된다. 또 다른 예로 어떤 심리적 특성에서 남성과 여성의 차이가 크다면 성별은 그 차이를 설명할 때 요인이 되기도 하지만, 남성과 여성을 서로 다른 수치로 표현하면서 설명할 때는 변인이 되기도 한다.

과학적 방법을 응용하는 심리학은 행동의 원리를 보통 원인과 결과의 관계로 설명한다. 여기에서 원인이 되는 쪽의 변인을 독립변인(Independent Variable: IV)이라고 하는데, 이는 연구자가 임의적으로 세부적인 내용을 조작한다는 의미와 측정할 때 다른 변인의 영향을 받지 않는다는 의미가 들어 있다. 앞의 예에서 음주량을 안 마심, 한 잔, 두 잔의 세 집단으로 설정하는 것도 연구자가 임의적으로 하는 것이다. 반면에 결과가 되는 쪽의 변인을 종속변인(Dependent variable: DV)이라고 부르는데, 이는 측정의 결과가 독립변인(IV)의 조작에 따라서 달라진다는 의미가 내포되어 있다. 그렇다면 인과관계로 설명되는 행동의 원리는 '독립변인(IV)과 종속변인(DV)의 관계'로 기술된다고 할 수 있다.

그러나 심리학 연구에서 모든 현상이나 행동 특성을 독립변인과 종속변인의 관계로 쉽게 설명할 수 있는 것은 아니다. 어떤 현상에 대해서 아직 인과관계를 추론할 수 있는 근거가 없는 상황에서는 특정한 행동이 발생한 전후의 배경을 단순히 묘사하거나 여러 가지 자료를 수집한 다음에 그 자료 사이의 관련성을 나중에 살펴보기도 한다. 이들은 인과관계를 설명해 주는 과학적 연구 방법의 요건을 충족하지 못하더라도 인과관계를 검증하는 연구에 대한 예비 연구(preliminary study, 경우에 따라서 pilot study가 되기도 함)의 성격으로서 그 의미가 적지 않다. 이에 심리학에서 응용하고 있는 연구 방법을 과학적인 요건을 충족해 주지 못한 순서로 다음 세 가지를 소개한다. 즉, 두 번째 연구 방법은 첫 번째 연구 방법보다는 과학적인 요건을 약간 더 충족해 주고 있지만, 세 번째 연구 방법보다는 덜 충족해 주는 방법이다.

1) 기술적 연구 방법

기술적 연구 방법(descriptive research methods)은 관찰(observation)을 토대로 어떤 현상이나 행동에 대해서 전후 배경을 단순히 묘사하는 방법이다. 만약 이 방법에 의해서 얻은 결과를 단순한 묘사 차원에 그치지 않고 인과관계의 차원으로 설명하고자 시도할 때에는 심각한 오류가 발생하게 된다. 예를 들면, 한 학생이 도서관을 향해서 급히 걸어가고 있음을 관찰했다고 하자. 이 상황에서 그 학생이 급히 도서관을 간 이유를 억지로 추론하는 일은 과학적인 요건에는 전혀 부합되지 않는다. 다음 주에 있을 중간고사 시험을 준비하기 위해서 도서관으로 급히 갔을 것이라는 추론도 가능하겠지만, 정작 그 학생의 속마음은 그게 아니라 화장실이 급해서 도서관으로 달려갔다는 의외의 답이 나올 수도 있다. 관찰을 이용한 기술적인 연구 방법에서는 이와 같은 오류가 쉽게 발생하는데, 이러한 오류가 생기는 까닭은 바로 행위자와 관찰자 사이에서 발생하는 편향(actor-observer bias) 때문이다. 그럼에도 불구하고 기술적 연구 방법은 관찰에 의존하는데, 여기에는 다음과 같은 몇 가지 방법이 있다.

(1) 자연관찰(naturalistic observation)

관찰자가 전혀 조작이나 통제를 하지 않는, 또는 할 수 없는 자연 상태에서 일상적으로 발생하는 사건이나 행동을 관찰하는 것이며, 관찰의 대상자는 자신이 관찰되고 있는지를 모르고 있는 상태의 관찰 방법이다. 예를 들면, 부모와 자녀의 상호작용을 관찰하고자 할 때 집에서 일상생활을 하고 있는 장면을 몰래 촬영하여 그 내용을 분석하는 것이다. 이러한 방법의 사용은 전혀 꾸밈이 없고 믿을 만한 행동을 관찰하면서 알지 못했던 현상이나 행동을 찾아낼 수 있다는 장점이 있지만, 동의 없이 관찰한다는 윤리적인 문제가 제기될 수 있을 뿐만 아니라 관찰의 결과를 해석할 때 전술했던 행위 자와 관찰자 사이에 편향의 가능성이 매우 높다는 약점이 있다.

(2) 실험실 관찰(laboratory observation)

관찰자가 인공적인 상태에서 나타나는 행동을 관찰하는 방법이다. 관찰자가 연구 대상자에게 영향을 미치는 변인들을, 즉 실험실 상황을 조작해 두었기 때문에 행동의 원인 등을 자연관찰 방법보다 추론하기가 더 쉽다. 그러나 관찰의 대상인 연구 대상자 도 자신이 관찰되고 있다는 사실을 인식할 가능성이 클 뿐만 아니라, 비자연적인 상태 의 관찰이므로 실험실에서 나타난 행동이 실제 상황에서도 그렇게 나타나는지를 정확 히 알기가 어렵다.

(3) 사례 연구(case study method)

관찰이나 면접 등의 다양한 방법을 이용하여 특정한 사람이나 집단 또는 사건을 이 해하는 심층조사기법(in-depth investigations)으로, 간혹 임상 연구(clinical study)라고도 부른다. 사례 연구에서도 자연관찰이 이용되는데, 어떤 사실을 검증하는 것이 아니라 주로 무언가를 탐색하는 것이 목적이다. 탐색된 정보는 다른 사람들의 행동이나 다른 사건을 이해하는 데 이용된다. 예를 들면, 바람직하지 못한 행동의 원인과 함께 새로 운 또는 더 나은 치료 기법을 찾아내거나 그와 같은 행동을 예방해 주는 목적으로 이용 된다.

사례 연구 자체가 연구 방법은 아니지만, 연구자들은 '질적인 자료(qualitative data, 수 량화하지 않거나 시키기 어려운 상태의 관찰된 정보)'를 사례 연구로 얻고서 이를 분석하고 있다. 사례 연구의 장점으로는 질적으로 상세한 정보까지 얻을 수 있으며, 추후 연구 에 대한 통찰을 얻을 수 있다. 또한 비윤리적이거나 실제 상황에서 연구가 어려울 경 우에 대한 허용된 연구라고 할 수 있다. 그러나 사례 연구의 단점으로는 연구 결과를 일반화하기 어려울 뿐만 아니라 '복제 연구(replication study, 이전에 시도했던 연구와 동 일한 결과가 나오는지를 확인하기 위하여 동일한 연구 방법을 응용하여 반복하는 연구)'를 시 도하기가 어렵고, 시간이 상당히 많이 소요되며, 주관적인 감정 등이 결과에 영향을 준 다는 것이다.

(4) 조사(survey research)

특정한 연구 대상(개인, 집단)을 상대로 생각이나 태도, 행동에 관한 정보를 수집하는 방법인데, 면접이나 질문지를 이용하는 경우가 가장 일반적이다. 연구 대상을 직접 만나서 조사할 수도 있지만, 간접적으로 접촉하는 것(예: 전화, 인터넷, 우편 등을 이용함)도 가능하며, 또 자료를 양적으로 측정하는 것(예: 수치로 응답하도록 함)도 가능하지만 질적인 자료의 측정도 가능하다.

조사를 통한 자료 수집의 단계를 간단히 살펴보면, 조사의 목적에 따라서 무슨 정보를 얻을 것인지, 어디서 어떠한 방법으로 자료를 얻을 것인지를 결정한 다음, 주제에 따른 질문지를 개발하고, 연구 대상자를 선정하고, 자료를 수집한 후에 분석하고 결과를 해석하는 것이다. 조사에 의한 연구 결과를 일반화하기 위해서는 무엇보다도 연구 대상자의 선정이 매우 중요하다. 연구에 관련된 전집(population) 중에서 일부를 표본(sample)으로 추출할 때 표본이 전집을 잘 대표할 수 있어야 한다.

2) 상관법

상관법(correlational methods)은 행동의 연구에서 관심이 있는 변인들 사이의 관련성, 가장 간단하게는 두 변인 사이의 관련성을 살펴볼 수 있는 연구 방법이다. 두 변인 사이의 인과관계를 살펴보는 실험을 시도하기 전에 예비 연구의 차원에서 상관법이 응용되기도 하지만, 두 변인 사이의 인과관계가 존재한다고 가정하더라도 여러 가지 이유로 현실적으로 인과관계를 밝히는 실험을 시도하기가 어려운 경우, 예를 들면 윤리적인 문제가 제기될 수 있는 경우 상관법에 의존할 수밖에 없다. 또 두 변인의 인과관계를 언급하기가 애매할 경우에도 상관법을 이용한다. 구체적으로 키와 몸무게의 관계를 살펴보면, 키가 크기 때문에 몸무게가 많이 나간다고 할 수도 있지만, 그와 반대로 몸무게가 많이 나가므로 키가 크다고 표현할 수도 있다. 이처럼 두 변인이 관련되었어도 어느 쪽이 원인이고 어느 쪽이 결과인지를 명확하게 할 수 없는 경우에는 상관법을 이용하게 된다.

상관법에서의 변인 사이의 관련성이 어느 정도인가는 상관계수(correlation coefficient, 'r'이라는 부호로 표기됨)라는 통계치를 이용하여 나타낸다. 상관계수의 범위는 +1에서 −1까지이며, 절대치가 클수록 관련성이 높음을 의미한다. 두 변인 사이의 상관이 높다는 것은 한 변인을 토대로 다른 변인을 예측할 수 있는 가능성이 커진다는 뜻이다. 두 변인의 관련성은 크게 두 방향이다. 하나는 두 변인이 동시에 증가하거나 감소하는 관계에 있기 때문에 상관계수가 0보다 크면서 +1에 가까워지는 것으로, 이를 정적 상관(positive correlation)이라고 부른다. 다른 하나는 한 변인의 양이 증가할 때 다른 변인이 감소하는 관계에 있기 때문에 상관계수가 0보다 작아지면서 −1에 가까워지는 것으로, 이를 부적 상관(negative correlation)이라고 부른다. 예를 들면, 키와 몸무게는 정적 상관의 가능성이 높지만, 온도와 겨입는 옷의 수는 부적 상관의 가능성이 높다고 할 수 있다. 한편, 두 변인 사이의 관련성이 낮을수록 상관계수는 0에 가까워진다.

앞에서 소개한 조사 연구나 자연관찰 등의 방법으로 찾아낸 자료를 수치로 표현했을 경우 상관법을 적용할 수 있다. 상관법에 의한 연구 방법의 약점은 변인들의 관련된 정도를 수치로만 표현했을 뿐 인과관계를 전혀 설명해 주지 못한다는 점이다. 예를 들면, 일반적으로 인구가 늘어날수록 교회의 수도 늘어나고 범죄 건수도 늘어난다. 그렇다고 하더라도 교회의 수와 범죄 건수는 서로 관련성이 있을 뿐이지 인과관계로 해석할 수 있는 상황이 아니다. 상관법은 한 변인이 다른 변인의 원인이라고 증명할 수 있는 방법이 아니지만, 상관계수의 속성을 응용하여 그 변인의 인과적인 관련성을 간접적으로 보여 주는 분석 방법은 존재한다. 예를 들면, 변인들끼리의 상관의 정도를 기초로 응용되는 회귀분석(regression analysis) 방법을 통해서 마치 한 변인이 다른 변인의 원인이 되는 것처럼 표현할 수 있다.

3) 실험법

실험법(experimental methods)은 변인의 관계를 인과적으로 설명하는 모형이다. 실험에서의 가장 간단한 변인들의 구성은 원인이 되는 변인(독립변인, IV)이 하나이고, 결과가 되는 변인(종속변인, DV)도 하나인 경우다. 실험이란 실험자가 원인이 되는 독립변인(IV)에 조작을 가해서 변화를 줄 때 결과가 되는 종속변인(DV)에서 어떠한 변화가 나타나는가를 살펴보는 것인데, 이 경우 가장 간단한 실험 설계는 독립변인(IV)을 두 개의 상황으로 조작하는 것이다. 곧 연구 대상자를 두 집단으로만 설정하는데, 하나는 실험집단(experimental group: 실험에서 IV의 조작에 노출된 집단), 그리고 다른 하나는 통제집단(control group: 실험 효과를 비교하기 위한 집단)으로 구분하는 것이다. 여기에서 실험자가 실험집단에 어떤 실험적 처치를 했을 경우에는 처치집단(treatment group)이라고 부를 수도 있고, 통제집단은 처치집단과의 비교를 위해 형성되므로 비교집단

(comparative group)이라고 부를 수도 있다.

실험 설계의 예로 음주가 기억에 미치는 효과를 검증한다고 하자. 음주와 기억은 인과적인 관계로 설명이 가능하며, 음주가 독립변인(IV), 기억이 종속변인(DV)의 관계임을 쉽게 짐작할 수 있다. 만약 음주량을 두 가지(1잔, 3잔)로 정했다면, 3개의 연구집단이 필요하다. 두 집단은 실험집단(또는 처치집단)으로, 그리고 술을 마시지 않은 집단은 통제집단(또는 비교집단)으로 설정하는 것이다. 세 집단을 상대로 처치를 하고 나서, 다시 말하면 술을 마시게 하거나 그렇지 않게 한 이후에 기억과 관련된 검사를 한다. 검사 결과 실험집단과 통제집단의 차이가 있는지, 그리고 두 실험집단끼리 차이가 있는지를 분석하고 그 결과의 차이를 인과관계로 해석하는 것이다.

인과관계를 밝히는 실험 설계를 할 때 여러 가지 원칙을 준수해야 하는데, 그중에서도 가장 기본적으로 준수해야 하는 중요한 원칙은 실험 참가자를 서로 다른 실험 조건에 무선적으로 배정하는 일(이를 영문으로 randomization 또는 random assignment라고 표현함)이다. 예를 들면, 술을 잘 마시는 사람들이 실험집단에 몰리거나 술을 못 마시는 사람들이 통제집단에 몰려서 실험이 진행되었을 경우, 그 결과는 다른 경우와 비교할 때 인과관계가 다르게 나타날 수밖에 없다. 그러므로 실험 참가자들이 술을 어느 정도 잘 마시는지 등을 미리 알아 낸 다음 여러 가지 실험 조건에 골고루 배정될 수 있도록 해야 한다.

실험 설계를 정교하게 했음에도 불구하고 연구자와 실험 참가자의 미묘한 의사소통 때문에 연구자의 기대가 실험 참가자의 반응을 유도하는 일이 발생할 수 있는데, 이를 기대 효과(expectancy effect)라고 부른다. 기대 효과는 연구자의 기대가 실험 참가자에게 전달되면서 나타나는 경우도 있지만, 연구자는 기대하지 않았더라도 실험 참가자가 연구자의 속마음을 기대하면서 실험 결과가 참가자의 실제 모습과 다르게 변질되는 경우도 가능하다. 이러한 기대 효과는 기대로 인하여 실험 결과가 왜곡되는 현상을 체계적으로 연구한 심리학자의 이름을 따서 로젠탈 효과(Rosenthal effect)라고도 부른다. 그와 같은 기대 효과를 감소시키기 위해서 실험자나 실험 참가자가 모두 연구 목적을 모르게 한 상태에서 실험을 시도하는 방법(예: double-blind technique)도 있다.

한편, 실험 조작이나 처치가 없었음에도 불구하고 실험 참가자들의 행동 변화가 마치 실험 효과처럼 나타나는 경우가 있는데, 이를 위약 효과(placebo effect)라고 부른다. 위약이란 통제집단에 투여시킨 약 효과가 없는 물질을 의미한다.

요약 및 학습과제

요약

1. 심리학이란 인간을 이해하기 위해서 행동과 정신 과정을 연구하는 학문이다.

2. 현대 심리학은 1879년 분트(Wundt)가 실험실에서 인간의 의식을 연구하면서 출발했다.

3. 심리학은 초창기 의식을 연구하면서 출발했지만, 곧이어 행동을 연구하면서 심리학계의 큰 변혁이 이루어졌으며, 나중에는 행동과 의식을 통합시켜 연구하는 방향으로 발전해 왔다.

4. 기초심리학의 목적은 인간 행동의 원리나 이론을 추출하는 것이라고 할 수 있는 반면에, 응용심리학의 목적은 그 원리나 이론을 실제 생활에 적용하는 것이라고 할 수 있다.

5. 행동을 연구하는 접근 방법으로는 단순히 관찰된 사실을 기술하는 방법, 행동을 설명해 주는 변인들의 관련성을 보여 주는 상관법, 변인의 관계를 인과관계로 증명해 주는 실험법 등이 이용되고 있다.

학습과제

1. 심리학을 학문의 목적이나 연구의 대상을 고려하여 정의하시오.

2. 구성주의 심리학, 기능주의 심리학, 행동주의 심리학, 형태주의 심리학의 관점을 비교하여 설명하시오.

3. 심리학에서의 인지주의 관점이 발달하게 된 배경을 설명하시오.

4. 현대 심리학에서 생물학적 관점과 진화론적 관점이 가지는 의미를 비교하여 설명하시오.

5. 현대 심리학에서 정신역동학적 관점과 인본주의적 관점이 가지는 의미를 비교하여 설명하시오.

6. 심리학에서 이용하고 있는 연구 방법 중에서 실험법에 대해서 설명하시오.

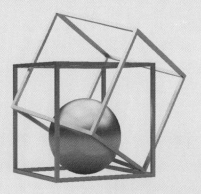

chapter

02

마음과 행동의 생물학적 기초

- 행동과 마음의 작동을 생물학적 관점, 특히 뇌신경계의 역할과 관련지어 설명한다.
- 뇌신경계의 기본 단위인 뉴런의 구조와 신호 전달 과정을 이해한다.
- 뇌신경계의 구조와 주요 영역이 담당하는 대략적 기능을 파악한다.
- 뇌를 연구하는 다양한 연구 방법의 원리와 장단점을 이해한다.

학습개요

　　생물심리학은 인간의 행동과 정신 활동을 신경계 및 그와 연관된 세포들의 활동으로 설명하고자 하는 심리학의 한 영역이다. 생물심리학은 최근 급격한 발전을 이룬 뇌신경과학과 함께 심리학의 여러 분야로 영역을 확장하고 있다. 점점 더 많은 대학에서 생물심리학 전공자는 뇌신경과학 전공과 공통된 과목을 수강하며, 연구도 공동으로 수행하는 등 학문적 활동을 공유하고 있다. 생물심리학 전공 교수가 의과대학 소속의 뇌신경과학 전공 교수를 겸임하기도 하고 생물학 전공 학생이 대학원 진학 시에는 심리학과를 선택하기도 하는 등, 생물심리학을 중심으로 심리학과 뇌신경과학과의 교집합은 커지고, 그 경계는 희미해지고 있는 실정이다. 뿐만 아니라 기존에 심리학이나 생명과학과는 거리가 있던 학문들, 예를 들어 공학, 사회과학 등의 학문 영역들도 주제와 방법론의 벽을 넘어 학제간 융합을 시도하고 있다([더 알아보기] '뇌과학의 새로운 분야들' 참조).

　　생물심리학을 통해 행동과 정신 현상을 이해하기 위해서는 신경계의 구조와 기능을 이해해야 한다. 따라서 신경계의 기본 단위인 뉴런의 작동 방식 및 뉴런과 뉴런 사이에서 일어나는 정보 전달에 대해, 그리고 신경계가 어떻게 구성되어 작동하는지, 또한 최근 뇌 연구 방법의 종류와 장단점은 어떤 것들이 있는지 알아보도록 한다.

02 chapter
마음과 행동의 생물학적 기초

1. 생물심리학이란

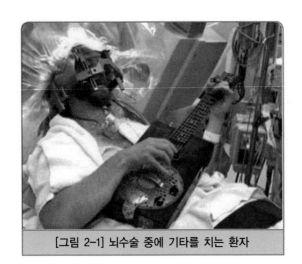

[그림 2-1] 뇌수술 중에 기타를 치는 환자

인기 있는 유튜브 영상 중에 〈뇌수술 중에 기타를 치는 환자〉라는 제목의 영상이 있다.[1]

환자는 다소 불편하게 보이는 왕관같이 생긴 금속 재질의 장비를 착용했다는 걸 제외하면 뇌수술을 받고 있다는 사실이 믿어지지 않을 정도로 정상적으로 대화하고 행동한다. 왕관과 같이 생긴 장비는 입체정위장치(stereotaxic apparatus)로서 환자의 뇌 안으로 기다란 전극을 정확한 위치에 삽입할 수 있게 해 준다. 영상 속의 환자, 브래드 카터(Brad Carter)는 전문적인 기타리스트로 몇 년간 점점 심해지는 수전증으로 고생하고 있었고, 뇌에 전극을 삽입해서 전기 자극을 통해 수전증을 감소시키는 수술을 받게 되었다. 실제로 영상에는 직접 보이지 않아도 카터의 뇌에는 전극이 삽입되어 있는 상황이고, 의사들은 입체정위장치를 통해 전극의 위치를 바꾸어 가면서 카터에게 지시를 내리고 관찰한다. 이러한 대화와 시연을 통해 뇌자극이 카터의 수전증에 어떤 영향을 미치는지, 또 생각지 못한 부작용이 없는지를 계속해서 검사하게 된다. 이러한 상호작용은 수술의 정확성을 향상시키고 환자의 만족도를 높여 주는 효과가 있기에 신경외과 집도의들은 국부마취를 선호한다. 그런데 이 영상을 본다면 여러분은 아마도 몇 가지 사실에 놀랄 것이다. 첫

----

1) https://www.youtube.com/watch?v=fQDcoyQpIn8

째, 뇌수술이 치과에서 사랑니를 뽑는 정도의 간단한 절차(적어도 겉으로 관찰하기에는) 만으로 이루어질 수 있고, 환자가 대화는 물론 기타 연주가 가능할 정도로 완벽한 의 식 수준을 유지한다는 사실이다. 모순적이지만 우리 몸의 모든 통증을 관장하고 심지 어는 정서적인 아픔까지 처리하는 뇌는 막상 자기 자신의 통증을 감지하는 수용체는 지니고 있지 않기에 환자는 전혀 아픔을 느끼지 못한다. 또한 뇌가 담당하는 많은 기 능들은 모듈화되어 있어서 한 기능을 담당하는 영역을 자극하여도(여기서는 손의 움직 임과 관련된 운동 영역), 다른 기능(여기서는 청각이나 언어 처리와 관련된 기능)은 온전히 수행될 수도 있다. 둘째, 치료가 불가능하다고 진단받은 증상들이 약간의 전류를 흘 려 주는 자극을 통해 개선될 수 있다는 사실이다. 뇌심부자극법(Deep Brain Stimulation: DBS)이라고 일컬어지는 이러한 기법은 파킨슨병(Parkinson's Disease)과 같은 운동질환 은 물론 강박, 우울 등과 같은 정서질환에도 효과가 있는 것으로 알려져 최근 확대되고 있는 치료법 중의 하나이다.

앞서 소개한 뇌 전기 자극을 최초로 시도한 사람은 20세기 초반 캐나다의 신경외과 전문의 펜필드(Wilder Penfield)였다. 펜필드의 환자들은 국부마취만을 받았기에 뇌수 술 기간 동안 내내 의식이 유지되었고, 의사의 질문에 대답을 할 수도 있었으며, 신체 의 일부를 움직일 수도 있었다. 펜필드는 뇌 표면의 다양한 부위를 자극함으로써 환자 가 감각 경험, 특히 피부의 촉각을 보고하는 것을 발견하였다. 때로는 신체의 특정 부 위에서의 움직임을 보이기도 하였다. 이러한 뇌자극법을 통해 펜필드는 뇌의 특정 부 위와 신체 부위 간에 직접적인 감각 및 운동 연결이 있음을 발견하였고, 그러한 신체 부위를 기록하는 지도를 작성하였다. 뇌의 표면에 그려진 이러한 감각 및 운동지도를 시각화하면 왜곡된 사람의 모양을 한 그림이 완성되는데, 이를 뇌난쟁이(homunculus) 라고 부른다. 이 난쟁이는 실제의 인체 비례와는 전혀 다르게 민감한 신체 부위가 과 장되게 표현된 기괴한 형태를 보이게 된다. 뇌의 여러 부위에 이러한 뇌난쟁이가 있을 수 있는데, 대표적으로 우리의 피부 감각을 담당하는 대뇌의 1차체감각피질의 뇌난쟁 이는 펜필드가 작성한 뇌지도이며 아직도 쓰이고 있을 만큼 정교함을 자랑한다([그림 2-2] 참조).

이런 무시무시한 실험이 아니더라도 우리가 주변에서 쉽게 관찰할 수 있는 예들은 인간의 마음 혹은 정신 활동이라는 정교한 작용이 몇몇 화합물의 작용에 얼마나 취약 한지를 보여 준다. 술에 취하면 전혀 다른 성격으로 돌변하는 사람을 친구로 두었다든 지, 전신마취를 통해 잠들어 본 적이 있지 않은가? 그 외에도 무수히 많은 증거가 뇌와

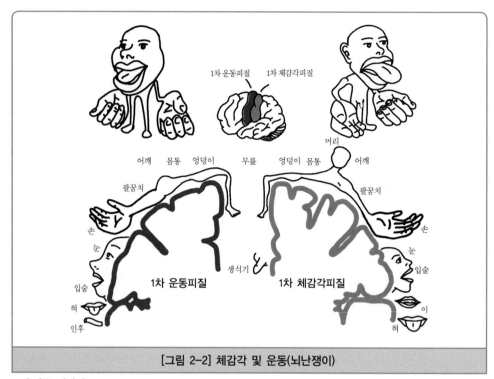

[그림 2-2] 체감각 및 운동(뇌난쟁이)

그림 제공: 전서연

행동 간의 관계를 공고히 한다. 특정 뇌 부위를 다친 사람은 특정한 행동의 장애—움직임, 언어, 시각, 청각, 후각이나 미각, 심지어는 특정한 사물이나 다른 사람의 얼굴을 알아보는 것과 같은 매우 구체적인 능력의 손상—를 보인다. 또한 다양한 향정신성 약물에 의한 행동 변화, 사고나 뇌졸중으로 인한 뇌 손상, 그리고 현대의 뇌파나 뇌영상 측정법 같은 다양한 연구 기법은 뇌가 인간 행동의 원인을 제공한다는 강력한 증거를 제공한다.

생물심리학(biological psychology)은 인간의 행동에 영향을 미치는 다양한 생물학적인 요인을 찾아내고 분석하며 궁극적으로는 인간의 정신 활동 전체를 신경 세포의 활동으로 환원하여 설명하고자 한다. 최근 들어서는 정신작용의 가장 신비한 부분인 의식(consciousness)마저도 뇌신경계의 활동으로 설명하려는 시도와 연구가 출현하고 있다. 2006년『Nature』지에 실린 연구에서 뇌전증 환자를 대상으로 뇌의 각회(angular gyrus) 영역을 자극하면 임사체험(out-of-body experience)을 유도할 수 있음이 보고되었다([그림 2-3] 참조). 임사체험과 같은, 드물지만 신비한 경험들은 때로 영혼의 존재에 대한 시사로까지 여겨졌기에, 그러한 경험이 뇌의 특정 영역에 약간의 전류를 흘려

줌으로써 재현 가능하다는 사실은 인간의 행동과 내적 경험이 뇌 활동의 산물임을 보여 주는 신선한 증거로 다가온다. 물론 아직 생물학적인 원리만으로 인간 행동의 모든 부분을 설명할 수 있는 단계는 아니다. 뇌에는 신경 세포인 뉴런이 약 1,000억 개 정도 있다고 여겨지며, 이러한 수많은 뉴런이 서로 연결되는 방식의 수는 상상을 초월할 만큼 복잡하다. 뿐만 아니라 뇌는 신경계의 일부이며, 우리의 행동은 대부분 뇌의 작용으로 결정되지만 때로는 척수가 중요한 역할을 할 때도 있다. 또 뇌와 척수뿐 아니라 각종 감각기관으로부터의 정보 입력 및 신체의 근육을 움직이기 위한 명령의 전달 등에 관여하는 감각 수용기들과 신경섬유들도 필수적인 요소다. 이러한 신경계 요소에 더해서 다른 요인, 예를 들면 호르몬도 역시 행동에 영향을 미친다. 이렇듯 무수히 많은 요인들이 실시간으로 상호작용하면서 인간의 행동과 마음의 흐름을 결정하는 매우 복잡한 비선형 방정식을 형성하고 있기에, 인간의 행동을 생물학적인 변인의 합으로

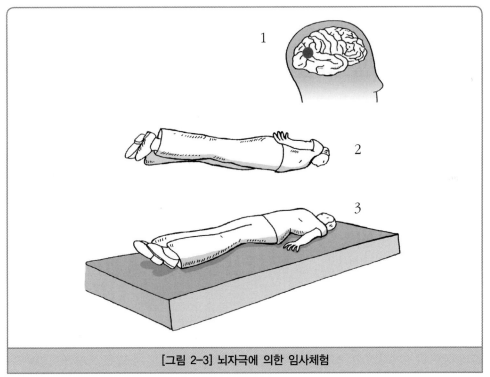

[그림 2-3] 뇌자극에 의한 임사체험

1. 우반구의 각회(angular gyrus)를 자극하면 마치 자신이 자신의 신체에서 분리되어 공중에서 자신을 바라보는 듯한 느낌, 소위 임사체험이 가능함이 보고되었다.
2. 지각된 자신의 위치
3. 실제 위치

출처: Arzy, S., Seeck, M., Ortigue, S., Spinelli, L., & Blanke, O. (2006). Induction of an illusory shadow person. *Nature, 443*, 287.

만 설명하기 위해서는 아직도 많은 세월과 연구가 필요하다. 그럼에도 불구하고 최근 들어 뇌과학의 눈부신 발전은 그 전까지 심리학의 다른 영역에서 제공하던 설명들—인지적·심리역동적 혹은 사회심리학적 접근들—과는 다른 새로운 시각을 설득력 있게 제시하고 있다.

2. 신경계의 기본 단위: 뉴런

신경계는 우리 신체의 여타 기관들과 마찬가지로 기본 단위인 세포로 이루어져 있다. 신경계를 이루는 세포는 여러 종류가 있는데, 그중에서도 행동과 가장 밀접한 관련을 지니는 세포는 뉴런(neuron)이다. 신경계에는 이 외에도 뉴런의 역할을 보조하는 교세포(glia)가 있다. 뉴런을 우리 몸의 다른 세포들과 구분되게 하는 특징이 몇 가지 있다. 첫째는 빠르게 전기적 변화를 일으킬 수 있다는 점이다. 이를 흥분한다고 표현하는데, 이러한 흥분성 때문에 정보 전달이라는 특수한 기능이 가능해진다. 정보 전달은 비단 신경계뿐 아니라 유기체의 신체 전반에서 일어나는 현상이지만, 특히 신경계의 정보 전달은 빠르고 정확하게 일어나서 변화하는 환경 자극에 실시간으로 대응을 가능하게 한다. 둘째, 뉴런은 한번 손상되면 재생이 되지 않는다. 따라서 다른 신체 부위의 손상보다도 훨씬 더 치명적인 결과를 가져온다. 우리가 위험한 활동을 할 때 헬멧을 써야 하는 이유가 이 때문이다.

1) 뉴런의 기본 형태

뉴런은 인체의 여러 세포 중 가장 다양한 크기와 형태를 지닌다. 엄지발가락 끝에서 척수로 감각을 전달하는 감각 뉴런은 그 길이가 거의 1미터에 달하지만, 소뇌의 과립세포(granule cell) 같은 경우는 몇 마이크론 정도에 지나지 않을 정도로 작다. 크기뿐 아니라 형태도 나뭇가지 모양, 삼각형 모양, 별 모양 등 제각각이다. 이렇게 이러한 다양한 뉴런들 모두에 공통된 기본 구조가 있는데, 그 전형적인 형태가 [그림 2-4]에 나타나 있다.

뉴런은 일반적으로 수상돌기(dendrite), 세포체(soma), 축삭(axon)으로 구성되어 있다. 수상돌기는 다른 뉴런에서 신호를 전달받는 곳이고, 세포체는 몸에 있는 다른 세포들과 마찬가지로 유전 정보를 지니고 있는 세포핵(nucleus)을 가지고 있으며 세포로

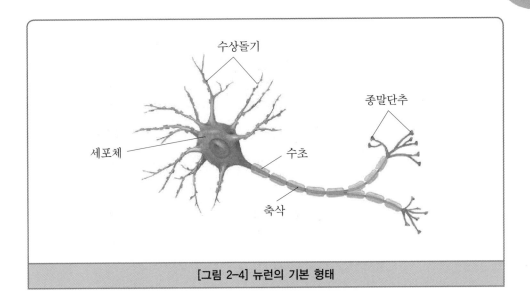

수상돌기

종말단추

세포체

수초

축삭

[그림 2-4] 뉴런의 기본 형태

서의 대사 및 유지 기능을 수행한다. 축삭은 신경 신호를 다른 뉴런에 전달하는데, 축삭의 끝은 여러 갈래로 분기하며 그 끝은 종말단추(terminal button)라고 한다. 뉴런에서의 정보는 수상돌기, 세포체, 축삭, 종말단추의 방향으로만 전달된다.

2) 뉴런의 기본 작동: 안정 전위와 활동 전위의 생성

앞서 언급한 것처럼 뉴런의 가장 큰 특징은 빠르게 흥분할 수 있다는 것이고, 이러한 흥분은 전기적으로 생산되어 전달된다. 즉, 뉴런은 하나의 작은 발전기처럼 작동한다. 과연 뉴런은 이러한 전기적 신호를 어떻게 만들어 내는 것일까?

뉴런의 내부와 외부에는 전기적 극성을 띠는 많은 이온이 존재하는데, 세포막을 사이에 두고 뉴런 내부의 칼륨 이온(K^+)들은 뉴런 외부보다 내부, 나트륨 이온(Na^+)들은 뉴런 내부보다 외부에 더 많이 존재한다. 세포막에는 이 이온들이 지나다닐 수 있는 통로, 즉 이온 채널(ion channel)이 존재한다. 평소에는 이온 채널이 닫혀 있거나 극히 일부만 열려 있어서 이온들의 자유로운 흐름을 제한한다. 이러한 제한에 의해 세포막의 안쪽과 바깥쪽에는 농도 차이가 발생하고 그 차이 때문에 세포막을 사이에 두고 전위차가 발생하게 된다.

뉴런이 흥분하지 않을 경우, 뉴런 안팎 이온들의 농도를 전기로 측정할 때 평상시 안쪽이 바깥쪽보다 70mV 정도 더 낮다. 이처럼 안쪽이 더 음극화되어 있는 전위차를

-70mV로 표기하고, 이러한 상태를 분극화(polarized)되어 있다고 하며, 이때의 전위를 안정 전위(resting potential)라고 부른다. 만약 세포막의 전위차가 -70mV보다 작아져서 역치 수준(약 -55mV)보다 더 올라가게 되면 이온 채널들, 특히 나트륨 채널이 일제히 열리게 된다. 열린 채널을 통해 나트륨이 세포막 안쪽으로 쏟아져 들어오면서 전위차는 급격히 변화하여 약 +40mV까지 도달하게 된다. 이를 탈분극화(depolarization)라고 한다. 나트륨 이온이 충분히 들어오고 나면, 뉴런 내부에 있던 칼륨 이온들이 밖으로 빠져나가고 일시적으로 뉴런의 전위는 안정 전위보다도 더 음극화된다. 이를 과분극화(hyperpolarization)라고 한다. 과분극화된 전위는 다시 안정 전위로 돌아옴으로써 뉴런은 또 다른 활동 전위를 만들어 낼 준비를 갖추게 된다. 뉴런의 안과 밖에서 일어나는 순차적인 이온의 이동을 그림으로 표현하면 [그림 2-5]와 같다.

이처럼 이온 채널이 열려 전위차가 발생하고 다시 안정 전위로 돌아오는 데에는 겨

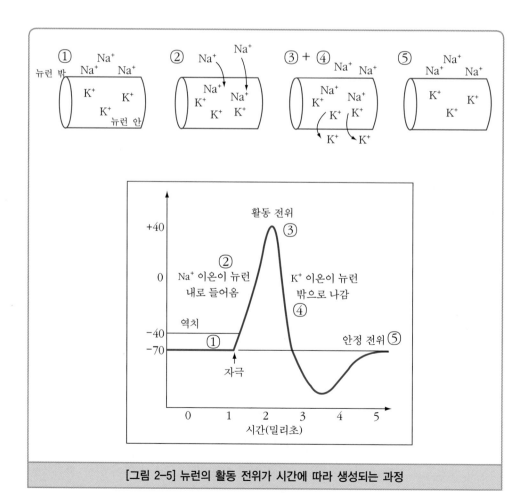

[그림 2-5] 뉴런의 활동 전위가 시간에 따라 생성되는 과정

우 1~2밀리초(ms, 천분의 1초) 정도밖에 걸리지 않는다. 이러한 빠른 전위차의 변화를 활동 전위(action potential)라고 한다. 활동 전위가 연속해서 발생할 경우 그 뉴런이 발화(firing)하고 있다고 표현하며, 이러한 발화의 빈도 및 패턴을 통해 뉴런이 정보를 부호화한다고 믿는다. 이렇게 생성된 활동 전위는 마치 도미노가 쓰러지는 것처럼 축삭을 따라 종말단추를 향해 전달된다. 즉, 활동 전위는 인접한 축삭 영역을 탈분극시키고, 탈분극된 정도가 역치를 넘으면 이온 채널이 열리면서 또 하나의 활동 전위가 발생하게 된다. 활동 전위의 크기는 언제나 일정하게 유지되는 실무율(all or none principle)을 따른다. 이러한 방식으로 활동 전위가 전달되는 방식은 속도가 느리다는 단점이 있다. 가까운 거리라면 별 문제가 없지만 1미터나 되는 축삭을 가진 뉴런에서는 상당한 시간 지연이 발생하게 된다. 이를 보완하기 위해 무척추 동물의 신경계는 축삭의 굵기를 증가시키는 방향으로 진화했다. 대표적인 무척추 동물인 오징어의 경우, 일부 축삭의 굵기는 500 마이크로미터(μm, 1mm의 천분의 일)에 달한다. 반면에 척추 동물의 신경계는 수초(myelin)라는 구조물을 만들어 내는 방향으로 진화해서 축삭 굵기의 증가 없이도 활동 전위의 전달 속도를 증가시켰다.

수초는 축삭 주변을 마치 핫도그처럼 감싸고 있으며, 수초가 있는 뉴런의 축삭을 특별히 유수축삭(myelinated axon)이라고 부른다. 이렇게 수초가 감싼 부위는 이온 채널이 존재하지 않아 활동 전위가 발생하지 못한다. 따라서 활동 전위는 오직 수초와 수초 사이의 마디에만 발생하여 수초를 건너뛰는 것과 같은 방식으로 전달되어 속도를 향상시킨다. 이를 도약전도(salutatory conduction)라 하며, 축삭에서 수초화되어 있지 않은 부분을 랑비에 마디(node of Ranvier)라고 부른다. 인간 정도의 신체 크기를 가진 개체가 만약 수초가 없는 신경계를 아직도 가지고 있다면, 현재 인간이 보이는 신경 전달 속도를 유지하기 위해서 신경의 굵기는 수백 배 이상 증가해야 할 것이고 우리 모두는 신경으로 꽉 찬, 코끼리처럼 굵은 다리를 무겁게 끌고 다녀야 했을 것이다.

3) 뉴런에서 다른 뉴런으로의 전달

활동 전위가 축삭의 끝에 다다르게 되면, 이 정보는 이제 다음 뉴런에게 전달되어야 한다. 뉴런과 뉴런 사이는 물리적으로 붙어 있지 않고 시냅스(synapse)라는 틈을 두고 있다. 시냅스를 사이에 둔 두 뉴런 중 시냅스 앞에 위치하여 정보를 주는 뉴런을 시냅스 전 뉴런(presynaptic neuron)이라 하고, 시냅스 뒤에 위치하여 정보를 받는 뉴런을 시냅스 후 뉴런(postsynaptic neuron)이라고 한다. 시냅스에는 전기적 신호를 매개할 전도체가 존재하지 않는다. 따라서 시냅스를 뛰어넘어 다른 뉴런으로 신호를 전달하기 위해서는 전기적 방법이 아닌 다른 방법이 필요하다.

시냅스를 통한 정보 전달은 화학적 방법으로 일어난다([그림 2-6] 참조). 활동 전위가 종말단추에 도달하면 칼슘이온(Ca^{2+})의 작용에 의해 시냅스 소낭(synaptic vesicle)이 터지게 만드는데, 이 소낭 안에는 신경전달물질(neurotransmitter)이라 불리는 화학 물질이 들어 있다. 이렇게 소낭에서 배출된 신경전달물질은 시냅스 간극(synaptic cleft)으로 퍼져 나가 시냅스 후 뉴런에 도달하게 된다. 도달한 신경전달물질은 시냅스 후 뉴런에 분포하는 수용기와 결합하여 수용기를 활성화시킨다. 활성화된 수용기는 즉각적으로 이온 채널을 열거나 어느 정도의 시간 지연 후에 다양한 세포 내 변화를 일으킴으로써 시냅스 후 뉴런에 새로운 전기적 신호를 만들어 낸다. 수용기가 어떤 작용을 하느냐에 따라 신경전달물질은 시냅스 후 뉴런의 활동을 촉진하기도 하고 억제하기도 한다.

좀 더 구체적으로 살펴보면, 신경전달물질이 결합하는 수용기는 크게 두 종류로 나뉜다. 한 종류는 수용기 자체에 이온 채널이 포함되어 있는 타입(이온성 수용기, ionotropic receptor)이고, 다른 형태는 이온 채널은 없지만 간접적으로 신경 전달을 조절하는 타입(대사성 수용기, metabotropic receptor)이다. 신경전달물질이 마치 열쇠가 자물쇠에 딱 들어맞는 것처럼 이온성 수용기에 달라붙게 되면 이온 채널이 열리면서 시냅스 후 뉴런에 새로운 전위가 발생한다. 이온 채널의 종류에 따라 흥분성 시냅스 후 전위(Excitatory Post-Synaptic Potential: EPSP)나 억제성 시냅스 후 전위(Inhibitory Post-Synaptic Potential: IPSP)가 발생하는데 EPSP는 수용기가 나트륨(Na^+) 채널을 포함한 경우, IPSP는 수용기가 클로라이드 채널(Cl^-)을 포함한 경우에 발생한다. 한편, 대사성 수용기에 신경전달물질이 결합하게 되면 당장 어떤 전위차가 생성되지는 않지만 수용기에 결합된 G단백질(G protein)이 떨어져 나와 여러 단계의 신호 전달을 매개함으로써 주변의 다른 이온 채널에 생물리학적 변화를 일으킨다. 결과적으로, 이로 인해 추후 다른 신경전달물질이 전달될 때 발생하는 신경 신호가 더 커지거나 혹은 작아지는 효과를 낳는다. 즉, 대사성 수용기를 통한 신경 전달은 속도는 느리지만 효과는 더 커지는 특성을 가지고 있다.

한 뉴런은 보통 다른 뉴런과 작게는 수천, 많게는 수십만 개의 시냅스를 맺고 있으므로 많은 수의 흥분성 혹은 억제성 시냅스 후 전위를 받아들이고 있는 셈이다. 개별 시냅스 후 전위는 뉴런에 어떤 변화를 일으키기에는 미약하지만 만약 어느 특정 시점에 여러 시냅스에서 동시에 EPSP가 발생하면 그 합은 뉴런의 발화역치를 넘어설 수 있

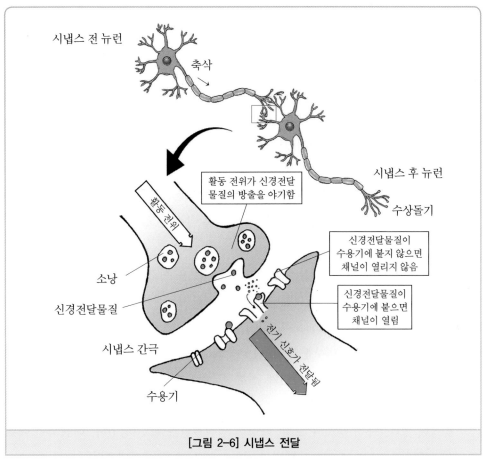

시냅스 전 뉴런

축삭

활동 전위가 신경전달
물질의 방출을 야기함

시냅스 후 뉴런

수상돌기

신경전달물질이
수용기에 붙지 않으면
채널이 열리지 않음

소낭

신경전달물질

신경전달물질이
수용기에 붙으면
채널이 열림

시냅스 간극

수용기

[그림 2-6] 시냅스 전달

뉴런을 통해 축삭종말에 도달한 전기적 신호는 화학적 방법으로 다음 뉴런에게 전달된다. 시냅스 전 뉴런에서 방출된 신경전달물질이 시냅스 간극을 건너 시냅스 후 뉴런의 수용기와 결합함으로써 신호를 전달하게 된다.

고, 따라서 뉴런에 활동 전위를 일으킬 수 있다. 반대로, 어느 뉴런에 여러 개의 IPSP가 발생한다면 그 뉴런이 발화하는 것을 억제할 수도 있다. 이러한 EPSP와 IPSP의 합이 한 뉴런의 발화 확률을 결정하는 원리는 우리가 덧셈과 뺄셈을 통해 답을 구하는 방식에 비유할 수 있다. 이러한 뉴런의 신호 전달을 신호 집약 후 발화(integrate-and-fire)라고 하며, 신경계가 정보를 처리하는 가장 기본적인 방식이다.

4) 신경전달물질의 작용

뇌에는 다양한 종류의 신경전달물질이 있는데, 현재까지 약 40여 종이 발견되었고 아직도 새로운 신경전달물질이 연구되고 있다. 이들은 뇌의 다른 영역에서 다른 수용기와 결합함으로써 신경 정보의 다양성에 기여한다. 또한 각종 향정신성 약물이 작용하는 장소도 바로 이들 신경전달물질이 전달되는 시냅스다. 지금까지 밝혀진 대표적인 신경전달물질들은 다음과 같다.

- 아세틸콜린(acetylcholine: ACh): 가장 먼저 발견된 신경전달물질로, 중추신경계와 말초신경계 모두에 존재한다. 아세틸콜린은 뇌에서 기억과 관련된 신경전달물질인데, 이것을 생산하는 체계가 망가졌을 경우 알츠하이머병을 가진 환자들이 겪는 기억 결함의 증세가 나타난다. 말초신경계의 신경과 근육 접합부(neuromuscular junction)에서는 흥분성 역할을 하여 근육을 수축하게 만드는 역할도 한다.

- 아미노산(amino acid): 아미노산계 신경전달물질은 신경계 대부분의 영역에 존재하며, 빠른 신호 전달에 관여한다. 대표적인 아미노산계 신경전달물질에는 흥분성인 글루타메이트(glutamate)와 억제성인 GABA(gamma-aminobutyric acid)가 있다. 뇌에서 처리되는 대부분의 정보는 아미노산계 신경전달물질에 의존한다.

- 모노아민(Monoamine): 모노아민계 신경전달물질은 아미노산으로부터 합성되며, 모노아민의 분비는 특정 시냅스를 넘어서서 넓은 영역의 시냅스에 영향을 미치는 특징이 있다. 특히 정서와 보상, 다양한 정신질환과 관련이 있다. 대표적인 예로 세로토닌(serotonin, 5-HT), 도파민(dopamine: DA), 노르에피네프린(norepinephrine: NE)이 있다. 세로토닌의 경우, 우울증(depression)과 관련이 깊은 것으로 알려져 있으며, 우울증에 걸린 사람들의 경우 세로토닌의 수준이 정상인보다 낮다는 점에 착안하여 치료제가 개발되기도 하였다. 예를 들면, 시냅스에 방출된 세로토닌이 시냅스 전 뉴런으로 재흡수되지 않고 계속 남아 있게 하여 그 작용을 지속시키는 선택적 세로토닌 재흡수 억제제(Selective Serotonin Reuptake Inhibitor: SSRI)가 만들어져 대표적인 항우울제로 쓰이고 있다. 도파민은 운동과 보상에 관련되어 있다. 도파민의 수준이 너무 낮으면 어떤 동작을 시작하거나 자세를 유지하는 데 어려움을 겪는 운동장애인 파킨슨병에 이르게 된다. 반대로, 도파민의 양이 너무 많을 경우에는 정신분열증 증상을 호소하게 된다. 또한 도파민 분비가 도박이나 약물중독과 같은 강력한 보상학습과 관련되어 있다는 증거가 많이 나오고 있다. 노르에피네프린은 자율신경계, 특히 교감 신경계의 작용에 관여하며 중추신경계에서는 각성과 주의에 영향을 주는 것으로 알려져 있다.

3. 신경계의 구성과 기능

앞에서는 신경계의 기본 단위인 뉴런의 기본 구조와 신호 전달을 살펴보았다. 신경계의 주요 기능들—감각과 지각, 학습, 기억, 언어, 논리적 사고, 의사 판단 등—은 단일 뉴런의 활동이 아닌 많은 뉴런 간의 상호작용에서 생겨난다. 따라서 이러한 기능을 이해하기 위해서는 신경계가 해부학적으로 어떤 구조를 가지고 어떤 방식으로 조직화되어 있는지 이해하는 것이 중요하다.

1) 말초신경계와 중추신경계

신경계는 두 부분으로 나뉘는데, 중추신경계(central nervous system)는 뇌와 척수로 이루어져 있고, 말초신경계(peripheral nervous system)는 중추신경계를 제외한 나머지 전체, 즉 주로 감각 및 운동 신호의 전달을 담당하는 체성신경계와 자동적인 반응을 담당하는 자율신경계를 합하여 일컫는다.

(1) 말초신경계

말초신경계는 체성신경계(somatic nervous system)와 자율신경계(autonomic nervous system)로 구분할 수 있다. 체성신경계는 우리 몸 여러 군데에 위치한 감각기관에서 정보를 받아들이는 감각신경과 우리 몸의 근육을 움직이는 운동신경으로 구분할 수 있다. 체성신경계는 대체적으로 우리의 생각대로 통제할 수 있는 수의근(voluntary muscle)으로 신호를 보내기 위해 필요한 시스템이다. 예를 들면, 우리가 휴대전화로 문자를 보내기 위해 손가락을 움직일 때 체성신경계가 활동하고 있을 것이다.

반면에 자율신경계는 주로 호르몬이나 체액을 분비하는 분비샘(gland)이나 의식적으로 통제가 불가능한 근육들, 즉 불수의근(involuntary muscle)들로 신호를 보낸다. 생명을 유지하는 데 중요한 호흡, 긴장했을 때 흘리는 땀, 사랑하는 사람을 만날 때 두근거리는 심장 등이 자율신경계 활동의 예들이다(원하는 대로 땀을 흘리거나 필요할 때 맥박을 올리거나 낮출 수 있는 사람이 있는가?). 자율신경계는 이름이 의미하는 바대로 뇌의 통제 혹은 우리의 의식적인 통제 없이 자율적으로 신체 반응을 조절한다.

자율신경계는 서로 반대의 기능을 수행하는 교감 신경계(sympathetic nervous system)

와 부교감 신경계(parasympathetic nervous system)로 분류할 수 있다. 우리 몸을 이루는 대부분의 장기는 교감 및 부교감 신경계 모두의 지배를 받으며 평상시에는 두 신경계의 영향이 균형을 이루고 있다. 교감 신경계는 주로 위기 상황에서 에너지를 사용하는 반응을 만들어 내는 데 기여하는 반면에, 부교감 신경계는 평화로운 상황에서 에너지를 저장하는 방향으로 작용한다. 예를 들면, 우리가 위협적인 대상과 맞닥뜨리거나(어두운 골목에서 강도를 만난다든지), 스트레스에 노출되었을 때(방금 내린 택시에 새로 산 스마트폰을 놓고 내렸다고 생각해 보라.) 우리 몸에는 각종 흥분 반응이 일어난다. 심장 박동이 올라가고 식은땀이 흐르며, 호흡이 가빠지고 털이 곤두선다. 밥맛이 떨어져서 먹

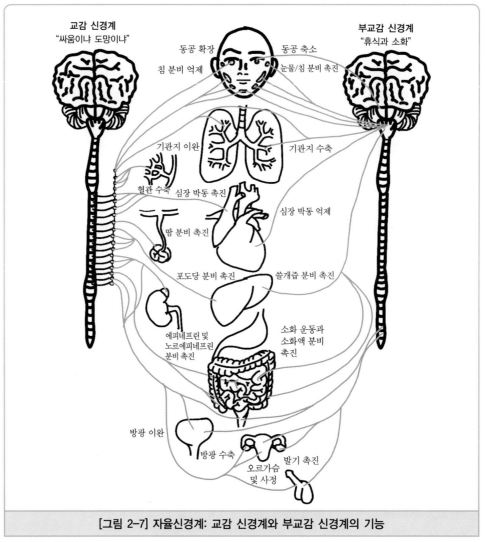

[그림 2-7] 자율신경계: 교감 신경계와 부교감 신경계의 기능

그림 제공: 전서연

고 싶은 생각이 없어지고, 온몸의 근육에 혈류량이 증가하면서 평상시보다 더 큰 힘을 낼 수 있다. 이 모든 반응이 교감 신경계의 작용으로 일어난다.

교감 신경계의 반응을 통제하는 뉴런들은 척수의 흉추(thoracic)와 요추(lumbar) 영역에서 비롯한다. 이들 뉴런의 신경섬유는 척수를 빠져나와서 교감 신경절(sympathetic ganglia)에 시냅스를 맺고 여기서부터 각종 장기들로 투사하게 된다. 교감 신경절은 척수와 나란히 일렬로 분포되어 있을 뿐 아니라 이웃한 교감 신경절끼리 서로 체인처럼 연결이 되어 있다. 이러한 연결 때문에 교감 신경절의 뉴런은 빠르게 흥분하고, 한번 흥분하면 여러 신경절이 동시에 흥분하기 쉬운 구조로 되어 있다. 이는 교감 신경계의 여러 반응이 동기화되고 신속하게 일어나게 해 준다. 반면에 부교감 신경계의 신경절은 뇌간(brainstem, 중뇌 이하의 뇌 영역)과 척수의 가장 꼬리 부분인 미추(sacral) 영역에서 비롯된다. 교감 신경절과는 달리 부교감 신경절은 서로 다른 위치에 분포하며 주로 장기와 가까이 붙어 위치한다. 또 신경절끼리 연결되어 있지도 않다. 따라서 부교감 신경이 매개하는 반응들-소화액을 증가시키고 근육으로 가는 혈류를 창자로 보내는 등-은 동시다발적으로 일어나지 않는다. 이러한 내용들이 [그림 2-7]에 요약되어 있다.

(2) 중추신경계

뇌는 척수를 통해 말초신경계와 연결되어 행동을 통제하는데, 위급한 상황에서는 척수가 뇌의 명령을 받지 않고 명령을 내리기도 한다. 우리가 뜨거운 물에 손이 닿았을 때 손을 빼는 반사 행동이 대표적인 예이다. 척수가 관장하는 반사 행동들도 생존에 중요한 부분이지만, 여기서는 심리학에서 다루는 행동과 관련이 깊은, 뇌에 대해서 좀 더 자세하게 설명하고자 한다. 뇌는 발생학적·기능적 구분에 따라 종뇌, 간뇌, 중뇌, 후뇌, 수뇌로 구분된다(〈표 2-1〉, [그림 2-8] 참조).

〈표 2-1〉 뇌의 해부학적 분류

종뇌(Telencephalon)	대뇌피질, 기저핵, 변연계
간뇌(Diencephalon)	시상, 시상하부
중뇌(Mesencephalon)	중뇌개, 중뇌피개, 중뇌수도
후뇌(Metencephalon)	소뇌, 교
수뇌(Myelencephalon)	연수, 망상체

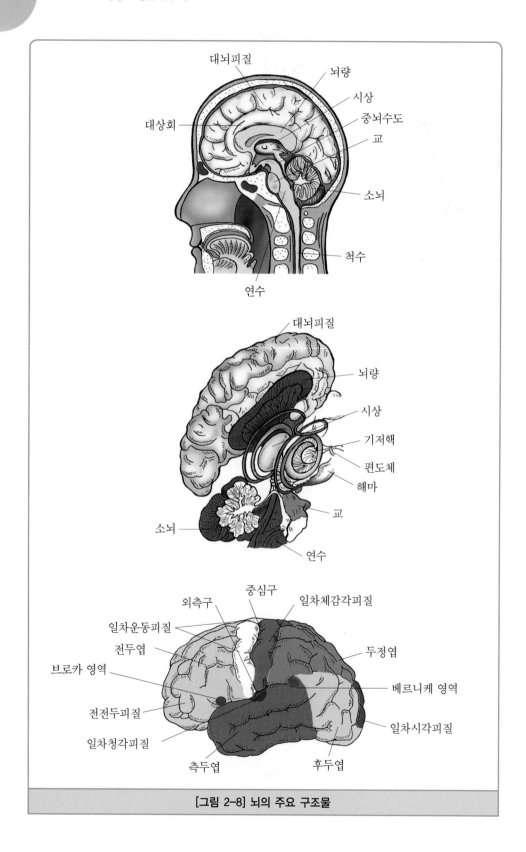

[그림 2-8] 뇌의 주요 구조물

수뇌(Myelencephalon)   수뇌는 뇌에서 가장 하부에 자리 잡고 있는 구조로, 척수와 연결된 부분에 해당하는 영역을 연수(medulla oblongata)라고 부른다. 연수는 호흡, 혈압, 심장 박동 등 생명을 유지하는 데 필수적인 기능을 담당한다.

망상체(reticular formation)는 뉴런들이 특정 핵(nucleus)—뉴런들이 덩어리로 모여 있는 구조물—에 집중되어 있지 않고 넓은 영역에 걸쳐 복잡한 상호 연결을 맺으면서 그물 같은 망을 이루고 있는 구조로, 연수에서 중뇌에 이르는 구간에서 중심부에 길게 퍼져 있는 구조다. 망상체는 각성과 주의에 관여한다.

후뇌(Metenchphalon)   소뇌(cerebellum)는 자세를 유지하고 신체의 균형을 잡고 신체기관의 움직임을 조화롭게 해 주는 운동 협응에 중요한 역할을 한다. 예를 들어, 자전거를 탄다거나 야구에서 날아오는 볼을 향해 정확히 타이밍을 맞춰 배트를 휘두를 때 소뇌가 결정적인 역할을 한다. 운동신경이 아주 둔한 편이 아니라면 대부분의 사람들은 이 과정을 별 어려움 없이 해낸다. 하지만 그 과정을 수학적으로 생각해 보면 그렇게 쉽지 않다는 것을 알 수 있다. 볼이 날아오는 속도를 감안해서 매 순간 볼의 위치가 어디쯤 올지를 예측해야 하고 동시에 배트를 휘두르는 속도를 감안해서 내 손의 위치도 계속해서 계산해야 한다. 조금 과장하면 우주 정거장에서 로켓 두 대가 도킹하는 정도로 고도의 정밀성을 요구하는 계산 과정에 비유할 수 있다. 소뇌의 연산 능력은 사실 최신 슈퍼컴퓨터에 뒤지지 않거나, 어쩌면 더욱 효율적일 수 있다. 뿐만 아니라 최근 연구 결과는 소뇌가 운동 기능뿐 아니라 타이밍의 학습 및 언어를 비롯한 고도로 인지적인 처리에도 관여한다는 증거를 제시하고 있다.

연수의 앞쪽에 살짝 튀어나와 있는 교(pons)는 라틴어의 다리를 의미하는 어원을 가지고 있고 대뇌와 소뇌를 연결해 주는 역할을 한다.

중뇌(Mesencephalon)   중뇌는 교와 간뇌 사이에 자리 잡은 부위인데 중뇌개(tectum)와 그 안쪽의 중뇌피개(tegmentum)로 나뉜다. 중뇌개는 라틴어로 지붕을 의미하며, 움직이는 물체를 따라 시선을 자동적으로 옮기는 기능인 도약안구운동(saccade)을 담당하는 상소구(superior colliculus)와 청각 관련 반사 행동에 관여하는 하소구(inferior colliculus)로 이루어져 있다.

중뇌피개는 여러 하위 핵을 포함하고 있다. 그중 중뇌수도주변회백질(periaquiductal graymatter: PAG)은 통증과 관련된 감각 및 종 특이적인 공격 혹은 방어 행동에

관련되어 있다. 또한 흑질(substance nigra)은 운동 조절에 관여하며, 이곳에 있는 도파
민성 뉴런의 변성이 파킨슨병을 일으킨다. 적핵(red nuclens)은 팔과 다리를 포함, 신체
의 운동 조절에 관여한다([그림 2-9] 참조).

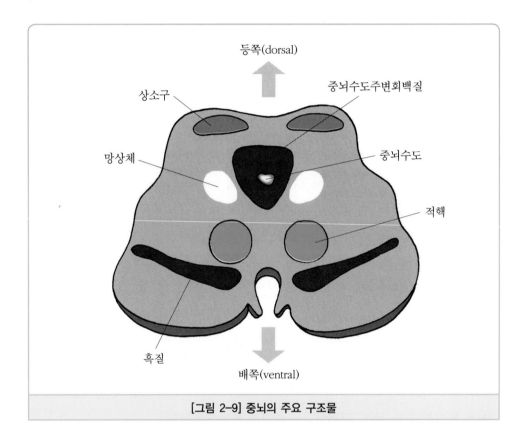

[그림 2-9] 중뇌의 주요 구조물

간뇌(Diencephalon)   간뇌는 시상(thalamus)과 시상하부(hypothalamus)를 포함
하는 중뇌 위쪽의 구조물이다. 후각을 제외한 모든 감각 정보는 시상을 거쳐서 대뇌
로 향한다. 시상의 외측슬상핵(lateral geniculate nucleus)은 시각 정보를, 내측슬상핵
(medial geniculate nucleus)은 청각 정보를, 복후측핵(ventral posterior nucleus)은 체감각
정보를 대뇌피질로 전달한다.

시상하부는 시상의 밑부분에 붙어 있는 작은 부분이다. 비록 물리적으로는 작아도
자율신경계와 호르몬의 분비를 통제함으로써 종의 생존과 관련된 여러 행동(공격 및
방어 행동, 섭식, 성 행동, 체온 조절 등)에 대해 큰 영향을 행사한다.

종뇌(Telencephalon)   종뇌는 겉에서 볼 때 뇌의 거의 대부분을 차지하는 것처럼 보이는 대뇌피질(cerebral cortex)과 그 안쪽의 기저핵(basal ganglia), 변연계(limbic system)로 이루어진 부분이다. 기저핵은 시상의 바깥을 둘러싼 여러 구조물로 구성되어 있으며, 가장 큰 구조물은 피각(putamen)과 미상핵(caudate nucleus)으로 이루어진 선조체(striatum)와 담창구(globus pallidus)다. 때로 중뇌 구조물인 흑질(substantia nigra)이나 배쪽 피개야(ventral tegmental area), 측좌핵(nucleus accumbens)도 기저핵에 포함시키기도 한다. 기저핵의 주요 역할은 운동의 통제 및 습관적인 행동의 학습이다. 예를 들면, 파킨슨병은 기저핵으로 투사하는 중뇌 뉴런들의 변성으로 인해 기저핵의 구조물들, 특히 미상핵과 피각이 제대로 기능하지 못할 때 일어나는 질환으로 운동의 개시에 어려움을 겪는 특징적인 증상을 보인다.

변연계는 고리(limbus=ring)를 의미하는 단어에서 비롯되었으며, 뇌를 아랫부분에서 바라보았을 때 둥근 고리 모양으로 뇌간(brainstem)을 둘러싸고 있는 대뇌피질 아래쪽에 있는 여러 구조물을 함께 지칭하며 동기와 정서 및 학습과 기억에 관여한다. 편도체(amygdala), 해마(hippocampus), 대상회(cingulate gyrus), 뇌궁(fornix), 유두체(mammillary body) 등을 포함한다.

이 중 편도체는 정서, 특히 공포와 연관되어 있으며, 동물 연구에서 편도체가 손상된 동물들이 공포 학습에 결함을 보임이 발견되었다. 또 편도체가 손상된 환자의 경우 공포 표정을 인식하지 못하는 것으로 알려져 있다. 따라서 편도체는 인간의 사회적 상호작용에도 관여한다.

해마는 기억, 특히 단어의 뜻과 같은 의미기억이나 일상에서 일어난 일과 같은 사건기억에 관여하며 해마가 손상된 환자는 새로운 기억을 형성하지 못하는 순행성 기억상실증(anterograde amnesia)을 보이는데, 미국에서 오랫동안 연구된 H. M.이라 부르는 환자의 경우가 대표적이다. H. M.은 뇌전증 발작으로 인한 측두엽 제거 수술 후 새로 만난 사람의 얼굴이나 이름을 전혀 기억하지 못하는 극심한 기억상실증을 보였으며, 심지어 오랫동안 자신을 연구한 학자도 알아보지 못하였다. 반면에 수술 전에 경험했던 젊은 시절의 기억은 보존하고 있는 것으로 나타났다. 즉, 해마는 새로운 기억의 형성에는 관여하지만 그 기억을 오래 보존하고 인출하는 데에는 필수적이지 않을 수 있음을 시사한다.

대뇌피질은 뇌의 겉 부분을 둘러싸고 있는 2~4mm 정도의 표면층을 가리킨다. 인간을 비롯한 포유류의 대뇌피질은 6개의 층으로 이루어져 있으며, 각 층마다 다른 종류의 뉴런들이 분포되어 뚜렷이 구분이 된다. 대뇌피질의 영역에 따라 각 층의 상대적 두께가 다른데, 20세기 초 독일의 해부학자 브로드만(Korbinian Brodmann)은 이러한 세포층의 구조적 특성에 따라 피질을 52개의 영역으로 구분하여 브로드만 영역이라고 불렀고, 많은 영역들이 실제로 기능적으로도 구분되는 특성을 지님이 밝혀지면서 현재에도 널리 쓰이는 해부학 용어가 되었다.

대뇌는 좌우 두 개의 반구로 나뉘며, 이 둘은 뇌량(corpus callosum)을 통해 연결되어 있다. 인간의 대뇌에는 마치 조선시대 산수화처럼 무수히 많은 주름이 있는데, 산등성이에 해당하는 부분을 회(gyrus), 계곡에 해당하는 부분을 구(sulcus)라고 부른다([그림 2-8] 참조). 대뇌피질에서 유난히 큰 구가 두 개 있는데 하나는 중심구(central sulcus)이고, 다른 하나는 외측구(lateral fissure)다. 이 두 구를 중심으로 후두엽, 두정엽, 측두엽, 전두엽의 네 개 영역으로 나뉜다.

후두엽(occipital lobe)은 뒷쪽 부분으로 주로 시각 정보를 처리하며 일차시각피질 (primary visual cortex)이 위치한다. 이 부분이 손상되면 눈에는 아무런 이상이 없어도 앞을 보지 못하게 되는 증세를 나타낸다.

두정엽(parietal lobe)은 중심구 뒤쪽에 자리 잡은 영역으로 일차체감각피질(primary somatosensory cortex)이 있어서 촉각이나 통증 등 체감각 정보를 처리한다. 일체감각 피질을 자극하면 신체의 특정한 부분에서 감각을 느끼는데, 이를 지도화한 것이 체감각 뇌난쟁이(sensory homunculus)다. 민감한 영역일수록 피질에서 차지하는 위치가 크다([그림 2-2] 참조).

측두엽(temporal lobe)은 반구의 양쪽 옆의 아랫부분에 자리 잡고 있는데, 이곳에 일차청각피질(primary auditory cortex)이 있으며, 청각 정보를 분석한다. 또한 측두엽에는 언어 정보를 처리하는 영역, 특히 언어의 이해와 해석에 관련되는 영역인 베르니케 영역(Wernicke's area)이 자리하고 있다. 이 영역이 손상된 베르니케 실어증(aphasia) 환자는 글이나 남의 말을 이해하지 못하는 등 언어의 의미를 해석하는 능력에 장애를 보인다. 반면, 의미적으로 오류투성이인 단어들을 유창하게 발음할 수 있어서 표면적으로는 말하기 능력에 지장이 없는 것처럼 보일 수 있다. 이는 전두엽에 위치한 브로카 영역 (Broca's area)이 조음 및 말하기와 관련된 기능을 담당하기 때문이다. 반대로, 브로카 실어증 환자의 경우는 듣거나 읽어서 언어를 이해하는 능력은 지장이 없지만 말하기에 장애를 보이고, 심할 경우 한두 가지의 비언어적인 발성을 내뱉는 것이 전부인 증상을 보인다. 측두엽의 뒷쪽은 후두엽과 연결되어 있으며, 물체나 얼굴을 인식하는 등의 고차원적인 시각 정보를 처리한다. 측두엽 안쪽에는 해마와 그 주변 피질이 기억을 처리한다.

전두엽(frontal lobe)은 중심구 앞쪽에 있는 부분으로 우리 몸의 움직임에 관련된 역할을 수행하며 일차운동피질(primary motor cortex)이 위치하고 있다. 일차운동피질을 자극하면 특정한 신체 부분이 움직이게 되는데, 이를 이용하여 운동 뇌난쟁이(motor homunculus)를 그릴 수 있다. 체감각 뇌난쟁이와 유사하게 정교한 조정이 가능한 신체 부위일수록 더 많은 피질이 배당된다([그림 2-2] 참조). 전두엽에서도 가장 앞쪽 부분을 전전두피질(prefrontal cortex)이라고 부르는데, 전전두피질은 의사 결정, 계획, 상황 판단, 정서 조절 등 고차원적인 인지 기능을 담당한다. 신경과학의 역사에서 유명한 전전두피질 손상 환자 피니아스 게이지(Phineas Gage)는 사고로 전전두피질이 손상된 후 차분하던 성격이 충동적이고 고집스럽게 되었던 것으로 알려져 있다. 그 이후로도 많은 사례와 실험들에서 전전두피질이 작업기억(working memory)과 같은 단편적인 기능뿐 아니라 인간의 성격과 같은 심오한 측면까지 결정하는 중요한 뇌 영역임을 시사하는 증거들이 발견되었다.

2) 신경가소성과 뇌의 기능적 유연성

뇌신경계의 가장 원시적인 기능은 운동 기능이다. 아마도 진화의 초기에 출현한 원시적인 동물은 근육을 움직이기 위해 신경계를 진화시켰을 것이다. 어떠한 동물이든지 먹이를 찾아서 움직이거나 위험을 피해서 도망가야 한다면 근육을 사용해서 방향성이 있는 움직임을 발생시켜야 하고, 따라서 효율적으로 움직임을 만들어 내기 위해서는 근육 다발들에 명령을 내릴 수 있는 신경계가 필요할 것이다. 움직이지 않는 동물은 신경계가 필요하지 않다. 단적인 예가 멍게이다. 멍게는 헤엄쳐 돌아다니는 유생 시기에는 뇌와 척수를 포함한 완성된 신경계를 가지고 있지만, 성체가 되어 바위에 고착하게 되면 대부분의 신경계를 흡수해 버린다. 움직이지 않는다면 굳이 에너지 소비가 심한 신경계를 유지할 이유가 없기 때문이다. 신경계의 또다른 주요 기능은 감각 기능인데 이는 외부의 물리적 자극을 신경 신호로 전환하여 활용하는 과정을 포함한다. 그러나 감각 정보의 효용 가치 역시 움직임을 얼마나 효율적으로 유도할 수 있는가에 의해 결정되고, 만약 움직임이 없다면 쓸모없는 정보이기에 멍게의 경우 감각신경도 퇴화되어 버린다. 신경계는 운동 기능과 감각 기능에 더하여 제3의 기능을 진화시켰는데, 이는 감각신경과 운동신경의 연결성을 변화시켜 정보 전달의 효율을 변화시키는 기능, 즉 신경가소성(neuroplasticity)이다.

신경가소성은 동물이 변화하는 환경에 효율적으로 적응할 수 있도록 경험에 의해 뇌의 기능을 변화시키고 때로는 새로운 기능을 획득하는 능력이다. 앞서 언급한 원시적인 동물을 생각해 보라. 운동과 감각에만 의존해서 먹이를 찾는 것보다 과거의 기억에 의해 먹이가 있을 확률이 높은 행동을 선택할 때 생존할 가능성이 높을 것이 자명하다. 이 경우 신경가소성은 과거의 경험에 근거해서 감각 정보가 지시하는 것보다 더 빠르고 효율적으로 필요한 운동을 만들어 내도록 할 수 있다(예를 들어, 언제나 오른쪽으로 움직이면 먹이가 있는 경우에 움직여야 할 방향을 기억한다면, 먹이의 냄새나 모양에만 의존하는 것보다 한 발 앞서서 먹이를 획득할 수 있을 것이다). 그렇기 때문에 정도의 차이는 있을망정(예를 들어, 뇌의 해마에서는 매우 활발한 신경가소성이 일어나지만 척수의 운동 뉴런에서는 거의 신경가소성이 일어나지 않는다.) 신경가소성은 뇌세포 전반에 걸쳐 일어나는 기본적인 현상이다.

신경가소성이 뇌에서 구현되는 방식은 크게 두 가지로 나눌 수 있다. 가장 일반적이고 광범위한 방식은 시냅스 변화(synaptic plasticity) 혹은 새로운 시냅스의 형성(synaptogenesis)이다. 앞서 설명한 대로 시냅스는 뉴런과 뉴런 사이의 연결이 이루어지는 곳이고, 따라서 시냅스의 분자적 구조 및 생리적 작동 방식에 따라 두 뉴런 간의 정보 전달은 달라질 수 있다. 가장 간단한 학습인 습관화(habituation)—반복적으로 제시되는 자극에 대해 유기체의 반응이 점점 줄어드는 적응적 행동 변화—에서부터 일화적 기억(episodic memory)—오늘 아침에 뭘 먹었는지에 대한 기억과 같은—의 형성에 이르기까지 다양한 행동 변화들이 모두 시냅스의 변화를 동원하는 것으로 알려져 있다. 이러한 시냅스 변화는 구체적으로 분자적 수준에서는 신경전달물질의 분비량 변화, 신경전달물질을 처리하는 수용기의 질적·양적 변화 등으로 표현될 수 있고, 이보다 더 큰 수준에서 시냅스의 모양이나 갯수가 변화하는 구조적 변화를 동반할 수도 있다. 이러한 시냅스 변화는 왜 똑같은 뇌를 가지고 태어난 일란성 쌍둥이들의 뇌가 완벽하게 동일하지 않은가를 설명해 준다.

또 다른 방식은 뉴런의 수가 증가하거나 감소하는 양적인 변화를 동반하는 신경가소성이다. 신경계가 성숙하지 않은 유아기에는 계속해서 특정 영역의 뉴런의 수가 늘어나거나 불필요한 뉴런들이 소멸되면서 기능이 정교화된다. 이러한 뉴런의 생성과 소멸은 뇌의 성숙에 필수적이며 일단 성인이 되면 가소성이 없어지기 때문에 뇌 손상이 치명적인 결과를 가져온다고 알려져 있다. 비유적으로 표현하면 어린 시기의 식물은 여러 가지 형태로 자랄 수 있지만, 일단 큰 나무가 되면 모양을 바꾸기가 쉽지 않은 것과 같다. 신경가소성은 뇌의 영역들이 특정 기능에만 국한되지 않고 역동적인 환경의 변화에 따라 기능을 변화시킬 수 있는 유연함을 부여함으로써 개체의 적응을 돕는다. 동물을 대상으로 한 연구들이 발견한 바에 의하면, 발달의 특정 시기에 특정한 감각 정보를 제한하는 경우 원래 해당 감각 정보를 담당하던 영역은 축소되고 대신에 다른 종류의 감각 정보를 처리하는 영역이 확대된다. 이는 마치 빛이 비치는 방향으로 무성하게 가지를 내는 나무의 형상에 비유할 수 있을 것이다. 한편, 인간의 뇌는 한번 성숙하면 새로운 뉴런을 만들어 내지 않는다는 것이 오랜 기간 동안 정설이었으나, 최근 들어 해마를 비롯한 몇몇 영역에서 뉴런 생성(neurogenesis)의 증거가 발견되었다. 종합하면 새로운 뉴런의 생성이 학습과 기억은 물론 정서와 인지 기능 전반에 걸쳐 큰 영향을 미칠 가능성이 대두되고 있고, 이에 대한 연구는 신경계 손상을 회복시켜 주는 획기적인 치료법으로 이어질 수 있을 것이다.

더 알아보기

뇌과학의 새로운 분야들

뇌신경계의 활동을 직접적으로 측정하고 관찰할 수 있는 혁신적인 기술의 발전, 심리학의 연구 영역 확대 등의 변화와 더불어 뇌과학에도 새로운 분야가 출현하고 있다. 이들 분야는 기존의 심리학 연구 주제를 새로운 각도에서 바라보게 해 주고, 획기적인 이해의 바탕을 기대할 수 있게 해 주며, 새로운 방식으로 궁금증과 문제를 해결할 수 있는 통로를 제공한다. 지금 이 순간에도 새로운 연구 분야들이 탄생하고 있지만, 몇 가지 흥미로운 분야를 소개한다.

• **사회신경과학(social neuroscience)**　　사회적 존재로서의 인간의 행동을 연구하는 분야이다. 기존의 사회심리학 분야의 주제들인 관계 형성과 신뢰, 발달심리학적 주제인 애착 형성, 공감 등의 다양한 주제들이 사람은 물론 동물을 대상으로도 연구되고 있다. 그 한 예로 애착 및 신뢰 형성과 관련된 옥시토신(oxytocin)에 관한 연구가 있다. 옥시토신은 출산과 함께 나오는 호르몬이다. 신체에서는 자궁 수축을 유도하여 분만을 촉진하고, 출산 이후에는 유선을 자극하여 모유가 나오도록 하는 역할을 한다. 이 호르몬이 뇌 안에서는 신경전달물질 혹은 신경조절물질(neuromodulator)

로 작용하여 뉴런들의 활성에 영향을 미치는데, 특히 종 내에서 개체들 사이의 친밀한 관계를 형성하는 데 결정적인 역할을 한다. 초원들쥐(prairie vole, [그림 2-10] 참조)를 대상으로 한 일련의 연구들에서 옥시토신 및 유사한 호르몬인 바소프레신(vasopressin)이 암수 개체 간의 일부일처제적인 결합 관계를 형성하는 데 결정적인 역할을 한다는 사실이 밝혀졌다. 심지어는 친척 종인 산악들쥐(montane vole)가 보이는 일부다처제적인 무분별한 교접 행위가 옥시토신과 바소프레신 관련 유전자를 조작함으로써 완전히 변화되어 초원들쥐와 같은 일부일처제적인 행동으로 전환되는 것을 보여 준 연구도 발표되었다.

한편, 인간에게서도 옥시토신은 타인에 대한 신뢰 형성에 영향을 미친다는 연구들이 다수 발표되었다. 예를 들어, 옥시토신을 코의 점막에 분사할 경우 실험 대상자들이 타인에게 빌려줄 용의가 있는 돈의 액수가 증가하는 것으로 나타났다. 이러한 실험 대상자들의 행동은 신뢰 행동과 관련된 뇌신경회로의 활동으로도 설명이 가능한데 공포, 불안, 경계에 관여하는 편도체의 활동 수준이 옥시토신 분비 이후 줄어드는 양상이 관찰되었다. 마지막으로, 이러한 옥시토신 관련 유전자 및 사회적 관계 형성에 관여하는 뇌신경회로의 작동 방식을 규명하는 연구들은 사회성과 관련된 여러 정신 질환들, 예를 들어 자폐증(autism)과 같은 이상행동을 이해하고 치료하는 데 획기적인 돌파구를 마련해 줄 수 있을 것으로 기대된다.

[그림 2-10] 초원들쥐

*이 한 쌍의 초원들쥐가 왜 사이가 좋은지를 밝히는 문제는 인간의 사회적 행동을 설명하고 치료하는 데 많은 도움을 줄 수 있다.

• **신경윤리학(neuroethics)**　새롭게 탄생한 분야로서 인간의 윤리적 행동을 뇌과학적 설명을 통해 이해하고자 하는 동시에 신경과학으로 인해 발생하는 새로운 문제들

에 대한 해결책을 제시하고자 하는 분야이다. 윤리 혹은 도덕의 주제는 기존에 철학, 종교, 법학의 영역에서 다루어졌지만 앞으로는 뇌과학적인 접근이 좀 더 설득력 있고 심도 깊은 논의를 가져올 가능성이 크다. 한 예로 2003년 한 신경병학회지에 보고된 사례를 들 수 있다. 가정을 가진 정상적인 40대 남성이 어느 날 갑자기 유아성애적인 경향을 보이고, 심지어는 10대의 어린 의붓딸을 성폭행하려다가 기소되었다. 중형이 예상되는 재판 과정에서 두통을 호소했고, 의사들은 이 남성의 전두엽에서 커다란 종양을 찾아서 제거했다.

놀랍게도 그의 비정상적인 성적 욕구는 사라졌고, 따라서 석방되어 집으로 돌아갔다. 몇 개월 후 남성이 다시 이상한 성적 욕구를 보였고, 이번에는 지체 없이 병원에서 검사를 실시했다. 예상대로 제거된 종양이 다시 자라고 있는 것이 발견되었다. 이 사례는 인간의 정신적 활동 중 가장 고차원적이라고 믿어지는 윤리 의식이 뇌의 특정 영역과 그 생리학적 활동에 깊이 의존한다는 사실을 증명한다. 따라서 윤리 의식 역시도 신경과학적 설명으로 환원할 수 있다는 가능성을 제시한다. 동시에, 법적으로 처벌하거나 책임을 물을 수 있는 행위의 한계에 대한 새로운 질문을 던져 준다. 과연 죄를 지은 것은 이 남성인가, 아니면 그의 전두엽 기능 이상인가? 이 문제는 우리 사회에도 큰 반향을 일으킬 수 있다. 종종 술에 취해 "제정신이 아닌" 경우 범죄의 형량이 줄어드는 사례들을 미디어에서 본다. 알코올을 비롯한 각종 향정신성 약물들은 뇌의 화학적 활동을 변화시킨다. 뇌의 활동이 변화되었다는 사실은 면죄부가 될 수 있는가? 과연 우리는 의식적으로 통제되는 경우와 통제되지 못하는 경우를 어떻게 객관적으로 측정할 수 있는가? 이러한 사례뿐 아니라 약물을 이용한 기억 증진과 같은 뇌기능의 항진, 특정 기억의 조작, 뇌영상과 같은 개인 정보의 보안 문제 등 신경윤리학이 다루어야 할 문제들은 앞으로 계속해서 늘어날 것이다.

• 뇌-기계 인터페이스(Brain-Machine Interface: BMI)   뇌의 신호를 해독하여 외부 기기를 작동하거나 혹은 외부로부터의 물리적 정보를 전기적 신호로 전달하여 뇌신경 세포들에게 직접 전달하는 기술적 방식을 통칭한다. 이 기술을 성공적으로 구현하면 뇌에서 나오는 신호를 이용하여 로봇팔과 같은 외부 기기를 직접적으로 작동할 수 있게 된다. 즉, 어떻게 움직여야겠다는 생각만 하면 실제로 기계가 움직이는 공상과학 같은 장면이 가능하다. 공상과학이 아니라 실제로 이미 외국에서는 사지마비 환자를 상대로 BMI 기술을 적용하여 로봇팔을 움직여 물을 마신다든지 하는 일상의 간단한 일들을 성공적으로 수행할 수 있음을 보여 준 바 있다. 이러한 기술이 가능하기 위해서는 신경 신호를 읽어 내는 기술(이 장의 4-2 '뇌신경 활동 기록법' 참조) 및 이러한 신경 신호를 통해 환자의 의도를 파악하고 이를 구체적인 운동 신호로 해독해 내는 기술 등이 선행되어야 한다. 아직까지 완벽하지는 않지만 적어도 간단한 운동의

경우는 실생활 적용이 가능할 만큼의 발전이 이루어졌음은 매우 고무적이다. 또한 기존 BMI가 뇌에 기록 전극을 삽입해야 한다는 단점을 극복하기 위해 비침습적인 방식으로 얻어낼 수 있는 신경 신호들, 예를 들어 EEG와 같은 방식으로도 BMI를 구현하기 위한 연구들이 이루어지고 있다. 궁극적으로는 환자뿐 아니라 일반인들도 뇌에 부착된 간단한 기기를 이용해서 컴퓨터 마우스나 주변 기기를 움직일 수 있게 되리라는 기대를 가지게 한다.

더불어 감각신경에 손상을 입은 환자들을 위해, 외부의 물리적 자극을 신경계가 이해할 수 있는 방식으로 코드화해서 전기 신호로 뇌에 직접 전달하는 방식의 신경보철(neural prosthesis) 연구 및 개발도 활발하게 이루어지고 있다. 이 분야의 선두주자는 청각장애인에게 삽입하는 인공와우(cochlear implant)이다. 와우(cochlear)는 소리자극을 뇌로 전달하는 역할을 하는 기관인데, 어릴 때 감염이나 고열로 와우의 신경세포가 죽어 버린 사람들은 전혀 듣지 못하는 장애를 가지고 평생을 살 수밖에 없다. 초소형의 전자 장비를 이들의 내이(inner ear)에 삽입하여 음향 정보를 전기 신호로 바꾸어 미세 전극들을 통해 청각신경(auditory nerve)에 직접 전달하면, 대상자는 외부의 소리를 경험할 수 있게 된다([그림 2-11] 참조). 한 가지 흥미로운 사실은 인공와우가 이미 수십 년의 역사를 가지고 개선을 거듭해 온 기술이지만, 아이러니하게도 궁극적인 성공은 기기의 정교함이 아니라 대상자의 뇌에 달려 있다는 점이다. 처음 인공와우를 삽입한 이후의 감각 경험은 마치 정상인이 시끄러운 장터에서 온갖 목소리가 섞인 가운데 통화를 하는 것에 비유할 수 있다. 즉, 각종 잡음으로 상대방이 말하는소리를 전혀 알아듣지 못하다가, 시간이 지나면서 대상자의 청각계는 대화와 잡음을 분리하는 방식을 터득하게 되고, 조금씩 말소리에만 집중해서 의미를 파악하기 시작한다. 이 과정이 어떤 메커니즘에 의해서 일어나는지는 정확히 알려져 있지 않다(만약 그걸 안다면 인공와우의 처리 방식에 반영했을 것이다). 그러나 분명 신경가소성(이 장의 3-2 '신경가소성과 뇌의 기능적 유연성' 참조) 중요한 역할을 하는 것은 분명하다. 실제로 인공와우의 성공 여부는 대상자가 얼마나 어린가에 달려 있는 것으로 알려져 있다. 나이가 어린 경우 인공와우에 적응할 확률이 매우 높지만, 이미 성인이 된 후에 수술을 받은 환자들은 결국 잡음을 견디지 못하고 인공와우를 제거하기도 한다. 추후 외부의 감각 정보가 어떻게 뉴런의 전기 신호로 코딩되는지에 대한 연구가 진행된다면 더욱 성공률이 높은 인공와우가 만들어질 수 있을 것이다. 또한 아직까지는 초기 단계지만 기본적으로는 인공와우와 같은 원리로 인공망막(retinal implant)의 개발도 이루어지고 있다.

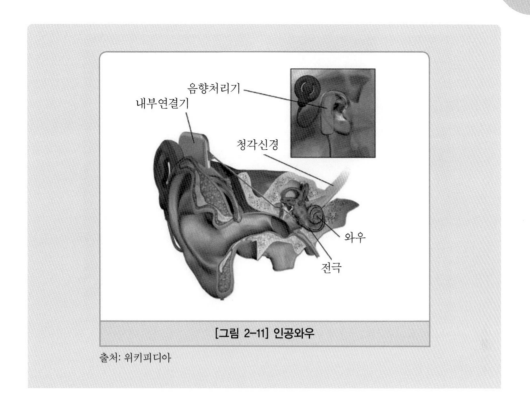

[그림 2-11] 인공와우

출처: 위키피디아

4. 뇌 연구 방법

1) 동물을 이용한 뇌수술 및 손상 연구

생물심리학에서는 많은 경우 동물을 이용해서 실험을 수행한다. 그 이유는 첫째로 포유류의 신경계는 종간에 많은 유사성을 가지고 있고(예: 쥐와 인간 모두 12쌍의 뇌신경을 가지고 있다.), 둘째로 여러 가지 실험 조건을 통제하기가 쉬우며, 셋째로 무엇보다 침습적인 방법을 사용할 수 있다는 장점 때문이다.

동물 연구에는 여러 방법이 있는데, 그중의 하나가 손상(lesion) 연구다. 화학 물질이나 전극을 삽입해서 특정 뇌 부분의 조직을 파괴하거나 제거하여, 손상 전과 후에 또는 손상을 입은 개체와 그렇지 않은 개체를 비교해서 행동과의 연관성을 알아내는 방법이다. 또한 자극법(stimulation)을 이용하여 동물 뇌의 특정 영역을 자극했을 때 보이는 행동 변화를 관찰할 수도 있다. 앞서 언급한 것처럼, 드물지만 뇌종양 혹은 뇌전증

[그림 2-12] 입체정위장비(stereotacticapparatus)를 이용한 동물 시술

사진 제공: 고려대학교 심리학과 생물심리 실험실

발작의 치료를 위해 뇌수술을 할 경우에는 사람의 뇌에도 자극용 전극을 삽입할 수 있다. 이 경우, 자극을 통해 뇌의 각 부분이 담당하는 기능을 확인하고 기능적 손상을 최소화하는 것이 목적이다. 뇌내 약물 주입(intracranial drug infusion)은 특정 신경전달물질의 기능을 저하시키는 길항제(antagonist)나 신경전달물질의 기능을 촉진하는 촉진제(agonist) 등의 약물을 주입하여 뇌의 활동을 연구하는 방법이다. 이와 같이 손상, 자극, 약물 주입을 위해서는 삼차원상에서 뇌의 목표 부위에 정확하게 전극을 위치시키는 것이 필요한데, 이러한 수술에 사용되는 장비는 입체정위장비(stereotaxic apparatus)라고 부른다([그림 2-12] 참조).

2) 뇌신경 활동 기록법

뉴런이 활동하면서 발생하는 미세한 전류를 측정함으로써 행동을 설명할 수 있다는 점에 착안하여 뇌신경 활동을 기록하는 여러 가지 기법이 개발되었다. 그중 심리학에서 많이 사용하는 기법은 두개골의 표면에 전극을 부착하여 많은 뉴런의 집단적인 활동을 기록하는 뇌전도(electroencephalogram: EEG)와 미세 전극을 뇌 안으로 직접 삽입하여 개별 뉴런의 전기적 활동을 기록하는 단단위기록법(single-unit recording)이다.

EEG는 지름이 5~10mm 정도 되는 원형의 전극을 두개골 표면에 부착하여 주로 피질의 뉴런들이 집단적으로 발생시키는 전류를 감지하는 기법이다. 이 방법의 장점은 특별히 침습적인 방법이 필요하지 않으므로 동물과 인간에서 널리 사용하는 것이 가능하다는 점이다. 뇌의 의식 상태에 따라 다른 종류의 주파수를 지닌 뇌파가 측정되는데, 일반적으로 많이 알려진 알파(α)파, 베타(β)파, 수면 중에 등장하는 세타(θ)파를 비롯해서 최근 인간의 인지 기능과 관련해서 주목을 받고 있는 감마(γ)파 등이 연구되고 있다. 반면에 EEG의 단점은 뉴런에서 발생하는 전류량이 너무나 미미하고 그나마 뇌척수막(meninges), 두개골 등이 강한 전기적 저항을 형성하기에 뇌의 심부 영역에서 발생하는 뉴런들의 활동은 측정이 어렵고 공간적 해상도가 떨어진다는 점이다. 따라서 EEG는 주로 대뇌피질과 같은 표면의 영역들을 연구하는 데 이용된다. 단단위기록법은 뉴런 하나하나의 전기적인 활동을 기록하는 방법으로, 뇌에 아주 가느다란 전극을 삽입해서 활동 전위에 의해 발생하는 전기 신호를 측정한다. 주로 동물을 대상으로 외부 세계의 자극이 신경계에서 어떻게 표상되는지를 파악하기 위한 연구에 사용된다.

다른 방법으로는 뇌자도(magnetoencephalograph: MEG)가 있는데, 뇌에서 뉴런들이 활동할 때 만들어지는 자기장을 측정하는 것으로(흐르는 전류가 자기장을 생성한다는 패러데이의 법칙에 근거함), EEG와 유사하지만 두개골에 의한 간섭에서 비교적 자유롭고 시간적 분해능이 높아서 피질 영역의 활동을 시간적으로 세밀하게 측정할 수 있다는 장점이 있다.

3) 뇌영상 기법

전기생리학적인 방법 외에도, 최근 들어 뇌 조직의 활성화를 측정할 수 있는 다양한 뇌영상 기법이 개발되고 있다. 양전자 방출 단층촬영술(Positron-Emission Tomography: PET 스캔)이 있는데, 이는 실험 대상자에게 안전한 수준의 방사능 물질을 소량 주입한 후 방출되는 방사능을 검출함으로써 뇌의 활성화를 측정하는 방법이다. 어떤 방사능 물질을 사용하는가에 따라 뇌 활성의 다른 측면이 영상화될 수 있는데, 가장 많이 사용되는 방법은 뇌가 에너지원으로 주로 포도당을 사용한다는 점에 착안하여, 2-탈산포도당(2-deoxyglucose: 2-DG)이라는 포도당과 분자적으로 유사한 방사성 물질을 사용하는 방법이다. 이는 뇌가 에너지원으로 주로 포도당을 사용한다는 점에 착안한 것인데, 뇌세포는 2-DG를 포도당으로 착각하여 흡수하지만 에너지원으로 분해하지 못하고 세포 내에 축적하게 되고, 축적된 2-DG가 붕괴되면서 방출되는 양전자를 검출하여 세포 활동의 지표로 삼는다. 즉, 2-DG를 많이 흡수한 영역일수록 활발하게 활동했다고 보는 것이다. 이런 방법을 통해 특정한 인지적 과제나 행동을 수행할 때 상대적으로 활성화 수준이 높은 뇌의 부위를 밝혀낼 수 있다.

그 외 자기공명영상법(Magnetic Rresonance Iimaging: MRI)이 있다. MRI는 강력한 자기장 내에서 원자핵 내의 양성자가 특정 방향으로 회전하는 원리를 이용한 것이다. 특히 수소 원자에 초점을 두고 라디오파를 쏘아서 회전을 교란시킨 후 양성자들에서 나오는 에너지를 검출함으로써 신체 내부의 장기를 영상화한다. 수소 원자는 물 분자의 일부이고 뇌 조직의 종류에 따라 물 분자의 밀도가 다르기 때문에 다른 음영을 보이는 영상으로 나타나게 된다. 이러한 MRI 영상은 이전의 영상화 기법과는 차별화되는 고해상도의 이미지를 보여 주며, 기기의 발달과 더불어 해상도 및 영상의 질이 더욱 높아지는 추세다. 이를 약간 변화한 기능적 MRI(functional MRI: fMRI)는 혈류 속의 헤모글로빈 분자에 초점을 두어 간접적으로 뉴런의 활성을 측정한다. 즉, 활동하는 뉴런이 많은 산소를 필요로 할 것이라는 가정하에 혈류 속의 산소 수준(blood oxygenation level)을 측정하여 뇌 부위별 활성화 정도를 영상화하는 기법으로, 방사성 물질을 주입하는 절차가 필요 없고 비교적 안전하여 의학적인 용도는 물론 현대 심리학에서 연구용으로 널리 사용되고 있다.

4) 뇌자극 기법

주로 동물을 대상으로 한 기초 연구에 사용되던 뇌자극 기법이 최근 들어 인간을 대상으로 한 뇌질환의 치료법으로 많이 개발되고 있다. 그중 대표적인 기법이 이 장의 첫머리에도 잠깐 등장한 뇌심부자극법으로, 뇌의 다양한 영역에 영구적으로 전극을 삽입하고 피부 밑에는 충전식 배터리로 작동되는 자극기를 삽입하여 주기적으로 뇌를 자극하게 된다. 파킨슨병은 인생 후반에 발병하여 처음에는 수전증으로 시작해서 점점 심해지면 아주 간단한 움직임마저 힘들어지다가 결국 죽음에 이르는 난치병이다. 지난 수십년간 약물 요법에서부터 세포 이식이나 수술까지 다양한 치료법이 개발되었으나 효과가 미미하거나 일시적인 것으로 알려져 있다. 일상 활동이 어렵고 다른 사람을 만나거나 밖에 나가는 것을 꺼리게 되며, 따라서 발병 기간 내내 환자의 삶의 질이 하락하게 된다는 점이 이 질환의 비극적 측면이기도 하다. 뇌심부자극법은 이러한 환자들의 떨림 증상을 상당한 정도로 감소시켰고 운동 이상을 줄여서 일상 생활에 복귀할 수 있는 효과를 나타냈다. 뿐만 아니라 근육긴장이상(dystonia), 통증, 강박 및 우울 증상에도 효과를 보이는 것으로 알려지고 있다. 그러나 수술을 통해 영구적인 전극의 삽입이 필요하고, 따라서 이물질의 장기적 이식에 따른 생리적 및 심리적 거부감, 높은 비용 등은 단점이 될 수 있다.

　대안적으로, 다른 종류의 자극법들은 비침습적으로 뇌 조직의 활동을 변화시켜 증상 완화를 추구한다. 대표적으로 경두개 자기 자극법(Trans-cranial Magnetic Stimulation: TMS)이 있다. 강력한 자장을 발생시키는 코일을 두개골 표면에 위치시켜 반복적으로 짧은 지속 기간을 지닌 자장을 가함으로써 뇌신경 세포들의 활성을 변화시킨다. 통증 감소 및 우울증에 효과가 있다고 보고되고 있다. 또 다른 자극법은 최근에 등장한 경두개 직류전류 자극법(trans-cranial Direct Current Stimulation: tDCS)으로 뇌 표면에 위험하지 않을 정도로 낮은 수준의 직류전류를 장시간 노출시키는 기법이다. 아직은 그 효과 여부에 대한 결론이 명확하지 않으나 우울증이나 통증에 대한 감소 효과가 일부 보고되고 있다. 특히 tDCS는 원리가 간단하고 저비용으로 제작하는 것이 가능하여 의료기관뿐 아니라 일반인들이 생활용으로 구입하거나 자체 제작할 수도 있기에 부작용의 우려도 있다. 이 외에도 경두개 초음파 자극(Trans-cranial Pulsed Ultrasound: TPU)은 낮은 주파수의 초음파(통상 내부 장기를 영상화하는 데 사용되는 주파수의 약 4분의 1에 해당하는 주파수)를 낮은 강도로 가해서 뇌세포에 영향을 주는 기법으로서 아직은 실험적으로 사용되는 자극법이지만 안전성이 비교적 높은 방식이라 향후 사용이 확대될 가능성이 있다.

　이 외에도 최근 유전공학의 발전으로 뉴런에 유전자를 삽입하여 빛으로 활성화되는 단백질을 삽입할 수 있게 되었다. 이렇게 변화된 조직을 가진 동물의 뇌 특정 부위에 국소적인 빛을 비추게 되면 뉴런들이 활성화되고, 따라서 빛을 이용해서 행동을 조절할 수 있게 된다. 광유전학(optogenetics)이라 불리는 이 기술은 유전자 조작이라는 위험한 절차 때문에 아직은 전적으로 동물에게만 사용되고 있지만, 뇌의 무수히 많은 뉴런들 중 일부만을 선택적으로 그리고 효과적으로 자극할 수 있다는 가능성 때문에 향후 발전 가능성이 크다고 보인다. 이처럼 새로운 연구 방법의 발전은 동물의 뇌는 물론 인간의 뇌가 작동하는 방식에 대해 점점 더 구체적인 지식을 발견하게 해 줄 뿐 아니라 획기적인 진단이나 치료 방식으로의 응용을 가능하게 하고 있다.

요약 및 학습과제

요약

1. 생물심리학은 인간의 행동에 미치는 다양한 생물학적인 요인을 분석하여 인간의 정신 활동을 신경 세포의 활동으로 설명하고자 하는 심리학의 한 영역이다. 생물심리학은 최근 급격한 발전을 이룬 뇌과학과 함께 심리학의 영역을 확장하고 있을 뿐 아니라, 사회적·윤리적·공학적 문제들에 새로운 방식으로 접근하고 있다.

2. 신경계의 기본 단위는 뉴런이다.

3. 뉴런은 수상돌기, 세포체, 축삭으로 구성되어 있다.

4. 뉴런 내에서의 신호 전달은 활동 전위를 통해 이루어지며, 뉴런 간의 신호 전달은 시냅스 사이에서 신경전달물질을 통해 일어난다.

5. 신경계는 뇌와 척수로 이루어진 중추신경계와 말초신경계로 구성되며, 말초신경계는 다시 체성신경계와 자율신경계로 나눌 수 있고, 자율신경계는 서로 반대 작용을 하는 교감 신경계와 부교감 신경계로 구성되어 있다.

6. 뇌는 수뇌, 후뇌, 중뇌, 간뇌, 종뇌로 구분한다.

7. 수뇌에는 연수가 있으며 생명 유지에 중요한 역할을 한다. 후뇌에는 소뇌가 있으며 운동 협응에 관여한다. 중뇌에는 중뇌개와 중뇌피개가 있고, 중뇌개는 시각 반사와 청각 반사 행동에 관련되어 있고, 중뇌피개에 있는 여러 핵은 종 특이적인 행동과 운동 조절에 관여한다. 간뇌에는 감각 정보를 대뇌로 전달해 주는 시상과 자율신경계와 내분비계를 통제하는 시상하부가 있다.

8. 종뇌에는 의도적인 운동을 통제하는 기저핵, 감정, 학습에 관여하는 변연계와 대뇌피질이 있다. 대뇌피질은 좌우반구로 나뉘고, 뇌량과 연결되어 있다. 또한 외측구와 중심구를 기준으로 네 개로 나뉜다. 두정엽은 체감각, 측두엽은 청각, 후두엽은 시각과 관련이 있으며, 전두엽은 운동 기능과 더불어서 의사 결정 등의 고차원적인 인지 기능을 담당한다.

9. 신경가소성은 경험에 의해 뇌기능의 변화와 생성을 가져오는 능력을 의미하며, 뇌신경계 전반에 걸친 보편적인 과정이다. 신경가소성은 뇌세포들 간의 연결을 변화시키고, 새로운 연결을 만들어 내며, 심지어 새로운 뉴런을 생성하는 과정을 동반한다.

10. 뇌 연구 방법에는 동물을 이용한 손상 연구, 자극법, 뇌내 약물 주입이 있다. 전기생리학적으로 뇌의 신경 활동을 기록하는 방법으로는 뇌전도와 단단위기록법이 있다. 또 다른 비침습적 기록인 방법으로 뇌의 자기장을 기록-측정하는 뇌자도가 있다. 뇌영상 기법으로는 방사능 물질을 이용하는 PET 스캔과 혈류 속의 산소 수준을 측정하는 기

능적 MRI가 널리 쓰이고 있다. 최근에는 인간의 뇌를 자극해서 신경 및 정신질환의 증상들을 완화하는 치료법들이 개발되고 있다.

학습과제

1. 생물심리학은 인간의 마음을 어떻게 설명하는가?

2. 생물심리학적인 접근으로 사회 행동이나 윤리적 행동을 어떻게 설명할 수 있는가?

3. 뇌-기계 접속이나 신경 보철과 같은 공학기술은 미래에 어떤 변화를 가져올 것인가?

4. 활동 전위는 어떻게 해서 발생하는지 설명하시오.

5. 신경계의 전기적 전달과 화학적 전달은 어떻게 다른지 설명하시오.

6. 우울증과 신경전달물질은 어떻게 연관이 되며, 어떤 치료법이 가능한지 설명하시오.

7. 신경계에는 어떤 영역들이 있으며, 이들은 어떻게 조직화되어 있는지 설명하시오.

8. 연수, 소뇌, 중뇌개 및 피개, 시상, 시상하부, 기저핵, 변연계의 기능을 설명하시오.

9. 대뇌피질의 각 영역은 어떤 기능을 하는지 설명하시오.

10. 신경가소성이 제공하는 이점은 무엇인가?

11. 생물심리학의 연구 방법으로서 EEG의 장단점은 무엇인가?

12. 비침습적 뇌자극법에는 어떤 것들이 있으며 장단점은 무엇인가?

chapter

03

감각과 지각

학습목표

- 시각기관의 구조와 기능을 이해한다.
- 청각기관의 구조와 기능을 이해한다.
- 시각과 청각의 기본 이론을 이해한다.
- 지각 과정에 영향을 주는 요인들의 작용을 이해한다.

2015년 2월 26일, 한 장의 사진("The dress")이 인터넷을 달구었다. "대체 이 옷 색깔이 뭐야?" 전 세계의 사람들이 두 집단으로 나뉘었다. 청색과 흑색이라고 주장하는 집단과 백색과 금색이라고 주장하는 집단. 중간 집단은 없었으며, 합의나 조정은 없었다. 이 책을 보고 있는 여러분은 어떤가? 나와는 다른 색으로 판단하는 친구를 보면서 어떤 생각이 드는가?

보통의 경우 우리는 자신이 지각하는 세상에 대해 추호의 의심도 없이 살고 있다. 내가 지금까지 생존해 있는 것은 내가 올바르게 보고, 듣고, 느끼고 판단한 결과로 모든 위험을 성공적으로 극복하면서 지냈기 때문이라고 믿는다. 나의 감각과 지각에 문제가 있었다면 이것은 불가능했을 것이다. 그러나 이 모든 과정이 우리가 생각해 온 것처럼 간단하지가 않다는 것을 지금부터 알아가게 될 것이다.

감각과 지각을 공부하는 우리의 과제는 "이렇게 어려운 과제를 어떻게 그렇게나 빠르고 정확하게 해낼 수가 있는 것일까?"라는 의문을 가지는 것이다. 의문을 가지면 자연스럽게 답을 찾아보고 싶어질 것이다. 그러한 마음을 가지고 이 장에서는 우리 경험의 90% 이상을 차지하는 시각과 청각에 대하여 알아보고, 시·지각 과정에서 관찰되는 여러 현상들을 살펴보도록 한다.

03 chapter
감각과 지각

　"안광(眼光)이 지배(紙背)를 철함"이라는 문구는 영문학자이면서 향가 연구의 권위자이신 고(故) 양주동 박사가 언급한 말로 알려져 있다. 책을 읽는 집중력이 너무나 강해서 눈에서 나오는 빛이 종이의 뒷면까지 뚫을 정도라는 뜻이다. 눈에서 빛이 나오고, 그 빛이 종이를 뚫을 정도라면 레이저 광선 정도의 강도가 되는데, 슈퍼맨 영화에서 주인공은 눈에서 나오는 레이저 광선으로 철을 녹이기도 한다. 과거에는 사람의 눈에서 나오는 빛이 물체에 도달해서 보게 된다고 믿었다. 그런데 조사에 따르면, 지금도 미국 대학생 중 33% 정도가 시각 광선을 내보낸다는 것을 믿는다고 한다(Winer, Cottrell, Gregg, Fournier, & Bica, 2002).

[그림 3-1] 강아지의 안광(眼光)

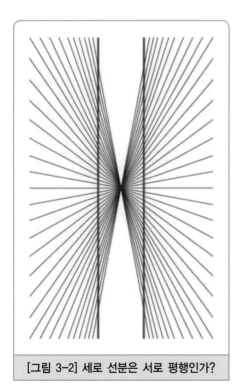

79

그렇다면 안광이라는 생각을 어떻게 하게 되었을까? [그림 3-1]은 필자가 대학원생일 때 동아리 수련회에서 찍은 사진이다. 강아지의 눈에서 나오는 빛을 보면, 안광의 존재가 아주 터무니없지는 않다고 본다. 따라서 물체를 만져서 얻는 느낌으로 물체를 파악하듯이, 사람의 눈에서 나오는 빛이 물체에 닿아서 물체를 파악하게 된다는 생각이 근거 없어 보이지는 않는다. 그러나 이것이 사실이라면 환한 낮이나 어두운 밤이나 물체를 파악하는 정도의 차이가 없어야 할 것이지만, 경험적으로 그렇지 않다는 것을 우리는 안다. 외부 환경에서 빛의 정도에 따라 우리가 볼 수 있는 정도가 달라진다는 사실을 고려해 보면, 외부에 존재하는 빛이 물체에 반사되어서 우리의 눈에 도달해야지만 비로소 볼 수 있게 된다는 설명이 더 타당하다고 생각된다. 그러므로 우리가 외부 물체를 제대로 보는지를 판단하기 위해서는 물체에 반사되어 눈에 들어오기까지 중간 과정에서 일어날 수 있는 빛의 특성에 대한 이해를 포함해야만 한다.

"보는 것이 믿는 것이다(Seeing is Believing)."라는 서양 속담은 세상에 대한 우리의 믿음에 보는 것이 얼마나 큰 비중을 차지하는지를 반영한다. [그림 3-2]를 보자. 세로 선분은 가운데 부분이 볼록하게 보인다. 두 선분이 계속 연장된다면 만날 것 같다. 그렇다면 이제 여러분이 직접 믿을 만한 곧은 자를 사용해서 선분이 실제로 휘어져 있는지 여부를 확인해 보라. 놀랍게도 선분은 직선이다. "왜 이렇게 보이지?"라는 의문과 함께 빛의 굴절이라는 빛의 특성이 생각난다. 마치 물속에 있는 연필이 꺾여 보이게 되는 굴절(refraction) 현상처럼([그림 3-3] 참조), 그림에서 반사되어 나와 내 눈

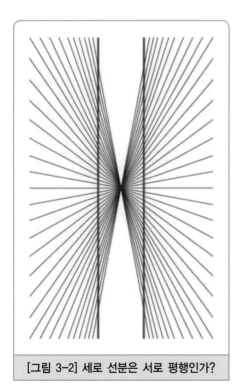

[그림 3-2] 세로 선분은 서로 평행인가?

[그림 3-3] 빛의 굴절 현상

에 도달하는 빛이 광학 현상을 일으켜 얻어진 효과일 수도 있지 않을까? 그렇다면 본인의 카메라로 촬영한 장면으로 확인해 보라. 빛의 굴절 현상이라면 카메라로 찍은 사진에는 선이 휘어져 있어야만 할 것이다. 즉, [그림 3-2]와 카메라로 찍은 사진은 달라야만 한다. 그런데 다르지 않다. 빛의 굴절 현상이 아니라면 우리는 왜 이런 경험을 하는 것일까? 이제 우리는 이 현상의 원인을 광학 현상이 아닌 우리 안에서 찾아야만 한다. 물체에서 반사된 빛이 눈으로 들어가 촉발시킨 감각 과정과 지각 과정을 하나씩 짚어 나가면서 어디에 그 원인이 있는지 살펴보자.

1. 감각

우리는 다섯 가지의 감각기관을 가지고 태어난다. 시각, 청각, 미각, 후각, 촉각의 다섯 가지 감각기관은 각각 상이한 물리적 자극의 존재 또는 변화를 탐지하도록 특별한 기능적 구조를 갖는다. 시각은 빛, 청각은 소리, 후각은 공기 속에 떠도는 화학 물질, 미각은 혀 위에 닿는 화학 물질, 촉각은 피부에서의 온도와 압력 변화에 민감하게 반응한다. 여기서는 다섯 가지 감각 중 지금까지 가장 많이 연구된 시각과 청각의 구조와 기능을 소개하기로 한다.

1) 시각

우리가 뒷머리를 어디엔가 강하게 부딪히게 되면 순간적으로 눈으로 빛을 본 것 같은 경험을 하게 된다. 시각 경험을 일차적으로 관장하는 시각피질이 뇌의 뒷부분(후두엽)에 있는데(제2장 참조), 이 부분이 물리적 충격으로 인해 활성화되었기 때문이다. 결론적으로 시각 경험이란 것은 궁극적으로 시각 경험에 관여하는 신경 체계의 어떤 부분이 활성화된 것에 기인한 것이라고 할 수 있다. 그러나 일반적으로 우리의 시각 경험은 외부에서 들어오는 빛에서 시작된다. 따라서 시각 체계가 기능하는 방식을 이해하기 위해서는 빛의 속성과 눈의 구조 및 기능에 관한 기초 지식이 필요하다.

(1) 빛
물리학에서 주로 사용하는 넓은 의미의 빛은 모든 종류의 전자기파를 지칭한다([그림 3-4] 참조). 전자기파를 파장에 따라 분류하면, 파장이 짧은 감마선으로부터 엑스선, 자외선, 가시광선, 적외선, 전파(초단파, 라디오파)의 순으로 점점 파장이 길어진다. 심리학에서 사용하는 좁은 의미에서 빛이란 약 400nm에서 700nm 사이의 파장을 가진 전자기파를 뜻하는데, 이 범위의 광선은 사람이 볼 수 있으며, 따라서 가시광선(可視光線, visible light)이라고 부른다. 이 범위 외의 파장은 인간의 눈으로는 탐지할 수 없다. 400nm에서 700nm 사이의 파장을 스펙트럼으로 펼치면, 사람은 이를 색으로 경험하게 된다. 즉, 단파장은 보라색과 청색으로, 중파장은 녹색, 그리고 장파장은 적색으로 경험된다. 또한 물체가 반사하는 빛의 양이 많으면 밝게, 적으면 어둡게 경험된다. 여기서 빛의 파장이나 양은 물리적 차원이며, 색채와 밝기는 빛이라는 물리적 자극에 대한 심리적 반응 상태를 지칭하는 용어라는 점에 주목하자.

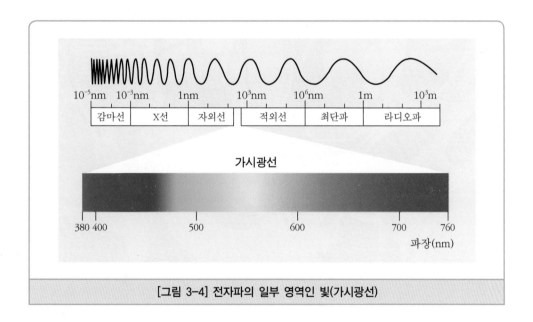

[그림 3-4] 전자파의 일부 영역인 빛(가시광선)

(2) 눈

[그림 3-5]는 인간의 눈을 그려 놓은 것이다. 그림에서 알 수 있듯이, 우리의 눈은 여러 가지 구조물로 구성되어 있다. 그 첫째가 눈의 관문이라 할 수 있는 각막(cornea)이다. 눈으로 들어오는 빛은 맨 먼저 각막을 통과한다. 빛이 각막을 통과할 때 상당한 굴절이 일어난다. 눈이 넓은 시야를 좁은 망막에 투영하여 깨끗한 상을 보기 위해 필요한 굴절의 약 80%를 담당하고 있다. 어떤 사람은 각막의 표면이 일정하지 못해 각막의 부위에 따라 통과하는 빛의 굴절 정도가 일정하지 않을 수 있는데, 이 때문에 생기는

시각장애가 난시(astigmatism)이다.

수양액(aqueous humor)은 투명한 액체로 각막에 영양분을 공급하고 노폐물을 제거하는 일을 한다. 새로운 수양액이 계속 생성되기 때문에 묵은 수양액은 눈 밖으로 빠져나가야 한다. 묵은 수양액이 빠져나가지 못하면 안구 내부의 압력이 높아지고, 그 결과 시신경이 손상되는 일이 벌어질 수도 있는데, 이러한 질병을 녹내장(glaucoma)이라고 한다.

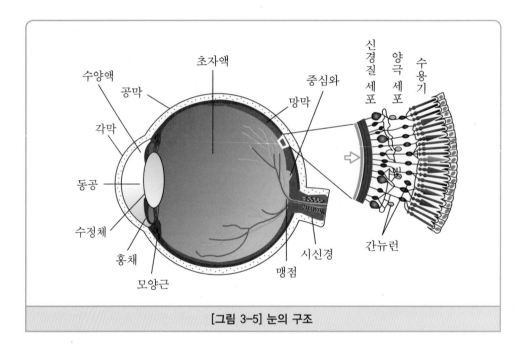

[그림 3-5] 눈의 구조

한국인의 눈 색깔은 거의가 짙은 갈색이므로 국제 교류가 흔하지 않던 시절에 눈이 파란 사람을 실제로 보면 아주 인상적이었을 것 같다. 눈의 색깔은 사람을 분별하는 중요한 신체적 특징인데, 눈의 색깔을 결정하는 데 관여하는 유전자는 6종류로 조합해서 함께 작용하며, 홍채(iris)라고 하는 고리 모양의 얇은 근육 조직이 색을 결정한다. 홍채의 중앙에 있는 검은 구멍을 동공(pupil)이라고 하는데, 빛이 들어가서 반사되어 나오는 빛이 거의 없어서 검은색으로 보인다. 동공은 바늘구멍 사진기처럼 상을 180도 회전시켜서 망막에 투영시키며([그림 3-6] 참조), 주위 환경의 밝기에 따라 눈으로 들어오는 빛의 양을 조절한다. 동공의 크기는 물체의 상을 깨끗하게 맺히도록 하는 중요한 요인이 된다. 빛의 양이 줄어드는 야간에 동공의 크기가 커지게 되면 바늘구멍 사진기의 구멍이 큰 경우와 유사하게 물체가 흐릿하게 상을 맺게 된다.

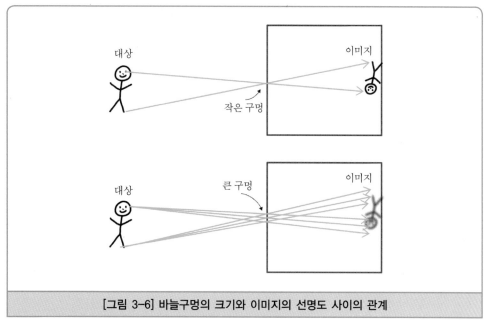

[그림 3-6] 바늘구멍의 크기와 이미지의 선명도 사이의 관계

눈에서 동공은 바늘구멍의 크기를 조절하는 역할을 담당한다.

 동공 바로 뒤에 자리 잡고 있는 수정체(lens)는 동공을 통해 들어온 빛의 초점이 망막 위에 맺히도록 한다. 눈이 깨끗한 상을 보기 위해 필요한 굴절의 나머지 20%를 담당하고 있다. 탄성이 있는 수정체는 모양근(ciliary muscle)이 두께를 조절하고 있다. 모양근이 수축하면 수정체가 두꺼워져 굴절률이 높아지게 되고, 따라서 가까운 물체의 상을 선명하게 맺는다. 모양근이 이완하면 수정체가 얇아져 굴절률이 낮아지며 먼 물체의 상을 선명하게 맺는다. 수정체의 탄성이 점점 없어지게 되면, 수정체가 최대로 두꺼워지거나 얇아질 수 있는 범위가 줄어들고, 따라서 상의 초점을 맺을 수 있는 물체의 거리

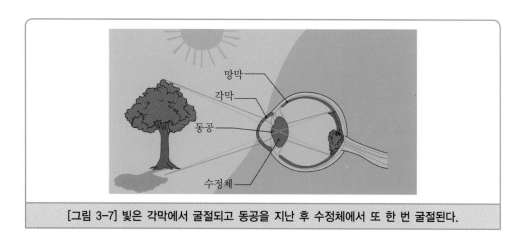

[그림 3-7] 빛은 각막에서 굴절되고 동공을 지난 후 수정체에서 또 한 번 굴절된다.

범위가 좁아지는데, 이를 노안(presbyopia)이라고 한다. 또한 수정체가 투명하지 않고 탁해지면 빛의 투과율이 낮아져 보기가 힘들어지는데, 이를 백내장(cataract)이라고 한다.

초자액(vitreous humor)은 계란의 흰자 같은 투명한 물질로 안구가 둥근 모양을 유지하도록 돕는다. 안구 안쪽의 맨 뒷면을 덮고 있는 얇은 막을 망막(retina)이라고 하는데, 시각 수용기가 자리하고 있다. 눈의 각막을 통과한 빛이 눈의 여러 구조물을 통과하여 무사히 망막에 도달하는 순간이 드디어 시각 감각을 일으킬 최소한의 준비가 되는 순간이다. 한편, 대부분의 야행성 동물은 휘판(tapetum lucidum)이란 조직이 있어서 야간에 눈에서 빛이 나는 것처럼 보인다. 이 조직은 망막의 바로 뒷부분에 놓여 있거나 가끔은 망막의 안에 존재하는데, 망막에 있는 시각 수용기에 흡수되지 못하고 그냥 통과한 빛을 반사하여 되돌아 나가면서, 빛이 시각 수용기에 흡수될 가능성을 재차 높여 준다. [그림 3-1]에서 본 강아지의 안광은 이렇게 반사되어도 수용기에 흡수되지 못하고 밖으로 나온 빛이다.

(3) 망막

물리적 에너지인 빛이 우리에게 의미가 있으려면 우리 내부의 언어라고 할 수 있는 신경 신호로 바뀌어야만 한다. 이런 의미로 물리적 에너지인 빛이 신경 에너지로 변환(transduction)되는 곳이 망막이기 때문에 특별히 중요하다. 변환이란 한 형태의 에너지가 다른 형태의 에너지로 바뀌는 것을 말한다(예: 위치 에너지 ↔ 운동 에너지).

에너지 변환의 역할을 하는 것은 추상체(cone)와 간상체(rod)라는 두 가지 수용기 세포(receptor)이다([그림 3-8] 참조). 두 세포는 빛과 결합하면 화학적 변화를 일으키는 물질(레티나)을 가지고 있다. 추상체는 파장의 장단에 따라 민감하게 반응하는 세 종류가 있는 것이 확인되었으며, 간상체는 단파장에 민감한 단일 종류로 확인되었다. 두 세포는 생긴 모양에 따라 이름이 붙여졌다(원뿔 모양, 막대기 모양). 모양뿐만 아니라 두 세포는 민감한 파장, 망막에 분포한 위치와 개수, 민감한 빛의 정도, 색 감지 역할 등에서도 차이를 보인다(〈표 3-1〉 참조).

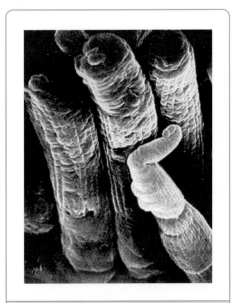

[그림 3-8] 시각 수용기

〈표 3-1〉 추상체와 간상체

	추상체	간상체
수	600만 개	1억 2천만 개
망막 분포 위치	중심와로 모이면서 증가하며, 중심와에는 집중 분포	중심와를 제외한 주변으로 가면서 분포가 증가
약한 빛 민감도	낮음	높음
색채 구분	가능	불가능
일반적인 시력	높음	낮음
유형 개수	세 종류	한 종류

　수용기에서 생성된 신경 에너지(신경 반응)는 양극 세포를 건너 신경절 세포(ganglion cell)로 전달되며, 신경절 세포의 반응은 시신경(optic nerve)을 따라 뇌로 전달된다.

　망막은 주요 신경 세포 세 가지—수용기, 양극 세포, 신경절 세포—의 층으로 구성되어 있다([그림 3-9]에서 눈으로 들어오는 빛이 제일 먼저 만나는 신경 세포가 수용기가 아닌 신경절 세포로 된 구조는 눈이 선명한 상을 맺게 하는 데 도움이 된다).

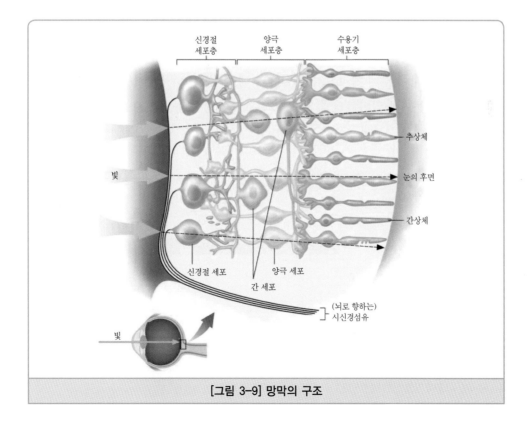

[그림 3-9] 망막의 구조

망막에는 두 개의 독특한 장소가 있는데, 중심와(fovea)와 맹점(blind spot)이다. 중심와는 눈이 우선적으로 빛을 도달시키고자 하는 가장 중요한 지점인데, 눈이 응시한 대상이 망막에 상을 맺는 지점이 중심와이다. 망막에서 움푹 파여 있는 지점이어서 중심와(中心窩)라고 부르는데, 여기에 간상체는 없으며 추상체 수용기만이 존재한다.

안구 내부에서 수용기 세포가 변환시킨 신경 신호는 양극 세포를 거쳐 신경절 세포로 전달된다. 그러나 신경 신호를 안구 밖으로 보내야만 뇌에 있는 시각피질로 전달할 수 있다. 이때 신경절 세포의 축삭을 개별적으로 내보내기보다는 한꺼번에 모아 내보내는 것이 구조적으로 훨씬 효율적이다. 맹점은 신경 신호를 안구 밖으로 보내는 장소이기 때문에 이곳에는 수용기 세포가 존재할 수가 없으며, 따라서 이곳에 도달한 빛이 전하는 정보는 신경 신호로 바뀌지 못하고 소실된다. 그러므로 이 지점을 맹점(blind spot)이라고 부른다.

만일 물체가 눈앞에 있는데도 물체의 상이 맹점에 맺히기 때문에 그 물체를 볼 수 없게 된다는 사실을 우리는 받아들일 수 있을까? [그림 3-10]의 지시를 따라서 해 보자. 이 간단한 실험에서 한 가지 재미있는 사실을 확인할 수 있다. 빛이 눈으로 들어왔더라도 그 빛이 신경 반응으로 바뀌어 뇌로 전달되지 않으면 우리는 눈앞에 있는 것도 그대로 볼 수가 없다는 사실이다. 우리는 눈으로 세상을 본다고 생각하지만, 눈은 빛을 받아들이고, 그 빛 속에 들어 있는 정보를 신경 반응으로 뇌로 전달할 뿐이다. 뇌에서 그 정보를 상황에 맞게 처리 또는 해석한 후에야 비로소 우리는 눈앞에서 어떠한 일이 벌어지고 있는지를 알아차리게 된다. 그러므로 세상을 눈으로 보는 것이 아니라 뇌로 본다는 표현이 가능하다.

[그림 3-10] 맹점을 경험하기

왼쪽 눈을 손으로 가리고, 오른쪽 눈으로 좌측에 있는 원을 20cm 정도 떨어서 응시한다. 앞뒤로 서서히 움직이면 두 막대가 붙어 있는 것으로 보이는 순간이 생기는데, 이때가 끊어진 부분이 맹점에 놓인 상태이다. 맹점에 맺힌 지점은 주변 상황에 맞게 상이 메워진다.

(4) 시각 통로: 망막에서 뇌로

망막의 수용기에서 시작된 신경 반응은 시신경을 따라 시상의 한 부분인 외측슬
상체(Lateral Geniculate Nucleus)에 도달한 후 후두엽(occipital lobe)의 시각피질(visual
cortex)로 전달된다. 시각 정보가 망막에서 피질로 전달되는 이 통로를 시각 통로(visual
pathways)라 한다.

[그림 3-11]에 제시된 시각 통로를 살펴보면 일반적으로 뇌가 신체의 반대편과 연결
되어 있다는 원칙과는 약간 다른 점을 발견할 수 있다. 눈의 코 쪽 망막에서 출발한 시
신경은 시교차(optic chiasm)에서 반대편으로 연결되는 데 반해, 눈의 귀 쪽 망막에서
출발한 시신경은 시교차에서 반대편으로 연결되지 않고 같은 쪽으로 연결되어 있다.
따라서 시야의 왼쪽 부분은 뇌의 오른쪽에 전달되고, 시야의 오른쪽 부분은 뇌의 왼쪽
에 전달된다. 즉, 좌시야 정보는 우측 반구에, 우시야 정보는 좌측 반구에서 처리가 되
고, 후에 뇌량(corpus callosum)을 통해 정보가 교류된다.

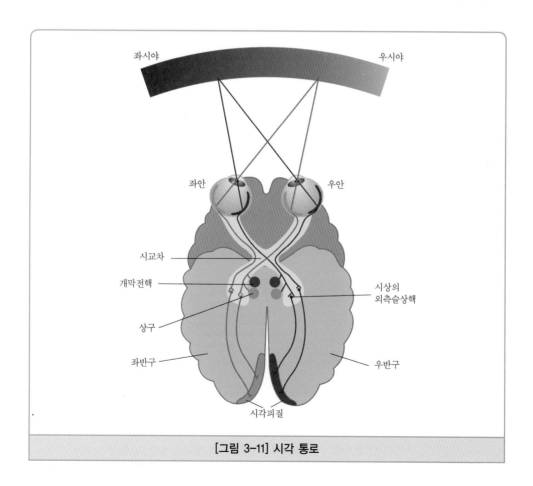

[그림 3-11] 시각 통로

(5) 시각피질

동물 연구에 의하면 짧은 꼬리원숭이(macaque monkey)의 경우 대뇌피질의 약 50%가 시각 정보 처리에 관여하는 것으로 드러났다(Felleman & Van Essen, 1991). 인간의 경우도 크게 다르지 않을 것으로 예상된다. 시각 정보를 처리하는 대뇌피질 중 시신경으로 입력된 정보가 제일 먼저 도착하는 부위를 일차시각피질(primary visual cortex: V1)이라 한다. 일차시각피질은 줄무늬를 이루고 있어 선조피질(striate cortex)이라고도 부른다.

일차시각피질(V1)을 구성하는 세포들은 망막의 신경절 세포와 망막위상적(retinotopic) 관계가 있는데, 시각피질 내의 인접한 두 지점에서 처리되는 정보는 망막의 인접한 위치에 있는 신경절 세포가 보낸 것으로 밝혀졌다. 그렇지만 시각피질은 망막이 보낸 영상을 단순하게 일대일 투영하는 평면 스크린이 아니다. 예컨대, 망막의 중심와는 망막 전체 면적의 1%에 불과한 부분이지만, 여기서 보내는 정보를 처리하는 데는 일차시각피질의 25%가 관여한다. 눈에서 일차적으로 초점을 맞추는 지점이니만큼 여기서 제공되는 정보는 집중 처리가 필요한 것이다. 이 과정을 비유하자면, 사진 촬영에서 넓은 영역을 담아내는 어안 렌즈(fisheye lens)를 거꾸로 사용하여 좁은 중심와 부위를 일차시각피질에 넓게 투영한다고 생각할 수 있을 것이다.

후벨과 비젤(Hubel & Wiesel, 1959)은 시각피질을 구성하는 세포들은 세부 특징 탐지 기능이 있으며, 체계적으로 구성되어 있다는 연구로 노벨생리학상(1981)을 수상하였다. 이들이 밝힌 세 가지 주요 세포들은 다음과 같다. 첫째, 특정한 방위로 기울어진 선분에만 반응하는 단순 세포(simple cell), 둘째, 특정한 방위로 기울어진 선분이 특정한 방향으로 움직일 때만 반응하는 복합 세포(complex cell), 셋째, 특정한 방위로 기울어진 선분이 특정한 방향으로 움직이는데 특정한 길이가 될 때만 반응하는 끝멈춤 세포(end-stopped

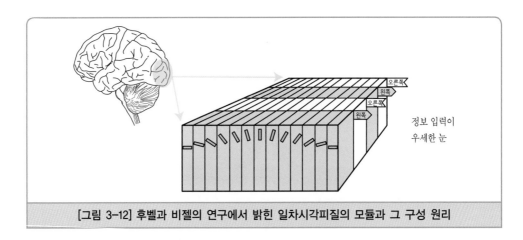

[그림 3-12] 후벨과 비젤의 연구에서 밝힌 일차시각피질의 모듈과 그 구성 원리

cell)이다. 이 세포들은 각자 반응하는 특정한 방위들을 모으면 모든 방위가 되도록 빠짐없이 구성되어 있으며, 이를 모듈(module)이라고 하였다([그림 3-12] 참조).

　일차시각피질의 신경 세포는 시각피질의 여러 부위로 정보를 보낸다. 선조피질 이후의 대뇌피질(extra-striate cortex)로 가는 정보 흐름은 크게 두 갈래로 나뉜다([그림 3-13] 참조). 한 갈래는 후두엽에서 두정엽 쪽으로 가는 배측 흐름(dorsal flow)이며, 다른 갈래는 측두엽 쪽으로 가는 복측 흐름(ventral flow)이다. 배측 흐름은 시야에서 대상의 위치와 움직임에 관한 정보를 처리하는 연합피질 영역으로 연결되며, 복측 흐름은 대상의 정체에 관한 정보를 처리하는 연합피질 영역으로 신호를 보낸다. 물체의 움직임, 형태, 깊이, 색채 정보들은 전문적으로 병렬 처리된 후 주의 과정을 통해 올바르게 결합되어야 비로소 대상에 대한 지각이 제대로 되었다고 할 수 있다.

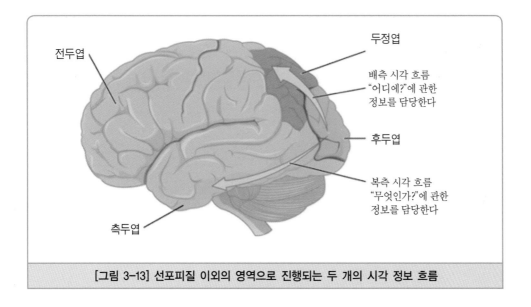

[그림 3-13] 선조피질 이외의 영역으로 진행되는 두 개의 시각 정보 흐름

2) 청각

　유기체의 생존이라는 측면에서 청각은 시각이 가지지 못한 장점을 가진다. 청각은 모든 방향에서 오는 소리 신호를 탐지할 수 있는 측면이 있으므로, 특히 포식자의 접근을 시각이 놓치는 상황에서도 청각이 알아낼 수 있다. 또한 사람의 경우에 청각은 말을 통한 의사소통에 매우 중요하다. 사회적 동물인 인간에게 동료와의 의사소통은 생존의 문제와 직결되어 있다.

(1) 소리

소리 또는 음(音)은 사람의 청각기관을 자극하여 뇌에서 해석되는 매질의 움직임이라고 할 수 있는데, 우리의 귀에 들리는 소리는 공기를 매질로 하여 전해 오는 파동이다. 예를 들어, 북을 두드리거나 기타의 현을 튕기면 소리가 들린다. 세차게 진동하면서 소리를 내고 있는 북의 가죽이나 기타의 현에 손을 대서 이 진동을 멈추게 하면 소리는 들리지 않게 된다. 이들 물체가 진동을 하면 그 물체를 둘러싸고 있는 공간 내 공기 분자의 밀도가 높아졌다 낮아졌다를 반복하게 되는데, 이러한 공기 분자의 반복적 밀집과 분산을 음파(sound wave)라고 한다. 음파를 시각화한 [그림 3-14]를 보면 소리의 속성을 쉽게 파악할 수 있다.

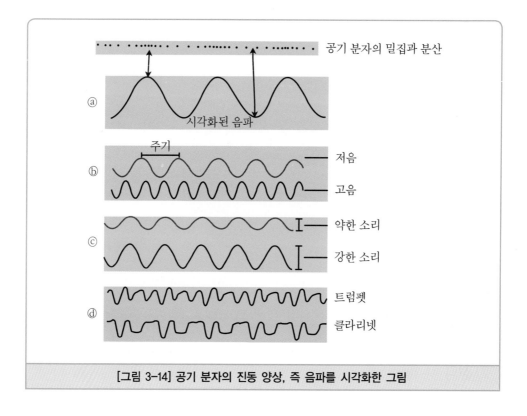

[그림 3-14] 공기 분자의 진동 양상, 즉 음파를 시각화한 그림

소리는 우리들에게 여러 가지 정보를 전해 준다. 음파의 경우, 눈에는 보이지 않지만 귀는 파동의 여러 가지 특성을 소리의 변화로 알 수가 있다([그림 3-14] 참조). 공기 분자의 밀집과 분산(음파의 주기)이 초당 몇 회 반복되는지를 주파수 또는 헤르츠(Herz)로 표시한다. 음파가 초당 1,000번 반복되는 소리는 1,000Hz 음, 초당 5,000번 반복되는 소리는 5,000Hz 음이라고 한다. 주파수가 높으면 고음, 낮으면 저음으로 들린다.

주파수는 소리의 물리적 차원이며, 음고는 여기에 상응하는 심리적 반응 차원을 나타낸다([그림 3-14 ⓑ] 참조). 사람이 들을 수 있는 가청주파수는 약 20~20,000Hz(20KHz) 이내이며 나이가 듦에 따라 최대 가청주파수는 낮아지게 된다.

[그림 3-14 ⓒ]가 보여 주는 소리의 또 다른 속성은 공기 분자가 최대로 밀집된 상태에서 최대로 분산된 상태까지의 폭인데, 이를 진폭(amplitude)이라고 한다. 소리를 크게 한다는 것은 소리의 진폭을 키운다는 것이다. 따라서 소리의 강약(loudness)은 주로 음파의 진폭에 의해 결정되며, 이는 데시벨(dB) 단위로 측정된다. [그림 3-15]는 주변에서 흔히 들리는 소리의 진폭을 데시벨 단위로 나타낸 것이다. 여기서도 진폭은 소리의 물리적 차원이며, 강약은 여기에 상응하는 심리적 반응 차원을 나타낸다.

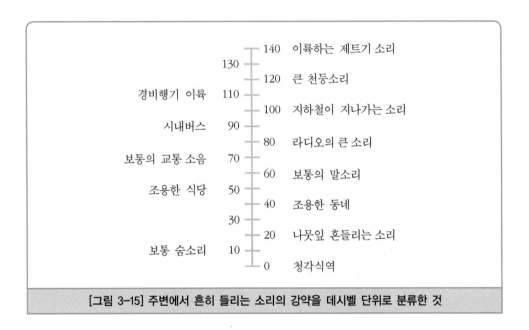

[그림 3-15] 주변에서 흔히 들리는 소리의 강약을 데시벨 단위로 분류한 것

[그림 3-14 ⓓ]에서 볼 수 있는 소리의 세 번째 속성은 파의 모양이다. 지금까지 설명을 쉽게 하고자 모든 소리를 마치 하나의 사인파(sine wave)로 그릴 수 있는 것처럼 취급하였다. 하나의 사인파로 나타낼 수 있는 소리를 순음(pure tone)이라고 하는데, 이는 인위적으로 만들어 낼 수 있는 소리일 뿐이다. 우리 주변에서 들을 수 있는 소리는 복합음(complex sound)이라고 하며, 이는 여러 개의 사인파로 합성되어 있다. 푸리에 분석이라는 수학적 기법을 사용하면 복합음에서 여러 개의 순음을 분리할 수 있다. 특정 복합음을 구성하는 여러 순음 중 주파수가 가장 낮은 음을 기본음(fundamental), 그리고 기본음의 주파수를 기본 주파수라 한다. 나머지 주파수는 기본 주파수의 정수배가

되는 주파수들이며 이를 배음(harmonics)이라고 한다. 복합음의 음고(pitch)는 기본 주파수에 의해 결정되며 배음은 복합음의 음색(timbre)을 결정한다. 여기서도 배음의 합성은 소리의 물리적 차원이며, 음색은 여기에 상응하는 심리적 반응 차원을 나타낸다.

(2) 귀

[그림 3-16]은 인간의 귀를 알기 쉽게 그린 것이다. 귀는 크게 세 부분(외이, 중이, 내이)으로 나뉜다. 외이는 귓바퀴(pinna), 귓구멍(auditory canal), 고막(eardrum)으로 이뤄지고, 중이는 고막 안쪽에 위치한 세 개의 연골[추골(hammer), 침골(anvil), 등골(stirrup)]로 이뤄져 있다. 내이는 와우관(cochlea), 반규관(semicircular canals), 전정관으로 구성된다. 내이의 구조 중 청각에 관여하는 것은 청각 수용기가 자리하고 있는 와우관(cochlea)뿐이다. 반규관은 목을 축으로 한 머리의 회전 움직임을 탐지하는 수용기 세포가 있으며, 전정관은 머리의 수직 및 수평 움직임을 탐지하는 수용기 세포가 있다.

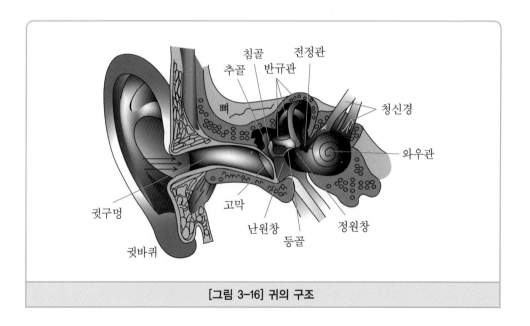

[그림 3-16] 귀의 구조

외이와 중이는 공기의 압력 변화를 소리로 변환시키는 데 효율적인 구조를 갖췄다. 이는 눈의 구조 중 각막과 동공 그리고 수정체가 망막에 상을 깨끗하게 맺히도록 광학적인 역할을 하는 것과 유사하다. 귓바퀴는 외부의 소리를 모으는 역할을 하며, 귓구멍은 안쪽으로 소리를 전달하면서 1,000~5,000Hz 사이의 주파수를 약간 증폭하는 역할을 한다. 공기의 진동은 고막을 두드리고, 이 진동은 고스란히 중이의 추골에 전달된다. 추골은 등골보다 길이가 긴데, 이런 구조적인 특성으로 인해 약한 진동이 추골을 움직여도 등골에는 강한 진동으로 전달된다. 침골은 이 사이에서 받침대의 역할을 한다. 등골은 와우관의 난원창(oval window)에 붙어 있는데, 등골의 진동은 와우관 내부를 채우고 있는 와우액에 압력 변화를 일으킨다. 이때 발생한 압력 변화는 코르티 기관(Organ of Corti)을 구성하고 있는 기저막(basilar membrane)을 진동시키고, 기저막이 흔들리면 기저막 위에 자리 잡은 융모 세포(hair cell)의 융모를 휘게 만든다. 물리적으로 융모가 휘어지면 융모 세포가 활성화되고 신경 신호가 생성된다. 생성된 신경 반응은 청신경을 따라 측두엽에 있는 청각피질에 전달된다. 청각피질은 전달된 신호를 처리하고, 우리는 처리의 결과로 청각 경험을 하게 된다.

(3) 음고 변별

우리는 소리의 주파수를 음고(pitch)로 지각한다. 이러한 사실은 우리의 청각 체계가 소리의 주파수를 변별하는 능력을 가지고 있다는 것인데, 과연 어떤 원리에 의해 이것이 가능할까?

소리의 주파수는 공기의 진동을 나타낸 것이고, 공기의 진동에 따라 융모 세포의 융모가 휘어지므로 융모 세포가 휘어지는 빈도를 뇌에 전달하면 소리의 주파수에 따른 음고 지각이 가능하다. 이러한 주장을 빈도 이론(frequency theory)이라고 한다. 기저막 위의 융모 세포가 소리의 주파수에 맞추어 100Hz이면 초당 100회씩 발화하고, 주파수가 1,000Hz이면 1,000회씩 발화한다고 설명한다. 그리고 뇌에서는 이들 융모 세포의 발화율을 기초로 귀에 들어오는 소리의 주파수를 계산한다는 생각이다. 그러나 신경 세포는 발화율이 1,000회를 넘을 수 없는 한계가 있는데, 이런 제한은 한 무리의 신경 세포가 집단으로 반응한다는 연사 이론(volley theory)으로 극복할 수 있다([그림 3-17] 참조). 한 무리의 신경 세포가 번갈아서 반응을 하면 1,000Hz의 한계를 넘어 5,000Hz인 소리 변별도 가능하다고 한다. 그럼에도 사람의 가청주파수인 20,000Hz까지를 설명하기에는 무리가 있다.

본 베케시(von Békésy, 1899~1972)는 와우관의 작동 상태를 관찰한 후 장소 이론을 제안하였다([그림 3-18] 참조). 이 이론에 따르면 와우관의 기저막은 주파수의 높고 낮음에 따라 최대로 융기하는 부위가 다르며, 그 부위에 위치한 융모 세포의 발화로 주파수를 알 수 있다고 한다. 주파수가 높으면 기저막의 난원창과 가까운 쪽에서 융기가 크게 일어나고, 주파수가 낮으면 난원창과 먼 쪽에서 융기가 크게 일어난다. 뇌에서는

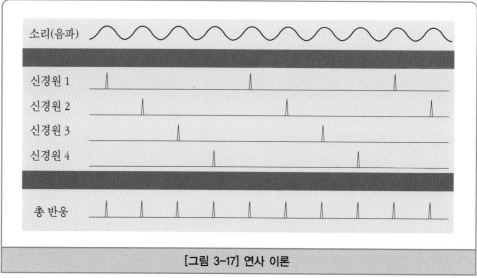

[그림 3-17] 연사 이론

네 개의 신경원이 번갈아 신경 신호를 발생시킨 결과로 총 반응은 소리(음파)와 완전하게 대응된다.

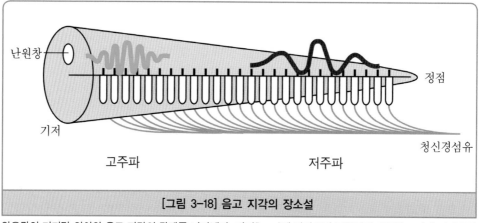

[그림 3-18] 음고 지각의 장소설

와우관의 기저막 위치와 음고 지각의 관계를 나타낸다. 기저(base)에 가까우면 고주파가, 정점(apex)에 가까우면 저주파가 처리된다.

바로 이 융기 지점에서 전달되는 융모 세포의 신호를 이용하여 주파수를 알아낸다는 것이다. 그렇지만 5,000Hz 이하의 주파수는 융기가 크게 일어나는 부위가 뚜렷하지 않다는 설명의 약점이 있다.

　그러므로 음고 변별 능력을 설명하기 위해서는 두 가지 이론이 모두 필요하다. 주파수가 낮은 소리의 음고 변별은 주파수 이론의 원리에 따라, 주파수가 높은 소리의 음고 변별은 장소 이론의 원리에 따라 이뤄진다고 하겠다. 그리고 주파수가 중간 정도에 속하는 소리의 음고는 융모 세포의 기저막상 위치 및 발화율이 모두 이용된다는 것이 현재 가장 정확한 설명이다.

(4) 소리위치 파악

양안 단서가 물체의 공간 위치를 파악하게 해 주듯이 머리 양쪽에 위치한 귀는 소리 위치를 파악하게 해 준다. 좌우 측면에서 나는 소리를 예로 들면, 소리가 나는 위치에 가까이 있는 귀는 멀리 있는 귀보다 소리를 강하게 듣는다. 음이 먼 쪽 귀에 도달하려고 할 때 머리가 음의 전달을 방해하여 약하게 만드는 역할을 하기 때문이다. 즉, 두 귀에 도달하는 소리의 강도 차이를 탐지하여 소리위치를 파악한다.

소리위치 파악에 대한 또 다른 단서는 시의성(timing)이다. 앞에서 설명했던 바와 마찬가지 이유로 소리가 나는 위치에 가까이 있는 귀는 멀리 있는 귀보다 소리를 먼저 듣는다. 소리가 도달되는 시간 차이를 계산하여 소리위치를 파악한다. 동물 연구에 따르면, 백만분의 몇 초 정도의 시간 차이에도 반응하는 청각신경 세포가 있다.

소리위치 단서인 강도 차이는 고주파 음에서, 시간 차이는 저주파 음에서 효과적으로 작용하는 것으로 밝혀졌다. 그러나 정확한 소리위치 파악을 위해서 사람은 머리를 이리저리 돌리고, 목이 쉽게 돌아가지 않는 동물들은 두 귓바퀴를 따로따로 움직여 두 단서의 효용성을 더욱 높일 수 있다.

2. 지각

지금까지는 감각기관이 주변 환경의 상태 및 변화에 관한 정보를 수집하는 감각 과정과 그때 일어나는 감각 경험을 살펴보았다. 그러나 이 장을 시작하면서 소개했던 '휘어진 평행선'에 대한 설명은 여전히 하지 못한다. 감각기관이 정보를 받아들인 결과로 우리가 세상에 대해 경험을 하고 지식을 축적하는 것은 사실이지만, 그 모든 과정이 수동적이지만은 않다.

1) 형태 지각

(1) 지각 체제화

시각 체계가 달성해야 하는 목표는 대상 지각(object perception)이라고 할 수 있다.

생존을 위해 먹이를 구하고 포식자로부터 피하기 위해서는, 어떤 것이 먹이인지 정체를 파악하고, 포식자의 정체를 파악하고, 위치를 알아내는 과정들이 필요하다. 숨고 찾아내는 능력이 생존에 필수적이며, 이러한 개발 경쟁에서 뒤처지면 살아남기 힘들다.

(2) 전경과 배경

앞에서 설명한 망막의 시각 수용기들은 모니터 화면의 점들처럼 점점이 분포되어 있다. 즉, 특정 수용기들의 활성화는 화면에 특정한 화소가 켜 있는 상태로 비유할 수 있다. 우리는 모니터에 켜 있는 점들을 보고 자연스럽게 글을 읽으며, 그림 형태를 파악하고 있다. 일반적으로 이러한 과정은 의식하지도 못하고 순식간에 일어난다. [그림 3-19]의 사진에서 자갈들 사이에서 넙치를 찾아내는 것처럼 어려운 상황에서는 이러한 과정이 자동적이지만은 않다는 것을 알게 된다.

[그림 3-19] 동물 보호색(telegraph co uk) google image search

정체를 파악하기 위해서 시각의 경우 일차적 지각 과제는 전경(figure)이라고 부르는 대상을 배경(ground)에서 분리된 것으로 지각하는 일이다. 자갈 배경에서 전경인 넙치를 찾아내야 한다. 청각의 경우는 주위의 소음(noise)이라는 배경에서 상대방의 말을 전경으로 지각하여 듣는 것이다. 형태 지각에서 이 과정을 전경-배경 분리(figure-ground segregation)라고 한다. 그러나 한 장면에서 전경과 배경이 언제나 고정된 것은 아니다.

[그림 3-20]을 보면 코가 큰 남자가 색소폰을 불고 있다. 그런데 잠시 뒤에 흰 배경에서 여자의 얼굴이 나타난다(반대 순서로 보는 사람도 있다). 흰 배경과 검은 배경에서 두

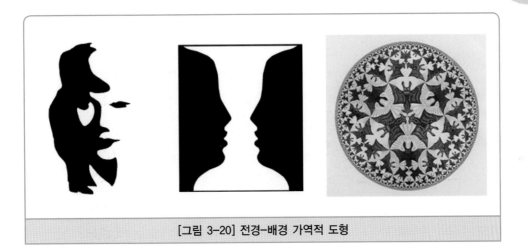

[그림 3-20] 전경-배경 가역적 도형

형태가 번갈아 나타나며 전경-배경 관계를 역전시키고 있으며, 한 부분을 배경인 동시에 전경으로 지각하기는 힘들다. 동일한 그림 안에 두 가지 이상의 형태가 나타나는 도형을 전경-배경 가역적 도형(figure-ground reversible figures)이라고 부른다. 가역적 도형은 전경과 배경이 고정된 것이 아니라는 사실을 분명하게 경험시켜 준다. 즉, 자극이 변하지 않아 감각 정보는 동일하지만, 이를 지각한 결과는 달라질 수 있다는 것이다.

　감각기관이 받아들인 작은 요소 정보들을 형태가 되도록 결합하여 나가는 방식을 상향처리(bottom-up process)라고 한다. 그리고 형태가 나타난 맥락을 파악하고 지각자의 기대와 경험을 형태 지각 과정에 반영시키는 방식을 하향처리(top-down process)라고 한다. 가역적 도형은 하향처리의 존재를 인식할 수 있게 해 주는 예이다.

(3) 집단화

　장면을 전경과 배경으로 분리하기 위해서는 장면 영역을 분리해야 한다. 색깔, 흑백 대비의 기본 요인들이 즉각적이고 자동적으로 처리된다. 이러한 기본 감각 정보로 그럴듯한 형태를 구성하는 데 적용되는 법칙들이 있다고 제안한 학자들이 게슈탈트 심리학자들이다. 베르트하이머(Max Wertheimer, 1880~1943), 쾰러(Wolfgang Köhler, 1887~1967), 코프카(Kurt Koffka, 1886~1941)로 대표되는 게슈탈트 심리학자들은 지각 조직화 법칙을 집중적으로 연구하였다. 게슈탈트 심리학자들에 의하면, 우리는 여러 개의 작은 요소가 있으면 그들을 하나로 묶어 통합된 형태로 지각하려는 강한 경향성을 가지고 태어난다. 예를 들면, [그림 3-21]이 세 개의 점(구성 요소)이 아니라 하나의 삼각형(형태)으로 보이는 것은 이러한 경향성 때문이라는 것이다. 밤하늘의 별들에서 국자

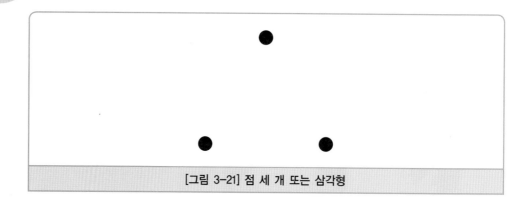

[그림 3-21] 점 세 개 또는 삼각형

모양의 북두칠성을 만드는 것도 이러한 예라고 할 수 있다([그림 3-22] 참조). 그러면 게슈탈트 심리학자들이 제시한 지각 조직화 법칙들을 하나씩 살펴보기로 하자.

[그림 3-22] 북두칠성

출처: http://modumagazine.co.kr/archives/3509

㉮ 좋은 형태의 법칙(law of prägnanz)

지각 조직화 과정을 지배하는 법칙 중 가장 일반적인 법칙인데, 특정 대상을 지각할 때 가능한 한 가장 좋은(good) 형태로 경험하려는 것이다. 이 법칙에서 말하는 '좋은'이란 규칙적인, 정돈된, 단순한, 대칭적인 등등의 의미를 가진다. 단순성의 법칙(law of simplicity)이라고도 하는데, [그림 3-23]의 왼쪽 그림을 보고 원과 사각형이 겹쳐 있는 것으로 지각할 것으로 예측한다. 오른쪽 그림처럼 이 빠진 원과 패인 사각형으로 지각하는 것은 불가능하지는 않지만 복잡한 해석이 되어 버린다. 지각 과정은 복잡한 해석보다는 단순한 해석을 선호한다.

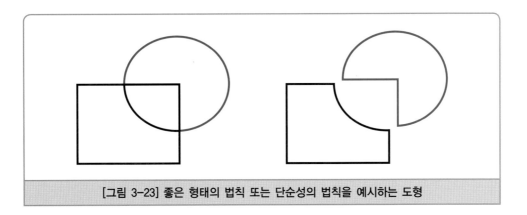

[그림 3-23] 좋은 형태의 법칙 또는 단순성의 법칙을 예시하는 도형

㉯ 근접성의 법칙(law of proximity)

가까이 있는 대상들이 동일한 집단을 구성하는 것으로 지각한다. [그림 3-24 ⓐ]에서 왼쪽에 규칙적으로 있는 점들은 간격을 변경하자마자 세 개의 집단으로 묶인 것으로 지각된다.

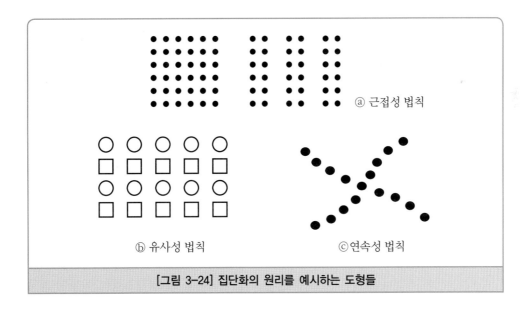

ⓐ 근접성 법칙

ⓑ 유사성 법칙   ⓒ연속성 법칙

[그림 3-24] 집단화의 원리를 예시하는 도형들

㉰ 유사성의 법칙(law of similarity)

비슷한 속성을 가진 대상들이 동일한 집단을 구성하는 것으로 지각한다. [그림 3-24 ⓑ]에서 원과 정사각형은 가로 방향으로 이어져 나가는 것으로 지각된다.

㉘ 연속성의 법칙(law of continuity)

변화나 비연속성을 최소화하는 방향으로 집단화가 형성된다는 것이다. [그림 3-24 ⓒ]에서 점들은 부드럽게 교차된 것으로 지각된다. 부등호(> <) 형태로 꺾인 두 선이 접하고 있는 것으로 지각되지 않는다.

㉙ 완결의 법칙(law of completion)

완전한 전체 대상을 지각하기 위해 끊어진 부분을 메우려는 경향성이다. [그림 3-25]는 세 개의 이 빠진 원이 배치된 상황에서 삼각형을 지각한다. 삼각형이 되기 위해 필요한 선분이 이어져 있는 것으로 지각된다. 윤곽선이 없는데도 지각한다고 하여 착각적 윤곽(illusory contour)이라고 부르는 예인데, 삼각형이 있는 중앙은 삼각형이 아닌 주변보다도 실제로 밝게 지각되는 경향이 있다. 이 예에는 착각적 삼각형의 안과 밖에서 반사되어 나오는 절대적인 빛의 양이 동일한데도 밝기가 다르게 지각되는 착시 현상도 있다.

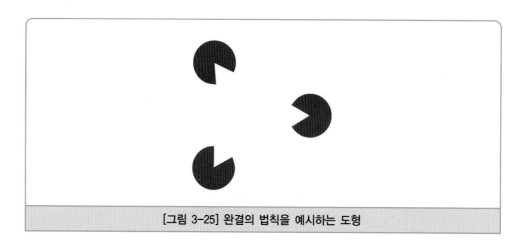

[그림 3-25] 완결의 법칙을 예시하는 도형

2) 색채 지각

우리 인간은 엄청나게 많은 색을 구분할 수 있다. 색채 지각 시스템이 어떻게 작동하기에 그 많은 색을 구분할 수 있는 것일까?

(1) 삼원색 이론(trichromatic color theory)

영국 물리학자 영(Thomas Young, 1773~1829)은 세 개의 투광기에다 각각 자색, 적색, 녹색 필터를 끼우고 백색 광선을 투사하여 회색 화면에 비추어 보았다([그림 3-26] 참조). 그러고는 이들 세 가지 색상의 빛이 골고루 섞이면 화면이 흰색으로 보이고, 적색 빛과 녹색 빛이 골고루 섞이면 화면이 황색으로 보인다는 사실을 발견하였다. 또 투광기에서 투사되는 빛의 강도가 달라지면 화면의 색깔이 그에 따라 달라진다는 사실도 발견하였다. 그의 색채 이론은 19세기 중반에 헬름홀츠(Hermann von Helmholtz, 1821~1894)가 정교화시키고 수정하였고, 후에 두 학자의 공동 공로를 인정하여 영-헬름홀츠(Young-Helmholtz)의 삼원색 이론(trichromatic color theory)으로 명명되었다. 20세기 중반에 망막에 세 가지 종류의 추상체가 존재한다는 사실이 생리학자에 의해 밝혀졌다(Brown & Wald, 1964). 수용기를 자극하는 빛의 파장에 따라 반응 정도가 달라지는 세 가지 종류의 추상체 수용기가 있는데, 짧은 파장의 빛(진한 청색으로 보임), 중간 정도 파장의 빛(녹색으로 보임), 그리고 비교적 긴 파장의 빛(주황색으로 보임)에 각각 가장 강렬하게 반응하는 세 가지 수용기이다. 학자들은 이러한 차이가 수용기 내부에 있는 광색소(photopigments)에 의해 결정된다는 것을 알아냈다. 이는 컬러TV 등을 제작

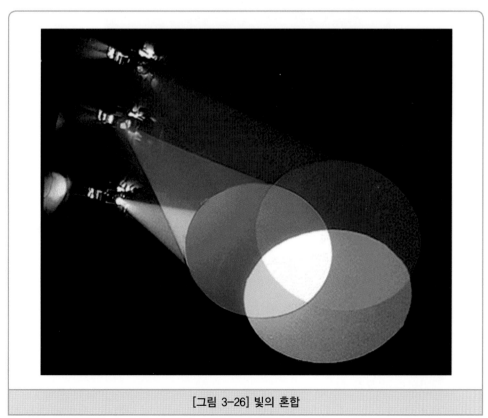

[그림 3-26] 빛의 혼합

파장이 긴 빛(적색), 중간 정도인 빛(녹색) 그리고 짧은 빛(청색)을 적절히 혼합하면 우리는 모든 색을 경험할 수 있다.

할 때 RGB 색채 공간을 구성하는 색채 공학의 기본 원리로 사용된다.

(2) 대립-과정 이론(Opponent-process color theory)

삼원색 이론은 세 가지 종류의 추상체가 존재한다는 생리적 증거로 지지되었지만 (Brown & Wald, 1964), 여전히 삼원색 이론만으로 설명할 수 없는 현상이 있는데, 대표적인 것이 색채 잔상 효과(color aftereffect)이다([그림 3-27] 참조).

[그림 3-27] 색채/명암 잔상 경험하기

태극 문양을 집중해서 1분 동안 응시한 후 눈을 돌려 백색 면을 바라보면서 눈을 깜빡거려 보라.

이 현상을 설명하기 위해 헤링(Ewald Herring, 1834~1918)은 대립-과정 이론을 제안하였다. 헤링은 우리의 눈에는 세 가지 종류의 수용기가 있고 대립적인 작용을 한다고 주장하였다. 그는 하나는 명암 지각에 관여하며, 나머지 둘은 색상 지각에 관여한다고 제안하였다. 색상 지각에 관여하는 두 가지 수용기 중 적-녹 수용기는 적색과 녹색을 처리하고, 청-황 수용기는 청색과 황색을 처리하는데, 각 수용기가 처리하는 두 가지 색 중 한 가지 색을 처리할 때는 다른 색을 처리할 수 없다는 것이 그의 생각이었다. 예컨대, 적-녹 수용기가 적색에 반응할 때는 녹색에 반응할 수가 없고, 녹색에 반응할 때는 적색에 반응할 수 없다는 생각이었다. 하지만 적-녹 수용기가 적색에 반응하는 동안에는 적색에 대한 반응 능력이 서서히 감소하는 대신 녹색에 대한 반응 능력은 상대적으로 증가한다고 생각했다.

이 이론은 [그림 3-27]에서 경험한 색채 잔상 효과를 쉽게 설명한다. 적색 바탕을 응시하면 적색을 경험하지만 점점 적색에 대한 반응은 약해지고, 녹색 반응의 잠재력은 커진다. 이때 적색 바탕을 제거하고 백색 바탕을 제시하면 녹색 반응이 강하게 나온다. 분광 스펙트럼에서 알 수 있듯이 백색은 모든 색이 포함된 색이다. 백색에 포함된 녹색이 적-녹 수용기의 녹색 반응을 크게 야기한다. 뇌의 외측슬상체와 일차시각피질을 구성하는 세포 중에는 대립-과정 이론이 예측한 대로 반응하는 세포의 존재가 밝혀졌다(Devalois & Devalois, 1980). 헤링은 대립-과정을 수용기 내에서 발생하는 화학 결합 작용으로 보았지만, 아쉽게도 실제로는 신경회로 연결에 의해 대립-과정이 이뤄지는 것으로 밝혀졌다. 그러나 헤링의 대립-과정이라는 기본적인 생각이 색상 처리와 정서 처리 등 여러 심리 분야에 영향을 주었다는 것은 커다란 의미가 있다.

두 이론은 서로 경쟁적인 이론으로 보일 수도 있지만, 색채 지각을 정확하게 설명하기 위해서는 삼원색 이론과 대립-과정 이론이 모두 협력해서 작용해야만 가능하고, 이런 생각을 지지하는 이론이 발전되고 관련 증거들이 제시되었다(Jameson & Hurvich, 1957).

(3) 색채 시각 결함

이 장을 시작하면서 소개된 사진을 다시 한번 상기해 보자. 같은 사진에 동일한 파장이 반사되어서 나오는데 왜 색 경험이 서로 다른가? 우리는 동일한 환경에서 동일한 색 경험을 한다고 확신할 수 없다는 것을 이 예에서 알게 되었다.

색채 시각 결함도 비슷하다고 할 수 있다. 내가 보는 적색을 상대방도 동일하게 적색이라고 보는 것일까? 내가 녹색 물감을 구해 달라고 했는데, 정작 적색 물감을 가지고 와서 녹색이라고 말하는 사람이 있다면 어떨까? 대개의 경우 본인이 색채 시각 결함인지 모르고 생활하다가 이시하라 색판([그림 3-28])으로 검사하고서야 비로소 자신이 색채 결함(색맹 또는 색약)임을 알게 되는 경우가 대부분이다. 가장 많은 색채 결함이 적색과 녹색을 구분하기 힘들어하는 적록색맹이다. 원인은 유전자 결함으로 단파장에 반응하는 수용기는 있지만, 중간 파장에 반응하는 수용기 또는 긴 파장에 반응하는 수용기 중 어느 하나가 결여된 상태이기 때문이다. 황청색맹은 짧은 파장에 반응하는 수용기가 결여된 상태이다. 적록색맹의 경우 유전자 이상이 성염색체에 있어서 남성의 경우 모계에서 전해진 유전자에 의해 발생하는 반성유전의 대표적인 예이다. 그러나 황청색맹은 8번 유전자의 이상으로 생기기 때문에 반성유전이 되는 것은 아니다. 최근에는 색의 파장을 선별적으로 차단하여 색각 이상자가 색을 경험할 수 있게 해 주는 안경이 발명되었다(enchroma.com).

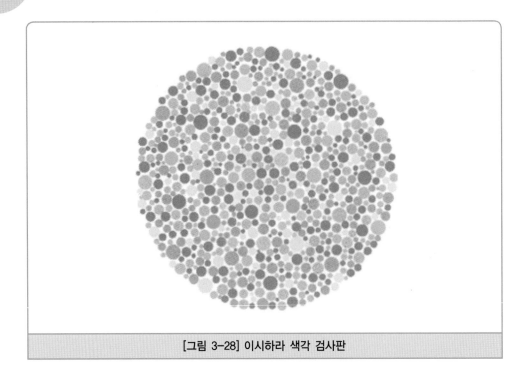

[그림 3-28] 이시하라 색각 검사판

3) 암순응과 명순응

색채 경험을 먼저 예로 들었지만, 망막 수용기의 작용으로 설명될 수 있는 대표적인 시지각 경험이 암순응(dark adaptation)과 명순응(light adaptation)이다.

우리가 대낮에 컴컴한 영화관에 들어가면 처음에는 아무것도 볼 수 없다가 한참 후에는 친구의 얼굴까지도 꽤 자세하게 볼 수 있게 된다. 그 반대로 어두운 실내에서 밝은 실외로 나오면 눈이 부셔 잘 볼 수 없다가 잠시 후에 제대로 볼 수 있게 된다. 전자는 빛에 대한 수용기 세포의 민감도가 점점 높아지기 때문에, 후자는 점점 낮아지기 때문에 나타나는 현상이다. 전자의 경우처럼 눈으로 들어오는 빛의 강도에 따라 약한 빛에도 반응할 수 있도록 수용기의 민감도가 높아지는 과정을 암순응이라고 한다. 후자의 경우, 강한 빛에 민감하게 반응하면 수용기들의 활동이 지나쳐서 수용기 기능이 망가질 가능성이 높기 때문에 수용기는 강한 빛에 빠르게 둔감해질 필요가 있다. 이렇게 빛에 대한 민감도가 낮아지는 경우를 명순응이라 한다.

암순응은 추상체가 주도하는 주간시(day vision)에서 간상체가 주도하는 야간시(night vision)로 전환되는 과정의 결과인데, 어두워진다는 것은 가시광선의 모든 범위가 약해지는 것을 의미한다. 만일 가시광선의 특정한 일부 파장만 약해진다면 어떤 일이 일어날까? 사람은 야간에 장파장의 붉은색 조명만이 있는 실내에 있다가 캄캄한 밖으로 나가면 암순응에 적응한 것처럼 곧바로 볼 수가 있다. 이것을 이해하기 위해서는 간상체의 경우 500nm의 파장(녹색)에 가장 민감하며, 600nm보다 긴 파장에는 반응하지 않는다는 사실에 주목할 필요가 있다. 사람은 실내에서는 장파장에만 노출되었으므로 간상체는 마치 빛이 없는 곳에서 암순응된 상태로 있다. 따라서 암순응에 필요한 시간이 없어도 된다. 암순응 상태를 유지해야 하는 상황실 근무자가 장파장의 붉은 조명을 사용하는 이유가 바로 이것이다.

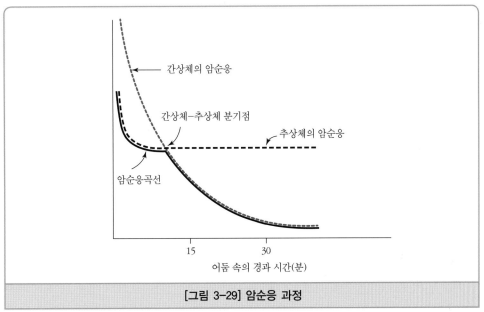

[그림 3-29] 암순응 과정

빛이 약해지는 환경에서 민감도를 높인 추상체는 약 3~4분 정도 이후 더 이상 민감도를 낮출 수 없다. 약 8분 정도에 간상체의 민감도가 추상체보다 높아지며, 이후 추상체가 20~25분 정도에 최대 민감도에 도달한다. 완전한 암순응에는 25분 정도가 소요된다.

4) 지각 항등성

동일한 자극 상황에서 지각 결과가 달라질 수도 있으며, 다양한 자극 상황에서도 지각 결과가 동일할 수 있다. 대상이 동일하더라도 보는 방향에 따라 눈에 입력되는 형태, 즉 망막에 생성된 이미지는 동일하지 않다. 망막의 상이 다름에도 불구하고 동일한 형태로 지각하는 현상이 형태 항등성의 예이다. 대상에서 얻어지는 감각 정보가 다름에도 불구하고 형태의 속성(형태, 밝기, 색채, 크기 등)이 변하지 않고 동일한 것으로 지각하는 것을 항등성이라 말한다.

대표적인 경우가 크기 항등성이다. 대상 크기의 판단은 일차적으로 망막에 얼마나 크게 상이 맺히는가에 달려 있다. 그러나 대상이 떨어져 있는 거리에 따라 망막상의 크기는 다르다. 대상이 멀리 있을수록 망막에 작게 투영된다. 그럼에도, 망막상의 크기가 달라짐에도 불구하고 대상의 크기를 정확하게 지각한다([그림 3-30] 참조).

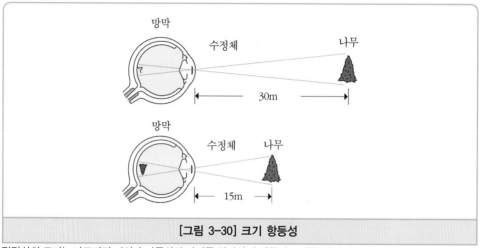

[그림 3-30] 크기 항등성

망막상의 크기는 다르지만 자신과 나무와의 거리를 감안하여 나무의 크기를 지각한다.

밝기 항등성은 주변 조명 강도와 무관하게 물체의 밝기를 지각하는 것을 말한다. 검은 연탄은 밝은 낮에도 검은색이고, 어두운 창고에서도 검은색이다. 태양 아래에서 연탄이 반사하는 빛의 양이 방 안 형광등 아래에서 흰 옷이 반사하는 빛의 양보다 많다는 사실을 고려하면 놀라운 지각 능력이라고 볼 수 있다. 이는 시각 체계가 대상 물체의 주위에 있는 다른 물체들의 반사율의 비율을 감안하여 물체의 밝기를 지각하기 때문이다. 비율 원리에 따라 반사율의 비율이 같게 되면 지각된 밝기는 일정하게 유지된다. 따라서 주변 조건에 따라 반사되어 나오는 절대적인 빛의 양이 동일하더라도 밝기가 다르게 지각되는 착시 현상도 있게 된다([그림 3-31] 참조).

유사하게 색채 항등성은 주변 조명의 파장 분포가 달라져도 대상의 본래 색채를 지각하는 것을 말한다. 화려한 조명등을 사용하는 옷가게의 조명 상황은 거리의 조명과 다르다. 그럼에도 대부분의 경우 옷의 색을 제대로 지각한다. 지각 체계는 물체에서 반사되어 나오는 빛뿐만 아니라 전체적인 조명 상황을 동시에 고려하여 항등성을 유지해야 한다. 이 장의 맨 처음에 소개했던 'The dress' 사진은 지각자가 조명 상황을 다르게 지각하기 때문에 옷 색을 다르게 지각한다고 설명하는 연구도 있다(Wallisch, 2017).

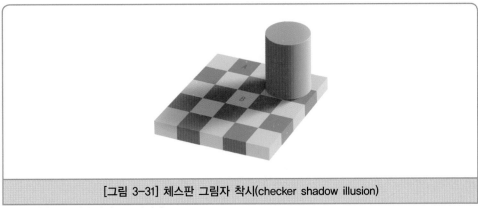

[그림 3-31] 체스판 그림자 착시(checker shadow illusion)

A와 B 지점의 물리적 밝기는 동일하다.

5) 깊이 및 거리 지각

생명을 보존하기 위해서 주변 대상의 정체를 파악하는 일도 중요하지만 그 대상이 어느 쪽에 얼마나 멀리 자리 잡고 있는지를 아는 것 또한 중요하다. 우리는 대상까지의 거리를 매우 정확하게 지각하는데, 어떻게 이것이 가능할까?

우리의 시각 체계는 여러 가지 단서를 이용하여 깊이를 지각하는 것으로 드러났다. 깊이 지각에 이용되는 단서에는 한 눈으로도 이용이 가능한 단안 단서, 그리고 두 눈이 협동해야만 이용이 가능한 양안 단서로 나눌 수 있다.

(1) 동안 단서

- 수정체의 조절(accommodation): 망막에 상을 깨끗하게 맺히기 위해서 수정체의 두께 조절이 필요하다. 가까운 물체를 보기 위해 수정체의 두께를 조절하는 모양근의 수축 정도가 거리에 대한 정보로 사용될 수 있다.
- 두 눈의 수렴(convergence): 두 눈의 망막에 동시에 상을 맺기 위해서는 두 눈이 수렴해야 한다. 초점을 안쪽으로 쏠리게 하기 위해서는 안구 근육을 사용해야 하는데, 가까운 물체를 볼수록 수렴 정도는 증가한다. 이때 수렴을 위해 눈을 움직여 유지하는 동안근의 긴장 정도가 거리에 대한 정보로 사용된다.

(2) 단안 단서

단안 단서는 3차원의 깊이를 평면 화폭에 담고자 노력했던 화가들이 사용하는 회화 기법이기도 하다. 그러므로 이를 회화 단서(pictorial cue) 또는 그림 단서라고도 부른다.

- 결 변화도: 요소 대상의 굵기는 거리에 따라 큰 상태에서 작은 상태로 변한다. 반대로, 요소 대상의 밀집도는 거리에 따라 성긴 상태에서 촘촘한 상태로 변한다. 즉, 표면의 결이 대상까지의 거리에 따라 규칙적으로 변하는 정보가 거리 판단에 사용된다. [그림 3-32]에서 바닥에 깔린 자갈들은 평균적으로 폭이 좁아진다. 자갈들이 작아질수록 멀리 있다고 지각된다. [그림 3-33]에서 도로에 깔린 벽돌들은 멀어지면서 폭이 규칙적으로 좁아지고 있다.

[그림 3-32] 완도군 정도리 151

[그림 3-33]에서 철도는 가까운 곳의 폭은 넓게, 먼 곳의 폭은 좁게 보인다. 이 현상은 눈앞에서 평행으로 멀어져 가는 두 선분이 망막에 투사되면 거리가 멀어짐에 따라 두 선분 사이의 간격이 좁아진다는 광학 원리를 반영한다. 우리의 시각 체계는 선형 조망(linear perspective)이라고 알려진 원리를 거리 지각 단서로 사용한다.

[그림 3-33] 샌프란시스코(SF) 파월스트리트 케이블카

[그림 3-34]에서 멀리 위치한 산일수록 더욱 흐리게 보인다. 이 현상은 대기권을 구성하는 작은 입자들이 햇빛을 산란시키기 때문에 생긴다. 입자의 분포가 동일한 경우 거리가 멀수록 빛이 산란되는 정도가 체계적으로 커지기 때문에 이 현상은 거리 지각의 단서가 되는데, 이를 대기 조망(aerial perspective)이라고 한다.

[그림 3-34] 제주도 송악산에서 바라본 한라산

대기 조망 원리에 따라 거리가 다른 오름들이 체계적으로 흐리게 보인다.

중첩(interposition)은 한 물체가 다른 물체보다 가까이 위치하면 가까운 물체가 멀리 있는 물체의 일부를 가리게 되는 상황인데, 가리거나 가려지는 상황에서 물체들의 상대적 위치를 알 수 있다. 상대적 높이(relative height/elevation)는 지평선 가까이 있는 물체는 멀리 있는 것으로, 지평선에서 멀어질수록 물체는 가까이 있는 것으로 지각된다. 멀리 있는 물체는 작게 보인다. 따라서 작은 물체는 멀리 있다고 지각된다. 물체의 크기가 같다면 상대적 크기(relative size)는 훌륭한 거리 단서가 된다.

[그림 3-35] 중첩 정보를 담고 있는 포도 사진

(3) 운동 단서

우리의 머리가 위치를 이동할 때 움직임 시차(motion parallax)가 생성된다. [그림 3-36]이 보여 주듯 관찰자가 타고 있는 기차가 움직이면 관찰자의 시야에 있는 대상에서 투사되어 망막 위에 맺힌 상도 움직이게 되는데, 이들 상이 움직이는 속도와 방향은

응시점

차가 움직이는 방향

[그림 3-36] 운동 시차

관찰자가 시선을 집중하고 있는 물체의 위치에 따라 체계적으로 달라진다. 구체적으로 응시점보다 가까이 있는 물체의 상과 그보다 멀리 있는 물체의 상은 망막 위에서 반대 방향으로 이동한다. 그리고 응시점보다 멀리 있는 물체의 상은 그 물체까지의 거리가 멀어질수록 망막 위에서의 움직임이 빨라지고, 응시점보다 가까이 있는 물체의 상은 그 물체까지의 거리가 가까워질수록 이동하는 속도가 빨라진다. 거리와 방향 및 속도 간의 관계는 규칙적이기 때문에 거리 지각에 이용될 수 있다.

(4) 양안 부등 단서

두 눈은 약 65mm 거리를 두고 떨어져 있다. 이로 인해 각 눈이 보는 세상은 약간 다르다. 지금 보는 장면을 오른쪽이나 왼쪽으로 1m 정도 움직이면 가려서 안 보이던 물체가 보이거나 반대로 가려지는 물체도 생긴다. 두 눈은 이와 유사하게 약간 다른 장면을 각각 보고 있는데, 두 눈에 맺힌 시야의 상이 조금 다른 것을 양안 부등(binocular disparity)이라 한다. 지금 오른손 검지를 세워서 앞에 보이는 기둥 모서리와 일치되도록 한 후, 왼손을 이용해 왼눈과 오른눈을 번갈아 가려 보자. 두 눈이 보는 검지의 위치는 전혀 다르다는 것을 경험할 것이다.

응시하고 있는 대상보다 관찰자 가까이 있는 대상일수록 좌우 눈에 맺힌 상의 위치 차이가 크다. 이러한 체계적인 관계를 시각 체계는 대상의 상대적 거리를 판단하는 데 이용한다. 이를 역으로 이용하는 것이 입체 영화 제작 기법이다. 물체의 상대적 위치를 체계적으로 다르게 만든 장면을 각 눈에 제시하면, 관찰자는 입체 장면을 보는 경험을 하게 된다.

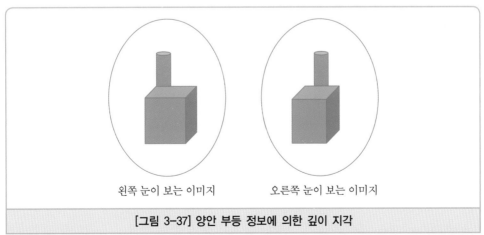

왼쪽 눈이 보는 이미지   오른쪽 눈이 보는 이미지

[그림 3-37] 양안 부등 정보에 의한 깊이 지각

각 이미지를 두 눈에 각각 따로 보게 하면 두 이미지가 겹쳤을 때 생기는 불일치 정보에 의해 3차원상에 놓인 물체들을 지각할 수 있다.

6) 움직임 지각

지각 과정이 달성하고자 하는 가장 궁극적인 목적은 대상의 정체를 파악하는 것이라고 할 수 있다. 먹이를 구하는 과정에 대상 파악은 필수적이다. 그러나 그보다도 포식자를 피할 수 있는 능력은 생존에 직결되어 있다. 시지각의 초기 진화 과정에서 밝고 어두움의 변화를 통해 움직임을 탐지하는 능력은 지각이 달성해야 할 우선적인 목표가 된다.

자연계에서 생물들이 포식자를 피하는 책략 중의 하나는 움직이지 않는 것이다. 위기 상황에서는 일단 움직이지 않다가 포식자가 자신을 알아차렸다고 느꼈을 때 도망가기 시작한다. 움직임은 포식자가 알아차리기 쉽게 하는 정보가 되기 때문에 오히려 부동자세로 있는 것이 도움이 된다. 사람이 위기 상황에 닥쳤을 때 '어찌할 바를 모르고 아무것도 못하는' 또는 '무반응' 상태가 움직임 정보를 만들지 않으려는 맥락의 연장선에 있다고 할 수 있다. 거꾸로 상대방이 탐지를 쉽게 하도록 하려면 스스로 움직임을 만들면 된다. 움직임은 주목을 받을 수 있는 방법이다.

우리는 어떤 조건에서 움직임을 지각하게 될까? 가장 분명한 조건은 어떤 물체가 실제로 배경을 가로질러 이동하는 상황이다. 그렇다면 외부의 물체가 직접 움직이지 않는데도 움직임을 지각할 수 있는가? 답은 "그렇다."이다. 실제 움직임이 없으므로 가현 움직임(apparent motion)이라고 한다. 가현 움직임 중에서 가장 대표적인 것이 네온사인 광고판이다. 적당한 간격을 둔 불빛 두 개가 번갈아 가면서 점멸하면 하나의 불빛이 움직이고 있는 것처럼 보인다. 우리가 TV, 영화 등 매체를 통해 경험하는 동영상은 모두 가현 움직임을 이용한 것이라고 할 수 있다.

차창 밖으로 보이는 반대편 선로의 열차를 응시하고 있는데, 갑자기 열차가 움직이기 시작하면, 내가 타고 있는 열차가 움직이는 것처럼 느낄 수가 있다. 이를 유도된 움직임(induced motion)이라고 한다. 박목월 시인의 "구름에 달 가듯이 가는 나그네"라는 시구는 이를 잘 표현하고 있다. 정작 움직이는 것은 커다란 배경을 이루고 있는 구름인데, 우리에게는 가만히 움직이지 않고 있는 달이 움직이는 것처럼 보이는 것이다. 홍수가 났을 때 다리 위에서 흐르는 물결을 바라보면 마치 자신이 서 있는 다리가 흘러가는 것처럼 느끼는 이유도 유도된 움직임 지각 현상 때문이다.

움직이는 장면을 계속 보다가 고정된 물체를 보면 반대 방향의 움직임을 경험하게 되는데, 이를 움직임 잔효(motion aftereffect)라고 한다. 폭포 착시(waterfall illusion)가 움직임 잔효를 경험할 수 있는 예이다. 폭포수를 60초 정도 쳐다본 후 주변의 나무 또는 바위를 바라보면 위로 올라가는 듯한 지각 경험을 하게 된다.

실제로 물체가 움직이기 때문에 움직임을 지각하는 상황과 물체의 움직임이 없는데도 움직임을 지각하는 상황이 있기 때문에 학자들은 움직임 지각 과정에 대하여 오랫동안 연구해 왔다. 실제 움직임에서 물체의 움직임은 망막에 투영되었을 때 망막의 수용기를 차례대로 자극하게 되고, 이러한 망막 수용기의 체계적인 신호는 뇌로 전달되어 물체의 움직임을 지각하게 된다고 할 수 있다. 따라서 망막의 수용기를 차례대로 자극할 수 있도록 외부 조건을 만든다면 움직임을 지각하게 만들 수 있을 것이라고 생각할 수 있다. 예를 들면, 영화 필름 속의 움직임은 이런 조건을 충실하게 따르고 있다. 그러나 유도된 운동 현상과 움직임 잔효 현상은 실제로는 망막상에서 움직이지 않고 있는 대상을 움직이는 것처럼 지각하는 상황이다. 기존의 원리로 설명할 수 없는 현상들이 등장하기 때문에 이를 포괄할 수 있는 원리를 찾으려는 시도를 연구자들은 멈출 수가 없다.

7) 착시

시각 체계는 감각 정보가 제공하는 정보를 활용하여 세상을 파악하는 데 놀랄 만한 능력을 발휘한다. 그러나 감각 정보가 제공하는 정보만으로 세상 파악이 가능하지는 않다. 그러므로 시각 체계는 세상에 대한 기존 지식을 활용한다. 예를 들면, 상대적 크기라는 거리 단서는 물체의 크기가 같다는 전제를 사용해야 가능하다. 그러나 시각 처리의 결과가 실재와 일치하지 않을 때도 많기 때문에 이런 과정이 항상 성공적인 것은 아니다. 이 장을 시작할 때 소개했던 볼록한 평행선이 한 예이다. 시·지각 경험이 실재와 일치하지 않는 현상을 착시(illusion)라고 한다.

[그림 3-38]은 많은 착시 중에서 기하학적 착시를 소개하고 있다. 뮐러-라이어(Müller-Lyer) 착시는 가운데에 있는 가로 선분의 길이가 같은데도 끝에 있는 날개 방향의 차이에 따라 위에 있는 선분의 길이가 더 길게 지각된다. 폰조(Ponzo) 착시 또한 가로 선분의 길이가 같은데도 위에 있는 선분의 길이가 더 길게 지각된다. 티치너(Titchner) 착시는 가운데에 있는 동그라미의 크기가 같은데도 작은 동그라미로 둘러싸여 있는 왼쪽의 것이 더 크게 보인다. 쬘러(Zöllner) 착시는 가로 선분들이 평행인데도 빗살 선분들의 방향이 서로 어긋나 있어서 평행이 아닌 것처럼 보인다.

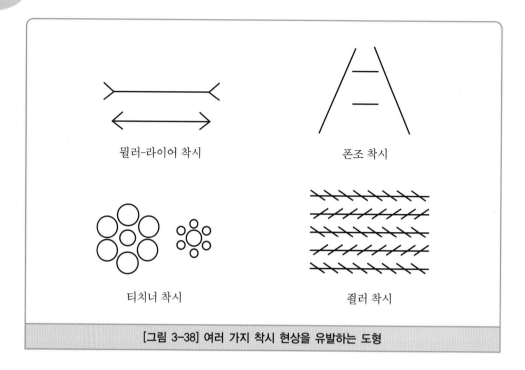

뮐러-라이어 착시

폰조 착시

티치너 착시

쫼러 착시

[그림 3-38] 여러 가지 착시 현상을 유발하는 도형

　대부분 착시는 왜, 그리고 어떻게 그런 현상이 일어나는지 정확한 기제가 밝혀지지는 않고 있다. 그러나 여기서는 폰조 착시의 배후에 작용하고 있을 법한 시각 과정 하나만 고려해 보자. 기하학적 원리에 의하면, 망막에 맺힌 상의 크기는 물체의 크기, 그리고 눈에서 물체까지의 거리라고 하는 두 가지 요인에 의해 결정된다. 따라서 동일한 크기의 물체라도 물체까지의 거리가 멀어지면 물체의 상은 작아진다. 그리고 실제로 크기가 서로 다른 물체도 눈까지의 거리가 달라서 망막상의 물체 크기가 동일할 수도 있다. 이런 배경지식을 기초로 폰조 착시 그림을 보자. 눈에서 그림까지의 거리가 동일하므로 광학 원리에 따라서 망막에 맺힌 선분의 길이는 동일하다. 그러므로 두 선분의 길이가 같다고 지각해야 한다. 그러나 우리의 눈에는 위의 선분이 더 길어 보인다. 양쪽에 있는 세로 선분이 없다면 이런 착시는 일어나지 않는다. 만일 세로 선분이 수직일 경우에는 착시가 없다. 그러므로 폰조 착시는 세로 선분의 상단이 서로 수렴되고 있기 때문에 일어나는 현상이며, 그림을 거꾸로 돌려서 보면 착시가 일어나지 않는다는 점에서도 분명하다.

요약 및 학습과제

요약

1. 감각 및 지각 과정에서 주변을 둘러싸고 있는 물체의 정체와 위치를 파악하려는 목적이 어떻게 달성하고 있는지를 다양한 측면에서 이해하는 것이 필요하다.

2. 감각 및 지각 활동은 주변의 물리적 에너지(예: 빛, 소리 등)를 받아들이는 데서 시작된다. 에너지에 담겨 있는 정보를 수집하는 과정을 감각이라 하고, 수집된 정보를 해석하는 과정을 지각이라 한다.

3. 시각 수용기는 파장이 약 390nm에서 760nm 사이에 속하는 전자파에 반응할 수 있으며, 이 범위의 빛을 가시광선이라고 한다.

4. 빛은 각막, 수양액, 동공, 수정체, 초자액을 순서대로 통과하여 망막에 이른다. 각막과 수정체는 빛을 굴절시켜 초점을 맞추고, 동공은 빛의 양을 조절하면서 망막에 맺는 상을 선명하게 만든다. 수양액은 각막에 영양분을 공급하며, 초자액은 안구 모양으로 유지시킨다.

5. 망막은 수용기 세포, 양극 세포, 신경절 세포의 세 층으로 구성되어 있다. 추상체와 간상체라 불리는 수용기 세포는 빛 에너지를 신경 에너지로 변환한다. 신경 신호는 양극 세포를 거쳐 신경절 세포로 전달되며, 맹점을 통해 안구 밖으로 전달된다.

6. 시교차를 통해 외측슬상체에 도착한 신경 신호는 대측 시야의 정보만으로 구성되며, 일차 시각피질로 전달된다.

7. 소리는 매질의 진동에 의해 전달되며, 사람이 들을 수 있는 가청주파수는 20~20,000Hz이다.

8. 소리 에너지를 신경 에너지로 변환하는 청각 수용기는 와우관에 있으며, 귀의 다른 구조들은 이를 돕도록 최적화되어 있다.

9. 음고 지각을 설명하는 이론에는 장소설과 빈도설이 있고, 두 이론은 각각 잘 설명하는 음높이가 있으며, 두 이론이 결합되어야 음고 지각을 온전하게 설명할 수 있다.

10. 지각 과정은 형태를 가장 좋은, 그리고 단순한 형태로 만드는 방향으로 작동한다.

11. 게슈탈트 심리학자들은 집단화 법칙으로 유사성, 근접성, 연결성 등을 제시하였다.

12. 명순응, 암순응 과정은 수용기 세포의 특성이 반영된 시각 경험이다. 색채 경험은 삼원색 이론과 대립-과정 이론이 서로 다르게 설명하지만, 두 이론은 시각 경로를 구성하는 과정에서 통합되는 것으로 드러났다.

13. 지각 경험은 감각 정보를 분석하는 상향처리와 기존의 지식을 기초로 그 정보에 의미를 부여하는 하향처리에 의해 결정된다.

14. 시각 체계는 깊이와 거리 지각에 여러 가지 단서를 이용한다. 단서들은 단안 단서, 그림 단서, 동안 단서, 양안 단서로 분류된다.

15. 움직임 지각의 종류에는 가현 움직임, 유도된 움직임, 움직임 잔효 현상이 있다.

16. 감각 정보를 해석하는 지각 과정 중에 오류가 있을 수 있으며, 착시는 그러한 오류 과정의 존재를 알 수 있는 예이다.

학습과제

1. 시각기관과 청각기관의 구조를 기술하시오.

2. 우리의 지각 경험을 수용기의 특성으로 설명하시오.

3. 음고 지각을 장소 이론과 주파수 이론으로 설명하시오.

4. 지각 조직화 원리를 설명하시오.

5. 대상의 공간상 위치를 판단하는 과정을 기술하시오.

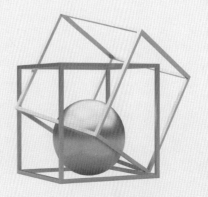

학습

- - - - - - - - - - - - - -
1) 이 책에 등장하는 '조건화'와 '조건형성'은 'conditioning'을 번역한 것으로 같은 의미다.

학습개요

인간은 왜 인간일까? 여러 가지 이유가 있겠지만 태어나면서 이 세상을 떠날 때까지 끊임없이 무언가를 배우고 이에 따라 행동의 변화를 만들어 내기 때문이다. 즉, 인간은 학습하는 존재다. 그리고 이 학습의 기본 원리를 공부하면 인간의 사고나 행동이 어떻게 형성되고 유지되며 또 계속해서 변화하는가를 이해할 수 있게 된다. 이 원리에는 조건형성과 연합이라고 하는 매우 구체적이면서도 미시적인 이론적 체계가 있고, 보다 추상적이고 포괄적인 개념적 학습을 다루는 이론들도 존재한다. 이 장에서는 인간이 학습을 통해 어떻게 세상에 적응하고 행동을 결정하는가에 대한 기본적인 원리들과 현상을 이해해 보기로 한다.

04 chapter 학습

1. 학습의 정의와 종류

좀 오래된 영화긴 하지만 인간에게 있어서 학습이란 얼마나 결정적인 요소인가를 보여 주는 영화가 하나 있다. 영화 〈7월 4일생(Born on the Fourth of July)〉에는 월남전 참전 용사가 전쟁이 끝난 후 사회에 돌아와서 시가행진의 폭죽 소리에도 두려워하는 장면이 나온다. 일상생활에도 유사한 사례가 있다. 활달하고 술도 잘 마시는 어떤 동창이 체면을 좀 차려야 하는 맞선 자리에서 얌전한 척하다가 흘러내리는 맥주 거품에 자기도 모르게 "어이쿠, 이 아까운 술을." 하고 입을 대었다가 민망해했었다는 이야기를 다른 동창생들이 키득거리며 주고받는 장면도 꽤 있을 법한 일이다. 그런데 그 월남전 참전 용사나 동창생이 처음부터 그렇게 행동하도록 태어났을 것이라고 생각하는 사람도 거의 없을 것이다.

인간은 환경의 변화에 잘 적응하기 위해 많은 것들을 후천적으로 배운다. 이를 심리학에서는 학습(learning)이라는 용어를 사용해 표현한다. 그리고 일반적으로 심리학자를 비롯한 다양한 연구자들은 고등동물일수록 유전보다는 환경이 그 유기체의 생활에 더 중요한 역할을 하며 하등동물일수록 선천적으로 타고난 신체와 기능으로 일생을 보낸다고 생각한다. 무슨 뜻인가? 대부분의 하등동물들은 그렇게 생각하고 행동하게끔 하는 일종의 '프로그램'을 지니고 태어나며, 이후에 환경의 변화가 어떻게 진행되는가에 크게 관련 없이 그 프로그램에서 짜인 대로 생각하고 살아간다는 것이다. 언어만 봐도 그렇다. 언어의 주목적을 의사소통에 국한시키면 인간 이외의 다른 동물들도 대부분 언어를 지니고 있다고 봐야 한다. 하지만 언어에 생산성(productivity)이라는 측면을 놓고 보면 인간의 언어에서 유난히 생산성이 높다. 원숭이와 같은 영장류에 해당하는 동물들조차도 야생 상태에서나 필요한 신호와 언어 행동을 동물원과 같은 전혀 다른 상황에서도 고집스럽게 사용하며 부적응 행동을 보이는 경우가 상당수 발견되기 때문이다. 따라서 후천적으로 배운 것들 중 상당수는 선천적으로 타고난 기능의 관점에서 보자면 필연적 이유를 찾기 어려운 것들도 상당수 있으며, 심지어는 이상하다고 판단되는 것들조차도 드물지 않다. 바로 위의 월남전 참전 용사나 동창생처럼 말이다. 그리고 후천, 즉 생후의 삶은 사람마다 모두 다르기 때문에 학습된 내용들 역시 사람마다 모두 다르다. 우리 모두가 그 참전 용사나 동창생처럼 행동하지는 않는 이유이다.

그렇다면 인간은 이 세상에 태어난 뒤 어떻게 무언가를 학습하는 것일까? 일반적으로 심리학에서 학습이란 "과거 경험 때문에 일어나는 행동상의 비교적 영속적인 변화"라고 정의한다. 이 말은 다시금 몇 개의 세부적인, 하지만 중요한 요소들로 나누어 생각해 보아야 한다. 첫째, 학습은 '변화'가 관찰되어야 한다는 것이다. 그런데 변화는 어떻게 관찰될 수 있는가? 바로 '행동'을 통해서 가능하다. 따라서 학습은 '행동의 변화'를 전제로 한다. 둘째, 학습은 '비교적 오래 지속되는 변화'가 있음을 정의한다. 1회성의 행동 변화만 일어났고 이후에는 그 변화를 찾아볼 수가 없다면 무언가 학습되었다라고 생각할 수는 없다는 것이다. 셋째, 학습은 '경험'에 의해 생겨나는 변화이며, 따라서 신체 성장, 약물, 질병 등으로 인한 행동 변화와는 분명히 구분되어야 한다. 예를 들어, 어떤 약을 먹고 시험 성적이 향상되었다거나 신체적으로 성장하면서 자연스럽게 (예전에는 닿지 않았던) 선반 위의 물건을 꺼낼 수 있는 식의 행동의 변화는 학습의 결과라고 볼 수 없다.

하지만 학습에 대한 정의를 그럴듯하게 내릴 수는 있어도 "인간은 어떻게 학습하는가?"에 대한 답을 찾는 것은 그리 쉬운 일이 아니다. 더 정확하게는 지금까지도 학습의 과정과 인과관계를 완벽하게 풀어낸 것은 아니다. 다른 학문들에 비해 비교적 역사가 길지 않은 심리학의 초창기에는 더더욱 그러했을 것이다. 따라서 초기의 심리학자들은 분석하기 쉬운 단순 형태의 학습 행동부터 연구했으며, 이를 실제 인간의 복잡하고 고차적인 학습 이해를 위한 출발점으로 삼았다. 아울러 단순 형태 학습의 진행 양상을 관찰하기 위해 인간보다 더 단순하다고 생각되는 동물을 연구의 대상으로 삼았으며, 이것이 바로 초기의 학습심리학에 동물이 자주 등장하는 이유 중 하나이다. 그리고 이들은 인간의 학습을 하나의 연합(association) 과정으로 보았으며, 이는 '주위 환경에서 일어나는 사건들 간의 연관성을 배우는 것'을 의미한다. 이러한 연합을 통한 학습에는 고전적 그리고 조작적 조건형성, 이렇게 두 가지 종류가 있다. 첫 번째 형태의 연합인 고전적 조건형성(classical conditioning)은 두 자극이나 사건 사이의 관련성을 배우는 것으로서, 예를 들자면 번개를 목격하고는 천둥소리가 들릴 것을 예상하여 귀를 급히 막는 행동의 형성이 여기에 해당한다. 두 번째 종류의 연합은 도구적(혹은 조작적) 조건형성(instrumental or operant conditioning)이라고 한다. 이는 반응과 그 결과 사이의 인과관계를 학습하는 것이다. 우리 모두는 성적이 향상되려면 공부를 열심히 해야 한다는 것을 알고 있다. 즉, 공부와 성적 간의 관계 인과관계를 알고 있기 때문이다.

2. 고전적 조건형성

파블로프(Ivan P. Pavlov)

먼저, 고전적 조건형성에 대해 좀 더 구체적으로 알아보자. 러시아의 유명한 생리학자인 파블로프(Ivan P. Pavlov, 1849~1936)는 1900년대 초반 개의 침샘 일부를 외과적으로 노출시켜 먹이를 먹을 때마다 분비되는 침의 양을 측정하는 연구 중이었다. 그런데 문득 그 개가 먹이를 주는 사람의 발소리를 듣거나 빈 밥그릇만 보아도 침을 분비한다는 것을 발견하였다. 그 유명한 파블로프의 고전적 조건형성의 개념이 바로 여기서부터 출발했다. 즉, 그 개는 발소리와 그릇이 먹이와 함께 나타난다는 일련의 사건들 간에 존재하는 일종의 '연합'을 학습한 것이다. 따라서 처음에는 침 분비와 아무 상관이 없었을 소리와 그릇이 먹이와 같은 효과를 지니게 되었고, 이에 호기심을 강하게 느낀 파블로프는 보다 구체적으로 도대체 어떤 인과관계가 이 흥미로운 현상에 존재하는가를 알아보기로 마음먹었다. 먼저, 파블로프는 먹이를 주기 전 항상 불빛을 보여 주며 먹이와 같은 효과를 가질 수 있는가를 알아보았다. 그리고 그의 이러한 아이디어는 말 그대로 적중했다. 불빛 역시 먹이와 같은 방식으로 개로 하여금 침을 흘리게 만든 것이다. 요약하자면 고전적 조건형성은 다음과 같은 네 가지의 요소를 포함하고 있으며, 이 네 가지 요소의 연합 관계에 따라 사람이든 동물이든 관련성을 '학습'하고 행동의 변화에 반영한다.

- 무조건 자극(Unconditional Stimulus: US): 경험이나 훈련, 즉 학습과 무관하게 자동적 · 생득적 반응을 유발시키는 자극(예: 먹이)
- 무조건 반응(Unconditional Response: UR): USDP 대한 반응, 즉 학습과 무관한 자동

적·생득적 반응(예: 먹이에 대한 침 분비)

- 조건 자극(Conditional Stimulus: CS): 무조건 자극과 짝지어져 새로운 반응(즉, 무조건 반응)을 유발하는 자극(예: 발소리, 빈 밥그릇 또는 불빛)
- 조건 반응(Conditional Response: CR): 조건 자극에 의해 새로이 형성된 반응(예: 조건 자극에 대한 침 분비)

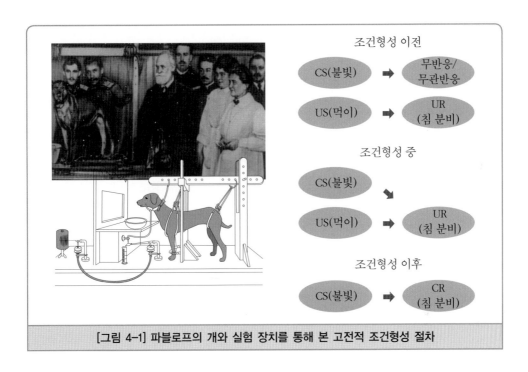

[그림 4-1] 파블로프의 개와 실험 장치를 통해 본 고전적 조건형성 절차

따라서 불빛이 개로 하여금 침을 분비하게 만드는 과정은 다음과 같이 설명된다. 최초에는 무조건 자극(먹이)에 의한 무조건 반응(침 분비)만이 존재할 것이다. 여기까지만 놓고 보면 개의 행동은 반사(reflex)에 가깝다. 반사는 학습의 일종은 아니라고 봐야 한다. 반사적 행동은 경험의 결과로 형성된 것이라기보다는 선천적인 것이기 때문이다. 대부분의 반사적 행동은 선천적, 즉 타고난 것이다. 무릎을 치면 다리가 올라간다든가 갓난아이들조차도 발바닥을 간질이면 발바닥을 펴는 바빈스키(Babinski) 반사를 보인다. 즉, 학습된 행동은 아니다.

하지만 무조건 자극과 조건 자극(불빛)이 계속적으로 같이 제시되는 빈도가 점차 증가하게 되면, 어느 순간부터는 조건 자극만 제시되어도 무조건 반응과 동일한 조건 반응을 이끌어 내는 것이 가능해진다. 즉, 개가 불빛만 봐도 침을 흘리게 된다는 것이다.

이러한 고전적 조건형성은 왜 필요할까? 더 정확하게는 왜 인간은 고전적 조건형성을 통한 연합적 학습을 하는가? 그 대답은 간단하다. 바로 환경에 적응하기 위해서다. 왜냐하면 사건들(CS와 US) 사이의 관계성을 학습하여 다가올 사건에 대한 준비를 할 필요가 있기 때문이다. 예를 들어, 번개(CS)가 치면 귀를 막아 조금 있으면 경험하게 될 천둥소리(US)에 대비하여 귀의 손상에 대비한다. 또한 긴급한 자극에 대비해 생명 유지를 가능케도 해 준다. 영양은 사자 냄새(CS)가 흘러들어 오면 미리 멀리 달아나 버린다. 사자(US)를 직접 보는 순간 이미 때는 늦기 때문이다. 따라서 살아남기 위해서, 위협에 대비하기 위해서, 즉 적응력을 지니기 위해서 이러한 연합학습은 인간에게 반드시 필요하게 됐다.

하지만 학습된 것이라고 해서 무조건 영원히 지속되는 것은 당연히 아니다. 즉, 한 번 조건형성된 조건 반응도 무조건 자극 없이 조건 자극만 되풀이되면 점차 약해져서 사라질 수밖에 없다. 불빛이 계속 먹이 없이 제시되면, 결국 그 개가 불빛에 침을 흘리는 일은 나타나지 않는다는 것이다. 이를 소거(extinction)라고 한다. 어찌 보면 당연한 현상이다. 그런데 흥미로운 것은 소거가 일어났다 하더라도 일정한 기간 후 불빛(CS)을 제시하면 소거된 침 분비가 다시 나타나는데, 이를 자발적 회복(spontaneous recovery)이라 한다. 즉, 소거된 반응이 완전히 사라진 것이 아니라 잠시 동안 억압되어 있음을 의미한다는 것이다. 물론 그 회복된 반응은 강도가 약하기는 하지만 말이다. 또한 원래의 조건 자극이 아니더라도 그와 유사한 자극은 조건 반응 유발이 가능하다. 이는 자극 일반화라고 한다. 자극 일반화(generalization) 역시 매우 흥미로운 현상인데, 이는 원래 학습했던 CS와 정확하게 같지는 않고 상당히 유사한 정도의 자극에도 마찬가지의 반응을 보이는 것을 의미한다. 예를 들어, 파블로프의 실험에서 1,000Hz의 소리를 CS로 사용하여 조건형성을 시킨 후, 900Hz의 소리처럼 유사한 소리에도 개들은 반응을 하는 것으로 나타났다. 물론 CS와의 유사성이 떨어질수록 반응이 일어날 확률은 감소한다. 변별(discrimination)은 원래의 자극에만 반응을 하고 유사한 자극에 대해서는 반응하지 않는 현상을 뜻한다.

3. 도구적 조건형성

이러한 연합의 개념은 이후 자신의 행동과 그 결과 사이의 관계를 학습하는 도구적 조건화의 개념으로 발전된다. 여기서 '도구적'이라 함은 어떤 행동이 특정 결과를 초래하는 도구(수단, instrument)의 역할을 한다는 것을 의미한다(고전적 조건형성에서는 자극과 자극의 관계성에 대한 학습만을 언급했을 뿐이다). 손다이크(Edward L. Thorndike, 1874~1949)와 스키너(Burhus F. Skinner, 1904~1990)의 연구는 동물들도 논리적 사고와 이해력을 지니고 있는가에 관한 논쟁에서 출발한다. 예를 들어, 스키너는 동물의 행동을 단순하고 관찰하기 쉽도록 상황을 설정한 상자(이를 스키너 상자라고 부른다.)를 만들고 쥐의 행동을 구체적으로 관찰하였다.

스키너(Burhus F. Skinner)

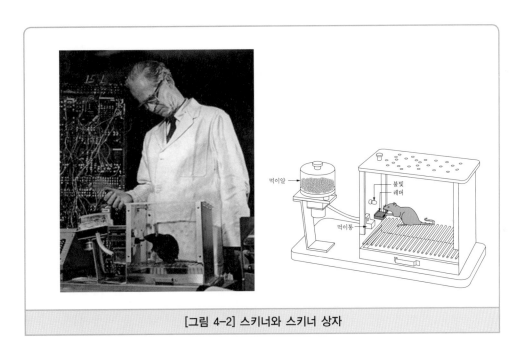

[그림 4-2] 스키너와 스키너 상자

앞의 그림에서 스키너 상자에 들어간 쥐가 하는 개별 행동들은 그 형태별로 관찰된다. 그중 가장 중점적으로 관찰되는 내용은 쥐가 레버를 누르는 행동이다. 왜냐하면 앞의 그림에서 알 수 있듯이 쥐가 레버를 누르면 자동적으로 먹이가 하나씩 나오게 고안되어 있기 때문이다. 배가 고픈 쥐는 벽을 긁기도 하고 먹이가 나오는 구멍에 입을 대기도 하는데, 시간이 지나면서 우연히 레버도 누르게 된다. 먹이가 나오면 쥐는 이를 먹는다. 처음에는 그 '레버 누르기 행동'과 '먹이 받기' 간의 관련성을 알아차리지 못하였으나 어느 순간 '아! 내가 레버를 누르면 먹이가 나오는구나.'라고 인식하게 되며,

그때부터는 마치 사람이 냉장고 문을 여는 것처럼 레버를 누르고 냉큼 먹이를 받아먹는 수준에 도달한다. 실제 연구에서 이런 장면은 상당히 천연덕스러워 보이기까지 한다.

　이를 두고 스키너는 쥐가 자신의 레버를 누르는 행동과 먹이를 받는 결과 간의 인과관계를 다수의 시행착오를 거쳐 점진적으로 학습하였으며, 이는 쥐의 행동이 먹이에 의해 강화가 되었기 때문이라고 설명한다. 여기에서 먹이를 강화물(강화원, reinforcer)이라고 하는데, 이는 조건 반응의 강도나 조건 반응이 나타날 확률을 증가시키는 사상(event)을 의미한다. 이를 통해 알 수 있는 것은 무엇인가? 인간이 아닌 동물조차도 외부 세상에서 일어나는 일들 간의 관련성을 인식함으로써 행동이 유발되는 수동적 학습(고전적 조건화)뿐만 아니라 자신이 능동적으로 취한 행동으로 환경을 조작하는 인과 관련성을 파악하는 능동적 학습(도구적 조건화)이 가능한 존재라는 것이다. 이러한 관점에 의하면 조건화 방식은 인간이 세상을 살아가면서 새로운 것을 배워 나가는 기본 원리에 해당한다. 음식과 같이 학습과 무관하게 천성적으로 강화의 효과를 지닌 것을 일차적 강화물(primary reinforcer)이라고 하는 반면, 일차적 강화물과 연관을 갖게 되면서 강화의 효과를 지닌 것을 이차적 강화물(second reinforcer)이라고 한다. 예를 들어, "맞아요."나 "참 잘했어요."라는 이차적 강화물을 통해 아이는 자신의 의견을 발표하는 빈도를 증가, 즉 강화시킨다. 또한 성장기에 부모가 좋아하는, 즉 강화하고 보상하는 성격 특성에 부합되는 행동을 지속적으로 함으로써 아동은 자신의 성격 특징을 형성해 나간다(이두 조건화 원리가 인간의 모든 학습을 설명할 수 있는가에 대해서는 이후에 논의할 것이다).

　조건화로 인간의 학습을 설명하는 관점은 보다 다양한 인간 행동 유형의 설명에 적용이 가능하다. 예를 들어, 비둘기가 어떤 행동을 하든 상관없이 매 15초마다 먹이를 줄 경우, 먹이가 제공되었을 때 공교롭게도 자신이 했던 행동을 비둘기는 이후에도 반복적으로 한다. 자신의 그 행동과 먹이는 사실 아무 관계가 없는데도 말이다. 이는 인간의 미신적 행동이 왜 유발되는가의 설명에 적용된다. 미신적 행동(superstitious behavior)은 일반적으로 "특별한 생각이나 행동이 어떤 사건을 일으킨다는 잘못된 신념"으로 정의된다. 따라서 실제 자신의 행동이 특정 결과를 초래하는 원인이 아님에도 불구하고 그렇다고 착각하는 행동을 계속하는 비둘기의 모습을 통해, 우리는 인간의 미신적 행동이 어떤 가정을 거쳐 만들어지는가를 이해할 수 있게 된다.

　그런데 스키너 상자에서는 레버를 누르면 언제나 먹이 하나를 얻을 수 있지만, 실제 세상에서는 이 상자에서처럼 특정 행동에 대해 언제나 강화물이 주어지지는 않는다.

이렇게 행동을 하였을 때 강화물이 부여가 되거나 되지 않는 다양한 형태의 경우들을 강화 계획(reinforcement schedules)에 의거하여 설명할 수 있다.

강화 계획이란 어떤 행동에 대한 강화의 제시나 중단과 관련된 규칙, 절차 혹은 형태를 의미한다. 그리고 앞서 살펴보았던 연속 강화는 실제 현실에서는 거의 찾아볼 수 없는 것이 사실이다. 따라서 고정 비율(fixed ratio: FR) 계획, 변동 비율(variable ratio: VR) 계획, 고정 간격(fixed interval: FI) 계획, 변동 간격(variable interval: VI) 등과 같이 강화 계획의 기본 형태들로 구분해서 그 특징들을 살펴볼 필요가 있다.

고정 간격은 정해진 시간이 지난 후에 나타나는 첫 번째 행동이나 반응에 대해 강화하는 것(예를 들어, 매 20초가 지난 이후 첫 번째 나타나는 행동마다 강화물 제시)을 의미하며, 고정 비율은 일정한 수의 행동이나 반응 이후에 강화하는 것(예를 들어, 어떤 목표 행동이 다섯 번 일어날 때마다 강화물 제시)을 의미한다. 그리고 변동이라 함은 그 일정함이 간격 혹은 비율에 있어서 지켜지지 않는 경우를 의미한다. 대부분의 연구에서 강화는 변동적, 즉 불규칙적일수록 소거에 대한 저항(resistance to extinction)이 더 큰 것으로 관찰된다. 그리고 이는 인간이 왜 도박에 빠져드는가에 대한 설명으로도 오랫동안 사용되어 왔다. 예를 들어, 만약 매 여덟 번째 게임마다, 혹은 매 15분 간격의 첫 게임에서 돈을 따게 된다면 사람들은 도박을 강박적으로 하지 않을 것이다. 왜냐하면 사람들은 '언제 돈을 딸지 알 수 없으므로' 매번 다음 판에 대한 기대를 걸면서 도박에 빠져들기 때문이다. 그래서 도박을 끊는 것(소거)이 어려운 것이다. 또한 우리가 강박적으로 자꾸만 무언가를 확인하는 행동들이 대부분 이러한 불규칙적인 강화에 기인하는 것으로 조건화 원리에 기초한 학습 이론가들은 보고 있다. 따라서 강화 계획의 네 종류를 다음과 같이 정리할 수 있다.

- 고정 비율 계획: 반응 행동이 발생한 후 일정한 수만큼의 반응을 했을 때 강화물을 제시하는 강화 계획이다. 예를 들면, 열 번째의 반응마다 보상을 받기 전에 고정된 수의 반응을 하지 않으면 안 된다. 이러한 방법이 응용되는 사례가 바로 기업에서 작업량에 따라서 지급되는 성과급 제도이다. 개인은 보상을 받기 위해서 가능한 한 빨리 작업량을 달성하고 반응하려고 노력한다.
- 변동 비율 계획: 방출되는 반응들의 수에 따라서 강화가 주어지는 것을 말한다. 이 중에서 변동 비율 계획은 강화를 얻는 데 필요한 반응의 수가 변화하는 것을 말한다.
- 고정 간격 계획: 반응 행동이 발생한 후 일정한 시간이 경과한 다음 강화 요인을 적

용하는 방법을 뜻한다. 예를 들면, 5분씩 간격을 두고 강화하는 것이다. 이 계획에서 반응 패턴은 강화가 주어진 직후에는 반응률이 갑자기 떨어지다가 다음에 올 강화 시간이 가까워질수록 더 빨라지는 형태를 보인다.

- **변동 간격 계획**: 부분 강화 계획에 속하는 간격 계획은 반응들의 수보다는 마지막으로 강화를 받고 나서 시간이 얼마나 경과했느냐에 따라서 다음 반응의 강화 여부가 결정되는 것이다. 이 중에서 변동 간격 계획은 반응이 강화받기 전에 경과해야만 하는 간격이 변화하는 것을 말한다.

4. 조건형성 원리로 설명되기 어려운 학습 관련 현상들

1) 모방학습

지금까지는 조건형성을 통한 인간의 학습 양상에 대해 살펴봤다. 하지만 조건형성이 인간의 학습을 완전하게 설명하는 것은 결코 아니다. 왜냐하면 인간은 직접적인 강화물의 경험 없이도 모방을 통해서 얼마든지 학습을 하는 것이 가능하기 때문이다. 게다가 인간 말고 다른 생명체들 역시 모방을 통한 학습을 얼마든지 하고 있다. 예를 들어, 원숭이들도 다른 원숭이들이 어떤 특정 행동을 할 때마다 당하는 고통을 관찰하면서 그 행동을 자제하는 것이 어느 정도 가능하다. 물론 인간만큼 신속하고 정교하지는 않더라도 말이다. 이러한 형태의 학습을 모방이나 관찰학습(modelling or observational learning) 또는 대리학습(vicarious learning)이라고 한다. 이 분야의 대가인 앨버트 밴듀라(Albert Bandura)는 아동이 혼자 남겨졌을 경우, 어른이 보보 인형을 발로 차고 때리는 모습을 본 아동이 그렇지 않은 아동보다 그 인형에 대해 유사한 공격적 행동을 할 확률이 훨씬 더 높다는 것을 발견했다. 더욱 중요한 점은 그 어른이 자신의 부모거나 존경할 만한 사람, 혹은 권위가 있는 사람일수록 인형에 대한 공격 행동의 가능성이 더 증가한다는 사실이다. 또한 이러한 간접 경험들은 상당 기간 축적되면서, 즉시적인 행동의 변화를 초래하지는 않더라도 점진적인 가치관이나 관점의 변화를 만들어 내기도 한다. 서두에서 학습은 '행동의 변화'를 포함해야 한다고 했는데, 인간의 학습이 반드시 그럴 필요는 없음을 의미하는 대목이다. 행동의 변화 없이도 학습은 우리 내부에서 꾸준히 진행될 수 있다는 것이다.

보보 인형

[그림 4-3] 취학 전 아동들이 어른의 공격 행동을 모방하는 장면들

이 아동들은 실험 전에 이런 행동을 보인 적이 없었다.

출처: Bandura, 1965, p. 76.

　최근에는 이러한 모방과 관련한 뇌기제가 실제로 존재한다는 흥미로운 연구들이 실제로 발표되고 있다. 그리고 이 발견은 상당히 우연한 사건 하나로부터 시작된다. 이탈리아의 신경심리학자 리촐라티(Giacomo Rizzolatti) 교수는 1990년대에 자신의 연구진과 함께 원숭이에게 다양한 동작을 시켜 보면서, 그 동작들을 취할 때 뇌의 뉴런이 어떻게 활동하는가를 관찰하는 연구를 진행 중에 있었다. 그런데 리촐라티 교수는 그 와중에 매우 흥미로운 사실을 발견했다. 한 원숭이가 다른 원숭이나 주위에 있는 사람의 행동을 보기만 하고 있는데도 자신이 움직일 때와 마찬가지로 반응하는 뉴런들이 관찰된 것이다.

　내가 그것을 직접 할 때와 내가 그것을 직접 경험하지 않고 보거나 듣고만 있을 때 동일한 반응을 하는 뉴런이 있다는 것이 무엇을 의미하는가? 이는 인간이 왜 그리고 어떻게 지구상에서 가장 지적인 존재가 될 수 있었는가라는 질문에 본질적인 해답을 줄 수도 있는 발견이기도 한다. 그리고 연구자들은 이러한 뉴런을 거울뉴런(mirror neuron)이라고 부른다.

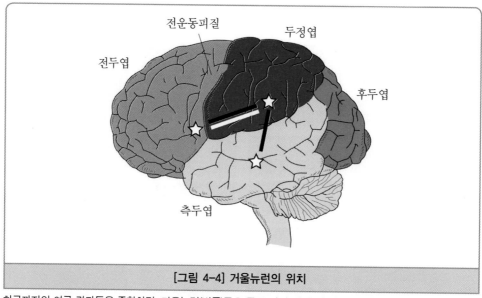

[그림 4-4] 거울뉴런의 위치

최근까지의 연구 결과들을 종합하면, 거울뉴런(별표)들은 주로 뇌의 세 곳에 분포하는 것을 보인다. 전두엽 전운동피질 아래쪽과 두정엽 아래쪽, 측두엽의 뇌성엽 앞쪽이다. 이렇게 다양한 영역에 거울뉴런들이 분포를 하는 이유는 서로 신호를 주고받으며 정보를 처리해 지각한 행동의 의미를 파악하기 위함이라고 연구자들은 생각하고 있다.

거울뉴런은 뇌의 어느 한 곳이 아닌 여러 곳에 분포하고 있지만 핵심적 기능은 동일하다. 관찰 혹은 다른 간접 경험만으로도 마치 내가 그 일을 직접 하고 있는 것처럼 반응한다는 것이다. 왜 이런 거울뉴런이 존재하는 것일까? 사회적 동물인 인간은 사회 내에서 다른 구성원들과 의사소통하면서 생활해야 한다. 따라서 타인의 의도를 파악하고 공감하기 위해 언어 등 의사소통 수단이 반드시 필요하다. 그리고 이러한 의사소통이 축적되면 이른바 문화를 형성하게 된다. 하지만 이러한 모든 것들을 직접 경험해야 한다면? 혹은 그것에 맞게 진화해 나가야 한다면? 엄청난 시간과 비용이 소모될 것이다. 예를 들어, 북극곰은 북극에서 극한 추위를 견뎌야 하므로 털로 자신의 몸을 감싸야만 한다. 이를 위해 몇 만 년의 진화를 통해 현재의 모습을 가지게 됐을 것이다. 그런데 매우 흥미롭게도 에스키모인들은 같은 지역에 살면서도 북극곰의 모습을 하고 있지 않다. 왜 그렇게 털로 온몸을 감쌀 필요가 없을까? 어린아이도 아는 대답이다. 털옷을 입으면 그만이기 때문이다. 에스키모 아이들은 곰을 잡아 털옷을 만드는 부모를 보고 단 10분 만에 이를 학습할 수 있다. '아, 나도 저렇게 털옷을 만들어 입어야겠다.' 라고 말이다. 아마도 부모가 털옷을 만들어 입는 그 순간, 그 아이의 뇌에 있는 뉴런들도 부모와 마찬가지로 따뜻함을 느꼈기에 가능한 일이 아닐까? 이 차이는 실로 엄청나다 하겠다. 북극곰의 수만 년과 에스키모 아이의 10분. 연약한 육체를 지녔으면서도 바로 이런 방법을 통해 인간은 오랜 시간 동안 이 지구에서 중심적 지위를 누려 올 수 있었던 것이 아니겠는가라는 추측마저 가능케 하는 대목이 아닐 수 없다.

그렇다면 거울뉴런들은 주로 어떤 외부 상황이나 행동에 반응할까? 일단, 타인의 의도가 반영되어 있는 행동들을 볼 때 가장 잘 반응하는 것으로 나타나 있다. 타인의 의도를 잘 파악하지 못하는 사람들 중에 자폐환자가 있는데, 자폐환자들은 이 거울뉴런들이 거의 활동을 하지 않는다는 연구 결과들이 많다. 이로 인해 거울뉴런은 자폐에 대한 신경학적 원인에 대해서도 대답을 해 주고 있다.

따라서 인간의 학습에도 중요한 의미를 전달하고 있다. 아이가 다양한 활동과 언어를 모방, 즉 따라 하기를 통해 학습한다는 것은 이미 잘 알고 있는 사실이다. 따라서 거울뉴런 역시 여기서도 핵심적인 역할을 하게 된다. 무언가를 따라 하기 위해 타인의 말이나 행동을 유심히 관찰할 때 아이의 뇌 안에서 거울뉴런들은 매우 활발하게 반응을 한다. 자신도 그 말이나 행동을 하는 것처럼 느끼기 위해서다.

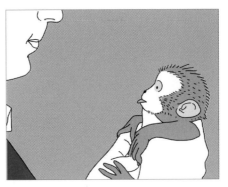

[그림 4-5] 원숭이의 거울뉴런과 모방행동

원숭이의 거울뉴런은 주로 운동을 담당하고 있는 뇌에서만 발견되기 때문에 단순한 행동을 따라 할 수는 있지만 차원이 높은 다른 것들은 모방이 불가능하다.

출처: http://dx.doi.org/10.1371/journal.pbio.0040311

원숭이도 기본적인 모방을 한다는데, 그렇다면 원숭이의 거울뉴런은 어떤 양상을 띠고 있을까? 원숭이는 이 거울뉴런이 주로 운동을 담당하고 있는 뇌에서만 발견되고 있다. 이러한 사실은 원숭이가 단순한 행동을 따라 할 수 있지만 차원이 높거나 복잡한 행동들은 모방이 상대적으로 더 어려울 것이라는 예측을 가능케 한다. 반면, 인간의 뇌에서는 이 거울뉴런들이 다양한 곳에서 발견되고 있으며 또 활동하고 있다. 인간이 수많은 종류의 정보를 모방할 수 있는 이유가 될 것이다. 수백만 년 전부터 현재의 두뇌 용량을 보유했던 인류가 도구의 사용과 언어, 더 나아가 문명을 창조하게 된 것은 불과 4~5만 년 전이다. 공교롭게도 거울뉴런 시스템의 출현이 이 시기와 맞아 떨어지는 것 같다는 것이 관련 연구자들의 주장이다. 인간이 지구상에서 가장 우수한 생명체로 자리 잡을 수 있었던 이유가 바로 우리 뇌의 '같이 느끼고 따라 하기'를 가능케 만들어 주는 뉴런, 즉 세포에 있다는 것은 놀라운 일이 아닐 수 없으며, 이러한 뇌기제의 핵심이 바로 모방이다.

2) 혐오학습

많은 시행과 그에 따른 강화의 제시가 전제되는 조건형성 원리와는 달리 학습은 단 한 번의 경험만으로도 가능하다. 그리고 이는 혐오학습이라는 현상을 통해 쉽게 찾아볼 수 있다. 토하기, 재채기, 근육의 순간적 움직임 등의 무조건 반사가 여기에 해당한다. 빨거나 움켜잡는 등의 반사적 행동을 유아가 성인보다 더 활발하고 다양하게 한다는 것을 보면 오히려 무조건 반사는 타고나는 것일 가능성이 크다. 당연히 생존에 필수적이기 때문이다. 물론 성인이 되어 가면서 점차적으로 이러한 반사적 행동들이 사라지기는 하지만, 여전히 이러한 반사적 반응을 만들어 내는 사건들은 단 1회의 경험만으로도 평생에 걸쳐 기억에 남아 이후의 행동에 영향을 미치는 학습의 효과를 지니게 된다.

유아는 여러 가지 반사 능력을 갖고 태어나지만, 나이가 들면서 상당수가 사라진다고 한다. 아마도 반사의 기능이 유아의 생존에 필수적인데, 진화론에서는 적응기제로 선택된 것이라고 설명하고 있다. 이를 잘 보여 주는 예가 특정 음식을 싫어하거나 좋아하는 것이다. 특히 어떤 음식에 대한 혐오를 심층 있게 연구한 사람이 있다. 바로 존 가르시아(John Garsia)라는 심리학자다. 가르시아는 쥐들에게 보통 물과 단맛 나는 물을 제공하여 골라 먹도록 하였다. 당연히 쥐들은 단맛 나는 물을 좋아하고 선택한다.

그런데 이후 가르시아 교수는 쥐가 단맛이 나는 물을 마실 때마다 감마 방사선에 노출시켰다. 이 방사선은 구역질을 일으키는 효과가 있다. 그 결과, 쥐들은 단맛을 회피하는 반응을 보였으며, 노출된 방사선 수준이 높을수록 단물에 대한 혐오 반응이 심했다. 이를 '조건화된 맛/미각 혐오 반응(conditioned taste aversion)'이라고 부른다. 매우 흥미로운 것은 단맛과 방사선의 연결이 단 한 번만 이루어진 경우에도 이러한 맛 혐오 현상을 보인다는 점이다. 이는 강화 계획에 있어서 비율과 간격 못지않게 준비성(readiness)이 얼마나 중요한가를 보여 주는 대목이다. 사람이든 동물이든 특정한 방식으로 행동하도록 유전적으로 준비되어 있는 경향을 준비성이라 한다. 어떤 것은 아주 쉽게 학습하는 반면 다른 것은 아주 어렵게 학습하는 이유를 설명해 주는 것으로서, 생존에 필수적인 맛의 감별과 같은 것은 극히 높은 준비성으로 인해 단 한 번의 학습으로도 각인되는 수준의 효과가 일어나는 것이다. 따라서 잘 준비된 행동들은 한두 번의 학습으로도 조건형성이 잘 되지만, 준비성이 떨어지는 대부분의 중립적인 행동들은 수많은 연합의 경험과 그에 따른 훈련을 필요로 한다는 것을 알 수 있다.

참고로, 이러한 혐오학습을 통해 매우 슬기롭게 골칫거리를 해결해 내는 경우를 우리는 종종 주위에서 찾아볼 수 있다. 2001년에 방영한 KBS의 환경스페셜 100회 특집 〈공존 실험: 까치〉(2001년 10월 3일)가 좋은 예다. 까치가 말썽을 피우는 배 과수원에서 실제로 일어났던 조치다. 과수원 주인으로 하여금 전문가의 조언을 받아 까치들에게 배 조각을 먹게 한다. 이후 배 속에 약품을 넣어 구토를 일으키게 한다. 전형적인 맛 혐오학습의 과정이다. 이러한 조치를 통해 까치는 결국 배를 피하게 되며, 과수원 배나무에 달린 배 근처에도 가지 않는 과정을 살펴볼 수 있다. 까치를 사살하거나 추방하는 것이 아니라, 과수원의 배만 건드리지 않게 하는 꽤 지혜로운 인간-동물 공생의 과정을 살펴볼 수 있다.

3) 통찰학습

인지학습(cognitive learning)이란 가시적 또는 직접적으로 관찰할 수 없는 심리적 과정, 특히 인지적 과정을 통해 일어나는 제반 학습 형태를 칭하는데, 그 대표적인 경우가 바로 통찰학습(insight learning)과 앞에서 언급한 관찰학습이다. 여기에서 통찰(insight)이란 문제 상황에서 갑작스럽게 문제 해결이 이루어지는 현상이다. 시행착오적인 무선적 반응의 반복이 아니라 환경의 자극 요소들을 유의미한 전체로 관련짓고

의미 있는 인지 구조를 형성하는 통찰에 의해 학습하는 것을 뜻한다. 그리고 이는 학습이 단순히 반응의 변화만이 아니라 지식이나 내적 과정의 변화라고 하는 보다 통합적인 입장이 밑바탕에 깔려 있다. 따라서 통찰학습에서는 어떤 문제를 해결하기 위한 목적의식과 자신이 처한 상황에 대한 통합적 이해 등의 능동적인 정신적 과정이 핵심임을 강조한다. 그리고 성공적인 학습은 단순한 과거 경험의 연합이 아니라 현재 주어진 상황 내에 포함된 다양한 대상들과 상태들의 관계들을 연결하는 데 그 핵심이 있다.

볼프강 쾰러(Wolfgang Köhler)

이러한 통찰학습에 주목한 사람이 바로 독일 심리학자 볼프강 쾰러(Wolfgang Köhler, 1887~1967)다. 20세기 초중반에 활발한 연구 활동을 했던 쾰러는 문제 상황에서 한참 동안 아무런 진전이 없다가 갑자기 문제가 해결되는 통찰학습에 대한 고전적인 연구를 수행한 것으로 유명하다. 쾰러는 자신의 실험에 침팬지를 사용했는데, 침팬지가 당면하게 되는 상황은 다음 [그림 4-6 ⓐ]에서와 마찬가지로 손을 아무리 뻗어 봐도 천장에 매달려 있는 바나나가 닿지 않는 공간이다.

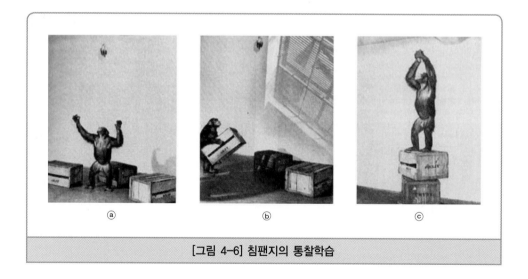

ⓐ   ⓑ   ⓒ

[그림 4-6] 침팬지의 통찰학습

ⓐ의 상황에서 배고픈 침팬지는 어떻게든 천장에 매달린 바나나를 따 먹어 보려고 팔짝팔짝 뛰어 본다. 하지만 아무리 노력을 해도 바나나를 손에 쥘 수 없다는 것을 이내 깨닫게 된다. 그다음에 침팬지가 보이는 행동들은 다소 우습기도 하다. 한쪽 구석

에 가서 시무룩하게 바나나를 노려보기도 하고, 어떤 경우에는 다소 짜증 섞인 소리를 내기도 한다. 그런데 어느 순간 갑자기 침팬지는 사진 ⓑ처럼 주위에 있는 상자들을 바나나 밑으로 옮기기 시작한다. 그리고 그 상자들이 바나나에 자신의 손이 닿을 수 있는 높이로 쌓이게 되면 이제 사진 ⓒ에서처럼 그 상자들 위로 올라가 바나나를 자신의 손에 넣게 된다. 얼핏 그 모습은 우리 인간이 문제를 해결하는 것처럼 보였다.

재미있는 것은 이렇게 일단 문제를 한번 해결해 놓고 나면 이후에는 같은 문제 상황에 처하더라도 효과가 없는 다른 방법을 시도하는 일은 좀처럼 일어나지 않는다는 것이다. 마치 이전에 이런 상황을 많이 경험해 본 것처럼 너무나도 능숙하게 상자를 바로 쌓아서 바나나를 손에 넣는다. 어떻게 이런 일이 가능했을까? 침팬지가 바나나 따먹기에 필요한 일련의 과정을 하나하나씩 해당 공간에서 연합적으로 학습한 것은 분명히 아니다. 그보다는 이전에 상자를 옮기는 행동, 상자를 쌓는 행동들, 그리고 무언가에 올라가서 높은 위치에 있는 것에 손을 뻗어 본 행동들을 이미 경험해 보았기 때문에 현재 주어진 상황에 전체적인 상황을 하나로 인식하고 행동할 수 있었다. 이전의 다양한 행동을 하나로 묶는 일종의 '아하(Ah)!'와 같은 경험을 하는 것이다.

하지만 이러한 통찰의 경험은 누구에게나 오는 것이 아니다. 즉, 쾰러의 실험에서처럼 침팬지들이 모두 이렇게 문제를 해결하는 순간을 보는 것은 아니다. 쾰러의 실험에 참가한 침팬지들은 앞서 언급한 것처럼 상자를 나르고 쌓으며 높게 쌓은 것의 의미 하나하나를 모두 예전에 경험했기 때문에 이런 통찰의 순간을 경험할 수 있었다. 다만 이런 순서로 '연결'되지만 않았던 것뿐이다. 즉, 어떤 문제 상황을 만났을 때 그 상황을 해석함에 있어서 이전에 경험한 개별적인 행위나 대상을 새로운 방식으로 연결하는 것이 통찰이다. 그리고 우리 인간은 이러한 통찰을 통해서 새로운 학습을 경험한다.

5. 맺음말

이렇듯 인간이 무언가를 배운다는 것을 설명하기 위해서는 다양한 요인들이 작용하고 있다는 것을 먼저 이해할 필요가 있다. 인간은 세상에 태어나서 수많은 현상들과 사건을 경험하고, 그것들 중 의미가 있다고 판단되는 연합을 중요시한다. 그리고 이를 타고난 행동들과 연결시켜 가면서 보다 더 복잡한 체계를 형성해 나간다. 이러한 일련의 과정들을 반드시 직접 경험할 필요 역시 없는 듯하다. 왜냐하면 관찰과 모방이라는 능력을 사용할 수 있기 때문이다. 또한 여기에는 관찰 대상이 지니는 권위나 신뢰성 같은 다양한 요인들이 작용한다. 우리의 성격과 지식 체계, 더 나아가 우리의 문화가 바로 이렇게 만들어져 왔고, 또 앞으로도 그렇게 만들어져 갈 것이다.

요약 및 학습과제

요약

1. 인간은 태어나서 살아가는 동안 끊임없이 학습한다.

2. 인간의 놀라운 학습 능력은 다른 어떤 동물에게서도 찾아보기 힘든 측면이다. 초기의 심리학자들은 이러한 학습을 자극과 반응의 연합 과정으로 설명하려고 했지만, 이러한 관점은 이내 충분치 않음이 밝혀졌고, 그 대표적인 예가 모방이다.

3. 인간은 타인의 행동을 따라 하면서 다양한 지식을 용이하게 전달받는다. 단 한 번의 중요한 경험을 통해서 학습을 완성하기도 하며, 우연한 발상의 전환을 통해 중요한 해결 방법을 학습하기도 한다.

4. 인간의 다양한 후천적 측면을 가장 잘 설명하는 학습의 원리를 배움으로써 인간 심리의 복잡한 기제를 풀어 나가는 실마리를 찾을 수 있다.

학습과제

1. 고전적 조건형성과 조작적 조건형성의 차이점을 논하시오.

2. 강화 계획의 네 가지 종류와 각각에 따른 일상생활의 예는 무엇인가?

3. 모방과 거울뉴런의 관계가 인간의 학습에서 왜 특별한가를 어떻게 설명하는가?

4. 자신이 단 1회의 경험만으로도 학습한 것은 무엇인가? 이를 이 장에서 공부한 내용에 기초해 설명하시오.

5. 왜 우리는 통찰을 경험하기 어려운가? 그 이유를 자유롭게 논의하시오.

chapter

05

기억

학습목표

- 정보 처리 관점에 근거한 기억구조에 대해 알아본다.
- 단기기억과 장기기억의 특징에 대해 알아본다.
- 기억에서 발생하는 간섭과 오기억에 대해 알아본다.
- 작업기억이 무엇인지 알아본다.
- 장기기억의 종류와 특징에 대해 알아본다.

기억이 무엇인지 모르는 사람은 없을 것이다. 과거의 경험과 알고 있는 지식 등이 모두 기억의 범주에 속한다. 그런데 다른 정신 활동과 마찬가지로 기억 또한 직접 관찰하기 어렵기 때문에 오랫동안 과학적으로 연구할 수 없다고 여겨져 왔다. 심리학은 기억을 포함한 다양한 정신 활동들을 객관적으로 측정하고 관찰하는 방법과 절차를 개발함으로써 기억이라는 흥미로운 주제를 과학의 영역으로 가져오는 데 성공했다.

심리학에서의 기억이란 저장된 정보의 집합을 의미한다. 정보의 저장을 위해서는 환경으로부터 정보가 입력되어야 하며, 입력된 정보 중 일부가 선별되어야 하고, 선별된 정보를 어떤 방식으로 저장할지 결정해야 한다. 또한 기억을 활용하기 위해서 저장된 정보를 되살려야 하고, 정보를 조작하는 과정이 있어야 한다. 이러한 일련의 과정은 마치 컴퓨터가 정보를 처리하는 방식과 유사한데, 사실 심리학에서는 인간을 정보 처리자로 간주하고 컴퓨터에서의 정보 처리 과정과 유사하게 인간의 정보 처리 과정을 묘사한다.

이 장에서는 인간 정보 처리 과정의 각 단계에 따른 기억의 다양한 형태와 그 처리 과정에 대해 설명하였다. 더불어 다양한 기억 현상들을 예시와 실험 결과에 근거하여 설명하였다. 다소 어렵다고 느낄 수 있는 실험 내용도 있겠지만, 천천히 읽다 보면 이해하기 어렵지는 않을 것이다. 마지막으로, 기억의 일반적인 분류와 각각의 특성에 대해서도 알아보기로 한다.

05 chapter
기억

우리는 직관적으로 기억이 무엇인지 알고 있다. 어제 누구와 같이 밥을 먹었는지, 어느 학교를 졸업했는지, 지난 여름의 에피소드에 대해 답할 수 있는 것은 모두 기억 덕분이다. 마찬가지로 친구의 이름은 무엇인지, 산업혁명은 어디서 발생했는지, 만유 인력의 법칙이 무엇인지에 대해 답할 수 있는 것도 기억 덕분이다. 이러한 관점에서 본다면 기억은 사실과 사건에 대한 정보를 저장한 것이라고 생각해 볼 수 있다. 즉, 단 편적인 사실과 과거 경험했던 사건의 내용이 기억의 핵심 요소라는 것이다.

그런데 잠시 생각해 보면 기억은 이보다 훨씬 폭넓고 세분화될 수 있다는 것을 알 수 있다. 어떤 유명 가수의 노래는 소리로 기억되지만, 그 가사는 언어적으로 기억되 어야 한다. 그 가수의 얼굴은 시각적으로 기억될 것이다. 방금 들은 전화번호는 번호 를 누르면서 금방 사라지지만 원주율(π)이나 구구단은 평생 기억하기도 한다. 어떤 경 우에는 의식적으로 기억하지는 않지만 내 몸이 무의식적으로 기억하는 경우도 있다. 손가락은 내가 의식하지 않아도 키보드의 원하는 곳을 빠르게 누르지만 정작 키보드 의 배열을 떠올리는 것은 너무 어렵다. 어떤 음식을 먹고 배탈이 난 뒤에는 그 음식 냄 새만 맡아도 구역질이 나고 불쾌해진다. 이러한 종류의 기억은 우리의 의식과 상관없 이 자동적으로 생성되는 것들이다.

우리는 직관적으로 기억이 무엇인지 알고 있는 것 같다. 하지만 현대 심리학에서 분 류하는 기억의 종류는 매우 다양하며, 서로 다른 방식으로 학습되고 저장되며, 또 사 용된다고 알려져 있다. 먼저, 기억에 대해 최초로 체계적인 실험을 수행한 에빙하우스 (Ebbinghuas, 1885)의 연구를 살펴본 후 현대적인 이론과 실험들을 소개하고자 한다.

1. 에빙하우스와 망각곡선

에빙하우스(1850~1909)는 기억에 대한 최초의 과학적 실험을 수행하여 1885년 자신의 연구 결과를 짧은 책으로 출판하였다. 당시에는 기억을 포함한 인간의 마음을 과학적으로 연구하는 것이 불가능하다는 생각이 지배적이었다. 그러나 에빙하우스는 당시의 여느 심리학자들처럼 기억도 과학적으로 연구할 수 있다고 믿었다. 대부분의 초기 연구가 그렇듯이 에빙하우스도 직관적인 질문에 답하기 위해 실험을 구성하였다. 예를 들어, 우리는 영어 단어를 학습할 때 반복 횟수가 많을수록 더 잘 기억하고, 시간이 지날수록 기억이 사라지며, (잊어버린 것을) 재학습할 때 더 빠르게 학습할 수

에빙하우스(H. Ebbinghuas)

있다는 것을 알고 있다. 에빙하우스는 이러한 기억 현상을 연구하였다.

에빙하우스는 자신을 실험 대상으로 무의미 철자(nonsense syllable)를 기억하는 실험을 수행했다. 자음-모음-자음으로 구성된 무의미 철자(예를 들어, DAF, HOS, BEP)를 수천 개 생성하여 다양한 개수의 무의미 철자 목록을 학습하고 또 재학습하기를 반복하여 그 결과를 기록하였다. 에빙하우스가 기억재료로 무의미 철자를 사용한 것은 기존 지식이 기억형성에 미치는 영향을 배제하기 위한 것이었다. 이때 절약률(savings)이라는 값을 통해 기억을 측정했다. 가령, 어떤 철자 목록을 완전히 학습하는 데 10회의 반복 시행이 필요했으나 일주일 뒤 6회의 반복으로 재학습되었다면 4회가 절약된 것이다. 이를 백분율로 바꾸면 절약률은 40%가 된다. 유사한 예로, 아홉 명으로 구성된 회원들의 이름을 최초로 학습하는 데 10분이 걸렸는데 다음날 재학습할 때 4분이 걸렸다면 절약률은 60%가 된다. 즉, 절약률은 기억이 얼마나 보존되어 있는지를 나타내는 지표가 된다.

에빙하우스는 학습-재학습 간 시간이 길어질수록 절약률이 낮아진다는 것을 발견했다. [그림 5-1]은 이 패턴을 그래프로 나타낸 망각곡선(forgetting curve)이다. 망각곡선은 우리가 기억에 대해 알고 있는 일상적인 경험과 일치하는 결과를 보여 준다. 즉, 어떤 사실을 학습한 직후 기억 손실은 빠르게 발생하지만 시간이 흐름에 따라 느리게 발생한다는 것이다. 망각곡선에 따르면, 아홉 명으로 구성된 회원들의 이름을 최초 학습한 후 약 일주일이 지나면 대부분 잊어버리지만 한 달 뒤에도 한두 명 정도의 이름은

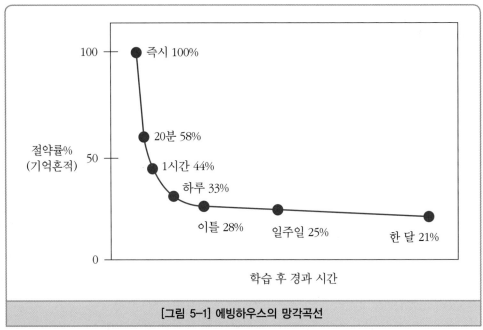

[그림 5-1] 에빙하우스의 망각곡선

망각은 학습 직후 매우 빠르게 발생하지만 시간이 흐를수록 점차 느려진다.

떠올릴 수 있을 것이다.

에빙하우스의 가장 큰 공헌은 과학적 연구가 불가능하다고 여겨졌던 인간의 정신 현상 중 하나인 기억을 체계적으로 측정하여 그 원리를 도출했다는 점이다. 절약률, 망각곡선뿐만 아니라 에빙하우스는 학습 횟수, 학습 간 간격, 목록의 길이 등과 같은 변인들이 기억에 미치는 영향을 연구하였다. 그러나 에빙하우스는 무의미한 자극에 대한 기억을 연구했다는 점에서 이후 바틀릿(Bartlett, 1932)에 의해 강한 비판을 받았다. 무의미 자극을 사용하면 배경지식이 기억에 미치는 영향을 배제할 수 있기 때문에 실험 결과 해석에 유리한 측면이 있다. 하지만 바틀릿은 오히려 배경지식이 새로운 기억형성에 중요한 영향을 미친다고 생각하여 이야기에 대한 기억을 연구 주제로 삼았다. 다만 바틀릿도 기억연구를 위해 실험실에서 내용을 학습하게 하고 체계적으로 결과를 기록하여 해석했다는 점에서 에빙하우스의 방법론을 그대로 계승하였다.

2. 기억의 양상: 중다기억모형

　에빙하우스와 바틀릿은 무의미 철자 혹은 이야기에 대한 기억을 연구했다는 점에서 모두 언어적으로 표현할 수 있는 정보에 대한 기억을 연구했다는 공통점이 있다. 하지만 기억은 다양한 형태로 존재할 수 있다. 어두운 밤 번개를 본 직후 잠시 시각적 잔상을 경험한다고 할 때, 이러한 잔상도 기억의 한 종류이다. 왜냐하면 번개는 이미 사라지고 없지만 몸의 일부인 망막이 번개를 저장하고 있기 때문이다. 전화번호를 누르는 동안 잠시 기억하기 위해 마음속으로 중얼거리고 있는 번호도 기억의 한 형태이다. 어떤 기억은 이미 마음속에 저장되어 있다. 어떤 가수의 노랫말이나 얼굴에 대한 기억은 마음속에 이미 저장되어 존재하는 것들이다.

　다양한 형태의 기억을 정보 처리(information processing) 접근을 활용해 서술한 것이 중다기억모형(multi-store model)이다(Atkinson & Shiffrin, 1968). [그림 5-2]는 중다기억모형을 도식적으로 나타낸 것으로 화살표는 정보의 흐름, 사각형은 기억의 종류를 나타낸다. 중다기억모형에 따르면, 환경의 자극은 감각기억(sensory memory)에 매우 짧은 시간 동안 등록되고, 이 중 일부가 단기기억(short-term meory)에서 활성화되며, 어떤 정보는 장기기억(long-term memory)에 영구적으로 저장된다. 장기기억의 정보는 필요에 따라 단기기억으로 불려와 활성화되기도 한다. 단기기억에서의 정보 처리는 반응으로 이어지게 된다.

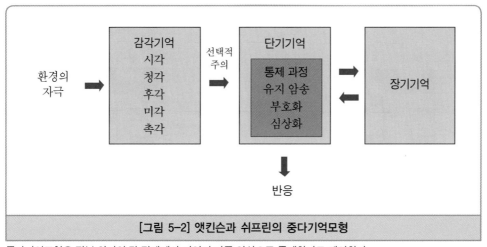

[그림 5-2] 앳킨슨과 쉬프린의 중다기억모형

중다기억모형은 정보 처리의 각 단계에서 기억이 다른 양상으로 존재한다고 제안한다.

중다기억모형은 양상모형(modal model)으로도 불리는데, 기억이 시각이나 청각, 의미 등 다양한 양상(mode)들로 존재함을 나타내기 때문에 자주 쓰인다. 혹은, 학자들의 이름을 붙여 앳킨슨-쉬프린(Atkinson-Shiffrin model)모형이라고도 불린다. 간혹 다중저장소모형(multi-store model)이라고도 불리는데, 이 명칭들은 모두 동일한 이론을 지칭하므로 혼란이 없기를 바란다.

1) 감각기억

감각기관으로 입력된 물리적 자극이 매우 짧은 기간 동안 잠시 저장되는 기억을 감각기억(sensory memory)이라고 한다. 감각기억의 일부 정보는 단기기억으로 전이되어 우리의 의식 속에 들어오게 된다. 감각기억은 시각, 청각, 후각, 미각, 촉각 등 오감에 모두 존재하지만, 시각 및 청각 감각기억이 주로 연구되었다.

(1) 시각적 감각기억: 영상기억

시각적 감각기억은 영상기억(iconic memory)으로 불린다. 영상기억의 존재는 다양한 실험을 통해 확인되었다. 필립스(Phillips, 1974)는 참가자들에게 [그림 5-3]과 같은 행렬판을 1초 동안 보여 주고 사라지게 한 뒤 두 번째 행렬판을 제시하였다. 두 행렬판의 시간 간격은 20, 60, 100, 300, 600ms로 다양하게 변화시켰다. 이때 두 번째 행렬판은 동일한 위치에 제시하거나 혹은 한 칸씩 좌측이나 우측으로 이동하여 제시하였으며, 참가자들에게 두 행렬판이 같은지 다른지를 판단하도록 했다.

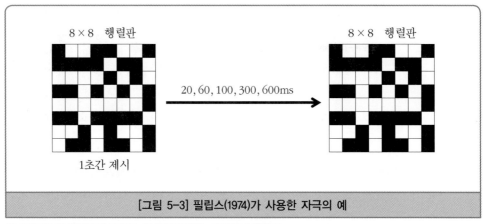

[그림 5-3] 필립스(1974)가 사용한 자극의 예

참가자들은 두 행렬판의 동일성 여부를 판단하는 과제를 수행했다.

[그림 5-4]는 이 실험의 결과를 보여 준다. 먼저, 두 번째 행렬판이 동일한 위치에 즉시 제시된 경우 참가자들은 매우 정확했지만(20ms일 때 96%), 시간이 지남에 따라 정확률은 급격하게 감소하였다(600ms일 때 58%). 시간 간격이 짧을 때는 첫 번째 자극이 영상기억으로 망막에 보존되어 있기 때문에 두 번째 자극과 겹쳐서 쉽게 판단할 수 있다. 반면, 시간 간격이 길어지면 영상기억이 빠르게 소멸하기 때문에 정답률은 급격하게 감소했다. 이동조건에서는 두 행렬판의 시간 간격과 무관하게 정확률은 매우 낮았다. 첫 번째 행렬판을 두 번째 행렬판과 비교하려는 순간 첫 번째 자극에 대한 영상기억이 빠르게 소멸되기 때문이다.

동일조건에서 시간 간격이 짧을 때의 높은 정확률은 영상기억이 실제로 존재한다는 것을 보여 준다. 또한 동일조건에서 시간에 따른 급격한 정확률 감소와 이동조건에서의 낮은 정확률은 영상기억이 매우 빠르게 소멸된다는 것을 보여 준다.

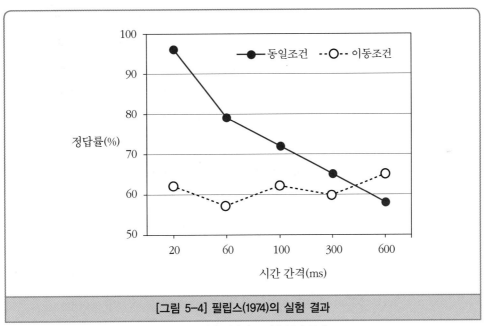

[그림 5-4] 필립스(1974)의 실험 결과

행렬판의 시간 간격에 따른 정답률은 영상기억이 존재한다는 것을 보여 준다.

(2) 청각적 감각기억: 음향(잔향)기억

청각적 감각기억은 음향(잔향)기억(echoic memory)으로 불린다. 음향(잔향)기억 역시 다양한 실험을 통해 확인되었다. 다윈, 터비 그리고 크라우더(Darwin, Turvey, & Crowder, 1972)는 헤드폰을 착용한 참가자들에게 오른쪽, 왼쪽 그리고 양쪽 귀에 서로 다른 알파벳 낱자를 세 개씩 순차적으로 총 9개를 들려주었다(양쪽에 소리를 들려주면 왼쪽이나 오른쪽이 아닌 가운데에서 소리가 난다). 참가자에게 소리가 끝난 후 들었던 낱자를 모두 보고하거나(전체보고) 혹은 신호에 맞춰 세 위치 중 한 군데의 낱자만 보고하도록 했다(부분보고).

전체보고에서 참가자들은 약 4.2개의 무의미 낱자만 보고할 수 있었다. 이는 참가자들이 한쪽 위치의 낱자를 보고하는 동안 다른 위치의 음향기억이 빠르게 사라졌기 때문이다. 반면, 부분보고에서는 전체보고보다 훨씬 더 많은 낱자를 보고할 수 있었는데, 이는 음향(잔향)기억이 사라지기 전에 일부 낱자만 보고했기 때문이다[음향(잔향)기억의 추정값 = 보고한 낱자의 수 × 3]. 그런데 부분보고에서도 신호가 잠시 지연됐을 때는 보고한 낱자의 수가 급격하게 줄어들었는데, 이는 영상기억과 마찬가지로 음향(잔향)기억도 빠르게 소멸된다는 것을 보여 준다.

영상기억과 음향(잔향)기억은 단기기억으로 정보가 전달되기 전까지의 정류장 역할을 하며, 감각기억 중 주의를 받은 일부 내용들만 단기기억으로 진입하게 된다. 영상기억은 매우 빠르게 소멸되는 반면(약 1초 이내), 음향(잔향)기억은 경우에 따라 수 초 동안 유지되기도 한다.

2) 단기기억

단기기억은 현재 활성화되어 의식하고 있는 기억이다. 쉬운 예로, 전화번호를 듣고 번호를 모두 누르려면 마음속으로 번호를 반복해서 되뇌어야 한다. 그때 누군가 말을 걸어 대답을 한 다음 다시 번호를 누르려고 하면 번호가 기억나지 않는다. 이 예는 단기기억의 한 측면을 잘 보여 준다. 단기기억은 지속 시간이 짧아서 마음속으로 반복해서 활성화하지 않으면 금방 사라진다는 것이다. 지속 시간(duration)은 단기기억과 장기기억을 구분하는 중요한 특성이다. 단기기억에서 정보를 유지하기 위해 반복해서 되뇌이는 것을 암송(rehearsal, 시연)이라고 한다([그림 5-2] 참조). 단기기억과 장기기억을 구분하는 또 다른 특성은 용량(capacity)의 차이이다. 만약 기억해야 하는 전화번호가 30개의 숫자로 되어 있다면 이를 모두 단기기억에 담아 두는 것은 매우 어려울 것이다. 반면, 구구단은 장기기억에 존재하는 정보이기 때문에 더 많은 숫자로 구성되어 있어도 언제든 필요할 때 단기기억으로 꺼내 쓸 수 있다. 장기기억에서 단기기억으로 기억을 가져오는 것, 혹은 단기기억의 정보를 사용하여 반응하는 것을 인출(retrieval)

이라고 한다.

앳킨슨과 쉬프린(1968)의 중다기억모형([그림 5-2] 참조)은 기억연구에 막대한 영향을 미쳤다. 그러나 이 모형에서의 단기기억은 주로 언어적인 내용에 대한 기억을 의미한다. 시각적 단기기억에 대해서는 좀 더 발전된 이론인 작업기억(working memory)을 서술할 때 소개할 것이다.

(1) 단기기억의 용량과 부호화

단기기억의 용량이 제한적이라는 것은 당연하게 들리지만, 이를 본격적으로 연구한 논문은 1956년에 최초로 출판되었다. 밀러(Miller, 1956)는 즉각 사용이 가능하도록 일시적으로 의식화할 수 있는 정보의 개수가 약 7개라는 것을 논문 「The magical number seven, plus or minus two」에서 보고했다. 그는 단순한 알파벳 낱자나 숫자를 기억하는 것뿐만 아니라, 소리 크기, 음의 높이, 사각형의 크기, 빛의 밝기 등을 기억하고 맞추는 과제에서도 그 한계가 5개에서 9개 사이가 된다는 다양한 실험 결과를 보고했다.

밀러는 단기기억의 용량을 개수로 표현했는데, 이때의 개수는 의미를 가진 최소의 단위를 지칭하며 이를 청크(chunk, 결집)라 부른다. 예를 들어, BHLPQCNPJ라는 9개의 알파벳 낱자를 기억하는 것은 어렵지만 FBICIAUFO를 기억하는 것은 매우 쉽다. 전자의 경우 9개의 낱자가 각각 청크를 이루지만, 후자는 FBI-CIA-UFO로 3개의 청크만 기억하면 되기 때문이다. 청크를 활용할 수 있다는 것은 단기기억이 크게 확장될 수 있다는 것을 의미한다. 밀러의 발견대로 단기기억에서 정보를 저장할 수 있는 공간은 7개로 제한적이지만 각 공간에 많은 양의 정보를 묶어서 넣어 둘 수 있기 때문이다. 이는 특정 분야의 전문가가 많은 양의 정보를 쉽게 처리하지만 초보자들은 청크가 적어 이를 매우 어려워하는 것을 설명해 준다. 전문가와 초보자의 수행 차이는 단기기억의 용량 차이 때문에 발생하는 것이 아니라, 청크의 활용 여부에 기인한 것이다(Sohn & Doane, 2003).

부호화(coding)는 정보가 저장되거나 표상되는 방식을 의미한다. 앞서 FBICIAUFO의 경우 약자를 모르는 사람들은 낱자 하나씩 암송하면서 기억해야 하지만, 약자를 아는 사람들은 의미 단위로 끊어서 암송할 것이다. 이 둘 간의 공통점은 알파벳을 시각적으로 보여 주더라도 단기기억에서의 암송은 음향적으로, 즉 소리를 반복해 되뇌이는 방식으로 발생한다는 것이다. 이는 단기기억에서 정보가 저장되는 방식(즉, 부호화)이 음향적으로 발생한다는 것을 암시한다.

단기기억의 주된 부호화 방식이 음향적이라는 것은 음향혼동(acoustic confusion)이라는 현상을 통해 밝혀졌다. 콘래드(Conrad, 1964)는 B, C, P, T, V 및 F, M, N, S, X의 10개 낱자들 중 6개를 무선적으로 선택하여 참가자들에게 750ms 간격으로 하나씩 보여 주었다. 이때 각 다섯 개의 낱자들은 서로 발음이 유사하여 혼동하기 쉬운 낱자들이었다. 참가자들에게 자극 제시가 완료되면 즉시 각 낱자들을 제시 순서대로 보고하도록 했다. 그 결과, 모양이 아닌 발음이 유사한 낱자들을 혼동하는 오류가 빈번하게 발생했다. 즉, P를 T로, S를 X로 보고하는 등의 오류가 자주 발생했던 것이다. 이 결과는 시각적으로 제시한 자극이라도 참가자들은 이를 음향적으로 변환하여(즉, 부호화하여) 단기기억에서 암송한다는 것을 보여 준다.

단어길이효과(word length effect)는 단기기억에서 음향부호를 사용한다는 것을 보여 주는 또 다른 증거이다. 가령 book, car, pen 등의 단음절 단어목록을 기억하는 것은 responsibility, refrigerator, availability 등의 다음절 단어목록을 기억하는 것보다 훨씬 쉽다. 배들리, 톰슨, 부카넌(Baddeley, Thomson, & Buchanan, 1975)은 이러한 점에 착안하여 1음절 단어목록과 5음절 단어목록을 준비하여 참가자들에게 한 단어씩 1.5초 간격으로 들려준 다음 단어들을 모두 보고하게 하였다. 그 결과, 다섯 개의 단어를 제시했을 때 1음절 단어목록에서는 참가자들이 약 4개를 기억해 냈지만, 5음절 단어목록에서는 약 1.5개만 기억할 수 있었다. 이는 단어의 개수가 아니라 발음하는 데 걸리는 시간이 단기기억의 용량을 결정한다는 것을 보여 주며, 단기기억의 기억부호가 음향적이라는 증거가 된다.

(2) 단기기억의 파지와 망각: 쇠잔과 간섭

기억 속에 정보를 유지하는 것을 파지(retention)라고 한다. 앞서 제시한 에빙하우스의 망각곡선([그림 5-1] 참조)은 장기기억에서 파지 기간에 따른 망각을 보여 준다. 단기기억에 존재하는 정보도 암송을 하지 않으면 시간이 지남에 따라 빠르게 사라질 것이라는 것은 쉽게 짐작할 수 있다. 그런데 장기기억과 달리 단기기억에서의 망각은 매우 신속하게 발생하기 때문에 이를 측정하는 것은 꽤 어려운 일이다.

브라운(Brown, 1958) 및 피터슨과 피터슨(Peterson & Peterson, 1959)은 단기기억에서 파지 기간에 따른 망각을 실험했다. 이들은 참가자들에게 CHJ와 같은 세 개의 알파벳 자음과 506과 같은 세 자리 숫자를 동시에 제시하고 제거한 다음, 일정한 박자에 맞춰 숫자에서 3을 뺀 값을 하나씩 소리 내어 보고하게 했다(503, 500, 497 …). 숫자 빼기 과제는 알파벳 낱자를 암송하지 못하도록 하기 위한 목적이었다. 참가자들은 다양한 파지 기간 뒤 제시되는 신호에 맞춰 알파벳 낱자들을 기억나는 대로 보고했다. 그 결과, 파지 기간이 짧을 때는 참가자들이 대부분의 낱자를 기억했지만, 점차 정확률이 낮아져 약 18초 정도에 이르면 대부분의 기억이 소멸되었다. 이 결과는 망각에 대한 쇠잔 이론(decay theory, 부식이론)을 지지하는 것처럼 보이는데, 그 이유는 암송을 하지 않으면 시간이 지남에 따라 기억이 자연스럽게 사라졌기 때문이다.

기억연구에서 망각(forgetting)은 핵심적인 지위를 차지하기 때문에 그 원인을 밝히기 위해 다양한 연구가 진행되었다. 망각이 왜 발생하는지에 대한 직관적이고 상식적인 생각은 그저 시간이 지남에 따라 기억은 사라진다는 것이다. 그 이름에서도 알 수 있듯이 쇠잔 이론은 시간이 지남에 따라 기억은 점차 쇠잔되어 사라진다는 것이며, 이때 핵심 원인은 시간이다. 또 다른 이론인 치환 이론(displacement theory)이나 간섭 이론(interference theory)에 따르면, 새로운 정보나 인지적 활동이 기존 기억을 대체하고 간섭하기 때문에 망각이 발생한다고 제안한다. 즉, 시간에 따라 기억이 자동적으로 사라지는 것이 아니라, 어떤 실질적인 요인들(새로운 정보의 유입, 인지적 활동)에 의해 망각이 발생한다는 것이다.

단기기억에서의 망각을 조사한 브라운 및 피터슨과 피터슨의 실험을 살펴보면 알파벳 낱자에 대한 암송을 막기 위해 높은 수준의 간섭 과제를 부과한 것을 알 수 있다. 숫자 빼기 과제를 수행하기 위해 참가자들은 단기기억에 숫자를 담아 두면서 또 뺄셈이라는 인지적인 조작도 동시에 수행해야 했던 것이다. 이러한 요인들이 알파벳 낱자에 대한 단기기억의 파지를 방해했을 가능성도 매우 높다. 파지 기간이 길어짐에 따라 간섭도 더 오랫동안 발생했기 때문에, 이 실험에서 발견된 망각이 파지 기간(즉, 쇠잔)에 의한 것인지 아니면 간섭에 의한 것인지 알 수 없다.

단기기억에서 망각의 원인은 쇠잔이라기보다는 간섭이라는 다양한 실험적 증거들도 존재한다. 예를 들어, 와프와 노먼(Waugh & Norman, 1965)은 숫자를 실험 자극에 사용하여 파지 기간과 간섭이 망각에 미치는 영향을 직접 비교했다. 그 결과, 파지 기간은 망각에 거의 영향을 미치지 않는 반면, (동일한 파지 기간일 때) 간섭하는 항목의 개수에 따라 기억 수행이 극단적으로 달라졌다. 예를 들어, 단기기억에 입력된 후 약 3초가 지난 어떤 숫자에 대해 참가자들은 간섭이 적을 때는 94%, 간섭이 많을 때는 20% 정도만 기억할 수 있었다. 단기기억에서 간섭이 망각의 원인이라는 것은 일상적인 경험을 통해서도 직관적으로 이해할 수 있다. 문자로 받은 인증번호를 컴퓨터에 입력하기 위해 고개를 드는 순간 옆에서 구구단 숫자를 외우는 소리가 들리면 인증번호를 기억하는 데 어려움을 겪을 것이다. 반면, 어떤 가수의 노랫소리는 비교적 간섭이 적을 것이며, TV에서 나오는 관객들의 박수소리는 거의 간섭을 발생시키지 않을 것이다. 이는 간섭의 자극 특정성(stimulus specificity)을 보여 준다. 즉, 유사한 종류의 기억재료들은 서로 간섭을 더 심하게 일으킨다는 것이다.

위킨스(Wickens, 1973)는 간섭의 자극 특정성을 보여 주는 흥미로운 실험을 수행했다. 이 실험은 참가자들이 세 개의 음식 이름(예: BREAD, APPLE, BEANS)을 읽고 숫자 암산 과제를 약 20초간 수행한 후 음식 이름을 기억해 내는 것이 1회의 시행이었다. 숫자 암산은 음식 이름을 암송하지 못하게 하는 방해 과제였다. 통제 조건의 참가자들은 동일한 시행을 총 4회 반복했으며 각 시행마다 음식 이름이 변경되었다. 이 조건에서 음식에 대한 기억은 시행이 반복됨에 따라 점차 낮아졌다. 그런데 실험 조건에서 음식 이름을 사용하여 3회의 시행을 반복한 후 마지막 네 번째 시행에서 신체 부위(예: FINGER, EYE, ANKLE)를 제시했을 때 참가자들의 기억이 급격하게 향상되었다. [그림 5-5]는 이 결과를 요약해 보여 준다. 음식이라는 동일 범주의 기억재료를 반복학습했을 때 간섭이 누적되어 점차 수행이 낮아졌지만, 완전히 다른 범주의 기억재료를 제시했을 때는 간섭이 사라진 것이다. 이런 결과는 음식-신체 부위뿐만 아니라 무의미 철자-숫자, 과일-꽃, 과일-직업에 대해서도 동일하게 나타났다(Wickens, Dalezman, & Eggemeier, 1976).

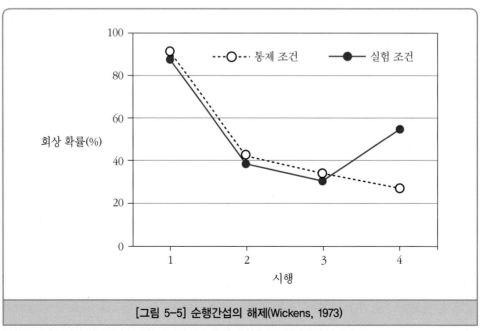

[그림 5-5] 순행간섭의 해제(Wickens, 1973)

실험 조건의 마지막 시행에서 제시한 단어의 범주를 변경한 결과 순행간섭이 사라졌다.

앞의 결과는 앞선 기억들이 이후의 새로운 기억을 방해(간섭)하는 것을 보여 주며, 이를 순행간섭(proactive interference)이라고 한다. 위킨스(1973)는 실험 조건의 네 번째 시행에서 순행간섭이 사라진 현상을 순행간섭 해제(release from proactive interference)라 불렀다. 반면, 역행간섭(retroactive interference)은 새로운 기억이 기존 기억을 방해하는 것을 의미한다. 쉽게 표현하면 A → B의 순서로 학습했을 때 A가 B를 간섭하는 것을 순행간섭이라 하고, B가 A를 간섭하는 것을 역행간섭이라 한다.

순행간섭 해제와 같은 현상은 공부할 때 유사한 과목이나 내용을 이어서 학습하기보다는 서로 다른 과목을 번갈아 가며 공부하는 것이 효과적이라는 것을 암시한다. 고려시대 왕들의 이름을 외운 다음에는, 조선시대 왕들의 이름을 외우기보다는 수학 개념을 학습하는 것이 더 효율적일 것이다. 유사한 내용일수록 서로 간섭이 커지므로 가능한 한 서로 다른 과목을 앞뒤로 배치하여 학습 계획을 세우는 것이 효과적일 것이다.

(3) 단기기억에서의 인출

단기기억의 정보들은 활성화되어 있는 상태로 유지되기 때문에 즉각적 가용성이라는 장점을 가진다. 필요할 때 바로 인출하여 사용할 수 있는 것이다. 그런데 단기기억의 정보를 어떤 방식으로 인출하는지는 통제된 실험을 통해서만 확인할 수 있다.

스턴버그(Sternberg, 1966)는 단기기억에 존재하는 항목에 대한 인출이 어떤 양상으로 발생하는지 실험하였다. 참가자들에게 1~6개의 숫자로 구성된 숫자집합의 숫자를 1.25초 간격으로 하나씩 보여 준 다음, 검사숫자를 하나 제시하고 그 숫자가 숫자집합에 있었는지 없었는지를 판단하게 하였다. 예를 들어, 숫자집합 {2, 5, 7, 4, 6, 1}의 숫자를 차례로 보여 주고 검사숫자로 4 혹은 8을 제시했다. 그 결과를 살펴보면, 흥미롭게도 검사숫자가 숫자집합에 있는 경우와 없는 경우 모두 숫자집합이 커질수록 반응시간이 1차 함수의 형태로 느려졌다. 다시 말해, 숫자집합의 크기 1~6을 X축으로 하고 반응시간을 Y축으로 했을 때 검사숫자가 숫자집합에 있을 때와 없을 때 모두 반응시간이 동일하게 증가했다.

이 결과는 단기기억에 존재하는 항목에 대한 인출이 즉시 발생하지는 않는다는 것을 보여 준다. 만약 단기기억 속의 정보가 동일한 수준으로 접근이 가능하다면 숫자집합의 크기와 상관없이 반응시간은 일정해야 할 것이다. 그런데 실험 결과에 따르면, 숫자집합의 크기가 커질수록 반응시간은 점차 느려지는 결과가 나타났다. 이는 단기기억 속에 정보의 양이 많을수록 인출이 느려진다는 것을 보여 준다.

3) 장기기억

장기기억은 (단기기억과 달리) 지속 시간이 수 분에서 수십 년까지 유지되고, 용량의 제한이 없는 정보의 저장소이다. 장기기억에는 어떤 사람이 평생 동안 경험한 사건들과 학습의 내용들이 집약되어 있다. 이 때문에 장기기억은 매우 포괄적인 개념이며, 학자들마다 다양한 방법으로 분류하기도 하고, 어떤 형태로 존재하는지에 대한 이론도 다양하다. 먼저, 단기기억과 장기기억이 독립적인 별개의 기억이라는 증거로 사용된 계열위치효과(serial position effect)를 설명한 후, 장기기억에서 발생하는 다양한 현상들을 소개하고자 한다.

(1) 계열위치효과: 단기기억과 장기기억의 구분

단기기억과 장기기억이 독립적이라는 증거는 계열위치효과를 통해 확인해 볼 수 있다. 계열위치효과는 단어 등으로 구성된 목록의 항목을 순차적으로 학습한 후 이를 회상(recall)할 때 발생한다. 가령, 목록이 {학교, 드라마, 보석, 시계, 여행, 야구, 가방, 전화, 자동차, 책상, 선풍기, 물병, 라디오, 구름, 종이, 바지}의 16개 항목으로 구성되어 있다면, 앞쪽과 뒤쪽에 있는 항목에 대한 회상률은 높고 중간에 있는 항목은 잘 기억하지 못한다. 항목의 순서(위치)에 따라 회상률이 달라지기 때문에 이를 계열위치효과라 부르고, 그 결과를 그래프로 표현한 것을 계열위치곡선(serial position curve)이라 부른다([그림 5-6] 참조).

계열위치효과는 매우 강력하고 일관성 있는 현상이다. 머독(Murdock, 1962)은 10, 15, 20, 30, 40개의 단어로 구성된 목록 각각에서 모두 계열위치효과가 발생한다는 것을 보여 주었다. 목록의 앞쪽 항목에 대해 회상률이 높은 것을 초두효과(primacy effect), 뒤쪽 항목에 대해 회상률이 높은 것을 최신효과(recency effect)라 부른다. 초두효과와 최신효과는 일상생활에서도 자주 발생하는 현상이다. 음악프로그램이 끝난 직후 처음 몇 명의 가수와 마지막 몇 명은 기억나지만 중간에 누가 출현했는지는 잘 기억나지 않을 수 있다. 혹은 단편소설을 읽고 난 후 처음 발생했던 사건과 내용 그리고 마지막 결말은 기억나지만 중간에 어떤 과정이 있었는지는 잘 떠오르지 않을 수 있다.

계열위치효과에서 초두효과와 최신효과는 단기기억과 장기기억이 다르다는 것을

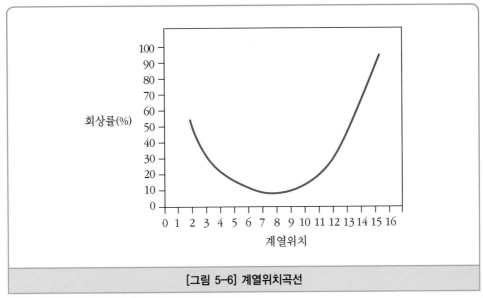

[그림 5-6] 계열위치곡선

초두효과와 최신효과에 의해 회상률이 U자 형태를 보인다.

보여 주는 중요한 증거를 제공한다. 왜냐하면 초두효과는 장기기억에 의한 것이며 최신효과는 단기기억에 의해 발생하기 때문이다. 만약 계열위치효과를 보여 주는 실험에서 초두효과는 유지되고 최신효과만 사라지거나, 혹은 반대로 초두효과는 사라지고 최신효과만 유지될 수 있게 한다면 이 둘은 서로 독립적인 기억이라는 것을 확증해 줄 수 있을 것이다. 이는 수학점수와 영어점수가 별개라는 논리와 같은 것이다. 수학공부를 열심히 한다고 영어성적이 오르는 것은 아니며, 영어공부를 했다고 해서 수학점수가 올라가는 것은 아니다. 영어와 수학의 내용은 서로 별개이기 때문이다.

먼저, 초두효과는 사라지지만 최신효과는 유지되는 것을 보여 준 실험을 살펴보자. 런더스(Rundus, 1971)는 초두효과가 앞쪽 항목을 더 많이 암송하기 때문에 발생한다는 것을 발견했다. 참가자들에게 20개의 단어를 하나씩 각 5초간 제시하여 학습하게 했는데, 이때 각 단어를 소리 내어 학습하게 했다. 그 결과, 참가자들은 앞쪽에 제시된 단어들을 다른 단어들보다 더 많이 암송했고 초두효과가 나타났다. 참가자들은 현재 제시된 단어만 암송했던 것이 아니라 기회가 될 때마다 앞쪽 단어들을 번갈아 암송함으로써, 결과적으로 앞쪽 단어들에 대한 회상률이 높아지는 (장기기억에 의한) 초두효과가 발생했던 것이다. 그런데 피슐러, 런더스 그리고 앳킨슨(Fischler, Rundus, & Atkinson, 1970)이 참가자들에게 현재 제시된 단어만 암송하도록 지시했을 때는 초두효과는 완전히 사라지고 최신효과만 나타났다. 이는 초두효과를 일으키는 장기기억이 최신효과를 일으키는 단기기억과 서로 독립적이라는 것을 보여 주는 하나의 증거가 된다.

반대로, 초두효과는 존재하지만 최신효과를 사라지게 한 실험도 존재한다. 최신효과가 단기기억에 의한 것이라면, 학습 직후 회상하는 것이 아니라 잠시 뒤 회상하면 최신효과가 사라져야 한다. 실제로 포스트맨과 필립스(Postman & Phillips, 1965)는 참가자들에게 단어목록을 학습하게 한 뒤 15초 혹은 30초간 숫자 세기 과제를 수행하게 한 후 회상하게 했다. 그 결과, 초두효과는 그대로 발생했지만 최신효과는 지연시간이 길어짐에 따라 크게 저하된다는 것을 발견했다. 지연시간에 따라 최신효과가 점차 사라졌다는 것은 최신효과가 단기기억에 의한 것이라는 것을 명확하게 보여 준다. 이 실험에서 초두효과는 거의 영향을 받지 않았는데, 이는 초두효과를 일으키는 장기기억이 최신효과를 일으키는 단기기억과 독립된 기억 체계라는 것을 보여 주는 또 다른 증거가 된다.

(2) 통제 과정: 암송, 부호화(정교화), 심상화

기억에 대해 대부분의 사람들이 가지는 궁금증은 단기기억의 정보가 어떻게 장기기억으로 전이되는가에 있다. 만약 이 수수께끼를 풀 수 있다면 우리의 삶이 훨씬 더 수월해질 것이다.

앳킨슨과 쉬프린(1956)은 기억의 구조(structure)뿐만 아니라 단기기억에서 장기기억으로 정보가 전이되는 통제 과정(control processes)에 대해서도 서술하였다. 대표적인 통제 과정으로 암송(rehearsal), 부호화(coding), 심상화(imaging)가 있다. 이때의 암송은 종종 기계적 암송(rote rehearsal)이라고도 부르는데, 그 이유는 학습재료에 대한 의미 부여 없이 단순히 중얼중얼 반복하는 것을 지칭하기 때문이다. 앞서 초두효과에서 드러난 것처럼 단기기억에서의 암송은 장기기억을 형성하는 것 같다. 먼저 기계적 암송이 과연 장기기억을 형성하는지 살펴보고, 부호화와 심상화에 대해 서술하고자 한다.

앳킨슨과 쉬프린은 계열위치효과에서의 초두효과가 앞쪽 단어들을 더 많이 암송한 결과로 형성된 장기기억 때문이라고 제안했다. 크레이크와 왓킨스(Craik & Watkins, 1973)는 이를 반박하며 기계적 암송은 실제로 장기기억형성에 별 도움이 되지 않는다는 것을 보여 주는 실험을 수행했다. 참가자들에게 알파벳 낱자를 하나 제시한 뒤 일련의 단어를 하나씩 들려줬는데, 이때 제시한 낱자로 시작하는 마지막 단어만 기억해서 보고하면 된다고 안내했다. 가령 G를 제시한 후, 단어 {DAUGHTER, OIL, RIFLE, GARDEN, GRAIN, TABLE, FOOTBALL, ANCHOR, GIRAFFE}를 하나씩 들려줬다면 마지막 단어인 GIRAFFE만 보고하면 된다. 그런데 이들은 단어목록에 대한 제시가 완료된 후 참가자들에게 갑자기 G로 시작했던 모든 단어를 회상하라고 요청하였다. 만약 기계적 암송이 장기기억형성의 핵심 요소라면 오랫동안 암송되었던 단어에 대한 회상률이 높아야 한다. 즉, GRAIN에 대한 회상률이 GARDEN보다 높아야 한다. 왜냐하면 GRAIN 이후 무관련 단어가 세 개이므로 참가자들은 GRAIN을 한동안 암송했을 것이고, GARDEN은 즉시 GRAIN으로 대체되었기 때문에 거의 암송하지 않았기 때문이다. 실험 결과, 무관련 단어가 0개로 즉각 다른 단어로 대체되었던 단어에 대한 회상률은 12%였고, 무관련 단어가 무려 12개였던 단어에 대한 회상률도 고작 15%였다. 이 실험에서 무관련 단어의 개수를 0~12개로 다양하게 변경했는데, 무관련 단어의 개수는 회상률에 아무런 영향을 미치지 않았다. 만약 기계적 암송이 장기기억형성의 핵심 요소라면 무관련 단어의 개수가 늘어날수록 회상률이 높아졌을 것이다.

왜 이런 결과가 발생한 것일까? 앞서 계열위치효과(초두효과)를 보여 준 실험들에서는 참가자들에게 이후 단어들을 회상하는 기억검사가 있을 것이라고 알려 주었다. 이 상황에서 참가자들은 가능한 한 많은 단어들을 기억하려고 노력하게 되고, 그 과정에서 나름의 기억전략을 활용했을 텐데, 이는 주로 목록의 앞쪽 단어들에 집중되었을 가능성이 높다. 반면, 크레이크와 왓킨스(1973)의 실험에서는 단어 하나만 단기기억에 유지하면 됐기 때문에 참가자들은 기계적 암송만 수행했을 것이다. 크레이크와 왓킨스는 단순히 정보를 유지시키려는 암송(maintenance rehearsal)과 정교화하려는 암송(elaborative rehearsal)을 구분하면서, 초두효과가 발생한 원인은 참가자들이 정교화하려는 암송을 했기 때문이라고 주장했다. 즉, 단기기억의 정보를 장기기억으로 전이시키기 위해서는 기계적인 암송이 아니라 기억재료를 다양한 방식으로 처리하는 정교화 과정이 개입되어야 한다는 것이다.

앳킨슨과 쉬프린은 암송이 단기기억의 정보를 장기기억으로 변환하는 핵심 요소라고 생각했지만, 이를 지지하는 학자는 이제 거의 없다. 다만 이 둘의 공헌이라면 부호화(coding)가 장기기억형성의 또 다른 기제라는 것을 제안했다는 점이다. 앳킨슨과 쉬프린의 부호화는 좀 더 일반적인 용어인 정교화(elaboration)와 혼동을 일으키곤 하는데, 이 둘은 실제로 유사한 의미를 가진다. 부호화(정교화)란 기억재료를 조작하여 새로운 방식으로 변형하는 것을 의미한다. 예를 들어, DKGLABC라는 무의미 철자를 기억하고자 할 때 사람들은 DKGL과 ABC를 따로 기억할 것이다. 아마도 DKGL 다음에 알파벳 첫 세 개라고 기억하는 편이 쉬울 것이다. 이처럼 제시된 정보를 있는 그대로 처리하는 것이 아니라, 인지적 조작을 통해 새로운 기억부호를 생성하는 것을 부호화(정교화)라고 한다.

하이드와 젠킨스(Hyde & Jenkins, 1969)는 장기기억형성에 미치는 부호화의 영향을 보여 주는 흥미로운 실험을 수행했다. 이들은 참가자들에게 24개의 단어를 하나씩 들려주면서 기억과 전혀 무관한 과제를 수행하도록 요청했다. 조건에 따라 참가자들은 각 단어들이 "얼마나 기분 좋은지?" "알파벳 낱자 e를 포함하는지?" 혹은 "몇 개의 낱자로 구성되어 있는지?"에 응답했다. 모든 단어에 대한 판단이 끝난 후, 갑자기 참가자들에게 제시되었던 단어를 모두 회상하도록 요청했다. 그 결과, 단어의 기분을 평가했던 참가자들은 평균 16.3개를 기억해 냈고, 낱자 e의 존재 여부와 낱자의 개수에 응답한 참가자들은 각각 평균 9.4개와 9.9개를 기억해 냈다. 이 결과는 제시되었던 단어에 대한 인지적인 처리 방식, 즉 부호화가 기억에 결정적인 영향을 미친다는 것을 보여 준다. 즉, 단어의 기분에 대해 평정하기 위해서는 그 단어에 대해 다양한 방식으로 생각해 볼 수밖에 없는데, 이것이 결국 기억향상으로 이어졌던 것이다. 이 실험에서 처음부터 단어를 기억해 보라고 지시했던 조건의 참가자들이 평균 16.1개를 기억해 냈다는 것은, 기억하고자 하는 의도나 노력보다는 기억재료에 대한 처리 방법, 즉 부호화가 장기기억의 형성에 핵심 역할을 한다는 것을 분명하게 보여 준다.

앳킨슨과 쉬프린(1956)이 제안한 세 번째 통제 과정은 심상화(imaging)이다. 심상화는 기억재료를 마음속에 시각화하는 것을 뜻한다. 심상(visual image)은 많은 사람들이 일반적인 기억전략으로 사용하는 것이다. 가령, 어떤 사람이 "왼쪽 방 가운데 장롱 위에 가방이 있는데, 그 안에 노란 지갑을 열면 다이아 반지가 있어요."라고 말했을 때 이 복잡한 문장을 그대로 외우는 것은 매우 어렵다. 대신 심상을 활용한다면 쉽게 기억 속에 넣어 둘 수 있을 것이다.

캐나다의 심리학자 파이비오(Paivio, 1969)는 심상화가 기억에 미치는 영향을 설명하면서 이중부호화 이론(dual coding theory)를 제안했다. 이중부호화 이론에 따르면, 단어에 대한 심상을 형성하면 시각적인 기억부호가 생성되는데, 언어적인 부호와 더불어 두 개의 부호를 형성하게 되므로 기억에 유리하다는 것이다(Paivio, Rogers, & Smythe, 1968). 그런데 여러 종류의 단어들은 심상가능성이 다르다. 가령, 구름, 운동장과 같이 구체적인 단어들은 쉽게 마음속에 그릴 수 있지만 의무, 희망과 같은 추상적인 단어들은 상대적으로 심상화하기 어렵다. 파이비오, 스마이드 그리고 율(Paivio, Smythe, & Yuille, 1968)은 이를 심상가능성(imagery potential)이라 지칭하고 심상가능성에 따라 기억이 달라지는지를 검증했다. 학습재료로 심상가능성이 높은 단어 16개와 낮은 단어 16개를 사용했는데, 높음과 낮음에 따라 단어를 조합해 단어 쌍 16개를 구성했다. 예를 들어, 높음-높음(구름-운동장), 높음-낮음(책장-의무), 낮음-높음(희망-바지), 낮음-낮음(책임-기분)의 방식으로 네 종류의 단어 쌍을 만든 다음, 각 단어 쌍을 참가자들에게 하나씩 보여 줬다. 단어 쌍을 하나씩 모두 제시한 후, 각 단어 쌍의 첫 단어를 보여 주고 두 번째 단어를 기억하게 하는 단서 회상(cued recall)을 수행하도록 했다. 그 결과, 참가자들은 단어 쌍의 종류에 따라 평균 11.5, 9.7, 7.2, 6.4개를 기억했는데, 이는 심상가능성이 높은 단어들이 더 잘 기억될 뿐만 아니라, 더 효과적인 기억 단서라는 것을 보여 준다.

(3) 장기기억에서의 간섭과 오기억

일반적으로 단기기억에서의 정보는 음향적으로 유지되고, 장기기억의 정보는 의미적으로 존재한다고 여겨진다. 물론 두 저장소 모두 다른 종류의 기억부호도 포함하지만, 가장 주도적인 부호는 각각 음향부호와 의미부호라는 것이 일반적인 견해이다.

앞서 콘래드(1964)의 실험에서 알파벳 낱자를 차례로 보여 주고 즉시 회상하게 한 결과, 유사한 발음의 낱자들(B와 V, S와 X)에 대한 음향혼동이 발생했다는 것을 언급했다. 이는 시각적으로 보여 준 낱자들을 단기기억에서 음향부호로 유지했기 때문에 발생한 결과이다. 마찬가지로 만약 장기기억의 정보가 의미적이라면, 의미가 유사한 항목은 서로 간섭을 일으켜 오기억을 유발할 것이라고 예측해 볼 수 있다. 이와 관련된 실험에서 색스(Sachs, 1967)는 참가자들에게 다양한 길이의 글을 들려준 뒤, 문장을 하나씩 제시하여 앞서 나온 글의 문장과 동일한지(문장 일치) 혹은 의미가 일치하는지(의미 일치)를 질문했다. 그 결과, 글의 길이가 길어질수록 문장 일치를 묻는 문항에 대한 정답률은 급격하게 낮아졌지만 의미 일치에 대한 판단은 비교적 높은 정확성을 유지하였다. 이는 장기기억에서는 정보가 주로 의미적으로 존재한다는 것을 보여 주는 한 증거이다.

로디거와 맥더멋(Roediger & McDermott, 1995)은 장기기억에서 의미 간섭으로 발생하는 오기억을 실험하였다. 이들은 흔히 DRM 패러다임이라고 불리는 방법을 사용했는데, 이 절차에서는 유사한 의미의 단어를 차례로 들려준 다음 제시되었던 단어를 모두 회상하도록 지시한다. 가령, 단어목록 {NURSE, DENTIST, PATIENT, CURE, HEALTH, PHYSICIAN, ILL, CLINIC, SURGEON, HOSPITAL, MEDICINE, SICK}을 들려준 뒤 회상하도록 하면 참가자들은 대개 DOCTOR가 있었다고 잘못 보고하고, 실제로 이 단어가 나왔다는 것에 높은 확신을 보인다. 로디거와 맥더멋(1995)은 실험 2에서 일련의 단어목록을 들려준 다음, 참가자들에게 다양한 단어들을 하나씩 보여 주고 목록에 있었는지를 판단하도록 요청했다. 놀라운 것은 의미가 유사한 단어의 경우, 제시되지 않았지만 제시되었다고 보고한 재인확률(76.5%)이 실제로 제시되었던 단어에 대한 재인확률(72%)보다 더 높았다는 사실이다.

장기기억에서의 오기억은 순행간섭, 즉 기존 지식이 새로운 기억형성에 영향을 미쳐 발생하기도 한다. 앞서 기억연구의 선구자로 소개한 에빙하우스는 무의미 철자를 사용하여 기존 지식이 기억형성에 미치는 영향을 최소화하였다. 반면, 또 다른 초기 연구자인 바틀릿(Bartlett, 1932)은 무의미 철자가 아닌 이야기를 읽게 한 뒤 그 내용을 회상하게 하는 완전히 다른 방식으로 기억을 연구했다. 바틀릿은 참가자들에게 여러 시간 간격을 두고 회상하게 했는데, 길게는 몇 년 뒤에 회상을 요청하기도 했다. 그 결과, 이야기에 대한 사람들의 기억은 기존 지식의 영향으로 참가자들에게 친숙한 내용으로 대체되기도 하고, 기존 지식에 맞추어 변경되고 또 논리에 따라 압축된다는 것을 발견했다. 바틀릿은 사람들의 지식 구조를 스키마(schema)라고 불렀는데, 스키마는 정보를 있는 그대로 저장한 것이 아니라 능동적으로 재구성한 결과물이라고 주장했다. 이는 일종의 순행간섭에 의한 오기억이 발생할 수 있다는 것으로, 장기기억은 정보를 재구성한 결과물이라는 것과 기억형성 과정에서 지식 구조의 역할을 강조한 것은 현대적인 기억 이론에 중요한 영향을 미쳤다.

반대로, 장기기억에서의 오기억은 역행간섭, 즉 새로운 지식이 기존 기억에 영향을 미쳐 발생하기도 한다. 로프터스와 파머(Loftus & Palmer, 1974)는 목격한 사건에 대한 기억이 새로운 정보에 의해 쉽게 왜곡될 수 있다는 것을 보여 주었다. 이들은 실험 1에서 참가자들에게 짧은 자동차 충돌 동영상을 보여 준 다음 다양한 질문에 답하게 했다. 특히 자동차의 속도를 질문할 때 contact, hit, bump, collide 혹은 smash라는 속도를 암시하는 표현을 사용했는데, 그 결과 참가자들은 contact에서는 속도가 51km/h, smash일 때는 66km/h였다고 응답했다. 실험 2에서는 충돌 동영상을 보여 준 뒤 참가자들에게 hit 혹은 smash라는 표현이 들어간 질문을 사용해 속도를 추정하게 하였다. 일주일 후 참가자들에게 깨진 유리를 보았냐는 질문을 했을 때, smash 조건의 참가자들은 32%, hit 조건의 참가자들은 14%만 그렇다고 응답했다.

이 연구들은 장기기억이 새로운 정보가 어떻게 기억되는지를 결정하기도 하고

(Bartlett, 1932), 새로운 정보에 의해 변경되기도 한다는 것(Loftus & Palmer, 1974)을 보여 준다.

(4) 장기기억의 활용: 청크와 전문가의 수행

장기기억의 가장 큰 장점 중 하나는 용량의 제한이 없다는 것이다. 컴퓨터와 달리 뇌에 새로운 정보를 더 이상 저장할 수 없는 순간은 오지 않는다. 장기기억의 이러한 특성은 용량이 제한된 단기기억의 약점을 극복할 수 있게 해 준다. 단기기억에 정보를 저장할 수 있는 공간은 약 7개로 제한되지만, 청크를 통해 각 공간에 많은 양의 정보를 큰 덩어리로 넣어 둘 수 있기 때문이다. 바둑에서 복기(復棋)는 장기기억 청크를 활용하는 한 예이다. 알파고와 이세돌의 대국 후 해설가들이 바둑돌을 하나씩 다시 두던 장면이 기억날 것이다. 바둑을 모르는 사람에게는 놀라운 장면이지만, 전문가들은 주고받는 수를 장기기억의 청크를 활용해 묶음으로 기억해 두기 때문에 크게 어려운 일은 아니다.

네덜란드 체스 대표였던 심리학자 데그루트(de Groot, 1965)는 체스에 대한 전문가와 초보자의 기억을 비교하여 청크의 영향을 보여 주었다. 한 실험에서 참가자들에게 20수 정도 진행된 체스판을 5초간 보여 준 뒤 제거하고 복기하도록 요청했다. 전문가들은 90%를 복기할 수 있었지만, 초보자들은 40%밖에 복기하지 못했다. 그런데 체스판에 말들을 무작위로 배열하고 보여 준 뒤 복기하도록 요청했을 때는, 전문가와 초보자 간의 차이가 사라졌다. 이 결과는 초보자와 전문가의 복기 능력 차이가 장기기억 청크에 의해 발생했다는 것을 보여 준다. 체스말들이 의미 있는 방식으로 배열되어 있을 때 전문가들은 청크로 묶어 기억할 수 있었지만, 무의미한 배열에 대해서는 청크를 활용할 수 없었기 때문이다.

데그루트의 결과는 다양한 후속 실험에서 재검증되었다. 연구 결과들을 종합해 보면, 어떤 분야에서 전문가들의 수행 능력은 단기기억의 영향을 거의 받지 않는다는 점이 나타났다. 단기기억의 용량에는 개인차가 있으며, 지능을 비롯한 다양한 인지 과제에서의 수행 능력과 높은 상관관계가 있다는 것은 잘 알려진 사실이다. 쉬운 예로, 다양한 조건이 붙은 추리 게임에서 단기기억 용량이 작은 사람은 조건이 많아질수록 매우 힘들어진다. 그런데 일단 어떤 분야에서 오랜 연습을 통해 전문가 수준에 도달한 뒤에는 단기기억의 선천적인 용량이 그 분야의 과제 수행에 별 영향을 미치지 않게 되는데, 이는 고무적인 일이다. 물론 장기기억에 형성된 청크가 특정 분야의 수행에만 영향을 미친다는 것은 제한점일 것이다.

3. 작업기억

단기기억은 짧은 기간 잠시 활성화된 정보의 저장소를 의미하기 때문에 복잡한 정보 처리를 설명하기 어렵다. 가령, 테트리스를 하면서 전화 통화를 해야 한다면, 친구의 말을 단기기억에 넣어 두고 블록의 모양과 방향을 맞추고 또 친구의 말에 반응하는 등의 일을 동시에 수행해야 한다. 블록을 맞추기 위해서는 마음속에 시공간적인 조작을 수행해야 하는데, 중다저장소모형에서는 시각적 단기기억에 대한 서술이 미흡하다. 또한 복수의 과제를 동시에 수행하기 위해 서로 다른 정신 활동에 신속하게 주의를 배분하고 거둬들이는 인지 과정도 필요하다.

정보 처리의 역동적인 과정을 설명하기 위해 배들리와 히치(Baddeley & Hitch, 1974)는 작업기억(working memory, 작동기억)이라는 기억시스템을 제안했다. 단기기억과 작업기억은 유사한 의미로 사용되기도 하지만, 단기기억이란 정보의 저장에 초점을 맞춘 표현인 반면, 작업기억은 정보의 처리에 초점을 맞춘 표현이다. 즉, 작업기억은 추론, 언어 이해, 학습, 문제 해결과 같은 복잡한 과제에서 정보가 어떤 방식으로 유지, 변형, 조작되는지를 포괄적으로 설명하기 위한 이론이다. 배들리는 작업기억이 음운루프(phonological loop), 시공간잡기장(visuospatial sketch pad), 중앙집행기(central executive)의 세 요소로 구성되어 있다고 제안했다.

음운루프와 시공간잡기장은 용량과 지속 시간이 제한된 저장 공간이다. 먼저, 음운루프는 음향적인 정보를 단기적으로 저장하고 암송하는 역할을 한다. 음운루프가 존재한다는 사실은 앞서 단기기억에서 서술한 음향혼동(Conrad, 1964)과 단어길이효과(Baddeley, Thomson, & Buchanan, 1975)를 통해 밝혀졌다. 전화번호를 되뇌이거나 마트에서 사야 할 목록을 중얼거리며 반복하는 것은 음운루프를 사용한다는 직관적인 증거이다. 시공간잡기장은 시각적·공간적 정보를 단기적으로 저장하고 조작하는 작업기억의 구성 요소이다. 앞서 필립스(1974)의 실험 자극([그림 5-3] 참조)과 같은 시각 패턴은 언어적으로 기억하기는 매우 어렵다. 마찬가지로 약도를 보고 진행 방향을 마음속에 떠올리고 유지하는 것은 시공간잡기장에서 처리된다. 셰퍼드와 메츨러(Shepard & Metzler, 1971)는 참가자들에게 한 쌍의 3차원 도형을 나란히 보여 주고 두 도형이 같은지 다른지를 판단하도록 요청하는 실험을 수행했다. 이때 두 도형 간의 회전 각도 차이가 커질수록 반응시간이 길어졌는데, 이는 동일성 판단을 위해 마음속으로 도형을 회전시켰다는 것을 보여 주며, 시공간잡기장이 실재한다는 증거가 된다.

중앙집행기는 작업기억의 역동성을 설명하는 중요한 구성 요소이다. 배들리는 음운루프와 시공간잡기장을 하위 시스템(slave system)이라고 지칭했는데, 그 이유는 이 둘이 중앙집행기의 통제를 받기 때문이다. 중앙집행기의 기능은 정보를 저장하는 것이 아니라 음운루프와 시공간잡기장의 정보를 통제하고 관리하는 역할을 한다. 약도의 정보를 시공간잡기장에 넣어 둘지, 아니면 '두 블록 직진 후 좌회전'을 중얼거리는 방식으로 음운루프에 넣어 둘 것인지를 결정하는 것도 중앙집행기의 역할이다. 테트리스를 하면서 전화 통화를 할 때 두 과제에 역동적으로 주의를 배분하면서 동시에 주변의 말소리 등 불필요한 정보가 의식 속에 침투하는 것을 억제하는 것도 중앙집행기의 역할이다.

작업기억에서 음운루프와 시공간잡기장이 독립적이라는 것은 다양한 실험을 통해 밝혀졌다. 일상적인 예로, 방금 들은 전화번호를 외우면서 라디오를 듣는 것은 꽤 어려운데, 그 이유는 두 작업이 모두 음운루프를 활용하기 때문이다. 반면, 전화번호를 중얼거리면서 징검다리를 건너는 것은 상대적으로 쉬운데, 이는 음운루프와 시공간잡기장이 독립적인 저장 공간이라는 것을 보여 주는 사례이다.

4. 장기기억의 종류

장기기억은 경험과 학습이 누적된 정보의 저장고이다. 작업기억이 다양한 하위 요소로 구성되어 있듯이, 장기기억도 정보의 종류, 내용, 기능, 뇌에 저장된 위치 등에 따라 다양하게 분류할 수 있다. 신경심리학자인 스콰이어(Squire, 1994)는 [그림 5-7]과

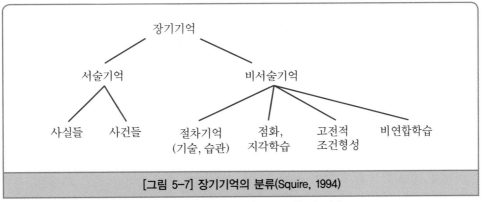

[그림 5-7] 장기기억의 분류(Squire, 1994)

장기기억은 크게 의식적인 서술기억과 무의식적인 비서술기억으로 나눌 수 있다.

같이 장기기억을 다양한 방식으로 분류하고, 각 종류의 기억이 서로 다른 뇌 영역에 자리 잡고 있다고 제안했다. 그림에서 알 수 있듯이, 스콰이어는 모든 종류의 장기기억을 포괄적으로 분류하려고 시도했다. 이 절에서는 장기기억을 의미기억과 일화기억, 외현기억과 암묵기억, 서술기억과 절차기억으로 분류한 예들을 살펴보고자 한다.

1) 의미기억과 일화기억

털빙(Tulving, 1972/1986)은 일반적 지식과 경험한 사건에 대한 기억을 구분하는 기억 이론을 제안했다. 일반적 지식에 대한 기억은 의미기억(semantic memory)이라 부르는데, 펭귄은 새이며, 미분은 수학의 한 분야이고, 조카의 이름이 나원이라는 것은 의미기억에 속한다. 반면, 사건에 대한 기억은 일화기억(episodic memory)이라 부르는데, 어제 저녁에 부대찌개를 먹었고, 22살 생일에 클럽에서 파티를 했던 회상은 일화기억에 속한다. 일화기억은 과거에 발생한 사건에 대한 기억으로, 그 일이 발생한 시간과 장소 등에 대한 맥락을 포함하는 사적인 기억이다. 반면, 의미기억은 맥락과 독립적인 사실에 대한 기억이다. 어떤 가수의 콘서트에서 손을 흔들며 노래를 따라 불렀던 추억은 일화기억이지만, 그 가수의 성별, 나이, 노래 제목에 대한 기억은 의미기억에 속한다.

의미기억과 일화기억이 서로 다른 기억 체계라는 증거들은 기억상실증 환자들에서 찾을 수 있다. 먼저, K. C.로 불린 남자는 30세에 오토바이 사고로 인한 뇌 손상 이후 기억상실증이 나타났다(Tulving, 1989). 그의 증상은 꽤 독특했는데 공간 지각 능력, 수리 능력, 언어 능력, 어휘력 등의 일반 지능은 정상 수준이었으며, 역사, 세계사, 지리, 음악, 정치 등 다양한 분야에 대한 질문도 대답할 수 있었다. 반면, 그는 자신과 관련된 사적인 기억은 모두 훼손되어 기억할 수 없었다. 체스 규칙은 알지만 체스를 두었던 경험은 기억하지 못했다. 가족이 별장을 소유하고 있고 어디에 있는지는 기억했지만, 그 별장에서 있었던 일은 전혀 기억하지 못했다. 펑크가 난 타이어를 교체하는 절차를 세밀하게 묘사할 수 있었지만, 그것을 배웠던 기억이나 타이어를 교체했던 경험은 기억할 수 없었다. 즉, K. C.의 의미기억은 온전했지만 일화기억은 심각하게 손상됐던 것이다.

반대로, 일화기억은 비교적 온전하지만 의미기억이 손상된 사례도 존재한다(De Renzi, Liotti, & Nichelli, 1987). 44세까지 건강했던 어떤 이탈리아 여성은 뇌염에 걸려

고열과 두통으로 약 6주간 입원 후 퇴원했다. 이후 그녀는 단어의 의미와 특성을 알지 못했고, 어떤 단어가 어떤 물건을 지칭하는지에 대한 지식도 사라져 버렸다. 유명인이 누구인지 알지 못했고, 역사에 대한 쉬운 질문에도 전혀 답을 하지 못했다. 이러한 지식은 모두 의미기억에 해당한다. 반면, 그녀는 과거의 일상생활에서 자신이 했던 일을 잘 기억할 수 있었고, 새로운 일화기억도 생성되었다.

의미기억 혹은 일화기억이 선택적으로 손상된 환자들의 사례는 두 종류의 기억 체계가 서로 독립적이며 구분된다는 것을 보여 준다. K. C.는 일화기억만 손상되었고, 중년의 이탈리아 여인은 의미기억만 손상된 사례들이다. 의미기억과 일화기억이 사실상 동일한 것이라면, 한가지 종류의 기억만 선택적으로 손상되기는 어려울 것이다.

스콰이어(1994)의 분류 체계에 따르면, 일화기억과 의미기억은 모두 서술기억에 속한다([그림 5-7] 참조). 서술기억은 의식할 수 있으며 대개 언어적으로 표현할 수 있는 정보에 대한 기억이다. 반면, 어떤 종류의 기억은 의식하지는 못하지만 과제 수행에나 반응에 영향을 미칠 수 있다. 명시적으로 의식하지 못하는 종류의 기억이 존재한다는 사실 때문에 일부 학자들은 장기기억을 외현기억과 암묵기억으로 분류하기도 한다.

2) 외현기억과 암묵기억

외현기억(explicit memory)은 의식적으로 자각할 수 있는 기억인 반면, 암묵기억(implicit memory)은 의식하지는 못하지만 은연중에 과제 수행에 영향을 미치는 기억을 의미한다.

외현기억과 암묵기억에 대한 구분은 직접기억검사와 간접기억검사에서의 결과를 통해 설명할 수 있다. 직접기억검사에서는 참가자들에게 기억하고 있는 내용에 대해 직접 물어보지만, 간접기억검사에서는 기억 여부를 물어보지 않기 때문에 참가자들은 그것이 기억검사인지도 알기 어렵다. 가령, 직접기억검사에서는 앞서 제시되었던 항목들을 모두 보고하라거나(회상검사) 혹은 지금 보여 주는 이 항목이 앞서 제시되었던 것인지를 판단(재인검사)하도록 한다. 이때 참가자들은 자신의 기억을 의식적 · 직접적으로 참조하여 반응하게 된다. 반면, 간접기억검사에서의 참가자들은 기억 내용을 인출하기 위해 의식적인 노력을 하지 않아도 된다. 예를 들어, 앞서 제시된 단어들 중 HORSE가 있었다면 이후 □OR□E 혹은 HO□□□를 보여 주고 이에 맞는 단어가 무엇인지를 질문한다(단어완성검사). 이때 참가자들에게 앞서 제시되었던 단어를 참조하라는 지시는 전혀 하지 않으며 그저 정답만 맞춰 보라고만 요청하게 된다.

한 예로, 워링턴과 바이스크랜츠(Warrington & Weiskrantz, 1970)는 알코올성 기억 상실증(코르사코프 증후군) 환자들과 일반인을 대상으로 일련의 단어를 하나씩 제시하였다. 이후 단어들을 모두 기억해 보라고 하는 회상검사(recall test)와 재인검사(recognition test)를 실시했다. 이러한 직접기억검사에서는 기억상실증 환자들의 수행이 일반인들보다 훨씬 더 낮았으며, 이는 쉽게 예측할 수 있는 결과였다. 그런데 이들에게 단어완성검사를 수행하도록 한 결과, 기억상실증 환자와 일반인 간의 차이가 완전히 사라졌다. 즉, 의식적인 기억(외현기억)은 일반인들이 우월했지만 무의식적인 기억(암묵기억)에서는 일반인과 기억상실증 환자들 간의 차이가 전혀 없었던 것이다. 다시 말해, 단어를 봤던 경험을 통해 발생한 무의식적 기억흔적은 일반인과 기억상실증 환자들에서 동일하게 생성되었던 것이다. 흥미로운 것은 이 실험의 기억상실증 환자들은 방금 전 단어들을 봤다는 사실조차 기억하지 못했지만, 단어완성검사에서의 수행은 일반인과 차이가 없었다.

암묵기억의 존재는 그림을 사용한 실험에서도 확인할 수 있다. 워링턴과 바이스크랜츠(1968)는 기억상실증 환자들에게 일련의 그림을 하나씩 보여 준 후 알아볼 수 없을 정도로 지운 다음 그것이 무엇인지를 맞추도록 하였다. 이때 동일한 그림을 사용하여 3일 동안 매일 한 번씩 같은 기억검사를 반복했다. 그 결과, 기억상실증 환자들은 앞서 그림을 보는 절차가 있었다는 것을 기억하지 못했지만, 훼손된 그림이 무엇인지 맞추는 능력은 점차 향상되었다. 명시적이고 의식적인 기억은 전혀 없었지만 암묵적인 기억흔적이 점차 증진되었다는 것은, 즉 외현기억과 암묵기억이 서로 다른 독립적인 체계라는 것을 암시한다.

암묵기억의 일상적인 예는 글 읽기에서도 찾아볼 수 있다. 표준적이지 않은, 특수한 글꼴로 작성된 글을 처음 읽을 때는 속도도 느리고 활자를 알아보기 어렵다. 그런데 같은 글을 두 번째 읽을 때는 훨씬 더 수월해진다. 이때 글의 내용에 대한 기억은 외현기억인 반면, 글꼴의 형태에 대한 무의식적인 기억흔적은 암묵기억에 속한다. 실제로 콜러스(Kolers, 1975/1976)는 참가자들에게 정상적인, 혹은 아래위를 뒤집은 글을 읽게 한 다음, 1년 뒤 글꼴 등 표면적인 모양을 다양하게 변형시켜 다시 읽게 했다. 그 결과, 1년 전과 동일한 뒤집은 모습의 글을 제시했을 때는 암묵기억으로 인해 글 읽는 속도가 1년 전보다 빨랐지만, 글의 내용에 대한 외현기억은 거의 사라진다는 것을 발견했다. 이는 글의 내용에 대한 외현기억은 상대적으로 빠르게 소멸되지만, 글의 표면적인 형태에 대한 암묵기억은 오랫동안 지속된다는 것을 보여 준다. 유사한 예로, 털빙 등 (Tulving, Schacter, & Stark, 1982)은 단어를 하나씩 제시한 다음 1시간 그리고 1주일 뒤 재인검사와 단어완성검사를 실시했는데, 재인검사의 정확성은 1주일 뒤 급격하게 낮아진 반면, 단어완성검사의 수행은 1주일 뒤에도 동일하게 유지되었다는 결과를 보고했다.

스콰이어(1994)의 분류 체계(그림 5-7 참조)로 본다면 외현기억은 서술기억에 속하며, 암묵기억은 비서술기억의 점화 및 지각학습에 해당한다. 일부 학자들은 외현기억과 암묵기억 모두 서술기억이라고 제안하기도 한다. 이는 학자들이 개념을 다른 방식으로 사용하기 때문에 발생한 결과이기도 하다. 장기기억의 이론적 분류도 물론 중요하지만, 훨씬 더 중요한 것은 앞서 제시한 실험들이 발견한 흥미로운 사실들일 것이다.

3) 서술기억과 절차기억

서술기억(declarative memory)은 사실과 사건에 대한 의식적인 기억을 의미하며, 앞서 설명한 의미기억과 일화기억을 포함한다. 반면, 절차기억(procedural memory)은 어떤 일을 수행하기 위한 단계들을 순차적으로 빠르게 실행할 수 있게 해 주는 기억이다. 어떤 학자들은 서술기억을 '무엇'에 대한 기억으로, 절차기억을 '어떻게'에 대한 기억으로 구분하기도 한다. 예를 들어, 키보드가 컴퓨터의 입력 장치라는 것은 서술기억의 내용이지만, 키보드를 사용해 빠르게 타이핑을 하는 것은 절차기억에 의존한다. 자전거에 페달이 있다는 것은 서술기억이지만, 자전거를 타는 방법은 절차기억이다. 즉, 절차기억은 어떤 과제를 수행하는 절차에 대한 기억으로 행위, 조작, 기술을 무의식적으로 수행할 수 있도록 해 준다. 절차기억은 또한 언어적으로 표현하기 어렵고 지속시간이 매우 길다. 어릴 때 자전거를 타 본 사람은 수십 년이 흐른 뒤에도 쉽게 자전거를 탈 수 있다.

절차기억과 암묵기억의 특성은 일부 유사하지만, 이 둘은 서로 다른 종류의 기억이다. 암묵기억은 어떤 대상을 우연히 경험하는 것으로도 형성될 수 있다. 예를 들어, 기억하려는 노력 없이 일련의 단어를 본 다음 단어완성검사를 해도 암묵기억에 의해 정확도가 높아진다. 반면, 절차기억의 형성을 위해서는 순서, 방법, 규칙 등을 내재화하는 반복적이고 의식적인 연습이 필요하다. 운전을 배울 때 시동을 걸고, 기어를 변속하고, 페달을 밟는 등의 절차는 처음에는 아주 어렵지만 반복할수록 쉬워진다. 절차기억의 형성을 위해서는 서술기억이 반드시 필요하다. 가령, 운전을 배우려면 서술기억으로 존재하는 다양한 규칙들을 기어, 페달, 핸들에 적용하여 천천히 연습하지만, 점차 시간이 지날수록 자동화되어 의식적인 노력이 필요치 않게 된다. 이는 절차기억의 또 다른 특성을 보여 주는데, 학습 초기에는 서술기억을 사용하기 때문에 과제 수행에 단기작업기억을 활용하게 된다. 이후 절차기억이 형성됨에 따라 자동화되기 때문에 절차기억은 단기작업기억을 거의 사용하지 않는다. 이 때문에 초보 운전자는 대화를 하면서 운전하는 것이 거의 불가능하지만, 숙달된 운전자는 대화와 운전을 동시에 할 수 있게 되는 것이다.

스콰이어(1994)의 분류 체계에 따르면, 서술기억은 의미기억과 일화기억을 포괄하며([그림 5-7] 참조), 절차기억은 비서술적 기억의 일부이다. 장기기억을 의미기억과 일화기억, 외현기억과 암묵기억, 서술기억과 절차기억으로 구분하는 것은 다소 편의적인 측면이 있다. 특히 의미기억과 일화기억, 외현기억, 서술기억은 그 내용상 서로 중복되는 부분이 크다는 것을 주지할 필요가 있다. 반면, 암묵기억과 절차기억은 비서술적 기억으로서 서로 다른 종류의 기억으로 분류할 수 있다. 장기기억은 축적된 정보의 저장고인데, 특성에 따라 다양하게 구분될 수 있다.

요약 및 학습과제

요약

1. 에빙하우스는 무의미 철자에 대한 기억을 연구했다. 무의미 철자를 사용하면 기존 지식이 새로운 기억형성에 미치는 영향을 최소화할 수 있다.

2. 에빙하우스는 절약률을 통해 기억흔적을 측정했다. 학습-재학습 간 시간 간격이 길어질수록 절약률은 낮아졌는데, 시간에 따른 절약률을 그래프로 표현한 것이 망각곡선이다. 망각곡선에 따르면, 망각은 학습 직후 가장 빠르게 발생하고 시간이 흐름에 따라 점차 느려진다.

3. 다양한 형태의 기억을 정보 처리 접근을 활용해 서술한 것이 중다기억모형이다. 중다기억모형에 따르면, 기억은 감각기억, 단기기억, 장기기억의 세 가지 양상으로 존재한다. 중다기억모형은 앳킨슨-쉬프린모형, 다중저장소모형, 양상모형으로 불리기도 한다.

4. 감각기억은 환경으로부터 입력된 물리적 자극이 잠시 저장되는 저장소이다. 감각기억은 오감 모두 존재하지만, 영상기억과 음향기억에 대한 연구가 가장 많이 진행되었다. 감각기억의 정보 중 주의를 받은 일부 내용이 단기기억으로 옮겨 간다.

5. 단기기억은 현재 활성화되어 의식하고 있는 용량이 제한된 기억이다. 단기기억의 유지를 위해 정보를 반복해서 되뇌는 것을 암송이라고 한다. 단기기억의 정보는 다양한 형태로 존재할 수 있지만, 주로 음향적으로 부호화된다고 알려져 있다.

6. 단기기억의 망각은 유사한 항목에 의한 간섭 혹은 새로운 항목에 의한 대체에 의해 발생한다고 알려져 있다.

7. 계열위치효과는 순서대로 제시된 항목에 대한 회상과제에서 초두효과와 최신효과에 의해 발생한다. 초두효과란 초기에 제시된 항목들에 대해 회상률이 높은 것을 의미하며, 장기기억에 의한 것이다. 최신효과란 마지막에 제시된 항목들에 대해 회상률이 높은 것을 의미하며, 단기기억에 의한 것이다.

8. 장기기억과 단기기억이 서로 다른 기억 체계라는 것은 계열위치효과를 응용한 실험을 통해 밝혀졌다. 실험적 조작에 의해 초두효과는 사라지지만 최신효과는 유지되거나 혹은 그 반대의 결과가 도출될 수 있다는 것은 두 기억이 서로 독립적이라는 것을 보여 준다.

9. 앳킨슨과 쉬프린은 암송, 부호화(정교화), 심상화를 통해 단기기억의 정보가 장기기억으로 전이된다고 제안했다. 부호화와 심상화는 장기기억형성에 효과적인 것으로 밝혀졌지만, 기계적 암송은 유용하지 않은 기억전략이다.

10. 장기기억에 존재하는 항목들은 의미가 유사한 경우 간섭을 일으켜 오기억을 유발한다. 오기억은 기존의 지식이 새로운 정보에 대한 기억에 영향을 미쳐 발생하기도 하고(순행간섭), 새로운 정보가 기존 지식에 영향을 미쳐 발생하기도 한다(역행간섭).

11. 단기기억의 용량, 즉 담아 둘 수 있는 항목의 개수는 제한적이지만, 청크를 통해 각 항목에 많은 양의 정보를 묶어 두면 효과적인 정보 처리가 가능해진다. 청크는 초보자와 전문가의 수행 차이를 설명해 준다. 초보자들의 수행은 타고난 단기기억의 용량에 의해 크게 영향을 받지만, 전문가들은 청크를 활용하기 때문에 단기기억 용량의 영향을 거의 받지 않는다.

12. 작업기억은 복잡하고 역동적인 정보 처리가 필요한 과제 수행을 설명하기 위해 제안되었다. 작업기억은 음운루프, 시공간잡기장의 하위 시스템과 이를 통제하는 중앙집행기로 이루어져 있다.

13. 장기기억은 경험과 학습이 누적된 정보의 저장고이다. 스콰이어는 장기기억을 기능, 특성, 뇌에서의 위치에 따라 포괄적이고 위계적으로 분류한 기억 체계를 제안했다.

14. 털빙은 장기기억을 의미기억과 일화기억으로 구분했다. 의미기억은 일반적인 지식, 즉 사실에 대한 기억이며, 일화기억은 스스로 경험한 사건에 대한 기억을 의미한다. 각 종류의 기억이 선택적으로 손상된 기억상실증 환자들의 사례들은 두 기억이 서로 다르다는 것을 보여 준다.

15. 외현기억은 의식적으로 자각할 수 있는 기억인 반면, 암묵기억은 의식할 수 없지만 과제 수행에 영향을 미치는 기억이다. 두 기억 간의 구분은 직접기억검사와 간접기억검사의 결과를 통해 밝혀졌다. 암묵기억의 형성에는 의도적인 노력이 필요하지 않다. 물리적인 자극을 경험하는 것만으로도 암묵기억이 형성되어 이후 무의식적으로 과제 수행에 영향을 미치게 된다.

16. 절차기억은 어떤 일을 수행하기 위한 세부 단계들을 빠르고 무의식적으로 수행할 수 있게 해 주는 기억이다. 절차기억은 언어적으로 표현하기 어렵고, 지속 시간이 길며, 무의식적이며, 단기기억의 용량을 차지하지 않는다는 점에서 암묵기억과 유사하다. 반면, 암묵기억과 달리 절차기억의 형성을 위해서는 의식적인 노력이 반드시 필요하다.

학습과제

1. 단기기억과 장기기억에서 간섭으로 인한 오기억의 예를 들어 보시오.

2. 계열위치효과를 활용하여 단기기억과 장기기억을 구별해 보시오.

3. 작업기억과 단기기억을 비교해 보시오.

4. 장기기억형성에 필요한 통제 과정에는 어떤 것들이 있는지 생각해 보고, 각각의 예를 들어 보시오.

5. 장기기억을 분류해 보고, 각각의 특징에 대해 설명해 보시오.

언어와 사고

- 인간 언어가 어떻게 발생했는지를 알아본다.
- 인간 언어가 인간만의 고유한 능력인지를 알아본다.
- 언어와 뇌의 관계를 알아본다.
- 언어의 구조를 알아본다.
- 언어와 사고와의 관계를 알아본다.

학습개요

  언어는 인간이 다른 동물과 차별화된 존재인지를 밝혀 주는 주요한 단서가 되기도 하고, 인간의 마음이 어떻게 작동하는지를 보여 주는 거울과 같은 역할도 한다. 또한 언어는 사고와 밀접한 관계를 맺으며 문화를 창출해 내는 원동력이 되기도 한다.

  이 장에서는 이러한 언어의 특성을 보여 주기 위해 언어의 발생, 언어의 구조, 언어에 대한 신경학적 발견 등을 소개한다. 인간 언어는 다른 동물의 의사소통 체계와는 구별되는 특징을 가진다. 진화심리학자들은 진화적으로 언어의 발생이 인간과 다른 영장류를 구별하는 분기점이 되었을 가능성을 제시한다. 이 입장에서는 성도의 진화나 피진어에서 크리올어로 변환되는 크리올화 과정을 언어 발생에 대한 진화심리학적 증거로 제시하고 있다. 인간 언어는 신경학적 기초를 기반으로 하는데, 언어와 뇌의 관계를 연구하는 신경언어심리학에서는 언어가 좌반구의 기능임을 밝혀 주고 있다. 인간 언어는 음운론, 형태론, 통사론 등의 위계적 표상 구조로 조직되어 있다. 또한 인간 언어는 사고와 밀접한 관계를 갖는데, 언어와 사고가 동일하다는 행동주의, 언어가 사고에 영향을 준다는 언어 상대성 이론, 언어의 단원성을 주장하는 입장 등 다양한 주장이 있다.

06 chapter 언어와 사고

1. 인간 언어의 특성

언어는 일련의 단어들을 규칙에 따라 결합하여 다른 사람과 의사소통하는 체계이다. 그리하여 언어의 가장 중요한 기능이 무엇인지를 묻는다면 의사소통이라고 말할 수 있을 것이다. 하지만 언어를 의사소통 수단으로 보는 것만으로는 언어의 성질을 충분히 설명할 수 없다. 의사소통은 몸짓이나 손짓과 같은 제스처 등을 통해서도 가능하기 때문이다. 언어는 의사소통 수단을 넘어서 인간 고유의 정신적 기능을 반영해 주는 특성을 가지고 있다. 이러한 인간의 종 특정적(species-specific) 특성을 지니는 언어는 생물학으로 부여된 능력으로 간주된다. 이 장에서는 진화심리학적 관점에서 인간 언어의 발생을 추정하며 인간 언어가 생물학적 능력의 산물임을 주장할 것이다. 또한 인간 언어와 다른 동물의 의사소통 체계를 비교하며 인간 언어만이 가지는 종 특정적 특성을 보여 줄 것이다. 마지막으로, 언어가 생물학적 능력이라는 사실은 언어 능력이 대뇌에 기반을 두고 있음을 시사한다. 그리하여 언어와 관련된 대뇌반구의 편재화(cerebral localization) 현상을 살펴볼 것이다.

1) 인간 언어의 발생

인간이 있는 곳에는 어디에나 언어가 있다. 모든 문화권에서 인간은 나름대로의 언어를 사용하고 있는 것이다. 문명 세계와 격리되어 있었던 원시 부족들이 사용하는 언어에서도 추상적이고 복잡한 개념을 표현할 수 있는 언어 고유의 특성이 발견되었다(Pinker, 1994). 그렇다면 이러한 인간 언어는 어떻게 발생할 수 있었을까? 최근의 진화심리학자들은 인간 언어의 발생과 변화를 진화론적으로 설명하려고 시도하였다(Hauser, 1997; Pinker, 1994; Pinker & Bloom, 1990).

(1) 자연 선택

진화심리학자들은 인간이 의사소통을 하고자 하는 것은 본능이고, 인간 언어의 근원을 설명할 수 있는 유일한 과학적 설명은 자연 선택(natural selection, 자연 도태)이라고 주장한다(Hauser, 1997; Pinker, 1994; Pinker & Bloom, 1990). 진화에서 유기체의 구성 요소가 어떤 기능을 충족하기 위해 설계되었을 때에 적응적 복잡성(adaptive complexity)을 가진다. 핑커와 블룸(Pinker & Bloom, 1990)은 이러한 적응적 복잡성을 과학적으로 설명할 수 있는 유일한 방법이 자연 선택이라고 주장한다. 이들은 척추동물 눈의 진화를 대표적인 예로 든다. 척추동물의 눈은 빛을 굴절시키는 투명한 막, 초점을 맞춰 주는 수정체 빛에 민감한 신경 조직층, 조도에 따라 직경이 변화하는 홍채, 다른 쪽 눈과의 수렴을 위해 움직이게 해 주는 근육, 그리고 모서리, 색깔, 움직임 등에 반응하는 신경회로 등 매우 복잡한 구조로 되어 있다. 하지만 눈이 처음부터 이렇게 복잡한 구조를 가지고 있었다고 생각하기는 어렵다. 이러한 복잡한 눈의 구조는 처음에는 매우 단순한 유기체(눈이 없는 유기체)에서 빛에 민감한 조그만 피부 세포로 시작되었을지도 모른다. 그 유기체에는 빛에 유난히 민감한 조그만 피부 세포가 있는 부위가 있었는데, 그 부위가 점차 웅덩이처럼 움푹해지다가, 동그랗게 구멍이 나고, 그 구멍을 덮는 반투명의 덮개가 생기고, 그러면서 눈은 물체를 조금씩 더 잘 감지하게 되었을지도 모른다. 이와 같이 아주 단순한 조직으로 시작된 눈은 '본다'는 기능에 보다 더 적합하도록 지금과 같은 복잡한 구조를 가지는 것으로 진화되었을 것이다. 이처럼 눈이 '본다'는 목적하에 설계되었다는 것을 가정하지 않는다면 왜 이렇게 정교한 구조를 가질 수 있었는지를 설명하기 어려워서, 이러한 눈 구조의 진화는 자연 선택으로만 설명이 가능하다는 것이 핑커와 블룸의 주장이다. 이들은 이러한 논리를 인간의 언어에도 적용한다.

인간의 언어는 음운론(phonology), 형태론(morphology), 통사론(syntax), 심성 어휘집(mental lexicon) 등 매우 복잡한 구조로 구성되어 있다. 이렇게 복잡한 언어 구조는 인간이 의사소통을 하고자 하는 목적을 충족하기 위해 단순한 단어의 배열에서 진화되었을 가능성이 있다. 복잡한 구조를 가진 언어는 의사소통에서의 효율성을 극대화할 수 있었을 것이고, 이런 의사소통 능력은 인간에게 커다란 경쟁력을 갖게 해 주었을 것이다. 핑커 등은 언어 구조의 진화 역시 눈 구조의 진화처럼 자연 선택이 아니고는 설명할 방법이 없다고 주장한다.

(2) 성도의 진화

언어가 진화적 산물이라는 증거는 말소리를 산출하는 성도(vocal tract)의 진화에서 찾아볼 수 있다(Lieberman, 1984). 인간의 말소리는 폐에서 올라온 공기가 후두(larynx)를 지나 후두 위에 있는 성대(후두 위 성도, supralaryngeal vocal tract) 사이를 통과하면서 산출된다([그림 6-1] 참조). 그런데 인간 후두의 위치를 다른 동물과 비교해 보면, 다른 동물에 비해 낮게 자리 잡고 있는 것을 볼 수 있다. 이처럼 후두가 내려앉음으로써 인간은 다양한 말소리를 낼 수 있는 공간을 확보할 수 있었다. 그리하여 다른 동물이 만들 수 없는 여러 종류의 모음을 생성할 수 있게 되었다. 하지만 진화적으로 후두가 내려앉은 것은 이러한 장점과 더불어 치명적인 단점도 주었다. 후두가 내려앉음으로써 입으로 들어온 음식물이 기도로 내려가서 질식해 죽을 위험이 커졌던 것이다. 후두가 내려앉아서 다양한 말소리를 낼 수 있게 된 것은 이같은 생명의 위험을 뛰어넘는 생존 가치를 주었을 것이다. 리버만(Lieberman, 1984)은 언어를 가졌던 크로마뇽인들은 생존하였으나, 그들과 같은 시대에 살았던 네안데르탈인은 왜 생존할 수 없었는지가 언어의 진화적 가치를 보여 준다고 주장하였다.

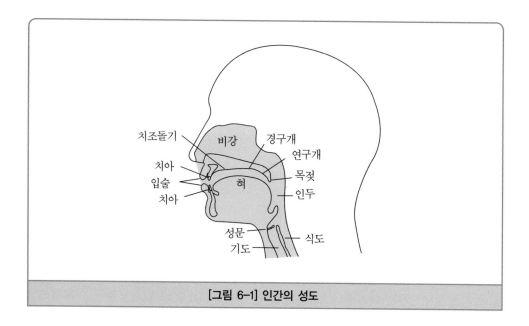

[그림 6-1] 인간의 성도

(3) 피진어와 크리올어

오늘날 언어 발생에 대한 진화적 증거를 찾는 것은 불가능하다. 하지만 언어의 발생을 추측해 볼 수 있는 사례를 역사 속에서 찾아볼 수 있다. 예를 들면, 20세기 초에 하와이 사탕수수 농장에서는 일본, 한국, 필리핀 등에서 노동자들을 받아들였다. 하와이 농장에서 일하게 된 이들은 서로 다른 언어를 사용하였기에 자신들이 사용하는 언어로는 의사소통을 할 수 없었다. 공통의 언어가 없었던 이들은 의사소통을 위해 피진어(pidgin)라는 임시방편의 혼합어를 만들었다. 문장 ①은 하와이 사탕수수 농장에서 일했던 일본인 노동자가 사용하던 피진어의 예다.

① Me capé buy, me check make.

①과 같은 피진어는 상황에 따라 해석이 달라진다. 만약 농장 주인이 커피를 사러 온 사람에게 하는 말이라면, "그가 내 커피를 샀고, 내게 수표를 끊어 주었다."라고 해석할 수 있다. 반면에 커피를 사러 간 고객의 입장이라면, "내가 커피를 샀고, 수표를 끊어 주었다."라고 해석할 것이다. 이와 같이 피진어는 일관된 어순이나 복잡한 구조를 가지지 못하고 단순히 단어를 나열한 것에 불과하기에 언어가 갖추어야 할 기본 요소가 결핍되어 있다. 하지만 세대를 거치면서 이 보잘것없는 피진어가 보다 언어다운 구조로 변해 가는 것을 볼 수 있었다. 피진어로만 이야기하는 환경에서 자란 아이들은 자기 부모들처럼 단편적으로 단어를 나열하는 것이 아니라 피진어에는 없었던 복잡한 문법을 가지는 새로운 언어를 만들어 냈다(Bickerton, 1990). 다음 문장 ②는 하와이 마우이 섬에서 태어난 일본인 2세의 말에서 발췌한 것인데, 여기에서는 비교적 어순이 고정적이고 문법이 갖추어져 있음을 볼 수 있다. 이와 같이 피진어가 문법적인 틀을 갖추기 시작하면서 생겨난 언어가 크리올(Creole)어다.

② Da firs japani came ran away from japan come.
  (The first Japanese who arrived ran away from Japan to here.)

이와 비슷한 현상이 수화에서도 발견되었다. 수화는 청각장애자가 사용하는 언어로서 음성 언어에서 발견되는 것과 같은 문법적 장치를 갖춘 완전한 언어다. 니카라과에서는 최근까지 청각장애자를 위한 교육 시설이 없었기에 공통으로 사용되는 수화가 없었다. 그러다가 1979년에 산디니스타 정권이 집권하면서 처음으로 청각장애자를 위한 공립학교가 설립되었다. 이 학교에서는 청각장애자에게 독순법(lip reading)과 말을 연습시키는 데 주력하였지만 그 결과는 실패였다. 이 학교를 다니게 된 아이들은 놀이

터나 학교 버스 안에서, 학교에서 배운 독순법을 사용하는 것이 아니라 자신들이 만들어 낸 나름대로의 신호 체계를 사용하였는데, 이 신호 체계는 각자 자기 집에서 가족과 사용했던 몸짓을 모아서 만든 임시방편의 몸짓들이었다. 이 신호 체계에는 일관된 문법이 없었고, 수화가 가지는 언어적 특징이 결여되어 있었다. 이 신호 체계도 하나의 피진어로 볼 수 있다. 이 수화가 사용되기 시작한 후에 들어온 학생들은 보다 나은 형태의 문법적 장치를 갖춘 수화로 의사소통하는 것을 발견할 수 있었는데, 이는 앞의 예에서처럼 크리올화된 것이다. 이와 같이 복잡한 문법 체계를 갖춘 언어의 발생은 언어가 이전 세대에서 단순히 전달된 것이 아니라 아동에 의해 창의적으로 생산된 결과임을 보여 준다. 또한 이것은 언어 발생이 대뇌에 자리 잡고 있는 선천적인 언어 기관의 산물이라는 것을 시사해 준다.

2) 인간 언어는 종 특정적인가

언어의 발생은 진화적으로 인간과 다른 동물을 구별해 주는 주요한 분기점으로 간주된다. 이 생각은 인간 언어에는 다른 동물에게서는 찾아볼 수 없는 인간 고유의 특성이 있다는 점을 함의하고 있다. 동물의 의사소통 체계가 인간 언어와 근본적으로 다르다면, 인간 언어의 어떤 특성이 다른 동물의 의사소통 체계와 구별되는가? 인간 언어나 동물의 의사소통 체계는 모두 의사를 전달하기 위한 수단이라는 공통점이 있다. 하지만 인간 언어에는 다른 동물의 의사소통 체계에서는 찾아볼 수 없는 그 이상의 특성이 있다. 더 나아가 언어의 종 특정성은 다른 동물이 인간 언어를 배울 수 없다는 데에서도 찾아볼 수 있다. 이 절에서는 인간 언어의 주요 특성과 다른 종의 언어 습득에서의 결과를 살펴봄으로써 인간 언어는 인간만이 가지는 종 특정적 특성을 가지고 있음을 보여 줄 것이다.

(1) 인간 언어의 주요 특성
인간 언어에는 다른 동물의 의사소통 체계에서는 찾아볼 수 없는 몇 가지 특성이 존재한다. 즉, 인간 언어는 생산성을 가지고 있고, 위계적 구조로 구성되고, 보편성을 가지고 있다는 점이 바로 그것이다.

① 생산성

동물의 의사소통을 연구한 많은 연구는 새, 벌 또는 보노보들의 의사소통 체계에서는 인간 언어의 중요한 특성인 생산성 또는 창의성을 찾아볼 수 없었다고 보고하며, 인간 언어와 다른 종의 의사소통 체계와의 차이를 주장하였다. 언어의 생산성은 무한한 수의 새로운 문장을 생성할 수 있는 능력을 의미하는데, 이러한 생산성을 잘 보여 주는 것이 통사론이다. 통사론은 단어를 묶어서 문장을 만드는 규칙 체계에 대한 지식이다.

우리말 문장을 구성하는 다음과 같은 규칙을 살펴보자.

- 문장(S)=명사구(NP)+동사구(VP)
- 명사구(NP)=(형용사, Adj)+명사(N)
- 동사구(VP)=(명사구, NP)+동사(V)

문장은 명사구와 동사구로 구성되어 있다. 명사구는 형용사 등의 수식어와 명사로, 동사구는 명사구와 동사로 더 세분화된다. 이 규칙에서 ( )로 표시한 것은 선택적이라는 의미다. 다시 말해, 동사구는 명사구 없이 동사만으로, 또 명사구는 형용사와 같은 수식어 없이 명사만으로 구성될 수도 있다. 우리말에서 명사나 동사와 같은 단어의 수는 제한되어 있지만, 이 세 가지 규칙을 적용함으로써 무한한 수의 문장을 생성할 수 있다.

언어의 생산성은 이러한 단어의 결합뿐만 아니라 문장의 결합에서도 찾아볼 수 있다. 문장과 문장은 결합하여 복문을 구성한다. 우리는 문장과 문장을 '-고'와 같은 접미어를 이용하여 병렬적으로 결합시키거나 한 문장 내에 다른 문장을 내포시킴으로써 더 큰 문장을 만들 수 있다. 예를 들면, "엄마가 밥을 차려 주고 영희가 밥을 먹었다." "영희는 밥을 먹고 책가방을 들고 집을 나서서 학교에 갔다."와 같이 문장과 문장은 무한하게 연결될 수 있다. 또 다른 예로는 "경찰관이 도둑을 잡았다."와 같은 문장은 "영희는 경찰관이 도둑을 잡았다고 생각했다."로, "철수는 영희가 경찰관이 도둑을 잡았다고 생각했다고 말했다." 등 계속하여 문장을 내포시킬 수 있다. 이것이 인간의 언어가 가지는 생산성이다. 이에 반해 동물의 의사소통에서는 이러한 생산성을 찾아볼 수 없다. 동부 아프리카의 버빗원숭이는 '표범'을 경계하는 울음소리, '독수리'를 경계하는 울음소리, '뱀'을 경계하는 울음소리와 같이 세 종류의 울음소리를 구별하여 의사소통을 할 수 있다(Hoff, 2017). 이 울음소리는 각각의 의미를 가지고 있지만, 이 세 울음소리를 결합하여 새로운 의미를 생성해 내는 것은 불가능하다.

② 구조 의존성

일련의 단어가 순서대로 정렬되어 있는 것이 문장이다. 문장은 단어가 단순히 일직선상의 순서로 나열된 것이 아니라 어떤 위계적인 구조로 구성되어 있다. 모든 인간 언어가 위계적인 구조로 구성되어 있다는 것은 다른 종의 의사소통 체계에서는 찾아볼 수 없는 인간 언어의 또 다른 특성이다. 인간 언어가 위계적 구조로 구성되어 있다는 것은 다음과 같은 예가 잘 보여 준다.

영어에서 "The man is in the room."을 의문문으로 만들기 위해서는 be동사를 문장의 맨 앞으로 움직여야 한다. 이 경우에 적용할 수 있는 간단한 규칙은 '처음 나오는 is를 찾아서 맨 앞으로 움직이라.'다. 그러나 이러한 규칙만으로는 정확한 구문을 만들어 낼 수 없는 경우가 있다. "The man who is tall is in the room."이라는 문장에 앞에서 기술한 순서적 규칙을 적용한다면 "Is the man who tall is in the room?"처럼 문법에 맞지 않는 문장이 산출될 것이다. 따라서 이러한 순서적인 규칙 대신 '여러 개의 is가 있을 때는 주절의 is를 찾아서 앞으로 움직이라.'와 같은 위계적 구조를 고려한 규칙을 이용한다면 "Is the man who is tall in the room?"이란 정확한 의문 표현을 만들어 낼 것이다. 이러한 문장의 위계적 구조에 대한 지식은 어린 아동들에게서도 발견되지만, 어떤 동물의 의사소통 체계에서도 각각의 신호가 위계적으로 구성되어 있다는 점을 찾아볼 수 없다.

③ 언어적 보편성

인간 언어에서 발견되는 세 번째 특성은 언어적 보편성이다. 이 세상에는 무수히 많은 언어가 있다. 놀라운 것은 각기 다른 문법 구조를 갖고 있는 전 세계의 언어 속에서 많은 공통적인 특성을 발견할 수 있다는 점이다. 이러한 공통적인 특성을 언어적 보편성(linguistic universal)이라 한다. 그린버그(Greenberg, 1963)는 이탈리아어, 터키어, 힌디어, 일본어, 말레이어 등 30종의 언어를 조사하면서 그 언어 속에서 언어적 보편성을 찾아보고자 하였다. 그 결과, 단어와 형태소 순서에 대한 연구에서 44개나 되는 보편성을 찾아냈다. 예를 들면, 그린버그는 전 세계 언어가 VSO, SVO, SOV(S: 주어, V: 동사, O: 목적어)의 세 종류의 어순으로 구별되는 것을 발견하였다. 이 중에서 VSO 순서인 언어는 드물고, 대부분의 언어는 SVO나 SOV의 어순을 갖는다. 어순에 따라 또 다

른 보편적인 성질이 수반되는데, 어순이 SOV(예: 한국어의 어순)이
면 그 언어는 일반적으로 후치사(예: 한국어의 조사)가 있고 관계절
이 왼쪽에 첨가된다. 반면에 어순이 SVO인 언어(예: 영어)는 후치
사 대신 전치사를 사용하고 관계절이 오른쪽에 놓인다.

촘스키(Chomsky)

촘스키(Chomsky, 1981/1986)는 언어 보편성에 대한 생각을 보다
정교한 이론으로 발전시켰다. 그는 인간이 언어를 습득할 수 있는
것은 보편 문법(universal grammar)이라 부르는 생물학적 기제 때문
에 가능하기에 전 세계의 언어 구조의 기저에는 이 생물학적 기제
의 작동 결과로 나타나는 공통의 상징 조작 체계가 존재할 것으로
생각하였다.

(2) 다른 종의 언어 학습

언어가 인간만의 고유 특성이라
면 인간이 아닌 다른 동물들은 인
간 언어를 배울 수 없을 것이다. 이
러한 의문을 해소하고자 다른 동물
들에게 인간 언어를 가르치려는 시
도를 했다. 1950년대의 초기 연구
자들은 침팬지에게 음성 언어를 가
르치려고 시도하였다. 그러나 이 시
도는 실패했다. 하지만 이러한 실패
가 반드시 침팬지가 인간 언어를 습
득할 수 없다는 것을 의미하는 것
은 아닐 수 있다. 왜냐하면 침팬지

1960년대에 와쇼(Washoe)라는 침팬지에게 미국 수화를 가르쳤다.

가 인간의 말소리를 산출할 수 있는 음성 장치를 가지고 있지 않아서 실패한 것일 수도
있기 때문이다. 그리하여 인간이 아닌 다른 동물들이 인간 언어를 배울 수 있는가를
검증하기 위해 두 가지 방법이 사용되었다. 하나는 미국 수화(American Sign Language)
를 가르치는 것이고, 다른 하나는 플라스틱 상징을 이용한 인공 언어를 가르치는 것이
었다. 1960년대에 와쇼(Washoe)라는 침팬지에게 미국 수화를 가르쳤는데, 와쇼는 4년
동안 132개의 신호를 산출할 수 있었고, 두 개의 신호를 조합하기도 하였다.

1979년에는 님 침스키(Nim Chimsky)라는 침팬지에게 미국 수화를 가르쳤는데, 와쇼처럼 100개 이상의 신호를 학습하였고 또한 2~4개의 신호를 조합하기도 하였다. 하지만 이러한 침팬지의 수화 습득은 아동의 언어 습득과는 구별되는 차이점을 보여 주었다. 첫째, 침팬지의 수화 습득에서는 아동의 언어 습득에서 나타나는 어휘폭발이 나타나지 않았다. 둘째, 침팬지는 4개 정도의 신호를 조합하기도 하였지만 이러한 조합을 면밀히 살펴보면 같은 신호가 반복되는 경향이 높았다. 셋째, 침팬지의 수화는 자발적으로 산출된 것이라기보다는 수화를 가르치는 교사가 바로 직전에 했던 수화를 모방하는 경우가 많음을 발견할 수 있었다. 이러한 연구 결과를 종합하여, 침팬지의 언어 습득을 연구한 연구자들은 침팬지가 인간 언어를 습득할 수 없다는 결론에 도달하였다.

하지만 최근에 보노보에게 기호 문자(lexigram, 그림 문자)를 가르치는 시도를 한 연구에서는 조금 다른 결론의 가능성을 제기하였다. 1980년대에 칸지(Kanzi)라는 보노보에게 렉시그램을 가르치기 시작하였다. 칸지는 기호 문자를 배웠을 뿐 아니라 약간의 음성 영어를 이해하는 능력도 습득하였다. 이러한 결과는 다른 영장류도 인간 언어를 배울 수 있는 가능성을 재검토할 필요성을 불러일으켰다. 하지만 여전히 영장류가 인간 언어를 배울 수 있는지에 대해서는 회의적이라는 결론이 내려졌다. 왜냐하면 칸지가 배운 기호 문자는 상을 받기 위해 훈련자를 모방하는 행동이었고, 이것은 상징을 이해하였다기보다는 목적을 성취하기 위한 수단일 가능성이 있었다. 또한 칸지가 언어 능력을 보였다 할지라도, 그가 언어를 배우는 속도는 아동이 언어를 배우는 속도에 비해 훨씬 느리고 단조로웠다(Hoff, 2017). 이러한 결과는 결국 다른 동물이 인간 언어를 배우는 것은 아동이 언어를 배우는 것과는 구별되고, 언어는 인간의 고유 능력임을 시사해 준다.

(3) 언어와 대뇌

언어는 생물학적 기반을 가지는 인간 고유의 능력이다. 생물학적 기반을 가진다는 것은 언어를 담당하는 대뇌에서의 역할이 있음을 시사해 주는데, 대뇌는 언어를 포함한 인간의 모든 정신 활동을 주관하는 중추인 것이다. 최근에 ERP, MRI, PET 등의 새로운 영상 기법들이 개발되면서 대뇌에 대한 신경과학적 연구에서 많은 발전이 있었다. 이러한 신경과학적 연구 결과들은 언어에 대한 대뇌 기능에 중요한 정보를 제공하고 있다.

① 좌반구 기능으로서의 언어

대뇌는 해부학적으로 두 개의 반구로 구성되어 있는데, 이 두 개의 반구는 기능적으로 동일하지 않다. 대뇌의 좌반구는 언어 기능을, 그리고 우반구는 공간지각 기능 등을 분담하여 담당한다는 것은 많이 알려져 있는 사실이다. 이와 같이 대뇌의 어느 한쪽 반구에 기능적인 전문화가 이루어지는 현상을 편재화(lateralization)라 한다. 대뇌의 기능적 비대칭성의 증거는 실어증 환자나 두 개의 반구가 분리된 환자를 대상으로 한 연구에서 찾아볼 수 있다.

• 분리뇌(split brain) 환자

좌반구와 우반구는 뇌량(corpus callosum)이라는 신경다발로 연결되어 있는데, 각 반구에 들어온 정보는 뇌량을 통해 서로 다른 쪽 반구로 전달된다. 따라서 정상적인 대뇌반구는 뇌량을 통해 서로 정보를 주고받으며 통합적으로 기능하게 된다. 뇌량이 절제된 특별한 경우(분리뇌, split brain)에 각 반구에서 편재화된 기능을 측정할 수 있었다. 뇌량이 절제된 환자들의 경우, 일상 생활에서는 수술 전과 크게 달라진 점이 없었으나 실험실에서는 정상인과는 다른 독특한 행동이 발견되었다(Gazzaniga, 1967; Sperry, 1982). 가자니가(Gazzaniga), 스페리(Sperry) 등의 신경과학자들은 분리뇌 환자를 스크린 앞에 앉히고 스크린 중앙에 있는 점에 시선을 고정하게 하였다. 그리고 이 점의 오른쪽 또는 왼쪽에 그림이나 글자를 제시하였다([그림 6-2] 참조).

이때 왼쪽 스크린에 있는 정보는 실험 대상자의 우반구에 전달되고, 오른쪽에 나타난 정보는 좌반구에 전달되도록 하였다. 정상인들의 경우에는 정보가 어느 한쪽 반구에 입력되어도, 뇌량을 통해 다른 쪽 반구로 전달되어 대뇌반구가 통합적으로 정보를 처리하게 될 것이다. 하지만 분리뇌 환자들은 정보가 입력된 반구에서만 그 정보를 처리하게 될 것이다. 스크린의 왼쪽에 '나사'라는 단어를 제시하고 분리뇌 환자들에게 무슨 단어를 보았는지를 물어봤을 때 이 환자들은 대답을 하지 못했다. 반면에 스크린에서 본 단어에 해당되는 물건을 집으라고 하면 왼손으로 정확하게 그 물건을 집었다. 이러한 결과는 대뇌 기능의 비대칭성을 보여 주는데, 오른손잡이의 경우 좌반구는 언어 능력을 담당하는 편재화를 보여 준다. 이러한 연구 결과는 좌반구가 언어 중추라는 것을 알 수 있게 해 주었다.

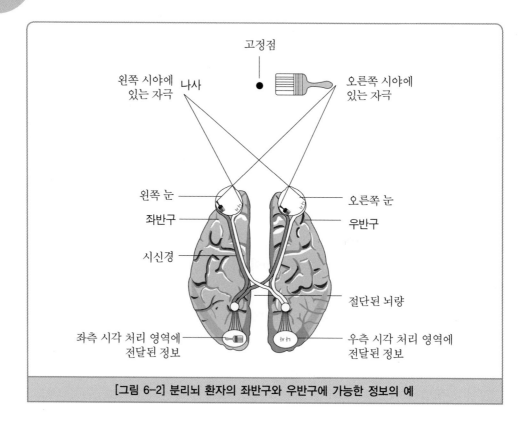

[그림 6-2] 분리뇌 환자의 좌반구와 우반구에 가능한 정보의 예

- 실어증

좌반구가 언어 기능을 담당한다는 증거는 실어증 환자로부터 제기되었다. 해부학 및 인류학의 권위자였던 프랑스의 브로카(Paul Broca, 1824~1880)는 1961년 대뇌의 특정 영역이 손상되었을 때 말을 하는 데 문제를 보인다는 것을 발견했다. 그 후 많은 증거들이 좌반구의 실비안 열구(Sylvian fissure, 측두엽을 뇌의 다른 부위와 분리시켜 주는 틈)의 윗부분(소위 브로카 영역이라고 이름 붙여짐) 또는 실비안 열구의 주변 영역이 손상되었을 때 이와 같은 실어증을 보인다는 것을 보여 주었다. 이 영역이 손상된 환자들은 언어의 발화, 즉 발음상의 문제를 보였는데, 경미한 경우는 몇 개의 단어나 구절은 구사할 수 있었지만 한 개의 단어도 말할 수 없는 심각한 경우도 있었다. 이러한 형태의 실어증을 브로카 실어증(Broca's aphasia or Broca's expressive aphasia)이라 한다. 이 같은 결함은 브로카 영역이 운동을 통제하는 부분과 인접해 있어서 언어의 발화에 관여하기 때문인 것으로 간주되었다. 또 다른 형태의 실어증은 베르니케 실어증이다. 독일의 의사 베르니케(Carl Wernicke, 1848~1905)는 1974년 좌반구 측두엽의 뒷부분이 손상된 환자들이 브로카 실어증과는 다른 형태의 언어 문제를 일으키는 것을 발견하였다.

유창하게 말은 하지만 사용하는 단어나 단어의 조합이 적절하지 않았고, 말을 이해하는 데 심각한 결함을 보였다. 이와 같이 언어의 이해에서 문제를 보이는 수용성 실어증을 베르니케 실어증(Wernicke's aphasia or Wernicke's receptive aphasia)이라 하였다. 이러한 실어증은 모두 좌반구가 손상되었을 때 나타났고, 이 또한 언어가 좌반구에 편재화되어 있다는 것을 보여 주고 있다.

하지만 ERP, MRI, PET 등 대뇌를 연구하는 새로운 기술이 개발되면서 대뇌의 해부학적 구조와 언어의 기능과 관계를 짓는 이러한 전통적인 생각은 많은 도전을 받게 되었다. 우선 대뇌에서 언어 기능을 담당하는 특정 영역을 찾는 것은 어려운 일이다. 이것은 대뇌의 특정 영역에서 언어 기능에 관련된 부위를 찾을 만한 정교한 기술이 개발되지 않았기 때문일 수도 있다. 하지만 실제 언어 기능을 담당하는 부위가 대뇌 여러곳에서 발견되고 있고 사람에 따라 다른 장소에서 발견되기도 한다. 신경학적 분업은 혼란스럽고 사람마다 다른 것 같다. 또한 최근의 신경과학자들은 대뇌의 활동을 신경회로의 형성과 관련하여 설명하기도 한다. 이러한 연구 결과들은 언어 기능이 좌반구의 언어 영역 내에서 어떻게 국부화되어 있는가에 대해서는 일치된 견해를 보이지 않지만, 언어 기능에 관련된 부위가 좌반구에 집중되어 있다는 점을 부정하지는 않는다.

② 언어에 대한 좌반구 편재화의 발달

앞 절에서 좌반구가 언어에 대해 편재화되어 있다는 연구 결과들을 살펴보았다. 그렇다면 이러한 편재화는 언제부터 가능해지는 것일까? 대뇌피질의 특정 반구가 언어기능을 담당하도록 태어날 때부터 미리 지정되어 있는가? 아니면 태어날 때에는 동등한 능력을 가지지만 발달하면서 언어 능력이 좌반구에 점차 편재화되어 가는 것일까?

• 좌반구 편재화에 대한 가설

언어에 대한 좌반구 편재화에 대해서는 두 가지 대별되는 관점이 있다. 하나는 태어날 때에는 좌반구가 언어 기능에 대해 편재화되어 있지 않고 좌반구와 우반구는 언어를 습득하는 데 동등한 잠재력을 가진다는 동등 잠재력 가설(equipotentiality hypothesis)이다(Lenneberg, 1967). 레네버그(Lenneberg, 1967)는 생의 초기에 좌반구가 손상되면 언어 습득에 거의 영향을 주지 않지만, 아동기 후기나 성인기에 그 부위가 손상되었을 경우 심한 언어장애를 보이거나 전혀 언어를 구사하지 못한다는 증거를 제시하며 동등 잠재력 가설을 지지하였다. 하지만 레네버그의 이러한 주장은 1970년대 언어 처리 과정의 연구에 의해 반박되었다. 몰페스 등(Molfese, Freeman, & Palermo, 1975)은 10개월 이하의 영아, 4세에서 11세 사이의 아동, 성인의 세 집단에게 음절, 단어, 말소리(speech)가 아닌 소리를 음성으로 들려주고, 각 자극이 제시되었을 때 나타나는 전기생리학적 활동을 기록하였다. 대부분의 실험 대상자들의 전기생리학적 활동은 말소리에 대해서는 좌반구에서, 말소리가 아닌 다른 소리에 대해서는 우반구에서 더 크게 나타났다. 말소리에 대한 좌반구 편재화는 영아기부터 성인기까지 일정하게 유지된다는 것을 발견하였다. 이러한 결과는 대뇌의 언어에 대한 기능적 비대칭성은 태어날 때부터 형성되어 있음을 보여 주며 불변성 가설(invariance hypothesis)을 지지해 주었다.

최근의 연구에서도 동등 잠재력 가설과 불변성 가설과 관련된 논쟁은 여전히 지속되고 있다. 이 논쟁과 관련하여 존슨(Johnson, 1999)의 제안을 살펴보는 것은 흥미롭다. 존슨은 좌반구의 측두엽이 언어를 담당하도록 미리 지정된 부위라기보다는 언어에 필요한 빠른 시간적 정보를 처리하는 데 가장 적합한 부위일 것이라고 제안한다. 이러한 대뇌피질 기본 구조의 특징 때문에 환경에서 유입되는 언어적 정보는 좌반구의 측두엽이 처리하게 되고, 이러한 상호작용을 거치면서 좌반구의 측두엽은 언어 처리를 담당하도록 편재화되었을 가능성이 있다는 것이다. 이와 같이 대뇌피질의 편재화가 대뇌의 구조적 차이와 언어 자극을 처리하는 과정 사이의 상호작용 결과로 나타난 것으로 본다면, 언어에 대한 좌반구의 편재화는 동등 잠재력 가설과 불변성 가설 사이의 어딘가에서 설명할 수 있는 듯하다.

• 신경학적 가소성

아동들은 좌반구의 언어 중추가 손상되었을 때 나이가 어릴수록 언어 기능을 더 빠르고 완전하게 회복시킬 수 있으며, 성년기에서는 그 회복이 매우 힘들다. 이러한 현상은 대뇌발달에서의 가소성(plasticity)으로 설명되는데, 가소성은 대뇌의 부위가 정상 시에 가동하지 않던 기능을 양도받아 갖게 되는 능력이다. 미성숙한 뇌가 더 큰 가소성을 갖는다는 사실은 대뇌발달의 가장 특징적인 패턴인 '과잉생산 후 가지치기(blooming and pruning)'로 설명될 수 있을 것이다. 우리의 대뇌는 생후 첫 2년 동안 시냅스의 연결을 증가시켜 과잉생산한다. 허텐로커(Huttenlocher, 1994)는 시냅스의 과잉생산이 대뇌의 가소성에 중요한 역할을 한다고 제안한다. 2년이 지나면서 불필요한 시냅스의 연결이 상실되기 시작하는데, 연결이 상실되면서 특별한 기능이 특정한 영역에 국부화된다(Neville, 1995). 한편, 베이츠 등(Bates, Thal, & Janowsky, 1992)은 좌반구와 우반구 사이의 차이가 발달의 여러 시점에서 나타나는 시냅스의 변화와 관련되었을 가능성을 제안한다. 생후 8~9개월경에 행동 및 신경발달에서 변화가 일어나, 전두엽으로부터 긴 연결 부위를 형성하고 성인 수준의 신진대사 활동이 시작된다는 것이다. 이와 같은 신경발달의 덕택으로 아동은 단어를 이해하고 발화하게 되며, 음운론적 수준에서는 모국어에서 허락하지 않는 음소의 억제가 일어난다(예컨대, 일본어에서는 /r/과 /l/에 해당하는 음소 구별). 또한 아동들은 16~24개월경에 어휘의 폭발을 경험하는데, 처음 말을 시작하던 때에 비해 이들이 사용하는 단어의 수가 폭발적으로 증가한다는 것이다. 대뇌피질에서 시냅스 밀도가 폭증되면 정보 처리나 저장 능력이 커지는데, 이것이 어휘폭발과 관련되는 듯하다. 4세경에 아동은 모국어의 형태론적 또는 통사적 기본 구조를 습득하는데, 이것은 대뇌의 신진대사와 시냅스 밀도의 감소와 관련이 있는 듯하다(Johnson, 1999에서 재인용).

2. 언어의 구조

앞 절에서 살펴보았듯이 언어는 인간이 가지고 있는 생물학적 능력을 기반으로 발현된 것이다. 이러한 인간 언어는 다른 동물의 의사소통 체계에서는 찾아볼 수 없는 위계적 표상 구조로 조직되어 있다. 언어 구조는 음성을 표상하는 음운론을 가장 하위 단계로, 단어의 조직을 담당하는 형태론, 단어가 모여서 이룬 구절(phrase), 절(clause), 그리고 문장의 구조를 관장하는 통사론으로 구별할 수 있다.

1) 음운론

언어를 분석할 때 가장 기본이 되는 최소 단위는 소리(sound)이다. 말소리를 생성하기 위해서는 폐로부터 공기를 밀어 올려서 성대를 지나 입으로 공기의 흐름을 토해 내야 한다. 이때 밀려나오는 공기의 흐름이 달라지면서 음성적으로 여러 다른 소리를 만들어 내게 된다. 이와 같이 일련의 구별되는 소리로 표상된 것이 음소(phoneme)이다. 음소는 더 잘게 분석할 수 없는 소리의 최소 단위로서, /p/, /b/, /t/, /d/, /g/, /k/ 등이 그 예이다. 모든 인간 언어에서 허락하는 음소는 대략 40개 정도인데 각 언어마다 허락하는 음소가 다를 수 있다. 예를 들어, 영어에서 사용하는 음소 중 어떤 것들은 우리말에서는 쓰이지 않거나 그 반대의 경우도 있다. 'thank you.'에서의 /θ/ 발음을 연습할 때 어려움을 겪는 이유는 바로 이 때문이다.

　이러한 음소 구별이 생의 초기부터 가능하다는 증거가 제시되었다. 아이마스 등 (Eimas, Siqueland, Jusczyk, & Vigorito, 1971)은 1개월에서 4개월 사이의 영아들을 대상으로 습관화 패러다임(habituation paradigm)을 사용하여 영아들이 「ba」와 「pa」의 차이를 지각하는지를 살펴보았다. 실험 절차는 다음과 같다. 영아들에게 젖꼭지를 물려 주고 젖꼭지를 빨 때마다 「ba」를 들려주었다. 이러한 소리는 아기들에게 흥미를 유발하게 되어 아기들은 젖꼭지를 더 빨리 빨게 된다. 그러나 얼마간 같은 소리를 계속 들려주면 아기들은 「ba」라는 자극에 대해 습관화되어 흥미를 잃게 된다. 이렇게 습관화되면 아기들의 젖꼭지 빠는 속도도 점차 감소된다. 빠는 속도가 충분히 감소되었을 때 실험자는 「ba」를 「pa」로 바꾼다. 이때 아기들은 젖꼭지를 다시 빨리 빨기 시작한다. 이러한 결과는 아주 어린 아기들도 「ba」와 「pa」를 구별하고 있음을 보여 준다.

　이러한 말소리 변별 능력에 대해 쿨(Kuhl, 2007)은 영아들은 모든 언어에서 사용되는 음소를 구별하는 능력을 선천적으로 가지고 태어난다고 주장하였다. 이러한 선천적 능력은 경험을 통해 자신의 모국어를 구성하는 음소를 향해 조율된다. 그리하여 모국어가 사용하는 음소는 잘 구별하지만 모국어에서 사용되지 않는 음소를 변별하는 능력은 점차 감소된다. 예를 들어, 한국어나 일본어에는 /l/과 /r/의 구별이 없다. 따라서 한국이나 일본 사람들은 성장하면서 /l/과 /r/ 소리의 구별을 경험할 기회가 없었기 때문에 이 두 가지 소리를 구별하지 못하는 경우가 많다. 아이버슨과 쿨(Iverson & Kuhl, 1996; 조명한 외, 2004에서 재인용)은 /r/과 /l/로 시작하는 음절을 미국 성인과 일본 성인에게 제시하고 이 두 음절 간의 유사성을 평정하도록 하였다. 그 결과는 미국인들은 /r/과 /l/을 별도의 집단으로 묶어서 지각하는 반면에 일본인들은 그렇지 않았다. 하지만 아이마스 등의 실험 절차와 비슷한 방법으로 일본 아기들이 「la」와 「ra」를 구별하는지를 살펴보았을 때, 이 아기들은 「la」에서 「ra」로 바뀔 때 젖꼭지를 더 빠르게 빨았다. 이러한 결과는 일본 아기들이 자기 모국어에 없는 음소까지 지각하고 있음을 보여 준다. 이처럼 인간은 태어날 때는 인간 언어가 허락하는 모든 소리를 구별해 낼 수 있으나, 특정 언어만을 사용하는 환경에서 자라면서 자기 모국어에서 쓰이지 않는 소리의 구분을 무시하게 되어 그 변별 능력이 소멸될 가능성이 있다.

2) 형태론

소리의 최소 단위인 음소는 서로 결합되어 형태소(morpheme)를 이루는데, 형태소는 의미나 문법적 기능을 전달하는 최소의 단위다. 형태소에는 혼자 독립적으로 쓰일 수 있는 것과 그렇지 못한 것들이 있다. '동생'과 같은 단어는 독립적으로 쓰일 수 있기에 전자로 분류된다. 후자에 해당되는 것으로는 단어 초두에 덧붙이는 접두어나 단어 말미에 붙이는 접미어가 있는데, 이들은 혼자 독립적으로는 쓰이지 않고 반드시 다른 형태소와 결합하여 쓰인다. 예를 들면, '읽다'라는 동사 어근 '읽-'에 '-기'라는 명사를 나타내는 접미어를 결합시켜 '읽기'라는 단어를 만들 수 있다. 여기에서 접미어 '-기'는 품사를 명사로 바꾸어 주는 기능을 하기 때문에 하나의 형태소로 분류되지만, 혼자 독립적으로 쓰일 수는 없다. 따라서 '읽기'라는 단어에는 '읽-'이라는 동사의 어근과 '-기'라는 명사를 나타내는 접미어 두 개의 형태소가 있는 것으로 분석된다.

3) 통사론

단어들은 서로 결합하여 구절이나 문장을 형성하는데, 이러한 결합을 결정하는 규칙이 통사론이다. 앞서 언급했듯이 문장은 단순한 단어들이 계열적으로 연결된 것이 아니라 위계적인 구조를 가지고 있다. "그 남자가 떠났다."라는 문장을 생각해 보자. 이 문장은 '그' '남자가' '떠났다'라는 단어들로 구성되어 있는데, 각 단어 사이의 연결 정도가 다른 것을 알 수 있다. 예를 들면, '그'와 '남자가' 사이의 연합은 '남자'와 '떠났다' 사이보다 강하게 형성되어 하나의 구성성분(constituent)으로 간주할 수 있다. 이러한 사실을 증명해 줄 수 있는 증거가 몇 가지 있다. 우선 '그'와 '남자'는 '그'라는 하나의 대명사로 대신할 수 있다. 그리하여 "그 남자가 떠났다."는 "그가 떠났다."로 바꾸어 쓸 수 있다. 또 다른 증거는 동사를 수식하는 부사가 삽입되는 위치에서 볼 수 있다. '분명히'라는 부사는 '남자'와 '떠났다' 사이에는 삽입될 수 있지만 '그'와 '남자' 사이에는 불가능하다. "그 남자가 분명히 떠났다."는 옳은 문장이지만 "그 분명히 남자가 떠났다."는 우리말의 통사 법칙이 허락하지 않는 표현이다. 이러한 사실들은 '그 남자'가 하나의 단위로 묶일 수 있는 반면에 "남자가 떠났다."는 그렇지 않음을 보여 주는 증거라 하겠다. 이러한 사실을 근거로 하여 "그 남자가 떠났다."와 같은 문장은 적어도 두 개의 구성성분으로 표상된다고 볼 수 있는데, 언어학적 범주로 표현하면 '그 남자가'는 명사구(Noun Phrase: NP)에 해당되고 '떠났다'는 동사구(Verb Phrase: VP)에 해당된다. 이러한 분석을 가능하게 해 주는 것이 구절 구조 규칙(phrase structure rule)이다. 구절 구조 규칙은 문장을 분석하고 산출하는 데 기초가 되는 지식 체계로서, 어떤 언어를 알고 있다는 것은 이 구절 구조 규칙이 내재화되어 있다는 것을 가정한다.

3. 언어와 사고

언어와 떼어 놓고 생각하기 어려운 것이 인간의 사고이다. 언어는 인간이 생각하는 것을 표현하는 훌륭한 도구이기 때문이다. 그리하여 사고 없는 언어 또는 언어 없는 사고 둘 다 생각하기 어렵다. 이처럼 언어와 사고가 어떤 식으로든 연결되어 있다는 것이 상식적인 생각이다. 하지만 언어와 사고와의 관계를 학문적으로 고찰해 보면 이 둘 간의 관계는 상식 수준의 대답처럼 그렇게 간단하지 않다. 이 절에서는 언어와 사고와의 관계에 대한 여러 견해를 살펴볼 것이다.

행동주의자들은 언어와 사고가 일치한다고 생각했다. 왓슨(Watson, 1925)은 사고는 발성이 수반되지 않는 말소리일 뿐이라고 생각했다. 사고는 개인이 발성을 하지 않고 자기 자신에게 말하는 속말(inner speech)이기에 언어의 한 형태라는 것이다. 그러나 이러한 왓슨의 견해는 스미스(Smith)의 실험에 의해 반박되었다(조명한 외, 2004에서 재인용). 스미스는 자기 자신에게 큐라레를 주사하여 발성기관 근육을 마비시킨 후에 사고가 발생하는지를 실험해 보았다. 스미스는 근육이 마비되었어도 의식이 계속 깨어 있었고, 머릿속으로 계산도 할 수 있었으며, 사람들의 대화도 기억할 수 있었다. 다시 말해, 발성기관을 움직일 수는 없었지만 사고는 여전히 가능했던 것이다. 이러한 결과는 언어와 사고가 일치한다는 왓슨의 생각에 도전하게 해 주었다.

언어와 사고와의 관계에 대한 또 다른 입장은 피아제(Piaget) 이론에서 찾아볼 수 있다. 피아제에 따르면, 언어는 독립된 능력이 아니라 인지 발달의 결과로 나타나는 일반적인 인지 능력 중 하나이다. 그리하여 일반적인 인지 발달 원리에 의해서 언어가 발달하기에, 감각운동기, 전조작기, 구체적 조작기, 형식적 조작기의 인지 발달 단계에 기초하여 언어도 발달하게 된다는 것이다. 예를 들어, 피아제의 인지 발달 단계에서 감각운동기는 언어 능력이 발달하기 전 단계로서, 이 시기의 영아들은 상징을 사용하지 못하고 감각과 운동을 통해서 세계를 이해한다. 특히 이 시기의 아동들은 대상 영속성의 개념을 갖지 못한다. 따라서 어떤 물체가 자기 시야에서 사라지면 그 물체가 더 이상 존재하지 않는 것으로 생각한다. 그러다가 아동들은 감각운동기 말기에 물체가 자신에게 보이는 것과 상관없이 존재할 수 있다는 것을 알게 된다. 이와 같은 인지와 언어의 연계성은 아동의 언어 산출(language production)에서 그 증거를 찾을 수 있는데, 예를 들어 영어에서 'all gone'과 같이 무엇이 사라진 것을 지칭하는 단어는 대상 영속성 개념을 갖게 되면서 사용되기 시작한다. 이러한 증거는 우리나라 아동들의 언어 산출에서도 찾아볼 수 있는데, 우리나라 아동들에게서 '있다/없다'와 같은 단어가 나타나는 시기와 대상 영속성 개념의 성취와 관련이 있다는 보고가 있다(Gopnik & Choi, 1990). 이러한 관점에서 본다면 대상 영속성과 같은 인지 발달은 언어 발달에 필요한 선행조건이 될 것이다.

또 다른 입장으로는 언어와 사고가 구별된다는 입장이 있다. 이러한 입장에서 가장 극단적인 관점은 언어의 단원성(modularity)을 주장하는 입장이다. 단원성 이론에 따르면, 이 세상에 대한 표상은 진화 과정에서 형성된 생득적 구조(innate structure) 또는 단원(module)에 의해 만들어진다. 외부에서 들어오는 입력자극(input)은 이미 존재하는 단원을 불러 내는(trigger) 역할을 담당하고, 이 불러 낸 단원들이 입력된 자극의 표상을 창출한다(Fodor, 1983). 포더(1983)는 이러한 단원이 유전적으로 미리 정해져 있고, 독립적인 기능을 하는 특수한 목적을 가지고 있다고 주장한다. 언어는 마음을 구성하는 독립된 단원 중 하나이다. 특히 촘스키(1975)는 통사론의 단원성을 강조하였다.

신경 손상을 입은 아동들의 인지 행동에서 언어가 독립된 단원이라는 주장에 대한 지지 증거를 찾아볼 수 있다. 예를 들어, 윌리엄스 증후군(Williams syndrome)은 일반적으로 지적 장애를 보인다. 이 환자들은 인지 능력에서는 심각한 손상을 보이지만 언어 능력에서는 별다른 결함을 보이지 않는 특이한 점을 보인다. 그 밖에 언어 능력과 비언어 능력 사이에 심한 대비 현상을 보이는 지적 장애인 로라(Laura)의 사례가 보고되기도 하였다(Yamada, 1990). 로라의 언어 능력은 정신 연령이 비슷한 정상 아동에 비해 그다지 떨어지지 않았으나, 비언어 능력은 심한 손상을 보였다. 이러한 결과들은 언어가 인지와는 분리된 단원이라는 증거로 해석된다.

단원성 이론과는 달리, 언어와 사고가 구별되어 있지만 밀접하게 연결되어 있다는 주장도 있다. 올프(Whorf, 1956)는 언어가 사고에 영향을 준다는 언어 상대성(linguistic relativity) 이론을 주장하였다. 언어 상대성 이론에 따르면 언어 간의 어휘나 통사의 차이가 인지적 차이를 가져온다고 한다. 예를 들어, 영어에서는 '눈(雪)'을 나타내는 단어가 하나인데 반해, 에스키모 언어에서는 '눈'을 지칭하는 단어가 여러 개 있다. 이러한 어휘적 차이로 인하여 에스키모인들은 영어권 사람들보다 더 많은 종류의 눈을 인식하게 된다는 것이다. 이러한 올프의 생각은 많은 학문적 관심을 불러일으켰다. 하지만 그 후 연구자들은 에스키모인들이 눈에 대해 여러 어휘를 가지고 있지만 영어권 사람들과 다른 방식으로 눈을 지각한다는 증거가 없다고 주장하며, 올프의 언어 상대성 이론을 반박하였다(Martin, 1986; 조명한 외, 2004에서 재인용). 또 다른 반대 증거는 뉴기니어의 대니족(Dani, Ndani)은 2개의 색깔 이름을 가지고 있지만 흑백 이외의 다른 여러 색깔을 구별할 수 있다는 사실이다(Heider, 1972). 이러한 증거들은 올프의 언어 상대성 이론을 반박해 주고 있지만, 언어에 따라 사고의 패턴이 달라질 가능성이 있다는 약한 입장의 언어 상대성 이론은 여전히 남아 있을 수 있다. 예를 들어, 색깔 어휘가 얼마나 자주 쓰이는가, 얼마나 부호화하기 쉬운가에 따라 기억이 달라질 수 있다(조명한 외, 2004).

요약 및 학습과제

요약

1. 진화심리학적 입장에서 언어는 인간이 다른 영장류와 진화적으로 구별되는 분기점으로 간주되기도 한다. 언어의 발생에 대한 직접적인 증거를 찾는 것은 불가능하지만, 성도의 진화나 피진어에서 크리올어로 변환되는 크리올화 과정에서 언어의 발생을 짐작해 볼 수 있다. 인간의 언어는 인간을 다른 동물과 구별해 주는 핵심적인 특성으로 인간 언어가 가지는 생산성, 구조 의존성, 보편성 등은 인간 언어 고유의 특성이다. 또한 다른 동물을 대상으로 인간 언어를 학습시키려는 시도가 성공적이지 못했다는 사실도 인간 언어의 고유성을 보여 준다.

2. 최근에 부각되는 새로운 연구 흐름 중 하나는 언어와 뇌과학의 결합이다. 신경언어심리학자들은 뇌와 언어 기능과의 관계를 연구하여 언어가 좌반구의 기능임을 밝혀냈다. 언어에 대한 좌반구 편재화가 어떻게 가능해지는가에 대한 관점에는 두 가지 대비되는 견해가 있다. 그 하나는 출생 시에는 좌반구가 언어에 대해 편재화되어 있지 않고 언어를 습득하는 데 동등한 잠재력을 가진다는 동등 잠재력 가설이다. 다른 하나는 태어날 때부터 좌반구는 언어에 편재화되어 있다는 불변성 가설이다. 신경과학의 증거들은 이 두 가설 중 어느 하나를 지지하기보다는, 대뇌 구조의 차이와 언어 자극을 처리하는 과정 사이의 상호작용의 결과로 편재화가 일어난다는 절충적 입장을 제안하기도 한다.

3. 인간의 언어는 위계적 표상 구조로 조직되어 있다. 인간의 언어를 구조적으로 기술할 때 언어를 구성하는 최소의 단위는 소리인데, 이 소리의 결합을 지배하는 규칙을 다루는 것이 음운론이다. 소리가 결합되면 의미나 문법적 기능을 전달하는 최소의 단위인 형태소를 형성한다. 형태소는 혼자 독립적으로 쓰일 수 있는 것과 그렇지 못한 것으로 나뉘는데, 이러한 형태소가 모여서 구절이나 절을 이루게 된다. 통사론에서는 구절 구조 규칙으로 구절, 절 또는 문장의 구조를 설명한다.

4. 언어는 사고와 밀접한 관계를 갖는데, 이 둘 간의 관계에 대해서는 다양한 견해가 있다. 행동주의자들은 언어와 사고가 동일하다고 보았지만, 많은 연구자는 언어와 사고가 구별되지만 이 둘이 어떤 식으로든 관련되어 있다고 생각하였다. 언어 상대성 이론에서는 언어가 사고에 영향을 준다고 주장하는데, 이 견해에 대해서는 찬반의 증거들이 논쟁을 벌이고 있다. 반면에 언어의 단원성을 주장하는 사람들은, 언어는 다른 인지와는 구별되는 독립된 단원이라고 주장한다.

학습과제

1. 인간 언어가 종 특정적이란 증거는 어디에서 찾아볼 수 있는지 설명하시오.

2. 언어 발생에 대한 진화적 증거는 무엇이며, 그것이 언어에 시사하는 바는 무엇인지 기술하시오.

3. 언어의 표상적 구조와 각 수준에서의 심리적 증거는 무엇인지를 제시하시오.

4. 언어와 사고의 관계에 대한 다양한 견해를 기술하시오.

5. 언어의 좌반구 편재화에 대한 신경과학적 증거를 기술하시오.

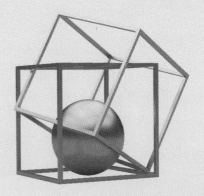

chapter

07

발달

학습목표

- 발달심리학 이론들이 공통적으로 다루고 있는 주요 문제를 알아본다.
- 태내 발달의 원리를 이해하고, 태내 환경이 발달에 어떤 영향을 미치는지를 알아본다.
- 영아기와 아동기의 발달 과정과 특징을 알아본다.
- 청소년기 인지 발달 및 사회성의 발달 과정을 알아본다.
- 성인기 인지 발달 및 사회성의 발달 과정을 알아본다.

학습개요

　인간의 발달은 수태(수정) 순간부터 사망할 때까지 양적·질적으로 성장 혹은 변화해 가는 과정이며, 이러한 과정을 연구하는 학문 분야가 발달심리학이다. 발달심리학은 흔히 "심리학의 소우주"라고 부른다. 이는 인간 발달의 본질을 알기 위해서는 지각, 인지, 언어, 사회성, 도덕성 등 매우 다양한 영역 내의 특정한 발달 과정뿐만 아니라 영역 간의 복잡한 상호작용을 이해해야 하기 때문이다.

　발달심리학의 다양한 이론은 전 생애에 걸쳐 일어나는 발달 과정이 연속적인지, 하나의 보편적인 과정이 아니라 다양한 과정을 거쳐 일어날 수 있는지, 선천적 또는 후천적 요인이 어떻게 발달에 영향을 미치는지에 대해 주로 관심을 가져 왔다. 이 장에서는 이러한 발달심리학의 주요 문제를 소개하게 될 것이다. 그리고 태내기, 영아기, 아동기, 청소년기, 성인기를 거치면서 진행되는 인지 및 사회성 발달 등을 개관하면서 피아제 이론 등 발달심리학의 주요 이론을 소개, 평가한다.

07 chapter 발달

　미현(가명)이와 영주(가명)는 어린 시절 지방의 한 소도시에서 자랐고, 부모님이 교육자셨으며, 비슷한 사회경제적 환경에서 자라났다. 초등학교, 중학교를 함께 다녔고, 둘 다 항상 최상위권 성적을 보이는 모범생이었다. 고등학교는 같은 지역의 다른 학교였지만 비슷한 교육 환경을 가진 학교였고, 둘 다 각자의 학교에서 전교 1등으로 졸업을 하였다. 미현이는 부모님과 주변의 권유에 따라 우등생들이 진학하는 명문대학 법대에 아주 우수한 성적으로 합격하였다. 반면, 영주도 같은 명문대학 법대에 무난히 진학할 수 있는 성적이 나왔지만 주변의 권유를 따르지 않고 평소에 관심이 있었던 분야를 탐구해 보고 싶다는 생각으로 같은 대학교의 다른 학과에 지원하였고, 역시 우수한 성적으로 합격하였다.

　같은 대학에 입학한 이 둘의 대학 생활은 전공이 다르다는 것 말고는 큰 차이가 없었다. 그런데 대학교에 입학한 얼마 후부터 미현이에게 이상한 변화가 생겼다. 미현이는 사법고시에 빨리 합격해야 한다는 심리적 부담감을 자주 호소했고, 동시에 과도하게 친구들과 연인에게 집착하면서 우울증과 불안장애를 보이기 시작했다. 친했던 친구들도 하나둘씩 미현이와 멀어졌고, 과도한 집착을 보이는 미현이에게 심리적 부담을 느낀 남자 친구도 결별을 선언하였다. 영주가 도와주려고 했지만 미현이는 걷잡을 수 없는 심리적 고통에 시달렸다. 계속 강의를 빠지기 일쑤였고, 결국에는 휴학을 하고 고향에 내려가게 되었다. 그리고 몇 번 복학하여 학업을 계속하려고 했지만 계속 실패하였다. 결국 미현이는 대학을 졸업하지 못하고 고향에서 부모님께 의지하며 살고 있다. 반면, 영주는 무난하게 대학 생활을 보냈고 대학원에 진학하여 계속 자신이 원하는 공부를 하고 박사학위를 받았다. 영주는 사랑하는 사람과 결혼하고 자녀도 낳았으며, 현재 자신이 원하는 직장에서 열심히 일하면서 살고 있다.

미현이와 영주는 청소년기까지는 둘 다 모범생으로서 평온한 삶을 살았지만, 초기 성인기에는 현격한 차이를 보이기 시작한다. 이와 같이 겉으로 보기에는 비슷한 성장 환경을 가진 사람도 발달의 어느 시점부터는 서로 달라지기 시작하는 사례를 관찰할 수 있다. 그러면 왜 이러한 차이가 나타나는 것일까? 여러 가지 가능성이 존재한다. 우선 미현이와 영주는 타고난 기질이 다를 수 있다. 영주는 낙관주의적이고 미현이는 비관주의적일 수 있고, 영주는 새로운 환경적 변화를 즐기지만 미현이는 변화에 심한 스트레스를 느낄 수 있다. 발달 환경에 있어서도 차이가 있다. 가정의 사회경제적 수준은 비슷할지 몰라도 가족 내의 심리적 역동은 다를 수 있다. 예를 들면, 미현이와 부모님의 관계는 영주와 부모님과의 관계와 다를 수 있다. 이와 같이 다양한 선천적 또는 환경적 요인은 한 인간의 전 생애에 걸친 발달 과정에 영향을 준다.

발달심리학은 이와 같이 여러 요인에 의해 영향을 받아 일생에 걸쳐 일어나는 신체적·심리적 기능의 변화를 다루는 학문 분야다. 〈표 7-1〉은 전 생애 발달의 주요 시기에 대한 대략적인 구분의 예다.

인간의 발달은 신체, 운동 능력, 감각 능력, 사고, 언어, 감정, 사회성 등 다양한 영역에 걸쳐 일어나며, 발달심리학자들은 우리가 선천적으로 타고난 것이 무엇인지, 우리가 학습해야 하는 것이 무엇인지, 주변 사람들과의 정서적 유대 관계는 인간 발달에 어떤 영향을 주는지, 도덕적 존재로서의 성장은 어떻게 이루어지는지 등에 대한 흥미로운 연구를 해 왔다. 이 장에서는 현재 발달심리학의 중요한 이슈가 무엇인지를 개관하고, 태내 발달에서 성인기에 이르는 전 생애 발달의 각 단계별 발달 과정의 특징에 대해 발달심리학 연구가 지금까지 밝혀 온 것이 무엇인지를 소개한다.

〈표 7-1〉 인간 발달의 주요 시기

단계	연령
태아기	수정에서 출생까지
영아기	출생에서 약 24개월까지
초기 아동기	약 24개월에서 약 6세까지
후기 아동기	약 6세에서 약 11세까지
청소년기	약 11세에서 약 18세까지
초기 성인기	약 18세에서 약 40세까지
중기 성인기	약 40세에서 약 65세까지
후기 성인기	약 65세 이후

1. 발달심리학의 주요 문제

전 생애 동안 인간이 어떻게 변화하는지에 대한 다수의 이론이 존재한다. 이 장에서는 이런 다양한 이론 중 몇 가지 주요 이론을 소개할 것이다. 인간의 발달은 매우 다양한 요소로 이루어져 있기 때문에 단일한 이론으로 설명하기 어렵다. 연구자들은 끊임없이 한 이론으로 설명하거나 혹은 설명할 수 없는 현상을 찾아내어 다른 이론적 관점을 지지하거나, 부정하거나 혹은 통합하려고 한다. 이러한 과정을 통해 지식의 발전이 이루어진다. 발달에 대한 많은 이론이 있지만 대부분의 이론은 다음과 같은 세 가지의 주요 문제를 다루고 있다.

1) 인간 발달은 연속적인가 비연속적인가

다음은 36개월 된 문성이와 엄마의 대화다.

> 엄마: 문성이는 밥 먹죠. 강아지는 밥 먹어요?
> 문성: 네.
> 엄마: 자동차는 밥 먹어요?
> 문성: 아니요. 기름 먹어요.

문성이는 동물과 자동차의 차이에 대해서 알고 있다. 앞의 짧은 대화 내용은 세 돌을 맞고 있는 문성이에게 문성이가 알고 있는 생물학적 지식의 본질에 대해서 여러 가지 질문을 던진다. 문성이가 생물과 무생물에 대해서 알고 있는 것은 어느 정도일까? 문성이가 이해하는 방식은 어른이 이해하는 방식과 비슷할까? 이런 질문은 어린 아동과 성인의 능력과 행동의 차이에 대한 발달심리학의 중요한 쟁점과 관련되어 있다. 발달심리학의 주요 이론은 발달 현상의 본질에 대해 두 가지 가능성을 제시한다. 하나의 견해로 발달 과정에서 보이는 변화는 연속적이며, 아동과 성인은 질적으로 같은 종류의 기제를 가지고 있다는 것이다. 단지 연령에 따라 변화하는 것은 학습 혹은 성숙 과정에 의해 처리할 수 있는 정보의 양이나 복잡성이라는 것이다. 이 견해에 따르면, 문성이의 생물학적 지식은 어른의 것과 크게 다르지 않아 생물과 무생물의 근본적인 차이를 이해하지만, 평소에 자주 보지 못하고 친숙하지 않은 대상에 대해서는 경험을 통해서 지식의 양을 점차적으로 늘려야 한다.

다른 견해로 발달 과정에서의 변화는 비연속적인 과정이며, 아동과 성인은 질적으로 다른 종류의 기제를 통해 세상을 이해하고 행동한다는 것이다. 이러한 관점을 수용하는 이론은 흔히 단계 이론이라고 부르며, 단계 간의 변화는 특정 시기에 발생하는 고유한 사고, 감정, 행동의 질적 변화를 의미한다. 단계 이론에서는 계단식 발달을 제안하며, 발달적 변화는 점진적으로 일어나는 것이 아니라 갑작스럽게 일어난다고 본다. 이 견해에 따르면, 문성이의 생물학적 지식은 어른의 것과는 질적으로 다르다. 문성이는 생물의 본질(음식을 섭취하고 배설하며, 생식 능력을 가지고 있다는 것 등)에 대해서 이해하는 것이 아니라, 단순히 관찰 가능한 표면상의 행동에 대해서만 이해하고 있는 것일 수 있다.

2) 발달은 하나의 경로를 통해 이루어지는가, 다양한 경로를 통해 이루어지는가

비연속적 발달 과정을 주장하는 사람들은 세상의 모든 사람이 일정한 순서의 발달 단계를 거친다고 주장한다. 예를 들면, 대표적인 인지 발달 이론가인 피아제(Piaget)는 영유아기에는 상징적 사고, 아동기에는 구체적인 대상에 대한 논리적 사고, 청소년기에는 추상적인 대상에 대한 논리적 사고가 나타나는 발달 단계를 제안했고, 이러한 발달 단계의 순서는 모든 사람에게 보편적으로 나타난다고 보았다.

반면, 현대의 많은 발달 이론가들은 아동마다 각기 다른 유전과 환경의 독특한 조합이 나타날 수 있기 때문에 발달이 다양한 경로를 따라 일어날 수 있다고 주장한다. 문명화된 사회의 대도시에서 자라나는 아동과 문명화되지 않은 원시생활을 유지하고 있는 열대 밀림의 부족 사회에서 자라나는 아동의 성장 경험은 상당히 다를 것이다. 개인주의적 가치를 중요시하는 미국에서 자라나는 아동과 집단주의적 가치를 중요시하는 한국에서 자라나는 아동의 성장 경험도 상당히 다를 것이다. 그리고 개인의 타고난 특성이 환경을 결정하기도 한다. 키가 작고 수줍어하는 아동과 키가 크고 겁이 없는 아동은 전혀 다른 맥락에서 발달하게 된다. 키가 크고 겁이 없는 아동은 또래나 교사에 의해 다양한 신체적 활동에 도전할 수 있는 기회를 많이 부여받는 반면, 키가 작고 수줍어하는 아동은 도전의 기회보다는 다른 사람의 보호나 보살핌을 받는 환경에 처하기 쉽다.

3) 천성과 양육은 어떤 상대적 영향력을 가지는가

발달에 영향을 미치는 두 가지 중요한 요소로는 타고난 유전적 소인과 환경적 요소가 있다. 유전과 환경 중 어느 것이 더 발달에 중요한 영향을 미칠까? 이것이 바로 오래된 천성 대 양육 논쟁(nature vs. nurture dispute)이다.

모든 이론이 천성과 양육 둘 다 발달에 영향을 미칠 수 있다는 것을 인정하지만, 어느 것을 더 중요시 여기는지는 이론마다 다르다. 천성을 더 중요시하는 이론은 능력이나 행동의 안정성을 제안한다. 이러한 이론은 아동의 언어 능력, 성격, 지능 등이 성인기에도 유사하게 지속될 것이라고 제안한다. 환경을 더 중요시하는 이론가들은 주로 인생 초기의 발달 환경이 평생의 발달 과정에 영향을 미친다고 생각한다. 어린 시절에 모국어나 외국어에 노출되지 않을 경우에는 이후의 언어 발달이 완전하게 이루어지지 않으며, 어린 시절 부모에게 학대를 받은 아동은 이후의 긍정적 인간관계를 경험하더라도 심리적인 외상을 극복하기 어려워한다는 것이다. 하지만 환경의 영향에 대해 좀 더 낙관적인 이론가들은 인생 전체에 걸쳐서 새로운 긍정적 경험은 발달적 변화를 불러일으킬 수 있다고 주장한다.

4) 절충적인 견해

현대 발달심리학자들은 앞의 세 가지 주요 문제에 대해 양극단적인 입장을 취하기보다는 절충적인 입장을 취하는 경우가 많다. 연속적 · 비연속적 발달이 모두 일어난다고 믿기도 하고, 보편적인 발달 과정과 개인 또는 문화 특정적인 발달 과정이 동시에 일어날 수 있음도 밝혀 왔다. 그리고 유전과 환경은 서로 상호작용하면서 발달적 변화를 유도한다.

이 장에서는 발달의 다양한 시기와 영역에서 유전과 환경이 어떻게 개인의 발달에 영향을 줄 수 있는지에 대한 이론과 다양한 과학적 발견을 소개하도록 하겠다.

2. 태내기: 발달의 시작

한국에서는 아기가 태어나자마자 한 살이 된다. 하지만 미국에서는 아기가 갓 태어났을 때는 0세로 시작하고, 아기가 첫 생일을 맞이했을 때 비로소 한 살이 된다. 발달심리학 관점에서는 한국의 나이 계산법이 더 과학적이다. 인간의 생명은 태어나면서 시작되는 것이 아니라 모체의 자궁 안에서 수정될 때부터 시작되며, 임신 기간은 9~10개월이므로 태어났을 때는 생명이 잉태된 지 거의 1년 가까이 되는 시점이 된다.

아버지로부터 사출된 정액 속에 있는 약 2억 마리의 정자들은 여성의 질에서부터 자궁, 나팔관에 이르는 위험한 여행을 하고, 그중 한 마리만이 난자 내로 들어가는 데 성공한다. 하나의 정자가 난자의 표면을 통과하자마자 난자는 수정막을 형성하고 다른 정자들의 침입을 막는다. 난자 내에서는 정자와 난자의 핵이 융합하여 하나의 핵을 이루고, 이때 46개의 염색체가 되면서 인간의 태내 발달이 시작된다.

수정 후 2주 동안은 발아기(germinal period)로 단일 세포가 2개, 4개, 8개 세포 등등으로 계속 분열하는 시기다. 발아기 동안의 주요 과제는 수정란이 자궁벽에 완전히 착상하는 것이다.

수정란이 자궁벽에 착상하는 시점에서부터 태내 발달의 2단계인 배아기(embryonic period)가 시작되는데, 이는 수정 후 2주부터 8주까지의 시기다. 이 시기는 중요한 신체기관과 조직이 형성되는 시기이며, 태내 환경의 영향을 가장 민감하게 받는 시기다. 따라서 이 시기는 태내 발달을 좌우하는 '결정적 시기'라고 할 수 있다. 이때 임부의 질병, 영양 부족, 약물 등으로 인해 배아의 발달에 손상이 생기면 이후에 회복하기가 거의 불가능한 경우가 많다.

태아기(fetal period)는 태내 발달에서 가장 긴 시기이며, 수정 후 8주경부터 출생하기 전까지를 말한다. 이 시기에는 배아기에 형성된 신체기관이 성장하고 좀 더 정교해진다. 태아는 골격과 근육을 가지고 있어서 발로 차기도 하고, 팔을 구부리고 손을 폈다 접었다 할 수도 있으며, 심지어 손가락을 빠는 행동을 보이기도 한

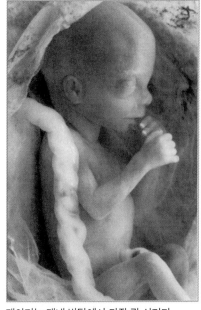

태아기는 태내 발달에서 가장 긴 시기다.

다. 태아의 움직임은 배아기가 끝나는 시점부터 나타나지만, 엄마는 성장이 상당히 진행된 후인 수정 후 17~20주 사이에 태아의 움직임을 느끼기 시작한다. 20주쯤에는 외음부가 형성되어 태아의 성별을 초음파로 파악하는 것이 가능해진다.

태아는 양막에 둘러싸여 있고, 양막과 태아 사이에는 양수가 들어 있어 태아는 양수 속에 둥둥 떠 있는 상태에서 발달이 이루어지고 있다. 태반과 태아 사이에는 탯줄(umbilical cord)이 있어 모체와 연결된다. 탯줄은 영양분이 포함된 혈액을 태아로 운반하는 정맥 하나와 노폐물을 태아로부터 운반하는 동맥 하나로 이루어져 있다. 아직 폐가 미성숙한 태아는 이 탯줄을 통해 전달받는 엄마의 혈액으로부터 산소를 공급받는다.

정상적인 태내 발달은 37~40주에 완성되고 대부분의 아기는 이 시기에 건강하게 출생을 한다. 하지만 가끔씩 37주 이전에 태어나는 아기들이 있는데, 이런 아기들은 조산아라고 불린다. 조산을 했을 경우라도 적어도 21~22주 이후에 태어나야 의술의 도움 없는 생존이 가능하지만, 그 이전에 태어나게 되면 호흡기를 비롯하여 호흡이나 체온을 조절하는 뇌기능도 미성숙 상태라서 의술의 도움 없는 생존은 매우 어렵다.

3. 영아기와 아동기

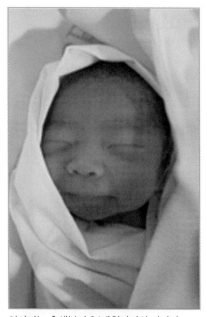

영아기는 출생부터 24개월까지의 시기다.

갓 태어난 아기는 쭈글쭈글한 피부에, 울거나 팔다리를 버둥대는 것 말고는 할 수 있는 것이 거의 없는 것 같은 무기력한 존재로 보일 수도 있지만, 지난 20여 년간의 연구에서는 아기들이 상당히 정교한 능력을 가지고 태어났다는 것을 밝혀 왔다. 영아기는 출생부터 24개월까지의 시기를 말하며, 이 시기는 일생에서 가장 빠른 신체적 발달을 이루는 1차 발육 급등기다. 출생 시의 신장은 남아의 경우 49.9cm, 여아는 49.1cm이던 것이 출생 후 24개월경에는 남아 87.1cm, 여아 85.7cm가 되고, 체중은 출생 시에 남아 평균 3.3kg, 여아 3.2kg인데 24개월 후에는 4배 가까이 증가한다(질병관리본부, 대한소아과학회, 2017). 영아기 동안에는 신체발달뿐만 아니라 지각, 인지, 언어, 사회성 등의 영역에서 이후 인생에 중요한 토대가 될 수 있는 중요한 발달이 이루어진다.

아동기는 초기 아동기(2~6세)와 후기 아동기(6~11세)로 나뉘며, 이 시기 동안의 신체적 성장은 급속하지는 않지만 지속적으로 이루어지고 있다. 살이 빠지고 팔, 다리가 성장하면서 머리와 신체의 비율이 성인과 유사하게 되어 간다. 초기 아동기에는 인지 능력과 언어가 놀라운 속도로 발달하기 시작하며, 도덕성이 발달하고 또래관계를 형성하기 시작한다. 후기 아동기는 논리적 사고, 읽기 능력, 자아, 도덕성, 또래와 우정 등이 증진되는 시기다.

아동기는 꾸준한 성장을 보이며 인지 능력과 언어가 발달하기 시작한다.

1) 지각 발달

갓난아기가 웃는 표정을 지으면 초보 부모는 아기가 부모를 알아보고 웃는다고 생각하지만 신생아의 시각 능력은 상당히 제한되어 있다. 엄마의 자궁 안은 매우 깜깜해서 태내 발달 동안 뇌의 시각피질 발달을 도울 수 있는 자극에 노출될 수 없기 때문에 신생아의 오감 중 시각 발달이 가장 뒤처져 있다. 갓 태어났을 때의 시력은 0.03 정도에 불과하다. 하지만 영아기 동안 시각은 빠르게 발달하여 6개월 즈음에 거의 성인 수준의 시력을 가지게 된다(Slater & Quinn, 2001).

영아들의 지각 능력은 시각을 제외하고는 생애 초기부터 상당히 발달한 상태다. 청각 능력은 태내에서부터 발달하는데, 신생아들의 청각 능력은 성인 수준은 아니지만 상당히 발달한 상태다. 태어나자마자 신생아들은 여러 다른 청각 자극을 구분할 수 있다. 엄마와 다른 여성의 목소리를 구분하고 엄마의 목소리를 선호한다. 여성의 목소리를 남성의 목소리보다, 아기 말투를 성인 말투보다, 자신의 모국어를 외국어보다 더 선호한다.

신생아들의 후각과 미각도 상당히 발달해 있다. 좋은 냄새를 맡거나 단맛을 느끼면 기분 좋은 표정을 짓고, 악취를 맡으면 찡그리고, 신맛을 보면 시다는 표정을 짓는다. 생후 6일이 되면 엄마의 모유 냄새를 기억하고 다른 아기 엄마의 모유 냄새와 구분할 수 있게 된다. 이러한 결과는 영아들이 다양한 냄새와 맛을 구분할 수 있으며, 특정 냄새와 맛에 대한 선호가 성인과 상당히 유사하다는 것을 보여 준다.

촉각의 경우도 출생 시에 상당히 발달한 상태다. 신생아들은 입 주변, 손바닥, 발바닥 등의 부위를 만지면 민감한 반응을 보인다. 자주 안아 주는 등의 촉각적인 자극은 아기의 신체적 · 심리적 고통을 완화하는 데 도움을 주고, 조산아의 경우는 체중 증가에 도움을 준다.

2) 인지 발달

(1) 피아제 이론

영아기 및 아동기의 인지 발달에 대한 가장 대표적인 이론은 피아제(Piaget)의 이론이다. 피아제는 자신의 세 아이의 발달을 관찰한 것을 바탕으로 출생에서부터 청소년기까지의 인지 발달에 대한 이론을 확립하였다. 동물학을 전공한 피아제의 인지 발달 이론은 생물학적인 특성을 지니고 있다.

장 피아제(Jean Piaget)

피아제는 세상과 사물에 대한 아동의 체계화된 이해 방식을 도식(schema)의 개념을 도입해서 설명했는데, 이는 감각운동기, 전조작기, 구체적 조작기, 형식적 조작기의 네 단계를 거쳐서 발달한다고 생각하였다. 이러한 피아제의 단계 이론은 다음과 같은 특징을 지닌다.

첫째, 각 단계의 도식은 질적으로 다르다. 예를 들면, 감각운동기의 도식과 전조작기의 도식 사이에는 연속성이 없으며, 근본적인 구조가 다르다. 마치 애벌레, 번데기, 나비가 질적으로 다른 체계를 가진 것과 비슷하다. 둘째, 각 단계의 순서는 불변이다. 각 단계는 항상 고정된 순서로 나타나고, 이 중 하나 혹은 그 이상의 단계를 건너뛰는 발달은 존재하지 않는다. 셋째, 각 단계는 보편적이다. 각 단계의 도식은 모든 문화권 아동들의 사고 특성을 반영한다.

감각운동기(sensorimotor period)   이 시기는 출생 후부터 2세까지의 시기에 해당한다. 감각운동기 동안 영아는 미각, 후각, 시각, 청각, 촉각과 같은 감각 경험이나 물체를 조작해 보는 움직임을 통해 세상을 활발하게 탐색하면서 도식을 발달시킨다.

피아제는 8개월 이전의 영아들이 대상 영속성(object permanence)을 이해하지 못함을 발견했다. 대상 영속성이란 사물이 현재 눈앞에 보이지 않더라도 다른 곳에 존재할 수 있음을 이해하는 능력을 말한다. 예를 들면, 가방에 책을 넣고 책이 눈에서 보이지 않아도 책이 가방 속에 존재한다는 것을 아는 것을 말한다. 피아제는 찾기 과제에서 영아들이 보는 앞에서 장난감을 천 아래 숨겼을 때 8개월 이후가 되어서야 영아들이 천을 치우거나 천 아래를 들여다보면서 숨겨진 장난감을 찾으려는 시도를 보이며, 그 이전에는 영아들이 이러한 행동을 보이지 않음을 발견했다. 피아제는 8개월 이후가 되어서야 대상 영속성을 획득하는데, 이는 감각운동기의 중요한 발달 과업 중 하나라고 보았다.

전조작기(preoperational period)   2세에서 7세 사이의 시기에는 언어 등의 기호를 사용하고 가상 놀이를 할 수 있게 되면서 정신적 표상 능력이 증가한다. 전조작기 아동의 사고의 특성으로는 물활론적인 사고(animism), 자기중심적 사고, 보존 개념의 결여 등을 들 수 있다. 물활론적 사고란 세상의 모든 사물이 살아 있다고 믿는 것을 말한다. 예를 들면, 전조작기 아동에게 "왜 비가 오지?"라고 물으면 아이는 "하늘이 슬퍼서요."라고 하며, "저녁에는 왜 해가 질까?"라고 물으면 "해가 졸려서요."라고 대답한다.

자기중심적 사고란 타인과 자신이 세상을 보는 관점이 다를 수 있음을 이해하지 못하고, 타인의 관점이 자신의 것과 동일하다고 믿는 것을 말한다. 피아제는 세 산 과제(three-mountain task)라는 것을 사용하여 전조작기 아동의 자기중심적 사고를 측정하였다. 이 과제에서는 탁자 위에 크기와 모양이 조금씩 다른 세 개의 산 모형을 놓은 후 아이와 인형이 탁자의 맞은편에 앉아 있게 한다. 그리고 세 산의 모양을 여러 가지 방향에서 찍은 사진을 보여 주고 아이에게 맞은편에 있는 인형이 세 산을 볼 때 어떤 모

[그림 7-1] 피아제의 세 개의 산 모형

습일지를 보여 주는 사진을 고르라고 한다. 전조작기 아동들은 자기 관점에서 보이는
산의 모습을 인형의 관점에서 보이는 산의 모습이라고 고른다.

　보존 개념의 결여란 어떤 대상의 외관이 변하더라도 양이나 수와 같은 속성은 그대
로 유지됨을 이해하지 못하는 것을 말한다. 양의 보존 개념을 측정하는 과제([그림 7-2]
참조)에서는 아동에게 크기와 모양이 동일한 두 개의 컵에 똑같은 양의 물을 넣어서 보
여 주고 두 개 컵의 물의 양이 같음을 확인시켜 준다. 그리고 이 중 한 컵의 물을 더 길
고 좁은 컵에 옮겨 붓는 것을 아동에게 보여 주고, 나머지 컵의 물은 그대로 둔다. 이
두 컵의 물의 양이 같은지를 물어보면, 전조작기 아동은 더 길고 좁은 컵에 담긴 물이
더 많다고 대답한다.

　구체적 조작기(concrete operational period)　　구체적 조작기는 7세에서 11세 사이
의 시기에 해당한다. 구체적 조작기의 아동들은 전조작기에서 실패했던 것을 성공한
다. 보존 개념을 이해하여 하나의 컵에 있는 물이 다른 모양의 컵에 옮겨지더라도 물
의 양은 그대로 유지된다는 것을 이해한다. 이 시기의 아동은 구체적이고 실체적인 사
물과 사건에 대해 머릿속으로 조작해 보고 논리적으로 사고할 수 있다. 하지만 이 단
계 아동들의 논리적 사고는 구체적 사물에만 국한된다. 그래서 길이가 다른 여러 개의
막대를 직접 보여 주면 막대 1이 막대 2보다 길고, 막대 2가 막대 3보다 길다면 막대 1
이 막대 3보다 길다는 것을 추론해 낼 수 있지만, 같은 것을 가설 형태로 제시하면 어

[그림 7-2] 보존 개념의 실험

려움을 겪는다. 예를 들면, "민수는 영호보다 크고, 영호는 기영이보다 크다. 그럼 누가 가장 크지?"라고 눈앞에 없는 가설적인 사람에 대한 추론 질문을 하면 구체적 조작기 아동들은 문제에 대한 해답을 제시하지 못한다.

형식적 조작기(formal operational period)   11세 이상의 시기에 해당한다. 자유, 사랑, 앞으로 일어날 사건, 결코 일어나지 않을 사건과 같은 추상적인 개념에 대해 논리적이고 과학적으로 추론할 수 있다. 이 시기의 인지적 특성에 대해서는 이후 청소년기의 인지 발달에서 좀 더 자세히 다루도록 하겠다.

(2) 인지 발달에 대한 후속 연구

최근 연구는 피아제가 사용한 것과는 다른 실험 패러다임을 사용하여 피아제 이론에서의 제안보다 더 어린 아동들에게도 상당한 인지 능력이 존재함을 밝혀 왔다. 바이아전(Baillargeon) 등은 영아들에게 여러 가지 실험 장면을 보여 주고, 각 실험 장면에 대한 응시 시간을 측정하는 기대 위배 패러다임(violation-of-expectation paradigm)을 사용하여, 8개월 미만의 어린 영아들도 초보적 수준이지만 대상 영속성을 이해하고 있다고 주장하고 있다(Baillargeon & Devos, 1991; Aguiar & Baillargeon, 1999/2002). 예를 들면, 영아들에게 [그림 7-3]에서와 같이 습관화 장면에서 네모난 스크린 뒤로 장난감 쥐가 왼쪽, 오른쪽으로 왔다 갔다 움직이는 장면을 보여 준다. 그리고 검사 단계에서는 두 가지 장면 중 한 장면씩 영아들에게 보여 준다. 한 장면(기대 일치 장면)에서는 스크린이 U자 모양을 하고 있어서 스크린의 창이 상단에 위치하고 있고 그 스크린 뒤를 장

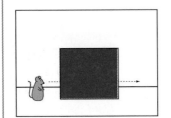
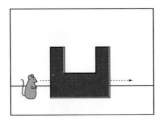
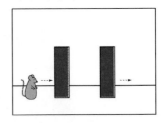

습관화 장면　　　　검사 장면　　　　　검사 장면
　　　　　　　　　　기대-일치 사건　　　　기대-위배 사건

[그림 7-3] 기대 위배 패러다임을 사용한 영아의 대상 영속성 실험 장면(Aguiar & Baillargeon, 1999)

난감 쥐가 왼쪽, 오른쪽으로 왔다 갔다 한다. 다른 장면(기대 위배 장면)에서는 가늘고 긴 직사각형 모양의 스크린 두 개가 거리를 두고 서 있고, 장난감 쥐가 그 뒤를 왔다 갔다 하는데 스크린 사이에서 사라졌다가 양쪽 스크린의 왼쪽 혹은 오른쪽 옆으로 나타나는 장면을 본다. 이 두 장면에 대한 2.5개월 영아들의 응시 시간을 측정해 보면 영아들은 기대 위배 장면을 기대 일치 장면보다 더 오래 쳐다본다. 이는 영아들이 불가능한 장면에서 장난감 쥐가 스크린 사이의 공간에서 다시 나타날 것이라고 기대하고, 그러한 기대에 위배되는 장면을 보면 놀라기 때문에 오랫동안 쳐다본다고 해석할 수 있다. 즉, 2.5개월의 영아들이 장난감 쥐가 스크린 뒤로 가서 눈에 보이지 않아도 계속 존재한다는 것을 이해하고 있음을 보여 준다.

　이 연구 결과는 피아제가 제안한 것보다도 훨씬 더 어린 영아들도 대상 영속성을 이해하고 있음을 보여 준다. 왜 이렇게 연구 결과 간에 다른 결론이 도출되는 것일까? 이는 아마도 과제의 속성 때문일 것이다. 피아제가 영아들이 숨긴 물건을 손으로 찾아내어야 하는 과제를 사용한 반면, 기대 위배 패러다임에서 영아들은 여러 장면을 쳐다보기만 하면 된다. 응시반응은 손을 움직여서 물건을 찾는 것보다 더 빨리 발달하고, 인지적으로 더 쉬운 반응이다.

　이와 같은 연구 결과는 인지 발달에 대한 핵심지식 관점(core knowledge perspective)을 지지한다. 이 관점은 영아들이 세상을 이해하기 위한 핵심적인 지식은 선천적으로 타고났으며, 이러한 지식이 입력되는 새로운 정보에 대한 이해를 빠르게 해 주고, 관련 영역 지식의 성숙이 빠르게 나타나도록 도와준다는 것이다. 영아들이 수의 기초 개념을 이해한다는 연구 결과도 이러한 이론적 관점을 지지한다.

　다음과 같은 상황을 생각해 보자. 무대 중앙에 미키마우스 인형을 놓고 스크린으로 가린 후 무대 옆에서 손이 나와 세워져 있는 스크린 뒤에 다른 미키마우스 인형을 추가한다. 그 후 스크린이 내려가면 무대 위에는 미키마우스 인형이 몇 개가 있어야 할까? 5개월 영아들은 스크린이 내려진 후 미키마우스 인형이 하나밖에 없는 장면을 두 개의 인형이 있는 장면보다 오래 쳐다본다(Wynn, 1992). 이는 5개월 영아들이 스크린 뒤에 인형이 두 개 있어야 한다는 것을 기대한다는 것을 보여 주며, 1+1=2와 같은 간단한 셈을 할 수 있다는 것을 제안한다. 이 결과는 영아들이 세상에서 접하는 대상의 기본적인 속성 중 하나인 '수'에 대한 지식을 선천적으로 가지고 있음을 지지한다. 하지만 이와 같은 영아기의 능력에 대한 결과는 발달심리학 연구의 쟁점이 되고 있다(Cohen & Marks, 2002; Feigenson, Carey, & Spelke, 2002).

(3) 마음 이해 능력의 발달

아동들은 보이지 않는 사람의 마음 과정에 대해 어떻게 이해할까? 다른 사람이 무엇을 원하는지, 어떤 감정을 느끼는지, 어떤 생각을 하는지를 이해하고 아는 것은 사회적 상호작용에서 매우 중요한 능력이다.

마음 이해에서 가장 기초적인 능력은 다른 사람의 행동 목표와 의도를 파악하는 것이다. [그림 7-4]의 오른쪽 그림과 같은 상황에서 어떤 사람이 머리로 탁자 위에 놓은 터치라이트를 쳐서 불을 켜는 장면을 본다면 여러분은 이 사람의 행동의 의도를 무엇이라고 이해하겠는가? 아마 여러분은 이 사람의 손은 몸에 두른 담요를 붙잡는 데 쓰여야 하므로 어쩔 수 없이 머리로 불을 켜는 이상한 행동을 하는 것이며, 이 사람의 진정한 행동 의도는 '머리로 불을 켜는' 것이 아니라 '불을 켜는' 것임을 이해할 것이다. 반면, [그림 7-4]의 왼쪽 그림에서와 같이 머리로 불을 켜는 행동을 하고 있지만 담요

[그림 7-4] 영아들의 타인의 행동 의도 추론 능력을 알아보기 위한 실험(김은영, 송현주, 2011)

는 단순히 어깨에 걸쳐져 있고 행위자의 손이 자유로운 경우는 어떻게 이해를 하겠는 가? 아마 이 사람이 손을 쓸 수 있는데도 손을 쓰지 않고 머리를 쓰는 데 어떤 이유가 있을 것이라고 생각하고, 이 사람의 행동의 의도는 '머리로 불을 켜는 것'이라고 이해를 할 것이다.

영아들도 이렇게 상황 맥락에 따라 다른 사람의 행동 의도를 다르게 이해할 수 있다. 14개월 영아들에게 [그림 7-4]와 같은 행동을 보여 주면 아이들은 왼쪽 그림의 상황과 같은 경우에 오른쪽 그림과 같은 상황의 경우에서보다 머리를 써서 불을 켜는 행동을 더 많이 모방한다(김은영, 송현주, 2011; Gergely, Bekkering, & Kiraly, 2002). 이는 영아들이 행위자의 상황적 제약을 이해하고 현 상황에서 가장 합리적인 행동이 무엇인지를 고려하면서 다른 사람의 행동을 이해할 수 있음을 보여 준다.

많은 연구자들은 마음 이해에서 틀린 믿음(false belief) 이해 능력이 다른 능력보다 더 늦게 발달한다고 믿어 왔다. 틀린 믿음 이해 능력이란 아동 자신은 현재 상황에 대해 잘 알고 있지만, 다른 사람이 현재 상황에 대해서 착각하고 잘못된 지식을 가질 수 있음을 이해하는 능력을 말한다. 전통적인 틀린 믿음 과제에서는 3~5세의 아동을 대상으로 이야기를 들려주면서 이야기 속의 주인공이 어떻게 행동할 것인지를 묻는다. 가장 대표적인 과제로는 샐리-앤 과제(Sally-Anne task)가 있는데(Baron-Cohen et al., 1985), 이 과제는 다음과 같이 진행된다.

먼저 방 안에 상자와 바구니가 있고, 샐리가 나타나서 바구니에 사탕을 집어넣고 어디론가 사라진다. 샐리가 없는 사이에 앤이 나타나서 사탕을 바구니에서 꺼내서 상자 안에 숨겨 놓고 방을 나간다. 이때 샐리가 방에 돌아오는데, 이 장면에서 연구자는 아동들에게 "샐리가 사탕을 찾기 위해 어디를 볼까?"라고 질문을 한다. 대부분의 3세 아동은 샐리가 사탕을 상자 안에서 찾을 것이라고 대답하여 아동 자신은 사탕이 상자 안에 있는 것을 알지만, 샐리는 사탕이 바구니 안에 있다고 틀린 믿음을 가지고 있어야 한다는 것을 이해하지 못하는 것으로 보인다. 반면, 4세 이상의 아동들은 샐리가 사탕을 바구니 안에서 찾을 것이라고 대답하여 샐리가 앤이 사탕을 옮긴 것을 모르기 때문에 사탕의 위치에 대한 틀린 믿음을 가지고 있을 것이라고 이해하는 것으로 보인다. 이와 같이 이야기를 들려주고 아동들의 언어 보고를 측정한 틀린 믿음 과제는 아동들이 4세경이 되어서야 틀린 믿음 이해 능력이 발달함을 보여 준다.

하지만 기대 위배 패러다임을 사용한 일련의 최근 연구들을 보면 기존에 믿었던 것보다 더 어린 아동에게서 틀린 믿음 이해 능력이 존재할 수 있음을 보여 준다

영아들은 다른 사람이 착각할 수 있다는 것을 이해할까

아마 여러분은 길을 가다가 바닥에 떨어진 검정 노끈을 보고 지렁이인 줄 알고 멈칫한 경험이 있을 것이다. 이것은 검정 노끈이라는 시각적 자극을 지렁이라고 착각한 것, 즉 검정 노끈의 정체에 대해 틀린 믿음을 가진 것이라고 볼 수 있다. 영아들은 이와 같이 착각 경험과 관련된 타인의 틀린 믿음도 이해를 하고 있는 것 같다. 송현주와 르네 바이아전은 [그림 7-5]에서처럼 13.5개월 영아들에게 무대 위에 파란 머리 인형과 스컹크 인형이 놓여 있고, 행위자가 파란 머리 인형을 반복해서 잡는 장면을 보여 주었다(Song & Baillargeon, 2008). 그리고 행위자는 사라지고 무대 위에서는 두 개의 노란 상자가 놓이는데, 이 중 한 상자의 뚜껑에는 파란 머리 인형의 것과 동일한 파란 머리카락 한 줌이 붙어 있다. 이어서 무대의 측면에서 장갑을 낀 손이 나와서 이것이 파란 머리 인형에 붙어 있는 머리카락은 아니라는 것을 보여 준다.

검사 단계의 시작 단계에서 행위자는 아직 무대에 돌아오지 않은 상태이고, 측면에서 나온 장갑을 낀 손이 파란 머리 인형은 뚜껑에 아무것도 없는 상자 안에 숨기고, 스컹크 인형은 뚜껑에 파란 머리카락이 붙어 있는 상자 안에 숨기고 뚜껑을 닫는다. 그 후 행위자가 돌아와서 파란 머리 상자 또는 다른 상자에 손을 뻗는데, 영아들은 행위자가 머리카락이 붙어 있지 않은 상자에 손을 뻗는 장면을 다른 장면보다 더 오래 쳐다보았다. 이는 영아들이 행위자가 검사 단계에서 한 상자의 뚜껑에 붙어 있는 파란 머리카락을 파란 머리 인형의 머리카락으로 착각하고 파란 머리 인형의 위치에 대해 틀린 믿음을 가질 것이며, 따라서 행위자가 파란 머리 상자로 손을 뻗을 것이라는 기대를 했고, 그러한 기대가 위배되는 장면을 볼 때 기대에 일치하는 장면을 볼 때보다 응시 시간이 길어짐을 의미한다. 이러한 결과는 13개월 영아들이 시각적 단서가 타인의 틀린 믿음을 유도할 수 있음을 이해한다는 것을 보여 준다.

(Baillargeon, Scott, & He, 2010). 예를 들면, 한 연구(Onishi & Baillargeon, 2005)에서는 우선 15개월 영아들에게 녹색 상자와 노란색 상자가 무대 위에 있는 상황에서 행위자가 장난감 수박을 녹색 상자에 숨기는 장면을 반복해서 보여 주었다. 그리고 행위자는 무대 위에서 사라지고 장난감 수박이 스스로 움직여서 녹색 상자에서 나와 노란색 상자 안으로 움직이는 장면을 보여 주었다. 검사 단계에서는 행위자가 무대로 돌아와서 녹색 상자 안에 손을 집어넣거나(이하 녹색 상자 장면) 혹은 노란색 상자 안에 손을 집어넣는 장면(이하 노란색 상자 장면)을 보여 주었다. 15개월 영아들은 노란색 상자 장면을 녹색 상자 장면보다 더 오래 쳐다보았다. 이는 영아들이 행위자가 수박이 녹색 상자에서

노란색 상자로 움직였다는 것을 모르기 때문에 행위자가 수박이 아직 녹색 상자에 있다는 틀린 믿음을 가지고 있고, 따라서 녹색 상자로 손을 뻗어야 한다는 기대를 가지고 있다는 것을 의미한다. 통제 조건은 행위자가 수박이 스스로 움직여서 녹색 상자에서 노란색 상자로 움직이는 장면을 목격한 것만 제외하고는 실험 조건과 동일했다. 통제 조건에서는 영아들이 녹색 상자 장면을 노란 상자 장면보다 더 오래 응시하였다. 이는

[그림 7-5] 영아기 틀린 믿음과 착각 이해의 실험(Song & Baillargeon, 2008)

통제 조건에서는 영아들이 행위자가 수박의 현재 위치에 대한 옳은 믿음을 가지고 있으므로 행위자가 수박의 현재 위치인 노란 상자로 손을 뻗어야 한다는 믿음을 가지고 있음을 보여 준다.

3) 도덕추론 능력의 발달

(1) 피아제 이론

피아제는 도덕 발달이 인지 발달에 기초하여 이루어진다고 생각하였고, 도덕성에 대한 추론 능력에 관심을 가졌다. 그는 세 단계로 도덕성 추론 능력 발달을 이론화하였다. 첫 번째 단계는 전도덕적 단계로 5세 이전의 아동이 여기에 해당하며, 아동들은 도덕성을 추론하는 데 있어서 일관적인 규칙을 따르지 않는다.

두 번째 단계는 타율적 도덕성의 단계로 6세에서 11세의 아동이 여기에 해당한다. 이들은 규칙이란 하느님이나 경찰 아저씨와 같은 절대적인 권위에 의해 만들어져 부여된 것이기 때문에 절대적이며 변화할 수 없다고 생각한다. 또한 행동의 도덕성은 행동의 의도보다는 결과에 따라 결정된다고 생각한다. 예를 들면, 엄마를 도와주려다가 컵을 15개나 깨뜨린 철수가 엄마 몰래 과자를 꺼내 먹으려다가 컵을 1개 깨뜨린 민호보다 더 나쁘다고 생각한다. 또한 규칙을 위반했을 때는 어떤 방식으로든 처벌을 받는다는 내재적 정의(immanent justice)를 믿어, 동생을 때린 후 방을 나가다가 넘어져서 무릎을 다치면 자기가 동생을 때린 것에 대한 처벌을 받았다고 생각한다.

세 번째 단계는 자율적 도덕성의 단계로 10~11세 이후의 아동들이 여기에 해당한다. 이 단계의 아동들은 규칙이 사회적인 합의이며, 상황에 따라서 합의에 의해 규칙이 변할 수 있음을 이해하기 시작한다. 행동의 도덕성을 결과보다는 의도에 근거하여 판단하기 시작하여, 앞 예의 경우 엄마 몰래 과자를 꺼내 먹으려다가 컵을 1개 깨뜨린 민호가, 엄마를 도우려다 컵을 15개 깨뜨린 철수보다 더 나쁘다고 생각한다. 그리고 내재적 정의를 믿지 않으며, 처벌은 처벌 자체를 위해 있는 것이 아니라 교훈을 가르치기 위해 존재한다고 생각한다. 따라서 도덕적 과실의 종류나 경중에 따라 처벌의 종류나 수위도 조절되어야 함을 이해하기 시작한다.

(2) 콜버그 이론

콜버그(Kohlberg)는 피아제의 도덕 발달에 대한 인지 발달적 접근에 동의하면서 11세 이후의 도덕 발달 과정에 대한 좀 더 정교한 전 생애적 도덕 발달 이론을 제안하였다. 그는 도덕적 갈등 상황을 제시하고, 이 상황에서 옳은 대처 방식이 무엇인지, 왜 그러한 대처 방식이 옳다고 생각하는지에 대한 근거를 분석하여 아동과 성인의 도덕추론 능력의 발달 과정에 대한 이론을 만들었다. 콜버그가 사용한 도덕적 갈등 상황 중 가장 잘 알려진 것은 하인즈 딜레마로 다음과 같다.

> 유럽 어느 마을에 한 여성이 특수한 종류의 암을 앓아 거의 죽어 가고 있었다. 오직 한 가지 약만이 그 여성의 병을 치료할 수 있었다. 같은 마을에 사는 한 약사가 개발한 라디움 종류의 약이었는데, 약사는 약값을 원가의 10배나 받고 팔려고 했다. 그는 라디움을 200달러에 구입해서 약을 만든 후 2,000달러에 팔려고 하였다. 병에 걸린 여성의 남편인 하인즈는 돈을 구하기 위해 모든 노력을 기울였으나 그 약값의 절반밖에 마련하지 못했다. 하인즈는 약사에게 가서 자기 부인이 죽어 가고 있다고 설명하고 그 약을 1,000달러에 팔거나, 아니면 외상으로라도 주면 다음에 그 돈을 갚겠다고 간청했다. 그러나 그 약사는 하인즈의 부탁을 거절했다. 절망에 빠진 하인즈는 결국 약방을 부수고 들어가서 자기 부인을 위하여 그 약을 훔쳐 내었다. 하인즈는 꼭 약을 훔쳤어야 했는가? 왜 그런가? 혹은 왜 그렇지 않은가?

이러한 도덕적 갈등 상황을 제시한 후 질문에 대한 사람들의 반응 분석을 통해 콜버그는 도덕적 추론의 발달에 다음과 같은 세 수준이 있다고 제안했다.

- 전인습적 수준: 판단의 근거로 주로 처벌이나 보상을 언급한다. 예를 들면, "하인즈는 감옥에 갈 수 있으므로 약을 훔치지 말았어야 한다."와 같이 답한다.
- 인습적 수준: 판단의 근거로 인간관계 유지, 사회적 승인, 사회 질서와 법 준수를 언급한다. 예를 들면, "하인즈는 좋은 남편으로서 역할을 하기 위해 약을 훔칠 수밖에 없었다." "훔치는 것은 법에 어긋나는 것이고 사람들이 개인적인 이유로 도둑질을 한다면 사회 질서는 유지될 수 없을 것이다."와 같은 답을 한다.
- 후인습적 수준: 판단의 근거로 생명, 자유, 행복 추구의 권리와 같은 가치를 반영하는 보편적인 윤리 원칙을 언급한다. 만약 법이 이러한 원리를 위반하여 행동하게끔 강요한다면 법은 수정되어야 한다고 주장한다. "사람의 생명은 가게 주인의 이윤보다 더 중요하며, 법은 사람의 생명과 권리를 보장할 수 있는 한에서 지킬 가치가 있다."와 같은 반응을 보인다.

후속 연구들은 아동이 성인으로 발달하면서 전인습적 수준에 의한 판단 성향이 줄어든 반면, 인습적 수준에 의한 판단 성향이 늘어나고 또 후인습적 수준에 의한 판단 성향도 조금씩 나타남을 밝혀 왔다(Colby et al., 1983). 하지만 성인 중에도 콜버그의 도덕추론 발달 단계에서 최고 수준에 이르는 사람은 소수에 불과하며, 첫 두 수준은 다양한 문화권에 걸쳐서 보편적으로 나타나지만 마지막 후인습적 수준의 출현 여부는 문화권마다 차이가 나타난다는 점에서 콜버그 이론은 비판을 받아 왔다(Tietjen & Walker, 1985). 그리고 보살핌이나 배려보다는 정의를 상위 가치로 보기 때문에 콜버그 이론은 남성 중심의 이론이며, 여성이 중요하게 생각하는 미덕을 고려하지 않은 이론이라는 비판을 받기도 하였다(Gilligan, 1982).

4) 언어 발달

아기가 태어나서 처음으로 어른들이 자신에게 하는 말을 들었을 때 어떤 느낌일까? "정말 예쁘다!" "어쩜 이렇게 귀여울까!" 하는 아무리 좋은 칭찬을 해 주어도 갓난아기에게는 무의미한 소리 자극일 뿐이다. 아마 그 경험은 여러분이 전혀 모르는 외국어를 들었을 때의 경험과 유사할 것이다. 언어 학습 과정에서 입력되는 언어 정보를 이해하기 위해 해결해야 하는 첫 번째 과제는 학습하고 있는 언어에서 사용되는 다양한 말소리를 구분해 내는 능력이다. 예를 들면, 우리는 '감'이라는 단어가 /ㄱ/ /ㅏ/ /ㅁ/이라는 말소리로 구성되어 있다는 것을 알고 있다.

세계의 모든 언어에서 사용되는 말소리는 총 약 200여 개가 있지만, 개별 언어들이 이 모든 말소리를 사용하지는 않는다. 예를 들면, 우리말에서는 /ㅅ/와 /ㅆ/을 다른 말소리로 구분하여 사용하지만, 영어에서는 이 두 말소리를 구분하여 사용하지 않는다. 그래서 우리말을 전혀 모르는 영어 구사자들은 이 두 음소의 차이를 구분하기 어려워한다. 반면, 영어에서는 /r/과 /l/이 다른 말소리이지만, 우리말에서는 그 두 말소리를 따로 구분하지 않는다. 따라서 영어에 전혀 노출된 적이 없는 한국 성인들은 이 두 음소의 차이를 구분하기 어려워한다. 이러한 예들은 어떤 언어를 학습하는지에 따라 구분할 수 있는 말소리 범주의 종류가 달라짐을 보여 준다.

학습되는 언어의 종류에 따라 나타나는 말소리 지각 능력의 변화는 얼마나 빨리 이루어지는가? 아주 어린 영아들은 세상 모든 언어의 말소리를 구분할 수 있지만, 생후 6~12개월 사이의 영아들은 자신의 모국어에서 사용되는 말소리만을 구분할 수 있다.

영어를 모국어로 배우는 영아들에게 영어에서는 구분하여 사용하지 않는 힌디어의 말소리와 톰슨어(캐나다 북서부 지역에 사는 원주민인 살리시족의 언어)의 말소리를 들려주면, 6~8개월의 영아들 대부분은 힌디어의 말소리와 톰슨어의 말소리를 구분할 수 있지만, 10~12개월이 되면 이런 외국어의 말소리를 구분할 수 없게 된다(Werker & Tees, 1984).

　모국어뿐만 아니라 외국어에도 꾸준히 노출된 영아들의 말소리 지각 발달은 어떻게 이루어질까? 쿨 등(Kuhl et al., 2003)은 영어를 모국어로 배우는 9개월 영아들이 세 조건에서 4주 동안 중국어 화자의 말을 듣는 경험을 한 회기에 25분씩, 총 12회기를 할 수 있도록 하였다. 첫 번째 조건은 실제 상황에서 중국인이 중국어를 하는 것을 관찰하는 조건, 두 번째 조건은 중국어 화자가 하는 말을 녹화한 것을 비디오로 관찰하는 조건, 세 번째 조건은 중국어 화자가 하는 말을 녹음한 것을 오디오로 듣는 조건이었다. 실험 결과, 첫 번째 조건의 영아들만 영어에서는 구분되지 않지만 중국어에서는 구분하여 사용하는 말소리를 10~12개월이 되어서도 구분할 수 있는 것으로 나타났다(이는 외국어에 계속적으로 노출이 되면 외국어 음소의 지각 능력이 감소하지 않으며, 사회적 상호작용 상황에서의 언어 학습 경험이 중요함을 시사한다).

　영아들은 입력 언어를 이해하는 능력을 발달시켜 나갈 뿐만 아니라 스스로 말소리를 산출하고 단어와 문장을 발화하는 능력도 발달시키기 시작한다. 영아들은 약 2개월 경부터 옹알이를 하기 시작하는데, 처음에는 '아' '오'와 같은 모음으로 된 옹알이를 하다가 약 4~6개월부터 자음이 포함된 옹알이가 나타나고, 7~8개월이 되면 '바바바바'처럼 같은 음절이 반복되는 옹알이가 나타나다가 '바디구게'와 같이 외계어처럼 들리는 다양한 음절의 조합으로 이루어진 옹알이가 나타난다. 그러다가 생후 1년쯤이 되면 첫 단어를 발성하기 시작한다. 이 시기의 영아들은 '엄마' '맘마'와 같은 간단한 한 마디 말을 하기 시작한다. 첫 단어를 시작한 후에는 발화 단어 수가 천천히 증가하다가 18개월경에는 약 50개의 단어를 말할 수 있게 되고, 18~24개월을 전후로 하여 사용 어휘 수가 갑작스럽게 증가하는데, 이 시기를 어휘폭발(어휘폭증, vocabulary or word spurt) 시기라고 부른다. 그리고 만 6세가 되면 평균 약 9,000개에서 14,000개의 상당히 많은 수의 단어를 말할 수 있게 된다(Carey & Bartlett, 1978).

　첫 단어가 나타난 지 약 6개월 이후 시점이 되는 18개월경부터는 '엄마' '까까'와 같은 두 단어 조합 발화(utterance)를 하기 시작한다. 두 단어 발화 시기에는 주로 '전보식 발화'라고 부르는 형태소와 같은 문법적 기능어가 모두 생략된 발화가 나타난다. 영

아가 하는 발화에서 약 절반 정도의 발화가 두 단어 조합으로 이루어질 때 "엄마 까까
줘."와 같은 세 단어 발화가 나타나기 시작한다. 세 단어 발화가 나타나면서 조사나 어
미와 같은 형태소가 발화에 포함되기 시작한다.

5) 사회성 발달

(1) 기질과 성격 특성의 발달

기질에 대한 정의는 다양하지만, 많은 학자가 기질에 대해 공통적으로 동의하는 특
성은 선천적이고, 생후 초기부터 발현되며, 발달 과정에서 비교적 안정적으로 나타나
는 행동 및 조절 능력에 있어서의 개인차라는 것이다.

1956년부터 토머스(Alexander Thomas)와 체스(Stella Chess)에 의해 진행된 뉴욕 종단
연구는 141명의 아동을 신생아기부터 성인기까지 추적하여 기질의 발달에 대해 조사
하였다. 이 연구에서는 영아와 아동의 부모를 면접한 결과 기질의 아홉 가지 차원(〈표
7-2〉 참조)을 밝혔고, 이러한 차원이 군집을 형성하여 아동들을 세 가지 유형의 집단으
로 나눌 수 있음을 밝혔다(Thomas & Chess, 1977).

- 쉬운 아동(easy child): 약 40%의 아동이 이 범주에 포함된다. 이러한 아동은 순하
  고 규칙적이며, 새로운 환경에 비교적 쉽게 적응하고, 대체적으로 기분이 좋다.

〈표 7-2〉 토마스와 체스의 기질 모형(Thomas & Chess, 1977)

차원	특성
활동 수준	대근육 활동의 수준이 어느 정도인가?
규칙성	수면, 식사, 배설 등의 신체 리듬이 얼마나 규칙적인가?
주의 산만성	환경의 자극이 행동을 얼마나 쉽게 변화시키는가?
접근성/회피	새로운 사물이나 사람에 대해 쉽게 접근하는가?
적응성	환경 변화에 얼마나 적응이 용이한가?
주의 지속성	장난감 가지고 놀기, 책 읽기 등 활동에 몰입하는 시간의 양은 어느 정도인가?
반응 강도	웃기, 울기, 대근육 활동과 같은 반응의 강도는 어느 정도인가?
반응 역치	반응을 불러일으키는 데 요구되는 자극의 강도는 어느 정도인가?
기분의 질	대체로 경험하는 정서가 긍정적인가, 부정적인가?

- 까다로운 아동(difficult child): 약 10%의 아동이 이 범주에 포함된다. 신체 리듬이 불규칙적이며, 민감하고 예민하며, 새로운 경험에 쉽게 적응하지 못하고, 부정적이고 강렬하게 반응한다.
- 더딘 아동(slow-to-warm up child): 약 15%의 아동이 이 범주에 포함된다. 활동 수준이 낮고, 새로운 변화에 천천히 적응하고, 기분이 부정적인 편이지만 반응이 강력하지 않고, 환경적 자극에 대한 감정을 겉으로 드러내지 않는 경우가 있다.

그리고 나머지 35%의 아동들은 어떤 유형에도 속하지 않는 평균적인 아동(average child)이며, 이들은 기질 특성의 독특한 혼합을 보인다.

세 가지 유형 중 까다로운 유형의 아동이 적응 문제의 위험을 가질 가능성이 가장 높다고 여겨져 왔다. 이 까다로운 유형의 아동들은 유아기와 아동기 동안 새로운 경험에 대해 불안해하고 위축된 행동을 보이거나, 욕구가 충족되지 않을 경우 공격적인 행동 등의 문제를 보이기 쉽다(Thomas, Chess, & Birch, 1968). 유아기 동안 더딘 아동은 까다로운 아동보다는 상대적으로 적은 문제를 보이지만, 학령 전기 후반부부터 학령기 사이에는 지나친 두려움과 행동의 제약을 보이는 경향이 있다(Chess & Thomas, 1984).

연구자들은 기질 자체보다도 기질과 양육 환경 간의 조화가 아동의 발달 과정에 영향을 미친다는 적합성모델(goodness-of-fit model)을 제안해 왔다(Thomas & Chess, 1977). 이 모델에 따르면, 까다로운 기질의 아동이 적응 문제를 가질 가능성이 높은 이유는 자신의 성향과 잘 맞지 않는 양육 환경에 놓여 있을 가능성 때문이다. 자녀의 까다로운 기질은 부모로 하여금 부정적이고 처벌적인 양육 방식을 사용하고, 자녀의 요구에 둔감하게 만들기 쉽다(van den Boom & Hoeksma, 1994). 처벌적이고 강압적인 부모의 통제에 대해 아동이 반항을 보이고 순종하지 않으면 부모는 더 스트레스를 받게 되고, 더욱더 강압적인 방법을 사용하며, 때로는 지쳐 아동에게 양보하기도 하면서 비일관적인 훈육을 하게 된다. 이러한 아동과의 부정적인 상호작용은 아동의 까다로움을 지속시키며, 아동이 적응 문제를 가질 수 있는 위험 수준이 높아진다. 반면, 까다로운 기질의 아동이더라도 부모가 긍정적이고, 아동의 요구에 반응적이며, 아동의 발달 수준에 맞는 놀이와 협상을 통해 아동의 정서 조절을 돕는다면, 까다로운 아동의 적응 문제가 감소될 수 있다(Feldman, Greenbaum, & Yirmiya, 1999).

(2) 애착 형성

애착은 아동과 양육자 간에 형성되는 정서적 유대(emotional bond)를 의미한다. 모든 아동은 자신의 양육자와 애착을 형성한다. 애착은 왜 생겨날까? 프로이트(Freud)를 비롯한 정신분석학자들은 애착이 양육자가 음식을 줌으로써 구강적 만족을 충족하여 주기 때문에 생겨난다고 보았다. 또한 행동주의자들은 양육자가 음식, 기저귀 갈아 주기와 같은 긍정적 경험과 연합되기 때문에 아동이 양육자와 애착을 형성한다고 생각한다. 이러한 이론적 입장들은 애착 형성에 음식이 중요한 요인이라고 생각하였다. 하지만 심리학자 할로우(Harry Harlow)는 애착 형성에는 음식 이외에도 중요한 요소가 존재함을 밝혔다.

할로우는 생후 6개월 동안 안전한 환경에서 좋은 음식을 먹으면서 자랐지만 사회적으로 고립된 상황에서 성장한 아기원숭이들이 문제 행동을 보임을 관찰했다. 이러한 원숭이들은 다른 원숭이들과의 접촉을 피하고, 자신의 몸을 깨무는 행동을 보였다. 그리고 암컷 원숭이의 경우는 나중에 성장했을 경우 자신의 아기를 무시하고 거부하며, 때로는 공격하는 것을 관찰할 수 있었다. 그리고 아기원숭이를 두 종류의 인공대리모가 있는 우리 속에서 자라나게 하는 실험을 하였는데, 한 종류의 대리모는 철사로 만든 대리모로 음식을 제공하였고, 다른 종류의 대리모는 천으로 만든 대리모로 음식을 제공하지는 않았지만 부드럽고 포근한 접촉 위안을 제공하였다. 할로우는 아기원숭이가 대부분의 시간을 천 대리모에 매달려서 보내고, 공포 상황에서 위안이 필요할 때도 천 대리모에게 달려가 안기는 것을 발견했다(Harlow & Zimmerman, 1959). 이것은 애착 형성에는 음식 제공과 같은 단순히 생존 유지를 위한 보살핌 이상의 것이 필요함을 보여 준다.

할로우의 아기원숭이의 대리모 실험

아동은 생존을 위해서는 양육자의 보살핌을 필요로 하기 때문에 울거나, 눈을 맞추거나, 미소를 짓는 등 성인이 자신에게 다가오게끔 하는 행동 신호를 보낸다. 아동은 처음에는 이런 신호를 자신의 주변에 있는 아무 사람에게나 보내면서 약 6~7개월 동안 이런 자신의 반응에 누가 가장 자주, 즉각적으로 반응하는, 신뢰할 수 있는 사람인지를 파악한다. 그러면서 이러한 신호를 가장 신뢰할 수 있게 반응을 해 주는 주 양육자에게 보내면서 자신의 주 양육자에게 분명한 애착을 보인다. 주 양육자와 애착이 형성되면 다양한 행동적 지표가 나타나는데, 여기에는 낯가림, 분리불안, 사회적 참조 등이 포함된다. 따라서 낯을 가리는 것은 나쁜 것이 아니고 아동이 주 양육자와 애착이 잘 형성되고 있는 신호다.

아동과 양육자와의 애착의 질에는 개인차가 존재한다. 이러한 애착의 질이 개인마다 다름을 측정하기 위해 에인스워스(Ainsworth)는 주로 12~18개월 영아를 대상으로 한 낯선 상황(strange situation) 절차를 고안하였다(Ainsworth et al., 1978). 낯선 상황 절차는 아동을 양육자와 떨어져 혼자 두거나 낯선 사람과 함께 남겨 두고 있다가, 이후에 양육자와 재결합시키는 상황을 포함하는 여덟 개의 짧은 에피소드로 구성된다. 애착 반응의 측정은 양육자와 분리 경험을 한 후 재결합했을 때 영아들이 어떤 행동을 보이는가에 근거하여 이루어진다. 이전 연구들은 영아들의 반응이 안정 애착 유형 및 세 가지의 불안정 애착 유형으로 나뉠 수 있음을 보여 왔다.

- 안정 애착: 이 유형의 영아들은 양육자와 분리되어 낯선 곳에 혼자 있거나 낯선 사람과 함께 있을 때 불안해하다가, 양육자가 돌아오면 빠르게 진정된다. 분리 경험을 할 때 특별히 불안해하지 않던 아동의 경우는 양육자가 돌아보면 쳐다보고 반갑게 맞이하는 행동을 하고, 신체 접촉, 눈맞춤 등의 행동을 보이면서 양육자를 안전기지(secure base) 삼아 적극적인 탐색 놀이를 한다.
- 불안정-저항 애착: 이 유형의 영아들은 양육자와 분리될 때 매우 괴로워하고, 양육자가 돌아오면 즉시 양육자에게 다가가서 신체 접촉을 하지만 동시에 분노와 저항을 보인다. 양육자가 돌아와도 잘 진정되지 않으며, 양육자가 있는 상황에서도 잘 놀려고 하지 않는다.
- 불안정-회피 애착: 이 유형의 영아들은 양육자와의 분리에 불안해하지 않고 별다른 반응을 보이지 않는다. 양육자가 돌아와도 무시하고 다가가지 않는다.
- 불안정-혼란 애착: 이 유형의 영아들은 불안정하며 저항과 회피 어느 애착 유형으로도 분류되기 어려운 비일관된 반응을 보인다. 양육자와 분리될 때 불안해하기도 하고 무관심하기도 하고, 양육자와 재결합할 때 신체적인 접근을 시도하기도 하고 무시하기도 한다. 때로는 양육자에 대해 얼어붙고 혼란스러운 듯한 공포감을 보이기도 한다.

다행히도 거의 모든 문화권에서 대다수의 영아는 안정 애착을 보인다. 하지만 불안정 애착의 유형들은 문화마다 조금씩 다르다. 독립성을 중요시하는 독일의 영아들은 저항 애착보다 회피 애착을 많이 보이고, 평소에 어머니와 분리 경험을 거의 경험하지 못한 일본 영아들은 회피 애착보다 저항 애착을 많이 보인다(Grossmann et al., 1985; Takahashi, 1990).

이런 애착의 질적인 개인차는 어디에서 비롯되는가? 애착의 질은 양육자의 행동에 의해 많은 영향을 받는다(Posada et al., 2002; Van IJzendoorn et al., 2004). 안정 애착을 보이는 아동의 엄마들은 아동의 정서적 상태의 신호에 민감하고, 아동의 요구에 반응적이다. 반면에 저항 애착 유형을 가진 아동의 엄마들은 아동의 요구나 신호에 일관되지 않은 행동을 보이며, 아동이 울어도 방치하고 가끔씩만 반응하는 경향성이 있다. 회피 애착 유형을 가진 아동의 엄마들은 영아를 무시하고 영아의 반응이나 괴로움에 둔감하다. 혼란 애착 유형을 가진 아동의 엄마들은 상실이나 심리적 외상 경험을 가진 경우나 우울증을 보이고 아동에 대한 학대와 승인을 반복하는 경우가 있다. 최근 연구는 부정적 정서 자극에 좀더 민감한 유전적 소인을 가진 아동일수록 양육 환경에 대해 좀더 부정적인 내적 작동모델을 가질 수 있음을 제안하면서 유전적 소인과 환경적 요인 모두 애착 발달에 관련이 있음을 제안하기도 한다(Johnson & Chen, 2011).

아동의 애착 유형은 이후의 발달에 어떤 영향을 미치는가? 영아기에 안정 애착을 형성한 아동은 그렇지 않은 아동보다 학업 성취, 사회성 등에서 좀 더 우월하다(Sroufe, 2002). 무엇보다도 애착 형성 과정에서 발달시킨 내적 작동모델(internal working model)은 이후의 인간관계에 영향을 미친다. 내적 작동모델이란 자신과 타인에 대한 인지적 표상으로 "나는 사랑스럽다." "주위 사람은 믿을 만하고 의지할 수 있다."와 같은 믿음이다. 이러한 표상은 양육자와의 관계를 넘어선 전반적인 인간관계에 대한 기대를 형성하게 만들며, 또래, 교사, 배우자, 자신의 자녀와 형성하게 될 관계에 영향을 미친다. 다음 장에서는 이러한 중요한 안정 애착을 형성하도록 하기 위한 바람직한 부모의 태도에 대해서 좀 더 자세히 알아보겠다.

애착의 영향을 이해하면서 우리가 주의해야 할 것은, 우리의 인생이 어린 시절의 안정 혹은 불안정 애착에 의해 완전히 좌지우지되는 것은 아니라는 것이다. 어린 시절의 애착 경험 자체보다는 우리가 그 애착 경험을 어떻게 받아들이고 이해하며, 때로는 용서할 수 있는가가 우리가 이후에 맺게 되는 인간관계에 중요한 영향을 미치게 되는 것이다.

(3) 양육 유형

부모의 양육 유형은 요구(demandingness)와 반응(responsiveness)의 두 차원에 따라 달라질 수 있다(Maccoby & Martin, 1983). 요구는 아동의 행동을 통제하는 정도이고, 반응은 아동의 요구에 대한 수용의 정도를 의미한다. 이 두 차원의 고저에 따라서 부모의 양육 유형은 다음과 같이 네 가지로 구분된다

- 권위있는 양육 유형(authoritative parenting): 요구와 반응 수준이 모두 높은 유형이다. 즉, 온정적이며 아이의 요구에도 민감하게 반응을 하지만, 자녀에게 확고하면서도 합리적이고 일관된 원칙을 제시하여 자녀가 옳은 행동을 할 수 있도록 효과적으로 통제하는 것을 말한다. 이들은 자녀의 행동에 대해 스스로 결정하는 자율성을 형성할 수 있도록 합리적인 조정 기술을 사용한다.
- 권위주의적인 양육 유형(authoritarian parenting): 요구는 높지만 반응 수준은 낮은 유형이다. 즉, 자녀의 행동을 확고한 원칙을 통해 통제하나 자녀의 요구를 덜 수용하며, 자녀의 자율성을 거의 인정하지 않는다. 이러한 부모의 자녀는 부모가 냉담하고 자신을 거부하며 비난한다고 생각한다. 부모는 자녀와 민주적으로 의견을 조정하기보다는 명령, 위협, 체벌을 통해 강압적인 방식으로 자녀의 의견과 행동을 통제한다. 권위주의적 양육 태도를 가진 부모의 아이들은 항상 불안하고 낮은 수준의 자존감을 가지며, 불만족스러운 상황에서는 강한 분노를 보이기도 한다.
- 허용적 양육 유형(permissive parenting): 온정적이고 자녀의 요구에 대해 수용적이지만, 지나치게 관대하거나 일관된 양육의 원칙이 없는 양육 태도를 말한다. 부모로서 자녀들의 행동을 올바른 방향으로 조정하려는 의지도 없고, 자녀의 발달 수준에 상관없이 자녀가 모든 결정을 하도록 허락한다. 허용적 양육 태도를 가진 부모의 자녀는 충동적이거나 반항적이다.
- 방임적 양육 유형(uninvolved parenting): 요구와 반응 수준이 모두 낮은 유형이다. 즉, 자녀에 대해 온정적이지도 않으며, 자녀의 행동을 적절한 원칙 제시를 통해 조절하려는 시도도 하지 않는다. 이런 양육 태도를 가진 부모는 부부 갈등, 경제적 문제, 사회적 지지의 부족 등으로 인해 과도한 스트레스와 우울증으로 시달리는 경우가 많다. 부모가 아동의 발달 초기부터 이런 양육 태도를 가지고 있으면 애착 관계 형성, 인지 발달, 놀이 관계 발달, 정서적 · 사회적 기술의 발달 등 발달 전반에 영향을 줄 수 있다.

이 네 가지 유형 중에서 권위있는 양육 유형이 가장 바람직한 부모-자녀 관계를 형성하게끔 한다. 권위있는 부모의 애정과 적절한 수준의 조절, 자율성의 인정은 아동 및 청소년의 성장 및 발달에 긍정적인 영향을 미친다. 부모가 합리적이고 아동의 수준에 맞게 적절히 조절을 하며 독단적이지 않을 때, 아동은 자기 조절 능력을 발달시키고 정서적·사회적 수용성을 발달시킨다. 따라서 자녀가 성장하면서 부모의 온정적 권위에 적응하고 협조하며, 부모는 자녀 양육의 기쁨을 느낄 수 있다.

4. 청소년기

청소년기는 아동기와 성인기의 중간 단계다. 이 시기에는 사춘기가 시작되고, 성적 성숙이 급격히 진행되며, 키와 몸무게가 빠르게 성장한다. 남자아이보다 여자아이에게서 사춘기가 약 2년 정도 더 빨리 시작된다.

1) 인지 발달

청소년기는 피아제 인지 발달 이론의 형식적 조작기에 해당하며, 추상적 사고를 하기 시작한다. 새로운 추상적 사고 능력으로 인해 청소년들은 인간의 본성, 선과 악, 정의와 진리 등의 질문이나 종교, 정치에 대해 생각하고 논쟁할 수 있게 된다. 과학적 추론과 연역적으로 가설을 도출하는 능력도 생겨난다. 예를 들면, "철수는 사람이고, 모든 사람은 언젠가는 죽는다. 따라서 철수는 언젠가는 죽는다."와 같은 논리추론을 할수 있다. 이와 같은 논리적 사고 능력은 청소년이 다른 사람의 사고에서 모순을 발견하고 반박하는 것을 가능하게끔 한다.

청소년기의 인지 발달은 뇌의 발달 과정과 관련되어 있다. 대뇌의 영역 중 전두엽은 청소년기는 물론 성인기에도 지속적으로 발달이 가능한 뇌 영역이다. 전두엽은 계획, 주의 조절, 작업기억, 추상적 사고와 같은 고급 인지 기능을 담당하는 영역이다. 아동기에서 청소년기로 진행하면서 신경 세포의 축삭돌기 수초화는 대뇌의 뒷부분에서 전두엽이 있는 앞부분으로 진행되고(Fields, 2008), 대뇌 전두엽이 성숙한 이후에 형식적 조작기와 과학적 사고가 나타나는 것으로 보인다(Kwon & Lawson, 2000).

이러한 사고 능력의 발달은 현실을 넘어서 '논리적으로는 마땅히 존재해야 하는 상태', 즉 이상에 대한 사고를 가능하게 하고, 현실과 이상 간의 괴리가 클 때 혼란과 좌절에 빠지거나 사회에 대한 분노와 저항을 하게끔 만든다. 그리고 자신의 사고에 대해 깊이 성찰하는 능력이 증가되면서 자신의 관점과 타인의 관점의 구분이 어려워지는 새로운 자아중심성이 생겨난다(Inhelder & Piaget, 1958). 이러한 청소년기의 자아중심성은 '상상적 청중(imaginary audience)'이나 '개인적 우화(personal fable)'와 같은 청소년기의 독특한 특성을 유발한다. 상상적 청중이란 타인의 관심이 자기에게 모두 쏠려 있다고 생각하는 것을 의미하며, 이로 인해 청소년은 자의식이 매우 강해지고, 자신의 단점이나 타인의 비판에 매우 예민하게 된다. 개인적 우화란 자신이 매우 독특하고 특별하다고 느끼고, 다른 사람은 자신의 경험을 이해할 수 없을 것이라고 생각하는 것이다. 이러한 개인적 우화는 청소년들이 위험을 감수하고 비행을 저지르는 행동의 원인이 되기도 한다(Greene et al., 2000).

2) 사회성 발달

청소년기의 주요 발달 과업은 자아정체성(자아정체감, ego identity) 확립이다. 에릭슨(Erikson)은 청소년기의 주요 과업을 과거와 현재, 미래의 가능성을 명확한 자아정체성으로 통합하는 것이라고 말한다. "진정한 나는 누구인가?" "나는 무슨 일을 하면서 살 것인가?" "내 삶의 중요한 가치는 무엇인가?" 등을 질문하고 이런 질문에 대한 확실한 해답을 찾았을 때 정체감이 성취된다.

마르시아(Marcia)는 임상적 면접과 질문지 측정 등을 사용하여 자아정체성 발달의 진전 정도를 측정하였다. 그는 자아정체성 탐색을 하는지 여부와 위기의 해결을 위한 시도 유무에 따라 네 개의 자아정체성 상태를 구분한다(Marcia, 1966).

- 자신의 믿음, 가치, 목표와 새로운 대안 간의 갈등을 경험하고, 새로운 대안을 신중하게 탐색해 본 후 갈등 해결 시도를 통해 가치와 목표를 선택한 자아정체성 성취(identity achievement) 상태
- 갈등은 경험하지만 갈등 해결을 위한 시도를 아직 하지 않은 자아정체성 유예(identity moratorium) 상태. 이들은 정보를 탐색하고 모으는 과정이며 아직 분명한 결정을 하지 못하는 상태
- 충분히 대안을 탐색하지 않고, 가치와 목표를 정해 버린 자아정체성 폐쇄(identity

foreclosure) 상태
* 인생의 목표나 가치에 대해 탐색해 보지 않거나 어떤 문제가 생길 때 해결하려는 시도도 하지 않는 자아정체성 혼미(identity diffusion) 상태

자아정체성 발달은 다양하게 진행된다. 대부분의 청소년은 폐쇄나 혼미 상태에서 유예나 성취로 변하지만, 반대로 움직이는 경우도 존재한다(Kroger, 2003). 한 상태에 머물러 있는 경우도 있고, 계속 상태가 변화하기도 하며, 정체감을 성취하는 영역(직업, 종교적 가치 등)이 무엇인지에 따라 다른 패턴이 나타나기도 한다. 따라서 자아정체성을 확립하는 것은 지속적인 과정으로 보인다.

5. 성인기

성인기는 전 생애 발달의 3분의 2에 해당하는 시기이며, 직업 선택, 결혼, 출산, 양육, 은퇴, 노화와 사별 등 인생의 주요한 과업이나 사건이 일어나는 매우 역동적인 시기다. 하지만 초기 발달심리학자들의 관심은 주로 아동기나 청소년기에 있었고, 단순히 성인기는 아동기의 영향에 의해 결정된다고 생각하고 성인기 이후의 변화에 대해서는 진지한 과학적 탐구를 하지 못했다. 발달심리학자들이 성인기에 관심을 가지고 연구를 하기 시작한 것은 비교적 최근의 일이다.

성인기에 접어들면 발달은 안정적으로 되지만 뇌, 마음, 행동의 변화는 계속해서 진행된다. 여기에서는 성인기의 인지 및 사회성 발달에 대해 살펴본다.

1) 인지 발달

성인들은 나이가 들면서 주로 기억력과 같은 인지 능력의 감소에 대한 불평을 하곤 한다. 실제로 특정 유형의 기억은 성인기 초기에 절정에 이르고, 그 이후에는 감소한다. 한 연구에서는 영국 수상이었던 마가렛 대처가 사임을 발표한 후 14일 이내에 영국의 젊은이와 노인에게 그 뉴스를 어떻게 접했는지 회상하게 하였다. 대처의 사임 발표 11개월 이후에 같은 질문을 했을 때 젊은이의 90%가 이전과 같은 대답을 했지만, 노인은 42%만이 이전과 같은 대답을 했다(Cohen, Conway, & Maylor, 1994).

하지만 기억력의 감소가 모든 과제와 영역에 걸쳐서 일관되게 나타나는 것은 아니다. 아무런 단서 없이 단어를 회상하는 과제에서는 노인이 젊은이보다 수행이 더 저조하지만, 선택지를 선택하는 방법으로 단어를 재인하기만 하면 되는 과제에서는 노인이 젊은이와 유사한 수행을 보인다(Schonfield & Robertson, 1966). 언어 기억과 같은 경우는 50세 이후에 정점에 이르며(Schaie, 1996), 의미 있는 정보를 기억해야 할 경우에는 노인의 풍부한 사전 지식이 그 정보를 기억하는 데 도움을 주기도 한다(Burke & Shafto, 2004).

어느 연령대에나 개인차가 존재하기는 하지만, 성인기 후반으로 갈수록 학습과 기억 능력의 개인차가 더 두드러진다. 상당수의 노인은 젊은이보다 열등한 수행을 보이지만, 어떤 노인은 젊은이보다도 기억 능력이 더 우수하다. 이런 개인차에는 유전적인 요인의 영향도 존재하지만(Finkel & McGue, 1993), 환경적 요인에 따라 개인차가 발생할 수도 있다. 기억력 증가 훈련은 70대의 인지 수행이나 장보기, 식사 준비와 같은 일상의 과제 수행에서도 향상을 보인다(Willis et al., 2006). 성인기에도 새로운 경험이나 기술을 습득(예: 새로운 악기를 배우는 것)할 때 새로운 신경 세포의 성장을 유도할 수 있는 것 같다. 신체적 운동도 인지 능력의 향상을 불러온다. 활동량이 거의 없었던 노인이 에어로빅과 같은 유산소 운동을 하면 다수의 인지 과제 수행 수준이 향상될 수 있다(Colcombe & Kramer, 2003).

연령 증가와 함께 얻게 되는 대표적인 인지적 이점은 '지혜'라는 실용적 지식을 획득하는 것이다. 지혜는 삶의 다양한 경험에서 얻는 학습의 산물로서 삶의 중요한 가치가 무엇이며, 자원을 어떻게 효율적으로 배분할 것인지를 아는 것이다. 나이는 지혜를 발달시키는 데 중요한 요건이 될 수는 있지만, 나이가 든다고 해서 항상 지혜롭게 되는 것은 아니다. 발테스와 슈타우딩거(Baltes & Staudinger, 2000)는 "15세 소녀가 당장 결혼하기를 원한다. 그 소녀는 어떤 점을 고려해야 하고 어떻게 해야 하는가?"와 같은 가상적인 갈등 상황을 제시하고 여러 연령대 성인들의 반응을 수집하였다. 이 과제에서 가장 지혜로운 답변이라고 여길 수 있는 반응은 15세 소녀가 결혼한다는 것은 일반적으로는 바람직하지 않지만, 예외적인 상황이 존재할 수 있다는 것이다. 연구 결과, 연령과 지혜로운 답변 간의 유의미한 상관관계는 발견되지 않았다. 대신 인지 양식과 창의성, 갈등적인 문제를 다루어 본 경험, 교육이나 리더십 등의 다양한 경험을 쌓는 것 등이 영향을 주었다.

2) 사회성 발달

프로이트는 "건강한 성인이란 사랑하고 일할 수 있는 사람이다."라는 말을 했다. 이는 성인기의 사회성 발달 과업에 대해 아주 간단하면서도 핵심적인 진술이다. 사랑과 일이 성인기의 중요한 발달적 측면이라는 것은 다른 이론가들도 공통적으로 주장해 왔다. 예를 들면, 에릭슨은 성인기의 발달 과업이 친밀감(intimacy, 친밀한 관계를 형성하는 것), 생산성(generativity, 자신의 기술과 능력을 전수하여 미래 세대의 존속과 유지에 헌신하는 것)을 성취하는 것이며, 이러한 과업이 성취되지 않을 경우 고립감(isolation)과 침체감(stagnation)의 위기를 경험한다고 하였다.

(1) 사랑과 결혼

스턴버그(Sternberg, 1986)는 사랑의 개념에 대한 연구를 통해 사랑이 친밀감, 열정, 결심/책임의 세 가지 요소로 이루어져 있다고 하였다. 친밀감은 사랑의 정서적 요소로 친밀감이 있는 사랑을 하는 사람들은 가까이 있으면 행복하고, 서로의 기쁨과 고통을 공유하며, 서로 이해하고 정서적 지지를 해 준다. 열정은 사랑의 동기적 요소로 신체적 매력과 성적 욕망에 의해 상대방과 결합하고자 하는 강렬한 갈망을 말한다. 결심/책임은 사랑의 인지적 요소로 상대방을 사랑하는 대상으로 인정하고, 사랑을 장기적으로 지속하겠다는 의지를 말한다. 이 세 가지 요소가 균형을 이룬 사랑이 완전한 사랑이지만, 사랑의 유형은 시간에 따라 변화할 수 있다. 완전한 사랑도 열정이 점차 감소하고 친밀감과 결심, 책임만 남은 친구 같은 사랑으로 변화할 수 있다.

많은 사람은 사랑을 실현하기 위해 결혼을 한다. 결혼에 대한 그 밖의 동기로는 합법적인 성생활, 자녀 출산, 경제적 안정, 외로움에서의 탈피 등을 들 수 있다. 일반적으로 결혼한 사람들이 결혼하지 않은 사람보다 더 건강하며 행복하다(Walker, 1977). 하지만 행복한 결혼을 지속시키기 위해서는 부부간에 서로에 대한 배려와 노력이 필요하다. 신혼 생활이 지나고 나면 열정의 토대가

사랑과 결혼

되었던 성적·신체적 매력에 대한 이끌림은 점차 감소하고 사라진다. 또한 일상생활의 습관 차이, 질투, 사랑 표현 방식의 차이, 성역할 기대의 차이, 가족 관계에서 오는 갈등 등이 부부 갈등을 유발하기도 한다. 이때 서로에 대한 관심과 이해, 상대방의 성장과 행복을 지원하는 배려 등을 통해 친밀감을 꾸준히 발달시켜야 안정된 결혼 생활을 지속할 수 있다.

결혼 생활에서 중요한 사건 중 하나는 출산이다. 자녀의 탄생은 결혼 생활을 질적으로 변화시킨다. 자녀의 탄생은 가족의 축복으로 여겨지지만, 자녀의 탄생은 단기적으로 부모의 행복과 결혼 만족도를 감소시킨다(Di Tella, MacCulloch, & Oswald, 2003). 자녀가 있는 부부는 자녀가 없는 부부보다 결혼 만족도가 낮고, 자녀의 수가 많아질수록 결혼 만족도는 더 낮아진다(Twenge, Campbell, & Foster, 2003). 결혼 만족도는 결혼 초기에는 높았다가 자녀가 출생하고 영아일 때 갑자기 내려갔다가 점차 회복되기 시작하며, 자녀의 청소년기에 다시 하락하고, 자녀가 독립하고 집을 떠나면 점차 회복된다(Schone & Weinick, 1998). 이런 결과는 어린 자녀를 양육하는 일이 매우 힘들기 때문이다.

자녀를 돌보는 것은 여성들에게 있어서 집안일을 하는 것보다는 약간 더 즐거운 일이지만, 쇼핑하고 텔레비전을 보거나 운동을 할 때보다는 덜 즐겁다고 느끼기도 한다(Kahneman et al., 2004). 하지만 이것이 "무자식이 상팔자다."와 같은 말처럼 자녀가 없어야 더 행복할 수 있다는 것을 의미하는 것은 아니다. 자녀로 인한 삶의 만족도 저하는 자녀가 아주 어리거나 청소년기일 때 단기적으로 나타나는 것으로 보이며, 대다수 사람은 자녀를 기르는 일이 매우 보상적이고 의미 있는 일이라고 생각한다.

(2) 직업

직업은 생계의 수단일 뿐만 아니라 사회 속에서 개인의 정체감 형성의 기반이며, 인간관계를 결정하기도 하고, 개인의 사회적 지위를 결정하기도 한다. 변화무쌍한 현대 사회에서 직업을 선택하는 것은 어려운 일이다. 대학 생활 초반에 자신이 무슨 직업을 가지게 될지 아는 학생은 거의 없으며, 많은 학생이 대학 생활 동안 전공을 바꾸기도 하고, 졸업 후에 전공과 무관한 직업을 가지기도 하고, 이후에도 직업을 바꾸는 경우가 있다. 특히 최근 한국 사회에서는 청년 실업이 큰 사회 문제가 되고 있어 성인들이 자신의 적성에 맞는 직업을 찾고 선택하는 일은 더욱 어려워지고 있다.

직업 선택에는 가족의 영향력이 크게 작용한다(Penick & Jepsen, 1992). 아동기 때부터 받는 문화적 혜택, 교육의 기회, 다양한 직업 기회에 접근할 수 있는 사회적 연결망의 여부 등이 직업 포부 및 선택에 영향을 준다. 자녀와 부모의 관계가 좋을수록, 부모의 사회적 지위가 높을수록 자녀가 부모와 같은 직업을 선택하는 경향성이 있다. 여성취업의 경우, 어머니가 직업을 가지고 있으며 아버지가 딸의 성취에 대해 긍정적인 시각을 가질 때 여성의 직업 성취가 높다(London & Greller, 1991).

여성이 취업할 경우, 결혼 후에는 어떻게 가정과 일을 병행할 것인가가 중요한 문제가 된다. 결혼 후에, 특히 자녀를 출산한 후 가정과 일을 병행하는 것은 다양한 갈등을 야기할 수 있다. 일의 부담은 가정 생활의 질을 저하시키고, 이로 인해 직업 만족도와 삶의 전반적인 만족도도 떨어질 수 있다(Kossek & Ozeki, 1998).

요약 및 학습과제

요약

1. 발달심리학은 수정에서 사망까지의 신체적·심리적 변화의 원리를 밝히는 학문 분야다. 발달심리학의 주요 문제는, 첫째, 인간 발달은 연속적인가 비연속적인가, 둘째, 발달은 하나의 경로를 통해 이루어지는가, 다양한 경로를 통해 이루어지는가, 셋째, 천성과 양육은 어떤 상대적 영향력을 가지는가 하는 것이다.

2. 발달 단계는 크게 태아기, 영아기, 초기 아동기, 후기 아동기, 청소년기, 초기 성인기, 중기 성인기, 후기 성인기로 나뉜다. 각 단계에서 발달하는 영역은 인지, 언어, 사회성 등이 있다.

3. 태아기 발달은 크게 발아기, 배아기, 태아기로 나뉘며, 배아기에 주요 신체기관이 형성되고 환경의 영향에 가장 취약하므로 배아기는 태내 발달의 결정적 시기라고 불린다. 산모가 먹고 마시고 흡입하고 주사하는 모든 음식이나 약품은 태내 발달에 영향을 미칠 수 있고, 태내 발달 과정에 손상을 미칠 수 있는 다양한 기형유발물질이 존재한다.

4. 신생아의 감각 중 시각을 제외한 감각은 상당히 발달한 상태다. 시각의 경우도 생후 6개월이 되면 성인의 수준과 유사하게 발달한다.

5. 피아제는 인지 발달이 질적으로 다른 단계를 거치면서 일어난다고 보았고, 감각운동기, 전조작기, 구체적 조작기, 형식적 조작기로 인지 발달 단계를 구분하였다. 그러나 최근에는 피아제가 제안한 것보다 더 어린 나이에 사고 능력이 발달한다는 실험적 증거가 급증하고 있다.

6. 기존 연구는 만 4세 이상이 되어야만 틀린 믿음을 이해할 수 있다고 보았지만, 최근 연구는 영아들도 틀린 믿음을 이해할 수 있다는 것을 보고하고 있다.

7. 피아제는 아이의 도덕성 추론 발달 단계를 전도덕적 단계, 타율적 도덕성, 자율적 도덕성 세 단계로 나누었다. 콜버그는 피아제 이론을 아동기 이후로 확장시켜 전인습적 단계, 인습적 단계, 후인습적 단계로 도덕성 추론 발달 단계를 나누었다.

8. 언어 발달은 말소리, 단어, 문법, 담화 등 다양한 수준에서 이루어지며, 각 수준에서의 언어 이해와 산출의 발달은 차이가 있다.

9. 아동의 기질은 다양한 유형으로 나뉘지만, 적합성모델(goodness-of-fit model)에서는 기질 자체보다 기질과 환경의 조화가 영향을 미친다고 설명한다.

10. 애착 유형에는 안정 애착, 불안정-회피 애착, 불안정-저항 애착, 불안정-혼란 애착의 네 가지 유형이 존재하며, 부모가 얼마나 민감하게 반응하는지에 따라 애착의 유형이 달라진다.

11. 부모의 양육 유형은 권위있는, 권위주의적, 허용적, 방임적 유형으로 나뉘며, 이 중 권위 있는 양육 유형이 가장 바람직한 발달적 효과를 가진다.

12. 청소년기는 피아제의 형식적 조작기에 해당하며, 추상적이고 논리적인 사고가 가능하다. 청소년기의 주요 발달 과업은 정체성 확립이다.

13. 성인기에는 기억력의 쇠퇴와 같은 인지적 변화가 생기며, 결혼과 직업의 선택과 같은 주요 발달 과업을 수행하게 된다.

학습과제

1. 발달심리학의 주요 이슈에 대해 기술하시오.

2. 태내기에서의 결정적 단계는 언제이며, 그 단계의 특징은 무엇인가?

3. 태내 발달에 영향을 주는 환경적 요소는 무엇인가?

4. 피아제의 인지 발달 이론의 특징과 주요 단계에 대해 기술하시오.

5. 영아기의 마음 이해 능력 발달에 대한 최근 연구에 대해 기술하시오.

6. 도덕추론 발달에 대한 피아제와 콜버그의 이론을 비교하고, 각 이론의 내용을 기술하시오.

7. 영아기 동안 말소리 지각 능력의 발달은 어떻게 이루어지는가?

8. 기질의 다양한 유형의 특징을 기술하고, 기질이 발달에 미치는 영향에 대해 설명하시오.

9. 애착의 유형 및 애착에 영향을 미치는 요소를 기술하시오.

10. 네 가지 부모 양육 유형의 특징을 기술하시오.

11. 청소년기의 인지 및 사회성 발달의 특징을 기술하시오.

12. 성인기의 인지 및 사회성 발달의 특징을 기술하시오.

chapter

08

동기와 정서

학습목표

- 추동, 각성, 유인 등 주요 동기 이론을 살펴본다.
- 외적 동기와 내적 동기의 작용을 살펴본다.
- 성장 동기와 자기실현 동기를 이해한다.
- 동기와 정서와 관련된 신경과학을 살펴본다.
- 정서의 구성 요소를 살펴본다.
- 정서의 기능에 대해 이해한다.

　　동기와 정서는 모두 특정한 목표를 지닌 행동을 취하거나 회피하게 만든다. 동기 (motive)와 정서(emotion)는 모두 라틴어 movere(움직이다)가 어원으로, 무엇을 움직이 게 한다는 의미를 가지고 있다. 행동뿐 아니라 인지 과정을 포함하여 인간에게 움직임이 생 겨나게 하는 핵심적 동력이 동기와 정서이다. 우리는 행동의 이유가 무엇인지 그 동기를 궁 금해한다. 동기는 음식을 먹거나 잠을 자는 일상적 활동부터 자신의 생명을 던져 다른 사람 을 구하는 것처럼 특별한 행동까지, 어떤 행동이 시작되고 지속되며 변화하고 종결되는 이 유를 설명할 때 사용되는 개념이다. 에너지를 부여하는 힘으로 작용하는 동기에 대한 관심 은 그리스 시대부터 이어져 심리학에서도 다양한 이론적 관점에서 이해되었다. 본능, 추동, 각성, 유인 등으로 설명되었던 동기는 행동주의, 인지 혁명, 인본주의 심리학의 흐름 속에서 다양한 개념으로 설명되어 왔다. 한편, 정서는 1980년대 이후 가장 뜨거운 관심이 모아지는 심리학 영역이다. 정서의 기능적 역할에 대한 이해가 높아지면서 정서가 의사소통뿐 아니라 대인관계의 기반임이 밝혀지고 있다. 8장에서는 정서가 무엇인지, 그리고 정서가 우리 삶에 서 어떤 기능을 하는지에 대한 이해를 돕고자 한다. 정서와 동기는 다른 심리 과정을 통합하 고 조직하는 핵심 성분이다(Pervin, 1996). 사람이 정서를 어떻게 느끼며 조절하고 표현하 는지, 그리고 어떤 동기에 의해 움직이느냐 하는 것이 그 사람의 인격적 특성을 이루기 때문 이다.

08 chapter
동기와 정서

1. 동기

1) 동기 연구의 흐름

그리스부터 르네상스 시대까지 철학자들은 의지로 표현되는 이성적이고 능동적인 힘과, 욕망으로 표현되는 충동적이고 물질적인 힘을 구분하였고, 의지는 행동에 가장 핵심적인 동기로 여겨져 왔다. 그러나 의지의 본질뿐 아니라 작용 법칙도 발견되지 않으면서, 동기에 대한 연구는 심리학으로 옮겨 왔다. 과학적 학문을 표방한 심리학은 초기에는 생물학에 기반을 둔 본능 개념으로 동기를 설명하였다. 본능(instinct)은 유전과 진화를 근거로 목표 지향적인 생물학적 충동을 설명할 수 있었다. 그러나 수없이 많은 본능을 목록화하였지만 설명보다는 현상을 기술하는 것에 그친다는 문제점이 제기되며, 1920년대 동기 연구의 중심은 추동(drive) 이론으로 옮겨 갔다. 추동 이론에서는 결핍이 발생하면 긴장 상태가 초래되고, 이를 해소하기 위해 행동이 동기화된다고 설명한다. 추동의 개념은 동기가 발생하는 선행조건(박탈, 불일치 등)을 설명할 수 있어 널리 수용되었다. 그러나 추동 이론은 생물학적 욕구와는 관계가 없어 보이는 동기들이나 의도적으로 흥분을 추구하는 행동들(모험 등)을 설명하지 못한다. 이에 단순히 추동의 감소가 목적이 아니라 유기체가 최적 각성을 추구한다는 각성(arousal) 이론이나, 유기체의 내적 추동뿐 아니라 매력적인 환경 자극에 의해 행동이 동기화될 수 있다는 유인(incentive) 이론이 그 대안이 되었다.

본능, 추동, 각성, 유인 이론들은 하나의 원인으로 동기화된 행동의 전 범위를 설명하려 하였다. 그러나 한 이론이 생리, 심리, 사회, 문화, 발달, 임상의 모든 현상과 원리, 즉 인간의 동기 전체를 설명하는 것은 불가능하다. 이에 1960년대부터는 특수한 동기적 현상에 초점을 두며 이론적으로나 실용적으로 풍부함을 가진 소형 동기 이론들이 등장하였다. 인지 혁명의 영향으로 목표나 기대와 같은 인지적 요소가 어떻게 행동을 동기화시키는지 설명하려 하였다. 또한 인간을 보는 관점의 변화로 능동적인 유기체를 가정하는 동기 이론들이 등장하였다. 결핍 동기(긴장 감소, 항상성)보다 성장 동기(자아실현, 내적 동기)를 더욱 중시하였다. 최근에는 뇌과학의 발달과 함께 동기와 정서의 신경과학은 우리에게 중요한 경험이 어떻게 뇌 구조를 활성화시키고, 이로 인해 행동이 생겨나고 변화하는지에 초점을 맞추며 빠르게 발전하고 있다.

2) 추동 이론

동기 이론들의 다양한 관점

왜 심리학개론을 공부하는가?

심리적 현상에 흥미를 느껴서인가, 다음 시험에서 좋은 성적을 얻기 위해서인가(내적 동기 vs. 외적 동기)? 부모님께서 실망하시는 것을 피하거나 기뻐하시는 것을 위해서(회피 vs. 접근)? 닮기를 원하는 선생님처럼 되고 싶어서(가능한 자아, 목표)? 자신의 실력이 변화하고 향상되는 것에 대한 흥미? 인간의 행동 이면에 원인이 다양할 수 있는 만큼 동기 이론은 다양하다. 우리는 불안하기 때문에 공부하기도 하고(추동 감소), 다른 사람의 인정을 받기 위해 공부하기도 하고(보상), 재미있기 때문에 공부하기도 한다(내적 동기).

이론적 접근	동기 요소
진화론적	생존에 도움(유전적 자질)
정신분석적	무의식적 갈등
생물학적	뇌 활동과 도파민 분비
행동적	사회적 인정, 돈(유인가와 보상)
인지적	기대 가치 이론, 목표 설정 이론, 자아 효능 이론
인본주의적 관점	가능성을 실현, 내적 동기

섭식이 충분하지 못해서 배가 고팠을 때는 불편함이라는 긴장 상태를 경험한다. 음식, 물, 수면 부족과 같은 신체적 결핍은 추동의 근원이다. 헐(Hull, 1943)에 따르면, 추동(drive)은 생리적 욕구에 대한 반응으로 생겨나는 심리적인 상태이다. 결핍 정도가 증가할수록 추동의 힘이 강해지고, 긴장이나 불안과 같은 심리적 상태로 의식된다. 추

동의 증가는 신체적 결핍을 해소하고 욕구를 충족시킬 행동에 동기를 부여한다. 먹기와 물 마시기와 같이 욕구가 충족되어 추동의 목표가 달성되면 불안 등의 긴장은 가라앉는다. 긴장이 감소되면 불편한 상태가 해소된다. 긴장을 감소시키고 불편한 상태를 해소하기 위해 우리의 행동은 조절된다. 추동 이론은 생리적 상태뿐 아니라 정신분석 이론, 행동주의, 인지 이론에서도 찾아볼 수 있다.

(1) 생물학적 욕구와 항상성의 회복, 배고픔

배고픔, 갈증, 수면, 체온, 성욕, 고통과 같은 생물학적 욕구는 인간의 생존과 안녕에 필수적이다. 생물학적 욕구는 생물학적으로 결핍된 상태에서 생긴다. 영양 부족과 같은 생물학적 결핍이 허기와 같이 심리적으로 경험되는 것이 '추동'이다. 하루 종일 아무것도 먹지 못했다고 가정해 보자. 배가 고파질수록 음식 생각이 나고, 음식을 찾아 움직이는 행동이 다른 일보다 우선시될 것이다. 심리적 추동은 먹을 것을 찾거나 먹기와 같은 생물학적 욕구를 충족시킬 수 있는 행동을 동기화한다. 동기화된 행동으로 신체가 항상성을 회복하면 유기체는 행동을 중지한다. 추동 감소의 생리적 목표는 항상성(homeostasis), 안정적인 내적 상태의 유지이다.

인간의 다양한 행동들 가운데 섭식은 항상 적절한 수준을 유지해야 하는 대표적인 행동이다. 배고픔과 섭식과 관련된 동기를 이해하기 위해서는 항상성 유지를 위한 조절 과정과 함께 인지-사회-환경적 영향에 대한 이해도 필요하다.

신체의 에너지 필요에 맞추어 적절한 영양 상태를 안정되게 유지하기 위해서는 적당하게 먹는 것이 필요하다. 식이 조절은 신체의 영향 상태에 의해 조절을 받는다. 단기적인 식이 조절 과정에서는 혈당 수준이 배고픔에 결정적이다(Mayer, 1953). 혈당이 떨어지게 되면 포도당에 대한 생리적 욕구가 발생하고, 간에서 이를 탐지하여 뇌로 신호를 보낸다. 외측 시상하부(lateral hypothalamus)가 자극되면 식욕이 유발된다. 배고픔의 신호에 따라 우리는 음식을 찾고 먹는다. 외측 시상하부의 자극이 비정상적으로 계속되면 동물은 비만에 이를 정도로 과식하게 된다. 음식을 먹은 후 음식의 처리 및 흡수 상태는 혈류를 통해서 그리고 간, 위, 및 장으로부터 구심성 신경섬유를 통해서 뇌에 신호를 보낸다. 신호들은 복내측 시상하부(ventromedial hypothalamus)에서 처리되어서 포만감을 느껴 음식 먹기를 끝내도록 한다.

장기간의 식이 조절 가설에서는 지방이 중심적인 조절 역할을 한다. 저장된 지방량이 항상성 균형 이하로 떨어질 때, 지방 조직은 음식 섭취를 자극하는 호르몬인 그렐린

(ghrelin)을 혈류에 분비한다. 역으로, 저장된 지방량이 항상성 균형을 초과하여 증가할 때, 지방 조직은 음식 섭취를 중단하라는 신호를 전달하는 호르몬인 렙틴(leptin)을 혈류에 분비한다(Woods et al., 1998). 생리적 신호는 심리적으로 바뀌어 포만감을 느끼게 된다. 렙틴 결핍 문제를 가진 사람들은 자신의 식욕을 조절하는 데 어려움을 겪는다.

섭식 행동은 생리적 단서뿐만 아니라 심리적·사회적·환경적 단서에 의해서도 영향을 받는다. 배가 고프지 않았지만 옆에서 라면을 끓여 먹기 시작하면 여러분도 식욕을 느낄 것이다. 음식물을 보는 것, 냄새, 특정한 맛이나 영양 물질, 특정 모양, 특정 시간대, 스트레스 등은 모두 음식을 먹으려는 동기를 야기한다. 맛있는 음식의 맛을 보거나 사진을 보면, 그 음식을 먹고 싶은 욕구가 증가한다. 음식의 가용성과 많은 양의 음식 또한 사람들에게 과식을 야기한다. 뷔페에 가면 과식을 하는 이유이다. 한편, 정서적인 이유에서 폭식이나 절식과 같은 이상섭식 행동이 나타날 수도 있다. 부정적인 정서로 인한 내적 불편감과 배고픔의 생리적 단서를 구분하지 못하고 혼동하기 때문에 과식이나 폭식이 야기되며, 이러한 섭식은 단기적으로는 부정적 정서를 감소시키는 역할을 한다.

(2) 헐의 추동 이론

헐(Hull)은 겉으로 드러나는 행동 이면에, 관찰이 어려운 내적 상태에도 관심을 가졌던 대표적인 행동주의 심리학자였다. 헐은 자극과 행동 사이에 유기체의 내적 상태를 가정하였다. 배고픔, 갈증, 고통, 체온, 배설, 수면, 활동, 짝짓기 등의 생리적 욕구에 대한 반응으로 추동이 발생한다. 추동이 발생하면 유기체가 불편을 경험하기 때문에 추동 감소를 위한 행동이 동기화된다. 만약 어떤 생물학적 추동이 존재하고 특정 반응의 결과로 추동이 감소되면 항상성은 회복된다. 그렇다면 그 반응은 강화될 것이다. 헐은 강화물의 효과에 대한 설명을 추동 감소에서 찾았고 항상성 개념과 연결

헐(Hull)

시켰다. 하지만 추동으로 인해 행동이 활성화된다 해도 행동의 방향까지 정해지지는 않는다. 헐은 특정 반응에 따라 추동이 급격히 감소하는 경험을 한 사람은 이를 학습하게 되고, 행동이 반복되며 강화된다고 주장했다. 행동의 방향을 결정하는 것은 강화 결과 발생한 학습에서 익힌 습관들이다.

헐의 추동 이론의 특징은 동기의 강도에 대한 사전 예측이 가능했다는 점이다. 먹

이, 물, 교미, 수면 등을 박탈한다면 추동은 박탈 시간에 비례하여 필연적으로 증가한다. 환경적 조건이라는 선행 요인을 통해 추동의 예측이 가능했다는 점에서 추동 이론은 동기 연구를 주도했지만, 이후 생리적 욕구 충족과는 아무 관계가 없어 보이는 많은 강력한 강화 요소들을 설명하지 못하고 동시에 인지 혁명의 영향으로 추동 감소 이론은 쇠퇴하게 되었다.

(3) 프로이트의 추동 이론

프로이트(Freud)는 행동의 원인을 무의식적 추동(unconcious drive)으로 설명하려 하였다. 그는 19세기 생리학과 물리학의 영향을 받아 정신 에너지가 신경생리적 흥분 상태에서 유래한다고 보았다. 이러한 신체적 흥분이 소망의 형태로 마음속에 표상된 것을 추동이라 하였다. 추동은 인간의 마음을 움직이게 하는 동기적인 힘을 가진 무의식적 현상이다. 프로이트는 인간의 많은 행동을 충족되지 못한 강한 충동이나 소망에 대한 상징적 표현으로 보았는데, 이러한 강한 충동과 소망이 무의식적 추동으로 작용하여 긴장을 발생시킨다는 것이다. 추동에는 심적 에너지가 수반되는데, 성적 추동에 수반되는 심리적 에너지를 리비도라 불렀다. 긴장 감소와 즉각적인 만족을 추구하는 추동들 간의 역동적 상호작용과 여기서 발생하는 불안을 감소시키기 위한 방어기제는 정신분석의 주요한 개념들이다.

인간 행동의 근원을 성적 추동에 초점을 두는 동기 이론에 대한 반발은 프로이트 이후 성욕이 아닌 다른 욕구를 중심으로 한 새로운 이론들을 잉태하였다. 예를 들면, 아들러(Alfred Adler)는 열등감과 우월에 대한 욕구를 강조하였고, 대상관계 이론가들은 관계에 대한 욕구를 강조하였다.

3) 행동주의 관점의 동기 이론

(1) 유인물, 보상, 강화, 처벌

행동주의 관점에서 인간의 동기는 외부로부터 주어지는 보상과 처벌로 강화하거나 약화시킬 수 있다고 본다. 실제로, 우리의 많은 행동은 외적 동기에 의해 시작되고 유지된다. 학교에서나 가정에서나 바람직한 행동에는 칭찬과 같은 보상이 따르고, 바람직하지 않은 행동을 할 때는 비난을 하거나 벌을 세우기도 한다. 기업은 구성원을 동기 부여하기 위해 연봉, 성과급, 승진 등 다양한 보상 전략을 활용한다. 정부에서는 공과금을 제

때 납부하도록 하기 위해 사전 납부에 할인 혜택을 주고 납기일이 지나면 벌금을 부과한다. 월급과 보너스, 미소와 칭찬은 우리를 기분 좋게 만들고, 우리는 이를 얻기 위해 행동한다. 원하는 무엇을 얻거나 싫어하는 무엇을 피하기 위해 행동이 동기화된다.

행동에 선행하여 그 행동을 하거나 하지 않도록 하는 환경 사건을 유인물(incentive)이라고 한다. 용돈을 받기 위해서 청소를 하였다면 용돈은 유인물이다. 유인물은 행동에 선행하고, 앞으로의 결과를 예상하게 한다. 결과적으로, 행동을 증가시키는 것은 보상 또는 강화물이라 한다. 당신이 농담을 할 때 상대가 웃는다면, 당신은 더욱 자주 농담을 하게 된다. 이때 웃음은 강화물이 된다. 보상은 수행이나 성취에 대하여 그 사람에게 무엇인가를 주는 것이다. 월급이나 감사의 미소와 같은 보상은 이후 그 행동을 더 반복하게 만드는 강화물이다. 강화와 달리 처벌은 행동이 일어날 확률을 감소시키는 자극이다. 교통 법규를 위반해서 범칙금(처벌)을 내게 되면 향후 교통 위반 행동이 나타날 확률이 줄어들 수 있다. 유인 이론은 환경 사건들(보상, 처벌)이 행동을 활성화할 수 있는 이유를 설명한다. 학습을 통하여 어떤 대상은 만족을 주니까 접근하고, 어떤 대상은 고통을 주기 때문에 회피하는 것이다.

(2) 보상의 신경과학

보상은 우리에게 기분 좋은 느낌을 준다. 목이 마를 때 시원한 물을 마시면 갈증 해소라는 즉각적인 쾌감을 느낀다. 일이나 취미에의 몰입은 좋은 결과나 주위의 인정에서 느끼는 재미, 성취감과 같은 쾌감을 경험하게 한다. 우리는 본능적인 욕구가 만족될 때뿐 아니라 어떤 일을 기대하거나 몰입할 때도 희망, 도전, 즐거움 등 쾌감을 느끼며, 이러한 쾌감 때문에 그 행동을 원하고 반복하게 된다. 이런 쾌감은 도파민의 방출과 관련된다.

올즈와 밀너(Olds & Milner, 1953)는 쥐의 행동 억제 연구 중 예상치 않은 결과를 얻게 되었다. 쥐의 특정 뇌 영역에 전기 자극을 주면 쥐의 행동이 억제되는지를 확인하는 연구였다. 그런데 연구자들은 실수로 의도하지 않았던 부위에 전극을 삽입하였다. 그러자 전기 자극을 받은 쥐들에게서 행동 억제는 나타나지 않았고, 오히려 자극을 다시 받고 싶은 듯 자극을 받은 장소로 되돌아가는 것이었다. 연구자들은 방법을 바꾸어 쥐들이 지렛대를 누를 때마다 같은 부위에 전기 자극이 주어지도록 하였다. 마음대로 전기 자극을 줄 수 있게 되자, 쥐는 자신의 뇌를 자극하기 위해 수백 번 지칠 때까지 지렛대를 눌렀다. 뇌의 특정 부분을 자극함으로써 발생한 쾌감이 보상이 되고, 쥐가 지렛대를 누르는 행동이 강화되었던 것이다. 초기에 쾌락 중추로 불리던 이 영역은 측좌핵이었다. 이후 관련된 영역은 복측 피개 영역(ventral tegmental area)에서 측좌핵(nucleus accumbens)이나 전전두피질로 연결되는 신경연결망으로 밝혀졌다. 이곳은 뇌에서 도파민 분비가 집중되는 곳으로 도파민 회로 또는 보상회로라고도 불린다([그림 8-1] 참조). 도파민은 뇌신경 세포의 흥분 전달을 통해 의욕이나 성취감이나 도취감을 느끼게 한다. 도파민 회로는 음식이나 성행동과 같은 일차적인 보상뿐 아니라, 칭찬과 같은 이차적인 보상에도 활성화된다. 맛있는 음식을 먹을 때, 원하는 것을 얻을 때, 취미 활동을 즐길 때처럼 보상을 기대하는 순간, 우리의 몸에서는 도파민이 분비되고 기분 좋은 각성이 생겨난다. 그리고 도파민은 기분을 좋게 만든 어떤 것, 즉 보상과 연결된 자극에는 접근하고 보상을 받았던 행동을 되풀이하도록 한다.

(3) 중독

때때로 보상에 의한 행동의 활성화는 역기능적으로 작용한다. 스트레스를 받아 불안할 때 게임에 몰두하면 불안을 잊고 즐거움을 느끼는 경우를 보자. 게임 속 가상의 적을 물리칠 때 도파민이 분비되어 좋은 기분을 느끼게 되고, 스트레스가 풀리기도 한다. 고통이 감소하거나 기분이 좋아지는 것은 강력한 보상이 된다. 이후 스트레스를 받을 때면 기분이 좋아지기를 바라며 다시 게임을 한다. 문제는 이러한 반복 행동이 해로운 결과를 가져올 때이다. 약물이나 특정 행동(게임, 도박 등)은 보상회로를 자극하고 도파민을 분비시킨다. 코카인은 배출된 도파민을 세포들이 재흡수하지 못하게 막아 도파민의 효과를 연장시킨다. 암페타민은 도파민의 배출을 자극해 측좌핵에 도파민 수준을 높인다. 그런데 도파민이 비정상적으로 많이 분비되면 인체의 항상성 유지를 위해 도파민 수용체의 기능이 떨어지게 된다. 도파민 수용체의 기능이 떨어지면 일상적인 활동으로는 쾌감이나 의욕이 생기지 않게 된다. 같은 용량의 약물에 쾌감이 덜 느껴지는 내성과 섭취하지 않을 때 생기는 금단 증세로, 같은 효과를 얻는 데 점점 더 많은 양의 약물을 필요로 하게 된다. 심각한 중독으로 발전하게 되는 것이다. 중독성 약물이나 중독 행동이 뇌의 보상기제를 장악해 버리기 때문에, 자신에게 해로움에도 불구하고 그 행동에 몰두하게 되는 것이다.

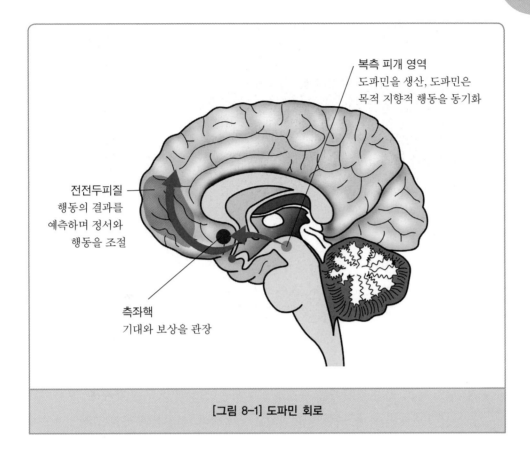

[그림 8-1] 도파민 회로

4) 인본주의적 관점의 동기 이론

인간은 단지 긴장 감소만을 위해 행동하는가? 인간은 외부에서 주어지는 보상과 처벌에 의해서만 움직이는 존재인가? 자신의 선택이 아닌 무의식적 갈등에 의해 움직이는 존재인가? 그러나 열정, 창조성, 책임감 등의 정신적 능력들은 이러한 개념만으로는 설명되지 않는다. 그렇다면 인간을 인간답게 하는 것은 무엇인가?

(1) 인간의 심리적 욕구

사람에게는 신체적 욕구처럼 심리적 욕구도 있다. 심리적 욕구는 보편적인 욕구이며 건강한 발달에 내재하는 인간 고유의 심리적 특성이다. 데시(Edward Deci)와 라이언(Richard Ryan)의 자기 결정성 이론(self-determination theory)에 의하면, 인간이 추구하는 기본적인 욕구는 자율성(autonomy), 유능성(competence), 관계성(relatedness)이다 (Deci & Ryan, 1985). 인간은 본래 활동적으로 태어났기 때문에 탐색하고, 새로운 흥미를 발견하고 도전하며, 자신의 능력을 발전시킨다.

- **자율성의 욕구**: 인간은 행동의 원인이 자신에게 있다고 느끼기를 원한다. 스스로 목표를 세우고, 행동을 선택하고 조절하며, 자기에게 중요하고 가치 있는 것이 무엇인가를 결정할 수 있는 자유를 원한다. 자신의 흥미와 기호, 필요에 따라 특정 활동에 관여 여부를 결정한다면 그 행동은 자율적이다. 반면, 특정한 방식으로 생각하고 느끼며 행동하도록 외부로부터 압력을 받고 스스로 선택한다는 느낌을 빼앗길 때는 자율적이지 않다.
- **유능성의 욕구**: 인간은 누구나 자신이 유능한 사람이기를 원하고, 기회가 주어지면 자신의 능력이나 기술과 재능을 향상시키기를 원한다. 유능성은 개인의 역량과 기술을 연마하고, 그 과정에서 최적의 도전을 추구하고 숙달하고자 하는 바람을 나타낸다. 과제의 복잡성과 난이도가 현재 자신의 기술과 재능에 비추어 적절한 수준일 때 유능성의 욕구가 관여되고, 우리는 그 과제에 흥미를 느낀다. 자신이 가진 능력에 진보가 있을 때 유능성의 욕구가 만족된다.
- **관계성의 욕구**: 인간은 관계를 형성하고자 하는 심리적 욕구를 갖는다. 보살피고 보살핌을 받으려 하며, 타인과 연결되고 소속되며, 친밀감과 애착을 형성하고자 한다. 욕구를 만족시키는 관계 내에서 사람들이 본질적으로 추구하는 것은 진실과 배려, 다른 사람과 의미 있는 관계를 맺을 수 있는 기회이다.

(2) 성장 동기, 자기실현 이론

인본주의적 접근에서는 유기체가 기본적으로 성장과 자기실현의 경향성을 가졌다고 강조하며, 이를 가장 중요한 동기로 가정한다. 생존을 위한 이기심이나 공격성을 인간의 일차적 동기로 보는 기존의 관점과는 달리, 매슬로(Abraham Maslow, 1908~1970)는 이기심이나 공격성이 인간이 고통 속에 있거나 안전, 사랑, 자기 존중감과 같은 기본적인 욕구를 충족시키지 못해 나온 반작용일 뿐이라고 주장하였다. 그는 인간의 욕구들이 생물학적, 안전, 애정, 소속, 자기실현의 욕구들과 구분될 수 있으며 위계를 이룬다고 주장하였다. 그 역시 생물학적 욕구와 안전 욕구의 중요성을 인정하였다. 하위 욕구들은 생존과 더 밀접하게 관계되기 때문에 상위 욕구보다 더 우선적으로 필요하다. 그러나 하위 욕구가 충족되면 상위 욕구가 부각된다. 매슬로는 또한 결핍 동기와 성장 동기를 구분하였다. 생리, 안전, 애정, 소속의 동기들은 결핍에서 활성화되는 동기들이다. 결핍 동기에서는 긴장이나 고통을 해소하고 항상성 회복하기를 추구하게 된다. 결핍의 관점에서 현실을 지각하고 결핍을 충족시키려 투쟁을 하게 한다. 그러나 결핍 동기가 안정되게 충족되면 성장 동기가 전면에 나타난다고 보았다. 특히 강조되는 것은 자기실현 동기이다. 인간에게는 자신의 잠재력을 발휘함으로써 진정한 자신이 되고자 하는 성장 동기가 있고, 이는 실현 가능한 그 무엇인가가 되기 위한 에너지와 방향성을 제공한다. 성장은 더 나아지고 현명해지고자 하는 사람의 욕구와 관련이 있으며, 욕구의 만족에 의해 더 강화되고 자극된다.

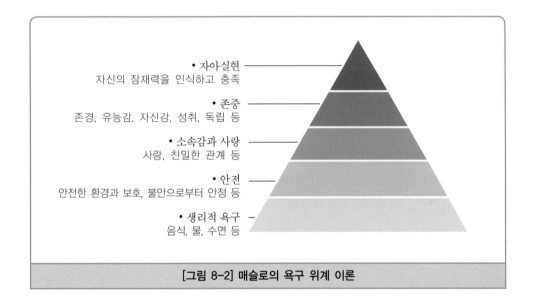

[그림 8-2] 매슬로의 욕구 위계 이론

(3) 내적 동기

내적 동기(intrinsic motivation)는 호기심, 만족, 도전감과 같은 자연스럽게 내적으로 발행하는 동기를 말한다. 외적 동기는 행동에 대한 대가로 돈, 칭찬 같은 외부에서 주어지는 보상 때문에 발생하는 동기를 의미한다. 당신이 동기 이론을 읽고 있는 이 순간, 공부를 하는 행동의 원인에는 좋은 성적을 얻는다는 외적 동기가 작동할 수도 있고, 호기심이나 재미와 같은 내적 동기가 작동하고 있을 수도 있다.

앞서 설명한 외적 동기의 사용, 즉 동기를 부여하기 위한 보상이나 처벌을 주는 방식에는 숨겨진 대가가 있다. 예를 들어, 당신이 자원봉사 활동을 한다고 하자. 다소 힘들지만 자발적인 행동이었다. 그런데 당신이 자원봉사 활동을 할 때마다 돈을 받고 칭찬을 듣게 된다고 하자. 그러던 어느 날 더 이상 어떤 보상도 없다면 어떠할 것인가?

아무런 영향을 받지 않고 자원봉사를 지속할 수 있을까? 많은 연구들이 내재적 흥미가 있는 활동에 외재적 보상이 주어질 때 오히려 내적 동기가 저해될 수 있음을 밝혀 왔다.

데시와 라이언(Deci & Ryan, 1985)에 따르면, 보상은 내적 동기의 저하를 가져온다. 연구자들은 아이들이 좋아하는 블록 맞추기 게임으로 실험을 하였다. 실험실에 온 아이들에게 블록으로 개, 의자, 비행기 등을 만들라고 지시하고 한 집단에게는 하나를 완성할 때마다 1달러를 주기로 하고, 한 집단에게는 아무런 보상도 약속하지 않았다. 돈까지 받으니 블록 맞추기를 더 열심히 할까? 실험에서는 잠깐의 휴식 시간 동안 참가자들이 무엇을 하는지를 관찰하였다. 보상을 약속받지 않은 아이들 상당수가 휴식 시간에도 계속 블록 맞추기를 했다. 과제에 대한 흥미가 유지되는 것이다. 그러나 보상을 약속받은 아이들은 블록 맞추기를 하지 않았다. 재미 때문에 하던 일들이 보상 때문에 하는 것이 되었고, 보상이 없을 때는 행동이 감소하게 된 것이다.

금전적 보상 이외에도 위협이나 지시, 경쟁, 마감 기한 설정, 목표 제시, 감시, 평가 등이 모두 내면의 동기를 훼손하는 것으로 드러났다. 상과 칭찬, 경쟁에 의해 동기가 부여되었을 때는 이러한 환경이 없어지는 순간 동기 역시 감소한다. 내재적 흥미를 갖고 있는 일을 하고 있을 때 외적 보상의 제공으로 내적 동기가 감소하는 것을 과잉 정당화 효과(over-justification effect)라고 한다(Lepper et al., 1981). 또한 보상은 자신의 행동에 대한 귀인을 변화시킨다(Bem, 1972). 보상을 받는 경우에는 자신이 한 행동의 원인을 보상에서 찾지만, 외적 보상이 없거나 너무 미약하여 자신의 참여를 정당화하기 힘들 때에는 행동의 이유를 자신의 욕구로 귀인하는 것이다. 보상 때문에 어떤 행동을 했다면, 보상이 없다면 더 이상 할 이유가 없다고 생각하는 것이다. 외적 보상은 숙달하고 학습하려는 심리에서 주어지는 보상 쪽으로 목표와 주의를 변화시킨다.

개인은 자신이 원해서 스스로 선택한 활동을 할 때 더 흥미를 느끼고 몰입하며, 그 활동을 지속할 가능성이 높아진다. 내적 동기는 인간의 삶에서 즐거움과 활력의 중요한 원천이 된다(Ryan, 1995). 내재적으로 동기화된 사람들은 자발적으로 노력하고, 도전을 추구하며, 실패에 직면해도 지속하고, 높은 수준의 활력과 주체성을 보인다.

(4) 자기 결정성 이론

외적 보상이 항상 내적 동기를 저하시키는 것은 아니다. 공부에 재미를 느끼는 학생들도 성적을 잘 받기 위해서 공부를 한다. 장학금이나 인정 등 외부에서 부과된 이유 때문에 공부에 대한 동기가 발생하고 유지되기도 한다. 외적 동기와 내적 동기가 어떻게 복합적으로 행동을 동기화하는지 이해할 필요가 있다. 또한 사회에는 흥미롭지는 않지만 해야 하는 중요한 일들이 많고, 우리가 제 역할을 하고 살기 위해 보상 없이도 이러한 일들이 자발적으로 이루어져야 한다. 즉, 초기에 내적 동기가 존재하지 않았던 행동들이 어떻게 내면화(internalization)되는지의 과정에 대한 이해도 필요하다. 내면화란 사람들의 가치, 태도 및 행동에 대한 통제를 자신의 것으로 받아들이는 것을 말하며, 내면화의 정도가 높을수록 더욱 자율적이다.

자기 결정성(self-determination) 이론은 외적 동기와 내적 동기가 대립적 형태로 존재하는 것이 아니라, 자기 결정성의 정도에 따라 무동기 상태로부터 내적 동기 상태에 이르기까지 연속적으로 존재한다고 제안한다. 외적 동기는 개인이 지각하는 상대적 자율성 또는 내면화 정도에 따른 외적 조절, 내사 조절, 동일시 조절, 통합 조절 등 네 유형으로 구분된다. 무동기는 동기가 없는 상태로, 에너지나 노력을 투입하지 않는다. 무단결석하며 공부에 동기가 없는 학생들은 공부에 대한 내적 동기뿐 아니라 외적 동기(보상, 처벌) 모두 작동하지 않은 상태이다. 외적 조절은 보상을 얻거나 처벌을 피하기 위하여 행동을 하는 상태이다. 내사 조절은 외부의 규칙과 요구를 받아들였으나 아직 자신에게 통합되지는 않은 상태이다. 동일시 조절은 외부의 사고나 행동을 동일시하고 자신의 것으로 받아들인 상태이다. 통합은 과업의 의미 이해를 넘어 내면적으로 다양한 가치와 욕구들이 조화를 이루며 일치된 상태이다. 통합은 상당히 자율적이나 행동 그 자체보다 행동의 결과를 추구한다는 점에서 외적 동기이다. 한편, 내적 동기

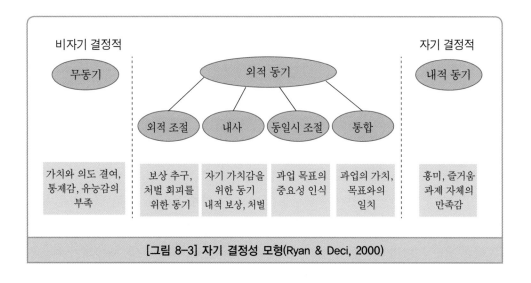

[그림 8-3] 자기 결정성 모형(Ryan & Deci, 2000)

는 행동 자체에서 느끼는 즐거움이나 만족감이 행동을 동기화하는 가장 자율적인 동기이다. 개인은 자신이 원해서 스스로 선택한 활동을 할 때 더 흥미를 느끼고 몰입하며, 그 활동을 지속할 가능성이 높아진다.

내적 동기는 심리적 욕구 충족의 표출이다. 어려운 문제를 풀거나 높은 산을 등반하는 것처럼, 어떤 일을 수행하면서 유능감을 느끼면 내적 동기가 발생한다. 내적으로 동기화되면 그 사람이 하는 일에서 자율성, 유능함, 관계성을 느낄 기회가 지속적으로 생겨난다. 일은 돈을 벌기 위해서만이 아니라, 자신의 유능성을 높이고 관계 욕구를 충족시키는 기회가 된다.

5) 암묵적 동기

매 순간 의식하고 보고할 수 있는 동기도 있지만 어떤 동기는 오랜 시간에 걸쳐 형성되고, 지속적으로 개인의 행동에 영향을 미치나 쉽게 의식하고 언어로 표현하기 어렵기도 하다. 암묵적 동기 분야의 선구적인 연구자였던 맥클란드(David McClelland, 1917~1998)는 사람들의 생각, 감정, 행동이 자신도 알지 못하는 힘, 즉 무의식적인 동기에 의해 영향을 받는다고 믿었다. 암묵적 동기의 측정은 무의식적 내용을 드러내는 주제통각검사(Thematic Apperception Test: TAT)와 같은 투사적 방식으로 이루어진다. 암묵적 동기는 개인의 특징적인 생각, 정서, 행동으로부터 암시되거나 추론된다.

사람들은 각자의 독특한 개인적 경험으로부터 특정한 상황에 대한 선호와 욕구를 형성한다. 어떤 사람은 도전하고 성취하는 경험을 통하여 성취 상황을 즐기게 되고, 어떤 사람은 자신의 영향력을 행사하고 확인하는 상황을 선호한다. 어떤 사람은 무엇보다 좋은 관계를 중시하며, 이를 경험할 수 있는 상황을 선호하고 중시한다. 성취, 권력, 친애의 세 가지 암묵적 동기는 경험과 사회화를 통해 획득된다(McClelland, 1987).

성취(achievement) 욕구는 잘하려는 바람을 의미한다. 운동이건 공부건 실력을 쌓고 유능해지기 위해서 도전에 직면한다. 반복적인 경험을 통해 도전적인 과제에 직면할 때 긍정적인 정서를 기대하는 것이 성취에 대한 암묵적 동기가 된다. 만약 도전적 상황에서 불안, 수치심과 같은 부정적 정서가 우세했다면 도전적 상황에 대한 선호는 발달되지 않았을 것이다. 개인적 유능성을 보여 주기 위해 무언가 잘 해내는 것은 유인가로 작용한다. 성취 욕구가 높은 사람들은 도전에 직면할 때 희망, 자존심, 예상된 만족 같은 접근 지향적 정서들을 가지며, 더 많은 노력, 더 나은 수행, 개인적인 책임을 보인다.

친애(affiliation) 동기는 다른 사람과 따뜻하고 가깝게 상호작용을 경험하려는 반복적인 경향이다. 친애 동기는 주변 사람에게 좋은 평가를 받는 것, 대인관계에 시간을 사용하는 것, 상호 이해를 넓히고 긍정적인 정서를 공유하는 조화로운 대인관계, 돌봄과 신뢰, 사랑을 주제로 개인의 정체성을 형성하는 것과 연관된다.

권력(power) 동기는 다른 사람에게 영향을 주고 강하다는 느낌을 경험하려는 반복적인 경향으로 정의된다. 권력 동기는 조직 내에서 높은 지위를 획득하는 것, 영향력을 발휘하는 것, 재산이나 힘을 중심으로 정체성을 형성하는 것 등과 관련된다.

6) 동기 이론의 응용

동기의 개념들은 우리의 실생활과 밀접히 연결되어 있다. 행동의 원인을 이해함으로써 다른 사람의 행동에 영향을 미칠 수 있기 때문이다. 만약 행동주의적 동기 원리를 받아들여 외적 동기가 중시된다면, 학교는 보상, 인센티브, 처벌을 통해 학생들에게 학업 동기를 높이려 할 것이다. 교사와 상사, 부모는 목표에 대한 관심과 노력을 이끌어 내기 위해 유인과 보상을 사용할 것이다. 보다 인본적인 접근의 동기 이론이 선택된다면, 호기심, 재미, 강점이 드러날 수 있는 자율적 선택과 적정 수준의 도전이 가능한 환경을 조성하는 데 노력을 경주하게 된다.

근래의 동기 연구는 독립된 연구 분야이기보다 심리학의 모든 영역으로 분산되었다. 사회 동기 이론, 인지 동기 이론, 발달 동기 이론 등 각 심리학 세부 전공뿐 아니라 다이어트, 직업, 스포츠, 교육, 중독 등의 분야별로 동기 이론의 응용과 발전이 이루어지고 있다.

2. 정서

1) 우리 삶에서 정서의 역할

"정서란 무엇인가?"라는 질문을 받는다면, 그 의미를 어느 정도 알고는 있지만 한마디로 설명하기는 어려울 것이다. 정서는 다차원적이고 복합적인 현상이기 때문이다.

정서는 신체 변화, 인지적 평가, 얼굴 표정과 동기화된 행동, 그리고 주관적 느낌이라는 요소들을 포함한다. 커다란 주사 바늘이 당신을 찌르려는 순간을 떠올려 보자. 우리가 느끼는 정서는 가슴이 뛰며 자신도 모르게 근육에 힘이 들어가는 신체적 반응, 주사 바늘이 위협적인 물건이라는 생각, 미간을 찌푸리고 도망가듯 몸을 뒤로 빼는 행동과 무섭다는 주관적인 느낌을 포함한다. 정서는 생물학적 · 인지적 · 행동적 현상이며 또한 목적적 현상이다. 그중 어느 요소가 핵심인지는 여전히 중요한 논점이고, 실용적 측면에서도 중요한 질문이다.

2) 정서의 기능

정서는 자신에게 중요한 사건에 대한 반응으로 발생한다. 교통 정체가 심하더라도 약속이 없다면 특별한 정서를 느끼지 않을 수 있겠지만, 중요한 약속이 있다면 정체된 도로 상황에 화가 나거나 불안하게 된다. 다행히 제시간에 도착하면 불안과 분노가 사라지듯, 중요한 상황과 그 상황에 적응해야 하는 요구가 종결되면 정서도 사라진다.

정서의 일차적인 기능은 개인에게 중요한 상황에 필요한 행동을 동기화하는 것이다. 부패한 음식이 입에 닿으면 우리는 맛을 제대로 느끼기도 전에 즉시 뱉어 낸다. 역겨움, 혐오감이 들기 때문이다. 혐오감은 감염 위험이 있거나 몸에 나쁜 음식을 먹지 못하도록 한다. 혐오는 오염된 대상을 멀리하는 행동(고개를 돌리거나, 뱉어 내거나)을 유발한다. 음식뿐 아니라 극히 비도덕적이거나 비인간적인 행동에 대해서도 우리는 분노뿐 아니라 혐오를 느낀다. 혐오감은 더럽거나 비도덕적인 대상을 배척하게 하여 자신과 사회를 보호한다. 한편, 위험하거나 낯선 상황에 처할 때 우리는 두려움을 느낀다. 두려울 때 우리의 몸은 긴장하는데, 이는 위험을 주시하고 비상시에 대응할 수 있도록 기능한다. 무엇인가 중요한 일을 대비하지 못하고 있다면 우리는 불안을 느끼고, 불안은 대비를 위한 행동을 동기화한다. 정서는 특정한 목적을 가진 행동을 할 동기적 욕구를 생성한다. 정서는 주의를 조절하고 적응해야 할 일들이 일어나는지 환경을 감시하며, 그런 일들이 일어나면 필요한 행동을 동기화하는 기능이 있다. 이러한 정서 반응은 의식적인 행동보다 빠르게 작용하여 우리의 생존 가능성을 높인다.

또한 정서는 타인과 자신을 연결시켜 우리의 생존을 돕는다. 인간관계는 정서를 매개로 만들어지고 변화한다. 아이와 부모 사이에 일어나는 많은 정서를 떠올려 보자. 분리불안은 어린아이가 보호자에게서 떨어지지 않고 보호를 받을 수 있게 한다. 애착과 사랑은 무력한 아기가 성장할 때까지 부모의 지속적인 헌신을 가능하게 만든다. 불안과 사랑 모두 아이의 생존에 필수적이다. 자부심과 수치심 역시 관계의 기초가 된다. 타인의 인정을 받을 때 자부심과 기쁨을 경험하고, 잘못을 하거나 기대에 못 미칠 때 수치심을 느낀다. 자부심이나 수치심은 사회적 가치와 기준을 내면화하게 한다. 사랑, 불안, 자부심, 수치를 비롯한 다양한 정서들은 인간관계의 기반이며, 동시에 활력을 준다.

〈표 8-1〉 개별 정서의 기능

정서	자극 상황	동기화된 행동	기능
공포	위협	도망치기	보호
분노	장애물 침해	공격	장애물 극복, 자신의 자원 보호
기쁨	가치 있는 대상 획득	유지와 반복	번식, 유대, 회복, 자원 획득
슬픔	가치 있는 대상 상실	도움 요청	공감과 도움, 유대 강화
유대감	집단 구성원	공유	상호 협력
혐오	오염, 위험	구토하기, 배척하기	보호
기대	새로운 영역	찾기	탐색, 지식 획득
놀람	갑작스러운 새로운 대상	멈추기, 경계하기	적응을 위한 시간 확보
수치	이상에 미치지 못함	숨기, 순응	사회화, 공동체 유지, 책임감 수용

특히 정서 행동이나 표정은 유기체들이 자신의 내적 상태에 대한 정보를 소통하기 위한 수단이 된다. 정서 상태에 따른 얼굴 표정의 변화, 목소리의 리듬과 강도에 우리는 주의를 기울인다. 이를 통해 상대의 관심사, 동기와 의도, 자기 조절 상태를 감지할 수 있기 때문이다. 정서 경험을 나타내는 얼굴 표정을 인식하는 능력은 적응에 매우 중요하다. 어떤 물건을 만질 때 어머니의 놀란 표정은 이 물건이 위험하다는 정보를 효과적으로 소통한다. 이러한 정서적 소통은 당면한 상황에 대한 정보를 제공할 뿐 아니라 사람들이 무엇을 하거나 하지 말아야 하는지, 무엇을 좋아하거나 싫어하는지 사회화와 삶의 지식을 습득하는 기반이 된다. 인간은 정서의 소통과 공감 능력을 기반으로 서로 협동하고 공동체 내에서 자신의 역할을 수행한다.

사람들은 화를 참지 못해 후회할 일을 하기도 하고, 두려움 때문에 가능한 일을 포기하기도 한다. 불안이나 우울 등의 정서적인 고통을 겪거나 감정을 못 이겨 일을 그

르칠 때, 우리에게 정서는 비합리적이고 위험해 보인다. 그러나 심리학자들은 이러한 정서의 역기능성은 개인의 정서 조절 자원이 부적절하여 발생한 결과이고, 근본적으로 정서가 우리 삶에 기능적임을 밝혀 왔다.

3) 정서와 신체

(1) 제임스-랑게 이론

아무도 없는 골목길에서 갑자기 자동차가 돌진해 온다고 하자. 몸이 떨리며 도망치고 싶다. 무서우니까 떨리는 것일까? 떨리니까 무섭다고 느끼는 것일까? 제임스-랑게(James-Lange) 이론(1898)에서는 흥분을 일으키는 사실을 지각하면 곧 신체적 변화가 따르고, 그 신체 반응에 대한 느낌을 정서라 정의한다. 위험한 사건을 지각하면 근육이 긴장하거나 가슴이 뛰는 것 같은 신체적 변화가 촉발되고, 도망칠 수 있도록 준비 상태가 된다. 생물학적 요소를 강조하는 연구자들은 심장이나 폐와 같은 내장 기관 또는 근육으로부터 오는 감각, 즉 생리적 각성이 정서의 경험에 필수적이라고 주장한다.

일반적으로 우리에게는 두려우니까 떨린다, 화가 나니까 찡그린다는 표현이 더 익숙하다. 정서를 경험한 다음에 생리적 변화가 일어난다고 생각하는 것이다. 그러나 중요한 발표를 앞두고 불안을 느끼는 상황을 떠올려 보자. 불안하다는 것은 어떤 의미인가? 가슴이 쿵쾅거리며 뛰고, 몸이 긴장하여 뻣뻣해지고, 목소리는 떨리고, 진땀이 나고, 화장실을 가고 싶은 느낌 등 이런 신체적 변화를 자각할 때 우리는 불안하다고 느낀다. 만약 발표에 앞서 심장이 두근거리지도 않고, 목소리가 떨리지도 않고, 신체에 아무런 긴장도 느끼지 않는다면, 우리는 발표가 불안하다고 하지 않을 것이다. 정서는 심리적 경험이자 생리적 경험이다. 몸에 주의를 기울이면 정서에 대해 많은 것을 알게 된다.

> "흥미로운 사실을 지각하자마자 곧 신체의 변화가 일어나고, 이렇게 일어나는 신체적 변화에 대한 느낌이 바로 정서이다."
>
> James, 1884

생리적 각성을 정서로 인식한다는 주장은 다양한 연구에서 실증적으로도 검증되었다. 더튼과 아론(Dutton & Aron, 1974)은 고공의 다리 위와 평지의 다리 위에서 사람의 각성 상태가 다르다는 점에 착안하여 실험을 진행하였다. 캐나다 벤쿠버에 있는 카필라노 구름다리는 계곡 위 75미터 높이에 설치되어 있다. 고공에서 흔들거리는 다리 위라는 위험한 상황에서 대부분의 사람들은 각성된다. 실험은 카필라노 구름다리를 건너는 남성에게 젊은 여성이 다가와서 간단한 설문 조사를 하고, 궁금한 것이 있으면 전화하라며 자신의 전화번호를 건네주는 것으로 설계되었다. 똑같은 절차를 지상의 단단한 다리 위에서도 진행하였다. 결과는 단단한 다리 조건의 참여자는 단지 9%만이 연구 후 실험자에게 전화를 한 반면, 흔들리는 다리 조건의 참여자는 39%가 전화를 하였다. 흔들리는 다리라는 위험 때문에 발생한 생리적 각성을 다가온 여성에 대한 느낌, 즉 호감으로 지각했기 때문에 더 많은 연락을 하게 된 것이다. 오늘날 많은 연구가 제임스-랑게 이론을 지지한다. 심박률의 변화 등 자신의 내부 상태 변화를 잘 감지하는 사람들은 자신의 정서 상태를 더 민감하게 탐지하였다.

(2) 자율신경계

벌렁벌렁 뛰는 심장, 가쁜 호흡, 가슴을 찌르는 듯한 통증, 뻣뻣이 굳어지는 몸, 뜨거워지는 눈시울, 얼굴이 달아오르는 느낌, 이러한 생리적 반응은 정서적 경험과 밀접하게 관련된다. 화가 나거나 불안한 것과 같은 각성된 정서 상태에서는 싸움이나 도주 반응(fight-or-flight response)으로 비유되는 교감 신경계가 활성화가 우세하다. 이때 가장 두드러지는 반응은 심장 박동과 호흡의 증가이다. 에너지대사에 필요한 산소와 포도당을 공급하기 위하여 심장은 빠르고 강하게 뛰고 호흡의 속도 역시 늘어난다. 동맥 혈관 수축의 변화와 심장에서 순환하는 혈류의 증가로 인해 혈압이 증가한다. 정서적인 상태에서 가슴이 두근거리거나 숨이 가빠지는 것, 얼굴이 붉어지는 이유이다. 신체의 혈액량은 일정하므로 내장 기관으로 가는 혈류는 줄이고 골격근이나 뇌로 보내는 혈류를 늘린다. 그에 따라 소화기와 생식기에서의 혈액 순환이나 분비 작용이 감소한다. 정서적인 각성 상태에서 소화가 안 되고 입이 마르는 이유이다. 정서는 직면한 상황에 대응할 수 있도록 신체가 에너지를 동원하는 반응 체계이다.

(3) 정서의 신경과학, 편도체

갑자기 화재 경보기가 울릴 때, 절벽 끝에 다가갈 때, 어두운 골목에서 낯선 사람이 빠르게 다가올 때, 위협이 존재하는 상황에서 뇌에서는 변연계, 특히 편도체가 활성화된다. 변연계(limbic system)는 대뇌피질에 둘러싸인 뇌의 중심 구조로 시상, 해마, 편도체 등의 조직을 포함한다. 변연계는 학습이나 기억에도 관여하지만, 본능 행동이나 정서 기능을 관장한다. 이 중에서도 공포, 분노 및 불안과 같은 자기 보존과 관련된 정서의 경험에 핵심적인 뇌 영역이 편도체이다. 우리는 환경에 두려워할 만한 위험이 있는지 주의해야 하는데, 편도체가 이런 기능을 담당한다. 감각 정보는 시상을 거쳐 일차적으로 편도체를 거친다. 편도체에서 이 정보가 해롭다고 판단하면 정서가 활성화된다. 이 과정은 신속하고 자동적으로 진행된다. 편도체가 활성화되면 인접한 해마(hippocampus)의 기억 기능을 강화한다. 강렬한 정서적 경험은 잘 기억된다. 편도체가 감지한 위험이나 특별한 사건은 기억하였다가 향후 대비해야 하기 때문이다. 한편, 편도체는 의사결정 등 사고 기능을 담당하는 전전두피질(prefrontal cortex)과도 연결되어, 상호작용을 통해 불필요한 정서 반응은 억제된다.

편도체 손상을 입으면 어떻게 될까? 쥐는 고양이의 분비물 냄새만 맡아도 두려움을 느낀다. 그런데 쥐의 편도체를 손상시키면 고양이에 대한 이러한 공포 반응이 사라진다. 고양이 앞에서 경직된 반응도 보이지 않으며, 겁 없이 고양이에게 접근하기도 한다. 클뤼버-부시 증후군(Kluver-Bucy syndrome)은 편도체가 제거된 원숭이에게서 정서적 행동이 극적으로 변화하는 양상이다. 편도체가 손상된 원숭이들은 대상의 정서적 의미를 모르는 듯 평소 먹지 않던 음식을 먹고, 뱀이나 자기보다 크고 공격적인 원

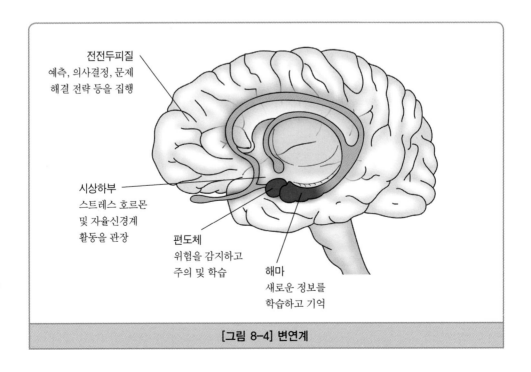

[그림 8-4] 변연계

숭이에게 다가가는 등 공포 반응을 보이지 않았다(Kluver & Bucy, 1937).

　사람의 경우는 어떠할까? 편도체에 손상을 입은 사람 역시 역겹거나 먹지 못할 음식을 입에 집어넣는 등의 행동을 보였다. 특히 편도체 손상을 입은 사람은 놀라움, 두려움, 분노 얼굴 표정을 정확히 파악하거나 상이한 얼굴 표정 간 유사 정도를 판단하는 데 어려움을 보였다. 사람들은 얼굴 표정으로 상대방의 상태나 마음을 읽어 내고 적절한 대응을 하게 된다. 두려움이나 놀란 표정을 구분하지 못한다면 우리는 위험한 대상을 변별할 때 어려움을 겪을 수 있다. 실제로 편도체가 손상된 사람들은 도움이 필요할 때 우호적이고 믿을 만한 사람을 고르려 하기보다는 낯선 사람에게 무작위로 접근하는 모습을 나타냈다.

　편도체는 공포를 생성하고 관련 신호를 탐지하는 등 정서적 정보 처리와 정서적 학습에서 핵심적인 역할을 한다. 일부 자극에 대한 공포 반응은 선천적으로 타고나지만, 다른 종류의 자극에 대한 공포 반응은 학습되고 학습된 반응은 오랫동안 지속된다. 학습을 통해 동물들은 새로운 위험에 적절히 반응할 수 있게 된다. 편도체는 특정 상황이 위험하다는 것을 학습하는 데 결정적 역할을 하는 것으로 보인다.

4) 정서와 평가

(1) 정서의 경험에서 인지적 평가

　생리적 각성은 정서적 느낌이 얼마나 강한지를 결정하는 데 필수적이지만, 그것이 어떤 정서인지를 결정하지는 않는다. 도전 상황에서 가슴이 뛸 때 이것이 두려움인지 기대감인지 신체적 반응만으로 알기는 어렵다는 것이다. 사람들은 상황에 관한 평가와 함께 구체적인 정서를 경험한다. 높은 곳에서 떨어질 때 누구나 강한 흥분을 느끼지만, 놀이 기구가 안전한지에 대한 우리의 평가에 따라 경험하는 정서는 달라진다.

　중요한 사건과 생리적·행동적 반응 사이에 인지적 과정이 매개한다. 상황이 직접적으로 감정을 만드는 것은 아니다. 예를 들어, 친구가 늦는 상황에서 우리는 상황에 대한 평가를 하기 시작한다. 좀처럼 지각하지 않은 친구라면 '사고라도 나지 않았나?' 하는 생각과 함께 걱정이 될 수 있다. 자주 지각하던 친구라면 '또 지각이네, 도대체 다른 사람을 배려하지 않아.'라고 생각하며 화가 날 것이다. 사건 자체가 아니라 사건의 어떤 면에 주의를 기울이는지, 사건을 어떻게 해석하는지 등의 인지적 평가에 따라 우리의 정서는 변화한다.

　정서의 인지적 과정의 핵심은 평가이다. 사건이나 상황을 경험할 때 우리는 개인적 목표나 안녕과 관련하여 상황을 평가한다(Lazarus, 1990). 사람들은 어떤 사건이 발생했을 때 이것이 자신의 생존이나 이익에 관여되는지(목표 연관성: 이 사건이 나에게 중요한가? 나와 관련이 있나?)를 판단한다. 개인적인 의미가 없다면 감정은 생겨나지 않는다. 사건이 자신과 관련이 있을 때, 곧 자신의 신체적·심리적 안녕, 재정 상태, 대인 관계 등에 위협이 되는지(목표 일치성: 이 사건이 내가 바라는 바와 일치하는가? 방해가 되는가?)를 가늠한다. 목표 일치 여부에 따라 정적 정서와 부적 정서가 정해진다. 그리고 그러한 상황에 자아 관여에 따라 자부심이나 수치심 등을 경험하게 된다. 단계적 평가 과정으로 정서가 체험되는 것이다. 사람들은 또한 이렇게 유익 또는 위협으로 평가한 상황에 대해(일차 평가) 자신이 대처할 수 있는가를 평가한다(이차 평가). 위협으로 인식하지만 자신이 충분히 그 상황을 대처할 수 있다고 생각한다면 희망이나 안도를 느끼겠지만, 자신의 대처 잠재력을 낮게 평가한다면 불안이나 우울을 느낄 수 있다(그림 8-5) 참조).

> "정서는 평가, 그로 인한 행동 경향성, 심리적 반응성, 주관적 경험 모두를 포함한다. 이러한 모든 것들은 평가 후에 연쇄적으로 일어나는 대처 과정으로 나타난다."
>
> Lazarus, 1990.

이후의 연구자들은 다양한 정서 경험을 효과적으로 설명할 수 있는 보편적인 평가 차원들을 찾으려 노력하였다. 새로움, 유쾌함, 목표와 일치성, 책임, 대처 잠재력, 자기

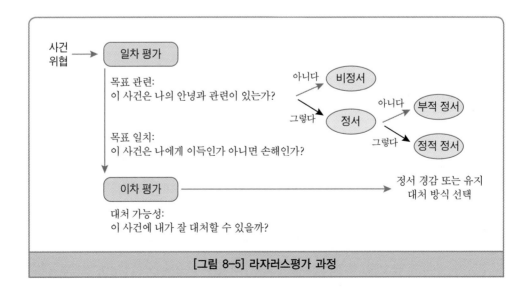

[그림 8-5] 라자러스평가 과정

개념 등의 차원이 평가에서 중요하다고 밝혀졌다. 사랑하는 반려견이 죽었을 때, 죽음은 반려견과 함께하고 싶은 목표와는 일치하지 않으며 불쾌한 일이다. 그리고 나이가 많아 죽었다면 어떻게 통제할 수도 대처할 수도 없으며 누구의 책임도 아니다. 이럴 때 우리는 슬픔을 느낀다. 그러나 반려견이 타인의 실수로 인한 사고 때문에 죽었다면, 우리는 책임, 통제, 대처 가능성에 따라 다른 평가를 하고 분노를 느낄 것이다. 평가 이론은 같은 사건에 대해서도 사람들마다 다르게 정서를 경험하는 이유를 설명하려 하였고, 다양한 정서를 구분하는 데 큰 기여를 하였다. 특히 심리치료의 인지행동적 접근에서는 인지적 변화를 통하여 감정과 행동을 변화시키는 방법에 큰 진전을 이루었다.

5) 정서와 표현

다윈(Darwin, 1872)은 많은 종의 동물들이 화가 나거나 슬플 때 등 신체적 표현 행동이 유사하다는 점에 주목하였다. 그는 정서의 표현이 개체의 생존과 번식에 도움이 되었기 때문에 진화했을 것이라고 주장했다. 예를 들면, 위협적인 표정은 경쟁자를 쫓아버리고, 두려워하는 표정은 종족에게 위험을 알리어 종의 생존을 높이는 역할을 할 수 있다. 인간은 진화해 오면서 생존에 도움이 되도록 정서를 표현하는 방법을 발달시켜 왔다. 갓 태어난 어린아이도 찡그리거나 울거나 미소 지음으로 자신의 상태를 알리고 부모와 관계를 형성한다. 공포의 표정을 읽을 줄 아는 사람은 상대의 공포 표정에서 위험을 감지하여 그 상황에서 보다 주의를 할 것이고, 화난 표정을 보고는 자신을 방어할 방법을 찾을 것이다. 정서는 표정, 몸짓, 음성 등의 신호를 통해 우리의 내면과 환경에 대해 정보를 전달한다. 자기가 무엇을 느끼고 있으며, 그래서 어떻게 행동하겠다는 것을 전달하는 것이다.

(1) 표정

정서 표현으로 의사소통을 할 수 있기 위해서는 특정한 정서의 표현이 모든 사람에게 같은 의미를 가져야 한다. 에크만과 동료들은 상이한 기본 정서가 상이한 얼굴 표정과 관련되며, 문화나 경험이 달라도 보편적인 표정이 존재함을 입증하였다. 이는 다른 문화권과 교류가 전혀 없었던 파푸아 뉴기니의 포레족에 대한 연구를 통해 이루어졌다(Ekman & Friesen, 1971/1986). 포레족에게 상황을 들려주고 그 상황에 맞는 표정을

[그림 8-6] 정서 표현, 에크만 연구 자료

고르게 했을 때 기쁨, 분노, 슬픔을 서구인과 같이 명확히 분류했다. 또 포레족에게 이
야기를 들려주고 표정을 촬영한 뒤([그림 8-6] 참조) 미국 대학생들에게 보여 줬을 때 어
떤 정서인지를 정확히 맞추었다. 문화권 비교에서도 사람들이 얼굴 표정과 감정을 일
관되게 연결한다는 것을 발견했다. 태어날 때부터 시각장애를 가진 사람들도 정상 시
력을 가진 사람들과 비슷한 표정을 짓는다. 갓 태어난 아이도 쓴맛 나는 음식이 입에
닿으면 혐오의 표정을 짓는다. 문화의 영향에 상관없이, 그리고 경험이나 학습을 하지
않아도 특정 정서가 일관된 표정으로 표현된다는 것은 표정이 선천적이고 보편적임을
의미한다.

(2) 안면 피드백 가설

얼굴 표정 연구자들은 얼굴 표정이 정서를 경험하는 데 영향을 미친다고 주장하였
다. 그 주장처럼 우리가 웃는 표정을 짓게 되면 더 행복하다고 느끼게 될까? 연구자들
은 한 집단에게는 치아에 가로로 펜을 물게 하여 웃는 얼굴 표정을 만들었다. 다른 집
단에게는 코와 입술 사이에 펜을 끼우게 하여 찡그리는 표정을 만들었다. 이후 자신
이 보고 있던 동영상의 재미를 보고하게 할 때 웃는 표정을 지었던 집단에서 동영상을
더 재미있었다고 평정하였다(Strack, Martin, & Stepper, 1988). 안면 피드백 가설(facial
feedback hypothesis)을 주장하는 연구자들은 특정한 표정이 특정 정서의 경험을 활성
화하거나, 최소한 정서의 강도를 조절하는 역할을 한다고 제안한다.

(3) 정서 표현 규칙

정서가 보편적이라 하여도, 모든 사람이 언제나 동일한 방식으로 정서를 드러내지는 않는다. 심지어 기분이 나쁜데 미소를 짓는 경우도 있다. 사회문화적 영향으로 표현이 달라질 수도 있고, 개인이 살며 경험한 사건들의 영향으로 정서의 표현 방식이 달라질 수도 있다. 우리는 사회화 과정에서 특정 상황에 어떤 정서가 적절한지, 어떤 정서를 표현하고 어떤 정서를 감출지, 어떤 상황에서 그러한지에 대한 규칙을 자신의 문화로부터 학습한다. 이를 정서의 표현 규칙(emotional display rules)이라 한다. 기본 감정은 보편적이지만, 이를 드러낼 때 사회문화적으로 형성된 규칙의 영향을 받는다. 마음에 들지 않는 선물을 받았을 때, 슬프지만 다른 사람들이 있을 때, 경쟁에서 졌을 때 혹은 이겼을 때, 우리는 실제로 느끼는 것보다 사회적으로 적절한 방식으로 정서를 표현하곤 한다. 사회마다 정서 표현 규칙이 있어서 정서를 표현하는 방법과 시기에 강력한 영향을 준다. 실제 느끼는 감정을 축소하거나 과장하고, 때로는 느끼지도 않는 감정을 표현하기도 한다.

정서 표현 규칙에 따르다 보면 자신의 실제 정서 경험과 불일치를 겪게 된다. 내가 느끼는 정서와 다르게 표현하도록 요구받기도 한다. 그 영향은 어떠할까? 호쉬차일드(Hochschild, 1983)는 감정 노동(emotional labor)이란 용어를 사용하여 정서의 경험과 표현의 불일치를 연구하였다. 감정 노동은 직무 수행 시 사회와 조직이 요구하는 적절한 감정을 표현하는 행위인데, 이때 실제로 느끼는 감정과 표현해야 하는 감정의 차이는 노동으로 개념화된다. 고객의 무례한 요구에 화가 나지만, 이를 억제하고 웃는 표정과 공손한 말투로 응대하는 과정은 정신적 노력을 동반한다. 지나친 감정 노동은 탈인격화, 정서적 고갈, 자아 성취감 저하 등의 부정적 결과를 초래할 수 있다.

6) 정서의 분류

정서가 보편적으로 존재한다면, 가장 기본적인 정서가 무엇이며 얼마나 많은 정서가 존재하는지의 질문이 뒤따른다. 2개에서 11개의 기본 정서들이 제안되어 왔다. 그레이(Gray, 1994)는 생물학적 관점에서 행동 접근 체계(즐거움), 행동 억제 체계(불안), 투쟁-도주 체계(분노/공포)의 세 가지 체계를 제안하였다. 얼굴 표정을 중심으로 기본 정서를 밝히려 했던 에크만 등(Ekman et al., 1972)은 각 정서마다 고유한 표정을 찾았고, 서로 구별되는 표정을 근거로 슬픔, 분노, 놀라움, 혐오, 경멸, 행복의 정서가 기본 정서라고 제안하였다. 기본 정서는 발달하며 성인에게서 관찰되는 다양하고 복잡한 감정으로 분화한다는 것이다.

한편, 연구자마다 주장하는 기본 정서의 수가 다르고 정서마다 고유한 신체적·행동적 특성이 잘 검증되지 않은 점 등 기본 정서 이론에 대한 비판도 여전히 존재한다. 기본 정서가 더 분화되거나 혼합되어 성인에게서 관찰되는 다양하고 복잡한 감정이 나타나게 된다. 이에 다양한 정서들을 보다 적은 수의 차원상에 구분하려는 차원모델(dimensional model)들이 대안으로 등장하였다. 소수의 차원으로 정서들을 구분하는 많은 시도들 중 가장 중요한 접근은 정서가(valence: 쾌 수준)와 각성(arousal: 흥분 수준) 차원의 구분이다. 이 모형에 따르면, 기쁨은 쾌와 각성의 조합이고 우울이나 슬픔은 불쾌와 낮은 각성 조합으로 설명된다. 차원모델에서는 정서를 분명하게 구분되는 비연속적 상태가 아니라 연속적이고 명확히 구분하기가 어려운 반응으로 기술한다.

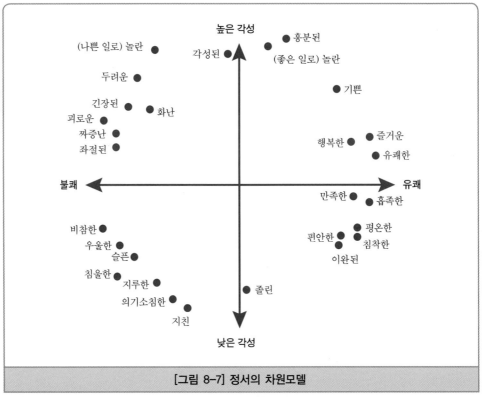

[그림 8-7] 정서의 차원모델

출처: Russell, 1980.

7) 정서 구성 요소의 함의

정서의 여러 요소 중 무엇이 핵심인지는 중요한 함의를 갖는다. 정서가 생겨나는 기제는 정서 조절이나 정서장애의 치료와도 연결된다. 정서가 생물학적 현상이라고 가정한다면, 생리적 측면을 다룸으로써 정서를 조절하고 장애를 다룰 것이다. 흥분을 조절하기 위하여 심호흡을 하거나 긴장을 완화하기 위해 술을 마시는 것은 모두 생리적 변화를 통해 감정을 조절하는 방법들이다. 정서장애의 치료를 위해서도 뇌 활동이나 생화학적 변화를 위해 약물 치료가 적용될 수 있다. 우울증 치료를 위해 세로토닌 재흡수를 억제함으로써 신체의 생화학적 반응을 조절할 것이다. 한편, 정서가 인지적인 현상이라면 인지 과정을 다룸으로써 정서를 조절하고 치유할 것이다. 우리는 불안하거나 우울할 때 상황의 긍정적인 측면에 초점을 맞추거나 긍정적인 방식으로 생각하며 정서를 조절한다. 이러한 인지 변화에 중심을 둔 인지치료는 우울증의 치료에 효과적이다. 비합리적인 생각을 합리적이고 적응적으로 조정하는 것이 치료의 핵심을 이루게 된다. 행동적 변화로 감정을 조절하는 전략도 있다. 행동주의의 시각에서 체계적 둔감화와 같은 치료법이 그 예이다. 뱀에 대한 공포를 극복하기 위해, 뱀을 연상할 때의 긴장이나 회피행동을 수정한다. 공포 자극의 강도를 단계적으로 조절하면서 자극 노출 시 이완훈련을 실시하여 공포 자극에 탈조건형성을 하게 한다.

8) 정서 조절

정서의 경험과 표현을 조절하는 능력은 인간의 발달에서 가장 중요한 부분 중의 하나이다. 자신의 정서나 충동성을 조절하는 능력은 심리적 안녕과 사회적응뿐 아니라 목표를 성취하는 데 필수적이기 때문이다. 어떤 목표를 성취하기 위해서는 도전과 난관에 따른 불안과 두려움이나 좌절감을 견디고 또 이러한 정서를 상황에 적절하게 활용할 수 있어야 한다. 화가 나더라도 감정을 참아야 할 때와 표현해야 할 때를 가릴 수 있어야 한다. 감정을 표현하더라도 공격으로 나타내기보다 자신이 느끼는 감정을 인식하고 적절한 방식과 강도로 표현할 수 있어야 한다. 정서 조절은 우리 삶의 매 순간 의식적으로 또는 무의식적으로 이루어지고 있다.

(1) 정서 조절의 목적

우리는 쾌락적 가치, 적절성, 유용성의 이유로 정서를 조절한다. 정서를 조절하려는 일차적 목적은, 유쾌한 정서는 유지하고 불쾌한 정서는 줄이거나 없애려는 것이다. 대부분 분노, 두려움, 수치심, 혐오감 같은 정서 상태는 벗어나고 싶고, 행복하고 재미있는 순간은 유지하고 싶어 한다. 그러나 항상 긍정적인 정서만을 느끼기 위해 정서 조절을 하는 것은 아니다. 상황의 요구와 개인이 그 상황에 갖는 목표에 따라 상황에 적절한 정서를 느끼고 표현하게 된다. 개인적으로 기분 좋은 상태였다고 하더라도 장례식장에 들어가면 상황에 적절하도록 자신의 정서적 체험과 표현을 조절하는데, 사회적 상호작용에서 감정 조절 능력이 뛰어난 사람은 그렇지 못한 사람보다 더 좋은 평가를 받는다. 또한 사람들은 자신이 원하는 것을 달성하는 데 유용하도록 정서를 조절한다. 아이가 거짓말을 한 것을 알게 된 어머니는, 비록 그 상황이 재미있고 아이가 사랑스럽더라도 훈육을 위해 긴장된 정서 상태를 유지한다. 고객을 응대할 때 유쾌한 정서 상태는 유용하다. 그러나 계약을 할 때는 들떠 있는 것보다 차분한 정서 상태를 만드는 것이 더 유용할 것이다.

(2) 정서 조절 과정 이론

사람들은 다양한 정서들을 다양한 방법을 통하여 조절한다. 그렇다면 수많은 정서 조절 방법들을 어떻게 체계적으로 개념화할 수 있을까? 그로스(Gross, 2002)는 정서를 경험하는 과정의 단계에 따라 정서 조절 전략을 체계화하여 정서 조절 과정모형(process model of emotion regulation)을 제안하였다([그림 8-8] 참조). 정서가 유발되는 과정을 보면 다음과 같이 단계적으로 일어난다. ① 특정 상황으로 들어간다. ② 특정 상황에서 특정 측면에 주의를 기울인다. ③ 그 특정 측면에 어떤 의미를 부여한다. ④ 이러한 의미 부여 후에는 일련의 신체적 반응, 행동 경향성, 주관적 경험을 포함한 정서적 반응이 유발된다. 예를 들어, 발표에서 불안을 느낀다고 하자. 발표를 해야 하는 수업을 선택했고, 발표를 하다 실수를 해서 이에 주의를 기울이고, 이에 대해 다른 사람이 비웃을 것이라는 의미를 부여하고 나면, 떨리고 도망가고 싶으며 초조하고 불안한 정서적 경험을 하게 된다.

그렇다면 정서 조절은 어떻게 이루어지는가? 정서 조절을 위한 전략은 상황 초점적 전략, 인지 초점적 전략, 반응 초점적 전략 등 다양하게 구분된다(Gross, 2002, [그림 8-8] 참조). 상황 초점적 전략은 상황이 발생하기 전에 정서를 유발할 만한 상황을 피하거나, 어떻게든 그 상황을 변화시킴으로써 그 상황을 통제하는 것이다. 상황 초점적 전략은 '상황 선택'과 '상황 수정'으로 구분된다. 불안이 심하다면 발표하는 상황 자체를 피할 수도 있다(상황 선택). 발표를 하게 된다면, 발표 준비를 철저히 함으로써 실수를 없애려고 노력할 수도 있다(상황 수정). 또는 '이번 발표가 경험이 되어서 다음에 더 잘할 수 있다.' 등 상황에 부여하는 의미를 바꿀 수도 있다(인지적 재평가). 특히 이미 상황이 종료된 경우를 비롯하여 통제가 불가능한 상황에서 우리는 그 상황에 대해 다르게 생각함으로써 자신의 정서를 다룬다. 그럼에도 이미 정서 반응이 생겨 불안을 느낀다면 불안을 조절하기 위한 방법들을 동원한다. 발표 중이라면 불안을 드러내지 않으려 노력할 수도 있고(반응 억제), 심호흡을 하거나(이완하기), 친구에게 불안하다고 말하며 위로를 얻기도 한다(표현하기). 반응 초점적 전략에는 정서 표현하기, 운동하기, 이완하기, 정서 표현 억제하기, 도피하기(약물, 음주, 음식)가 있다.

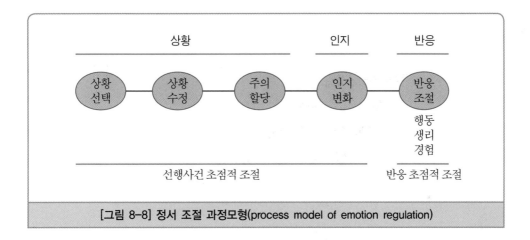

[그림 8-8] 정서 조절 과정모형(process model of emotion regulation)

9) 정서의 영향

(1) 정서와 의사결정

인간의 인지 과정은 주의, 기억, 추론과 의사 결정 등을 포함한다. 오랫동안 정서를 배제한다면 더 좋은 결정을 할 것이라는 통념이 존재하였다. 그러나 최근의 연구들은 정서가 인지 과정에 미치는 영향에 대한 관점을 바꾸어 놓았다.

다마지오(Damasio, 1996)는 뇌손상 환자 대상의 연구를 통하여 의사결정과 정서가 분리될 수 없음을 보여 주었다. 전두엽에 종양이 있었던 엘리엇이라는 환자는 수술 과정에서 복내측 전전두피질이 손상되었다. 수술 후 엘리엇은 IQ를 비롯하여 기억, 언어, 운동 모두 정상이었다. 그런데 특이한 문제가 나타났는데, 그것은 그가 실생활에서의 효과적인 선택과 결정을 잘 못한다는 것이다. 맡은 일을 소홀히 하고 다른 일에 주의를 뺏기거나, 장기적인 계획은 소홀히 하며 사소한 사항에 지나치게 시간을 보냈다. 쓸모없는 물건을 수집하고, 평판이 나쁜 사람과 동업하였다. 정상적인 의사결정을 하지 못하게 됨에 따라 결국 결혼, 직업, 인간관계, 사업 모두 파탄에 이르고 말았다. 다마지오는 다각적인 검토 후 문제의 근원을 알게 되었다. 엘리엇은 정서를 잘 느낄 수 없게 된 것이다. 엘리엇에게 물에 빠진 사람, 지진으로 부서진 집처럼 비참한 사진을 보여 주어도 그는 정서적인 반응을 보이지 않았다. 알기는 하지만 느끼지는 못하는 상태가 되었다. 결정을 하기 위해서는 객관적인 정보도 중요하지만, 그래서 그것이 좋은지 싫은지, 그것을 원하는지 피하고 싶은지 등의 정서적 요소가 중요한 것이다. 인간은 이성과 감성이 적절히 조화될 때에만 정상적으로 사고를 할 수 있다.

정서가 의사결정에 미치는 영향은 쉽게 찾아볼 수 있다. 미국대폭발테러사건(9·11 사태) 이후 미국의 12개월간 교통사고 사망자는 5년 평균치를 매월 넘었다. 특히 테러 이후 3개월 동안 자동차 사고 사망자는 테러에 의해 사망한 사람의 수보다 많았다. 비행기가 무역센터와 충돌한 장면이 반복적으로 보도된 9·11 사태 직후 미국인들은 비행기 여행을 꺼렸다. 비행의 위험을 피해 자동차 운전을 선택하였으나, 실제로 자동차의 사고 확률은 비행기의 사고 확률보다 월등히 높다. 두려움은 위험의 발생 확률을 높게 인식하게 만들고, 또 위험을 회피하는 의사결정과 행동을 동기화한다.

인지의 감정 주입모형(Affect infusion model)에 따르면, 사람들은 대상에 대한 의사결정을 위한 정보로서 자신의 정서 상태를 사용한다(Forgas, 1995). 만약 화창한 날 누군가 나에게 요즘 삶이 어떤지를 묻는다면, 흐린 날 질문을 받았을 때보다 더 좋은 평가를 내릴 것이다. 삶 전반에 얼마나 만족하는지의 질문에 현재 구름이 많은지 바람이 상쾌한지는 중요하지 않지만, 날씨로 인한 현재의 기분은 삶의 만족 정도를 판단하는 데 영향을 미치는 것이다.

(2) 정서와 기억

세월호 사고가 발생한 날 당신은 무엇을 하고 있었나? 강한 정서적 각성을 일으키는 사건은 생생하게 오랫동안 기억된다. 정서의 강력한 영향력 중 하나는 기억의 형성과 강도를 증진시킨다는 것이다. 강한 정서 경험과 관련된 편도체의 활성화는 해마의 장기기억을 촉진한다. 특히 정서적 사건에 대한 사진같이 생생한 기억을 섬광기억(flashbulb memory)이라 한다. 섬광기억은 매우 자세하고 마치 살아 있는 것 같은 느낌이 들어 기억의 정확도에 대한 주관적인 확신이 매우 높다. 그러나 섬광기억은 생생하기는 하지만 장기적으로 다른 기억에 비해 더 정확하지는 않다고 보고되고 있다.

9 · 11 사태와 같은 충격적인 사건의 소식을 어떻게 접하고, 그때 무엇을 하고 있었는지 물어본 후 몇 주, 몇 달이 지나 같은 질문을 하였을 때, 기억이 점점 부정확해졌다 (Talarico & Rubin, 2003). 초기에는 기억이 강하게 형성되어도 시간이 흐름에 따라 기억이 오염될 수 있다는 것이다. 이후 다른 사람들과 많은 이야기를 나누면서, 또는 자신의 상태가 변함에 따라 기억에 새로운 내용이 덧붙여지거나 생략되거나 바뀌어 원래의 기억과 혼동될 수 있다는 것이다. 이러한 현상은 범죄의 목격자나 희생자의 증언이 얼마나 신뢰할 만한지에 대한 판단 등 실용적 문제와 연결된다.

(3) 정서의 표현과 적응

인간은 성장함에 따라 정서의 경험과 표현을 조절하는 법을 학습한다. 원하는 것을 당장 얻지 못하여도 화를 내거나 떼를 쓰는 것이 아니라, 자신의 감정을 말로 표현하거나 정중히 요구하기도 하고, 만족을 지연하며 원하는 것을 얻을 방안을 궁리하기도 한다. 즉각적인 표현을 억제하며 더 정교하고 사회적인 방식으로 조절된 행동을 한다. 정서 표현을 조절하거나 억제하는 능력은 필요하고 유용하다. 대부분의 사람들은 관계를 손상시키지 않도록 내면화된 표현 규칙에 따라 정서 표현을 조절하거나 억제한다. 그러나 정서 표현의 억제가 만성적으로 지속된다면 관계적 · 심리적 · 신체적 문제가 될 수 있다.

페네베이커(Pennebaker, 1993)는 정서적 경험을 털어놓는 것이 어떤 효과를 갖는지 연구하였다. 그는 대학생을 4일간 매일 15분씩 '심리적 외상 경험'이나 '피상적 주제'에 대해 쓰기 집단에 할당하였다. 연구가 진행되면서 깊은 감정이나 학대, 자살 시도, 모욕 등 은밀한 주제가 등장하였다. 쓰기 과제가 끝난 직후의 기분 변화 점검 결과, 피상적 주제보다 심리적 외상 쓰기를 한 집단의 기분 상태가 더 나빴다. 그러나 6개월 후 추적 조사 결과에서는 심리적 외상 경험에 대해 쓴 집단이 건강 문제로 센터를 방문한 횟수가 더 적었고, 더 좋은 기분과 육체적 건강을 보고하였다. 참여자들은 쓰기가 단순히 부정적 감정을 고백하거나 제거하는 것만이 아니라, 의미를 발견하는 수단이 되고 자기 이해를 증진시키기 때문에 도움이 된다고 보고하였다.

페네베이커는 고통스러웠던 인생 사건에 대해 털어놓고 싶은 욕구를 억제하는 사람들이 보다 많은 건강 문제를 가진다는 것을 관찰하였다. 인생 사건에 대해 털어놓고 싶은 욕구를 능동적이고 만성적으로 억제하는 것, 어떤 측면에서는 생각하지도 느끼지도 행동하지도 않으려 노력하는 것은 생리적 활동을 요구하고 면역 체계의 결함을 가져오는 스트레스 요인이라 주장하였다.

정서에 대한 적극적인 억제는 단기적으로 적응적인 대처 방법이 되기도 한다. 심리적 외상의 충격으로부터 자신을 보호하고 대인관계 문제에도 보다 적응적일 수 있다. 그러나 장기적이고 만성적인 억제는 정서적 능력의 발달을 방해하고 정서 표현의 감소와 둔감화를 가져올 수 있다. 정서의 경험과 표현은 욕구 충족과 핵심적으로 관련된다. 따라서 심리치료에서는 억제되고 부인된 경험과 정서를 인정하는 것이 치료적이라 보는 것이다(Greenberg & Safran, 1989).

(4) 정서 조절과 적응

정서의 표현뿐 아니라 정서를 인식하고 조절하는 능력은 심리적 장애와 밀접하게 관련된다. 숨을 쉴 수 없을 정도의 불안, 아무 의욕이나 재미가 없음, 끊임없는 걱정, 견딜 수가 없는 화 등의 정서는 심리적 장애의 주요 증상이다. 단순히 분노나 상처를 경험했다는 것이 중요한 것이 아니라, 이런 상처나 분노의 기간이나 강도, 역동을 조절하지 못하는 것이 문제가 된다. 분노는 격분으로, 슬픔은 우울함으로, 불안은 공황이 될 수 있다. 정서 조절에 반복적으로 실패로 나타나는 정서 조절 곤란(emotion dysregulation)은 개인의 내적 기능뿐 아니라 사회적·직업적 기능을 방해한다. 우울장애, 불안장애, 물질관련 장애, 섭식장애, 신체화 장애 등의 심리장애들이 내담자가 자신의 부정적인 정서 상태를 조절하려는 시도의 결과로 나타나거나, 정서 조절의 실패가 주요한 원인으로 이해된다. 심리적 장애의 원인에 대한 이해와 함께 정서 조절 기술을 발전시키거나, 회피하던 경험을 수용하거나, 외상 사건에 대한 정서를 재구성하는 것 같은 다양한 심리치료의 접근이 이루어진다.

요약 및 학습과제

요약

1. 동기는 본능, 추동, 각성, 외적 동기, 내적 동기, 자기실현 동기 등 심리학의 연구 흐름에 따라 생물학적·정신분석적·행동적·인지적·인본주의적 관점의 주요 이론으로 설명 되어 왔다.

2. 추동이 발생하면 유기체가 불편을 경험하기 때문에 추동 감소를 위한 행동이 동기화된다. 프로이트는 신체적 흥분이 소망의 형태로 마음속에 표상된 것을 추동으로 보고 즉각적인 만족을 추구하는 추동들 간의 역동과 이로 인해 야기된 불안을 중시하였다. 배고픔과 섭 식의 동기를 이해하기 위해서는 생물학적 조절 기제와 항상성 회복에 대한 개념과 더불 어 환경적 유인물, 사회적 환경, 정서의 영향에 대한 이해도 필요하다.

3. 보상과 처벌 같은 외적 동기에 의해서 행동이 강화하거나 약화될 수 있다. 유인 이론은 환 경 사건들(보상, 처벌)이 행동을 활성화할 수 있는 이유를 설명한다. 보상은 쾌감과 만족 감을 느끼게 하여 행동을 동기화하는데, 도파민은 이러한 접근행동과 관련된다. 쾌감이 나 불쾌감이 없어지는 것은 강력한 보상인데, 중독성 약물이나 행동은 뇌의 보상기제를 장악하여 해로운 행동을 반복하게 한다.

4. 인간을 보는 관점의 변화로 능동적인 유기체를 가정하는 동기 이론들이 등장하였다. 인 간은 자율성, 유능성, 관계성에 대한 심리적 욕구를 가지며, 이러한 심리적 욕구가 충족될 때 내적 동기가 발생한다. 매슬로를 비롯한 인본주의 심리학자들은 성장 동기나 자기실 현 동기를 인간의 본질적인 동기로 보았다.

5. 외적 동기는 내적 동기를 손상할 수 있으나, 외적 동기와 내적 동기는 대립적 형태로 존재 하는 것이 아니라 자기 결정성의 정도에 따라 무동기 상태로부터 내적 동기 상태에 이르 기까지 연속적으로 존재한다.

6. 동기는 오랜 기간 획득되어 무의식적으로 작용할 수 있다. 투사검사로 측정되는 암묵적 동기는 성취, 친애, 권력 동기가 대표적이다.

7. 정서는 신체 변화, 인지적 평가, 얼굴 표정과 동기화된 행동, 그리고 주관적인 느낌의 요 소를 포함하고 있는 다차원적이고 복합적인 현상이다. 제임스-랑게 이론은 정서를 신체 반응에 대한 느낌이라고 정의하였다. 라자러스는 상황에 대한 인지적 평가가 정서의 주 관적 경험을 결정한다고 보았다. 에크만은 얼굴 표정이 정서의 핵심적 요소라고 주장하 였다.

8. 연구자들은 정서의 범인류적 보편성을 입증하고 기본적인 정서를 분류하려고 노력하였다. 그러나 보편적이라 하더라도 사회문화적으로 형성된 정서의 표현 규칙에 영향을 받아 정서의 표현 방식은 다를 수 있다.

9. 정서는 우리의 삶에 필수적인 기능적 역할을 한다. 정서는 상황에 효과적인 행동을 동기화하고, 타인과 자신을 연결해 우리의 생존을 돕는다. 정서 표현은 의사소통의 수단으로서 기능한다. 정서는 의사결정과 기억을 비롯한 인지 과정과도 밀접하게 관련된다.

10. 정서 조절은 자신의 심리적 안녕과 사회 적응뿐 아니라 목표를 성취하는 데 필수적이며, 쾌락적 가치, 적절성, 유용성의 목적이 있다. 정서 조절 전략과 관련하여 그로스는 정서 조절 모형과정을 제안하였고, 이는 상황 초점적 전략, 인지 초점적 전략, 반응 초점적 전략의 범주들로 나뉜다. 정서 표현을 조절하거나 억제하는 능력은 필요하고 유용하다. 그러나 정서 표현의 억제가 만성적으로 지속될 경우 관계적 · 심리적 · 신체적 문제가 발생할 수 있고, 정서 조절의 실패가 우울이나 분노 폭발과 같은 다양한 심리장애의 원인이 될 수 있다.

학습과제

1. 행동주의, 정신분석에서 가정하는 추동 감소 이론을 설명하시오.

2. 보상회로, 편도체의 활성화가 어떻게 행동을 동기화시키는지 설명하시오.

3. 여러분의 행동에 영향을 미치는 외적 동기와 내적 동기를 분석해 보시오.

4. 성장 동기와 자기실현 동기를 설명하시오.

5. 여러분의 정서 경험에서 정서의 구성 요소를 구분하여 보시오.

6. 우리의 삶에 정서가 어떤 기능적 역할을 하는지 찾아보시오.

7. 정서 조절 과정을 설명하시오.

8. 정서와 적응의 관계를 기술하시오.

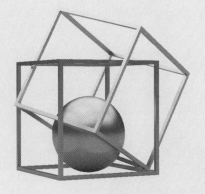

chapter

09

성격

학습목표

- 성격의 의미와 공통적 특성을 이해하고 성격의 결정 요인을 알아본다.
- 각 이론에서 이야기하는 성격의 형성 과정과 요인을 이해한다.
- 성격 이해를 위한 각종 심리검사 방법의 장단점을 이해한다.

주위를 한번 둘러보라. 어느 누구 하나 머리에서 발끝까지 똑같이 생긴 사람이 있는가? 일란성 쌍둥이조차도 눈동자와 지문이 서로 다르다. 이처럼 외모는 개인을 구별하는 가장 손쉬운 근거가 될 것이다. 외모처럼 개인의 독특성을 확인할 수 있는 근거 중의 하나가 바로 성격이다.

우리는 성격이라는 말을 자주 사용한다. "저 사람 성격 좋아, 한번 만나 볼래?" "우리 부장님은 성격이 좀 그래." 등등 성격을 통해 우리는 다른 사람의 독특한 특성을 알아차릴 수 있다. 뿐만 아니라 나에게는 편한 성격의 소유자인데 다른 사람에게는 혹평을 받기도 한다. 이처럼 성격은 우리가 자신과 타인을 이해하는 중요한 요인이지만 한 가지로 정의하기 어려운 부분이기도 하다.

성격심리학은 심리학의 한 분야로서 복잡하고 다양한 원인에 의해 형성되고 이해되어지는 성격을 연구하는 학문이다. 다양한 사람들이 어떻게 서로 비슷하고 다른지를 규명하며, 어떻게 해서 그렇게 된 것인지를 설명하고, 어떤 사람인지를 결정하는 요인이 무엇인지를 과학적으로 연구하는 분야이다.

앞서 이야기한 것처럼 인간의 성격이 무엇인가를 분명하게 정의를 내린다는 것은 어렵다. 그래서 대체로 성격심리학은 몇몇 심리학자들이 제시한 정신역동 이론, 특질 이론, 사회 학습 이론, 현상학적 이론 등의 성격 이론을 배우거나, 우리가 사고하고 행동하게 하는 기초 요소나 원재료가 무엇인지를 규명하는 데 집중한다.

따라서 이 장에서는 이러한 이론을 살펴보며 성격의 의미와 성격 형성에 영향을 미치는 결정 요인과 각각의 이론에서 말하는 성격의 형성과 발달 과정을 살펴보고, 성격을 이해하기 위한 몇 가지 검사에 대해서도 알아보고자 한다.

09 chapter 성격

1. 성격의 정의

많은 학자들은 일찍부터 인간의 성격에 대해 연구해 왔다. 최초의 성격심리학 교재를 쓴 올포트(Gordon W. Allport, 1897~1967)는 성격을 "환경에 대한 개인의 독특한 적응을 결정하는 개인 내의 정신적ㆍ신체적 체계의 역동적 조직"이라고 정의하였다 (Allport, 1937). 또한 마디(Maddi, 1989)는 성격에 대해 "사람의 심리적 행동에 있어서 공통성과 차이를 결정하는 일련의 안정된 경향성과 특성이다. 이러한 심리적 행동은 시간에 따른 연속성을 가지며, 어떤 순간의 사회적ㆍ생물학적 압력의 결과로서 쉽게 이해할 수 없다."라고 하였다. 이와 같은 성격의 정의에서 나타나는 공통점은 성격이 개인의 독특하고 일관된 행동 양식이라는 것이다. 따라서 일반적으로 성격은 "한 개인이 환경과 상호작용하면서 나타나는 독특하고 일관성이 있으며, 인지적이고 정동적인 (emotional) 안정된 행동 양식"이라고 정의한다. 여기서 정동은 감정의 신체적ㆍ동적인 반응이다.

이러한 정의를 바탕으로 성격에 대한 논의에서는 성격의 독특성과 일관성, 행동 양식 모두를 고려하는 것이 바람직하다. 만약 독특성만 강조된다면 어떤 성격이 건강하고 어떤 성격이 부적응적인지를 구분하여 규정하는 데 어려움이 많을 것이다. 그리고 일관성만을 강조한다면 성격에 대한 발달적 관점을 놓치고 성격의 발달과 변화를 차단하게 된다. 예를 들면, 자신의 성격이 부적응적이고 타인에게 피해를 준다고 할 때 좀 더 나은 방향으로 성격을 개선하기 위해 노력할 필요가 없어지는 것이다. 그리고 성격에서 행동 양식만을 강조한다면 그 사람 내면의 사고 과정이나 감정에 대해 간과할 수 있다.

성격은 그것을 구성하는 개별 요소들이 함께 모여 형성되지만, 그 부분 요소들로는 환원될 수 없는 새로운 방식의 총체적인 한 개인으로 나타난다. 그러므로 개인의 성격은 개인이 지닌 부분들의 합 이상이다. 그리고 개인이 지니고 있는 요소들이 서로 다를 수 있을 뿐만 아니라 이 요소들이 조합되는 방식도 다를 수 있으므로, 성격심리학에 대한 연구 분야가 복잡해지고 하나의 이론으로 설명될 수 없는 이유가 여기에 있다.

2. 성격의 결정 요인

사람들은 어떻게 저마다 독특한 성격을 갖게 되었을까? 성격을 결정하는 주요 요인은 성격의 정의에서 살펴본 것처럼 개인적인 특성과 환경이다. 개인적인 특성에서는 타고난 체형이나 유전적 영향 등 생물학적 요인이 중요하게 고려되며, 환경적 측면에서는 개인이 속한 가정과 사회, 성별 등에 따른 경험과 타인과의 관계가 중요하게 다루어진다. 환경에 대한 반응의 방식에 영향을 주는 것으로는 뇌의 특성과 기질 같은 선천적인 요인과 경험이나 관계와 같은 후천적인 요인으로 나누어 볼 수 있는데, 둘 중 어느 것에 더 많은 영향을 받는지는 계속해서 논의되고 있는 사안이므로 여기서는 이 모두를 살펴보기로 하자.

1) 생물학적 요인

태어나면서부터 자신이 원하는 것을 잘 표현하는 아이가 있는가 하면 그 반대 경우의 아이들도 있다. 이렇게 출생 시부터 아이의 요구나 행동에 차이가 난다는 것은 성격이 뇌의 작용으로 인한 선천적인 기질과 유전적인 요인의 영향을 받는다는 것을 의미한다.

올포트와 아이젱크(Hans Eysenck, 1916~1997)는 성격의 개인차를 뇌의 작용과 관련하여 연구하였다. 올포트는 사람들이 환경에 대해 반응하는 방식에 뇌가 영향을 준다고 보았고, 아이젱크도 그가 제안한 성격 특성과 뇌의 작용에서 나타나는 개인차를 연관시켜 연구하였다. 일상적인 장면에서 약물 치료로 우울 증세를 완화한다든지, 알츠하이머 병, 뇌졸중, 뇌종양 등 뇌의 손상이 성격 변화를 가져오는 것을 볼 때 성격과 뇌의 연관을 알 수 있다.

유전적 요인이 성격에 영향을 준다는 것을 가장 잘 증명할 수 있는 연구는 쌍둥이 연구다. 24,000쌍 이상의 쌍둥이 연구에서 이란성 쌍둥이보다 일란성 쌍둥이가 정서적 반응이나 활동량, 적응성, 사회성 등에서 유사한 반응을 보였다(Loehlin, 1992). 그런데 같은 환경에서 자란 쌍둥이의 경우, 같은 성격을 가지게 된다고 예측해 볼 수 있으므로 연구자들은 환경적인 요인을 배제한 유전적 영향력을 알아볼 필요가 있었다. 그래서 서로 떨어져서 성장한 일란성 쌍둥이를 조사한 결과, 같이 자란 쌍둥이와 마찬가지로 서로 유사한 성격을 가진 것으로 나타났다. 이것은 환경적인 영향과 관계없이 같은 유전인자를 더 많이 가질수록 성격이 유사할 가능성이 더 높음을 보여 준다. 성격 특성이 유전적 요인으로 얼마나 결정되는가에 대해 연구자들은 개방성, 외향성과 같은 성격 특성이 유전적 요인에 의해 결정될 가능성은 대략 50%라고 본다(Bouchard & Loehlim, 2001). 그러나 유전자 연구에 따르면 이러한 성격 특성에 주요한 영향을 미치는 특정 유전자는 아직 발견되지 않았으며(Calboli et al., 2010; Teraaccinal et al., 2010), 많은 유전자가 각각 미세한 방식으로 성격에 영향을 미치는 것으로 나타났다.

셸던(W. H. Sheldon)

초기에 성격을 연구하던 학자들은 생물학적인 요인의 하나인 체격에 근거해서 성격을 분류한 적이 있었다. 우리도 "마른 사람은 예민하다." "키가 크면 싱겁다." "통통한 사람은 낙천적이다."처럼 흔히 체격과 성격을 연결시켜 이야기하기도 한다. 초창기 심리학자 셸던(William Sheldon, 1898~1977)은 체격과 성격을 과학적으로 증명하려고 하였다. 그에 의하면 체형이 비만인 사람은 사교적이고 안정적이며, 사람이나 음식에 대한 욕구가 크고 대체로 반응이 일정하다고 한다. 키가 크고 마른 사람은 민감하고 내성적이며, 다른 사람과 어울리기보다는 혼자 있는 것을 즐기며 지적이라고 한다. 그리고 골격이 크고 근육이 잘 발달한 사람은 활동적이고 자기주장이 강하며 공격적인 경향이 있다고 보고하였다.

그러나 이와 같이 체격과 성격 간의 상관 연구는 이후 다른 연구 결과에서 서로 상관이 낮다고 밝혀졌지만 전혀 상관이 없다고도 볼 수 없다. 왜냐하면 사람의 체격에 따라서 다른 사람들이 대하는 태도나 반응이 다를 수 있으며, 알맞은 활동이나 활동의 종류도 다를 수 있기 때문이다. 예를 들면, 체격이 유난히 크거나 작은 사람은 대인관계나 여러 가지 활동에서 일반적인 사람들과는 다른 독특한 태도나 반응을 경험할 수 있고, 그런 경험이 반복되면 성격 형성에 영향을 줄 수도 있다.

2) 환경적 요인

사람은 사회적 동물이라고 한다. 이는 타인과의 관계가 필수적이라서 나온 말일 것이다. 성격이 유전적 요인에 의해 기초가 형성된다 하더라도 유전적 요인이 환경적 경험이나 자극에 의해 수정될 가능성도 간과할 수 없다. 처음 이 세상에 모습을 보인 신생아도 태어나자마자 사람들과의 관계 속에서 존재한다. 부모나 가족은 신생아의 성격 형성에 영향을 미치는 중요한 인물이다. 그리고 개인의 성격은 사람뿐만 아니라 자신이 속한 사회의 제도, 문화, 관습 등에도 영향을 받으며, 동일한 제도나 문화권에 속해 있다 하더라도 그 속에서의 개인의 경험은 각각 다를 수 있다. 동양에서 태어난 남자 아이들은 성장하는 동안 장난감에서부터 입는 옷의 색깔, 그리고 말투나 자신의 감정을 표현하는 울음에까지 많은 제약과 간섭을 받는다. 이는 남자답고 강하게 성장하기를 원하는 문화적 요구 때문으로 여겨진다.

이러한 예측을 확인하기 위해 국가나 문화권에 따라 사람들의 성격에 차이가 있을까에 대해서 행동 관찰을 통해 연구한 결과, 사람들이 일반적으로 생각하는 것과 연구결과가 연관성이 있는 것으로 나타났다. 예를 들어, 스위스 사람은 매우 능률적이고 성실하다 등이다(Heine, Buchtel, & Norenzayna, 2008).

또 다른 연구로 1950년대부터 1980년대까지 아동의 불안을 측정한 결과, 시간이 흐를수록 불안 점수가 지속적으로 증가했으며(Twenge, 2000), 미국 대학생들의 경우는 자기애, 자기중심성이 점점 증가하는 현상을 보였다(Twenge, Konrath, Foster, Campbell, & Bushman, 2008). 이를 통해 우리가 현재 살고 있는 시대 상황 또한 성격 발달에 중대한 영향을 끼친다는 것을 알 수 있다.

이러한 환경이 성격 형성에 영향을 미치는 관계는 학습과 연결하여 살펴볼 수 있다. 예를 들면, 배고픔을 느낀 신생아가 자신의 욕구를 계속해서 외면당했다면 이후 그 신생아는 자신의 욕구에 대한 좌절을 경험하며 점차 자신의 욕구를 표현하는 데 소극적이 될 것이다. 그리고 그러한 경험의 반복이 성격 형성에 중요한 요인이 될 수 있다는 것이다. 물론 그 반대의 경우도 충분히 생각해 볼 수 있다. 환경적 요인이 성격에 영향을 미치는 과정은 학습 이론에서 더 자세히 살펴보기로 하자.

3) 생물학적 요인과 환경의 상호작용

동일한 유전자를 가지고 태어난 쌍둥이도 성장하면서 서로 성격이 다를 수 있고, 태어나서 동일한 환경에서 자란 형제도 성격이 다를 수 있다. 이것은 성격이 생물학적 요인이나 환경적 요인 어느 하나에만 절대적인 영향을 받지 않는다는 증거다.

성격의 생물학적 중요성을 주장하는 근거가 되는 쌍둥이 연구를 살펴보자. 일란성 쌍둥이가 이란성 쌍둥이나 다른 형제에 비해 성격적 특징이 더 비슷하다고 해서 그것이 반드시 유전적 요인 때문이라고 결론지을 수는 없다. 왜냐하면 일란성 쌍둥이는 체격이나 외모뿐 아니라 부모나 주위 다른 사람들과의 관계도 유사한 환경에 있기 때문에 더 비슷한 성격을 형성할 수도 있기 때문이다. 따라서 앞에서 살펴본 바와 같이 유전이 성격을 결정할 가능성을 50% 정도라고 봤을 때 나머지 50%는 환경적인 영향을 받는다고 볼 수 있다. 즉, 개인의 성격은 타고난 유전적 조건과 성장하면서 경험하게 되는 환경적 조건의 상호작용을 통해 형성된다는 이론이 설득력을 얻는다. 서로의 존재도 몰랐던 어린 나이에 각자 다른 나라로 입양되어 자란 쌍둥이 자매가 성인이 되어 페이스 북을 통해 만난 실화를 바탕으로 서로를 이해해 가는 과정을 그린 영화 〈트윈 시스터즈(Twinsisters)〉(2014)를 통해서도 성격 형성에 유전과 환경이 상호작용한다는 것을 확인해 볼 수 있다.

3. 성격 이론

개인의 성격을 구분하고 범주화하여 사람들의 성격 차이를 밝히고 사람들이 반응하고 행동하는 것을 예언하고자 하는 시도는 이미 오래전부터 있어 왔다. 히포크라테스(Hippokrates)는 체액의 유형에 따라 혈액(온화한), 흑담즙(우울형), 담즙(충동적), 점액(냉정한)이 있다는 것을 제안하여 성격을 구분하였다. 독일의 정신과 의사 크레츠머(Ernst Kretchmer, 1888~1964)는 신체 유형에 따른 관찰을 바탕으로 비만형(사교적), 근육형(활동적), 세장형(꼼꼼함)으로 나누었고, 유사한 맥락에서 셸던은 신체 유형에 따른 체질론을 제안하였다. 비만 체형인 내배엽형(내장긴장형)은 사교적이며 온화하고 애정적이며 차분한 형이고, 근육 체형인 중배엽형(신체긴장형)은 힘이 넘치고 경쟁적이며 공격적이고 대범한 형이며, 쇠약 체형인 외배엽형(대뇌긴장형)은 억제적이고 지적이며 내향적이고 초초해하며 자의식적 기질형이다. 사상의학 창시자인 조선시대 이제마 (1837~1899)도 체질에 따라 태양인, 태음인, 소양인, 소음인으로 구분하며 인간의 특성을 구분하여 이해하였다.

하지만 단일한 인간의 특성으로 성격에 대한 분류를 한다는 것은 성격의 차이를 나타내는 특징이 무엇이며, 사람들이 왜 그러한 성격을 가지게 되었는지에 대한 설명을 해 줄 수 없어 심리학적 측면에서의 성격 이해로는 한계가 있어 보인다. 좋은 성격 이론은 개인의 고유한 특성은 무엇이고, 어떻게 그런 성격이 형성되었는지, 그리고 왜 그런 행동이 나타나는지를 설명할 수 있어야 한다. 그러므로 여기서는 단순히 성격을 유형에 따라 구분하기보다는 성격의 형성 과정을 중심으로 한 여러 이론을 살펴보고자 한다.

1) 정신역동 이론

(1) 프로이트

프로이트(S. Freud)는 성격에 관한 정교한 이론을 처음으로 제시한 사람이다. 그는 정신과 의사로서의 오랜 치료 경험을 토대로 하여 인간의 정신 구조와 역동의 발달 과정을 체계적으로 정리하였다. 그가 체계를 세운 정신분석학은 이후 심리학 전반에 커다란 영향을 미쳤다.

프로이트의 정신분석 이론은 정신 결정론(psychic determinism)과 무의식적 동기(dynamic unconscious)를 강조하고 있다. 정신 결정론은 인간의 모든 행동이나 느낌, 생각 중 우연인 것처럼 보인다 하더라도, 그것은 의식하지 못하는 무의식 속의 어떤 원인 때문에 일어나는 것으로 본다. 다시 말하면, 사람이 생각하거나 말하는 모든 것은 의미와 목적이 있으며, 그것은 개인의 경험에 의해 이미 결정되어 있다고 가정하는 것이다.

그리고 무의식적 동기란 마음을 빙산으로 비유하면서 나온 개념이다. 그는 인간의 마음을 무의식, 전의식, 의식으로 구분하였다([그림 9-1] 참조). 무의식이란 빙산의 수면에 잠겨 있는 부분과 같으며, 욕구나 충동이 들어 있는 크고 깊은 곳으로 본다. 사람은 자신의 욕구나 충동을 모두 의식하지는 못하지만, 자신의 내면 중 커다란 부분을 차지하는 이 무의식 속에 끊임없이 밖으로 표출되고 충족되고자 하는 욕구가 있어서, 이 무의식이 인간의 행동과 생각, 정서에 결정적인 영향을 미치는 힘을 발휘하는 것으로 가정하였다.

전의식은 수면의 바로 밑에 위치한 부분으로, 주의를 기울여 자각하려고 노력하면 접근할 수 있는 기억과 재료가 있는 곳이다. 의식은 개인이 의식할 수 있는 부분으로 수면 위에 존재한다. 이 부분에는 인간의 감각, 지각, 경험, 기억, 감정 등이 존재한다.

또 프로이트는 인간이 본능에 의해 지배를 받는다고 보았다. 이 본능은 긴장의 감소를 목표로 하고 이를 통해 쾌락을 경험한다. 삶의 본능에는 성적 본능, 배고픔 등 신체적 욕구와 미술, 음악, 사랑과 같은 창조적 구성 요소가 포함되며, 이러한 삶의 본능의 에너지를 리비도(libido, 성욕)라고 불렀다.

성격의 구조   프로이트는 성격의 구조를 원초아(id), 자아(ego), 초자아(superego)로 나누었고, 인간의 행동을 이 세 구성 요소 간의 상호작용으로 보았다. 그 개념을 하나씩 살펴보면 다음과 같다.

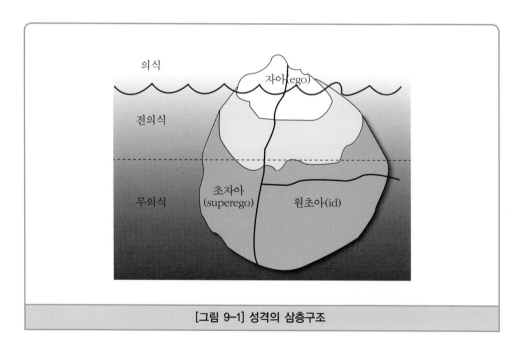

[그림 9-1] 성격의 삼층구조

원초아는 성격의 기초를 이루는 것으로 태어날 때부터 존재한다. 인간의 가장 기본적인 욕구인 배고픔, 배설, 성적·공격적 욕구 등이 여기에 속한다. 원초아의 쾌락 추구는 굉장히 즉각적이고 맹목적이어서 지금 형편이 어떤지, 어떤 대가를 지불해야 하는지에 상관없이 지금 당장의 욕구를 충족하고자 한다. 만약 욕구 충족이 되지 않을 경우 공상이나 상상을 통해 실제 충족되지 못한 욕구를 대신한다. 이런 원초아의 기능 양식을 일차과정(一次過程)이라고 한다.

자아는 원초아의 쾌락 추구와는 달리 현실을 추구한다. 이는 원초아에 의해 자신의 욕구를 충족하던 개인이 자신의 즉각적 욕구 충족이 현실적으로 불가능한 것임을 점차 경험하면서 원초아와 분화시킨 부분이다. 출생 후 원초아의 욕구를 추구하던 아이는 점차 현실을 고려하여 자신의 욕구를 만족시키는 방향으로 바뀌게 된다. 이를 현실원리(reality principle)라고 하며 주위의 환경이나 상황을 고려하고, 자신의 행동이 가져올 결과를 예측하여 행동하게 된다. 자아는 원초아에서 파생된 부분이어서 원초아처럼 욕구 만족을 최대화하려고 한다. 그러나 무조건 자신의 욕구를 충족하기 위해 애쓰기보다는 자신의 욕구를 참을 줄 알고 때로는 지연시킴으로써 안전하게 자신의 욕구를 충족하려 한다. 그리고 어떤 욕구를 어떤 방법으로 충족하고, 때로는 어떻게 억제하고 지연할 것인지에 있어서 자아는 이차과정(二次過程)을 사용한다.

초자아는 자아에서 분화되어 나온 것으로 인간의 마음에서 선악을 평가하는 재판관 같은 역할을 하는 부분이다. 즉, 우리가 추구하는 사회적 이상이나 도덕적 측면, 관습 등을 의미하는 것으로 원초아와 대조되는 개념이다. 어렸을 때 우리는 부모나 주위의 어른에게 어떤 행동을 했을 때 벌을 받는지, 반대로 어떤 행동을 했을 때 칭찬이나 상을 받는지 알게 된다. 그러한 과정 중에 도덕적 규범이나 가치가 내면화되어 이후에는 꾸중이나 벌을 받을 행동은 억제하고 상이나 칭찬받을 행동을 하게 된다. 초자아가 형성되면 주위에 상이나 벌을 줄 사람이 없더라도 스스로 자신의 행동을 조절한다. 만약 자신의 행동이 초자아의 요구에 부합하면 자기 스스로 자신의 행동에 만족하고 자부심을 느끼지만, 만약 부합하지 않으면 자신의 행동을 비난하고 자책하여 불안이나 죄책감을 느끼게 된다.

근본적으로 불안이란 원초아의 욕구와 초자아에 의한 처벌의 위협 사이에서 생겨난 갈등에서 나온다. 이를 해소하기 위해 억압, 투사, 치환 등의 방어기제를 사용하여 일시적으로 불안을 줄인다.

성격의 발달과 특징　　프로이트는 생후 5~6년 동안의 경험이 성격 형성에 지대한 영향을 준다고 주장하였다. 그 이유에 대해서는 프로이트가 말하는 성격 발달 단계를 살펴보고 이야기하도록 하자.

먼저, 생후 1년가량은 구강기(oral stage)로 입술이나 구강에 자극이 주어지면 쾌락을 느끼는 시기다. 구강기의 만족은 수유, 손가락 빨기 등의 행동을 통해 얻게 된다. 만일 구강기에 지나친 좌절이나 충족을 경험하면 구강기적 성격을 형성하여 지나치게 의존적인 사람이 될 경우가 많다. 또한 구강기적 성격은 자존심을 유지하기 위하여 재산이나 지식을 소유하는 데 집착하기도 하며, 타인에게 질투와 부러움을 많이 느낀다. 또 남을 비꼬거나 논쟁하기를 좋아하는 특징을 가진다.

다음 단계인 항문기(anal stage)는 1~3세에 해당되는데, 변을 참거나 배출하는 배변을 통하여 긴장을 완화하고 만족을 얻는다. 만일 항문기에 지나친 욕구 좌절을 경험하면, 지나치게 무질서하거나 지저분하고 파괴적이며 잔인한 성격을 가질 수 있다. 반대로 지나친 욕구 충족을 경험하면 지나치게 깔끔한 결벽 증세나 질서 정연하고 인색한 성격을 소유하기 쉽다.

이후 3~5세에 해당되는 남근기(phallic stage)는 긴장을 느끼고 쾌감을 얻는 리비도가 성기에 집중된다. 이 시기에는 주로 자신의 성기를 만지거나 성적 공상을 하는 데 만족을 느낀다. 남근기의 지나친 좌절 또는 만족의 경험은 여러 종류의 신경증 형성과 관계가 있을 수 있다. 특히 이 시기에는 자신과 유사한 사람의 특성, 보통 자신과 성별이 같은 부모와의 관계에서 동일시가 나타난다. 남자아이의 경우 어머니를 성적인 대상으로 여기고, 이로 인해 아버지를 두렵고 경계해야 할 경쟁 상대로 생각한다. 그러므로 자신의 성기를 잃어버릴지도 모른다는 거세불안을 느끼는데, 이는 오이디푸스 콤플렉스(oedipus complex)로 이어진다. 이 오이디푸스 콤플렉스는 자신을 아버지와 동일시하고 어머니를 애정 대상으로 유지함으로써 해결된다. 여자아이의 경우 이 시기에 자신에게 성기가 없음을 알게 되고 원래 애정의 대상인 어머니를 비난한다. 이때 남근 질투가 발달하여 남자아이와 반대로 아버지를 애정 대상으로 여기고, 아버지에 의해 아기를 가짐으로써 잃어버린 성기를 회복할 수 있을 것이라고 상상한다. 여자아이는 어머니와 동일시함으로써 아버지를 얻을 수 있을 것으로 생각하고 갈등을 해소한다.

심리성적 발달 단계에서 갈등이 너무 클 경우 성적 충동이 초기 단계에 머무르는 고착(fixation)이 발생한다. 남근기의 고착이 유발하는 성격으로는 자신의 아름다움과 비범함에 도취되어 남들로부터 끊임없이 인정받고 싶어 하는 자기애적 성격(narcissistic personality)이 있다.

남근기 이후 12세 정도까지는 자신의 신체에 대한 관심이나 성적 충동에 대한 리비도가 완화되는 잠복기간/잠복기(latency period or stage)에 해당된다. 이 시기에는 자신의 내부보다 주위 환경에 관심을 가지며 환경을 다루는 기술을 익히는 데 주의를 기울이게 된다. 이어서 사춘기에 들어서면 급속한 신체적 발달과 함께 성기기(genital stage)에 해당되는데, 이 시기에는 남근기처럼 성기에 리비도가 집중되지만 성적 공상보다 성행위를 통하여 만족을 추구한다는 점에서 남근기와 차이가 있다.

성격 발달과 관련하여 원초아, 자아, 초자아가 서로 독립적으로 조화를 이루지 못할 경우 갈등과 마찰이 발생하고, 이것은 심리적 불안을 야기시킨다. 정신분석에서는 불안을 그 원인에 따라 현실적 불안, 신경증적 불안, 도덕적 불안으로 분리한다. 그중 신경증적 불안과 도덕적 불안은 자아가 원초아와 초자아를 통제하지 못함으로 인해 발생하며 성격 형성에도 영향을 미치고, 불안의 정도에 따라 심각한 성격 문제를 나타내기도 한다.

자아가 이성적이고 합리적으로 불안을 통제하지 못할 경우 무의식적으로 보호기제를 사용하는데, 이를 자아방어기제라고 한다. 자아방어기제는 불안을 덜 느끼거나 해소하기 위해 사용하는 방법이므로 유용한 측면도 있으나, 충동적이고 부적절하게 사용될 경우 문제를 유발할 수 있어 성격 형성에 영향을 미친다.

프로이트의 이론은 성격 형성에 대한 이론의 기초가 되었으나 성격 형성 기간을 6세 이전으로 극히 제한하였으며, 모든 설명이 성과 관련되어 있다는 점에서 비판을 받았다. 아동기의 경험으로 인해 생긴 무의식인 성적 경험이 성장하여 성인이 된 후에도 갈등과 성격장애를 유발한다고 본 그의 이론은, 이후 융(Jung)과 아들러(Adler)에 의해 비판을 받아 새로운 정신분석 이론으로 수정되는데, 이를 신정신분석학파라고 한다.

(2) 아들러

오스트리아의 아들러(Alfred Adler, 1870~1937)는 비엔나 정신분석학회의 회원이었으나 프로이트를 떠나 자신의 성격 이론을 발전시켰다. 그는 인간의 가장 중요한 중심 에너지가 성욕(libido)이 아니라 '우월을 위한 노력'이라고 주장하였다.

그는 아동기에는 성인에 비해 누구나 열등감을 가지고 자신을 무기력한 존재로 보지만, 이런 열등감과 무력감을 극복하고 힘과 권력을 가지기 위해 노력하고, 자신을 향상하는 동안 자기만의 독특한 생활 양식을 만든다고 보았다. 그리고 이러한 생활 양식이 성격 형성에도 큰 영향을 미친다고 보았다. 예를 들면, 어릴 적부터

아들러(A. Adler)

잔병치레가 많았던 허약한 아이가 좀 더 건강한 성인이 되기 위해 먹는 것에도 주의를 기울이고 열심히 운동을 해서 체력을 단련시켜 건강한 성인이 되었다고 가정해 보자. 그는 건강을 위해 꾸준히 운동하는 생활 양식을 가지게 되고, 이러한 생활 양식이 그의 성실하고 부지런한 성격 형성에도 영향을 미쳤다고 보는 것이다. 물론 모든 열등감이 극복되는 것은 아니다. 신체의 결함이나 보호자의 잘못된 양육 태도로 인해 스스로의 노력이나 힘으로 그 열등감을 극복할 수 없는 경우 좌절을 경험하게 되고, 이 역시 그 사람의 성격 형성에 중요한 영향을 미치게 된다.

아들러 역시 프로이트처럼 아동의 행동 양식이 6세 이전에 형성된다고 보았고, 열등 감뿐만 아니라 형제 관계나 출생 순위도 성격 형성에 영향을 준다고 보았다. 가령, 첫째 아이는 태어나자마자 부모나 주위 사람에게서 사랑과 관심을 받다가 동생의 출생으로 자신의 사랑을 빼앗기는 좌절을 경험하게 된다. 그래서 대체적으로 맏이는 자신감을 상실하거나 미래에 대한 부정적 견해를 가지기 쉬운 반면, 규칙을 중요시하거나 타인에 대한 배려, 책임감 등 긍정적 요소도 가지게 된다. 둘째 아이는 태어날 때부터 존재하던 형제와 모든 것을 나누고 생활해야 하므로 적응력, 승부욕 및 소유욕이 강하다. 때로는 반항적인 모습을 보이거나 제2인자보다는 제1인자가 되고자 하는 욕구를 나타낸다.

(3) 융

융(C. Jung)

스위스의 융(Carl Jung, 1875~1961) 역시 프로이트의 중요한 동료이자 후계자였으나 아들러와 함께 프로이트가 성욕을 지나치게 강조하는 것을 반대하여 그를 떠나 분석심리학파를 만들었다. 그는 프로이트의 무의식에 대한 개념을 수용하였는데, 프로이트가 무의식을 하나의 차원으로 본 것에 비하여 융은 무의식을 개인 무의식(personal unconscious)과 집단 무의식(collective unconscious)으로 구분하였다.

개인 무의식은 프로이트가 설명한 개념과 동일하다. 자아에서 억압되거나 잊은 채로 저장되어 있다가 필요한 때에 전의식에서 끌어올려 작동하게 되는 것이다. 융이 프로이트와 구분되는 부분은 바로 집단 무의식이다.

우리가 생각하는 사고, 느끼는 감정, 욕구가 모두 자신이 만들어 낸 것이 아니라 과거 조상 때부터 저장되고 축적되어 자신도 모르는 사이에 유전된 것이 바로 집단 무의식이다. 이런 집단 무의식은 모든 인종에게 있으며, 신화나 전설, 민담 같은 문화나 관습의 형태로 전승되어 후대에까지 영향을 미친다고 보았다. 예를 들면, 우리 민족의 경우 단군신화를 통해 하늘을 숭배하고 민족의 우월성을 가진다. 또 하늘에 떠 있는 태양이 어둠을 물리치는 평화의 수호자, 정의 등을 상징하여 신성하게 여기기도 한다. 융은 이렇게 조상에게서 유전되어 내려오는 상징을 원형(archetype)이라 지칭하였고, 이는 개인적인 경험이 아니라 문화의 학습과 관습에 의해서 습득된 것이라고 보았다.

프로이트가 성의 본능을 강조하며 아동기의 경험을 통해 성격이 형성된다는 것에 비해 융은 이성적 · 정신적 특성을 강조하여 중년에 이르기까지 거의 전 생애를 통해 성격 형성이 이루어지며, 그러한 성격의 근원이 개인적 경험보다 과거로부터 연속된 전체를 조화롭게 통합하는 쪽으로 이루어진다고 주장하였다.

또한 융은 정신적 에너지의 방향을 외향성과 내향성으로 구분하고, 주관적 세계와 외부 세계를 지각하고 이해하는 정신적 기능을 사고, 감정, 감각, 직관으로 구분하였다. 이러한 심리적 유형에 대한 개념은 후에 성격 유형 분류검사에 기초가 되게 된다.

(4) 에릭슨

에릭슨(Erik Erikson, 1902~1994)의 성격 이론은 프로이트와 함께 정신분석학을 연구하던 중 그 토대를 잡았다. 그는 프로이트의 이론에 동의하지만 성의 발달에 의한 인간의 발달은 생애 전체 중 일부분에 불과하다고 보았으며, 성격의 발달은 생애 중 한 부분이 아닌 전 생애를 통해 이루어진다고 보았다. 또 무의식보다는 자아를 강조하고 개인의 욕구 충족보다는 사회적 상호작용을 더욱 중요하게 여겼다. 특히 개인의 심리사회적 발달 단계의 성숙에 따라 개인에게 요구되는 과업이 따르게 되고, 이 요구를 어떻게 해결하였느냐에 따라 개인의 인생이 달라질 수 있다고 보고, 전 생애를 여덟

에릭슨(E. Erikson)

개의 단계로 나누고 각 단계마다 마땅히 이루어야 할 발달 과업을 제시했다.

첫째, 신뢰감 대 불신감(0~1세)으로, 출생 후 가장 먼저 해결해야 할 발달 과업이다. 유아가 출생 후 가장 먼저 만나는 사람은 부모다. 부모가 유아를 양육하는 과정에서 얼마나 친밀한 양육 태도로 지속적이고 일관된 행동을 보여 주었느냐에 따라 아이는 첫 번째 사회적 관계를 가지는 부모에게서 신뢰감을 형성하고 이를 일반화한다. 그렇

지 못한 경우에는 외부 세계를 두려워하는 불안정한 성격을 갖게 된다.

둘째, 자율감 대 수치심(1~3세)으로, 이 시기가 되면 스스로 하고자 하는 욕구가 생기기 시작한다. 스스로 걷고 물건을 잡는 것 등의 과정을 통해 아이는 자신의 행동을 조절하고 성취하는 동안 자신의 힘으로 무엇인가를 할 수 있다는 성취감과 자신에 대한 자부심을 가지게 된다. 이때 스스로 했던 행동이 반복적으로 실패하거나 스스로 선택하고 실천할 수 있는 경험을 좌절당하면 아동은 자신의 능력에 대해 열등감을 느끼고, 자신에 대해 자부심보다는 수치심을 느끼게 된다.

셋째, 진취성 대 죄책감(3~5세)으로, 이 시기에는 그 전에 형성된 자립심과 자율성을 기초로 스스로 어떤 행동을 준비하고 계획하여 실천하려는 욕구를 가지게 된다. 이러한 욕구의 만족을 통해 아이는 진취성과 자발성을 획득하게 된다. 만일 아동이 진취성을 획득하는 데 실패하면, 아이는 자신에 대한 수치심과 함께 무가치감과 강한 죄책감을 가지게 된다.

넷째, 근면성 대 열등감(5, 6세에서 사춘기 이전)으로, 학교생활을 통해 아동은 성인이 되기 위한 준비를 해 나간다. 사회가 요구하는 기초적인 읽기, 쓰기, 말하기, 셈하기와 신체적 능력은 물론이고, 사회적 관계를 통해 협동심과 책임감을 습득하게 된다. 이러한 여러 가지 과제를 잘 습득한 아동은 자신감과 함께 근면성을 갖게 되고, 반대 경우의 아이들은 좌절감과 함께 열등감을 경험하게 된다.

다섯째, 정체감 형성 대 역할 혼미(청소년기)로, 어린이와 어른의 중간 과정에서 가정과 사회에서 요구하는 다양한 역할을 통합하고 자아 개념을 정립해 나가는 시기다. 자신에 대한 정체감이 제대로 형성되면 자신에게 주어진 자녀, 형제, 친구, 학생으로서의 역할을 올바르게 수행하게 된다. 만약 정체감이 형성되지 못하면 무기력과 혼란에 빠져 진학이나 진로에 있어서 어려움을 경험하고 자신에 대해 절망하기도 한다.

여섯째, 친밀감 대 고립감(성인기 초반)으로, 청소년기를 지나 성인기에 접어들면 취업과 결혼 등 중요하게 해결해야 되는 과제들이 많다. 이런 과제를 원만하게 해결하기 위해서는 동료나 이성과의 관계가 친숙하고 지속적이어야 한다. 또 이러한 친밀한 관계를 통해 사랑, 신뢰, 존경, 책임의 태도가 함께 나타난다. 친밀감의 실패는 외로움과 고독감을 초래한다.

일곱째, 생산성 대 침체성(성인기 중반)으로, 진로와 결혼 문제를 해결하고 중년기에 접어들면 자녀 양육과 함께 다음 세대를 위하여 사회 발전과 인류 복지를 위해 창조적으로 노력하는 시기다. 그리고 이러한 창조적이고 생산적인 활동을 통하여 기쁨과 만족을 얻는다. 그러나 사회 일원으로서 자신의 역할을 다하지 못한 사람은 인생을 단조롭고 무의미하게 여기며 침체된 느낌에 빠지게 된다.

여덟째, 통합성 대 절망감(노년기)으로, 인생의 마지막 노년기에는 자신의 인생을 되돌아보고 만족감을 느끼게 되며 자아 통합감을 느끼게 된다. 즉, 자신의 결혼, 자녀, 직장 생활 등을 돌아보고 자신의 인생을 수용하고 만족스럽게 여기면 자신감과 함께 인생의 성공에 대한 기쁨을 느끼게 되며, 다가올 죽음에 대해서도 좀 더 담담하게 직면하게 된다. 그러나 반대의 경우 인생에 대한 허무함과 노년에 대한 고독감, 죽음에 대한 공포 등으로 절망하게 된다.

이와 같이 에릭슨은 성격 발달에서 개인과 사회의 역할 및 상호작용을 중요하게 생각하였고, 일생의 주요 시기에 주어지는 발달 과업에 따라 성격의 점진적인 발달을 설명하였다.

이상에서 살펴본 정신역동 이론은 개인 속에서 일어나는 심리적인 발달과 변화에 주목하여 행동이 어떻게 일어나는지, 성격은 어떻게 발달하는지를 설명해 준다. 초기 아동기의 경험과 무의식의 힘이 개인의 성격과 행동에 주는 영향을 강조하고 의식의 본질, 이상 성격, 치료에 의한 성격의 발달 등을 설명함으로써 성격 이해의 토대를 마련하는 데 공헌하였다. 하지만 프로이트의 이론은 아들러나 융의 이론을 통하여 살펴본 바와 같이 과학적 검증이 어려운 여러 개념과 지나치게 성에 치우친 설명, 성 편견으로 나타나는 남성 중심적 관점이라는 비판을 받기도 했다. 그러한 비판 위에서 프로이트 이후의 정신역동 이론에서는 성격의 통제자로서 자아의 기능을 강조하고 성격 형성에서 문화, 가족, 동료 등 사회적 변인의 역할에도 주목한다. 또한 성적 욕구의 중요성은 덜 강조하고 성격 발달이 생애 전반에 걸쳐 발전하는 것으로 보고 있다.

2) 특질 이론

A와 B라는 두 학생이 있다. 두 학생 모두 과제를 해 오지 않아 선생님께 야단맞았다. 그런데 A는 아무 말 없이 선생님의 이야기만을 듣고 있었고, B는 계속해서 자신이 과제를 해 오지 못한 이유를 설명하였다. 청소 시간에도 자신의 청소 구역을 제대로 청소하지 못한 두 사람은 담임교사에게 혼이 났고, 이때도 선생님께 보인 두 사람의 반응이 앞의 경우와 똑같았다. 유사한 상황에서 두 사람의 행동은 분명히 차이를 보인다. 이런 행동이 반복되어 나타날 때 친구들이나 선생님은 A를 소극적이고 조용하

다고, 그리고 B를 적극적이고 자기주장이 강하다고 말할 수 있다. 동일한 상황에서 나타나는 두 사람의 차이는 곧 그 사람의 특질(trait)을 의미한다. 특질 이론에서는 성격이 비교적 지속적이고 안정적인 개인차를 보이는 이유를 특질에서 찾고, 사람들이 행동하고 생각하고 감정을 느끼는 가능한 수많은 방식을 몇 가지 핵심적인 성격 요인으로 압축해서 설명하고자 한다. 성격을 핵심 특질로 분류하여 이해하고자 했던 연구자들은 성격 특질을 측정하는 여러 종류의 검사를 실시하고, 요인 분석 방법에 의해 성격 구조를 분석하여 성격 이론으로 발전시켰다.

(1) 올포트

올포트(G. W. Allport)

올포트는 성격을 이해하기 위해 그 사람이 실제로 보여 주는 규칙적인 성향을 알아야 한다고 생각했으며, 그 규칙적인 성향을 특질이라고 보았다. 여기서 규칙적이라는 말은 빈도, 강도, 상황 등 세 가지 속성을 모두 포함한다.

특질은 다양한 자극을 동일한 것으로 지각하고 다양한 상황에서도 많은 개인적인 행동을 유사한 방식으로 나타나게 만드는 기능을 한다. 예를 들면, 매우 공격적인 사람이 여러 유사한 상황에 걸쳐서 공격적인 행동을 강하고 흔하게 보인다는 것이다.

올포트는 개인이 가진 특질을 다른 사람과 비교할 수 있는 특징과 비교할 수 없는 특징으로 나누어 보았다. 그는 모든 사람이 공통된 특징을 가지고 있기 때문에 서로 비교할 수 있다고 보았으며, 이러한 특징을 공통 특성(common trait)이라 하였다. 반대로, 비교할 수 없는 개인만의 독특한 특성을 개인적 성향(personal disposition)이라 하였다.

이러한 개인적 성향 중에서도 영향력을 미치는 범위에 따라 기본 특성과 중심 특성, 그리고 이차 특성으로 구분하였다. 기본 특성은 개인의 모든 사고와 행동을 특징지을 정도로 넓은 범위에 영향을 미치는 특성이다. 그러나 이 기본 특성은 행동을 통해 명백히 드러날 만큼 분명하지만 사람마다 모두 갖고 있는 것은 아니며, 극소수의 사람에게서만 관찰된다. 세계 정복을 위해 모든 것을 바쳤던 나폴레옹이나 나라의 독립을 위해 자신을 버렸던 유관순이나 잔다르크 같은 인물이 대표적이라고 할 수 있다.

중심 특성은 기본 특성에 비해 덜 광범위하지만 사고와 행동에 상당한 영향을 미치는 특징이다. '성실한' '활발한' '외향적인' 등으로 표현할 수 있는 특성으로 개인의 전형적인 특징을 잘 나타내어서 주위 사람들이 쉽사리 알아차릴 수 있다. 우리가 주위의 가까운 사람에 대해 그 사람의 성격이 어떻다고 이야기할 때는 바로 그 사람의 중심 특성에 대해 이야기하는 것이다.

끝으로, 이차 성향은 개인의 행동과 사고의 제한된 부분에만 영향을 미친다. 예를 들면, 특정한 대상이나 여러 사람 앞에서 발표를 하거나 새로운 사람을 처음 만나는 것과 같은 특정 상황에서 나타난다. 그러므로 이차 성향은 그 사람을 잘 알고 있는 사람이 아니면 알기 어려운 극히 개인적인 성향이다.

올포트의 이론에서는 특질은 여러 상황에서 일관되게 나타나지만 반드시 어떤 특질과 행동이 1:1의 함수관계로 나타나지는 않는다고 본다. 그만큼 한 개인의 성격 특성은 매우 다양하고 사람마다 독특하므로 쉽게 추정할 수 없다는 것이다.

(2) 카텔과 아이젱크

카텔(Raymond B. Cattell, 1905~1998)은 실생활에서의 관찰, 질문지, 심리검사 등의 과학적인 방법을 통해 성격 특성에 대해 가장 포괄적으로 연구한 사람이다. 그 역시 올포트와 마찬가지로 특질을 모든 사람이 가지는 공통된 특질과 개인만이 가지는 독특한 특질로 나누고, 이는 유전이나 환경의 영향을 받는다고 보았다. 그러나 그는 특질을 성격의 구조가 아닌 성격을 형성하는 요인으로 보았고, 그 요인을 분석하여 특질을 표면 특질과 근원 특질로 나누었다.

카텔(R. B. Cattell)

표면 특질은 말 그대로 겉으로 드러나는 행동과 함께 나타난다. 예를 들면, 상냥한 성격은 목소리가 부드럽고 미소를 잘 지으며 상대에게 말을 잘 건다. 우리는 겉으로 드러나는 이런 표면적 특징을 통해 상대를 사교적인 성격이라고 이야기한다. 표면 특질은 일상생활에서 쉽게 관찰되는 대신 환경의 영향을 받아 쉽게 변할 수 있다. 이에 비해 근원 특질은 개인의 생각이나 감정에 영향을 주며 성격의 핵심을 이루는 특질로 표면 특질에 비해 일관적이고 안정적이다. 단, 표면으로 드러나지 않기 때문에 쉽게 찾아내기 어렵다.

카텔은 앞에서 말한 객관적인 방법을 통해 자료를 수집하고 분석하여 16개의 주요한 근원 특질을 추출하고, 이를 수줍음-대담함, 신뢰함-의심이 많음 등과 같이 상대적 의미를 가진 기술적 용어로 명명하였다.

아이젱크는 카텔의 16개 성격 요인이 너무 복잡하다고 보고 이를 아주 단순화시켜

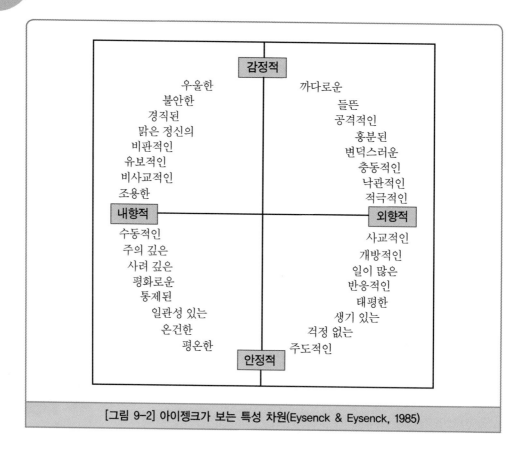

[그림 9-2] 아이젱크가 보는 특성 차원(Eysenck & Eysenck, 1985)

서 단지 2개의 주요 특성(후에는 3개로 확장함)만을 갖는 성격이론을 만들었다. 아이젱크의 2요인 이론의 한 가지 차원은 외향적인 사람과 내향적인 사람으로의 구분이고, 두 번째 차원은 신경증적 또는 정서적으로 불안한 성향과 정서적으로 보다 안정된 성향으로의 구분이다([그림 9-2] 참조). 후에 확장된 세 번째 차원은 충동적이거나 적대적인 정도를 나타내는 정신증이다. 그는 많은 행동 경향성이 이 핵심 특성과의 연계성 속에서 이해할 수 있다고 보았다.

(3) 성격 5요인모델

성격 5요인(Big five)모델은 성격을 가장 잘 대표하는 다섯 가지 요인을 사용하여 성격의 특질을 설명하는 이론이다(John & Srivastava, 1999; McCrae & Costa, 1999). 성격 5요인모델은 현대의 요인 분석 기법으로 다섯 가지 요인들이 서로 중복이 되지 않으면서도 다양한 성격 특성들을 포함하고 있어 여러 문화와 언어권의 다양한 유형의 사람들에게서 공통적으로 도출(John & Srivastava, 1999)됨이 확인되어 더욱 각광받고 있는 이론이다.

5요인은 개방성(openness), 성실성(conscientiousness), 외향성(extraversion), 우호성(agreeableness), 신경성(neuroticism)으로 구성된다. 개방성은 새로운 지적 경험과 아이디어를 즐기는 경향성이며, 성실성은 자기 절제와 본분을 지키는 태도를 보이고, 성취와 능숙함을 향해 노력하는 경향성이다. 외향성은 자극을 추구하고 다른 사람들과 함께 있는 것을 즐기는 경향성으로 반대는 내향성이다. 우호성은 다른 사람들에게 온정적으로 대하는 경향성이다. 신경증은 불쾌한 감정을 빈번하게 경험하는 경향성으로 반대는 정서적 안정성이다.

이러한 성격 특질에 대해 가질 수 있는 의문은 개인의 성격 특질이 얼마나 변화하지 않고 안정적인가, 유전적인가, 문화적인 차이에 영향을 받는가, 5대 특질로 다른 성격적인 특질도 예언할 수 있는가 등이다. 그러한 물음에 대해서 최근의 연구 결과는 성격 특질이 일생에 걸쳐 상당히 안정적이고, 유전이 성격 특질의 개인차를 50% 이상 설명해 주며, 다양한 문화적 차이에도 불구하고 성격 특질은 모든 문화에서 보편적이며, 다른 성격 특질까지도 예언한다는 것을 보여 주고 있다. 이런 점에서 성격 5요인모델은 성격의 특질 연구를 주도하고 있으나 성격의 모든 부분을 설명해 주는 것은 아니기 때문에, 목적에 따라서 성격의 또 다른 측면에 대해서도 연구가 필요하다.

특질 이론가들은 생물학적 관점에서 성격을 선천적으로 타고난 뇌의 기제와 과정의 결과로 본다. 예를 들어, 대뇌피질의 각성 수준의 차이에 따라 내향성과 외향성의 차이가 있다(Eysenck, 1967)고 본다. 외향성자는 뇌의 망상계(reticular formation)가 쉽게 자극이 되지 않기 때문에 강한 자극을 추구하고, 내향성자는 그들의 대뇌피질이 매우 쉽게 적정 수준 이상의 수준으로 자극되기 때문에 독서나 조용한 활동을 선호한다는 것이다. 그리고 성격 핵심의 특성이 각각의 특성과 관련된 뇌 부위의 크기 차이에 기인한다는 견해(DeYoung et al., 2010)도 있다. 이러한 연구 결과에 근거하여 특질 이론에서는 성격의 개인차를 각 개인이 환경에 대해 반응하는 뇌 체계의 활동 과정으로 설명한다.

3) 학습 이론

지금까지 살펴본 두 이론은 인간의 행동이나 사고에 영향을 주는 요인이 개인의 내부에 있다고 보았다. 정신역동 이론에서는 무의식적 욕구나 갈등이, 특질 이론에서는 각각의 특성이 다양한 주위 환경에 대해 일관성 있게 반응한다고 보았다. 결국 성격 형성에 영향을 미치는 요인 중 환경적 요인보다는 생물학적 요인을 강조하는 이론이다. 이와 반대로 학습 이론은 개인의 행동을 결정하는 요인이 내부가 아닌 외부의 환경에 있다고 본다. 개인은 외부 자극인 경험을 통해 학습한 방식대로 자극에 반응(행동)하며, 이러한 반응의 차이가 개인의 성격을 결정한다고 보는 것이다. 행동주의 학습 이론에서는 내부의 관찰할 수 없는 원초아나 자아, 무의식이 아닌 관찰 가능한 행동을 통해 성격을 좀 더 객관적이고 과학적으로 살펴보고자 하였다.

(1) 고전적 조건화

고전적 조건화(classical conditioning, 고전적 조건형성)는 파블로프가 개의 소화 과정을 연구하던 중 발견한 이론이다.

이를 성격 형성에 적용한 사람이 바로 왓슨(Watson)이다. 그는 파블로프가 개를 통하여 증명해 보인 것을 아동에게 적용하여 실험하였다. 그는 아동에게 흰쥐를 보여 주면서 쇠막대 두드리는 소리를 내었다. 처음에는 흰쥐에 대해 공포를 느끼지 않던 아이가 이러한 반응이 계속되자 이후에는 흰쥐만 보아도 회피하면서 공포 반응을 보였다. 왓슨을 비롯한 고전적 학습 이론가들은 인간의 복잡한 행동이나 불안이 바로 이와 같은 과정을 거치면서 형성되고 발달하게 된다고 주장한다.

(2) 조작적 조건화

고전적 조건화가 선행 자극에 대해서 나타나는 반응과의 관계를 중요시한다면, 조작적 조건화(operant conditioning, 조작적 조건형성)는 행동의 결과 뒤에 오는 반응의 관계에 초점을 둔다. 우리가 공부를 하는 이유도 시험을 잘 치기 위해 공부를 하는 것이 아니라 시험을 잘 쳐서 좋은 성적을 받기 위해 하는 것처럼, 어떤 행동에 대해 오는 반응이 개인의 이후 행동에 영향을 미친다는 것이다. 이렇게 이후의 행동에 영향을 미칠 반응을 강화(reinforcement)라고 하는데, 강화는 정적 강화(positive reinforcement)와 부적 강화(negative reinforcement)로 나누어 설명된다. 정적 강화는 대상이 좋아하는 긍정적 자극을 더해 주는 것이고, 부적 강화는 대상이 싫어하는 부정적 자극을 없애 주는 것이라 할 수 있다. 강화는 처음에는 사탕, 용돈과 같은 1차 강화가 큰 영향을 미치지만, 성장하면서 사회성이 형성되면 돈이나 사탕보다는 인정이나 칭찬과 같은 2차 강화가 더욱 큰 영향을 미친다.

그렇다면 과제를 하거나 제 방을 청소하는 등의 간단한 행동이 아닌 복잡한 행동도 강화를 통해서 형성할 수 있을까? 조작적 조건화 이론에서는 점진적 접근법(계기적 근사법)을 통해 그러한 일이 가능하다고 본다. 점진적 접근법이란 처음에는 매우 간단하고 쉬운 행동을 강화하여 반복하다가 조금씩 복잡하고 어려운 행동으로 강화를 해 줌으로써 복잡하고 어려운 행동도 형성시킬 수 있다는 것이다. 이는 수영을 배울 때 처음부터 물에 뜨는 것부터 배우지 않고, 다리 동작, 팔 동작, 호흡법 등을 배우고 물에 뜰 수 있을 때 각각의 동작을 함께하는 것을 배우도록 하는 것과 같다.

조작적 조건화에서는 성격도 이와 같이 형성된다고 본다. 만약에 어떤 아이가 실수로 꽃병을 깨뜨렸다고 하자. 이 아이는 자신의 실수를 만회하고 어머니의 화를 풀어 주기 위해 귀여운 애교로 어머니의 화를 풀었다. 이후 이 아이는 자신이 잘못을 하여 어머니가 화가 날 때마다 자기만의 독특한 애교로 어머니의 화가 난 마음을 달래려고 할 것이다. 어머니의 화가 풀리는 것, 아이를 보면서 짓는 어머니의 미소가 이 아이에게는 강화로 작용할 수 있다. 이런 반복되는 경험을 통해 이 아이는 자신의 행동에 대한 책임감이 강한 아이로 성장하기보다는 자신의 실수를 재치로 그 순간만 모면하려는 사람으로 성장할 수 있다. 이 아이는 바로 어머니의 미소와 용서가 강화로 작용한 것이다.

그렇다면 학습 이론에서는 행동의 강화만 있는 것일까? 그렇지 않다. 행동을 증가시키는 개념이 강화라면 반대의 개념으로 행동을 감소시키는 처벌(punishment)을 들 수 있다. 어린 시절 수업 시간에 떠들면 밖에 나가 손을 들고 서 있거나 선생님께 혼이 난 경험이 있을 것이다. 이때 선생님이 우리에게 주는 행동이 처벌이다. 처벌은 원하지 않는 자극을 주어서 그 행동을 하지 못하게 하는 것이다. 때때로 처벌과 부적 강화가 혼동되는데, 그 이유는 두 가지 모두 부정적 자극을 포함하기 때문이다. 그러나 처벌은 부정적 자극을 주어서 원하지 않는 행동을 없애는 것이고, 부적 강화는 부정적 자극을 없애 주어서 원하는 행동을 하도록 하는 것이다.

원하는 강화물이나 처벌이 뒤따르지 않으면 가지고 있던 행동은 소거(extinction)된다. 앞의 아이의 예를 다시 들어 보자. 자신의 실수를 애교나 투정으로 만회하려던 아이가 자라서 직장인이 되어 회사에서 실수를 한 후에도 자신의 상사에게 어머니에게 했던 동일한 방법이 통할 수 있을까? 당연히 성인이 된 이후의 문제 해결에는 적합하지 않은 그 방법이 직장에서 통할 리가 없다. 어린 시절 어머니의 반응과 다른 반응을 경험한 그는 자신의 방법이 잘못되었음을 알고 다음부터는 동일한 방법을 사용하지 않을 것이고, 그러면 저절로 줄어들거나 사라질 것이다. 이것이 소거이다.

　　결론적으로, 조작적 조건화에서 성격의 형성은 강화와 처벌에 의해 이루어지므로 환경 내에 있는 강화 요인이 무엇인지 찾아야 한다고 보았다. 그리고 성격에서 개인차보다는 강화물에 반응하는 인간의 보편적인 원리를 찾는 데 관심을 가졌다.

　　(3) 사회 학습 이론

밴듀라(A. Bandura)

　　밴듀라는 인간의 행동이 단순한 자극과 반응의 관계에서만 일어나는 기계적인 관계가 아니며, 고전적 조건화나 조작적 조건화에서는 인간의 독특한 특성인 인지 과정이 간과되었다고 보았다.

　　밴듀라는 인간이 행하는 모든 행동을 직접 경험하거나 강화를 받아서 하기에는 그 종류가 너무 다양하다고 보고, 개인이 직접 경험하고 강화를 받은 행동뿐 아니라 다른 사람의 행동을 관찰하는 것을 통해서도 행동의 변화가 가능하다고 보았다. 이렇게 타인의 행동을 통하여 새로운 행동을 습득하거나 강화를 받는 것을 관찰학습 또는 모델링이라고 한다. 외국 여행객들이 우리나라에 관광을 와서 가장 먼저 배우는 것이 흥정이라고 한다. 재래시장을 다니며 우리나라 사람들만이 가지는 가격 흥정이나 덤의 문화를 배우고, 그들 역시 물건을 구입할 때 흥정을 하거나 덤을 요구한다는 것이다. 그리고 모델링은 직접 관찰한 것이 아니더라도 TV나 책, 다른 사람의 이야기를 통해서도 이루어진다.

　　어떤 행동을 학습하기 위해서 반드시 연습이나 강화가 필요한 것이 아니다. 새로운 행동을 습득하면 강화를 받을 것이라는 기대가 생기는데, 이러한 기대감이 새로운 행동학습을 위해 필수적으로 요구된다. 전에는 그러지 않던 아이가 마트에서 자신이 원하는 물건을 사 주지 않으면 떼를 쓰거나 아예 땅바닥에 주저앉아 울기 시작했다. 전에는 보이지 않았던 행동이므로 가족은 당황하였다. 이 아이는 마트에서 자기 또래의 다른 아이가 그러한 방법으로 자신의 욕구를 충족하는 것을 보고 배운 것이었고, 그것을 모델링으로 자신의 욕구를 만족시키는 데 적용한 것이었다.

　　밴듀라는 과제를 완수하거나 목표를 달성할 수 있다는 개인의 신념을 자기 효능감(self-efficacy)이라 하고, 이것은 그 정도에 있어서 개인차가 있다고 보았다. 즉, 자기 효능감은 개인이 처한 환경에서 스스로 그러한 환경을 극복할 수 있고, 또 자신이 원하는 결과를 얻을 수 있을 것이라는 기대로 어떤 행동을 시작하거나 지속하는 일에 영향을 준다.

밴듀라를 비롯한 사회 학습 이론가들은 개인의 행동뿐만 아니라 성격까지도 모방이 가능하다고 주장한다. "서당 개 삼 년이면 풍월을 읊는다."라는 우리 속담은 사회 학습 이론을 가장 간략하고 절묘하게 표현한 말이다.

성격 이론의 측면에서 사회 학습 이론은 상황이나 환경이 개인의 성격 형성에 미치는 영향을 주목했다는 점에서 높은 평가를 받는 한편, 지나치게 상황에 초점을 맞추어서 개인의 내적 특질을 배제하고 성격을 설명한다는 비판도 받는다. 즉, 비판자들은 같은 상황이라도 개인의 무의식적 동기나 정서, 특질 등이 작동하고 있다는 점을 사회 학습 이론이 놓치고 있다고 본다.

4) 현상학적 이론

현상학적 이론은 개인의 내부에 존재하는 무의식적 욕구나 동기를 강조하는 정신역동 이론이나 외부 환경의 영향을 강조한 학습 이론과는 달리, 개인의 주관적 경험이나 감정, 외부 환경에 대한 자신의 감정과 견해를 중요시한다. 현상학적 이론은 앞의 두 이론이 인간이 가지고 있는 잠재된 능력을 무시하고 인간을 본능과 무의식 또는 주위의 자극에 반응하는 기계적 대상으로 여기는 데 반발하여 발생하였으므로, 이를 가리켜 인본주의 이론이라고도 한다.

현상학적 입장의 심리학자들은 개인의 주관적 경험에 따라 행동의 변화가 있다고 주장한다. "제 눈에 안경"이라는 말처럼 어떤 환경이 모든 사람에게 동일한 자극으로 영향을 미치는 것은 아니다. 다시 말해, 개인이 자신과 자기 주변의 환경을 어떻게 인식하고 해석하는지에 따라 행동이 달라진다는 것이다.

(1) 로저스

로저스는 인간의 행동을 개인이 지각한 현상적인 장(field)에서 유기체가 지각한 욕구를 만족시키기 위한 목표 지향적인 시도로 보았다. 그리고 이러한 시도는 자신을 성장시키고 향상하는 긍정적인 방향으로 이루어진다고 보고, 이러한 경향성을 실현 가능성이라고 불렀다.

로저스의 성격 이론에서 중요한 개념은 자기(self)다. 이 자기 개념은 자기 자신에 대한 지각과 가치 평가로서 자기가 어떤 사람인

로저스(C. Rogers)

가에 대한 자기 인식이다. 즉, "나는 부지런하다." "나는 정직하다." "나는 마음먹은 일은 꼭 해낸다." "나는 언제나 덤벙거리고 실수를 한다."와 같은 자기 자신에 대한 신념을 이야기한다. 이러한 자기 개념은 그 자체를 유지하려는 성향이 있어서 자기 개념에 일치하지 않는 생각이나 행동은 부정하고, 일치하는 생각이나 느낌, 행동은 비록 자신이 직접 경험한 것이 아니더라도 마치 자신이 직접 경험하고 느끼고 생각한 것처럼 왜곡한다. 그래서 다른 사람이 보기에는 완벽해 보이는 사람이라 하더라도 자신은 언제나 덤벙거리고 실수를 하는 사람이라는 부정적인 자기 개념을 가진 사람은, 자신에 대해서 만족하지 못하고 불행한 사람으로 자신을 인식한다.

로저스는 개인은 자기를 타인과 구분함과 동시에 타인의 사랑과 관심을 받고자 하는 욕구가 있다고 가정한다. 나아가서 자기 스스로 자신을 사랑하고 아끼고자 하는 욕구도 있으나 타인이 자신에게 가지는 가치 체계에 더 많은 영향을 받아 타인의 가치 체계에 따라 자신의 말이나 생각, 행동 등을 판단하고 평가한다고 보았다. 따라서 타인의 가치 체계가 자신의 가치 체계로 내재화되고, 내재된 가치 체계에 의해 자신의 생각, 느낌, 행동을 평가하게 된다. 이때 자신의 생각, 느낌, 행동이 타인의 가치 체계와 일치하지 않을 경우 부정적인 자기 개념을 갖게 되는데, 이러한 부정적 자기 개념을 갖지 않게 하려면 부모나 주위 사람의 관심과 무조건적이고 긍정적인 존중이 필요하다. 즉, 타인이 자신을 존중하고 수용하는 경험을 통하여 자신을 부정적으로 인식하거나 왜곡하지 않게 된다는 것이다.

로저스 역시 프로이트처럼 어린 시절 경험이 성격 형성에 큰 영향을 미친다고 보았다. 그러나 프로이트가 성격 형성에 영향을 미치는 요인을 어린 시절 무의식적 욕구의 충족 정도로 본 것에 비해, 로저스는 어린 시절 주위 사람과의 관계에 두었다. 앞에서 살펴본 것과 같이, 그는 모든 사람은 타인의 사랑과 수용, 인정받고자 하는 욕구를 가지고 있다고 보았다. 이런 욕구가 출생 후 부모나 주위 가족에 의해 충족되고 가족의 사랑이나 애정이 무조건적으로 제공되면 개인은 긍정적인 자기 개념을 가지게 된다. 그러나 어떤 부모는 조건적으로 애정을 제공하는데, 이런 부모의 애정 제공 형태는 자녀에게 자신을 사랑을 받을 자격이 없는 사람으로 여기게 하여 부정적이고 왜곡된 자기 개념을 가지게 한다. 이런 부정적 자기 개념은 매사에 자신감 없고 소극적인 사람으로 만들어 버릴 수 있다. 이처럼 자신에 대해 형성된 자기 개념은 개인의 성격 형성뿐만 아니라 심리적 건강에까지 영향을 미친다.

로저스의 이론에서 사건 자체는 개인에게 아무런 의미가 없다. 다만 과거의 경험과 자기 체계를 유지하려는 동기가 사건에 의미를 부여하고, 그 의미가 자기 개념과 얼마나 일치하는가를 중요하게 본다. 이러한 일치성의 정도가 성격 형성에 중요한 영향을 미친다.

(2) 매슬로

로저스와 마찬가지로 매슬로 역시 인간의 잠재력과 건강한 성격에 대해 많은 관심을 가진 학자다. 그는 사람의 성격이나 행동을 설명하기 이전에 그 동기가 되는 욕구를 위계화하였다. 이 위계화된 욕구의 최하단에는 배고픔, 갈증, 수면 등의 생리적 욕구가, 그리고 그 위에는 생존과 안전하고자 하는 안전의 욕구, 단체나 집단에 소속된 소속감과 집단원과의 교류나 교제하고자 하는 소속감의 욕구, 타인에게 인정받고 존경받고자 하는 존중의 욕구, 지식에 대한 습득과 이해를 원하는 인지적 욕구, 질서와 아름다움을 추구하는 심미적 욕구, 그리고 마지막으로 자신의 잠재력을 실현하고자 하는 자기실현의 욕구가 최상단에 존재한다.

이렇게 위계적으로 조직된 욕구를 유목화하면 아랫부분의 배고픔, 갈증, 수면, 안전, 소속감과 같은 욕구는 충족되지 않으면 부족함을 느끼고 그것을 채우려 하기 때문에 이런 욕구를 결핍 욕구라고 한다. 이 결핍 욕구가 제대로 충족되지 않으면 상위 욕구를 성취하고자 하는 동기가 없어진다. "금강산도 식후경"이라고 하였으므로 배고픔

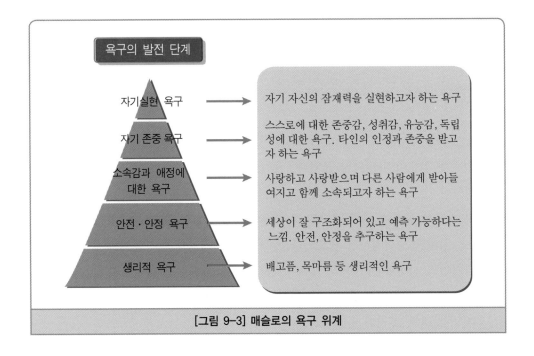

[그림 9-3] 매슬로의 욕구 위계

이 해결되지 않으면 자연을 보고 아름다움을 느끼고자 하는 심미적인 욕구를 충족하고 싶은 마음이 들지 않는 것이다. 즉, 하위 욕구가 충족되어야만 상위 욕구로의 진전이 일어나며, 만약 하위 욕구가 충족되지 않으면 다시 하위 욕구를 충족하기 위해 퇴보한다. 이렇게 하위 욕구가 충족되고 난 뒤 그다음 상위 욕구를 충족하고자 하는 욕구를 성장 욕구라고 한다. 성장 욕구의 최고점은 바로 자아실현이다. 인간은 누구나 더 나은 욕구 충족을 위해 행동하고 그 목표는 바로 자신에게 내재되어 있는 잠재력을 발휘하는 일이다.

매슬로는 건강한 성격을 이렇게 자아를 실현한 사람들에게서 찾았다. 이들의 특성을 살펴보면 타인의 반응에 민감하고, 혼자 있어도 외로움을 느끼지 않으며, 자신의 일에 성취감을 느끼고, 자신의 인생에 대해 즐거움을 느낀다. 또 이성적이고 합리적으로 사고하며, 자발적이고 주위의 변화를 두려워하지 않으며 개방적이다. 물론 자아실현을 한 사람들이 긍정적인 부분만을 가진 건강한 성격의 소유자는 아니다. 그들의 특징은 긍정적인 부분과 부정적인 부분을 모두 가지고 있되, 시기적절하게 판단하여 실행할 수 있는 성격을 가지고 있다.

현상학적 이론들은 자아실현을 위해 노력하는 건강한 성격에 대해 관심을 가지게 했다. 그러나 개념이 모호하고 개인의 특정한 성격 특성과 환경적인 변인을 고려하지 않았다는 점에서 비판을 받는다. 현대의 현상학적 이론은 개인의 삶 속에서 일관된 이야기를 만들어 가는 방식에 초점을 두고 성격을 연구하고 있다.

4. 성격검사

우리는 처음 만난 사람에 대해서 이야기할 때 "고집 세게 생겼다." "순진하게 생겼다." "얼굴에 심술이 다닥다닥 붙었다." 등 첫인상이나 겉모습으로만 그 사람을 평가하는 경향이 있다. 그러나 그러한 견해는 다분히 주관적이고 개인의 경험에 의해 나온 것이다. 따라서 성격에 대해 제대로 파악하려면 편견 없이 누구나 인정할 수 있는 객관적이고 정확한 성격검사가 필요하다. 성격검사는 개인의 성격에 초점을 맞춘 심리평가로 개인의 신념과 사고방식, 정서 반응, 대인관계 패턴을 파악하고 행동 습관 및 반응 양식 등을 평가하는 것이다. 여기서는 다양한 성격검사 방법 중 관찰법, 질문지법, 투사법에 대해 그 장단점을 살펴본다.

1) 관찰법

관찰법은 말 그대로 일상생활이나 상담 상황을 관찰하여 개인의 성격을 파악하는 방법이다. 예를 들면, 유치원이나 심리치료 상황에서 일방경을 통하여 아동이 노는 장면을 관찰하는 것이다. 어떤 이야기를 주고받으며, 어떤 몸짓과 표정을 자주 짓는지, 어떤 버릇을 가지고 있는지 등의 관찰을 통하여 아동의 성격을 이해하기 위한 자료를 얻을 수 있다. 관찰법은 우리가 주위 사람들의 성격을 파악하는 데 가장 손쉽게 이용하는 방법이다.

그러나 이러한 관찰법은 관찰이 진행되는 동안의 행동에 국한되기 때문에 전체 행동 영역에 대한 대표성이 충분하다고 보기 힘들다. 그리고 관찰 기준이 명료하지 않은 경우 평가자의 경험이나 고정관념, 후광효과(halo effect)에 의해 주관적인 판단을 하기가 쉽다는 단점을 가진다. 이를 보완하기 위해 관찰 내용을 사전에 규정하고 기록 방법을 표준화함으로써 조직적 관찰을 가능하도록 하여 객관적인 자료를 얻는 것이 필요하다.

2) 질문지법

관찰법의 주관적인 경향을 보완할 수 있는 것이 바로 질문지법이다. 관찰법이 타인의 관찰에 의해 성격이 규정되는 데 반해, 질문지법은 개인이 질문지 내용을 읽고 자신이 느끼는 감정이나 행동을 자기 보고 형식으로 대답하는 것이다. 질문지법을 통한 성격검사는 성격 특성을 검사하고 분류하고 연구하는 데 효율적이라고 볼 수 있다.

이러한 질문지법에는 성격 유형을 검사하는 MBTI검사와 임상 장면에서 내담자의 성격장애를 진단하는 MMPI-2, PAI검사 등이 대표적이다.

MBTI는 Myers-Briggs Type Indicator의 머리글자만 딴 것으로 인간 행동은 자신이 선호하는 방식의 차이에서 비롯되는 결과라는 융(Jung)의 성격 유형 이론을 근거로 개발한 성격 유형검사다. 이 검사는 비진단 검사로서 모두 126문항으로 구성되어 네 가지 척도의 관점에서 인간을 이해하려고 한다. 이 검사의 네 가지 선호 지표는 에너지의 방향이 어디에 있는가에 따라 E(외향)형-I(내향)형, 정보를 인식하여 수집하는 방법에 따라 S(감각)형-N(직관)형, 의사를 판단하고 결정하는 기준에 따라 T(사고)형-F(감정)형, 외부 세계에 대한 생활 양식에 따라 J(판단)형-P(인식)형으로 분류된다. 이 네 가지 지표에서 두 가지 반대 성향 중 무엇을 더 선호하는지 질문을 통해서 측정하고 총 16(2×2×2×2)가지 성격 유형으로 나눈다. 그리고 그 유형을 알파벳으로 표시한다. 예를 들면, 내향적이고(I), 눈에 보이는 것에 의해 정보를 수집(S)하고, 감정보다 사고에 따라 판단(T)하며, 생활 양식이 조직적이고 체계적(J)이라면 ISTJ형이 된다. MBTI는 정신장애나 정서, 지능의 측정처럼 좋고 나쁨을 판단하는 검사가 아니라 개인의 선천적인 선호경향성을 찾고 그러한 경향성이 행동에 어떠한 영향을 미치는가를 파악하여 실생활에 응용할 수 있도록 돕는 검사라는 장점을 가지고 있다. 그러나 성인의 경우 사회적인 역할을 위해 선택하고 있는 방식에 반응 표시를 하는 경우가 있어 자신의 선천적인 경향성과는 다른 결과가 나올 수가 있고, 극단에 치우친 값보다 중간에 근접한 점수를 얻기 쉬우며, 한두 문항의 응답 결과에 따라 유형이 달라질 수도 있다. 이러한 측면에서 볼 때 해석 시 검사자와의 면담을 통한 결과의 해석이 중요해 보인다. 일부에서는 사람들의 유형을 배타적인 범주로 구분하는 것에 대한 비판적인 견해를 보이기도 한다.

MMPI-2(Minnesota Multiphasic Personality Inventory-2)는 Hathaway & McKinley가 개발한 MMPI(1943)를 현 실정에 맞게 재표준화한 검사로 척도와 문항에 최소한의 변화를 주어 MMPI와 연속성을 확보하면서 시대적 변화를 최대한 반영하였다. 그리고 RC 척도, 소척도, 내용 척도, 보충 척도, 성격병리 5요인 척도 등을 추가하여 개인의 태도, 정서, 신체적 증상 등을 알아볼 수 있도록 567개의 문항으로 구성하였다. MMPI-2는 임상 장면에서 내담자의 성격장애를 진단하는 데 큰 도움이 된다. 10개의 임상 척도는 건강염려증, 우울증, 불안증, 강박증, 남다른 관념이나 이상한 생각과 신념을 갖고 있는 정도 등과 같은 임상적인 문제의 성향과 성 역할 관념, 사교성 및 사회적 억제성, 충동성 등과 같은 일반적인 성격 특성을 측정한다. 이 검사의 문항은 특정한 정신장애를 가진 집단의 사람들이 일반적인 사람과 어떻게 다른 방식으로 응답하는지를 경험적으로 연구하여 조사 문항을 선택하여 제작하였다. 그리고 피검자가 정신적으로 더 건강하게끔 혹은 더 나쁘게 보이도록 의도적으로 꾸며 내거나 불성실하게 응답하는 것을 알아낼 수 있도록 네 개의 타당도(주: 개념은 이 책의 10장에 자세히 소개됨) 척도를 포함하고 있다. 해석 시에는, ① 수검자의 특징적 검사 태도를 고려, ② 개별 척도에 대한 해석, ③ 코드 타입 해석, ④ 낮은 임상 척도 고려, ⑤ 전체 프로파일의 형태 분석의 과정을 거친다. 해석을 할 때에는 타당도 척도를 통해 검사 결과의 타당성을 일차적으로 확인하고, 타당하지 않다고 판단되면 해석해서는 안 된다. 또한 면담과 관찰

결과, 기타 배경 정보를 고려한 후에 정보가 불일치할 경우 그 이유를 반드시 확인해야 한다. MMPI-2는 투사적 방법처럼 반응에 대한 해석이 필요 없기 때문에 검사자의 편파를 최소화할 수 있는 장점이 있고, 효율적이고 신뢰성 있는 진단 도구로 인정받아 세계적으로 가장 널리 쓰이고 있는 객관적 성격검사 도구이다. 그러나 인지적 기능을 확인하였을 때 치매나, 섬망, 중독, 급성 정신병리 등의 문제가 있는 경우 검사 결과를 타당하게 해석할 수 없을 가능성이 높고, 정신지체나 발달장애 등으로 인하여 인지 능력이 부족한 경우는 문항을 제대로 이해하지 못하고 응답했을 가능성이 높으므로 주의를 요한다.

PAI(Personality Assessment Inventory; Morey, 1991)는 성격과 부적응 및 정신병리를 포괄적으로 평가하기 위한 자기 보고형 검사로, DSM-Ⅲ-R의 진단 체계를 반영하여 척도를 구성한 것이다. 정상 집단과 진단 집단을 구분할 뿐만 아니라 정상인에게도 유용하게 사용 가능하다. MMPI와는 달리 척도명이 의미하는 구성 개념과 실제 척도 간의 직접적인 관계가 있고, 중복 문항이 없으며, 4점 평정 척도로 이루어져 있다. 척도들은 타당도 척도와 임상 척도뿐만 아니라 내담자의 치료 동기, 치료적 변화 및 치료 결과에 민감한 치료 고려 척도와 대인관계 척도를 포함하고 있다. 뿐만 아니라 각 척도는 34개의 하위 척도로 구분되어 있어서 장애의 상대적 속성을 정확히 측정하고 평가할 수 있다. 그리고 PAI는 임상 장면에서 반드시 체크해야 할 잠정적 위기 상황에 관한 27개의 결정 문항을 포함하고 있다는 장점이 있다. 해석 시에는 먼저 수검자의 반응 태세를 검토하여 검사 결과의 타당성을 결정하고 결정 문항, 하위 척도, 전체 척도 및 형태적 해석이라는 네 가지 단계를 거친다. PAI 역시 자신이 선호하는 방향으로 응답하기 쉽고, 이것이 결과에 영향을 미칠 수 있다는 단점이 있다.

이와 같이 자기 보고식 검사는 내담자가 얼마나 문항의 내용을 잘 이해하고 성실하고 거짓 없이 대답하였는가에 따라 정확한 검사 결과를 얻게 된다. 그러나 문제는 문항이 고정되어 자기표현이 어렵고, 자신에 대해 잘 모르거나 정확하게 파악하지 못할 경우 피검사자가 자신을 왜곡할 수 있다. 또한 사람들이 자신을 잘 보이려고 사회적으로 바람직하게 여기는 방향으로 또는 자신이 선호하는 방향으로 응답하기 쉬우며, 긍정적으로 혹은 부정적으로 일관되게 응답하는 반응 경향성을 나타낼 수 있다는 점이다. 따라서 검사를 시행하는 목적에 대해 분명히 이해를 시킨 후에 실시하는 것이 좋다.

3) 투사법

질문지법이 내담자의 반응을 이것 아니면 저것, '예' 아니면 '아니요'로 제한하는 데 비해, 투사법은 자신의 생각이나 느낌을 자유롭게 표현하여 피검사자가 의도적으로 꾸며 내는 반응으로부터 좀 더 자유로울 수 있으며, 저항하지 않는 자신의 모습을 알게 한다. 투사법에서 검사자는 개인의 성격이나 내면을 파악할 수 있게 해 주는 애매한 자극들로 구성된 그림을 제시한다. 그러면 내담자는 자신의 희망, 관심사, 충동, 세상을 바라보는 관점 등과 같은 의식되지 않는 성격 요소를 애매한 자극에 투사하여 이야기하게 된다. 이렇게 내담자가 그림을 보고 상상하여 이야기 속에 나타나는 생각이나 느낌을 통해 성격을 추정한다. 투사법에는 로르샤흐(Rorschach) 잉크반점검사와 주제통각검사(TAT)가 있다.

로르샤흐 잉크반점검사는 성격 구조, 정신역동, 주요 갈등, 자기 개념/대인관계, 대처방식 등을 알아볼 수 있는 투사검사로, 형태와 색채는 물론 음영에 대한 지각적 속성까지 고려한다. 검사는 복잡한 잉크 얼룩으로 만들어진 10개의 카드를 보여 주고, 얼룩이 무엇을 나타내는지 혹은 무엇을 닮았는지, 왜 그렇게 보는지를 대답하게 한다. 주로 위치나 내용, 반응 결정 요인(모양, 색, 명암 등)을 중심으로 해석하며 사고 능력과 정서적인 반응, 갈등 영역, 자아 강도와 방어 등을 측정한다. 검사 실시에 있어 무엇보다 중요한 것은 수검자의 좌석 배치인데, 일반적으로 검사자와 정면에서 얼굴을 마주 보는 좌석 배치는 피해야 한다. 이는 얼굴을 찡그리거나 끄덕이는 것과 같은 검사자의 비언어적 행동이 수검자의 반응에 영향을 미칠 수 있고, 반응 영역을 짚을 때 이를 확인하기 어렵기 때문이다. 검사는 반응 단계와 질문 단계로 구분되어 실시된다. 검사 결과에는 병리학적 응답의 총 개수가 반영되게 되는데, 따라서 매우 지적이거나 말이 많은 사람들의 경우 다른 사람보다 더 많이 말을 하기 쉽고, 그에 따라 뭔가 잘못되어 보이는 응답도 더 많이 말할 가능성이 있다. 이처럼 검사 진단의 정확성, 신뢰성, 타당성에 영향을 미치는 요인이 많고 검사 체계가 다양하여 서로 다른 경과를 낳기도 하는 문제점이 있다. 최근에는 Exner의 종합 체계에 따른 해석이 주로 이루어지고 있다.

주제통각검사(Thematic Apperception Test: TAT)는 로르샤흐 잉크반점검사와 함께 가장 널리 쓰이는 투사적 검사 방법 중 하나로, 로르샤흐와는 달리 상대적으로 분명한 상황이 제시된다. 20장의 카드에는 인물들이 들어 있는 생활의 한 장면이 모호하게 제시되어 있다. 검사자는 특정한 장면을 나타내는 그림 도판을 제시한 후, 피검자가 전후 내용을 알 수 없는 그림을 보고 상상한 후 떠오르는 생각과 그 느낌으로 자유롭게 이야기를 구성하도록 한다. 통각이란 지각, 경험, 정서, 동기, 갈등, 공상적 체험 등 개인의 선행경험에 의해 지각이 왜곡되고 공상적 체험이 혼합되는 과정을 의미한다. 따라서 주제통각검사는 사람마다 매우 다른 내담자의 이야기를 분석하여 심리 저변에 깔려 있는 동기, 관심사, 사회를 바라보는 방식을 파악하는 것을 목적으로 한다. 기본적으로 정신분석적 입장을 따르고 있으며, 피검자의 성격, 내적 욕구 및 동기, 환경과의 갈등에 대한 정보를 빠른 시간 내에 제공해 줄 수 있는 장점을 지닌다. 특히 주요 동기, 정서, 기분, 콤플렉스, 갈등 등 개인이 자각하지 못하는 억제된 요소들을 드러내도록 하는 데 효과적이다. 그러나 결과 해석에 있어 명확한 규칙보다는 검사자의 임상적 판단에 따라 해석을 하게 되어 있어 검사자에 따라 다른 결론을 내릴 수 있다는 단점이 있다.

대부분의 투사법은 흥미롭기 때문에 검사 초기에 느끼는 불편감을 없애 줄 수 있으며, 피검사자의 자존감을 손상시키지 않고 검사를 진행할 수 있다. 그리고 피검사자가 의도적으로 꾸며 내는 반응 문제와 같은 질문지법의 단점을 보완할 수 있어 반응 왜곡을 줄일 수 있다. 대신 채점 방식이 객관적이지 못하므로 관찰법처럼 상담자의 주관이나 고정관념이 반영되기 쉽고, 행동 예측에서의 신뢰도와 타당도 역시 아직 확실히 검증되지 않아 결과에 대한 논란이 발생할 수 있다. 그러므로 좀 더 내담자의 성격을 올바르고 객관적으로 이해하기 위해 검사자에게 고도의 훈련과 오랜 임상 경험을 요구한다.

요약 및 학습과제

요약

1. 성격은 한 개인이 환경과 상호작용하면서 나타나는 독특하고 일관성이 있으며 안정된 인지적이고 정동적인 행동 양식으로서, 성격을 정의할 때 독특성과 일관성, 행동 양식 모두를 고려하는 것이 바람직하다.

2. 성격을 결정하는 주요한 요인은 타고난 체형이나 유전적 영향 등 생물학적 요인, 개인이 속한 가정과 사회, 성별 등에 따라 경험하고 타인과 가지는 관계에 영향을 받는 환경적 요인, 두 요인의 상호작용 등 세 가지 관점에서 살펴볼 수 있다.

3. 프로이트는 성격의 구조를 내면의 욕구 충족을 원하는 원초아, 현실을 추구하는 자아, 완벽을 추구하는 초자아로 나누고, 인간의 행동을 세 구성 요소 간의 상호작용으로 보았으며, 생후 5~6년 동안의 경험이 성격 형성에 중요한 영향을 준다고 주장하였다.

4. 에릭슨은 성격의 발달이 전 생애를 통해 이루어진다고 보았으며, 개인에게 요구되는 과업을 어떻게 해결하였느냐에 따라 개인의 인생이 달라질 수 있다고 보고, 전 생애를 총 여덟 개의 발달 과업으로 나누었다.

5. 아들러는 인간의 가장 중요한 중심 에너지가 우월을 위한 노력이며, 개인이 가진 열등감과 무력감을 극복하면서 자신을 향상하는 동안 자기만의 독특한 생활 양식을 만든다고 보았다.

6. 융은 집단 무의식을 강조하여 성격의 근원이 개인적 경험보다는 과거로부터 연속되어 전체를 조화롭게 통합하는 쪽으로 이루어진다고 주장하였다.

7. 특질 이론가들은 성격이나 행동 부분을 질적으로 유사한 것끼리 분류하고 유형화하였다.

8. 학습 이론은 개인이 외부 자극인 경험을 통해 학습한 방식대로 자극에 반응하며, 이러한 반응의 차이가 개인의 성격을 결정한다고 본다.

9. 고전적 조건화는 선행되는 자극에 대해서 나타나는 반응과의 관계를 중요시하고, 조작적 조건화는 행동의 결과 뒤에 오는 반응의 관계에 초점을 둔다.

10. 사회 학습 이론가들은 인간이 행하는 모든 행동은 개인이 직접 경험하고 강화를 받은 행동뿐 아니라 다른 사람의 행동을 관찰하는 것을 통해서도 행동의 변화가 가능하다고 보았다.

11. 현상학적 이론은 무의식적 욕구나 외부 환경의 영향보다는 개인의 주관적 경험이나 감정, 외부 환경에 대한 자신의 감정과 견해를 중요시한다.

12. 로저스는 어린 시절 사랑과 수용을 받았던 경험이 자기 존중감에 영향을 미치며, 이때 형성된 자기 개념은 개인의 성격뿐만 아니라 심리적 건강에까지도 영향을 미친다고 강조하였다.

13. 매슬로는 사람의 성격이나 행동을 설명하기 이전에 그 동기가 되는 욕구를 위계화하였다. 위계화된 욕구는 하위 욕구가 충족되어야만 상위 욕구로의 진전이 일어나며, 만약 하위 욕구가 충족되지 않으면 다시 하위 욕구를 충족하기 위해 퇴보한다고 보았다.

14. 누구나 인정할 수 있는 객관적이고 정확한 성격 파악을 위한 심리검사로는 MBTI, MMPI 2, PAI 등이 있고 투사적 검사로는 로르샤흐 잉크반점검사와 주제통각검사가 있다.

학습과제

1. 성격의 정의는 무엇이며, 성격을 정의하는 데 고려해야 할 특성은 무엇인지 설명하시오.

2. 성격을 결정하는 데 영향을 주는 요인을 설명하고 두 요인의 상호작용 가능성을 설명하시오.

3. 프로이트의 정신분석 이론에서 설명하고 있는 성격의 발달과 특징에 관해 설명하시오.

4. 에릭슨의 심리사회적 발달 단계를 간략하게 설명하시오.

5. 각 성격 이론의 특징을 비교해 보고 그 차이점을 설명하시오.

6. 성격검사 방법에는 어떤 것이 있는지 설명하시오.

10

심리검사와 지능

- 심리평가에서 심리검사의 중요성을 이해한다.
- 심리검사가 갖추어야 할 요건을 알고 신뢰도와 타당도의 개념을 알아본다.
- 지능검사, 신경심리검사 및 성격검사의 목적, 평가 내용 및 결과 해석에 대해 알아본다.

타인의 행동이나 정서, 성격 특성을 파악하고 이해하는 능력은 부모-자녀 관계나 친구 관계, 직장 내에서의 관계 등 모든 사회적 관계 형성에 있어서 중요하다. 대부분의 사람들은 스스로 의식하지는 못하지만 상대방의 얼굴 표정이나 행동 등을 통해 그 사람의 감정이나 생각, 욕구 등을 파악하고 그에 적절히 대응하는 반응이나 행동을 보이게 된다. 그러나 일상적인 관계에서 타인의 행동에 대한 개인의 판단은 주관적이며, 객관적으로 비교할 수 있는 수량화된 규준이 없기 때문에 때때로 상대방의 행동을 잘못 해석하고 판단하는 오류를 범하기도 한다. 특히 눈에 보이는 행동만이 아니라 눈에 보이지 않는 개인의 내적인 심리적 특성을 정확히 평가하고 이해하기는 어렵다. 하지만 신뢰도와 타당도가 입증된 심리평가 도구를 통해서는 개인의 인지, 정서, 행동 및 성격 특성을 파악하고 이해하는 것이 가능하다.

이 장에서는 심리평가의 여러 가지 방법들을 간단히 살펴본 후에 심리검사에 대해 구체적으로 알아본다. 심리검사가 갖추어야 할 조건과 심리검사가 개발되어 온 과정을 살펴본 후, 심리검사를 크게 인지기능검사와 성격검사로 구분하여 그 종류와 해석 방법에 대해 알아본다. 또한 '지능'의 개념을 여러 이론을 통해 이해하고, 이를 어떤 방식으로 평가하는지 알아본다.

10 chapter
심리검사와 지능

1. 심리평가란 무엇인가

심리평가(psychological assesment)란 개인의 심리적·행동적·성격적인 특성 및 정신병리를 이해하기 위해 시행되는 행동평가, 임상적 면담, 질문지, 심리검사 등을 아우르는 총체적이고 전문적인 평가 과정을 의미한다. 심리평가를 통해 다양한 심리적 문제를 진단하고 이해하며 치료 계획을 세우는 데 필요한 귀중한 정보를 얻을 수 있다. 그중에서도 심리검사(psychological test)는 개인의 행동에 대한 객관적이고 표준화된 수치를 제공하는 평가 도구다(Anastasi & Urbina, 1997). 표준화된 심리검사에서는 개인에게서 얻은 측정치를 연령 혹은 성별에 입각하여 산출된 검사 규준과 비교하여 현재의 기능 수준 및 상태를 파악하고, 앞으로의 행동 양상을 예측하는 데 중요한 정보를 제공한다. 심리검사를 수행하는 검사자는 단순히 검사를 실시하고 채점하여 검사 점수만 제공하는 것이 아니라 검사가 의뢰된 목적과 맥락(예: 특수학급 배치, 정신과적 진단, 정신 감정 등)에 맞게 검사 결과에 대한 신뢰롭고 타당한 해석을 제공하는 보고서를 작성해야 하므로, 심리검사에 대한 지식 및 경험과 더불어 인지 발달이나 정서 및 성격에 대한 심리학적 이론과 정신병리에 대한 기본 지식을 갖추고 있어야 한다.

이 장에서는 심리평가를 구성하는 각각의 요소를 개관한 후, 국내외에서 널리 사용되는 심리검사를 소개한다.

1) 행동평가

행동평가 방법의 중요한 가정 중 하나는 행동은 선행사건과 결과를 살펴봄으로써 이해할 수 있다는 것이다(신민섭 외, 2017). 따라서 행동평가는 어떠한 행동과 관련된 선행사건, 사건에 대한 반응, 결과 등을 분석하는 것을 의미한다. 행동평가에는 행동 관찰, 행동적 면담, 정신생리학적 평가, 행동평가척도 등 다양한 방법이 포함되지만, 행동 관찰이 이루어지는 환경이 집, 교실, 직장, 검사실 등 다양하여 비용이나 시간이 많이 소요되므로 이를 실시하는 데는 현실적으로 어려움이 있다. 또한 관찰자의 편견, 관찰하는 행동에 대한 상세한 정의와 측정의 어려움 등으로 인해 신뢰도가 낮아질 수 있다. 따라서 심리평가 상황에서 검사자는 주로 평가가 진행되는 동안 보이는 피검자의 표정, 몸짓, 언어 표현, 질문이나 과제에 대한 반응 등에 대한 관찰을 통해서 피검자가 실생활에서 보이는 행동 특성을 이해하고 예측하는 데 중요한 단서를 얻는다. 특히 피검자가 스스로 보고하는 내용과 맞지 않는 얼굴 표정이나 몸짓, 언어 표현 등에 관심을 기울이며(예: 불안하지 않다고 말하며 손을 계속 만지작거리거나 시선을 회피함), 행동 관찰을 통해서 얻은 이러한 평가 자료를 이후에 총체적으로 심리평가 결과를 해석하는 데 활용하게 된다.

2) 임상적 면담

면담은 구조화된 정도와 실시 절차에 따라 구조화된 면담, 비구조화된 면담으로 구분할 수 있으며, 진단평가 면담, 결과 해석 면담, 치료적 면담 등 다양한 목적으로 행할 수 있다. 심리평가에서 요구되는 면담은 개인이 현재 호소하고 있는 문제에 대한 이해를 목표로 하고 있으므로 대개 다음과 같은 내용을 포함한다.

첫째, 연령, 성별, 학력, 직업, 주소, 결혼 상태 및 가족관계, 경제적 수준 등 피검자에 대한 기본적인 정보를 얻는 것으로 면담을 시작한다. 둘째, 피검자가 스스로 심리평가를 받기 위해 왔는지, 혹은 다른 사람이 의뢰하였는지, 그리고 의뢰하게 된 이유가 무엇인지 등 주 호소 문제에 대한 정보를 얻는다. 셋째, 주 호소 문제를 바탕으로 증상이나 심리적 문제 목록을 작성하고 각각의 증상이나 심리적 문제가 언제부터 어떻게 시작되었는지, 빈도와 강도는 어느 정도인지, 어떤 상황에서 심해지고 어떤 상황에서 나아지는지 등 현 증상의 심한 정도 및 그러한 증상이 발생하고 유지되는 데 기여하는 요인들을 이해하는 데 필요한 정보를 얻기 위해 면담을 진행한다. 넷째, 피검자의 발달력(특히, 피검자가 아동, 청소년인 경우에는 조산이나 정상 분만 여부, 출생 시 체중, 출생 시 모의 연령과 임신 시 질병 여부, 낯가림, 걷기, 말하기 등 발달 지연 여부, 경기나 뇌기능장애와 관련된 병력, 분리불안, 또래관계 및 학교 적응 등에 대한 정보를 얻는 것이 중요)과 가족관계에 대해 체계적으로 질문함으로써 면담을 마치게 된다.

이러한 면담을 통해 피검자에 대한 초기 사례 개념화가 가능해지며, 피검자의 심리적 문제에 대한 대략적인 모습을 그려 볼 수 있게 된다. 또한 면담에서 얻은 자료는 행동 관찰 및 심리검사와 같은 다른 평가 자료들과 통합하는 과정을 통해서 심리적 어려움이나 문제가 되는 증상에 대한 깊은 수준의 이해와 공감을 할 수 있게 해 주므로, 면담은 심리평가에서 빠질 수 없는 중요한 진단적 절차라 할 수 있다.

3) 질문지

평정 척도나 질문지도 심리검사의 한 유형이지만, 이 장에서는 심리학자가 직접 피검자에게 실시하는 검사만 심리검사 범주에 포함시켜 설명하였다. 앞서 기술한 행동평가 및 임상적 면담이 심리평가에서 매우 유용하지만, 심리검사와는 달리 표준화된 평가 및 채점 기준이 마련되어 있지 않은 경우가 많으며, 시간이 오래 소요되고, 평가자나 피검자가 서로에 대해 가지는 편견에 영향을 받을 수 있다는 제한점이 있다. 따라서 심리평가 과정에서는 제한된 시간 내에 효율적으로 다양한 정보원에게서 피검자에 대한 수량화된 평가치를 얻기 위해 자기 보고형 질문지, 혹은 부모나 교사 보고형 질문지를 종종 사용한다.

국내외에서 아동에게 자주 사용되는 질문지로는 아동행동평가척도(Child Behavior Check-List: CBCL; Achenbach, 1991a)가 있는데, 부모가 아동의 문제 행동 및 증상 목록에 대해 '전혀 없음' '가끔 보이거나 심하지 않음' '자주 있거나 심함'의 3점 척도로 응답하도록 되어 있다. 문항은 거의 비슷하지만 교사가 평가하는 형태(Teacher Report Form: TRF)와 청소년이 자기 보고식으로 평정하는 형태(Youth Self Report Form: YRS)도 사용되고 있다(Achenbach, 1991b). 이와 같은 평가척도를 사용하여 임상가는 면담에서, 특히 주목해야 할 행동이나 증상의 대략적인 목록을 얻을 수 있게 된다. 한국판 아동행동평가척도(K-CBCL)는 오경자 등(1997)이 만 4~17세 아동, 청소년들을 대상으로 한국 표준화 연구를 수행하여 임상장면 및 연구 등에 사용되고 있다. 이후에 Achenbach(2000)는 1.5~5세 연령 범위의 유아 및 성인, 노인에게 실시 가능한 행동평가척도를 추가로 개발하고, 6~18세 아동 청소년용 부모 및 교사 평가척도와 11~18세 청소년 자기 보고형 평가척도를 포함하여 전 연령대에 사용할 수 있는 Achenbach 근거 기반 평가 시스템(ASEBA)을 확립하였다. 이에 대한 한국 표준화 연구가 완료되어 현재 국내에서 사용되고 있다(휴노컨설팅, 2014).

전반적인 문제에 대한 평가척도 외에도, 개별 증상을 측정하는 질문지도 다양하게 개발되어 있다. 임상 현장에서 많이 사용되는 질문지는 벡(Beck) 우울 척도(Beck Depression Inventory: BDI, 1987; BDI-II, 1996), 벡 불안 척도(Beck Anxiety Inventory: BAI, 1997), 스필버거(Spielberger) 상태-특성 불안 척도(State-Trait Anxiety Inventory: STAI, 1970) 및 상태-특성 분노 척도(State-Trait Anger Expression Scale: STAX, 1988), 사회 불안 척도(Social Phobia and Anxiety Inventory: SPAI, 1989), 예일-브라운 강박증 척도(Yale-Brown Obsessive Compulsive Scale: Y-BOCS, 1989/2013) 등이 있으며, 이 외에도 다양한 심리장애 및 증상을 평가하기 위해 국내외에서 개발된 질문지들이 표준화연구를 거쳐서 사용되고 있다. 개별 질문지는 특정 증상이 임상적으로 유의미한지 여부를 판단할 수 있게 해 주는 기준 점수(cut-off score)를 제공하기 때문에 특정 문제에 대한 선별검사로서 유용하게 활용될 수 있으며, 심리평가 시 시간과 비용을 줄일 수 있다.

4) 심리검사

행동평가에서는 외적 관찰을 통해 피검자에 대한 정보를 얻고, 임상적 면담 및 질문지에서는 피검자나 보호자가 보고하는 것을 통해 피검자가 보이는 문제의 유형 및 심각성에 대한 정보를 얻는다면, 심리검사에서는 피검자의 내적인 심리 상태를 정해진 절차에 따라 표준화된 도구를 사용해서 평가하고 그 결과를 해석한다.

달스트롬(Dahlstrom, 1993)에 따르면, 심리검사는 표준화된 도구와 절차, 적절한 동기 수준, 즉각적인 기록, 객관적인 채점, 적절한 규준, 그리고 입증된 타당도를 갖는 것으로 정의된다. 즉, 심리검사는 검사를 받는 것에 대한 충분한 동기가 있는 피검자에게 표준화된 도구와 절차를 사용해서 검사를 실시하고 채점하며, 이를 규준 집단의 자료와 비교함으로써 피검자의 현재 상태를 파악하거나 앞으로 보일 행동 등을 예측할 수 있어야 한다. 따라서 임상 현장에서는 광범위한 규준 자료를 포함한 표준화 연구 절차를 거친 후, 결과 변인에 대한 경험적 증거가 많이 축적된 심리검사를 사용하고 있다.

심리검사에 대한 이러한 기준에 입각해서 볼 때, 투사적 검사(projective test)는 심리검사의 조건을 만족시키지 못하기도 한다. 하지만 투사적 검사들에 대해 객관적인 검사 절차 및 규준을 마련하려는 연구와 노력이 지속적으로 이루어지고 있으며, 축적된 연구 결과를 통해서 타당도 및 임상적 유용성(일종의 진단 타당도)이 입증된 검사도 많기 때문에 투사적 검사 또한 심리검사의 본래 목적을 추구한다는 점에서 심리검사 내에 포함시킬 수 있다.

이 장에서는 먼저 심리검사가 갖추어야 할 요건을 살펴본 후, 심리검사의 종류를 크게 인지기능평가와 성격평가로 구분하고, 인지기능평가에는 지능검사와 신경심리검사를, 성격평가에는 객관적 성격검사와 투사적 성격검사를 포함시켜서 기술하였다.

2. 심리검사가 갖추어야 할 요건

앞서 언급하였듯이 심리검사가 타 평가 방법에 비해 유용한 이유는 측정하고자 하는 바를 정해진 절차에 따라 신뢰롭고 타당하게 측정하고, 얻은 결과를 규준에 입각하여 해석함으로써 피검자의 심리적 문제를 보다 객관적으로 정확하게 이해할 수 있고, 이후의 행동을 예측하는 데 도움이 되는 중요한 정보를 제공해 주기 때문이다. 달리 말하면, 이와 같은 기능을 해 줄 수 있어야 유용한 심리검사라고 할 수 있다. 검증되지 않은 검사들이 무분별하게 제작되어 사용된다면 심리검사의 가치가 떨어질 뿐만 아니라, 피검자에게 불이익을 주는 위험을 초래할 수도 있다. 따라서 이러한 문제가 발생하는 것을 방지하기 위해 국제심리검사위원회(Bartram, 2001)에서는 검사 제작 및 사용에 대한 지침을 제시하고 있으며, 한국심리학회에서도 이를 소개하여 올바른 심리검사의 사용을 촉구하고 있다. 먼저, 심리검사가 반드시 갖추어야 할 요건을 살펴보면 다음과 같다.

1) 신뢰도

심리검사에서 측정하는 구성 개념(예: 지능, 불안, 우울, 자존감 등)은 높이, 부피, 무게처럼 직접적으로 측정할 수 없기 때문에 검사 점수에는 항상 오차가 포함된다. 따라서 검사의 신뢰도(reliability)란 "그 검사가 얼마나 측정 오차가 작고 믿을 만한가?" 하는 정도를 나타낸다. 한 예로, 우리가 어떤 사람을 보고 '저 사람이 믿을 만하다.'라는 생각을 가지기 위해서는 우선 그 사람이 자신이 한 약속을 일관되게 지키는지를 확인하는 것이 필요하다. 이처럼 특정 검사가 믿을 만하다고 입증되려면 여러 번에 걸쳐

검사를 실시했을 때 일관된 결과를 얻을 수 있어야 한다. 하지만 믿을 만한 심리검사라도 피검자가 검사 문항을 잘못 읽거나, 건강 상태나 기분 등 상황적 변인에 따라 결과에 어느 정도의 오차가 포함되기 마련이다. 따라서 신뢰도는 오차에 의한 점수 변산의 정도를 추정하는 것이다.

신뢰도를 검증하는 방법은 크게 '검사-재검사 신뢰도' '동형검사 신뢰도' '내적 합치도(반분 신뢰도와 알파 계수)' 그리고 '채점자 간의 일치도'로 구분해 볼 수 있다(신민섭 외, 2017). 검사-재검사 신뢰도란 검사 점수의 시간적 안정성을 나타내 주는 것으로 동일한 검사를 동일한 집단에 일정한 시간 간격을 두고 두 번 실시하여, 그 결과 간의 상관계수를 산출하는 방법이다. 검사 간격은 연습 효과가 사라질 만큼 길어야 하며 대개 2~4주 간격으로 실시된다. 동형검사 신뢰도는 내용과 난이도는 동일하지만 구체적인 문항의 형태는 다른 A, B 두 유형의 검사를 짧은 시간 간격을 두고 같은 피검자에게 실시하여 산출한다. 예를 들면, 이 방법은 시험에서 부정행위를 방지하기 위해 옆자리의 피검자에게 서로 다른 검사지를 제공해야 하는 경우에 제작하여 사용할 수 있다. 검사-재검사 신뢰도에 비해 연습 효과의 영향이 적다는 장점이 있지만, 내용과 난이도가 동일한 두 검사를 만드는 일이 어렵다는 제한점이 있다. 반분 신뢰도와 알파 계수는 검사 문항의 내적 합치도에 대한 측정치이다. 내적 합치도란 검사를 구성하고 있는 문항 간의 일관성을 말한다. 반분 신뢰도는 검사 문항을 반으로 나누어 각각의 상관계수를 비교함으로써 확인한다. 검사를 나눌 때에는 최대한 양쪽이 동질적이 되도록 해야 한다. 분할하는 첫 번째 방법으로는 전후반분법이 있는데, 이는 앞의 반과 뒤의 반을 나누는 것이다. 그러나 이 방법은 검사 문항이 난이도 순으로 배열되어 있을 경우에는 적합하지 않다. 그럴 때에는 두 번째 방법인 기우반분법을 사용할 수 있다. 이는 문항 번호를 기수와 우수로 나누는 것으로, 이 경우에는 난이도 순으로 배열되어 있지 않으면 오히려 문제가 될 수 있다. 세 번째로, 난수표를 이용하여 무선적으로 나누는 방법도 있다. 반분 신뢰도보다는 검사 내 모든 문항 간의 상관을 산출하는 크론바흐 알파(Cronbach's Alpha) 계수가 내적 합치도를 검증하기 위해 주로 사용된다. 채점자 간의 일치도는 한 피검자의 검사 반응을 두 명의 다른 사람이 채점하게 한 후 채점자 간의 일치율이나 상관관계, 우연에 의한 일치율을 고려한 카파(kappa) 계수를 산출하여 알아볼 수 있다.

신뢰도 계수의 범위는 0~1.0까지이며, 1에 가까울수록 두 결과가 동일하다는 뜻이므로 검사의 신뢰도가 높다고 간주할 수 있다. 일반적으로 정서적 문제를 평가하는 검사에 비해 인지적 능력을 평가하는 검사의 경우 더 높은 검사-재검사 신뢰도가 요구된다. 왜냐하면 정서적 문제에 비해 인지적 능력은 단기간에 변화되지 않기 때문이다. 이처럼 받아들일 만한 정도의 신뢰도 기준은 검사마다 다소 다르지만, 중요한 선발 및 정신 건강 문제의 진단과 관련된 평가 시 사용되는 검사의 신뢰도는 .95 이상이 되어야 하며, 보통 .75 이상이 바람직하고 최소 .50은 되어야 한다(탁진국, 1996).

2) 타당도

타당도(validity)란 그 검사가 측정하고자 한 변인을 실제로 측정하는가, 즉 검사 목적에 맞는 기능을 하는지와 관련된다. 수학 시험은 수학 실력을, 국어 시험은 국어 실력을 정확히 측정할 수 있어야 제 기능을 한다고 볼 수 있다. 예를 들면, 우울증에 대한 질문지가 불안 증상이 아닌 우울장애와 더 관련된 문항을 포함하고 있어야 우울장애 진단에 도움이 되는 타당한 검사라 할 수 있다. 타당도의 종류에는 내용 타당도, 예언 타당도, 준거 타당도, 구성 타당도 등이 있다(신민섭 외, 2017). 내용 타당도란 검사 문항들이 그 검사가 측정하려는 내용을 포함하고 있는지 전문적인 판단을 통해 확인하는 것이다. 이는 통계적인 수치로 나타내기보다는 전문가들의 평가 과정으로 이루어진다. 내용 타당도와 유사한 개념이 안면 타당도(face validity)이다. 안면 타당도는 피검자가 보기에 어떤 검사가 측정하고자 하는 것을 측정하는 것처럼 보이는 정도를 나타내 준다. 준거 타당도(criterion validity)는 검사 점수와 다른 측정치들 간의 상관계수를 산출함으로써 검증될 수 있으며, 여기에는 공존 타당도와 예언 타당도가 포함된다. 공존 타당도는 새로 개발한 검사의 타당도를 알아보기 위해 이미 타당도가 인정된, 기존의 유사한 검사 결과와의 상관을 확인하는 것이다. 한 예로, 새로운 우울 척도를 개발할 때, 그 척도 점수가 기존에 타당도가 입증되어 널리 사용되고 있는 벡 우울 척도(BDI, 1987) 점수와 높은 상관을 보인다면, 그 검사가 우울 증상을 타당하게 측정한다고 할 수 있다. 예언 타당도는 검사 결과가 미래의 행동이나 상황을 잘 예언해 주는가와 관련된 것이다. 예를 들면, 대학수학능력시험은 대학 입학 대상자들이 대학에 들어가서 어느 정도의 학업 성취를 보일지 예측하기 위해 제작된 시험이다. 대학수학능력시험에서 높은 성적을 받은 사람이 이후에 대학 성적도 우수하다면, 대학수학능력시험은 예언 타당도가 높다고 할 수 있다. '대학 성적'과 같은 미래의 비교 대상을 준거 점수라고 하므로 예언 타당도를 준거 타당도라고 부른다.

구성 타당도는 검사가 측정하려는 구성 개념(construct)을 잘 반영하고 있는가를 나타내 준다. 구성 개념은 눈으로 확인되지 않는 인간 행동에 관한 가설적 개념으로 정의되며, 지능이나 자존감 등을 그 예로 들 수 있다. 구성 타당도는 검사가 측정하고자 하는 구성 개념의 근거 이론에 부합하는 문항을 포함하는지 논리적으로 검토하고, 그 구성 개념과 관련된 구성 요소를 요인 분석이나 경험적 연구를 통해 확인하는 것이다. 요인 분석을 통해 어떤 검사가 측정하고자 하는 구성 개념의 근거 이론에 부합되는 요인 구조를 가지고 있는 것으로 나타나면 구성 타당도가 있다고 볼 수 있다. 또한 경험적 연구를 통해서 검사가 측정하는 것과 연관된 여러 가설을 검증해 나감으로써 그 검사의 구성 타당도를 입증할 수 있다. 예를 들면, 상태-특성 불안검사의 타당도를 검증하기 위해 실험 실시 전에 피검자에게 검사를 실시하고 불안을 유발하는 실험에 참가한 후에 다시 동일한 검사를 실시한 결과, 특성 불안에 비해 상태 불안 점수가 더 상승하였다면 그 검사는 구성 타당도가 있다고 볼 수 있다(Anastasi, 1988).

3) 표준화

심리검사의 표준화란 검사자가 어느 누구를 대상으로 하더라도 같은 방식으로 검사를 실시하고 채점하며 해석할 수 있는 규준을 가지고 있는 조건을 의미한다. 이를 위해서는, 첫째, 검사 실시의 표준 절차를 구체적으로 명시하고, 검사자가 그것을 잘 숙지하고 따라야 한다. 여기에는 검사 실시 대상, 구체적인 지시문 혹은 채점 체계 등이 포함된다. 둘째, 검사 결과는 어떤 규준과 비교하느냐에 따라 그 해석이 달라지므로, 검사 점수를 의미 있고 타당하게 해석하기 위해서는 적절한 규준이 마련되어 있어야 한다. 예를 들면, 지능검사의 경우 연령에 따라 원점수에서 차이가 나는 것은 당연하므로, 5세 아동과 10세 아동의 검사 점수를 동일한 규준에서 비교하는 것은 타당하지 않다. 해당 연령의 규준에 입각하여 산출된 환산 점수에 따라 동일한 연령의 또래 집단 내에서 상대적인 위치를 파악함으로써 검사 결과에 의미를 부여할 수 있게 된다.

3. 심리검사의 종류

1) 인지기능검사

인지 기능은 우리에게 무수히 많이 주어지는 수많은 정보 중에서 필요한 것에 집중하여 지식을 습득하고 저장하며, 적절한 의사결정과 판단을 내릴 수 있게 하고, 서로 간에 의사소통을 하는 데 필요한 주의력, 지각적 조직화 능력, 기억력, 언어 및 사고 능력 등을 포함한다.

우리나라 초·중·고등학교에서는 학생들의 학업적응능력을 평가하기 위해 개인 또는 집단 지능검사를 실시하는 경우가 많다. 그러나 임상 장면에서는 보다 전문적인 인지기능평가를 실시하여 개인의 지능 발달 수준 및 강점, 약점 영역을 체계적으로 평가함과 동시에 특정 정신장애를 시사하는 반응을 보이는지 여부를 파악할 수 있다. 예를 들면, 우울장애가 있는 경우에 전반적으로 의욕이나 동기 수준이 저하되어 인지 기능의 발휘가 비효율적이며, 특히 시간 제한이 있는 검사나 주의력 및 기억력을 요하는 인지 기능 소검사에서 부진한 수행을 보일 수 있다. 특히 아동의 경우에는 인지 기능의 평가가 아동의 문제를 이해하는 데 기본이 되며, 자폐스펙트럼장애, 의사소통장애, 주의력결핍과잉행동장애, 학습장애, 우울장애 및 불안장애 등 정신병리 유무를 판단하는 데 매우 유용한 정보를 제공한다.

여기에서는 인지기능검사 중에서 가장 대표적인 지능검사와 최근에 연구나 임상 장면에서 자주 사용되고 있는 신경심리검사에 대해 살펴보고자 한다.

(1) 지능검사

지능이란   지능은 우리에게 매우 친숙한 개념이면서도 한편으로는 정의하기 매우 어려운 개념이다. 흔히 지적 능력을 총체적으로 지능이라 부른다. 하지만 그것이 단순히 보유하고 있는 지식의 정도를 의미할까, 혹은 지식을 습득할 수 있는 능력일까? 뛰어난 기억력을 보인 사람이 지능도 매우 높을까? 특정 영역의 지식은 빠르게 습득하지만 다른 것은 습득하기 어려워하는 사람의 경우, 지능에 문제가 있는 것일까?

여러 이론가가 지능의 정의에 대해 고민하고 연구해 왔지만 아직 완벽하게 합의된 것은 없다. 지능에 대한 고전적인 정의를 살펴보면, 터먼(Terman)은 "추상적 사고를 수행하는 능력", 우드로(Woodrow)는 "능력을 획득하는 능력", 피너(Pinner)는 "새로운 상황에 적응할 수 있는 능력"으로 보았고, 웩슬러(Wechsler)는 지능을 종합적인 능력으로 보아서 "개인이 목적 의식을 가지고 행동하고 합리적으로 사고하며, 효과적으로 환경을 다룰 수 있는 종합적 또는 전체적인 능력"이라고 정의하였다.

지능이라는 구성 개념은 크게 임상적 입장과 이론적 입장으로 나뉘어 발전하였다 (Kaufman, 1990). 임상적 입장에서는 개인이 적응해 나가는 데 필요한 총체적 능력을 평가하는 데 초점을 맞추었으며 성격이나 동기 등의 외부 요인이 그 결과에 미치는 영향에 대해 관심을 가졌다면, 이론적 입장에서는 지능을 과학적으로 분석하여 지능이 어떠한 요인으로 이루어져 있는지, 어떠한 과정과 단계에 따라 발달하는지를 살펴보았다. 먼저, 지능이라는 구성 개념에 대한 잘 알려진 몇 가지 이론적 접근은 다음과 같다.

- 스피어만의 일반 지능 요인 'g'

스피어만(Spearman, 1904)은 지능의 구성 요소를 밝히는 데 요인 분석이라는 통계적 접근을 적용하였다. 그는 한 가지 능력이 우수한 사람은 다른 능력도 우수한 경우가 많다는 것을 관찰하여, 여러 영역에 걸쳐 영향을 미치는 일반 요인(general factor)이 있다고 보았다. 그는 지능검사 결과의 대부분을 결정하는 것은 g요인이라고 보았으나 수리력, 음악적 재능 등 개별적인 특수 요인(special factor)도 존재한다고 하는 지능에 대한 '2요인설'을 주장하였다.

- 손다이크

손다이크(Thorndike et al., 1926)는 지능이 일반 요인 g로 이루어져 있다는 주장에 반대하며 다요인 이론을 주장하였다. 그는 지능을 추상적 지능, 실용적 지능, 사회적 지능으로 나누어 보았고, 지능을 측정할 때에는 공통적 요인보다 여러 요인을 모두 측정할 수 있는 방법을 사용해야 한다고 주장하였다.

- 서스톤의 기본 정신 능력

서스톤(Thurstone, 1938)은 일반 지능의 존재를 인정하였지만, 그 외에 존재하는 다양한 능력에 관심을 가져 다요인 분석을 하였다. 그 결과 7개의 요인—단어 유창성, 언어 이해력, 공간 능력, 지각 속도, 수리 능력, 추리력, 기억력—을 발견하였고, 이를 인간의 기본 정신 능력이라고 명명하였다.

• 길포드의 지능 구조 모형

길포드(Guilford, 1959)는 지능의 3차원적 구조를 제시하였다. 그는 지능이 세 개의 차원인 '내용' '조작' '산출'의 조합으로 이루어져 있다고 보았다. '내용'은 개인이 받아들이는 정보가 어떤 형태로 되어 있는지, 즉 언어적 정보인지, 시각적 정보인지와 같은 차원이며, '조작'은 받아들인 정보가 개인 내적으로 어떤 과정을 거쳐 처리되는지, 기억을 요하는지 혹은 평가를 요하는지와 같은 차원이다. 또한 '산출'은 처리된 정보가 어떤 형태의 결과로 정리되는지에 대한 것으로, 유목별로 분류하는 것인지, 관계를 알아보는 것인지와 같은 차원이다. 그는 원래 지능의 세부 항목을 120개(내용 4차원 × 조작 5차원 × 산출 6차원)라고 했지만 이후 내용을 5차원으로 늘려서 150개(5 × 5 × 6, 1977), 나아가 조작을 6차원으로 늘려서 180개 요인(5 × 6 × 6)으로 설명했다(1988).

• 카텔의 유동적/결정적 지능

카텔(Cattell, 1971)은 요인 분석 방법을 적용하여, 지능을 크게 유동 지능(fluid intelligence)과 결정 지능(crystallized intelligence)으로 구분하였다. '유동 지능'이란 선천적이고 비언어적인 능력으로, 청소년기까지 발달하였다가 이후 노화에 따라 저하되는 특징이 있다. '결정 지능'은 유동 지능을 바탕으로 후천적으로 학습한 결과를 말한다. 즉, 환경적 영향을 받을 뿐 아니라 나이가 들어감에 따라 경험의 축적과 함께 계속해서 어느 정도 발달하거나 유지될 수 있는 능력을 말한다.

• 스턴버그의 3유형 이론

스턴버그(Sternberg, 1984/1985)는 지능을 정보 처리 과정으로 이해하는 인지적 이론을 제안하였다. 그는 지능이 요소적 지능, 경험적 지능, 맥락적 지능의 세 가지 유형으로 되어 있다고 보았다. 요소적 지능은 지적 행동을 관할하는 요소로 구성되어 있는데, 그것은 컴퓨터의 CPU와 같이 문제를 확인하고 해결 방략을 계획하고 확인하는 고차원적 기능을 관할하는 '초 요소', 문제 해결을 위한 도구인 단기기억과 같은 '수행 요소', 암기 전략과 같은 '지식 획득' 요소로 이루어져 있다. 경험적 지능은 새로운 과제를 효과적으로 다루는 능력을 말하며, 맥락적 지능은 자신의 주변 환경에 적응하고 선택하며 조성해 나가는 능력을 의미한다(현성용 외, 2003).

• 가드너의 다중 지능

가드너(Gardner)의 다중 지능 이론(theory of multiple intelligence)은 지능이 독립적인 여러 능력으로 구성되어 있다는 것이다. 그는 자폐아동이 기억력이나 미술, 음악 등 특별한 분야에서 두각을 나타내기도 하며, 뇌 손상 환자가 특정 능력의 결함만을 보이고 다른 능력은 손상되지 않은 채 유지되는 경우가 있음을 그 근거로 들어 설명하였다. 그는 언어 지능, 논리-수학 지능, 공간 지능, 음악 지능, 신체-운동 지능, 대인 관계 지능, 자기 이해 지능의 일곱 가지 '다중 지능'을 제안하였으며(1983), 이후 자연 탐구 지능과 실존 지능을 추가적으로 소개하였다(1993/1999).

이와 같이 지능에 대해서는 여러 가지 이론적 주장이 존재하고 있으며, 이는 실제 지능검사 제작에 반영되기도 한다. 지능검사는 이러한 지능에 대한 개념화와 더불어 기존에 축적된 연구 결과 및 임상가의 경험이 더해져 개인의 특성을 이해하는 도구로 활용되고 있다. 현재 가장 널리 사용되는 웩슬러 지능검사는 지능뿐 아니라 개인의 성격 및 정서, 동기 등 여러 외적인 요소가 함께 반영되어 임상적으로 유용한 정보를 제공하고 있다(박영숙, 1994).

지능검사의 종류 및 발달 과정   19세기 말, 영국인 갈톤(Galton)이 지능 측정을 시도한 바 있다. 그는 사촌 형인 다윈의 진화론에서 개인 간 차이에 관심을 갖게 되었고, 사회적 성공이 한 가계에서 반복적으로 나타남을 발견하여 지능이 유전된다고 주장하였다. 또한 그는 지능이 높은 사람이 지각적 정확성과 민첩성이 높다는 가설하에 시각, 청각 반응에 대한 측정을 하기도 했다. 이후 지능의 개념에 대한 여러 이론을 바탕으로 다양한 지능검사가 제작되었고 개정되어 왔다. 지능검사는 크게 개별적으로 이루어지는 개인 지능검사와 집단으로 이루어지는 집단 지능검사로 구분할 수 있다.

개별 지능검사

• 비네 지능검사

비네(Binet)가 시몬(Simon)과 함께 1905년에 제작한 비네-시몬(Binet-Simon)검사는 현재 사용하고 있는 지능검사의 시조라고 볼 수 있다. 그는 프랑스 정부로부터 일반적인 정규 교육에 적합지 않은 정신지체(현재는 DSM-5에서 정신지체라는 용어를 사용하지

비네(A. Binet)

않고 '지적 장애'라고 함) 아동을 구분하기 위한 검사 개발을 위탁받아 학업 성취와 관련된 30개의 문항을 난이도 수준에 따라 나열하여 검사를 제작하였다. 그리고 연령에 따라 과제 수행 능력이 발달한다는 생각을 바탕으로, 어떤 한 아동이 자기 또래 아동보다 더 높은 난이도의 과제를 해결할 수 있다면 정신 연령이 더 높고, 그에 따라 지능도 더 높다고 판단하였다.

스탠포드-비네(Stanford-Binet) 검사는 미국 스탠포드 대학교의 터먼(Terman) 교수가 1916년에 기존 비네 검사를 개정하여 만든 것인데, 그는 이 검사 결과에서 우리에게 익숙한 용어인 스턴 (Stern)의 지능 지수(IQ) 개념을 도입해 사용하였다. IQ란 아동의 정신 연령을 생활 연령으로 나눈 값에 100을 곱한 것인데, 이는 서로 연령이 다른 아동들의 점수를 비교하는 데 유용하였다. 이후 스탠포드-비네 검사는 1937년, 1960년, 1970년, 1986년에 개정되었으며, 우리나라에서는 1960년 판을 번안하여 만 4세에서 18세까지의 아동·청소년을 대상으로 한 고대-비네 검사가 제작된 바 있다(전용신, 1970).

• 웩슬러 지능검사

스탠포드-비네 검사는 초기에는 아동용 검사로 제작되었기 때문에 성인에게 적용하기 부적합한 부분이 있었고, 검사 내용이 피검자의 언어 능력에 의존하는 면이 많다는 문제점이 있었다. 이에 1939년, 뉴욕 벨뷰(Bellevue) 병원의 임상심리학자였던 웩슬러(Wechsler)는 성인 환자들의 지능을 측정하기 위한 새로운 검사를 개발하게 되었다. 이 검사에는 언어 능력을 평가하는 소검사뿐 아니라 비언어적 능력을 평가하는 소검사도 포함되어 있으며, 이로부터 언어성 지능(verbal IQ)과 동작성 지능(performance IQ), 둘을 합산한 전체 지능 지수(full scale IQ)가 산출된다. 또한 지능 지수 산출에 있어 기존의 정신 연령 대 생활 연령의 비율에 입각한 IQ가 아닌, 정상 분포에 입각한 편차 IQ를 사용한 점에서 기존의 검사와 다르다.

정신 연령은 생활 연령에 따라 계속해서 동등하게 증가하는 것이 아니므로 기존의 IQ 산출 방식은 성인들의 IQ 산출 시 근본적인 문제가 있었다. 편차 IQ는 개인의 점수를 그가 속한 연령 집단의 규준과 비교하여 산출하는 방법으로, 각 소검사 원점수를 연령 규준에 따라 평균 10, 표준편차 3인 표준점수로 환산하고, 이 환산치들의 총합을 다시 평균 100, 표준편차 15인 환산 점수로 변환하여 지능 지수를 산출한다.

웩슬러 검사는 1939년에 1판, 1946년에 2판이 나온 것이 1955년에 웩슬러 성인용 지능검사(Wechsler Adult Intelligence Scale: WAIS)로 정리되었고, 1981년에 WAIS-R, 1997년에 WAIS-Ⅲ, 2008년에 WAIS-Ⅳ로 개정되어 출판되었다. 1949년에는 아동용 웩슬러 지능검사(Wechsler Intelligence Scale For Children: WISC)가 개발되어 1974년 WISC-R, 1991년 WISC-Ⅲ, 2003년 WISC-Ⅳ, 2014년 WISC-Ⅴ로 개정되었고, 보다 어린 4~6.5세 아동을 대상으로 한 유아용 웩슬러 지능검사(Wechsler Preschool and Primary Scale of Intelligence: WPPSI)가 1967년에 개발, 1989년, 2002년에 개정되었다.

웩슬러(D. Wechsler)

한편, 개정이 진행됨에 따라 크고 작은 변화가 있었다. 최근의 버전인 WAIS-Ⅳ와 WISC-Ⅳ는 이전과는 달리 언어성 지능과 동작성 지능의 개념이 사라지는 획기적인 변화를 거쳤다. 그 대신에 언어 이해, 지각 추론, 작업 기억, 처리 속도의 네 개 지수 점수와 전체 지능 지수가 제공되는데, 이는 작업 기억 및 처리 속도와 같은 신경심리 기능에 대한 관심이 최근에 높아진 결과를 반영한다. 또한 이는 신경심리 기능의 영향을 덜 받는 언어 이해 및 지각 추론 능력의 수준을 따로 볼 수 있게 해 줌으로써, ADHD와 같은 신경심리학적 문제를 가진 아동들의 잠재적인 지적 능력을 평가하는 데 더욱 유용하게 되었다(Weiss et al., 2006).

국내에서는 전용신과 서봉연, 이창우(1963)가 1955년판 WAIS에 대한 한국 표준화 연구를 수행하여 한국판 웩슬러 지능검사(Korean Wechsler Intelligence Scale: KWIS)를 개발하였고, WAIS-R을 염태호 등(1992)이 K-WAIS로 한국 표준화하였다. K-WAIS-Ⅳ는 황순택 등(2012)이 한국 표준화 연구를 완료하였다. 아동용은 WISC를 이창우와 서봉연(1974)이 K-WISC로, WISC-R을 박경숙 등(1987)이 표준화하여 한국교육개발원 웩슬러 아동용 지능검사(Korean Educational Developmental Institute-Wechsler Intelligence Scale for Children: KEDI-WISC)를 개발하였다. 또한 WISC-

K-WISC-Ⅳ

Ⅲ를 곽금주와 박혜원, 김청택(2001)이 K-WISC-Ⅲ로, WISC-Ⅳ를 곽금주와 오상우, 김청택(2011)이 K-WISC-Ⅳ로, WISC-Ⅴ를 K-WISC-Ⅴ로 곽금주와 장승민이 한국 표준화 연구를 수행하였다. 유아 지능검사인 K-WPPSI-R은 박혜원과 곽금주, 박광배(1996)가, K-WPPSI-Ⅳ는 박혜원, 이경옥, 안동현(2016)이 한국 표준화 연구를 수행하여 국내에서 사용되고 있다.

현재 성인을 대상으로 널리 사용되고 있는 K-WAIS-Ⅳ의 소검사 구성과 각각의 소검사가 측정하는 내용은 〈표 10-1〉에 제시되어 있다.

〈표 10-1〉 K-WAIS-Ⅳ 소검사 및 측정 내용

지수	소검사	측정 내용
언어 이해	공통성	언어적 개념화 능력, 추상적 사고력
	어휘	단어에 대한 지식, 언어적 이해력, 어휘 구사력
	상식	학습을 통해 습득된 일반적 지식, 장기기억력
	이해	사회적 상황에 대한 이해, 실제적 추론 및 판단 능력, 사회적 관습과 대처에 대한 지식
지각 추론	토막 짜기	시지각적 조직화 및 구성 능력, 분석과 통합 능력, 비언어적 추론 능력, 시각-운동 협응력
	행렬 추론	비언어적 유동적 추론 능력, 귀납적 추론 능력, 시지각적 조직화 능력
	퍼즐	공간적 시지각적 추론 능력, 비언어적 추론 능력, 정신적 전환 능력
	무게 비교	시지각적 양적 추론 능력, 시지각적 분석 및 추론 능력, 비언어적 추론 능력
	빠진 곳 찾기	본질과 비본질적인 것에 대한 시각적 변별 능력, 친숙한 자극에 대한 시각적 재인
작업 기억	숫자	청각적 주의력, 청각적 단기기억력, 청각적 작업기억력
	산수	청각적 작업기억력, 수리적 추론 능력, 정신적 계산 능력
	순서화	청각적 단기기억력, 청각적 작업기억력
처리 속도	동형 찾기	시지각적 탐색과 변별 속도, 정신운동 속도, 시각-운동 협응력
	기호 쓰기	정신운동 속도, 시각적 단기기억력, 시각-운동 협응력
	지우기	시지각적 재인, 시각적 처리 속도, 시각-운동 협응력

출처: Sattler & Ryan(2009).

• 카우프만 아동용 지능검사

카우프만 아동용 지능검사(Kaufman Assessment Battery for Children: K-ABC)는 미국 앨라배마 대학교 교수인 카우프만 (Kaufman) 부부가 2세 6개월에서 12세 6개 월 아동을 대상으로 개발한 지능검사이며, 개정판인 KABC-II는 만 3~18세 아동, 청 소년에게 실시할 수 있다. 이 검사는 비언 어성 척도를 포함하고 있어서 언어장애가 있는 아동이나 다문화가정의 아동들을 보 다 타당하게 평가할 수 있다는 장점이 있

한국판 K-ABC

다. 국내에서는 한국판 K-ABC(문수백, 변창진, 1997), KABC-II(문수백, 2014)가 사용되 고 있다.

• 라이터 국제수행평가척도

라이터(Leiter) 국제수행평가척도는 비 언어성 지능검사로, 검사자와 검사를 받는 아동 모두 몸짓만으로도 실시가 가능하므 로 의사소통장애 및 청각장애아동, 인지 발 달이 부진한 아동들의 지능을 평가하는 데 사용할 수 있다. 크게 '시각화 및 추론검사 (Visualization and Reasoning: VR)'와 '주의력 및 기억검사(Attention and Memory: AM)' 두 부분으로 구성되어 있으며, 필요에 따라 둘 다 실시하거나 하나만 실시할 수도 있다.

한국판 K-Leiter-R

VR은 전경-배경, 그림 유추, 형태 완성, 짝짓기, 계기적 순서 추론, 반복 패턴 찾기, 그림 맥락 추론, 범주화, 접힌 형태 추론 소검사로 구성되어 있으며, 이를 통해 시각 화 및 유추, 공간 능력을 평가하며, 이로부터 일반 지능을 산출한다. AM은 쌍대연합, 즉각 재인, 바로 따라 기억하기, 지속적 주의력, 거꾸로 따라 기억하기, 대응 도형 찾 기, 공간 기억, 지연쌍대연합, 지연 재인, 분할 주의력 소검사로 구성되어 있으며 주의

력, 기억력에 대한 평가를 통해 학습장애나 ADHD 아동의 진단평가 시 유용하게 사용할 수 있다. 국내에서는 신민섭과 조수철(2010)이 2~7세 아동을 대상으로 표준화 연구를 수행하여 'K-Leiter-R 한국판 라이터 비언어성 지능검사'라는 명칭으로 사용되고 있다.

집단 지능검사   집단 지능검사는 여러 사람에게 동시에 집단으로 시행할 수 있는 지필식 검사다. 개개인에 대한 정확하고 다양한 정보를 제공하기는 어렵지만, 간편하고 경제적이어서 학교나 회사 등에서 주로 사용하고 있다. 집단 지능검사의 개발은 제1차 세계대전 중에 미국에서 군 심리학자들에 의해 최초로 이루어졌다. 당시 수많은 전쟁 징집자들을 병역 배치하기 위해 지능을 기준으로 구분할 필요가 있었고, 이에 따라 1917년 미 육군 알파검사가, 1920년에 외국인을 위한 미 육군 베타검사가 개발되었다. 그 내용은 언어, 수리, 추리력 등 일반 지능검사에서 측정하는 요인으로 이루어졌다. 이후 그 검사의 개정판이 일반인을 대상으로 사용되기도 하였으며, 일반인용으로 여러 가지 집단 지능검사가 제작되었다. 우리나라에서는 지능종합검사(황정규, 1991), 일반 지능검사(임인재, 1993), 초ㆍ중ㆍ고등용 지능검사(KIT; 한국행동과학연구소, 1993/1994), 한국교육개발원 지능검사(한국교육개발원, 1993) 등이 사용되어 왔다(신민섭 외, 2005). 최근에는 서스턴의 7요인과 가드너의 다중지능, 스턴버그의 3요인을 기반으로 개발된 초ㆍ중ㆍ고교 학생용 다요인 지능검사가 사용되고 있다(이종구 외, 2014).

(2) 신경심리검사

신경심리검사란   신경심리학에서는 인간의 사고와 행동의 근원이 뇌라는 가정에 입각하여, 뇌의 활동과 행동 간의 관계에 대해 연구한다. 따라서 신경심리검사는 특정 뇌기능과 관련된 다양한 인지 능력을 측정하기 위해 개발되었는데, 지능검사와는 달리 총체적인 인지 능력에 초점을 맞추기보다는 세분화된 영역의 인지 기능을 평가한다. 즉, 정신과적 장애와 관련된 인지적 결함이나 발달상의 결함, 혹은 뇌기능장애와 관련된 결함을 평가하기 위해 시각-운동 협응 능력, 주의력, 기억력, 언어 능력, 그리고 계획력, 주의 조절 능력, 인지적 융통성, 행동 억제 능력을 포함하는 실행 기능(executive function) 등을 객관적으로 평가한다.

신경심리검사의 종류

신경심리검사집(배터리)

• 할스테드-레이탄 배터리(Halstead-Reitan Battery: HRB, 1947/1955c)

1947년 할스테드(Ward Halstead)는 뇌 손상 환자의 행동 특성을 측정하기 위해 일련의 신경심리검사집을 만들었다. 1955년 미국의 신경심리학자인 레이탄(Reitan)은 이중 일곱 개의 소검사에 대한 타당도 연구를 진행하였고, 두 개의 소검사는 뇌 손상에 대한 민감성 부족으로 제거하였다. 이렇게 개정된(Reitan, 1995c) 다섯 개의 소검사는 범주(Category Test), 촉각 수행(Tactual Performance Test), 리듬(Seashore Rhythm Test), 말소리 지각(Speech Sounds Perception Test), 손가락 두드리기(Finger Tapping Test)이다. 다섯 개 소검사의 수행은 7개의 점수로 변환되고, 점수는 손상 지표(Impairment Index)를 계산하는 데 사용된다(Lezak, 1995).

• 루리아-네브래스카 신경심리검사 배터리(Luria-Nebraska Neuropsychological Battery: LNNB, 1987)

러시아의 신경심리학자인 루리아(Luria)의 이론에 따르면, 뇌의 각 영역은 독립적으로 작용하는 것이 아니라 서로 긴밀하게 상호작용하는 기능 체계(functional system)를 통해 작용하므로, 뇌의 특정 영역에 손상이 발생하면 그 부위의 작용이 필요한 모든 기능 체계가 정상적인 기능을 하지 못하게 된다(Golden, 1987). 이에 환자가 보이는 모든 행동 변화를 관찰함으로써 특정 뇌 부위의 손상을 파악할 수 있게 된다.

LNNB(Golden, Purisch, & Hammeke, 1982)는 총 269문항, 11개 척도(운동 기능, 리듬, 촉각 기능, 시각 기능, 수용언어, 표현언어, 쓰기, 읽기, 산수, 기억, 지적 과정)로 구성되어 있으며, 좌반구, 우반구 척도 점수가 산출되므로 뇌기능의 편측화(lateralization)와 국재화(localization)에 대한 평가가 가능하다. 아동용인 LNNB-C(Golden, 1981)는 8~12세 아동에게 실시할 수 있고, 총 149문항, 11개 척도로 이루어져 있으며, 국내에서는 아직 상용화 단계에는 이르지 않았으나 신민섭(1994)이 한국판 표준화 연구를 진행한 바 있다.

개별 신경심리검사

[주의력]

• 연속수행검사(Continuous Performance Test: CPT)

주어진 자극에 주의를 지속적으로 유지하는 능력인 지속적 주의력(sustained attention)과 비표적 자극을 무시하고 표적 자극(target)에만 주의를 집중하는 선택적 주의력을 평가하는 대표적인 검사다.

CPT에서는 컴퓨터 화면에 특정한 기호, 숫자, 문자를 짧은 시간 동안(약 0.1초, 혹은 0.25초) 시각적으로나 이어폰을 통해 청각적으로 제시하는데, 피검자는 표적 자극이 나올 때마다 가능한 한 빠르고 정확하게 반응해야 한다(예: X가 나올 때마다 마우스 클릭). 측정치로는 정반응 수, 표적 자극에 반응하지 않은 누락 오류(omission error), 비표적 자극에 잘못 반응한 오경보 오류(commission error), 정반응하는 데 걸린 시간과 그것의 표준편차 등이 산출되는데, 높은 누락 오류율은 부주의를, 높은 오경보 오류율은 인지적 충동성 및 반응 억제 능력의 결함을 반영한다. 국내외에서 다양한 종류의 CPT가 개발되어 사용되고 있는데, 성인용으로는 Conners' CPT(Conners, 2000), 아동용으로는 유한익 등(2009)이 개발한 종합주의력검사(Comprehensive Attention Test: CAT)와 홍강의, 신민섭, 조성준(2010)이 개발한 정밀주의력검사(Advanced Test of Attention: ATA) 등이 사용되고 있다.

[기억력]

• 웩슬러 기억검사(Wechsler Memory Scale: WMS)

우리나라는 2016년에 총 인구 중 65세 이상 노인이 차지하는 비율이 14%를 넘어 고령 사회에 진입하였다(통계청, 2017). 일단 노년기에 들어서면 신체적 기능 저하와 함께 기억력 감퇴에 대한 호소를 가장 자주 보이게 되므로, 치매 여부를 진단하기 위해 기억력 평가에 관심과 요구가 증가되는 추세이다.

기억 기능을 평가하는 대표적인 검사는 웩슬러가 1987년에 개발한 기억력검사(WMS)로, 새로운 정보의 학습 및 학습한 내용을 보유하고 인출하는 능력을 측정한다. WMS는 16~69세 연령을 대상으로 실시할 수 있으며 청각기억, 시각기억, 시각작업기억, 즉각기억, 지연기억의 5가지 지수 점수가 산출된다. 국내에서는 최진영 등(2012)이 WMS 4판의 한국 표준화 연구를 수행하였다.

- 레이 청각언어학습검사(Rey Auditory Verbal Learning Test: RAVLT)

RAVLT는 스위스의 심리학자 레이(Rey, 1941)가 개발한 언어기억검사다. 검사자가 서로 관련이 없는 15개의 단어를 불러 주고 피검자에게 5회에 걸쳐 회상하도록 한다. 그 후 방해 자극으로 앞에 제시한 것과 다르면서 서로 관련이 없는 두 번째 리스트 단어 15개를 불러 주고 1회 회상하도록 한 뒤에, 다시 첫 번째 단어 리스트를 회상 및 재인하도록 한다. 이 검사는 순행간섭(proactive inhibition) 및 역행간섭(retroactive inhibition), 기억 보유 등을 측정한다.

- 레이 복합도형검사(Rey Complex Figure Test: RCFT)

RCFT도 레이(Rey, 1941)가 개발한 시각기억검사로, 복잡한 도형을 보여 주고 따라 그리게 한 후에 즉시 기억해서 그 도형을 다시 그려 보도록 하고, 20분 후에 회상해서 그리게 함으로써 비언어적인 시각기억력과 시공간적 조직화 능력을 평가한다. 이를 오스테리스(Osterrieth, 1944)가 표준화하였다.

웨버와 홈스(Waber & Holmes, 1986)는 아동들의 수행을 평가하기 위해 레이-오스테리스 복합도형(Rey-Osterrieth Complex Figure: ROCF)검사 반응에 대한 발달적 채점 체계를 개발하였다. 이를 신민섭 등(2009)이 한국 표준화하여 5~14세 아동들의 조직화 능력과 비언어적 기억력을 평가하는 데 사용되고 있다.

- 레이-킴(Rey-Kim) 기억검사-II

레이의 언어기억검사(RAVLT)와 시각기억검사(RCFT)를 한국 실정에 맞게 개편하고 하나의 검사 배터리로 묶어서 16~69세를 대상으로 표준화한 검사이다(김홍근, 2013). 시행과 채점 과정이 간편하면서도 기억 평가에 필요한 다양한 측정치들을 제공한다. 예를 들어, 전체 요약 점수인 MQ(Memory Quotient, 기억 지수)는 기억 기능의 전반적 평가에 유용하며 FSIQ(full scale IQ, 전체 지능 지수)와 비교한 상대적 평가도 가능하다.

[시각-운동 협응 능력]
- 벤더 게슈탈트 검사(Bender Gestalt Test: BGT, BGT-II)

BGT는 미국의 아동신경정신과인 의사 벤더(Lauretta Bender, 1897~1987)가 1938년에 개발한 검사로, 아홉 개의 기하학적 도형을 순서대로 제시하면서 피검자에게 가능한 한 정확하게 제시된 도형을 그려 보도록 지시한다. 따라서 모사 단계에서는 시각-

운동 협응 능력을 평가하며, 회상 단계에서는 모사 단계에서 그린 그림을 몇 개나 정확하게 기억해서 그리는지를 통해 시각적 단기기억력을 알아볼 수 있다.

BGT는 뇌 손상이나 시각-운동 협응 능력에 대한 평가뿐만 아니라 정서적 혼란이나 성격 특성을 평가하기 위한 목적으로도 사용되고 있다(Belter et al., 1989). 6세 이하의 아동들은 모사 시 많은 오류를 보일 수 있으나, 10세경에는 오류 없이 BGT 도형을 모사하는 것이 가능해지므로 성인과 유사한 수준의 시각-운동 협응 능력을 보인다. 따라서 정상 지능을 가진 10세 이상의 아동이 오류를 보일 때는 정서적으로 혼란된 상태가 아니라면 뇌기능 장애의 가능성이 의심된다(Sattler, 1992). 김민경과 신민섭(1995)은 5~10세 한국 아동들의 BGT 연령별 발달 규준을 산출한 바 있다. BGT-II는 BGT를 기반으로 만 4~85세를 대상으로 실시할 수 있도록 개발되었으며, 원판 9장의 자극카드에 7장이 추가되어 총 16장으로 구성되어 있다(Brannigan & Decker, 2006).

- 시각-운동 통합 검사(The Beery-Buktenica Developmental Test of Visual-Motor Integration: VMI)

Beery는 도형 모사 능력의 정상적인 발달 단계에 대한 연구를 통하여 1967년에 시각-운동 통합 능력을 측정하는 Beery-Buktenica Developmental Test of Visual-Motor Integration(이하 VMI)을 개발하였고, 이후에 여러 차례의 개정 작업을 거쳐서 현재는 VMI-6가 사용되고 있다. VMI-6는 2세 유아부터 90세까지 다양한 연령대의 시각-운동 통합 능력을 평가할 수 있으며, 황순택 등(2016년)이 한국판 VMI-6에 대한 표준화 연구를 수행하였다.

[실행 기능]

실행 기능(executive function)이란 원하는 목표에 도달하기 위해 효과적인 방식으로 사고와 행동을 조절하는 능력으로, 목표를 설정하고, 계획하고, 그것을 적절히 수행하기 위해 주의를 조절하고, 융통성 있게 문제를 해결해 나가는 것 등이 포함된다. 실행 기능은 다음과 같은 검사를 통해 평가할 수 있다.

- 위스콘신 카드 분류 검사(Wisconsin Card Sorting Test: WCST)

WCST는 1948년 Grant와 Berg가 개발한 것으로 추상적인 개념을 형성하고 범주화하는 능력과 피드백에 따라 인지 틀(cognitive set)을 변환하거나 유지하는 인지적 융통성을 측정하는 검사다. 전산화된 WCST에서는 스크린을 통해 제시된 도형카드를 색, 모양, 개수 등 분류 규칙에 따라 분류하도록 지시한 후에 '맞다/틀리다'의 피드백을 줌으로써 피검자가 과제에서 요구되는 색, 모양, 개수와 같은 범주 규칙을 스스로 찾도록 한다.

- 선로 잇기 검사(Trail Making Test: TMT)

TMT(Reitan, 1958/1992)는 제시되는 여러 자극 중 필요한 자극에만 주의를 기울이는 초점 주의력과 시각 추적 능력, 그리고 주의력을 분배하는 분할 주의력을 평가하며, A형과 B형으로 되어 있다. 선로검사 A형은 검사지에 무작위적으로 배치되어 있는 숫자들을 1-2-3-4……와 같이 차례대로 연결하는 것이고, B형은 숫자와 문자를 번갈아 가며 차례대로 연결하는 것으로(1-가-2-나-3-다……), 검사를 마치는 데 소요된 반응시간과 오류 수가 측정된다. 국내 표준화 연구로는 알츠하이머병 노인의 인지기능평가를 위한 CERAD-K 신경심리평가집에서 60세 이상 노인을 대상으로 TMT가 표준화되어 사용되고 있다(Lee et al., 2002).

아동용 색 선로 잇기 검사(Children's Color Trail Making Test: CCTT; Reitan, 1971; D'Elia & Satz, 1989) 역시 1형과 2형이 있다. 1형은 TMT A형과 마찬가지로 숫자를 차례대로 연결하는 것이 요구되나, 2형에서는 숫자와 문자 대신에 분홍-노랑 동그라미를 번갈아 가며 숫자를 차례대로 연결하도록 지시한다(분홍 ①-노랑 ②-분홍 ③-노랑 ④……). CCTT는 신민섭과 구훈정(2007)이 한국 표준화 연구를 수행하였다.

- 스트룹 색상-단어 검사(Stroop Color-Word Test)

어떤 과제를 수행할 때 인지적으로 서로 갈등이 유발되는 자극이 주어지는 상황에

서는 반응속도가 느려지는데, 이를 '스트룹' 현상이라 한다(예: '파랑'이라는 단어가 빨강색으로 인쇄되어 있을 때 단어를 무시하고 색상을 명명하라고 지시하면 '빨강'이라고 반응해야 함). 이처럼 스트룹 검사에서는 글자 읽기와 같은 자동화된 반응을 억제하는 능력을 평가한다. 피검자는 색깔을 나타내는 글자의 의미는 무시하고 그 글자가 무슨 색깔로 인쇄되어 있는지를 빠르고 정확

스트룹 색상-단어 검사

하게 말해야 하며, 반응 시간과 오류 수가 측정된다. 여러 종류의 스트룹 검사가 있는데(Hammes, 1978; Golden, 1978; Perret, 1974 등), 한국판 성인 스트룹 검사로는 오상우(1989)가 번역한 한국판 스트룹 색채 단어 간섭 검사가 있고, 김홍근(1999b)이 Kims 전두엽 관리 기능 신경심리검사에 포함시킨 한국판 버전이 있다. 아동용으로는 김홍근(1999c)이 아동용 Kims 전두엽 관리 기능 신경심리검사에 포함시킨 버전과 신민섭과 박민주(2007)가 한국 표준화한 버전이 사용되고 있다.

2) 성격 및 정서

(1) 객관적 성격검사

객관적인 성격검사란 정해진 절차에 따라 검사가 실시되며, 각 검사 문항에 대한 피검자의 반응이 명확한 채점 방식에 의해 점수화되고, 이를 규준 집단 점수와 비교하여 그 측정치상에서 피검자가 속하는 위치를 객관적으로 나타낼 수 있는 검사를 의미한다. 객관식 검사에서 피검자는 주어진 질문에 대해 '예' '아니요'와 같은 이분 척도로, 혹은 3점, 4점, 5점 등 수준과 수준의 간격이 동일하다고 가정한 리커트(Likert) 척도 등 [4점 척도 예: 매우 그렇지 않다(1), 약간 그렇지 않다(2), 약간 그렇다(3), 매우 그렇다(4)] 수치화된 형태로 응답할 것이 요구된다. 이러한 검사 절차는 시간과 비용을 절약할 수 있어 경제적이며, 평가자의 영향이 개입될 가능성이 적고, 표준화 규준 집단과의 비교를 통해 객관적인 수치를 얻을 수 있다는 장점이 있다. 하지만 성격이라는 복잡하고도 다중적인 특성을 지나치게 단순화한 수치로서 평가한다는 점, 같은 질문에 대해서도 피검자에 따라 다른 해석을 하고 그에 따라 응답이 달라질 수 있다는 점, 무작위 응답, 긍정 왜곡 및 부정 왜곡의 가능성이 있다는 단점이 있다. 전 세계적으로 가장 널리 사용되는 대표적인 객관적 성격검사인 다면적 인성검사를 먼저 살펴보면 다음과 같다.

다면적 인성검사(Minnesota Multiphasic Personality Inventory: MMPI)   MMPI는 1943년 미국 미네소타 대학교의 해서웨이(Starke Hathaway)와 맥킨리(Jovian Mckinley)에 의해 처음 개발된 이래 신뢰도, 타당도 및 활용 가능한 영역 등에 관한 연구가 끊임없이 축적되고 있고, 임상 장면에서 꾸준히 활용되면서 그 유용성이 검증된 검사다.

MMPI는 처음에 정신과 환자들의 진단을 목적으로 개발되었다. MMPI가 개발될 당시의 검사 제작은 대체로 이론 및 가설에 따라 문항을 구성하고 타당도를 검증하는 이론 주도적인 방식(theory-driven method)으로 이루어졌다. 하지만 MMPI는 환자의 분류와 진단이라는 명확한 목표를 위해 이전에 출판된 성격검사, 사례 연구, 임상 경험에서 수집된 수많은 예비 문항 중에서 특정 환자군이 어떤 문항에 '예' 또는 '아니요'라고 대답하는지를 조사하는 경험 주도적 제작 방식(empirical data-driven method)을 사용하였다. 예를 들면, '확실히 내 팔자는 나쁘다.'라는 문항에 만약 우울증을 가진 사람들이 '예'라고 응답하고 정상 집단은 그렇지 않다면 이 문항은 우울증을 변별하기 위한 문항으로 채택되는 방식이다.

초기에 개발된 MMPI는 네 개의 타당도 척도와 열 개의 임상 척도로 이루어져 있었고, 각각의 임상 척도는 진단하고자 했던 정신장애 집단의 명칭에 준하여 제작되었다. 1번 척도는 건강염려증(Hypochondriasis: Hs), 2번 척도는 우울증(Depression: D), 3번 척도는 히스테리(Hysteria: Hy), 4번 척도는 반사회성(Psychopathic deviate: Pd), 6번 척도는 편집증(Paranoia: Pa), 7번 척도는 강박증(Psychasthenia: Pa), 8번 척도는 정신분열증(Schizophrenia: Sc), 9번 척도는 경조증(hypomania: Ma) 환자 집단을 기준 집단으로 하였고, 5번 척도인 남성성-여성성(Masculinity-femininity: Mf)과 0번 척도인 사회적 내향성(Social introversion: Si) 척도가 이후에 추가되었다. 개인의 반응은 각 척도별로 연령별이나 성별 규준에 입각하여 평균 50, 표준편차 10인 T-점수로 환산된다. 일반적으로 각 임상 척도에서 70T 이상일 때 정상 범위를 벗어난, 임상적으로 유의미한 수준으로 해석된다.

시간이 흐르면서 MMPI의 표준화 집단이 미국인 전체를 대표하지 못하고, 거의 백인이었고, 숙련직이나 준숙련직에 종사하는 8년 정도의 정규 교육을 받은 사람에 한정되어 있다는 비판이 제기되었고, 시대에 맞지 않는 문장, 임상 척도들 간의 높은 상관 등이 문제가 되어 MMPI는 1989년 MMPI-2로 개정되었다. 개정 당시에도 MMPI는 연구 및 임상 장면에서 널리 사용되고 있어 MMPI를 사용하여 출판된 연구 수가 10,000편을 넘었다(Graham, 2006). 기존 척도를 만든 정신장애 집단을 변경하거나, 척도를 대폭 수정하거나 삭제하는 것은 축적된 연구 자료를 더 이상 적용할 수 없게 된다는 문제점을 초래하기 때문에, MMPI-2 역시 네 개의 타당도 척도, 열 개의 임상 척도를 그대로 유지한 채 동시대 표집에서 재표준화하였다. 대신에 시대에 맞지 않는 문항을 삭제하고, 문구를 조금씩 수정하고, 다섯 개의 타당도 척도를 더 추가하고, 내용 척도를 개정하였으며, 성격병리 척도 등을 추가하였다. 또한 기존 MMPI가 척도들 간의 상관이 높다는 문제점을 해결하기 위해 재구성 임상 척도를 개발하였으며, 이 척도에서는 공통 요인을 추출하여 척도 간 상관을 줄이고, 고유의 특성만을 갖도록 임상 척도를 재구성하였다. 재구성 임상 척도는 공통 요인인 의기소침(Restructured Clinical demoalization: RCd) 척도와 0번과 5번 척도를 제외한 임상 척도 여덟 개로 이루어져 있다.

원래 567문항으로 구성된 MMPI는 청소년에게도 사용되었으나, 기존의 MMPI에서 청소년들에게 부적합한 문항을 삭제 또는 수정하고 문항 수를 478문항으로 줄여서, 청소년용인 MMPI-A가 1992년에 출판되었다. MMPI-A에서 임상 척도는 그대로 유지되었으나, 청소년에 특정적인 품행 문제, 소외, 낮은 포부, 학교 문제 등에 관한 내용 척도가 추가되었다.

국내에서는 1965년 정범모 등이 한국판 MMPI를 제작, 출판하였고, 1988년 한국임상심리학회에서 규준 집단을 현대화하고 문항을 현대에 맞게 다듬은 재표준화판을 출판하였다. MMPI-2, MMPI-A는 2005년에 한국 표준화 연구가 수행되어 사용되고 있다(김중술 외, 2005). MMPI-2에서 사용되는 여덟 개의 타당도 척도와 열 개의 임상 척도는 〈표 10-2〉와 같다.

〈표 10-2〉 MMPI-2 타당도 척도와 임상 척도

척도명	내용
타당도 척도	
무응답: ?	응답하지 않은 문항임. 무응답 개수가 30개 이상이라면 검사 결과가 타당하지 않을 가능성이 매우 높으므로 결과 해석을 하지 않음.
부인: L	방어성을 평가하는 척도로, 대부분의 사람이 별 망설임 없이 인정할 수 있을 만한 사소한 결점 및 성격적 결함에 대한 질문을 담고 있음. '아니다'라고 대답하는 경우 채점되며, 자신을 좋게 보이려는 태도를 반영.
교정: K	L 척도보다 세련되고 교묘한 방어성을 탐지하는 척도.
과장된 자기 제시: S	취업 응시자 집단에서 흔히 응답하는 반응들에서 만들어진 척도로, 좋게 보이려는 태도 및 방어적인 태도를 탐지하는 척도.
비전형: F	규준 집단에서 매우 낮은 빈도로 응답되는 문항임. 높은 점수는 정신병적 증상에 대한 호소 또는 나쁘게 보이려는 의도를 반영.
비전형-후반부: F(B)	검사 후반부에서의 비전형 반응을 탐지하는 것이며, MMPI-2를 실시하는 과정에서 수검 태도 변화를 알아보는 데 도움이 됨.
비전형-정신병리: F(P)	규준 집단과 정신과 환자들 모두가 매우 낮은 빈도로 반응을 보이는 문항임. F 척도와의 비교를 통해 F 척도의 상승이 정신병적 문제로 인한 것인지 부정적으로 보이려는 태도로 인한 것인지 판별하는 데 도움이 됨.

무선 반응 비일관성: VRIN	서로 내용이 유사하거나 상반되는 문항 쌍으로 구성되어 있으며, 비일관적인 반응으로 응답할 경우 채점됨.
고정 반응 비일관성: TRIN	서로 내용이 상반되는 문항 쌍으로 구성되어 있으며, 상반되는 질문에 대해 같은 반응으로 응답할 경우 채점됨.

임상 척도

1-건강염려증(Hs) Hypochondriasis	특별한 증상이나 구체적인 병과 관련된 문항을 일부 포함하며, 대부분은 전반적인 신체에 대한 집착과 자기중심성과 관련된 문항들로 구성됨.
2-우울증(D) Depression	일부는 우울한 사람들의 임상적 특징인 의기소침, 비관주의, 절망적인 감정을 포함하며, 나머지는 신체적 불편, 걱정이나 긴장, 적대적 충동 부인, 사고 과정 통제의 어려움 등을 포함하는 다양한 증상과 행동에 관한 문항임.
3-히스테리(Hy) Hysteria	일부 문항은 구체적인 신체적 불편이나 장애를 반영하지만, 나머지 문항은 일상생활에서의 문제를 부인하고 사회적 불안을 부인하는 것과 관련됨.
4-반사회성(Pd) Psychopathic deviate	일부 문항은 학교나 사회에서 규칙이나 법을 지키는 데 어려움이 있었음을 인정하는 문항이며, 나머지 문항들은 행동에 대한 사회적·도덕적 규범의 무시, 가정 문제, 삶에 대한 만족감 결여를 반영.
5-남성성-여성성(Mf) Masculinity-femininity	직업, 여가에 대한 관심, 걱정과 두려움, 과민성, 가족관계 등 다양한 주제를 다루고 있으며, 높은 점수는 전통적인 성 역할에 대한 흥미의 부족 및 성적 특성에 대한 갈등을 반영.
6-편집증(Pa) Paranoia	일부 문항은 명백한 정신병적 행동을 다루고 있고, 다른 문항들은 민감성, 냉소, 반사회적 행동, 과도한 도덕적 미덕, 다른 사람에 대한 불평과 같은 다양한 주제를 다룸.
7-강박증(Pa) Psychasthenia	일부 문항은 통제되지 않는 강박적 사고, 두려움과 불안, 자신의 능력에 대한 의심을 다루고 있으며, 나머지 문항은 불행감, 신체적 질병, 집중력의 문제와 관련이 있음.
8-정신분열증(Sc) Schizophrenia	일부 문항은 기이한 정신 상태, 지각의 기이함, 피해망상, 환각과 같은 명백한 정신병적 증상을 다루고 있으며, 다른 문항은 사회적 소외, 가족관계 문제, 성적인 문제, 충동 통제와 집중의 어려움, 두려움, 걱정, 불만족을 포함한 내용을 다룸.
9-경조증(Ma) Hypomania	일부 문항은 경조증의 특징을 다루고 있으며, 다른 문항은 가족관계, 도덕적 가치와 태도, 신체적 문제와 같은 주제를 포함.
0-사회적 내향성(Si) Social introversion	대인관계 및 사회적 상황에 대한 참여도와 관련된 문항과 일반적인 신경증적 부적응 및 자기 비하와 관련된 문항을 포함.

출처: 한경희, 김중술, 임지영, 이정흠, 민병배, 문경주(2011).

기질 및 성격검사(Temperament Character Inventory: TCI)　미국의 정신과 의사인 클로닝거(Robert Cloninger)는 인성(personality, 성격)을 사람들이 경험에서 배운 것을 토대로 자신의 느낌, 생각, 행동을 변화시켜 나가는 방식, 더 넓게는 변화하는 환경에 적응하는 것을 조절하는 개인의 심리생물학적 체계 안에 있는 역동적인 조직이라고 정의하였다(Cloninger & Svrakic, 1997). 그는 인성의 심리생물학적 모델을 제안하였는데, 이 모델은 인성이 기질과 특성의 조합으로 이루어져 있다는 가정에서 출발한다. 기질(temperament)은 자극에 대한 자동적인 반응에서 개인차를 의미한다. 이는 타고나는 것으로 영아기에 완전히 형성되고 평생에 걸쳐 안정적인 속성이다. 반면, 특성(character)은 우리가 추구하는 자발적인 목표 및 가치에서의 개인차를 의미하며, 영아기에 부모와의 애착 관계에 의해 형성되기 시작하여 평생에 걸쳐 성숙한다. 클로닝거는 이러한 기질과 특성을 평가하기 위하여 1994년 네 개의 기질 차원과 세 개의 특성 차원을 평가하는 기질 및 성격검사(TCI)를 개발하였다. 검사 결과를 통해서 기질의 조합으로는 개인이 가지고 태어난 환경적 자극에 대해 반응하는 양식을 이해하고, 특성의 조합으로는 개인의 성숙도 및 적응 수준을 이해할 수 있게 된다(민병배, 오현숙, 이주영, 2007).

2000년 독일에서 포우스트카(Poustka)가 원저자와의 협의하에 TCI를 청소년에 맞게 개정한 JTCI(Junior Temperament and Character Inventory)를 출간하였다. 국내에서는 2004년 오현숙과 민병배가 한국판 JTCI를 출간하였고, 2007년에는 한국판 TCI-성인용, JTCI-아동용, JTCI-유아용 등 다양한 연령대의 성격 및 특성을 평가할 수 있는 검사들이 개발되어 활용되고 있다. TCI-성인용 네개의 기질 차원과 세개의 특성 차원은 〈표 10-3〉에 요약되어 있다.

〈표 10-3〉 TCI 네 개의 기질 차원과 세 개의 특성 차원

척도명	내용
네 가지 기질 차원	
자극 추구(NS) Novelty Seeking	새롭거나 신기한 자극, 잠재적인 보상 단서 등에 강하게 반응하는 유전적 경향성. 흥분과 보상을 추구하는 활동을 많이 하고 단조로움과 처벌을 적극적으로 회피하려 함.
위험 회피(HA) Harm Avoidance	위험하거나 혐오스러운 자극에 강하게 반응하는 유전적 경향성. 처벌이나 위험을 회피하기 위해 행동을 억제하는 경향이 있음.
사회적 민감성(RD) Reward Dependence	사회적인 보상 신호에 대해 강하게 반응하는 유전적 경향성. 이전에 보상을 받았던 행동 또는 처벌이 감소되었던 행동이 유지됨.

인내력(P) Persistence	보상이 없을 때, 혹은 간헐적으로만 있을 때에도 한번 보상된 행동을 꾸준히 지속하는 경향성.
세 가지 특성 차원	
자율성(SD) Self-Directedness	자신이 선택한 목표와 가치를 이룰 수 있도록 상황을 만들어 가는 능력. 스스로의 행동에 대한 통제력, 조절력, 적응력과 관련됨.
연대감(C) Cooperativeness	자기 자신을 사회의 통합적인 한 부분으로 지각할 수 있는 정도. 타인을 수용하고 공감하는 데 있어서 개인차를 보여 줌.
자기 초월(ST) Self-Transcendence	자기 자신을 우주의 통합적인 한 부분으로 지각할 수 있는 정도.

출처: 민병배, 오현숙, 이주영(2007).

성격평가 질문지(Personality Assessment Inventory: PAI)　미국의 임상심리학자인 모레이(Leslie Morey)는 성격 및 정신병리를 평가하기 위한 목적으로 1991년 PAI를 개발하였으며, 국내에서는 김영환 등(2001)이 한국판 PAI 표준화 연구를 수행하였다. PAI는 4개의 타당도 척도, 11개의 임상 척도, 5개의 치료 척도, 2개의 대인관계 척도 등 총 22개의 척도로 이루어져 있다(〈표 10-4〉 참조).

PAI는 MMPI가 경험적 제작 방식을 사용한 것과 달리 구성 타당도 접근을 사용하였다. 구성 타당도 접근 방식이란 구체적인 이론을 토대로 척도가 만들어지고, 이후 요인 분석과 같은 통계적인 절차를 사용해 척도를 완성하며, 특정 점수를 얻는 사람이 특정 행동을 보인다는 경험적 연구 결과를 제시함으로써 타당도를 입증하는 절차를 말한다. PAI의 척도들은 DSM 진단 기준과 정신병리의 핵심 구성 요인에 관한 연구에 기반을 둔 문항으로 구성되었으며, 문항은 내용 타당도가 높고, 척도 내 문항들 간의 상관과 내적 합치도가 높다. 자기 보고 검사들이 갖는 긍정 왜곡 및 부정 왜곡의 가능성이 있으나, 타당도 척도를 만들어 이와 같은 문제점을 탐지할 수 있도록 했다.

〈표 10-4〉 PAI 타당도 척도, 임상 척도, 치료 척도, 대인관계 척도

척도명	내용
타당도 척도	
비일관성(ICN)	문항에 대한 반응 과정에서 피검자의 일관성 있는 반응 태도를 알아보기 위한 정적 또는 부적 상관이 높은 문항 쌍.
저빈도(INF)	부주의하거나 무선적인 반응 태도를 확인하기 위하여 정신병적 측면에서 중립적이고 대부분의 사람이 극단적으로 인정하거나 인정하지 않는 문항.

부정적 인상(NIM)	지나치게 나쁜 인상을 주거나 꾀병을 부리려는 태도.
긍정적 인상(PIM)	지나치게 좋게 보이려 하며 사소한 결점도 부인하려는 태도.

임상 척도

신체적인 호소(SOM)	건강 관련 문제에 대한 집착, 신체화 장애, 전환 증상 등 신체적 불편감을 측정하는 문항을 포함.
불안(ANX)	불안 증상을 평가하기 위한 문항으로, 인지적·정서적·생리적 불안 증상을 측정.
불안 관련 장애(ARD)	구체적인 불안 관련 장애와 관계가 있는 문항으로, 강박장애, 공포장애, 외상후 스트레스 장애 증상을 측정.
우울(DEP)	우울 증상을 평가하기 위한 문항으로, 인지적·정서적·생리적 우울 증상을 측정.
조증(MAN)	조증과 경조증의 정서적·인지적·행동적 증상에 초점을 둔 문항으로, 활동 수준, 과대성, 초조성 등을 측정.
망상(PAR)	망상의 증상과 망상형 성격장애에 초점을 둔 문항으로, 과경계, 피해망상, 원한 등을 측정.
정신분열병(SCZ)	광범위한 정신분열병(현재는 조현병으로 명칭이 변경됨)의 증상에 초점을 둔 문항으로, 정신병적 경험, 사회적 위축, 사고장애 등을 측정.
경계선적 특징(BOD)	경계성 성격장애에서 특징적으로 보이는 불안정한 대인관계, 충동성, 정서적 불안정성, 분노 통제의 어려움 등을 포함하는 문항을 포함.
반사회적 특징(ANT)	범죄 행위, 권위적 인물과의 갈등, 자기중심성, 공감과 성실성의 부족, 불안정성, 자극 추구 등에 초점을 둔 문항을 포함.
알코올 문제(ALC)	문제성 음주와 알코올 의존적 특징에 초점을 둔 문항을 포함.
약물 사용 척도(DRG)	약물 사용에 따른 문제와 약물 의존적 특징과 관련된 문항을 포함.

치료 척도

공격성(AGG)	언어적·신체적 공격 행동 또는 공격적 행동을 자극하려는 태도와 같은 분노, 적대감, 공격성과 관련된 문항을 포함.
자살 관념(SUI)	무력감과 자살에 대한 일반적이고 모호한 생각에서 자살에 관한 구체적인 계획에 이르기까지 자살 사고에 관련된 문항을 포함.
스트레스(STR)	가족, 건강, 직장, 경제, 중요 일상생활 등 최근에 경험하는 스트레스와 관련된 문항을 포함.
비지지(NON)	지각된 사회적 지지의 부족과 관련된 문항을 포함.
치료 거부(RXP)	변화 동기를 예언하기 위한 문항으로, 증상에 대한 불편감, 치료에 참여하려는 동기, 변화의 필요성에 대한 인식, 새로운 생각에 대한 개방성, 책임을 수용하려는 의지 등을 평가함.

대인관계 척도	
지배성(DOM)	대인관계에서 통제와 독립성을 유지하는 정도를 평가하는 척도로, 대인관계에서의 행동 양식을 지배와 복종 차원으로 개념화하여, 높은 점수는 지배적, 낮은 점수는 복종적임을 의미함.
온정성(WRM)	대인관계에서 지지적이고 공감적인 정도를 평가하기 위한 척도로, 대인관계 온정과 냉담 차원으로 개념화하고, 높은 점수는 온정적, 낮은 점수는 냉정하고 거절적임을 의미함.

출처: 김영환, 김지혜, 오상우, 임영란, 홍상황(2001).

(2) 투사적 성격검사

투사적 성격검사는 객관적 성격검사와는 달리 특정 문항에 대해 정해진 반응 양식으로 응답하도록 지시하지 않으며, 비구조화되고 모호한 자극에 대해 자유롭게 반응하도록 하는 검사다. 따라서 피검자의 반응에는 피검자의 성격 및 정서와 관련된 내적 특성(예: 욕구, 태도, 소망, 갈등 등)이 반영되어 있다고 가정된다.

투사적 검사에서는 정답이 없고 검사가 무엇을 측정하는지 인식하기 어려우므로 피검자는 스스로 반응을 검열하거나 의도적으로 방어하기가 어렵다. 따라서 객관적 검사에 비해 피검자의 반응을 수량화하기 어려우며, 다양한 차원에서의 해석이 가능하다는 특성이 있다(Rotter, Rafferty, & Lotsof, 1954).

투사적 검사는 비구조화되어 있기 때문에 객관적 검사에 비해 신뢰도 및 타당도 면에서 증거가 빈약하다고 할 수 있다. 그러나 이처럼 분명한 한계점에도 불구하고 임상 장면에서 꾸준히 활용되는 이유는 투사적 검사에서는 의도적으로 방어하기 어렵기 때문에 개인의 독특하고 다양한 반응을 보일 수 있게 되며, 무의식적인 심리 과정에 대한 정보를 제공하는 등 정신장애 및 성격적인 특성에 대한 풍부한 자료를 얻을 수 있다는 투사적 검사만의 분명한 강점이 있기 때문이다. 임상 현장에서 주로 사용되는 대표적인 투사적 성격검사는 다음과 같다.

로르샤흐(Rorschach)   로르샤흐는 이 검사를 개발한 스위스의 정신과 의사인 헤르만 로르샤흐(Herman Rorschach, 1884~1922)의 이름을 따서 만들어진 검사이며, 데칼코마니 형식의 대칭되는 잉크반점으로 이루어진 열 장의 검사 자극으로 구성되어 있다. 로르샤흐가 평가에 사용하기 이전부터 잉크반점을 사용하려는 시도는 있어 왔다. 비네와 앙리(Binet & Henri, 1895)는 지능을 측정할 여러 재료를 탐색하는 과정에서 잉크반점을 창의성 검사로 사용하려고 시도한 적이 있었다. 로르샤흐는 최초로 정신과 환자들과 일반인들 간에 잉크반점에 대한 반응이 다르다는 사실을 발견하였고, 자신이 직접 제작한 잉크반점 카드를 가지고 300명의 정신과 환자와 100명의 정상 대조군을 대상으로 실험한 후 결과를 정리하여 「심리 진단(Psychodiagnostics: A Diagnostic Test Based on Perception」(1921)이라는 제목의 논문을 출간하였다. '지각에 근거한 진단 검사'라는 부제에서도 알 수 있듯이 그는 잉크반점검사를 투사적 검사로 개념화하기보다는 조현병 환자를 진단하는 데 유용한 지각 과제로 개념화하였다.

비록 로르샤흐 자신은 이 검사를 지각 과제라고 한정지었으나, 그가 37세의 나이로 요절하면서 이후 연구자들은 다양한 방향으로 검사를 발전시켜 나갔다. 벡(Samuel Beck, 1896~1980)은 엄격한 경험주의적·과학적 방법론을 주장하면서 로르샤흐의 채점과 부호화 방식을 고수하였으며, 실시와 채점 및 해석의 표준화를 위해 노력하였다. 반면에 클로퍼(Bruno Klopfer, 1900~1971)는 현상학과 정신분석에 입각한 채점 방식을 주장하며, 양적 분석법과 질적 분석법을 제안하였다. 헤르츠(Marguerite Hertz, 1899~1992)는 벡과 같은 이론적 입장에서 출발하여 클로퍼 방식과의 통합을 추구하였으며, 본래의 채점 체계에 더하여 질적 분석을 체계적으로 하기 위해 빈도표를 만들기도 하였다. 피오트로우스키(Z. Piotrowski)는 신경학적 장애와 로르샤흐 반응과의 관계에 대한 연구를 진행하여 그의 저서『Perceptanalysis』(1957)에 발표한 바 있다. 라파포트(D. Rappaport)와 쉐퍼(R. Schafer)는 정신분석적 입장에 근거하여 개인 반응의 독특성에 대한 해석 및 주제 해석을 위해 내용 분석을 발전시켰다. 이처럼 다양한 채점 및 해석 체계가 발표되어 사용되자 통합의 필요성이 대두되었고, 1974년에 엑스너(John Exner)가 기존의 이론 및 실시 절차를 아우르는 종합 체계를 만들었다. 이에 더하여 엑스너는 대규모의 규준 자료를 수집하여 피검자의 반응에 대해 채점한 결과를 규준 집단과 비교가 가능하도록 채점 및 해석 체계를 구조화하고 발전시켰다.

이와 같은 표준화 및 규준 마련의 노력에도 불구하고 모호한 잉크반점에 내적인 욕구나 소망, 갈등 등이 투사된다는 가정은 검사의 타당성에 대한 논란을 가져왔고, 일부 학자들은 검사 자체의 신뢰도 및 타당

로르샤흐 잉크반점검사

도, 규준의 문제 등을 들어 투사적 검사의 가치에 의문을 제기하였다(Linlienfeld et al., 2001; Wood et al., 2001). 반면에 기존 연구에 대한 광범위한 분석을 통해 로르샤흐가 정신과적 진단의 목적으로 사용될 때 MMPI나 지능검사만큼 효과가 크고 타당성이 있음이 증명되기도 하였다(Meyer & Archer, 2001).

엑스너가 표준화된 실시 방법과 채점 체계, 규준 등을 만들었으나 여전히 로르샤흐 검사가 무엇을 측정하는 것인가, 과제의 본질이 무엇인가에 관한 의문이 남아 있다. 로르샤흐가 말한 것처럼 '어떻게' 보는지가 중요한 것인가, 아니면 클로퍼 등이 말한 것처럼 '무엇을' 보는지가 중요한 것인가? 이에 대해 와이너(Irving Weiner, 2003)는 로르샤흐 검사가 주의, 지각, 기억, 의사결정, 논리적 분석 과정을 포함하는 인지적 능력 및 과정에 대한 측정이자, 연상, 귀인, 상징화의 과정을 포함하는 주제 심상에 대한 측정이라고 정리하였다. 피검자가 잉크반점에 반응하려면 반점의 특정 부분을 선택하는 주의 과정이 필요하고, 선택한 부분이 무엇처럼 보이는지를 결정하는 과정이 필요하다. 이 과정에서 피검자는 형태, 색깔과 같은 반점의 특징을 근거로 인상을 형성하게 되며, 형성된 인상을 자신의 기억 속에 있는 자료와 대조하여 근접한 대상을 반응으로 산출하게 된다. 이처럼 잉크반점에 대한 반응을 형성하기 위한 과정에 주의, 지각, 기억, 의사결정, 논리적 분석 등이 개입되기 때문에 로르샤흐는 인지 과제라고 볼 수 있으며, 피검자는 모호한 잉크반점에 빈번히 개인의 욕구, 태도, 갈등, 관심 등을 투사하기 때문에 연상 및 주제 심상에 대한 측정이라고도 볼 수 있다. 이 두 가지 관점 중 어느 하나라도 배제한다면 로르샤흐 검사가 갖는 가치도 그만큼 줄어들 것이므로, 로르샤흐 검사 반응은 지각 과정과 연상 과정이 합쳐진 결과라고 보고, 얻을 수 있는 최대한의 자료를 얻도록 하는 것이 가장 유용한 활용 방법이라 할 수 있다.

엑스너가 제안한 종합 체계의 실시 및 채점 절차를 간단히 살펴보기로 하자. 검사자가 "이것이 무엇처럼 보입니까?"라고 간단한 질문을 하며 피검자에게 카드를 건네주면, 피검자는 자유롭게 연상하여 대답함으로써 검사가 진행된다. 10장의 카드에 대해 모두 응답한 후에 검사자는 "이제 ○○씨가 본 것을 나도 볼 수 있도록 어디서 그렇게 보았는지, 어떤 점 때문에 그렇게 보게 되었는지를 말씀해 주시면 됩니다."라는 질문을 하며, 첫 번째 카드부터 열 번째 카드까지 피검자가 했던 반응을 구체화하는 질문(inquiry) 단계를 거치게 된다. 이때 검사자는 피검자가 하는 응답을 있는 그대로 기록하면서 반응 위치(어디서 그렇게 보았는지), 반응 결정인(어떤 점 때문에 그렇게 보게 되었는지), 반응 내용(무엇을 보았는지)을 파악하는 질문을 한다. 질문할 때 "그렇게 본 것이 색깔 때문이었습니까?"와 같이 유도된 질문을 해서는 안 되며, "○○ 씨가 본 것처럼 제가 볼 수 있도록 설명해 주시겠습니까?"와 같이 질문하는 것만으로도 충분하다.

검사를 마친 후 기록한 반응에 대해 위치, 발달질, 결정인, 형태질, 쌍반응, 반응 내용, 조직화 활동, 특수 점수를 채점하게 된다. 각각의 채점 내용은 〈표 10-5〉에 간략히 제시되어 있다.

〈표 10-5〉 엑스너 로르샤흐 채점 체계

채점 범주	내용
위치 (Location)	반점의 어느 영역을 사용하였는지 채점. 전체, 흔히 사용되는 부분, 드물게 사용되는 부분, 공백 부분으로 구분.
발달질 (Developmental Quality)	반점을 조직화하는 방식에 대한 채점. 단순하게 한 반응 영역에 대한 심상을 보고하는지, 반점 간의 조합을 보고하는지를 파악.
결정인 (Determinant)	피검자의 반응 형성에 기여한 잉크반점의 특징을 채점. 형태, 운동, 색채, 무채색, 음영 등의 특징을 확인.
형태질 (Form Quality)	피검자가 보고한 반응 대상이 잉크반점의 특성에 얼마나 적합한지를 채점. 잉크반점의 왜곡이 없고, 보고한 대상과 유사성이 높을수록 좋은 형태질을 가진 것으로 판단.
쌍반응 (Pair response)	자극의 대칭성에 근거하여 동일한 두 개의 대상을 보고한 경우에 채점.
반응 내용 (Content)	피검자가 보고한 반응의 내용 범주를 채점. 인간, 동물, 음식, 자연물, 예술품 등 26개의 내용 범주 중에 해당하는 것을 표기.
평범 반응 (Popular)	각 카드에서 반응 빈도가 매우 높은 반응을 피검자도 할 수 있는지 여부를 채점.
조직화 활동 (Organizational Activity)	반응의 복잡성과 조직화 유형에 따라 가중치를 부여한 조직화 점수로, 높을수록 인지적 활동 수준이 높음을 의미함.
특수 점수 (Special score)	평범하지 않은 언어 표현 및 사고 과정을 보일 때 채점.

출처: Exner, J. E. (2003).

주제통각검사(Thematic Apperception Test: TAT)　　주제통각검사는 1935년 하버드 대학교의 머레이(Henry Murray, 1893~1988)와 모르간(Christina Morgan, 1897~1967)이 개발한 것으로, 개인의 대인관계와 환경에 대한 지각에서 나타나는 성격의 역동적 요소를 알아보는 검사다(Bellak, 1959). 이 검사에서는 피검자에게 인물과 풍경 등 20장의 그림을 제시한 후, 그것을 바탕으로 이야기를 만들어 보도록 한다. 여기에 개인의 주요 동기나 정서, 콤플렉스, 갈등과 같은 요소가 드러나는데, 머레이(Murray, 1943)는 사람들이 모호한 상황을 자신의 과거 경험과 현재의 소망에 따라 해석하는 경향이 있다고 설명하였다. 즉, 개인은 자극을 대할 때 경험이나 인식을 자기의 의식 속으로 종합하는 작용인 '통각(apperception)' 과정을 거치게 된다는 것이다.

TAT를 통해서는 시각 자극을 왜곡하여 지각하거나 이야기에 논리가 없고 사고 과정이 괴이한지를 관찰함으로써 피검자의 지각적 왜곡 및 사고 장애 여부를 확인할 수 있으며, 이야기에 나오는 주요 인물을 중심으로 분석함으로써 개인의 심리 상태를 파악할 수도 있다(Murray, 1943; Sanford, 1939; Stein, 1955). 이를 욕구-압력 분석법이라고 하는데, 이 방법은 개인의 욕구(need)와 환경적 압력(pressure) 사이의 상호작용을 살펴보는 것으로, 이야기의 주인공, 환경 자극의 압력, 주인공의 욕구, 대상에 대한 주인공의 감정, 주인공의 내적 심리 상태, 주인공의 행동 표현 방식, 결과에 주목한다.

한편, 벨락(Leopold Bellak, 1916~2002)은 1949년 3~10세 아동에게 실시할 수 있는 아동용 주제통각검사인 CAT를 제작하였고, 국내에서는 김태련, 서봉연, 이은화, 홍숙기(1976)가 한국판 아동용 주제통각검사를 출판하였다.

투사적 그림검사   투사적 그림검사의 대가인 코피츠(Elizabeth Koppitz, 1919~1983)가 그림을 '비언어적 언어'라 칭한 바 있듯이, 그림은 언어로 표현하기 어려운 내면의 심리 상태를 반영할 수 있는 좋은 도구다. 정신분석적 관점에서 개인의 무의식적 소망이나 갈등이 꿈이나 예술로서 표현된다고 한 것과 같이, 자기 자신도 잘 알지 못하는 '무의식'은 말로 설명하기가 거의 불가능하므로 투사적 그림 검사를 통해 표현될 수 있다.

그림을 통해 개인의 생각, 감정, 태도, 대인관계 등 많은 심리 상태를 이해할 수 있다. 특히 아동의 경우 그림은 자연스러운 표현 수단 중 하나이며, 방어가 적어서 솔직한 내면의 상태를 잘 드러내므로 성인보다 더 효과적으로 사용할 수 있다(신민섭 외, 2002). 투사적 그림검사의 경험적 유용성을 제시해 주는 많은 임상 연구 및 사례가 보고되어 왔다.

• 집-나무-사람 검사(House-Tree-Person: HTP)

HTP는 피검자에게 집, 나무, 사람을 그려 보도록 지시하여, 자기상, 가족관계 및 대인관계, 정서 상태를 포함한 성격 구조에 대해 알아보는 투사적 그림검사로, 벅(John Buck, 1906~1983)이 개발하고 1960년 해머(Emanuel Hammer, 1926~2005)가 발전시켰다. 그림을 그려 보도록 하고 그에 대한 추가 질문을 통해 전반적 인상 및 특정 요소에 대해 가설적인 해석을 할 수도 있다. 구조적 요소의 해석에는 그림을 그려 나가는 순서와 방식, 그림의 크기, 위치, 필압, 선의 특징, 세부 묘사, 지우기, 대칭, 왜곡 및 생략, 투명성, 움직임 등이 포함된다. 그러나 특정 요소의 유무나 특성에 대해 마치 정답이 있는 것처럼 일대일 해석을 해서는 안 되며(예를 들어, 나무 그림에서 열매를 많이 그리면 무조건 애정 요구가 높다고 해석하면 안 됨. 이는 애정 욕구를 시사할 수도 있고 성취 욕구나 성격적으로 꼼꼼한 면을 반영해줄 수도 있음), 그림에 대한 추가적인 질문이나 이를 뒷받침하는 다른 평가 결과가 있는지 살펴본 후에 신중하게 해석해야 한다. 임상가들은 해석에 도움이 되는 몇 가지 채점 지표를 개발하여 발표하기도 하였다(신민섭 외, 2002).

- 맥래클린(McLachlan)의 뇌 손상 지표: 사람 그림에 대해 3점 척도(충족되지 않으면 0점, 하나 해당되면 1점, 남녀 그림 모두에 해당되면 2점)로 채점한다.
- 코피츠(Koppitz)의 정서장애 지표: 건강한 아동의 그림에서 6% 미만으로 나타나는 항목으로 구성되어 있다(〈표 10-6〉 참조).

〈표 10-6〉

질적인 지표	의미 있는 특징
① 부분들의 통합이 빈약함	① 작은 머리
② 얼굴의 음영	② 열십자로 그린 눈
③ 몸이나 사지 부분의 음영	③ 이가 드러나는 그림
④ 손이나 목의 음영	④ 짧은 팔
⑤ 사지의 비대칭성	⑤ 긴 팔
⑥ 기울어진 그림	⑥ 팔이 몸에 붙어 있음
⑦ 작은 그림	⑦ 큰 손
⑧ 큰 그림	⑧ 손이 잘림
⑨ 투명성	⑨ 다리가 겹쳐 있음

생략	⑩ 성기
① 눈 없음	⑪ 괴물 그림
② 코 없음	⑫ 세 명 이상의 사람을 그림
③ 입 없음	⑬ 구름
④ 몸 없음	
⑤ 팔 없음	
⑥ 다리 없음	
⑦ 발 없음	
⑧ 목 없음	

출처: 신민섭 외(2002).

- **운동성 가족화 검사(Kinetic Family Drawing: KFD)**

KFD는 번스와 카우프만(Burns & Kaufman, 1970)이 개발한 검사로, 아동에게 가족 구성원이 무엇인가를 하고 있는 모습을 그리도록 지시하는 것이다. KFD에서는 그림의 형태적 요소뿐만 아니라 사람들의 움직임을 중요하게 본다. 가족이 서로 의사소통을 하고 유기적인 관계를 맺고 있는 것으로 묘사되는지, 혹은 단절되고 분리된 상태로 나타나는지를 관찰함으로써 아동이 자기 가족을 어떻게 지각하고 있는지, 가족 내에서 자신을 어떻게 지각하고 있는지 등을 이해할 수 있다.

- **문장완성검사(Sentence Completion Test: SCT)**

에빙하우스(Hermann Ebinghaus)에 의해 1897년 개발되기 시작했다고 알려진 문장완성검사는 문장의 첫 부분을 제시해 주고 미완성된 뒷부분을 채워 넣도록 하는 검사로, 개인의 자기 개념, 부모나 타인에 대한 지각, 미래나 과거에 대한 태도, 걱정이나 소망 등을 알아볼 수 있다. 검사 문항의 예로는 '나는 친구가…….' '어머니와 나는…….' 등이 있다. 피검자가 문장을 다 완성한 후에, 검사자는 의미가 있을 만한 답변에 대해 추가 질문을 하여 피검자의 내적 갈등이나 태도를 보다 세밀하게 파악할 수 있다. 문항의 수와 내용에 따라 성인용과 아동용이 따로 마련되어 있다.

요약 및 학습과제

요약

1. 심리평가란 개인의 심리적 · 행동적 · 성격적인 특성 및 정신병리를 이해하기 위해 시행하는 행동평가, 임상적 면담, 질문지, 심리검사 등을 아우르는 총체적이고 전문적인 평가과정을 의미한다. 그중에서도 심리검사는 개인의 행동에 대한 객관적이면서도 표준화된 수치를 제공하는 평가 도구다.

2. 심리검사는 반복하여 실시하였을 때 일관된 결과를 제공할 수 있는 신뢰도와 측정하려는 바를 정확히 측정하여 목적에 맞는 기능을 할 수 있는 타당도를 갖추어야 한다. 이를 위해서는 검사 내용이 적절히 구성되어 있어야 할 뿐 아니라 실시 및 해석 절차가 표준화되어 있어야 한다.

3. 인지 기능에는 주의, 지각, 기억, 언어 및 사고 능력 등이 포함된다. 지능검사는 인지 능력을 총체적으로 평가하기 위한 검사로, 크게는 개별 지능검사와 집단 지능검사로 분류된다. 대표적인 개별 지능검사에는 스탠포드-비네 검사, 웩슬러 지능검사, 카우프만 아동용 지능검사, 라이터 국제수행평가척도 등이 있다.

4. 신경심리검사는 계획력, 조직화 능력, 인지적 융통성, 시각-운동 협응 능력, 주의력 및 기억력 등 특정 뇌기능과 관련된 세분화된 인지 능력을 평가하는 검사다. 여러 영역을 묶어서 평가하기 위해 만들어진 검사집(배터리)으로는 할스테드-레이탄 배터리와 루리아-네브래스카 신경심리검사 배터리 등이 있다. 또한 하나의 영역에만 초점을 맞추어 평가하는 개별 신경심리검사로는 연속수행검사(CPT), 위스콘신 카드 분류 검사, 선로 잇기 검사, 스트룹 색상-단어 검사 등이 있다.

5. 객관적인 성격검사란 피검자가 특정 문항에 대해 정해진 반응 양식으로 응답한 반응이 명확한 채점 방식에 의해 점수화되며, 이를 규준 집단 점수와 비교하여 그 측정치상에서 피검자가 속하는 위치를 객관적으로 나타낼 수 있는 검사를 의미한다. 현재 널리 활용되고 있는 객관적 성격검사는 다면적 인성검사(MMPI), 기질 및 성격검사(TCI), 성격평가 질문지(PAI) 등이 있다.

6. 투사적 성격검사는 비구조화되고 모호한 자극에 대해 자유롭게 반응하도록 하는 검사다. 피검자가 보인 반응에는 피검자의 성격 및 정서와 관련된 내적 특성(욕구, 소망, 갈등 등)이 반영되어 있다고 가정된다. 대표적인 투사적 검사에는 로르샤흐(Rorschach), 주제통각검사(TAT), 투사적 그림검사(HTP, KFD), 문장완성검사(SCT) 등이 있다.

학습과제

1. 심리평가란 무엇인지 간단히 설명하시오.

2. 신뢰도와 타당도를 산출하는 방법에는 어떤 것이 있는지 설명하시오.

3. '지능'의 개념을 설명하는 이론들에 대해 기술하시오.

4. 객관적 성격검사와 투사적 성격검사의 주된 차이점을 설명하시오.

5. MMPI의 개발 목적에 대해 기술하고, MMPI에 포함된 타당도 척도와 임상 척도에 대해 간략히 설명하시오.

6. 엑스너가 제시한 로르샤흐 종합 체계의 실시 및 채점 절차에 대해 기술하시오.

이상행동과 적응

- 이상행동과 정상행동을 판별하는 기준을 이해한다.
- 정신장애 분류 체계인 DSM-5에서 제시하는 다양한 정신장애 유형을 이해한다.
- 정신장애의 원인을 설명하는 주요한 이론적 입장을 이해한다.
- 불안장애, 우울장애를 비롯한 주요 정신장애의 핵심 증상과 원인을 이해한다.

학습개요

    우리는 누구나 삶 속에서 여러 가지 갈등과 고난을 경험하게 된다. 성장 과정에서의 상처와 좌절, 가족관계의 불화와 갈등, 학업 및 직업 활동에서의 실패와 좌절, 대인관계에서의 대립과 갈등은 자칫 우리의 삶을 일그러지고 뒤틀리게 할 수 있다. 이처럼 고통과 불행 속에서 일그러진 삶의 모습이 이상행동과 정신장애로 나타나게 된다.

    이상행동과 정상행동을 판별하는 기준은 무엇인가? 적응 기능의 저하와 손상, 평균으로부터의 일탈, 주관적 불편감과 고통, 사회적 규범으로부터의 일탈 등이 이상행동을 판별하는 주요한 기준이라고 할 수 있다. 이상행동의 복합체로 나타나는 정신장애에는 다양한 유형이 있다. 정신장애의 분류 체계인 DSM-5에 따르면, 정신장애는 불안장애, 우울장애, 정신분열증, 성격장애 등을 비롯하여 20개의 범주로 구분된다.

    정신장애는 왜 생기는 것일까? 심리학에는 정신장애의 원인을 설명하는 다양한 이론적 입장이 존재한다. 무의식적 갈등을 중시하는 정신분석 이론, 잘못된 학습 결과로 설명하는 행동주의 이론, 비현실적 신념과 왜곡된 사고로 설명하는 인지 이론, 뇌의 문제로 여기는 생물의학적 입장이 있다.

    다양한 정신장애 중에서 이 장에서는 임상적으로 중요한 의미를 지니는 불안장애, 우울장애, 양극성장애, 강박장애, 외상 후 스트레스 장애, 조현병을 중심으로 그 핵심 증상과 주요 원인을 살펴본다.

11 chapter
이상행동과 적응

1. 삶의 문제와 이상행동

우리는 누구나 삶 속에는 여러 가지 역경을 경험하게 된다. 평생 동안 별 어려움 없이 평탄한 삶을 누리는 사람도 있지만, 대부분의 사람은 삶의 과정에서 크고 작은 여러 가지 고난과 갈등을 경험하게 된다. 성장 과정에서의 상처와 좌절, 가족관계의 불화와 갈등, 학업 및 직업 활동에서의 실패와 좌절, 대인관계에서의 대립과 갈등은 자칫 우리의 삶을 일그러지고 뒤틀리게 할 수 있다. 이처럼 고통과 불행 속에서 일그러진 삶의 모습이 이상행동으로 나타나게 된다. 이러한 이상행동이 누적되어 일련의 부적응적 행동 패턴으로 나타나게 되면 정신장애로 발전하게 된다. 인간이 삶의 과정에서 나타내는 이상행동과 정신장애는 매우 다양하다. 이러한 다양성을 이해하기 위해서, 먼저 몇 가지 사례를 살펴보기로 한다(권석만, 2013).

| 사례 1 |　매우 성실한 대학생 K군은 시험 때마다 철저하게 준비를 하지만, 시험 성적을 받아 보면 늘 좌절을 느끼게 되어 고민스럽다. 시험을 볼 때마다 불안과 긴장이 고조되어 자신이 공부한 내용을 시험지에 다 써 넣지 못하기 때문이다. 지난 학기에는 중요한 전공과목의 시험을 앞두고 며칠 밤을 새워 가며 열심히 공부했지만, 예상한 것과 다른 문제가 나온 시험지를 받고 당황하게 되자 머릿속이 텅 빈 것처럼 정신이 혼미해져서 아무것도 생각이 나질 않았다. 평소 글씨체가 좋은 K군이었지만 당황하게 되자 손이 떨려 답을 제대로 쓰기가 어려웠다. 억지로 힘을 주어 글을 쓰려고 했지만 팔과 어깨가 마비되는 것처럼 굳어지고 통증을 느끼게 되어 결국 시험을 망치게 되었다.

K군은 시험 때마다 이와 비슷한 일이 나타나서 고통스럽다. K군은 고등학교 때에도 평소의 학교 성적에 비해 수능시험과 같이 중요한 시험에서는 이상하게도 결과가 좋지 않았다.

| 사례 2 | 여대생 S양은 이성교제가 매우 복잡하고 불안정하다. 남자 친구와의 교제가 몇 달간 지속되지 못하고 늘 불행한 결과를 초래하며 헤어지게 된다. 자신에게 호감을 지니고 접근하는 이성 친구에게 급속하게 뜨거운 애정을 느끼게 되지만, 항상 남자 친구가 자신의 곁에 있어 주기를 원하고 자신에 대한 애정을 지속적으로 보여 주기를 원한다. 따라서 남자 친구의 애정을 수시로 확인하려 하며, 이러한 기대가 조금이라도 좌절되면, 남자 친구에게 심한 배신감과 분노를 느끼게 된다.

이처럼 분노를 느끼게 되면, S양은 남자 친구에게 냉혹한 태도를 취하며 괴롭힌다. 예컨대, 남자 친구의 열등한 면에 대해서 가혹하고 모욕적인 비난을 하면서 남자 친구에게 심한 마음의 상처를 주곤 한다. S양은 자신의 곁에 남자 친구가 없으면 허전하여 새로운 남자 친구를 사귀게 되지만, 이러한 이성교제의 패턴 때문에 남자 친구를 사귈 때마다 불행한 결과를 초래하며 헤어지는 일이 반복되고 있다.

| 사례 3 | 대기업의 중견 사원 C씨는 유능하고 예의 바르며 성실한 사람으로 알려져 있다. 그런데 C씨는 하루에도 수십 번씩 집으로 전화를 걸어 부인의 거취를 확인해야만 한다. 직장에만 나오면 부인이 다른 남자를 만나 외도를 할 것이라는 의심을 지울 수가 없기 때문이다. 몰래 부인의 일기장이나 휴대전화 통화 내역을 확인하고 사소한 단서에 근거하여 부인을 추궁하곤 했다.

C씨의 의심 어린 눈에는 부인의 사소한 행동이 모두 부정한 행동과 관련된 것으로 여겨졌다. 점차 부인의 부정에 대한 의심이 강해지면서, 자신의 두 자녀도 부인이 외도를 하여 낳은 자식일 수 있다는 의심까지 했다.

부인의 어떠한 해명도 C씨에게는 설득력이 없었으며, C씨는 집요하게 부인의 과거를 캐물으며, 심지어 구타까지 하게 되었다. C씨의 부인은 남편의 오해를 바꾸기 위해 온갖 노력을 하였으나 오히려 의심은 강화되고 구타당하는 일이 반복되자 이혼 소송을 제기하였다.

누구나 삶의 여정에서 고통스럽고 불행한 경험을 할 수 있다. 이상행동과 정신장애는 고통스럽고 불행한 과거 경험의 산물인 동시에 삶을 더욱 고통스럽고 불행하게 만드는 원인이 되기도 한다. 이상행동과 정신장애는 당사자뿐만 아니라 그의 가족, 배우자, 주변 사람과 더불어 우리 사회에 여러 가지 고통과 불행을 초래하게 된다. 가족 중의 한 사람이 정신장애를 나타내게 되면, 가족은 정서적 충격과 더불어 환자의 보살핌과 치료를 위한 여러 가지 부담을 안게 된다. 정신장애를 나타낸 가족에 대해서 슬픔과 안타까움을 느끼거나 죄의식과 책임을 느낄 수도 있다. 때로는 정신장애에 대한 사회적 편견을 두려워하며 환자를 가족의 오점으로 수치스럽게 생각하는 경우도 있다. 더구나 정신장애가 장기화될 경우에는 환자를 치료하고 돌보아야 하는 경제적 부담과 심리적 책임감으로 인해 가족의 고통이 가중된다.

또한 우리 사회에는 이상행동과 정신장애로 인해 여러 가지 사회적 문제가 발생하기도 한다. 가정폭력, 이혼, 청소년 비행, 각종 폭력과 범죄, 자살과 살인, 도박 및 다중채무, 대형사고와 같은 사회 문제들의 대다수는 심리적 장애에 기인한다. 예컨대, 마약 중독으로 현실적 판단력이 상실된 상태에서 자동차를 몰아 많은 사람을 살상하는 교통사고, 망상과 환각 속에서 유치원생에게 칼부림을 한 살인 사건, 우울감과 충동적인 분노감에 저지른 방화 행동이 수많은 생명을 앗아간 대구 지하철 참사 사건 등이 그 대표적인 예다. 이 밖에도 정신장애로 인한 생산 인력의 실직이나 정신장애자의 치료와 보호를 위해 지출되는 막대한 의료비 등은 국가적인 부담이 되고 있다.

2. 이상행동의 판별 기준

일반적으로 이상행동(abnormal behavior)은 객관적인 관찰과 측정이 가능한 개인의 부적응적인 심리적 특성을 의미하며, 정신장애(mental disorder)는 특정한 이상행동의 집합체를 의미한다. 이러한 이상행동에는 인간의 다양한 심리적 측면, 즉 인지, 정서, 동기, 행동의 측면에서 개인의 부적응을 초래하는 특성이 포함된다.

과연 '이상행동'은 어떻게 정의하고 규정할 수 있는가? 한 사람의 행동이나 심리 상태를 '정상적' 또는 '비정상적'이라고 판단할 때, 그 판단 근거는 무엇인가? 정상행동과 이상행동은 어떤 기준에 의해서 구별될 수 있는가?

이상행동과 정신장애를 정의하는 기준은 학자마다 다양하게 주장되고 있다. 현재 모든 이상행동과 정신장애를 포괄할 수 있는 단일한 정의나 기준은 없다. 그러나 임상심리학에서 보편적으로 적용하고 있는 이상행동의 판별 기준은 크게 적응적 기능의 저하 및 손상, 통계적 규준의 일탈, 주관적 고통과 불편감, 문화적 규범의 일탈 등으로 나누어 볼 수 있다.

1) 적응적 기능의 저하 및 손상

이상행동과 정신장애의 정의에 있어서 가장 중요한 개념은 적응(adaptation)이다. 인간의 삶은 개인이 환경과 상호작용하며 적응하는 과정이다. 이러한 적응의 관점에서 볼 때, 이상행동은 개인의 적응을 저해하는 심리적 기능의 손상을 반영하는 것이다. 즉, 개인의 인지적 · 정서적 · 행동적 · 신체생리적 기능이 저하되거나 손상되어 원활한 적응에 지장을 초래할 때, 부적응적인 이상행동으로 간주할 수 있다는 것이다. 예컨대, 주의 집중력과 기억력의 저하, 과도한 불안과 우울, 무책임하거나 폭력적인 행동, 식욕과 성욕의 감퇴 등은 일상적 생활뿐만 아니라 사회적 · 직업적 부적응을 초래하게 되므로 이상행동으로 간주된다. 이러한 이상행동은 직업적 업무를 제대로 수행하지 못하게 하고, 대인관계의 갈등을 유발함으로써 개인의 적응을 저해하기 때문이다.

그러나 이상행동을 적응적 기능의 손상으로 판단하려는 관점에는 몇 가지 문제점이 있다. 첫째, 적응과 부적응의 경계가 모호하다는 점이다. 과연 어느 정도의 부적응 상태를 초래하는 심리적 기능의 저하를 이상행동으로 보아야 하느냐는 문제점이 있다. 둘째, 적응과 부적응을 누가 무엇에 근거하여 평가하느냐는 점이다. 개인의 적응 여부는 평가자의 관점에 따라 다를 수 있고 평가 기준에 따라 다를 수 있기 때문이다. 마지막으로, 개인의 부적응이 어떤 심리적 기능의 손상에 의해 초래되었는지를 판단하기가 어렵다는 점이다.

2) 통계적 평균으로부터의 일탈

인간의 어떤 특성을 측정하여 그 빈도 분포를 그래프로 그리게 되면 [그림 11-1]과 같이 종을 거꾸로 엎어 놓은 모양의 정상 분포를 나타내는 경향이 있다. 즉, 평균값에 해당되는 사람의 수는 많은 반면, 평균에서 멀어질수록 그 수는 감소하는 추세를 나타내게 된다. 이러한 통계적 속성에 따라서 평균에서 멀리 일탈된 특성을 나타낼 경우 '비정상적'이라고 보는 것이 통계적 기준이다. 이러한 기준에서는 평균과 표준편차라는 통계적 규준(statistical norm)에 의해 정상성과 이상성을 평가한다. 즉, 평균에서 2배의 표준편차 이상 일탈된 경우에 이상행동으로 규정하는 것이 일반적이다. 이러한 통계적 기준이 적용되는 대표적인 경우는 지적 장애다. 지적 장애는 지능검사의 결과에 의해서 판정되는데, 대부분의 지능검사는 평균이 100점이고 표준편차가 15점으로 되어 있다. 즉, IQ가 100인 사람은 같은 또래의 평균에 해당하는 지능을 지닌 사람이다. 반면, IQ가 평균 100에서 2배의 표준편차, 즉 30점 이상 낮은 70점 미만일 경우에 지적 장애로 판정된다.

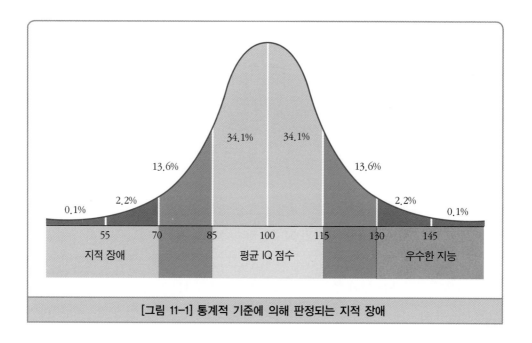

[그림 11-1] 통계적 기준에 의해 판정되는 지적 장애

그러나 이러한 통계적 기준은 이상행동을 판별하는 데 다음과 같은 한계를 지니고 있다. 첫째, 평균에서 일탈된 행동 중에는 바람직한 방향으로 일탈한 경우가 있다. 예를 들면, IQ가 130 이상인 사람은 통계적 기준으로 보면 비정상적이지만 이들의 특성을 이상행동으로 볼 수는 없기 때문이다. 둘째, 통계적인 기준을 적용하려면 인간의 심리적 특성을 측정하여 그 평균과 표준편차를 확인해야 한다. 그러나 인간의 모든 행동을 측정하여 이러한 통계적 기준을 적용하는 것은 현실적으로 불가능하다. 마지막으로, 흔히 평균에서 2배의 표준편차만큼 일탈된 경우를 이상행동과 정상행동의 경계선으로 삼고 있지만 이러한 통계적 기준은 전문가들이 세운 편의적 경계일 뿐 이론적이거나 경험적인 타당한 근거에 기초한 것은 아니다.

3) 주관적 불편감과 개인적 고통

이상행동과 정신장애를 판단하는 또 다른 중요한 기준은 주관적 불편감과 개인적 고통이다. 즉, 개인으로 하여금 현저한 고통과 불편을 느끼게 하는 행동을 이상행동이라고 보는 것이다. 개인의 부적응에는 별 영향을 미치지 않지만 개인이 심히 고통스럽게 느끼는 심리적 상태나 특성은 이상행동으로 간주할 수 있다는 입장이다. 사실, 정신 건강 전문가에게 도움을 요청하는 사람 중에는 현저한 적응 곤란뿐 아니라 주관적인 고통과 불편감을 지닌 사람이 많다. 불안, 우울, 비애, 분노, 절망과 같은 심한 심리적 고통과 불편감은 개인의 삶을 불행하게 만든다.

주관적 고통의 기준 역시 이상행동을 정의하는 데에는 몇 가지 문제점이 있다. 첫째, 심리적인 고통을 경험한다고 해서 비정상적이라고 할 수는 없다. 사랑하는 사람이 질병으로 고통받거나 사망하는 경우에 심리적 고통을 느끼는 것은 매우 정상적이기 때문이다. 따라서 개인이 처한 상황에 비해서 현저하게 심한 주관적 고통을 경험할 때 비정상적이라고 할 수 있으나, 그 고통의 적절성을 객관적으로 판단하기가 어렵다. 둘째, 어느 정도 심한 주관적 고통과 불편감을 초래할 경우에 비정상적이라고 판단하느냐는 문제점이 있다. 물론 개인이 견디기 어려울 정도로 심하게 느끼는 주관적인 고통이 중요한 기준이지만, 사람마다 고통을 느끼고 참고 표현하는 정도가 다르기 때문에 일관성 있는 적용에 어려움이 있다. 마지막으로, 이 기준의 가장 치명적인 한계는 매우 부적응적인 행동을 나타내면서도 전혀 주관적인 고통과 불편을 느끼지 않는 경우가 있다는 점이다. 예를 들면, 조증 증세를 나타내는 사람의 경우에는 부적응적 행동을 나타내지만 자신은 주관적으로 매우 즐겁고 의기양양한 기분을 느낀다.

4) 문화적 규범으로부터의 일탈

어느 사회나 그 사회에 속한 사람들이 따라야 하는 문화적 규범(cultural norm)이 있다. 우리 사회에는 부모-자녀 관계, 친구 관계, 이성 관계, 학교생활, 직장 생활 등 다양한 사회적 활동 장면에서 자신의 역할에 따라 취해야 할 행동 규범이 존재한다. 인간은 자신이 속한 사회에 원만하게 적응하기 위해서는 이러한 문화적 규범을 잘 따르는 것이 중요하다. 따라서 이러한 문화적 규범에 어긋나거나 일탈된 행동을 나타낼 경우에 이상행동으로 규정할 수 있다.

그러나 문화적 기준 역시 몇 가지 문제점을 지니고 있다. 첫째, 문화적 상대성의 문제다. 문화적 규범은 시대에 따라 변화하고 문화에 따라 다르다. 한 시대 또는 한 문화에서 정상적 행동이 다른 시대와 다른 문화에서는 이상행동으로 여길 수도 있다. 따라서 문화적 기준은 필연적으로 시대와 문화에 따라 상대적으로 적용될 수밖에 없는 한계가 있다. 둘째, 문화적 규범 자체가 바람직하지 못할 경우에도 이를 적용해야 하느냐 하는 문제가 있다. 문화적 규범 중에는 기득권자 또는 사회적 강자의 이익을 유지하거나 강화하기 위한 것이 많다. 따라서 흔히 창조적이고 개혁적인 선구자들은 자신이 속한 사회의 잘못된 규범을 비판하고 이에 저항하는 행동을 나타낸다. 과연 이러한 경우에도 문화적 규범이 개인 행동의 정상성과 이상성을 판단하는 기준으로 적용될 수 있느냐 하는 문제점을 지니고 있다.

3. 정신장애의 분류 체계: DSM-5

인간이 나타내는 이상행동과 정신장애는 매우 다양하며 개인마다 독특하다. 이상심리학은 이렇게 다양하고 독특한 이상행동을 정확하게 관찰하고 유사한 특성에 의해서 분류하는 작업에서 출발한다. 분류 작업은 인간이 복잡한 현상을 좀 더 이해하기 쉬운 단순한 형태도 정리하는 과정이다. 과학의 가장 기본적 작업은 현상을 객관적으로 기술하고 분류하는 작업이다. 연구 대상인 특정한 현상들의 공통점이나 유사성에 근거, 집단화하여 분류한 후, 그러한 집단적 현상의 원인이나 치료 방법을 연구하는 단계로 나아가게 된다.

현재 가장 널리 사용되고 있는 정신장애 분류 체계인 DSM-5는 『정신장애 진단 및 통계 편람-5판(Diagnostic and Statistical Manual of Mental Disorders-5th edition)』으로서 2013년에 미국정신의학회에서 발표한 정신장애 분류 체계다. DSM-5는 정신장애를 20개의 주요한 범주로 나누고, 그 하위 범주로 360여 개 이상의 장애를 포함하고 있다. DSM-5에 포함된 정신장애의 20개 범주를 열거하면 〈표 11-1〉과 같다.

〈표 11-1〉 DSM-5의 정신장애 범주들

1) 불안장애
2) 우울장애
3) 양극성 및 관련 장애
4) 강박 및 관련 장애
5) 외상 및 스트레스 관련 장애
6) 정신분열증 스펙트럼 및 기타 정신증적 장애
7) 성격장애
8) 신체증상 및 관련 장애
9) 해리장애
10) 급식 및 섭식장애
11) 수면-각성장애
12) 신경발달장애
13) 물질-관련 및 중독장애
14) 성기능장애
15) 성도착장애
16) 성불편증
17) 파괴적, 충동통제 및 품행장애
18) 배설장애
19) 신경인지장애
20) 기타 정신장애 범주들

4. 정신장애의 원인에 대한 이론적 입장

심리학의 중요한 과제 중 하나는 이상행동과 정신장애의 원인을 밝혀 효과적인 치료 방법을 개발하는 것이다. 현대 심리학에는 정신장애의 원인을 설명하는 두 가지 입장, 즉 심리적 원인론과 신체적 원인론이 존재한다. 이상행동의 원인을 심리적 측면에서 찾으려는 심리적 원인론에는 정신분석 이론, 행동주의 이론, 인지 이론 등이 있다. 반면에 정신장애의 원인을 신체적 측면에서 찾으려는 신체적 원인론에는 유전적 요인, 뇌의 구조적 결함, 뇌의 생화학적 이상 등을 중심으로 설명하는 생물의학적 이론이 있다.

1) 정신분석 이론

  정신분석 이론은 이상행동을 심리적 원인에 의해 설명하는 최초의 체계적 이론이라는 점에서 커다란 의미를 지닌다. 프로이트(Sigmund Freud)에 의해 창시된 정신분석 이론은 다음과 같이 인간의 심리적 현상에 대한 몇 가지 기본적인 가정에 기초하고 있다.

  첫째, 심리적 결정론으로서 인간의 모든 행동은 원인 없이 일어나지 않는다는 가정이다. 아무리 사소하고 이해하기 어려운 행동도 우연하게 일어나지는 않으며 심리적 원인에 의해 결정된다. 둘째, 무의식에 대한 가정이다. 인간의 심리적 세계에는 개인에게 자각되지 않은 무의식적 정신 현상이 존재하며, 인간의 행동은 의식적 요인보다 무의식적 요인에 의해 더 많은 영향을 받는다. 행동의 원인을 밝히기 어려운 이유는 이러한 무의식적 요인에 의해 결정되기 때문이다. 정신분석 이론은 인간 행동에 영향을 미치는 무의식적 과정을 탐구하는 학문이라고 할 수 있다. 셋째, 성적 욕구는 인간의 가장 기본적 욕구이며 무의식의 주요한 내용을 구성한다는 가정이다. 성적 욕구는 사회의 도덕적 기준과 위배되기 때문에 무의식 속에 억압되어 자리 잡게 되며, 인간의 행동에 지대한 영향을 미치게 된다. 프로이트는 성적 욕구와 더불어 공격적 욕구 역시 인간의 기본적인 욕구로 보았다. 마지막으로, 정신분석학에서는 어린 시절의 경험을 중요시한다. 어린 시절의 경험, 특히 부모와의 상호작용 경험이 성격 형성의 기초를 이룬다고 본다. 성인의 행동은 어린 시절의 경험을 통해 형성된 무의식적인 성격 특성이 나타난 것이라고 본다. 따라서 개인의 행동을 이해하기 위해서는 어린 시절의 경험과 기억을 잘 탐색해야 한다는 것이 정신분석 이론의 입장이다.

  정신분석 이론에 따르면, 인간의 성격은 원초적 욕구로 구성된 원초아, 환경에 대한 현실적인 적응을 담당하는 자아, 사회의 도덕적 가치와 윤리적 규범이 내면화된 초자아로 구성되며, 이들 간의 역동적 관계에 의해 행동이 결정된다. 성격 특성은 어린 시절의 경험에 의해 형성되는데, 어린아이는 입, 항문, 성기 등의 신체 부위를 중심으로 성적 욕구를 충족하려는 구강기, 항문기, 남근기, 잠복기, 성기기의 심리성적 발달 단계를 나타낸다. 이러한 발달 과정에서 욕구의 과잉 충족이나 과잉 좌절이 성격적 문제나 갈등의 근원이 될 수 있다.

  또한 자아가 원초아의 통제에 어려움을 겪게 될 때 신경증적 불안을 경험하게 되는데, 이러한 불안을 감소하기 위해서 억압, 부인, 반동 형성, 합리화, 대치, 투사, 분리, 신체화, 퇴행, 승화와 같은 다양한 방어기제를 사용한다. 미숙한 유형의 방어기제를 과도하게 사용하게 되면 이상행동이나 정신장애로 나타날 수 있다. 정신분석 치료는 자유연상, 꿈의 분석, 전이 분석, 저항 분석 등의 방법을 통해 내담자가 자신의 무의식적 갈등을 통찰하고 현실 생활에서 통찰 내용을 실천하는 훈습의 과정으로 구성된다.

정신분석 이론은 이상행동의 심리적 원인을 체계적으로 설명하는 최초의 심리학적 이론으로서 이상행동의 이해에 크게 기여하였다. 또한 이상행동과 정신장애를 심리적인 방법으로 치료할 수 있는 방법을 제시함으로써 현대 심리치료의 기초를 마련하였다.

2) 행동주의 이론

행동주의 이론에 따르면, 인간의 모든 행동은 환경과의 상호작용 속에서 학습된 것이다. 이상행동도 정상행동과 마찬가지로 학습의 원리에 의해서 학습된 것으로 가정한다. 즉, 이상행동은 주변 환경의 잘못된 학습에 기인한 것이라는 주장이다.

이상행동이 형성되고 유지되는 과정을 고전적 조건형성, 조작적 조건형성, 사회적 학습 등의 학습 원리로 설명한다. 고전적 조건형성은 무조건 자극과 조건 자극을 짝지어 반복적으로 제시함으로써 조건 자극에 대한 조건 반응이 학습되는 과정이다. 왓슨(John Watson)과 레이너(Rosalie Raynor)는 1920년에 공포 반응이 고전적 조건형성으로 학습될 수 있다는 사실을 제시하였다. 그들은 생후 11개월 된 남자아이인 어린 앨버트(little Albert)에게 하얀 쥐를 보여 주며 공포감을 유발하는 커다란 소리를 반복적으로 들려줌으로써 하얀 쥐에 대한 공포 반응을 학습시켰다.

조작적 조건형성은 어떤 행동의 결과가 보상적이면 그 행동이 증가하는 반면, 그 결과가 처벌적이면 행동의 빈도가 감소하는 학습 과정을 의미한다. 조작적 조건형성은 고전적 조건형성과 결합되어 특정한 행동의 유지 과정에 영향을 미치는 경우도 있다. 모우러(Orval Mowrer)는 2요인설(two-factor theory)을 제안하면서, 공포 반응의 형성은 고전적 조건형성에 의한 것인 반면, 공포 반응의 유지는 조작적 조건형성에 의한 것이라고 주장했다.

인간이 새로운 행동을 습득하게 되는 세 번째 방법은 모방 및 관찰학습이다. 인간은 고전적 조건형성과 조작적 조건형성의 방법 외에도 다른 사람의 행동을 관찰하고 모방함으로써 새로운 행동을 학습하는 경우가 흔하다. 다른 사람이 행동하는 것을 관찰하는 것이 이타 행동, 공격 행동, 공포 반응과 같은 다양한 행동을 학습하게 할 수 있다는 것을 실험적으로 입증하였다. 이렇게 사회적 상황에서 다른 사람의 행동에 대한 관찰과 모방을 통해 새로운 행동을 학습하는 것을 사회적 학습(social learning)이라고 한다. 특히 인간의 경우에는 사회적 상황에서 다른 사람의 행동에 대한 관찰과 모방을 통해 새로운 행동을 학습하는 사회적 학습이 중요하다.

행동주의 심리학은 인간의 행동을 객관적으로 측정하고 행동의 학습 과정을 실험적으로 입증함으로써 심리학의 과학화에 크게 기여하였다. 이상심리학의 영역에서도 학습 이론을 통해 이상행동이 습득되고 유지되는 과정을 구체적으로 이해하게 되었을 뿐만 아니라 이상행동을 치료하는 효과적 행동치료 기법이 개발되었다. 행동치료는 이러한 학습 원리를 적용해서 이상행동을 수정하는 치료 기법이자 부적응적인 이상행동을 제거하는 방법으로 소거, 처벌, 혐오적 조건형성, 상호 억제, 체계적 둔감법 등이 있으며, 적응 행동을 학습시키는 방법으로 행동 조성법, 환표 이용법(token economy), 모방학습법, 사회적 기술 훈련 등이 있다.

3) 인지 이론

이상행동에 대한 인지 이론은 정신분석 이론과 행동주의 이론에 대한 불만족 때문에 제기되었다. 심리학계에서는 1950년대 후반부터 인간의 내부적 인지적 활동을 측정하는 다양한 연구 방법이 개발되어 자극과 반응 간을 매개하는 인지 구조와 과정에 대한 연구가 활발히 이루어지면서 소위 인지 혁명(cognitive revolution)이 일어났다. 많은 임상가는 정신장애로 고통받는 사람이 여러 가지 인지적 왜곡과 결손을 가지고 있으며, 이러한 인지적 요인이 정신장애에 영향을 미치는 중요한 요인임을 경험적으로 확인함에 따라 이상행동의 인지적 요인에 대한 연구가 활발하게 이루어지기 시작했다.

이상행동에 대한 인지 이론을 제시한 대표적 인물은 엘리스(Albert Ellis)와 벡(Aaron Beck)이다. 엘리스는 정신분석 치료의 소극적 접근 방식과 지나치게 긴 치료 기간에 불만을 갖게 되어, 보다 적극적인 치료 기법으로 신념의 변화를 강조하는 합리적 정서 치료(rational emotive therapy)를 제안하였다. 벡은 우울증에 대한 정신분석 이론을 과학적으로 검증하려고 노력하다가 그 한계를 절감하고 연구 결과에 근거하여 인지치료 (cognitive therapy)를 개발하게 되었다. 1970년에 들어서 많은 연구자와 임상가가 이러한 인지적 입장에 근거하여 많은 연구를 수행하고 다양한 치료 이론과 기법을 개발함으로써 인지적 입장은 이상심리학의 주요한 이론적 입장으로 자리 잡게 되었다. 이러한 입장을 지닌 사람들은 일부 학습 이론 및 행동치료 기법을 흡수하여 통합함으로써 이론적 설명력과 치료 효과를 증대시키려는 노력을 해 왔기 때문에, 흔히 인지행동 이론(cognitive-behavior theory)이라 부르기도 한다.

인지 이론은 인간을 자신과 세상에 대해 의미를 부여하는 능동적인 존재로 보며 인간이 고통받는 주된 이유는 객관적 환경 자체보다는 그에 부여한 의미 때문이라는 가정에 근거하고 있다. 이상행동과 정신장애는 자신과 세상에 대해서 부정적이고 왜곡된 의미를 부여하는 부적응적 인지 활동에 기인한다. 부적응적 인지는 크게 인지적 구조, 인지적 산물, 인지적 과정의 세 측면으로 파악할 수 있다.

인지적 구조(cognitive structure)는 개인이 자신과 세계에 대한 지식과 정보를 체계적으로 조직하고 저장하는 기억 체계를 의미한다. 정신장애를 지닌 사람들은 특정한 주제에 편향된 인지 내용으로 구성된 인지 구조 또는 도식(schema)을 지니고 있다. 예를 들면, 불안장애를 지닌 사람들은 '위험'에 예민한 인지 도식을 지니고 있어 주변 환경 속에 내재하는 위험 가능성을 과도하게 평가하는 반면, 우울한 사람들의 인지 도식은 '상실'이나 '실패'라는 주제에 편향되어 자신의 경험을 비관적으로 평가하는 경향이 있다.

인지적 산물(cognitive products)은 외부 자극에 대한 정보 처리의 결과로 생성된 사고 내용을 의미한다. 심리장애를 지닌 사람들은 외부적 현실의 의미를 왜곡하여 부정적이고 비현실적인 사고 내용을 지니는 경향이 있다. 예를 들면, 우울한 사람들은 자신의 사소한 실수를 부정적으로 과장하거나 왜곡함으로써 자신에 대한 부정적 사고와 심상을 지니게 된다.

인지적 과정(cognitive processes)은 인지적 구조가 인지적 산물을 생성하는 방식을 의미한다. 인지적 과정은 입력 정보가 지각되어 의미 부여가 이루어지고 추론되어 의미 확대가 이루어지는 정보 변환 과정을 의미한다. 심리장애를 지닌 사람들은 외부 자극을 해석하는 인지적 과정에서 여러 가지 오류를 범하는 것으로 밝혀졌다. 예를 들면, 우울증을 지닌 사람들이 긍정적 정보는 무시하고 부정적 정보는 과장하여 상황 해석을 하는 정보 선택의 오류, 한두 번의 실패 경험에 근거하여 어떠한 경우에도 성공할 수 없을 것이라고 판단하는 과잉 일반화의 오류, 친구 아니면 적이라는 이분법적 구분에 의해 자신에게 동조하지 않은 사람은 모두 적이라고 판단하는 흑백논리의 오류 등을 범한다. 이러한 인지적 오류에 의해서 외부 자극의 의미가 현저하게 과장되거나 왜곡됨으로써 현실 적응에 어려움을 초래한다.

이상행동에 대한 인지 이론은 현재 심리학자에 의해서 가장 각광받고 있는 이론적 입장이다. 정신분석적 입장이 지니고 있는 연구 방법의 과학성 결여라는 한계와 행동주의적 입장에서 문제시되고 있는 설명력 부족의 한계를 인지적 입장은 잘 극복하고 있기 때문이다. 인지적 입장은 경험적 연구 결과에 근거하여 다양한 심리장애의 발생기제를 설명하는 구체적인 이론을 제시한다. 또한 이러한 이론적 토대 위에서 특정한 정신장애를 유발하고 지속시키는 인지적 요인을 변화시키는 다양하고 구체적인 치료 기법을 개발하여 적용하고 있다.

4) 생물의학적 이론

생물의학적 입장은 신체적 원인론의 전통에 뿌리를 두고 있으며, 모든 정신장애는 신체 질환과 마찬가지로 신체적 원인에 의해서 생겨나는 일종의 질병이며, 이러한 질병은 생물의학적 방법에 의해서 치료되어야 한다고 가정한다. 생물의학적 입장은 정신장애를 유발하는 주요한 생물학적 요인으로 유전, 뇌의 구조적 결함, 신경전달물질이나 내분비 계통의 신경화학적 이상 등에 초점을 맞추어 연구하고 있다.

정신장애 환자의 가족 중에는 유사한 정신장애를 지닌 사람들이 많다는 가계 연구 결과가 누적되면서, 유전적 요인이 정신장애의 유발에 관여한다는 주장이 제기되기 시작했다. 이러한 입장에서는 유전적 이상이 뇌의 구조적 결함이나 신경생화학적 이상을 초래하여 정신장애를 유발할 수 있다고 본다. 예를 들면, 지적 장애의 한 유형인 다운증후군(Down's syndrome)은 21번 염색체 쌍의 이상에 의해 유발되는 것으로 알려져 있다.

인간의 심리적 기능은 뇌와 밀접한 관계를 맺고 있으며, 이상행동은 뇌의 구조적 이상에 의해서 나타날 수 있다. 생물의학적 입장에서는 정신장애를 지닌 환자들이 뇌의 어떤 구조나 기능에 손상을 나타내고 있는지에 대해서 깊은 관심을 보인다. 근래에는 전산화된 단층촬영술(CT), 자기공명영상술(MRI), 양성자 방출 단층촬영술(PET) 등과 같은 다양한 뇌 영상술(brain imaging)을 통해 정신장애 환자가 나타내는 뇌의 구조적·기능적 특성이 활발하게 연구되고 있다. 예를 들면, 만성 정신분열증 환자는 뇌실이 정상인보다 두 배나 큰 반면, 전두엽피질, 해마, 편도핵 등은 위축되어 있다는 연구 결과에 근거하여 정신분열증이 특정한 뇌 부위의 구조적 이상과 관련되어 있다는 주장이 제기되고 있다.

생물의학적 입장에서는 정신장애가 뇌의 생화학적 이상에 의해 유발될 수 있다고 본다. 인간의 뇌는 약 1,000억 개의 신경 세포(neuron)로 구성된 정보 전달 체계다. 신경 세포들은 신경전달물질(neurotransmitter)에 의해서 정보가 전달되는데, 인간의 뇌에는 약 40여 종의 신경전달물질이 존재하는 것으로 알려져 있다. 정신장애와 관련하여 주목받고 있는 주요한 신경전달물질은 도파민, 세로토닌, 노르에피네프린 등이다. 이러한 물질의 과다나 결핍 상태가 정신장애와 관련되어 있다는 것이 생물의학적 입장이다. 예를 들면, 조현병은 도파민의 과잉에 의한 것으로 추정되고 있으며, 조현병의 치료를 위해 사용되는 대부분의 약물은 도파민 수준을 감소시키는 기능을 한다. 생물의학적 입장은 신경전달물질에 영향을 미치는 약물을 통해서 정신장애를 치료하고자 한다.

이 밖에도 정신장애를 유발하는 데 기여하는 사회문화적 요인을 중시하는 이론적 입장도 있다. 사회문화적 입장은 개인이 성장하고 생활하는 환경의 사회문화적 요인이 이상행동과 정신장애의 유발에 중요한 영향을 미친다고 본다. 사회문화적 입장에서는 이상행동과 정신장애의 발생과 관련되는 여러 가지 사회문화적 요인(예: 문화권, 종족, 사회경제적 계층, 거주 지역, 사회문화적 변화, 성차별, 경제적 빈곤, 정신장애에 대한 사회적 낙인 등)에 관심을 두고 연구한다.

5. 불안장애

불안장애(anxiety disorders)는 불안과 공포를 주된 증상으로 나타나는 장애로 병적인 불안이 나타나는 양상이나 불안을 느끼는 대상 및 상황에 따라서 여러 가지 하위 유형으로 구분된다. DSM-5에서는 불안장애를 범불안장애, 특정 공포증, 광장 공포증, 사회 공포증, 공황장애 등으로 분류하고 있다.

1) 범불안장애

| 사례 | 30대 주부 K씨는 왠지 늘 불안하고 초조하다. 무언가 불길한 일이 벌어질 것 같은 막연한 불안을 자주 느끼며 여러 가지 일로 걱정이 많다. 예를 들면, 남편이 직장에서 실직하지 않을까, 자녀가 학교에서 싸우거나 따돌림을 당하지 않을까, 가족이 병들어 아프거나 사고를 당하지 않을까, 시집 식구나 주변 사람이 자신을 싫어하지는 않을까, 도둑이나 강도가 들지 않을까 하는 걱정을 비롯하여 사소하게는 자신이 만든 음식이 맛이 없으면 어떡하나, 가전제품이 고장 나면 어떡하나, 물건을 비싸게 사면 어떡하나 등등 일상생활 전반에 대해서 크고 작은 걱정이 많다. K씨는 이러한 걱정이 때로는 불필요하고 과도하다는 것을 어느 정도 알고 있지만 막연한 불안감에 걱정을 멈출 수가 없다. 그래서 늘 초조하고 안절부절못하며 긴장 상태에 있게 되어, 특별히 힘든 일을 하지 않아도 저녁 시간이 되면 몹시 피곤하다. 이러한 불안감 때문에 하루하루 생활이 힘들고 고통스럽다.

범불안장애(generalized anxiety disorder)는 K씨의 경우처럼 다양한 상황에서 만성적 불안과 과도한 걱정을 나타내는 경우를 말한다. 일상생활 속에서 겪게 되는 여러 가지 사건이나 활동에 대해서 지나친 걱정을 함으로써 지속적인 불안과 긴장을 경험한다. 이런 상태가 오랫동안 지속되면 개인은 몹시 고통스러우며 현실적인 적응에도 어려움을 겪게 되는데, 이러한 상태를 범(汎)불안장애라고 하며, "일반화된 불안장애"라고 부르기도 한다. DSM-5에 제시되어 있는 범불안장애의 진단 기준을 소개하면 〈표 11-2〉와 같다.

〈표 11-2〉 범불안장애의 진단 기준

A. 다양한 사건이나 활동(예: 직업이나 학업 수행)에 대한 과도한 불안과 걱정이 나타난다. 이러한 불안과 걱정은 적어도 6개월 동안 50% 이상의 날에 나타나야 한다.
B. 개인은 이러한 걱정을 통제하기가 어렵다고 느낀다.
C. 불안과 걱정은 다음의 6개 증상 중 3개 이상과 관련된다(아동의 경우는 1개 이상).
　① 안절부절못함 또는 가장자리에 선 듯한 아슬아슬한 느낌
　② 쉽게 피로해짐
　③ 주의 집중의 곤란이나 정신이 멍해지는 느낌
　④ 화를 잘 냄
　⑤ 근육의 긴장
　⑥ 수면장애(잠에 들거나 지속의 곤란 또는 초조하거나 불만족스러운 수면)
D. 불안, 걱정 또는 신체적 증상이 심각한 고통을 유발하거나 사회적·직업적 또는 다른 중요한 영역의 활동에 현저한 손상을 초래한다.

E. 이러한 장해는 물질(예: 남용하는 약물, 치료약물)이나 다른 의학적 상태(예: 부신피질호르몬 과다증)의 생리적 효과에 기인한 것이 아니다.

F. 이러한 장해는 다른 정신장애에 의해서 더 잘 설명되지 않는다(예컨대, 다음과 같은 것에 대한 불안이 아니어야 한다. 공황장애에서 공황발작이 일어나는 것에 대한 불안이나 걱정, 사회불안장애에서 부정적 평가, 강박장애에서 오염 또는 다른 강박사고, 분리불안장애에서 애착 대상과의 이별, 외상 후 스트레스 장애에서 외상 사건 회상 촉발 자극, 신경성 식욕부진증에서 체중 증가, 신체증상장애에서 신체적 호소, 신체변형장애에서 지각된 외모 결함, 질병불안장애에서 심각한 질병, 또는 정신분열증이나 망상장애에서 망상적 신념의 내용).

범불안장애의 가장 핵심적 증상은 과도한 불안과 걱정이다. 걱정의 주된 주제는 가족, 직업적·학업적 무능, 재정 문제, 미래의 불확실성, 인간관계, 신체적 질병에 관한 것으로 보고되고 있다. 정신장애의 원인을 설명하는 방식은 이론적 입장에 따라 그 초점이 달라질 수 있다. 앞에서 제시한 네 가지 이론적 입장에서 범불안장애의 원인을 어떻게 설명하고 있는지 살펴보자.

범불안장애를 지닌 사람들은 흔히 "이유를 모르겠는데 왠지 늘 불안하고 무언가 불길한 일이 벌어질 것 같은 막연한 불안감에서 벗어날 수가 없다."라고 호소한다. 그 원인을 살펴보자. 우선, 불안의 원인이 무의식적 갈등에 있기 때문에 환자 자신은 불안의 이유를 자각하기 어렵다는 것이 정신분석적 입장의 주장이다. 정신분석적 입장에서는 성격 구조 간의 역동적 불균형에 의해 경험되는 부동불안(free-floating anxiety)이 범불안장애의 핵심적 증상이라고 본다. 부동불안은 무의식적으로 억압된 원초아의 충동이 강해져서 자아가 이를 통제하기 어려운 상태에서 흔히 나타나는 심리적 현상이다. 과거에 처벌받은 적이 있었던 충동들이 자아의 통제를 넘어 계속적으로 표출되고자 하기 때문에 불안을 경험하게 된다.

행동주의 입장에서는 불안장애를 환경 자극에 대해서 조건형성된 학습의 결과로 본다. 불안장애가 다양한 형태로 나타나는 이유는 불안 반응을 유발하는 조건 자극의 종류나 범위가 다르고 불안 반응의 양상이 다르기 때문이다. 즉, 공포증은 한두 가지 특수한 대상이나 상황에만 강한 공포 반응이 조건형성된 경우인 반면, 범불안장애는 일상생활의 여러 가지 사소한 자극에 대해서 경미한 불안 반응이 조건형성되었거나 다양한 자극으로 일반화됨으로써 여러 상황에서 만연된 불안 증상을 나타낸다. 이러한 입장에 따르면, 범불안장애는 다양한 자극 상황에서 공포 반응이 경미한 형태로 나타나는 일종의 다중 공포증(multiple phobia)인 것이다. 범불안장애 환자들이 불안의 이유를 자각하지 못하는 것은 불안 반응을 유발하는 조건 자극이 매우 사소하고 다양하여 불안 반응의 촉발 요인으로 잘 자각되지 않기 때문이다.

만성적인 불안을 느끼는 사람들은 독특한 사고 경향을 나타내는데, 특히 위험과 위협에 관한 생각과 심상을 자주 보고한다. 인지적 입장에 따르면, 불안한 사람들은 자신이 위험에 처해 있다고 지각하는 경향이 있다.

범불안장애를 지닌 사람들은 일반적으로 다음과 같은 네 가지의 인지적 특성을 나타낸다. 첫째, 주변의 생활 환경 속에 존재하는 잠재적인 위험에 예민하다. 이들은 위험한 사고와 위협적인 사건에 관한 정보에 관심이 많으며, 일상적 생활 속에서 부정적 결과를 초래할 가능성이 있는 위험한 단서를 예민하게 포착하는 경향이 있다. 둘째, 불안한 사람들은 잠재적인 위험이 실제로 위험한 사건으로 발생할 확률을 과도하게 평가한다. 예를 들면, 자신이나 가족이 교통사고를 당할 확률, 집에 화재가 날 확률, 질병에 걸릴 확률 등을 일반적인 경우보다 높게 평가한다. 셋째, 위험한 사건이 실제로 발생할 경우에 나타날 수 있는 부정적인 결과를 지나치게 치명적인 것으로 평가한다. 예를 들면, 교통사고가 날 경우에는 경미한 접촉사고나 신체적 상해보다는 정면 충돌이나 사망과 같은 치명적인 결과를 예상한다. 마지막으로, 이들은 위험한 사건이 발생할 경우 자신이 대처할 수 있는 능력을 과소평가한다. 즉, 위험한 사건이 발생하면 자신은 그 상황에서 아무것도 할 수 없다고 생각하게 되므로 미래의 위험에 걱정을 많이 하게 된다.

불안한 사람이 이러한 인지적 특성을 나타내는 이유는 위험에 관한 인지 도식이 발달되어 있기 때문이다. 인지 도식은 과거 경험의 축적에 의해서 형성된 기억 체계로서 특정한 환경적 자극에 선택적으로 주의를 할당하며 자극의 의미를 특정한 방향으로 해석하게 한다. 불안한 사람들은 위험과 위협에 관한 인지 도식이 남달리 발달되어 있어서 일상생활 속에서 위험에 관한 자극에 주의를 많이 기울이고 그 의미를 위협적인 것으로 해석한다.

생물의학적 입장에서는 불안의 뇌생리학적 기제를 밝히고자 한다. 벤조다이아제핀(Benzodiazepine)계 약물이 불안을 감소시킨다는 사실이 발견되면서, 이와 관련된 신경전달물질인 가바(GABA)에 대한 연구가 활발하게 진행되고 있다. 이밖에도 불안과 관련된 신경전달물질로 노르에피네프린(Norepinephrine), 글루타메이트(Glutamate) 등이 주목받고 있다.

2) 공포증

공포증은 특수한 상황이나 대상에 대해서 심한 불안과 공포를 느끼게 되어 이러한 상황이나 대상을 회피하게 되는 장애다. 다양하고 광범위한 상황에서 지속적인 불안을 느끼는 범불안장애와 달리, 공포증은 공포 반응이 특정한 대상이나 상황에 한정된다. 공포증은 특정 공포증, 광장 공포증, 사회 공포증으로 구분되고 있다.

특정 공포증(specific phobia)은 특정한 대상이나 상황에 대한 비합리적 두려움과 회피행동을 지속적으로 나타내는 경우를 말한다. DSM-5에 제시된 진단 기준에 따라 특정 공포증의 주요 증상을 살펴보면 다음과 같다.

첫째, 특정한 대상이나 상황(비행, 높은 곳, 동물, 주사 맞기, 혈액을 보는 것)에 대한 현저한 공포나 불안을 경험한다. 둘째, 공포를 유발하는 대상이나 상황에 노출되면 거의 예외 없이 즉각적인 공포 반응이 유발된다. 셋째, 특정 공포증을 지닌 사람은 공포를 느끼는 대상과 상황을 회피하려고 한다. 그러나 때로는 심한 공포나 불안을 느끼면서 고통 속에서 이러한 공포 자극을 참아 내는 경우도 있다. 넷째, 특정한 대상이나 상황에 의한 실제적인 위험과 사회문화적 맥락을 고려할 때, 이러한 공포나 불안은 지나친 것이어야 한다. 이러한 공포와 회피행동이 6개월 이상 지속되어 심한 고통을 경험하거나 사회적·직업적 활동에 현저한 방해를 받을 경우 특정 공포증으로 진단된다.

광장 공포증(agoraphobia)은 도움을 받거나 도피하기 어렵다고 여기는 특정한 장소나 상황에 대한 공포를 의미한다. DSM-5에 따르면, 광장 공포증을 지닌 사람은 다음의 다섯 가지 상황 중 적어도 두 가지 이상의 상황에 대한 현저한 공포와 불안을 나타낸다. 첫째, 대중 교통수단(예: 자동차, 버스, 기차, 배, 비행기)을 이용하는 것, 둘째, 개방된 공간(예: 주차장, 시장, 다리)에 있는 것, 셋째, 폐쇄된 공간(예: 쇼핑몰, 극장, 영화관)에 있는 것, 넷째, 줄을 서 있거나 군중 속에 있는 것, 다섯째, 집 밖에서 혼자 있는 것. 또한 이러한 상황을 두려워하거나 회피하는 이유가 공황과 유사한 증상이나 무기력하고 당혹스러운 증상(예: 노인의 경우 쓰러질 것 같은 공포, 오줌을 지릴 것 같은 공포)이 나타날 경우에 그러한 상황을 회피하기 어렵거나 도움을 받을 수 없다는 생각 때문이어야 한다. 이들은 이러한 공포 유발 상황에 노출되면 거의 예외 없이 공포와 불안을 경험하게 되며, 이러한 상황을 회피하고자 한다.

사회 공포증(social phobia)은 다른 사람들과 상호작용하는 사회적 상황을 두려워하여 회피하는 공포증의 한 유형으로서 사회불안장애라고 불리기도 한다. 이 장애에 대한 DSM-5의 진단 기준은 다음과 같다.

첫째, 개인이 다른 사람들에 의해서 관찰되고 평가될 수 있는 한 가지 이상의 사회적 상황에 대해서 현저한 공포나 불안을 지닌다. 이들이 두려워하는 주된 사회적 상황으로는 일상적인 상호작용 상황(예: 다른 사람과 대화를 하거나 낯선 사람과 미팅하는 일), 관찰을 당하는 상황(예: 다른 사람이 보는 앞에서 음료를 마시거나 음식을 먹는 일), 다른 사람 앞에서 수행을 하는 상황(예: 연설이나 발표를 하는 일)이다. 둘째, 이러한 사회적 상황에서 다른 사람들로부터 부정적인 평가를 받을 수 있는 행동을 하거나 불안 증상을 나타내게 될 것을 두려워한다. 즉, 부적절한 행동을 통해서 다른 사람들로부터 모욕과 경멸을 받거나 거부를 당하거나 타인에게 피해를 주게 될 것을 두려워한다. 사회 공포증을 지닌 사람은 이러한 사회적 상황에 노출되면 거의 예외 없이 심한 불안을 경험하게 되며 이러한 상황을 회피하고자 한다. 사회적 상황의 실제적인 위험과 사회문화적 맥락을 고려할 때 과도한 것으로 판단되는 사회적 불안과 회피행동이 6개월 이상 지속되어 심한 고통을 경험하거나 사회적·직업적 활동에 현저한 방해를 초래할 경우에 사회 공포증으로 진단된다.

3) 공황장애

공황 상태를 보여 주는 뭉크의 '절규'

공황장애(panic disorder)는 갑자기 엄습하는 강렬한 불안, 즉 공황발작을 반복적으로 경험하는 장애를 말한다. 공황발작(panic attack)은 예상하지 못한 상황에서 갑작스럽게 밀려드는 극심한 공포, 곧 죽을 것 같은 강렬한 불안이다. DSM-5에 따르면, 공황발작이라고 진단되기 위해서는 강렬한 불안과 더불어 여러 가지 신체적·심리적 증상들(심장이 평소보다 빠르게 뜀, 진땀을 흘림, 몸이 떨림, 숨이 가빠지는 느낌, 질식할 것 같음, 가슴의 통증이나 답답함, 토할 것 같은 느낌, 어지러움, 비현실감, 자기통제를 상실하거나 미칠 것 같은 두려움, 죽음에 대한 두려움, 감각의 이상이나 마비, 몸이 달아오르거나 추위를 느낌)이 동반되어야 한다.

이러한 증상은 갑작스럽게 나타나며 10분 이내에 그

증상이 최고조에 도달하여 극심한 공포를 야기한다. 이런 공황발작을 경험하게 되면 환자는 죽을 것 같은 공포로 인해 흔히 응급실을 찾게 되며, 진찰 시에 같은 말을 되풀이하거나 더듬는 등 몹시 당황하는 행동을 보인다. 그러나 대부분 이러한 공포가 10~20분간 지속되다가 빠르게 또는 서서히 사라진다.

　공황장애를 가장 설득력 있게 설명하고 있는 이론은 클락(David Clark)의 인지 이론이다. 클락은 공황발작이 신체감각을 위험한 것으로 잘못 해석하는 파국적 오해석(catastrophic misinterpretation)에 의해 유발된다고 보았다. 공황장애 환자들은 평소보다 더 강하거나 불규칙한 심장 박동이나 흉부 통증을 심장마비의 전조로, 호흡 곤란을 질식에 의한 죽음으로, 현기증과 몸 떨림을 자신이 미쳐 버리거나 통제 불능 상태로 빠져 버리는 것으로 파국적인 해석을 하는 경향이 있다. 공황발작이 일어나는 심리적 과정을 클락의 설명에 따라 도식화하면 [그림 11-2]와 같다.

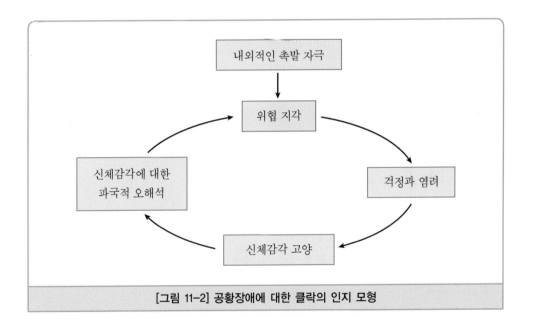

[그림 11-2] 공황장애에 대한 클락의 인지 모형

　다양한 자극이 공황발작을 촉발할 수 있는데, 외적 자극으로는 특정한 유형의 장소(예: 광장 공포증과 관련된 다양한 장소)가 있으며, 내적인 자극으로는 불쾌한 기분, 생각이나 심상, 신체감각 등이 있다. 이러한 자극이 위협적인 것으로 지각되면 경미한 걱정과 염려를 하게 되고, 이러한 상태는 다양한 신체감각을 유발한다. 이때 공황장애 환자는 이러한 신체감각(예: 평소보다 약간 더 불규칙하고 강하다고 느껴지는 심장 박동)을 파국적으로 해석(예: 혹시 심장마비는 아닐까)하고 이러한 해석으로 인해 염려와 불안이 강화되어 신체감각이 더욱 증폭(예: 더욱 강해진 심장 박동과 흉부 통증)되며, 이에 대해서 더 파국적인 해석(예: 심장마비가 틀림없어. 이러다가 죽는 것 아니야?)을 하게 되는 악순환으로 치달아 결국에는 극심한 공황발작에 이르게 된다.

6. 우울장애

로렌스의 그림 〈우울증〉

우울장애(depressive disorder)는 슬픔, 공허감, 짜증스런 기분과 수반되는 신체적 · 인지적 증상으로 인해 개인의 기능이 현저하게 저하시키는 부적응 증상을 의미한다. 우울장애는 삶을 매우 고통스럽게 만드는 정신장애인 동시에 "심리적 독감"이라고 부를 정도로 매우 흔한 장애이기도 하다. 또한 우울장애는 개인의 능력과 의욕을 저하시켜 현실적 적응을 어렵게 만들 뿐만 아니라 자살을 유발할 수 있기 때문에 치명적인 심리적 장애로 여기기도 한다. DSM-5에서는 우울장애의 하위 유형으로 심각한 우울증상이 나타나는 주요 우울장애, 경미한 우울증상이 장기적으로 나타나는 지속성 우울장애, 여성의 경우 월경 전에 우울증상이 나타나는 월경전기 불쾌장애, 불쾌한 기분을 조절하지 못하는 파괴적 기분조절 곤란장애가 있다.

　주요 우울장애(major depressive disorder)는 가장 심한 증세를 나타내는 우울증 유형으로서 그 진단 기준은 다음과 같다. 첫째, 〈표 11-3〉에 제시되는 아홉 가지의 증상 중 ①항의 지속적인 우울한 기분과 ②항에 제시된 흥미나 즐거움의 현저한 저하 증상을 필수적으로 포함하여 다섯 개 이상의 증상이 거의 매일 연속적으로 2주 이상 나타나야 한다.

〈표 11-3〉 주요 우울장애의 핵심 증상

① 하루의 대부분 그리고 거의 매일 지속되는 우울한 기분이 주관적 보고나 객관적 관찰을 통해 나타난다.

② 거의 모든 일상 활동에 대한 흥미나 즐거움이 하루의 대부분 또는 거의 매일같이 뚜렷하게 저하되어 있다.

③ 체중 조절을 하고 있지 않은 상태에서 현저한 체중 감소나 체중 증가가 나타난다. 또는 현저한 식욕 감소나 증가가 거의 매일 나타난다.

④ 거의 매일 불면이나 과다수면이 나타난다.

⑤ 거의 매일 정신운동성 초조나 지체를 나타낸다. 즉, 좌불안석이나 처져 있는 느낌이 주관적 보고나 관찰을 통해 나타난다.

⑥ 거의 매일 피로감이나 활력 상실을 나타낸다.

⑦ 거의 매일 무가치감이나 과도하고 부적절한 죄책감을 느낀다.

⑧ 거의 매일 사고력이나 집중력의 감소 또는 우유부단함이 주관적 호소나 관찰에서 나타난다.

⑨ 죽음에 대한 반복적인 생각이나 특정한 계획 없이 반복적으로 자살에 대한 생각이나 자살 기도를 하거나 자살하기 위한 구체적 계획을 세운다.

우울장애는 가장 많은 사람이 고통받는 정신장애로 알려져 있다. 주요 우울장애의 경우, 평생 유병률이 여자는 10~25%이며, 남자는 5~12%로 보고되고 있다. 경미한 우울증을 포함하여 우울장애의 유병률을 조사한 한 연구에 따르면, 한 시점에서 5~10%의 사람들이 우울장애로 고통받고 있으며, 일생 동안 20~25%의 사람들이 한 번 이상 우울장애를 경험한다고 한다.

우울장애는 발달 시기에 따라 그 발생 빈도가 달라지면 어떤 연령대에서도 시작될 수 있지만 평균 발병 연령은 20대 중반이다. 우울장애는 12세 미만의 아동에서는 2% 이하로 매우 낮은 유병률을 나타내지만, 청소년기에 접어들면서 급증하는 것으로 알려져 있다. 또한 아동기에는 남아가 여아보다 우울장애의 높은 유병률을 보이지만, 청소년기부터는 여자가 남자보다 2배 정도 높은 유병률을 보인다.

우울장애를 유발하는 원인은 매우 다양하다. 우울장애는 상실과 실패를 의미하는 부정적인 생활 사건에 의해 촉발된다. 정신분석적 입장에서는 우울장애를 무의식적으로 분노가 자신에게 향한 현상이라고 설명한다. 행동주의 입장에서는 사회 환경으로부터의 긍정적 강화의 약화나 사회적 기술의 부족이 우울장애를 유발할 수 있다고 본다. 우울장애가 환경을 통제할 수 없다는 무기력감에서 비롯된다는 학습된 무기력 이론은 귀인 이론으로 개정되어 미래에 대한 비관적 예상에 초점을 두는 무망감(hopelessness) 이론으로 발전하였다. 생물의학적 입장에서는 유전적 요인, 노르에피네프린(norepinephrine)과 같은 신경전달물질, 시상하부의 기능 이상, 코르티솔(cortisol)과 같은 내분비 호르몬의 이상이 우울장애와 관련된다고 주장하고 있다.

현재 우울장애를 설명하는 가장 대표적인 이론은 벡(Aaron Beck)의 인지 이론이다. 벡에 따르면, 우울장애를 유발하는 일차적인 요인은 부정적이고 비관적인 생각이다. 이러한 부정적인 생각은 기분을 우울하게 만들 뿐만 아니라 부적응적 행동을 초래한다. 그런데 이러한 부정적인 생각들이 우울한 사람 자신에게는 잘 자각되지 않는 경우가 많다. 왜냐하면 이러한 생각들이 재빨리 마음을 스쳐 지나가기 때문이다. 벡은 이러한 생각들을 자동적 사고(automatic thoughts)라고 불렀다. 우울한 사람들은 부정적인 내용의 자동적 사고를 인식하지 못한 채 그 결과로 유발되는 우울한 기분만을 느끼게 된다.

우울한 사람들이 지니는 부정적인 자동적 사고를 분석해 보면 그 내용이 크게 세 가지 주제로 나뉜다. 첫째, 우울한 사람들은 자기 자신에 대해서 부정적인 생각을 많이 지니고 있다. "나는 열등하다." "나는 무능하다." "나는 무가치하다." "나는 사랑받지 못할 사람이다."와 같은 부정적인 생각을 지닌다. 둘째, 우울한 사람들은 자신의 미래에 대해서 부정적인 생각을 지니고 있다. "나의 미래는 비관적이고 암담하다." "내가 어떤 노력을 하더라도 이 어려운 상황은 개선될 수 없다." "나의 심리적 고통은 점점 더 악화될 것이다." 등의 생각이다. 마지막으로, 우울한 사람들은 주변 환경에 대한 부정적 생각을 지니고 있다. "내가 처한 상황은 너무 열악하다." "이 세상은 살아가기에 너무 힘들다." "주변 사람들은 너무 이기적이고 경쟁적이며 적대적이다." "나를 이해하고 도와줄 사람이 없다."와 같은 생각을 하게 된다. 세상에 대한 부정적 생각은 우울한 사람들이 타인에게 적극적인 도움을 요청하지 않고 사회적으로 위축되어 고립되는 결과를 초래하게 된다.

우울한 사람들이 이처럼 부정적인 생각을 하게 되는 이유는 생활 사건의 의미를 부정적인 것으로 잘못 해석하는 인지적 오류를 범하기 때문이다. 인지적 오류(cognitive error)란 생활 사건의 의미를 해석하는 과정에서 범하게 되는 논리적 잘못을 뜻한다. 우울한 사람들이 범하는 대표적인 인지적 오류에는 '성공' 아니면 '실패'로 해석하는 흑백논리적 오류, 한두 번의 실패 경험을 자신의 모든 생활 영역에 확대하여 해석하는 과잉 일반화의 오류, 어떤 사건의 부정적인 측면에만 선택적으로 초점을 맞추는 정신적 여과의 오류, 자신과 무관한 사건을 자신의 잘못으로 받아들이는 개인화의 오류, 다른 사람의 의도를 부정적인 것으로 해석하는 독심술적 오류 등이 있다. 이러한 인지적 오류로 인해서 우울한 사람들은 일상생활에서 겪게 되는 크고 작은 생활 사건들의 의미를 부정적인 것으로 과장하거나 왜곡하여 받아들이게 된다.

우울한 사람들이 인지적 오류를 범해 부정적인 사고를 하게 되는 근본적인 원인은 역기능적 신념 때문이다. 역기능적 신념(dysfunctional beliefs)은 자신과 세상에 대한 완벽주의적인 비현실적 신념으로서 필연적으로 실패와 좌절을 유발한다. 이러한 역기능적 신념의 예로는 "나는 주변의 모든 중요한 사람들로부터 사랑과 인정을 받아야 한다." "다른 사람의 사랑과 인정 없이 나는 행복해질 수 없다." "다른 사람으로부터 결코 미움을 받아서는 안 된다." "다른 사람에게 종속되거나 지배당해서는 안 된다." "모든 일을 완벽하게 해야 한다. 절대로 실수해서는 안 된다." "다른 사람보다 우월해야 한다." "인간의 가치는 그 사람의 성취에 의해 결정된다." 등이 있다.

다행스럽게도 우울장애는 심리치료나 약물치료를 통해서 잘 치료되는 정신장애다. 그러나 재발이 잘 되는 정신장애이기도 하다. 한 번 우울장애를 경험한 사람은 그렇지 않은 사람에 비해서 우울장애를 경험할 가능성이 높다. 우울장애를 반복적으로 경험할수록 우울장애에 걸리게 될 가능성이 점점 높아진다. 한 번 우울장애를 경험한 사람 중에 약 50~60%는 다시 우울장애를 경험한다. 두 번째 우울장애를 경험한 사람이 세 번째 우울장애를 경험할 가능성은 70%, 세 번째 우울장애를 경험한 사람이 네 번째 우울장애를 경험할 가능성은 90%에 이른다.

7. 양극성장애

양극성장애는 우울한 기분 상태와 고양된 기분 상태가 교차되어 나타나는 경우를 뜻한다. 기분이 몹시 고양된 조증 상태(manic state)에서는 평소보다 훨씬 말이 많아지고 빨라지며 행동이 부산해지고 자신감에 넘쳐 여러 가지 일을 벌이는 경향이 있다. 때로는 자신에 대한 과대망상적 사고를 나타내며, 잠도 잘 자지 않고 활동적으로 일하지만 실제로 이루어지는 일이 없으며, 결과적으로 현실 적응에 심한 부적응적 결과를 나타내게 된다. 이러한 조증 상태가 나타나거나 우울증 상태와 번갈아 나타나는 경우를 양극성장애(bipolar disorders)라고 한다. 조증 상태에서 흔히 나타나는 증상들은 〈표 11-4〉와 같다. 양극성장애는 증상의 정도가 매우 심각한 제1형 양극성장애(bipolar I disorder)와 주로 경미한 증상을 나타내는 제2형 양극성장애(bipolar II disorder)로 구분된다.

〈표 11-4〉 조증 상태의 주요한 증상

① 팽창된 자존심 또는 심하게 과장된 자신감
② 수면에 대한 욕구 감소(예: 단 3시간의 수면으로도 충분하다고 느낌)
③ 평소보다 말이 많아지거나 계속 말을 하게 됨
④ 사고의 비약 또는 사고가 연달아 일어나는 주관적인 경험
⑤ 주의 산만(예: 중요하지 않거나 관계없는 외적 자극에 너무 쉽게 주의가 이끌림)
⑥ 목표 지향적 활동(직장이나 학교에서의 사회적 또는 성적 활동)이나 흥분된 운동성 활동의 증가
⑦ 고통스런 결과를 초래할 쾌락적인 활동에 지나치게 몰두함(예: 흥청망청 물건 사기, 무분별한 성행위, 어리석은 사업 투자)

　　양극성장애는 여러 가지 이론적 입장에서 그 원인에 대한 설명이 제시되고 있으나 유전을 비롯한 생물학적 요인에 의해서 많은 영향을 받는 장애로 알려져 있다. 생물학적 입장에서는 양극성장애에 영향을 미치는 유전적 요인, 신경전달물질, 신경생리적 요인, 수면생리적 요인들에 대한 연구가 진행되고 있다. 양극성장애는 유전되는 경향이 강한 장애로 알려져 있다. 양극성장애로 진단받은 환자들의 대다수는 가족 중에 동일한 장애 또는 주요 우울장애를 지녔던 사람들이 있다. 한 연구 조사에 따르면, 양극성장애를 지닌 가족 중에서 기분장애를 나타낼 비율이 12~22%인 데 비해, 단극성 우울증의 경우는 7%다.

8. 강박장애

　　강박장애(obsessive-compulsive disorder)는 원하지 않는 생각과 행동을 반복하게 되는 불안장애다. 강박장애의 주된 증상은 강박사고와 강박행동이다. 강박사고(obsessions)는 반복적으로 의식에 침투하는 고통스러운 생각, 충동 또는 심상을 말한다. 이러한 강박사고는 매우 다양한 주제를 포함하는데, 흔한 예로는 음란하거나 근친상간적인 생각, 공격적이거나 신성 모독적인 생각, 오염에 대한 생각(악수할 때 손에 병균이 묻지 않았을까), 반복적 의심(자물쇠를 제대로 잠갔나), 물건을 순서대로 정리하려는 충동이다. 이러한 생각이 부적절하다는 것을 인식하지만 잘 통제되지 않고 반복적으로 의식에 떠올라 고통스러워한다. 따라서 이러한 사고를 없애기 위해서 여러 가지 노력을 하게 되는데, 흔히 강박행동으로 나타나게 된다.

강박행동(compulsions)은 불안을 감소시키기 위해서 반복적으로 나타내는 행동을 말한다. 이러한 강박행동은 씻기, 청소하기, 정돈하기, 확인하기와 같이 외적 행동으로 나타날 수도 있고, 숫자 세기, 기도하기, 속으로 단어 반복하기와 같이 내적 활동으로 나타나는 경우도 있다. 강박행동이 지나치고 부적절하다는 것을 잘 알지만, 이러한 행동을 하지 않으면 심한 불안을 느끼기 때문에 이러한 행동을 반복하게 된다. 강박장

강박장애를 잘 나타내고 있는 영화
〈이보다 더 좋을 순 없다〉의 한 장면

애를 지닌 사람들은 이러한 강박적 사고와 행동으로 인해서 심한 심리적 고통을 겪을 뿐만 아니라 이러한 생각과 행동에 많은 시간을 허비하기 때문에 현실적 적응에 어려움을 겪게 된다.

DSM-5에서는 강박장애와 같이 강박적인 집착과 반복적인 행동을 특징적으로 나타내는 여러 장애를 강박 및 관련 장애(obsessive-compulsive and related disorders)라는 범주에 포함시키고 있다. 이 장애 범주에는 강박장애 외에도 신체 일부가 기형적으로 이상하게 생겼다는 생각(예: 코가 비뚤어짐, 턱이 너무 긺)에 집착하는 신체변형장애, 불필요한 물건을 과도하게 수집하여 보관함으로써 집이나 직장을 난잡하게 만드는 수집장애, 스트레스를 느낄 때마다 자신의 머리털을 반복적으로 뽑게 되는 모발 뽑기 장애 또는 자신의 피부를 반복적으로 벗기는 피부 벗기기 장애가 속한다.

9. 외상 후 스트레스 장애

외상 후 스트레스 장애(posttraumatic stress disorder)는 충격적인 사건을 경험하고 난 후에 불안 상태가 지속되는 경우를 말한다. 여기에서 외상(外傷, trauma)이라 함은 죽음이나 심각한 신체적 손상을 초래하는 매우 충격적인 사건을 의미하는데, 그 대표적인 예는 교통사고, 강간, 폭행, 유괴, 살인, 화재, 전쟁, 자연재해(지진, 홍수, 화산 폭발) 등이다.

외상 후 스트레스 장애는 이러한 충격적 사건을 직접 경험하거나 목격한 후에 다음

과 같은 세 가지 유형의 심리적 증상이 나타나는 경우를 말한다. 첫째, 외상적 사건을 지속적으로 재경험하는 증상이 나타난다. 사건에 대한 고통스러운 기억이 자꾸 떠오르거나 꿈에 나타나기도 한다. 사건과 관련된 단서를 접하게 되면, 그 사건이 재발하는 것 같은 착각(flashback)을 경험하거나 강렬한 심리적·신체적 고통을 경험하게 된다. 둘째, 외상과 관련된 자극을 회피하거나 정서적으로 무감각해진다. 외상적 사건과 관련된 생각이나 대화를 피하거나 그와 관련된 장소나 사람을 회피한다. 또한 감정이 무뎌지고 타인과의 관계가 소원해지거나 중요한 활동에 대한 흥미가 저하된다. 마지막으로, 예민한 각성 상태가 지속된다. 평소에도 늘 과민하여 쉽게 놀라거나 화를 내고 주의 집중을 못하거나 잠을 이루지 못하기도 한다. 외상적 사건을 경험하고 난 후 이러한 세 가지 유형의 증상 중 한 가지 이상이 1개월 이상 나타나서 일상생활에 심각한 지장을 주게 될 때, 외상 후 스트레스 장애로 진단된다. 이러한 장애는 외상적 사건의 직후부터 나타나는 경우가 대부분이나 사건을 경험한 후에 한동안 잘 지내다가 몇 개월 또는 몇 년 후에 이러한 증상이 나타나는 경우도 있다.

　　DSM-5에서는 충격적인 외상이나 명확한 스트레스 사건으로 인해 나타나는 다양한 유형의 부적응 문제를 외상 및 스트레스 관련 장애(Trauma-and Stressor-Related Disorders)라는 범주에 포함시키고 있다. 이 범주에 속하는 장애로는 외상 후 스트레스 장애 외에도 외상 경험 후에 부적응 증상이 1개월 이내로 짧게 나타나는 단기 스트레스 장애, 애착외상(애착 형성을 어렵게 하는 양육자의 잦은 변경, 정서적 욕구를 좌절시키는 사회적 방치와 결핍)으로 인해 정서적 위축을 나타내는 반응성 애착장애와 타인에게 무분별하게 부적절한 친밀감을 나타내는 탈억제 사회관여장애, 그리고 분명한 심리사회적 스트레스 사건(실연, 사업 실패, 상급 학교로의 진학, 은퇴 등)을 경험한 이후에 부적응적인 감정과 행동을 나타내는 적응장애가 있다.

10. 조현병(정신분열증)

　　정신장애 중에서 가장 혼란되고 부적응적인 이상행동을 나타내는 장애가 정신분열증(schizophrenia)인데, 정신분열증은 그 명칭이 주는 부정적인 인상과 편견을 피하기 위해 최근에는 "조현병(調絃病)"이라고 부른다. 조현병은 마치 현악기가 정상적으로 조율되지 못한 경우처럼 혼란스러운 상태를 나타내는 질병이라는 의미를 담고 있다. 이

러한 조현병은 매우 심각한 정신장애로서 DSM-5의 진단 기준을 소개하면 〈표 11-5〉
와 같다.

〈표 11-5〉 조현병의 진단 기준

A. 다음 중 두 개 이상의 증상(①, ②, ③ 중 하나는 반드시 포함)이 1개월 동안(성공적으로 치료되
  었을 경우에는 그 이하일 수도 있음) 상당 부분의 시간에 나타나야 한다.
   ① 망상
   ② 환각
   ③ 혼란스러운 언어(예: 빈번한 주제 이탈이나 뒤죽박죽된 표현)
   ④ 심하게 혼란스러운 행동이나 긴장증적 행동
   ⑤ 음성 증상들(예: 감소된 정서 표현이나 무의욕증)
B. 이러한 장해가 시작된 후 상당 부분의 시간 동안, 한 가지 이상의 주요한 영역(직업, 대인관계,
  자기 돌봄)의 기능 수준이 장해의 시작 전보다 현저하게 저하되어야 한다(아동기나 청소년기에
  시작될 경우에는 대인관계, 학업적 또는 직업적 기능에서 기대되는 수준에 이르지 못해야 한다).
C. 장해가 계속 진행되고 있다는 징후가 최소한 6개월 이상 지속되어야 한다. 이러한 6개월의 기간
  에는 기준 A를 충족시키는 증상들(즉, 활성기의 증상)을 나타내는 최소한 1개월과 더불어 전구
  기 또는 관해기의 증상이 나타나는 기간을 포함한다. 이러한 전구기나 관해기 동안, 장해의 징
  후는 단지 음성 증상만으로 나타나거나 기준 A에 열거된 증상 중 두 개 이상의 증상이 약화된
  형태(예: 기이한 신념, 비일상적인 지각 경험)로 나타날 수 있다.

조현병의 대표적인 증상은 망상(delusion)이다. 망상은 자신과 세상에 대한 잘못된
강한 믿음으로서 그 내용에 따라 피해망상, 과대망상, 관계망상, 애정망상, 신체망상
등으로 구분된다. 피해망상은 흔히 정보기관, 권력기관, 단체 또는 특정한 개인이 자
신을 감시하거나 미행하며 피해를 주고 있다는 믿음을 말하며, 과대망상은 자신이 매
우 중요한 능력과 임무를 지닌 특별한 인물(예: 재림예수, 천재)이라는 망상이다. 이러한
망상의 내용은 매우 엉뚱하거나 기괴하여 일반인이 이해하기 매우 어려운 경우가 대
부분이다.

환각 역시 조현병의 대표적 증상이다. 환각은 현저하게 왜곡된 비현실적 지각을 뜻
하며 환청이 가장 흔하다. 환청은 아무런 외부 자극이 없는 상황에서 어떤 소리나 사
람의 목소리를 듣는 경우로, 조현병 환자들은 흔히 자신의 행동이나 생각에 대해서 간
섭하는 목소리나 누군가 두 명 이상이 서로 대화하는 목소리를 듣게 되는 경험을 하는
경우가 많다. 이 밖에도 시각적 형태의 환각 경험인 환시, '음식에서 독약 냄새가 난다'
고 느끼는 경우처럼 후각적인 환각인 환후 등을 경험하게 된다.

혼란스러운 언어는 비논리적이고 지리멸렬한 언어를 뜻하며 조현병의 전형적 증상 중 하나다. 조현병 환자들은 말을 할 때, 목표나 논리적 연결 없이 횡설수설하거나 목표를 자주 빗나가 무슨 이야기를 하고자 하는지 상대방이 이해하기 어렵다. 이러한 와해된 언어 행동은 조현병 환자들이 사고장애로 인하여 말하고자 하는 목표를 향해 사고를 논리적으로 진행하지 못하고 초점을 잃거나 다른 생각이 침투하여 엉뚱한 방향으로 생각이 흘러가기 때문이다. 이 밖에도 심하게 혼란스러운 행동을 나타낸다. 나이에 걸맞은 목표 지향적 행동을 하지 못하고 상황에 부적절하게 나타내는, 엉뚱하거나 부적응적인 행동을 말한다. 예를 들면, 며칠씩 세수를 하지 않거나 계절이나 상황에 맞지 않는 옷을 입고 나가거나 나이 많은 사람에게 반말을 하는 행동을 나타낸다. 조현병은 가장 심각한 정신장애로 대부분의 경우 집중적인 입원치료가 필요하다.

조현병은 생물학적 요인에 의해서 강력한 영향을 받는 정신장애로 밝혀지고 있다. 가계 연구에 따르면 조현병 환자의 부모나 형제자매는 일반인의 10배, 조현병 환자의 자녀는 일반인의 15배까지 조현병에 걸리는 비율이 높다. 또한 조현병 환자는 전두엽 피질의 신진대사가 저하되어 있으며 좌반구에서 과도한 활동이 나타나는 것으로 보고되었다. 신경전달물질인 도파민(dopamine)이 조현병의 발생과 밀접한 관계를 맺고 있는 것으로 나타났다. 조현병을 치료하는 대부분의 약물은 도파민 수준을 낮추는 기능

각기 독특한 자세를 나타내고 있는 긴장형 정신분열증 환자들

을 하고 있다.

사회환경적 요인이 조현병의 발생에 영향을 미친다는 연구도 보고되고 있다. 조현병 환자의 가족에는 가족 간의 갈등이 많고 강렬한 부정적 감정이 표출되는 경향이 있다. 조현병 환자의 가족은 비판적이고 분노 감정을 과도하게 표현할 뿐 아니라 환자에 대해 과도한 간섭을 나타낸다는 주장이 제기되었다. 조현병이 사회경제적인 하류층, 특히 도시에 거주하는 하류층에서 많이 발견된다는 연구 결과에 근거하여 낮은 사회계층에 속하는 사람은 타인의 부당한 대우, 낮은 교육 수준, 낮은 취업 기회 및 취업 조건 등으로 많은 스트레스와 좌절 경험을 하게 되며, 그 결과 조현병으로 발전할 수 있다는 주장도 제기되고 있다.

11. 기타의 정신장애

DSM-5에는 위에서 소개한 것 외에도 다양한 정신장애가 제시되고 있다. 성격장애(personality disorders)는 독특한 성격 특성으로 인해 부적응 상태를 나타내는 경우를 말한다. 성격장애는 어린 시절부터 점진적으로 형성되며 성인기(보통 18세 이후)에 진단된다. DSM-5에서는 성격장애를 A, B, C의 세 군집의 열 가지 하위 유형으로 구분하고 있다. A군 성격장애는 기이하고 괴상한 행동 특성을 나타내는 성격장애로서 세 가지 성격장애, 즉 편집성 성격장애, 분열성 성격장애, 분열형 성격장애가 여기에 속한다. B군 성격장애는 극적이고 감정적이며 변화가 많은 행동이 주된 특징이며 하위 유형으로는 반사회성 성격장애, 연극성 성격장애, 경계선 성격장애, 자기애성 성격장애가 있다. C군 성격장애는 불안과 두려움을 지속적으로 지니는 특징을 지니고 있으며 회피성 성격장애, 의존성 성격장애, 강박성 성격장애가 여기에 속한다.

신체증상 및 관련 장애(somatic symptom and related disorder)는 주로 심리적인 원인에 의해서 신체증상이나 과도한 건강염려를 나타내는 다양한 부적응 증상을 뜻한다. 이 장애의 하위 장애로는 한 개 이상의 신체적 증상에 과도하게 집착함으로써 심각한 고통과 일상생활의 부적응을 초래하는 신체증상장애를 비롯하여 질병불안장애, 전환장애, 허위성 장애가 있다.

해리장애(dissociative disorder)는 의식, 기억, 자기정체감, 환경 지각이 평소와 달리 급격하게 변화하는 장애를 말한다. 가장 대표적인 해리장애는 한 사람의 내부에 두 개 이상의 독립적인 정체감과 성격을 지니고 있는 해리성 정체감 장애로서 흔히 다중성격장애라고 불리기도 한다.

급식 및 섭식장애(feeding and eating disorder)는 음식을 섭취하는 섭식 행동과 관련된 다양한 부적응 문제를 의미한다. 대표적인 하위 장애로는 체중 증가와 비만에 대한 극심한 두려움을 지니고 있어서 음식 섭취를 현저하게 감소시키거나 거부함으로써 체중이 비정상적으로 저하되는 신경성 식욕부진증과 짧은 시간 내에 많은 양을 먹는 폭식행동과 이로 인한 체중 증가를 막기 위한 구토 등의 보상행동이 반복되는 신경성 폭식증이 있다.

수면-각성장애(sleep-wake disorder)는 수면의 양이나 질의 문제로 인해서 수면-각성에 대한 불만과 불평을 나타내는 경우를 말한다. 이 장애의 하위 유형으로는 자고자 하는 시간에 잠을 이루지 못하거나 밤중에 자주 깨어 1개월 이상 수면 부족 상태가 지속되는 불면장애, 충분히 수면을 취했음에도 불구하고 졸리는 상태가 지속되거나 지나치게 많은 잠을 자게 되는 과다수면장애, 주간에 갑자기 근육이 풀리고 힘이 빠지면서 참을 수 없는 졸리움으로 인해 부적절한 상황에서 수면 상태에 빠지게 되는 수면발작증, 수면 중에 공포스러운 악몽을 꾸게 되어 자주 깨어나게 되는 악몽장애 등이 있다.

신경발달장애(neurodevelopmental disorder)는 중추신경계, 즉 뇌의 발달 지연 또는 뇌 손상과 관련된 것으로 알려진 정신장애를 포함하고 있다. 심리사회적 문제보다는 뇌의 발달장애로 인해 흔히 생의 초기부터 나타나는 아동기 및 청소년기의 정신장애를 포함한다. 이 장애의 하위 유형으로는 지능이 비정상적으로 낮아서 학습 및 사회적 적응에 어려움을 나타내는 지적 장애, 사회적 상호작용과 의사소통에서 장애를 나타낼 뿐만 아니라 제한된 관심과 흥미를 지니며 상동적인 행동을 반복적으로 나타내는 자폐 스펙트럼장애, 주의 집중에 어려움을 나타내며 매우 산만하고 부주의한 행동을 나타낼 뿐만 아니라 자신의 행동을 적절히 통제하지 못하고 충동적인 과잉행동을 나타내는 주의력 결핍/과잉행동장애, 정상적인 지능을 갖추고 있고 정서적인 문제가 없음에도 불구하고 지능 수준에 비하여 현저한 학습 부진을 보이는 특수학습장애 등이 있다.

이밖에도 DSM-5에는 술, 담배, 마약 등과 같은 중독성 물질을 사용하거나 도박과 같은 중독성 행위에 몰두함으로써 생겨나는 다양한 부적응적 증상을 포함하는 물질-관련 및 중독장애(substance-related and addictive disorder), 발기부전이나 조루증과 같이 원활한 성행위를 방해하는 다양한 기능장애를 포함하는 성기능장애(sexual sysfunction), 아동성애장애나 성적 가학장애처럼 성행위 대상이나 성행위 방식에서 비정상성을 나타내는 성도착장애(paraphilic disorder), 자신에게 주어진 생물학적 성과 자신이 경험하고 표현하는 성행동 간의 현저한 괴리로 인해 고통을 받는 성 불편증(gender dysphoria), 정서와 행동에 대한 자기통제의 문제를 나타내는 다양한 장애를 포함하는 파괴적 충동통제 및 품행장애(disruptive, impulse control, and conduct disorder), 대소변을 가릴 충분한 연령이 되었음에도 불구하고 이를 가리지 못하고 옷이나 적절치 않은 장소에서 배설하는 배설장애(elimination disorder), 뇌의 손상으로 인해 의식, 기억, 언어, 판단 등의 인지적 기능에 심각한 결손이 나타나는 신경인지장애(neurocognitive disorder) 등이 있다.

요약 및 학습과제

요약

1. 이상행동과 정상행동을 판별하는 주요한 기준으로는 적응적 기능의 손상, 통계적 규준의 일탈, 주관적 불편감, 문화적 규범의 일탈 등이 있다. 현재 정신장애를 분류하는 대표적인 진단 체계는 『정신장애의 진단 및 통계 편람(DSM-5)』으로서 20개 범주의 360여 개 정신 장애를 제시하고 있다.

2. 정신장애의 원인을 설명하는 주요한 이론적 입장으로는 정신분석 이론, 행동주의 이론, 인지 이론, 생물의학적 이론이 있다. 정신분석 이론은 이상행동의 근원적 원인을 어린 시절의 경험에 그 뿌리를 둔 무의식적 갈등으로 설명하는 반면, 행동주의적 입장은 인간의 모든 행동을 환경에서 학습된 것으로 간주한다. 인지적 입장은 개인이 지닌 부정적이고 비현실적인 사고가 정신장애를 유발하는 것으로 간주하는 반면, 생물의학적 입장은 정신 장애가 유전, 뇌의 결함, 신경전달물질의 이상에 의해 발생하는 것으로 여기고 있다.

3. 불안장애는 과도한 불안과 공포를 주된 증상으로 하며, 범불안장애, 공포증, 공황장애 등의 하위 장애로 분류된다. 범불안장애는 다양한 상황에서 만성적 불안과 과도한 걱정을 나타내는 경우를 말한다. 공포증은 특수한 대상이나 상황에 대한 심한 공포와 회피행동을 주된 증상으로 하는 불안장애로서 특정 공포증과 사회 공포증으로 구분된다. 공황장애는 갑자기 엄습하는 강렬한 불안을 뜻하는 공황발작을 반복적으로 경험하는 장애를 말한다.

4. 우울장애는 지속적인 우울한 기분과 일상생활에 대한 흥미나 즐거움의 현저한 저하를 비롯하여 식욕 및 체중의 변화, 피로감과 활력 상실, 무가치감과 죄책감, 사고력 및 집중력의 저하, 죽음에 대한 생각 및 자살 기도 등의 증상을 나타내는 장애다. 우울장애를 설명하는 대표적인 이론인 인지 이론에서는 우울장애가 부정적인 자동적 사고, 인지적 오류와 왜곡, 역기능적 인지 도식과 신념에 의해서 발생한다고 본다. 양극성장애는 기분이 고양된 조증 상태와 침체된 우울증 상태가 교차되어 나타나는 장애로서 유전적 영향을 많이 받는 정신장애로 알려져 있다.

5. 강박장애는 원하지 않는 불쾌한 생각이 자꾸 떠오르고 이러한 불쾌감을 제거하기 위해서 반복적인 행동을 나타내는 장애를 말한다. 외상 후 스트레스 장애는 충격적인 외상 사건을 경험하고 나서 그러한 외상 경험의 재경험과 회피행동을 특징적으로 나타내는 장애다.

6. 조현병은 망상, 환각, 혼란스러운 언어, 심하게 혼란스러운 행동이나 긴장증적 행동, 음성증상(정서적 둔마, 무언어증 또는 무욕증)을 나타내는 장애로 매우 심한 부적응 상태를 초래한다. 조현병은 유전적 요인의 강력한 영향을 받으며 전두엽과 기저핵을 비롯한 뇌의 여러 영역의 이상과 더불어 전두엽피질의 신진대사 저하와 관련된 것으로 알려져 있다.

7. 이밖에도 DSM-5에서는 독특한 성격 특성으로 인해 부적응 상태를 나타내는 성격장애를 비롯하여 신체증상 및 관련 장애, 해리장애, 급식 및 섭식장애, 수면-각성장애, 신경발달장애와 같은 다양한 정신장애를 소개하고 있다.

학습과제

1. 이상행동과 정상행동을 판별하는 주요한 기준의 장점과 단점을 설명하시오.

2. 정신장애의 원인을 설명하는 주요한 이론의 한계점을 비판적 관점에서 논의하시오.

3. DSM-5에는 포함되어 있지 않지만 현재 우리 사회에서 나타나고 있는 부적응 문제를 찾아보시오. 예를 들면, 인터넷이나 컴퓨터 또는 휴대전화 사용과 관련된 이상행동에는 어떤 것이 있는지 탐색해 보시오.

4. 불안장애의 하위 유형에는 어떤 것이 있으며, 그 주된 증상과 원인은 무엇인지 설명하시오.

5. 인지 이론의 관점에서 우울장애를 지닌 사람들의 인지적 특성을 설명하시오.

6. 매스컴을 통해 자주 보도되고 있는 사회적 문제나 범죄 중에서 정신장애와 관련되어 있는 사례를 찾아 나름대로 분석해 보시오.

chapter

12

스트레스와 건강

학습목표

- 건강심리학이란 어떤 연구를 하는 심리학 분야인지 알아본다.
- 스트레스의 개념과 주요 이론에 대해 알아본다.
- 스트레스의 심리적 · 생리적 반응에 대해 이해한다.
- 스트레스와 건강에 영향을 미치는 심리사회적 요인들은 어떤 것들이 있는지 알아본다.

학습개요

　심리적인 요인들이 신체적 건강에 미치는 영향에 대한 연구가 활발해지면서 건강심리학이라는 분야가 탄생하게 되었다. 건강심리학은 인간의 신체적 건강과 정신 건강의 관계를 연구하는 학문이다. 건강심리학을 잘 이해하기 위해서는 기본적으로 인간이 경험하는 스트레스에 대한 이해가 필요하다. 스트레스는 투쟁 혹은 도피 반응 및 HPA축의 활성화를 통해 생리적 반응을 유발하며, 우울 및 불안과 같은 정서적인 변화도 동반한다. 또한 일반적응 증후군에 의하면 스트레스가 만성화되면 경고, 저항, 소진 단계를 거치며 신체적 질병 및 정서적 장애를 유발할 수 있다. 스트레스는 트라우마 사건, 주요 생활 사건 혹은 일상의 골칫거리와 같이 인생 전반에 걸쳐 다양한 사건을 통해 받을 수 있다. 그리고 스트레스에 어떻게 대처하는가에 따라서 지각하는 스트레스 수준이 변화할 수 있다.

　건강에 영향을 미치는 다양한 사회심리학적 요인들이 있다. 운동, 음주 및 수면과 같은 스스로 조절이 가능한 건강 행동뿐만 아니라, 특정한 성격은 건강에 영향을 미칠 수 있다. 또한 주변에 사회적 지지가 얼마나 많은지에 따라 스트레스에 대한 완충 작용도 가능하다.

　이 장에서는 스트레스의 정의와 개념, 스트레스로 인한 생리적 및 심리적 변화, 스트레스의 주요 이론과 대처 방식에 대해 살펴본다. 아울러 건강 행동 및 성격과 사회적 지지, 개인 통제감과 같은 중요한 요인들이 건강에 미치는 영향도 알아보고자 한다.

12 chapter 스트레스와 건강

1. 건강심리학이란 무엇인가

같은 감기 바이러스에 노출되어도 왜 어떤 사람은 감기에 걸리고 다른 사람은 걸리지 않을까? 왜 어떤 사람은 오래 사는데, 다른 사람은 오래 살지 못할까? 똑같은 양의 음식을 먹어도 왜 스트레스 받을 때 먹으면 더 살이 찔까? 같은 암 환자인데도 왜 어떤 환자는 수술 후 회복이 더 빠르고, 입원도 짧게 할까? 이와 같은 질문들 때문에 '건강심리학(Health Psychology)'이라는 심리학 내의 새로운 분야가 생기게 됐다.

건강에 대한 전통적인 관점은 '질병이 없는 상태'였으며, 이 관점에 의하면 어떤 병인에 노출되면 반드시 질병이 생긴다고 믿었다. 그렇지만 질병의 발생에 생물학적 요인뿐만 아니라, 여러 심리학적·사회적 요인 또한 영향을 미친다는 연구들이 나오기 시작하면서 건강이라는 개념에 대해서도 인식의 변화가 생기기 시작했다. 건강에 대한 개념은 "질병이 없는 상태"라는 좁은 관점에서 신체적·정신적 및 사회적 안녕감이 모두 포함되어 있는 포괄적 관점으로 확장되었다. 건강에 영향을 미치는 심리적 요인들에 관심이 높아지면서, 건강심리학자들은 다음과 같은 분야에 대한 연구를 하기 시작했다.

- 건강 행동(음주, 흡연, 운동, 식습관, 수면)의 개선에 심리학적 원리들을 적용한 치료적 개입 개발하기
- 질병의 예방에 영향을 미치는 심리학적 요인들을 발견하고, 고위험군을 선별하여 질병에 대한 치료적 개입 개발하기
- 암, 심장 질환, 당뇨병과 같은 만성 질환의 진단 및 관리에서 받는 스트레스를 완화하고, 삶의 질 증진 및 생존율을 높일 수 있는 심리사회적 개입 개발하기
- 질병의 예후를 향상시킬 수 있는 심리학적 및 행동적 요인 발견하기

이런 연구들을 토대로 건강심리학자들은 병원, 정부 기관, 재활센터, 상담소, 대학교 연구소, 보험 회사 등 다양한 현장에서 일을 하며 연구, 임상 현장, 정책 등 다양한 분야에서 오늘날 기여를 하고 있다.

2. 스트레스란 무엇인가

1) 스트레스, 스트레스원

우리는 스트레스를 받고 있는지 어떻게 알 수 있을까? 두통을 경험하고 소화가 잘되지 않는가? 우울한 기분이 증가했는가? 평소보다 술을 더 마시고 흡연을 더 많이 하는가? 스트레스를 경험하는 방법은 개인차가 있지만, 스트레스란 생리적 · 행동적 그리고 정서적인 변화를 가져오는 다차원적인 경험이며, 스트레스원이란 시험, 애인과의 이별이나 실직과 같은 스트레스의 원인이 되는 스트레스 사건이라고 정의할 수있다.

스트레스를 연구하는 관점은 크게 세 가지로 나눌 수 있다. 첫째, 스트레스를 자극으로 보는 관점이다. 스트레스 사건에 초점을 맞추어 스트레스를 연구하는 것으로, 대부분의 사람들이 스트레스원으로 인지할 수 있는 사건을 찾고, 스트레스에 특별히 취약한 사람들을 찾는 것이다. 예를 들어, 국내 한 연구에 의하면 2014년에 발생한 세월호 사건의 생존자들을 20개월 동안 추적한 결과, 24.5%는 외상 후 스트레스 장애 진단을 받았으며, 이 중에도 특히 또래와 부모에게 사회적 지지를 적게 받은 생존자들은 사망한 또래 학생들의 죽음에 대한 스트레스에 특히 취약하다고 보고했다(Lee et al., 2018).

둘째, 스트레스를 반응으로 보는 관점이다. 이 관점에서 스트레스를 연구하는 학자들은 스트레스에 대한 사람들의 심리적 · 생리적 반응을 측정한다. 실험실에서 인위적으로 일시적인 스트레스에 노출해서 불안과 우울과 같은 심리적 반응 및 심장 박동 수, 혈압 및 코르티솔과 같은 스트레스 호르몬을 측정하기도 한다.

셋째, 스트레스를 상호작용으로 보는 관점이다. 사람마다 스트레스를 경험하는 것에는 개인차가 있다. 같은 시험을 앞두고도 어떤 사람들은 스트레스로 인해 밤잠을 설치는 반면, 다른 학생은 느긋하게 일찍 잠자리에 들어가 숙면을 취할 수 있다. 같은 사건이라도 사람마다 스트레스 반응에 개인차를 보인다는 것은 스트레스가 개인과 환경 간의 상호작용으로 스트레스를 보아야 한다는 것을 입증한다(Lazarus & Folkman, 1984). 스트레스를 상호작용으로 보는 연구자들은 사람들이 스트레스 사건을 어떻게 해석하고 대처하는지에 대한 연구를 한다.

2) 스트레스를 어떻게 측정하는가

스트레스는 눈에 보이는 것이 아니기 때문에 측정하기 어렵다. 스트레스를 자극으로 보는 관점에서는 스트레스원을 크게 세 종류인 외상 사건, 주요 생활 사건 그리고 일상의 골칫거리(daily hassles)로 분류한다. 외상 사건이란, 그 어떤 사람이 경험해도 스트레스를 받을 만한 예측 불가능한 대규모 사건이다. 세월호 참사와 같은 대형 사고나 허리케인 카트리나와 같은 자연재해는 주로 외상 사건으로 분류가 된다. 주요 생활 사건은 삶의 변화를 가져오는 개인적인 사건을 의미한다. 주요 생활 사건을 측정하는 데 있어 가장 대표적인 평가 도구는 사회 재적응 평정 척도(Social Readjustment Rating Scale; Holmes & Rahe, 1967)이다. 심리학자 홈스와 라헤(Holmes & Rahe)는 인생의 변화를 가져오는 스트레스 사건 43개에 대해 '배우자의 죽음'을 중심으로 스트레스에 대한 정량적인 수치를 제시하였다. 즉, '배우자의 죽음'이라는 생활 사건이 가져다주는 스트레스를 100이라 했을 때 '이혼'은 73, '임신'은 40, '사소한 법률 위반'은 11 정도의 스트레스를 받는다([그림 12-1] 참조). 한 개인의 스트레스 지수는 지난 12개월간 경험한 모든 주요 생활 사건에 해당되는 정량적인 수치를 더하여 산출하면 된다. 이 척도를 사용한 스트레스 연구들에 의하면, 총점이 높은 사람일수록 더 많은 신체적 질환 그리고 우울증과 같은 정서장애를 호소했다고 보고하였다(Holmes & Masuda, 1974; Coyne, 1992). 일상의 골칫거리는 일상에서 경험할 수 있는 작은 스트레스 사건이다. 연구자들이 개발한 일상생활의 골칫거리 척도(Hassles Scale; Delongis, Folkman, & Lazarus, 1988)는 연인과의 다툼 혹은 교통 체증과 같은 일상의 골칫거리들의 빈도와 스트레스를 받는 정도를 측정한다. 놀랍게도, 주요 생활 사건보다는 일상에서 경험하는 일상의 골칫거리들의 빈도와 스트레스를 받는 정도가 신체 및 정신 건강을 더 잘 예측한다(Fernandez & Sheffield, 1996).

스트레스를 반응으로 보는 관점에서는 실험실에서 일시적인 스트레스에 노출하여 스트레스의 생리적 반응을 측정할 수 있다. 이런 실험 절차를 급성 스트레스 패러다임이라고 하며, 가장 많이 사용하는 실험 절차는 트리에 사회적 스트레스 테스트(Trier

사회 재적응 평정 척도
(Social Readjustment Rating Scale)

1. 배우자의 사망(100)

2. 이혼(73)

3. 별거(65)

4. 형기(63)

5. 가족이나 가까운 친지의 사망(63)

6. 다치거나 질병에 걸림(53)

7. 결혼(50)

8. 직장에서의 실직(47)

9. 재결합(45)

10. 은퇴(45)

11. 가족 건강의 변화(44)

12. 임신(40)

13. 성생활의 문제(39)

14. 새로운 가족 구성원(39)

15. 근무 조건의 변화(39)

16. 재정 상태의 변화(38)

17. 친한 친구의 사망(37)

18. 업종을 바꿈(36)

19. 부부 싸움 횟수의 변화(35)

20. 5,000만 원이 넘는 대출금(31)

21. 재산의 압류(30)

22. 직무 변경(29)

23. 자녀의 독립(29)

24. 법적 분쟁(29)

25. 커다란 개인적 성취(28)

26. 배우자의 취업이나 실직(26)

27. 학교를 다니기 시작하거나 그만둠(26)

28. 생활 환경의 변화(25)

29. 개인적 습관의 변화(24)

30. 직장 상사와의 갈등(23)

31. 근무 시간이나 조건의 변화(20)

32. 거주지의 변화(20)

33. 학교에서의 변화(20)

34. 취미의 변화(19)

35. 종교 활동의 변화(19)

36. 사회적 활동의 변화(18)

37. 5,000만 원 이하의 대출금(17)

38. 수면 습관의 변화(16)

39. 같이 사는 가족 수의 변화(15)

40. 식습관의 변화(15)

41. 휴가(13)

42. 휴일(12)

43. 사소한 법률 위반(11)

[그림 12-1] 사회 재적응 평정 척도

Social Stress Test: TSST)이다(Kirschbaum et al., 1993). TSST는 약 15분 동안 소요가 되며, 5분씩 소요되는 세 개의 단계로 구성되어 있다. 첫 번째 단계는 스트레스의 예기 단계로, 연구 참여자는 세 명의 패널이 책상 뒤에서 기다리고 있고 비디오카메라와 녹음기가 준비되어 있는 방 안으로 들어간다. 패널은 연구 참여자에게 5분 동안 할 수 있는 발표 준비를 지시한다. 두 번째 단계에서는 연구 참여자에게 패널 앞에서의 5분 발표를 지시하며, 발표가 진행되는 동안 아무런 평가를 하지 않는다. 그 대신 발표가 5분 이내에 끝날 경우, 패널은 5분을 모두 활용하여 발표하도록 요구한다. 세 번째 단계에서 연구 참여자는 1,022에서 시작하여, 13씩 뺄셈을 하는 암산을 하도록 지시된다. 만약 실수를 한다면, 다시 처음부터 시작을 해야 한다. 그 후, 회복할 수 있는 시간을 가지도록 한다. 이 실험 절차에서 타액이나 혈액 채취, 혹은 심장 박동 수를 측정한다. 첫 번째 단계가 시작되기 전과 세 번째 단계 이후에 측정하여 비교한다. 수많은 스트레스 연구에서 이 실험 절차를 사용하여 스트레스의 생리적 반응에 대한 개인차를 확인할 수 있었다.

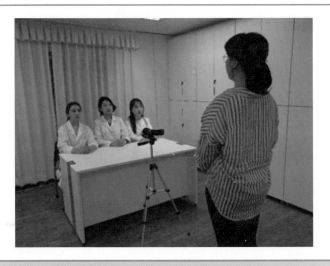

[그림 12-2] 트리에 사회적 스트레스 테스트

3. 스트레스 반응

1) 주요 이론

(1) 투쟁 혹은 도피 반응

심리학 수업을 듣고 있는데 갑자기 교수님이 "오늘은 깜짝 퀴즈를 풀어 보겠습니다. 그리고 퀴즈는 전체 학점에 큰 비중으로 반영하겠습니다."라고 발표했다면, 그동안 공부를 안 한 학생은 큰 스트레스를 받을 것이다. 신체적으로 심장이 두근거리고, 호흡이 빨라지고, 손에서 땀이 나고 동공이 확대될 것이다. 이렇게 스트레스를 받는 긴박한 상황에서 우리는 신체에 비축된 자원들을 모두 이용해 생존을 위해 반응할 준비를 한다. 캐논(Walter Cannon, 1871~1945)은 이런 반응을 "투쟁 혹은 도피 반응(fight-or-flight reaction)"이라고 지칭했다. 교감 신경계의 활성화로 인해 신체는 집중적으로 준비해서 대응하거나 도피하기 위한 운동 기능을 준비시킨다.

스트레스에 대한 신체의 반응은 크게 두 가지의 경로를 통해 이루어진다. 첫 번째 경로는 자율신경계의 활성화이다. 자율신경계는 교감 신경계와 부교감 신경계로 구분되고, 교감 신경계는 스트레스 반응에서의 흥분 반응을 보이며, 다양한 심혈관계, 소화계와 호흡계와 연결되어 있다. 우리는 스트레스를 지각하게 되면 시상하부에 의하여 교감 신경계가 활성화되며, 여러 가지 생리적 각성 반응을 보인다. 교감 신경계의 활성화를 통해 부신수질에서는 에피네프린과 노르에피네프린과 같은 카테콜라민을 분비하게 된다. 교감 신경계와는 반대로 부교감 신경계는 스트레스 상황이 지나간 이후에 안정된 상태로 되돌려 놓는 기능을 한다.

두 번째 경로는 HPA축(Hypothalamic-Pituitary-Adrenal axis: HPA axis)의 활성화이다. HPA축은 시상하부(hypothalamus), 뇌하수체(pituitary gland) 그리고 부신피질(adrenal cortex)이 관여한다. 스트레스를 지각하게 되면 시상하부는 코르티코트로핀 분비 호르몬(corticotropin releasing hormone)을 분비하여 뇌하수체를 자극하게 된다. 뇌하수체는 이어 부신피질 자극 호르몬(Adrenocorticotropic hormone: ACTH)을 분비하여 부신피질을 자극하며, 부신피질에서는 스트레스 호르몬인 글루코코르티코이드(glucocorticoid)를 분비한다. 인간의 가장 대표적인 스트레스 호르몬인 글루코코르티코이드를 코르티솔(cortisol)이라고 한다. 코르티솔은 신체의 에너지 자원을 활용하여 혈당을 높이고 투

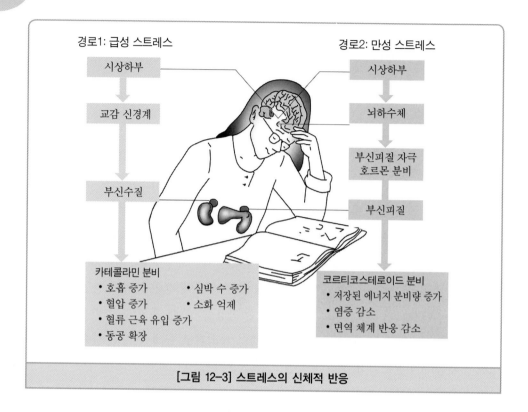

경로1: 급성 스트레스　　　　　　　　　　경로2: 만성 스트레스

시상하부　　　　　　　　　　　　시상하부

교감 신경계　　　　　　　　　　　뇌하수체

부신피질 자극
호르몬 분비

부신수질　　　　　　　　　　　　부신피질

카테콜라민 분비
• 호흡 증가　　• 심박 수 증가
• 혈압 증가　　• 소화 억제
• 혈류 근육 유입 증가
• 동공 확장

코르티코스테로이드 분비
• 저장된 에너지 분비량 증가
• 염증 감소
• 면역 체계 반응 감소

[그림 12-3] 스트레스의 신체적 반응

쟁 혹은 도피 반응을 할 수 있게 해 준다. 코르티솔은 위협적인 상황에서 스트레스에 잘 적응할 수 있게 도와주기는 하지만, 스트레스가 장기간 지속됨으로 인한 코르티솔의 과다 분비 상태는 우울증과 같은 부정적인 정서 반응 및 면역력 저하로 인한 질병 발생으로 이어질 수 있다.

(2) 일반적응 증후군

위협적인 상황에서 스트레스에 잘 적응하는 것은 생존에 있어 필수적이다. 그렇지만 만약에 스트레스가 오랜 시간 지속되면 어떻게 될까? 치매 환자를 간병하거나 오랫동안 폭력을 견뎌야 한다면 우리 신체도 스트레스를 감당할 수 있는 자원이 고갈될 것이다. 헝가리의 내분비학자 셀리에(Hans Selye, 1907~1982)는 스트레스를 최초로 연구한 사람 중 하나로, 우리의 신체가 스트레스에 저항하기 위한 시도를 '일반적응 증후군(general adaptation syndrome)'이라는 이론을 통해 정립했다. 일반적응 증후군은 크게 세 단계로 나뉘어 있다. 첫 번째 단계는 경고 단계(alarm state)로, 위협적인 상황에 대면했을 때 교감 신경계의 활성화로 인해 신체는 비축해 온 자원을 활용하여 투

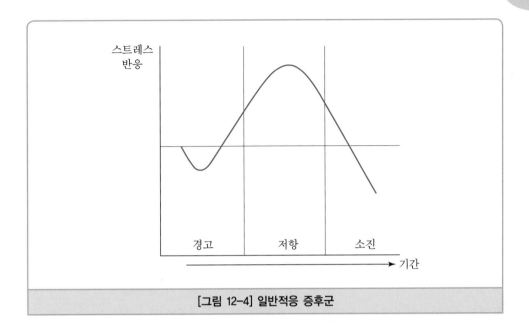

[그림 12-4] 일반적응 증후군

쟁 혹은 도피 반응을 준비한다. 신체에서는 에피네프린을 분비시키고, 신체의 심혈관계, 소화계 및 호흡계는 모두 반응한다. 경고 단계는 긴급 상황에서 단기적인 스트레스원이 존재할 때에는 적응적일 수 있다. 두 번째 단계는 저항 단계(resistance state)로, 스트레스 상황에 직면하여 위협에 대처하고 적응하기 위한 노력을 하는 단계이다. 이 단계에서는 대뇌피질이 활성화되어 미래에 대한 생각을 하고 대안을 마련하는 등, 스트레스에 대처를 하게 된다. 스트레스의 심각도에 따라 저항 단계가 얼마나 지속되는지 결정하게 된다. 저항 단계에서 스트레스를 받는 사람은 앞에서 언급한 생리적 변화가 일어나게 되고, 우리 몸에서 비축한 자원을 사용하게 된다. 마지막 단계는 소진 단계(exhaustion state)이다. 소진 단계는 스트레스 상황에 견딜 수 있는 자원이 모두 고갈되어 위협을 극복하지 못하고 실패했을 때 나타나는 단계이다. 신체적으로는 면역기능 그리고 심혈관 기능이 저하되며, 위염이나 고혈압과 같은 질병에 취약해질 뿐만 아니라 사망할 수도 있다. 심리적으로는 불안과 우울 증상을 경험하며, 여러 정신장애에 취약해질 수 있는 단계이다([그림 12-4] 참조).

(3) 스트레스원에 대한 평가

앞에서도 언급했듯이, 같은 스트레스 사건을 경험해도 사람마다 스트레스를 받는 정도는 개인차가 있다. 라자러스와 포크만(Lazarus & Folkman)에 의하면, 스트레스원

보다는 개인이 스트레스 사건을 어떻게 평가하고 지각하는지가 더 중요하다. 스트레스를 경험하는 사람이 상황에 대해 지각하는 위협과 개인의 대처 능력과 같은 평가가 스트레스 수준을 좌우한다. 이런 과정을 크게 두 가지 과정인 일차 평가와 이차 평가로 구분하였다. 일차 평가(primary appraisal)는 사람들이 처음 스트레스 사건에 대면하면, 그 사건이 무엇이며, 나의 안녕감에 어떤 영향을 미칠지에 대한 이해를 하기 위해 이루어진다. 예를 들어, 스스로 "이 사건은 나의 안전을 위협하는 사건인가?"와 같은 질문을 할 수 있다. 사람들은 보통 이 과정에서 미래에 나의 안녕감에 부정적인 영향을 미칠 것이라고 생각하면 위협을 느낄 수 있다. 일차 평가 이후, 이차 평가(secondary appraisal) 과정에서는 스트레스원에 대한 본인의 대처 능력을 평가하게 된다. 개인이 가지고 있는 자원이 환경의 요구를 충족시킬 수 있는지에 대한 평가가 이루어진다. 예를 들어, 스스로 "나는 이 사건을 대처할 만한 자원이 있는가? 나에게 주어진 선택지는 무엇인가? 예전에 비슷한 경험을 했을 때 잘 이겨 냈는가?"와 같은 질문을 할 수 있다. 대체적으로 본인이 어떤 행동을 해서 상황을 긍정적으로 변화할 수 있다는 신념을 가지고 있으면 스트레스를 더 적게 느낀다.

(4) 돌봄과 어울림

비슷한 정도의 스트레스를 경험해도, 스트레스에 반응하는 양상에는 남녀 차이가 있다. 타일러와 동료들(Taylor et al.)은 과거의 전통적인 스트레스 연구들이 남성 중심이라는 한계점을 지적하며, 스트레스 반응에 있어서의 남녀의 차이를 연구하면서 2000년도에 '투쟁 혹은 도피 반응'과 대조가 되는 돌봄과 어울림(tend and befriend)이라는 스트레스 반응 이론을 만들었다. 진화론적인 관점에서 우리의 남성 조상들에게는 도피 혹은 투쟁 반응이 더 적응적일 수 있었겠지만, 어린아이들을 돌보아야 하는 여성들에게는 위협 상황에서 오히려 주변에서 지지를 얻고 서로 협력하는 것이 더 생존 가치가 있을 수 있다고 가정하였다. 즉, 오히려 스트레스 상황에서 여성들은 사회적 협력을 하고, 자손들을 돌보는 행동을 한다는 것이다. 실제로 연구에서도 스트레스를 받은 여성들은 남성에 비해 오히려 자손을 돌보는 행위를 더 많이 했다. 스트레스를 받을 때 남성들은 음주나 운동과 같은 주의 분산을 할 수 있는 스트레스 반응을 선호하는 반면, 여성들은 친구와 만나거나 전화를 통해 이야기를 나누는 반응을 더 많이 보이는 것도 이와 비슷한 맥락이다.

2) 스트레스에 대한 대처

스트레스 상황에 놓였을 때, 사람마다 행동하는 방식은 개인차가 있다. 개인이 스트 레스 받는 상황을 관리하고 부정적 정서를 조절하기 위해 사용하는 전략들을 대처 양 식(coping style)이라고 한다. 대처 양식은 여러 가지 방식으로 분류될 수 있지만, 라자 러스와 포크만(1980)이 제시한 문제 중심 대처(problem-focused coping), 정서 중심 대 처(emotion-focused coping), 그리고 평가 중심 대처(appraisal-focused coping)로 분류 를 하는 것이 가장 많이 연구되었다. 문제 중심 대처는 스트레스 상황에 놓였을 때 스 트레스의 원인을 직접적이고 건설적으로 해결하기 위한 시도이다. 예를 들어 직장에 서 문제가 생겼다면, 문제에 직면하거나 다른 동료에게 도움을 구해 업무 관련 문제를 해결하려고 하는 것이다. 그 반면, 정서 중심 대처는 스트레스 상황으로 인해 생긴 부 정적 정서를 조절하려 하는 행동이다. 예를 들면, 사랑하는 가족 구성원이 갑작스럽게 사망하여 느끼는 슬픈 감정들을 조절하기 위해 친구와 이야기하거나 울거나 술을 마 시는 행동은 모두 정서 중심 대처에 해당된다. 마지막으로, 평가 중심 대처는 상황에 대한 평가를 다른 방법으로 해서 대처를 하는 것이다. 예를 들면, 암이라는 불치병 진 단을 받은 사람은 암과 투병을 하면서 괴로울 수 있지만, 그 과정에서 삶의 중요한 가 치에 대해 재조명할 수 있는 기회라고 암 진단을 재평가한다면, 스트레스를 더 적게 받 을 것이다.

여러 가지 대처 양식을 비교했을 때, 특정 대처 양식이 더 우월하다고 단정 짓기는 어렵다. 모든 사람들은 문제 중심 대처, 정서 중심 대처와 평가 중심 대처를 사용하며, 세 가지 양식 모두 스트레스에 대처하는 데 도움이 될 수 있다. 가장 중요한 것은 스트 레스 상황에서 요구하는 대처 양식을 잘 파악해서 사용해야 스트레스를 적게 받는다 는 것이다. 즉, 스트레스 상황에서 직접적으로 개입할 수 있는 부분이 적은데 문제 중 심 대처를 사용하거나, 스트레스 상황에 대한 직접적인 해결책이 있는데도 불구하고 정서 중심 대처만 사용하는 것은 효율적인 대처 방법이 될 수 없다. 그렇기 때문에 기 존 연구에서는 상황의 요구에 맞게 유연하게 대처하는 사람들이 가장 스트레스를 적 게 받는다고 알려져 있다.

4. 스트레스와 만성 질환

1) 건강 행동

여러분은 매일 7~8시간 자고, 금연을 하고, 아침 식사를 거르지 않으며, 운동을 정기적으로 하는가? 이런 건강한 습관을 더 잘 실천하는 사람들일수록 신체 질환도 적고, 기분도 더 좋으며, 더 오래 산다는 연구 결과가 있다(Breslow & Enstrom, 1980). 건강 행동이란 건강을 유지하거나 증진하기 위한 행동으로, 운동과 섭식과 같은 행동을 포함한다. 건강 행동을 얼마나 잘 실천하는가에 따라 신체 및 정신 건강에 영향을 주며, 평균 수명에까지 영향을 줄 수 있다. 대부분의 건강 행동은 어린 나이에 습관이 형성되며, 성인이 될 때쯤이면 자동적으로 행하게 되어 수정이 어려울 수 있다. 또한 몸에 좋은 줄 알면서도 대부분의 사람들이 실천하는 데 어려움이 있는데, 그 이유를 심리적인 요인에서 찾아볼 수 있다.

다음은 건강심리학자들이 심리적 요인과 특별히 밀접한 관련이 있는 건강 행동들이다.

(1) 신체 활동

신체 활동(physical activity)은 가벼운 걷기부터 격렬한 운동까지 모두 포함한다. 현재 65세 이하의 성인에게는 30분의 중강도 운동을 주 5일, 혹은 20분의 고강도 운동을 주 3일에 더해 주 2일 근력 운동도 권장하고 있다. 신체 활동은 체중 조절뿐만 아니라, 근력 강화, 심폐 기능 증진, 유연성 증가와 같은 신체적 이점이 있다. 특히 심혈관 질환에 대한 보호 요인이 될 뿐만 아니라, 활동이 적은 생활 방식은 심혈관 질환을 유발하는 데 있어 당뇨병, 높은 콜레스테롤, 흡연과 고혈압과 비슷한 정도로 위험성을 높인다(Myers, 2000; Schlicht, Kanning, & Bos, 2007).

정기적인 신체 활동을 하는 것은 신체적인 이점뿐만 아니라 심리적으로도 도움이 된다. 유산소 운동을 하는 것은 스트레스, 우울과 불안을 감소시키고, 삶의 질도 향상하며, 더 깊은 수면을 취하게 도와준다. 한 연구에서는 우울한 여대생들을 대상으로 고강도 운동 집단, 이완 집단 그리고 무처치 통제 집단으로 무선 할당을 했다. 연구 결과, 10주가 지난 다음에 고강도 운동 집단에 있는 우울한 여대생들만이 다른 두 집단에 비해 우울

증상이 유의미하게 감소되어 있다는 것을 발견했다(McCann & Holmes, 1984). 이와 같은 지속적인 신체 활동은 신체 건강뿐만 아니라 정신 건강에도 긍정적인 영향을 미친다.

(2) 흡연

건강 행동에는 신체 활동과 같이 건강을 증진시키는 행동이 있는가 하면, 흡연과 같이 건강을 저해하는 건강 행동도 있다. 2017년 기준으로 대한민국에서는 남성의 51.1%가, 그리고 여성은 4.3%가 흡연을 한다고 보고되었다(World Health Organization, 2017). 흡연은 심혈관 질환, 암 그리고 만성 폐쇄성 폐질환과 같은 만성 질환의 주요 위험 요인이다. 흡연이 위험한 이유는 담배 안에 최소 60여 가지의 발암 물질이 들어 있기 때문이다. 흡연으로 인해 몸에 해로운 성분은 혈관의 내부에 플라크(plaque)를 더 많이 축적하게 해서 심혈관 질환을 가속화시킨다. 또한 염증을 증가시키며, 몸에 해로운 콜레스테롤 수치를 증가시키고, 심장에 필요한 산소의 양을 감소시킨다.

흡연이 건강을 해치는 것을 아는데도 불구하고 많은 사람들은 금연에 성공하지 못하는데, 그 이유 중 일부는 심리적인 요인에서 찾아볼 수 있다. 예를 들어, 담배를 피게 되는 이유 중 하나는 정서 조절에 있는 경우가 많다. 즉, 부정적인 감정을 경험하거나 스트레스를 받는 상황일수록 흡연을 더 많이 하게 된다. 건강심리학자들은 흡연을 하기 전의 기분 상태와 생각을 분석하여, 흡연을 대체할 수 있는 대처 전략에 대한 상담을 통해 금연을 하는 데 성공할 확률을 높일 수 있다. 이 외에도 집단상담, 사회적 지지 증진, 이완 요법, 스트레스 관리 및 재발 방지와 같은 다양한 심리적 개입들이 금연을 하는 데 도움이 된다.

(3) 수면

우리는 살면서 1/3을 자면서 보내지만, 수면의 중요성은 간과되는 경우가 많다. 수면 연구의 개척자로 꼽히는 렉트샤펜(Allan Rechtschaffen, 1927~현존)은 "수면은 절대적으로 생명을 유지하기 위한 기능이 없다면, 진화론이 만든 가장 중대한 실수일 것이다."라는 명언을 남길 정도로, 충분한 수면을 취하는 것은 우리가 스트레스를 잘 관리하고, 질병을 예방하는 데 중요하다는 것을 볼 수 있다. 그럼에도 불구하고 대한민국에서 권장된 7시간 이하로 자는 사람이 38%로 추정되고 있으며, 수면장애의 가장 대표적인 불면증의 유병률은 10~30%로 보고되고 있다(Ohayon, 2002; Ohayon et al., 2012). 충분한 수면을 취하지 못하면 전반적으로 삶의 모든 영역에 부정적인 영향을 미친다고 밝혀지고 있다. 기억력 저하와 같은 인지 기능의 문제를 포함하여 우울증과 같은 정신장애를 유발할 수 있을 뿐만 아니라, 면역 기능 저하, 심장 질환, 대사 질환, 치매 그리고 사망에 이르기까지 많은 신체 질환의 위험 요소가 되기도 한다.

누가 수면 문제에 더 취약하게 되는가? 주요 생활 사건을 경험하거나 스트레스가 높은 사람들 그리고 스트레스에 대처를 잘 하지 못할수록 잠을 잘 못 잔다. 최근에는 수면 반응성(sleep reactivity)이라고 밝혀진 성향에 대한 많은 연구가 되고 있다. 수면 반응성이란, 다양한 스트레스 사건으로 인해 수면장애, 그중 특히 불면증에 취약한 성향이다. 수면 반응성이 높은 사람들은 낮은 사람들에 비해 스트레스 사건을 똑같이 경험하게 되더라도 수면 체계가 더 민감하게 반응하여 수면을 제대로 취하지 못한다 (Drake et al., 2011).

2) 스트레스와 만성 질환

스트레스를 받으면 만성 질환이 생길 수 있지만, 반대로 만성 질환 진단을 받는 것이 스트레스를 받게 할 수도 있다. 만성 질환이란 심장 질환, 암, 당뇨와 같이 완치는 되지 않지만 사망할 때까지 관리를 해야 하는 질환을 의미한다. 결핵, 폐렴 혹은 전염병과 같이 완치가 가능한 급성 질환과는 구분이 된다. 2000년대에 들어서면서 평균 수명도 증가하고, 주요 사망 원인도 급성 질환보다는 만성 질환이 많아졌다. 심장 질환, 암 혹은 당뇨병과 같은 만성 질환이 진단되면, 그 순간부터는 삶의 변화가 생긴다. 약을 복용해야 하며, 치료를 받고 생활 습관을 변화시켜야 한다. 예를 들어, 당뇨병 진단이 되면 지속적으로 혈당을 확인해야 하고, 혈당을 높일 수 있는 음식을 주의해야 하며, 운동을 해야 한다. 이런 만성 질환의 진단과 함께 동반되는 생활 변화는 환자로 하여금 스트레스를 받게 할 수 있다. 또한 만성 질환 중에서도 암 진단을 받는 순간에 죽음에 대한 생각이 들면서 환자는 "나는 이제 사형 선고를 받았어."와 같은 파국적인 생각을 할 수 있다. 이 외에도 많은 만성 질환은 만성 통증을 동반하기 때문에 통증으로 인해 기존의 일상 생활로 돌아가기 어렵게 될 수도 있다. 이처럼 만성 질환의 관리로 인해 스트레스를 받는 경우가 많으며, 대부분의 만성 질환은 일반 인구에 비해 높은 수준의 우울증 혹은 불안장애와 같은 정서적 문제를 동반한다. 그렇기 때문에 건강심리학자들은 병원 장면에서 치료를 받고 있는 환자에게 의학적 치료뿐만 아니라 심리적 개입을 제공하여 만성 질환의 더 좋은 예후를 위해 관리와 도움을 제공한다.

5. 스트레스에 영향을 미치는 심리사회적 요인

1) 성격

특정한 성격을 타고나면 더 건강할까? 프리드먼과 로젠만(Friedman & Rosenman, 1974)은 심혈관 질환과 관련이 있는 성향들을 발견해, A유형 성격(Type A personality) 이라고 명명하였다. A유형 성격을 가진 사람들은 경쟁적이고 참을성이 없으며 완벽주의적이고, 언어적으로 공격적이며 화를 잘 내는 사람들이다. 이런 A유형 성격을 지닌 사람들 중, 특히 적대감이 높고 짜증을 잘 내며 분노에 차 있고 참을성이 부족한 성향이 높은 사람들은 심혈관 질환의 발병을 직접적으로 높이는 요소라고 밝혀졌다. A유형 성격과는 반대로 B유형 성격을 지닌 사람들은 낙천적이고 편안한 사람들이다.

건강과 관련이 있다고 밝혀진 또 다른 성격적 특성은 낙관주의이다. 낙관적인 사람들은 미래에 좋은 일이 있을 것이라는 기대를 하는 반면, 비관적인 사람들은 미래에 나쁜 일이 생길 것이라고 기대한다. 낙관적인 사람들은 역경을 경험할 때에도 주관적 안녕감이 더 좋으며, 스트레스 상황에서도 더 좋은 대처 양식을 선택한다. 또한 낙관적인 사람들은 비관적인 사람들에 비해 건강 증진 행동을 더 많이 하고, 실제로 더 건강했다(Rasmussen et al., 2009). 낙관적인 사람들은 더 오래 산다는 증거도 있다. 네덜란드에서 조사한 연구에서 900여 명을 10년 동안 추적한 결과, 낙관주의 점수가 높은 사람들은 낮은 사람들에 비해 사망률이 적었다고 보고되었다(Danner et al., 2001).

2) 사회적 지지

사회적 지지란 타인에게 얻는 물질적인, 혹은 정서적인 지지를 의미한다. 사회적 지지가 높은 사람들은 주변에 의미 있는 관계를 맺는 사람들이 많고, 스트레스 상황에 놓였을 때 도움을 받을 수 있는 사람들이 있다는 것이다. 사회적 지지는 크게 네 종류로 나눌 수 있다. ① 재정적 지지를 제공하는 사람은 물질적인 지지를 제공하며, 여기에는 서비스 혹은 금전적 지지가 포함된다. ② 정보적 지지를 제공하는 사람은 비슷한 상황을 경험한 사람이 정보를 제공하여 지지하는 것이다. ③ 정서적 지지를 하는 사람은 스트레스를 받는 상황에서도 보살펴 주고 정서적으로 의존할 수 있는 존재가 되어 주며,

상대방이 돌봄을 받을 가치가 있다고 느끼게 해 주는 것이다. 그리고 ④ 평가적 지지를 하는 사람은 스트레스 상황에서 그 상황을 더 잘 이해할 수 있게 도와주며, 상대방이 갖고 있는 자원과 대처 전략에 대해 알려 주고, 스트레스에 더 잘 대처하게 도와준다.

사회적 지지는 건강에 영향을 미친다. 사회적 지지가 더 많은 사람들은 건강 증진 행동을 더 많이 실천한다. 특히 주변 사람들이 건강 증진 행동에 긍정적인 태도를 갖고 있으면 더 긍정적인 영향을 미친다. 또한 스트레스를 받을 때 사회적 지지는 완충 역할을 할 수 있으며, 스트레스에 대한 생리적 반응을 완화할 수 있다. 이런 긍정적인 영향으로 인해 사회적 지지가 높은 사람들은 낮은 사람들에 비해 질병 발생률도 더 낮으며, 질병으로부터 더 빨리 회복하고, 만성 질환에 대한 적응도 촉진된다. 사회적 지지는 양도 중요하지만 질도 중요하다. 즉, 주변에 사람들이 더 많다고 해서 꼭 건강에 긍정적인 영향을 미치는 것이 아니라, 그 사회적 관계들이 나에게 의미가 있고 의지할 수 있는 관계가 되어야 한다. 특히 스트레스 상황에서의 요구에 맞는 사회적 지지가 가장 도움이 많이 된다. 예를 들어, 갑자기 아프게 되어 병원에서 수술을 해야 하는데 경제적인 부담으로 인해 스트레스를 받고 있다면, 재정적 지지가 스트레스를 완화하는 데 가장 도움이 될 것이다. 사회적 지지가 스트레스에 대한 완충 역할을 하는 반면,

---

더 알아보기

옥시토신, 사랑의 묘약

대초원 들쥐 수컷은 야생에서 수컷이 평생 한 마리의 암컷과만 교미를 하고, 새끼도 함께 키운다고 알려져 있다. 옥시토신은 대초원 들쥐들이 짝 결속을 하는 데 중요한 역할을 한다. 암컷 대초원 들쥐의 뇌에 옥시토신을 주입시키면 수컷 대초원 들쥐와 더 오래 피부 접촉을 하였으며 더 강한 결속을 형성했다(Insel & Shapiro, 1992).

인간에게 옥시토신은 사람 관계에서 사회적 결속을 향상시키고, 신뢰를 생기게 하며, 출산 이후 엄마와 아기의 애착을 생성하게 하고, 남녀가 사랑에 빠지게 도와준다. 옥시토신은 특히 성교를 할 때 많이 분비되며, 남녀를 더 깊은 사랑에 빠지게 한다.

많은 연구에서는 사회적 고립, 즉 의미 있는 대인관계의 부재가 다양한 질병 유발의 위험성을 높이고, 사망률도 높인다고 보고되었다.

3) 개인적 통제감

개인적 통제감이란 스스로 결과를 통제하고 영향을 미칠 수 있는 개인적 신념을 의미한다. 개인적 통제감이 높을수록 스트레스도 더 적게 지각하며, 건강과도 밀접한 관련이 있다고 보고되었다. 개인적 통제감이 높을수록 심혈관 질환 발병률이 적으며, 인지 기능도 더 잘 유지되고 사망률도 낮춘다(Marmot et al., 1997; Seeman et al., 1993; Rodin & Langer, 1997). 한 노인 요양원에서 한 연구에서는 화초를 키우는 것과 같이 개인적 통제감을 증가할 수 있는 활동을 한 노인들은 그런 개입을 하지 않은 노인들에 비해 더 활동적이고 더 행복하다고 보고하였고, 장기적으로는 더 건강하고 사망률도 차이가 났다(Langer & Rodin, 1976; Rodin & Langer, 1977).

통제 소재는 개인적 통제와 유사한 개념이다. 자신의 삶에서 자기가 통제할 수 있는 정도를 통제 소재(locus of control)라고 하며, 내적 통제 소재 및 외적 통제 소재로 나눌 수 있다. 내적 통제 소재가 높은 사람들은 노력하면 자신의 삶을 통제할 수 있다는 믿음이 높은 반면, 외적 통제 소재가 높은 사람들은 자신의 노력보다는 운이나 우연한 요인들이 결과에 영향을 미친다고 믿는다. 여러 연구에서 내적 통제 소재가 높은 사람들이 외적 통제 소재가 높은 사람들에 비해 스트레스를 더 적게 느낀다고 보고되었다(Weibe & Smith, 1997).

통제 소재에 대한 개념을 구체적으로 건강에 적용한 연구도 있다. 건강 통제 소재(health locus of control)란, 사람들이 스스로의 건강을 개인 관리하에 있다고 느끼는 정도를 의미한다. 건강 통제 소재는 내적 건강 통제위, 외적 건강 통제위 그리고 우연성 건강 통제위로 나눌 수 있다([그림 12-5] 참고). 내적 건강 통제위가 높은 사람들은 스스로의 건강을 관리하는 데 있어 본인이 통제할 수 있는 부분이 더 높다고 지각한다. 반면, 외적 건강 통제위가 높은 사람들은 내 건강을 통제하는 요인들이 의사나 식구와 같이 외부에 있다고 믿는다. 우연성 건강 통제위가 높은 사람들은 내 건강에 일어나는 변화들은 내적, 혹은 외적 요인이 아닌 운과 같이 우연한 요인들로 인해 통제가 된다고 믿는 사람들이다. 세 가지 통제위 중 내적 건강 통제위가 높은 사람들이 건강 행동도 더 많이 실천하며, 실제로도 더 건강하다.

내적 건강 통제위

1. 내가 병에 걸렸을 때 얼마나 회복될 수 있는가는 나 하기에 달려 있다.
2. 내 건강을 다스리는 것은 나 자신이다.
3. 나는 내가 아프면 내 탓이라고 생각한다.
4. 내 건강에 중요한 영향을 미치는 것은 내가 나 자신을 어떻게 하느냐에 달려 있다.
5. 나 자신이 내 몸을 잘 돌본다면 병에 걸리지 않을 것이다.

Self control

외적 건강 통제위

1. 의사에게 정기적으로 진찰을 받는 것은 내가 병에 걸리지 않는 가장 좋은 방법이다.
2. 몸이 아프면 언제나 전문 의료인을 찾아가야 한다.
3. 내가 알게 되거나 또는 건강을 유지하는 것은 식구들이 어떻게 해 주느냐에 달려 있다.
4. 내 건강을 다스리는 것은 전문 의료인에게 달려 있다.
5. 내가 병에서 회복되는 것은 다른 사람들이 나를 잘 돌보아 주었기 때문이다.
6. 나는 아프지 않도록 의사가 하라는 것만 한다.

우연성 건강 통제위

1. 내가 아무리 조심을 해도 병이 생길 것이다.
2. 내 건강에 영향을 미치는 일들은 우연히 일어난다.
3. 병이 얼마나 빨리 회복되느냐 하는 것은 운에 달려 있다.
4. 내가 건강한 것은 대개 운이 좋기 때문이다.
5. 나는 병에 잘 걸리는 것 같다.
6. 건강하게 살도록 타고났으면 나는 건강할 것이다.

[그림 12-5] 건강 통제 소재 척도(Wallston & Wallston, 1978)

요약 및 학습과제

요약

1. 건강심리학은 심리적인 요인이 신체 건강에 미치는 영향을 연구하는 심리학 분야이다.

2. 스트레스를 연구하는 관점은 스트레스를 자극으로 보는 관점, 반응으로 보는 관점 그리고 상호작용으로 보는 관점이 있다.

3. 스트레스를 측정할 때에는 외상 사건, 주요 생활 사건 그리고 일상의 골칫거리로 분류할 수 있다. 또한 실험실에서 트리어 사회적 스트레스 테스트를 활용하여 급성 스트레스에 어떻게 반응하는지도 살펴볼 수 있다.

4. 스트레스를 받는 긴박한 상황에서 우리는 투쟁 혹은 도피 반응을 보이며, 교감 신경계의 활성화로 인해 신체는 집중적으로 준비해서 대응하거나 도피할 수 있는 반응을 준비한다.

5. 급성 스트레스를 받게 되면 자율신경계가 활성화되면서 에피네프린과 노르에피네프린과 같은 카테콜라민이 분비되어 생리적인 흥분을 유발한다. 또한 스트레스가 만성화되면 HPA축이 활성화되어, 우리 신체에서 스트레스 호르몬인 코르티솔이 분비된다.

6. 일반적응 증후군에서는 우리의 신체가 스트레스에 적응하기 위해서 나타나는 세 가지 단계를 거친다. 일반적응 증후군의 세 단계는 경고, 저항 그리고 소진이다.

7. 스트레스를 지각하기 위해서는 두 가지 평가 단계를 거친다. 일차 평가에서는 그 사건이 무엇이며, 나의 안녕감에 어떤 영향을 미칠지에 대한 이해를 한다. 이차 평가에서는 스트레스원에 대한 본인의 대처 능력을 평가하게 된다.

8. 여성들은 투쟁 혹은 도피 반응보다는 돌봄과 어울림이라는 스트레스 반응을 더 많이 보인다.

9. 스트레스에 얼마나 잘 대처하는지에 따라 스트레스를 지각하는 정도가 변화한다. 대표적인 대처 양식으로는 문제 중심 대처, 정서 중심 대처 그리고 평가 중심 대처가 있다. 특정 대처 양식이 더 우월하다기보다는, 스트레스 상황에서 요구하는 대처 양식을 잘 파악해서 사용해야 스트레스를 적게 받을 수 있다.

10. A유형 성격을 지닌 사람들은 경쟁적이고 참을성이 없으며 완벽주의적이고, 언어적으로 공격적이며 화를 잘 낸다. A유형 성격인 사람들은, 특히 심혈관 질환에 취약하다.

11. 사회적 지지가 더 많을수록 건강에 긍정적인 영향을 미치며, 사회적 지지는 재정적 지지, 정보적 지지, 정서적 지지 그리고 평가적 지지로 나눌 수 있다. 사회적 지지를 특히 촉진하는 호르몬은 옥시토신이다.

12. 개인적인 통제감이 높을수록 건강하다. 특히 자신의 삶에서 자기가 통제할 수 있는 정도를 통제 소재라고 하며, 내적 통제 소재와 외적 통제 소재로 나눌 수 있다.

학습과제

1. 스트레스가 무엇인지 정의하고, 다양한 스트레스원에는 어떤 것이 있는지 설명하시오.

2. 스트레스가 급성일 때와 만성화됐을 때 영향을 미치는 신체 체계와 신체 변화에 대해 설명하시오.

3. 스트레스의 일차 및 이차 평가에 대해 설명하시오.

4. 다양한 종류의 대처 양식에 대해 설명하시오.

5. 사회적 지지의 네 가지 종류에 대해 설명하시오.

6. 건강에 영향을 주는 성격 및 사회적 요인에 대해 설명하시오.

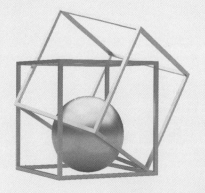

상담과 심리치료

- 상담과 심리치료를 구별한다.
- 개인치료, 집단치료, 가족치료의 특징을 알아본다.
- 상담과 심리치료의 치유 요인을 알아본다.
- 정신역동적 심리치료의 특징을 알아본다.
- 인지행동적 심리치료의 특징을 알아본다.
- 인본주의적 심리치료의 특징을 알아본다.
- 각 이론들의 공통점과 차이점을 알아본다.

학습개요

　　최근 급격한 사회적 변화로 인해 사람들은 가벼운 스트레스에서 심각한 정신장애까지 다양한 심리적 문제를 경험하고 있다. 또한 이러한 문제의 해결을 위해 전문적인 도움을 요청하는 사람들이 점차 늘어나고 있다. 이에 따라 상담 및 심리치료 분야가 활성화되고 있으며, 이 분야를 공부하려는 사람들도 늘어나고 있다.

　　좋은 상담 및 심리치료자가 되기 위해서는 인간의 생물학적 기초, 지각, 발달, 학습, 성격, 정서와 동기, 정신병리, 사회적 상호작용 등과 같은 심리학적 기초 지식이 필요하고, 인간과 관련된 다양한 주제의 연구와 개념들을 알아야 한다.

　　상담 및 심리치료자들은 이러한 심리학적 지식을 기초로 내담자의 행동을 이해할 뿐 아니라 상담 이론에 따라 심리적 문제의 무의식적 원인을 이해하거나 사회적 기술 훈련과 같은 문제 해결 기술을 가르치는 방법을 통하여 문제를 극복할 수 있도록 돕는다. 또한 치료 과정에서 언어적 대화나 미술, 놀이, 춤 등의 다양한 상징적 표현 수단을 이용하여 내담자가 자신을 이해하고 성장할 수 있도록 돕는다.

　　이 장에서는 상담과 심리치료의 정의, 치료의 유형, 치유 요인을 알아보고, 여러 가지 심리치료 이론 중 대표적인 이론인 정신역동치료, 인지행동치료, 인간중심치료 이론을 개관하고, 심리치료의 효용성을 살펴보고자 한다.

13 chapter 상담과 심리치료

1. 상담과 심리치료의 정의와 유형

상담과 심리치료를 명확하게 구별하기는 힘들다. 상담과 심리치료는 대상이나 문제에 따라 이론과 접근 방식이 약간씩 다르지만, 심리학에서의 상담은 심리치료와 같은 이론적 관점을 가지고 접근하는 경우가 많다. 이 절에서는 상담과 심리치료의 정의와 특징을 살펴보고, 치료에서 누구를 대상으로 하는지에 따른 치료의 유형과 상담과 심리치료의 어떤 요인이 치료 효과를 가져오는지를 알아보고자 한다.

1) 상담과 심리치료의 정의

사람들은 살아가면서 수많은 어려움을 겪는다. 이러한 어려움은 시간이 흐르면서 자연스럽게 해결되기도 하지만 전문적인 도움이 필요할 때가 많다. 많은 경우, 문제 상황에 놓여 있으면서도 이를 제대로 해결하지 못하거나 자신의 기대만큼 살아가지 못할 때 상담이나 도움을 청하게 된다.

상담 혹은 심리치료는 이렇게 삶에서 심리적으로 고통을 경험하는 사람들이나 자기의 성장을 목표로 하는 사람들을 대상으로 도움을 주는 전문 분야다. 즉, 상담 혹은 심리치료는 전문적 훈련을 받은 상담자와 도움을 받고자 하는 내담자가 상호작용을 통하여 내담자 자신과 환경에 대한 의미 있는 이해를 하고, 심리적 문제를 해결할 뿐만 아니라 장래 행동의 목표나 가치관을 확립하고 명료화하도록 하며, 행복한 삶을 살아가도록 돕는 과정이다(천성문 외, 2009).

그러나 상담과 심리치료라는 용어는 학자마다 다른 의미로 사용하는 경향이 있다(Corsini, 2005/2007). 코시니(Corsini, 2005/2007)는 본질적으로 상담은 인간 행동의 특정 영역에 대한 전문가라고 할 수 있는 사람이 정보나 조언, 지시를 주는 것을 강조한 반면, 심리치료는 사람들이 왜 불만족스럽게 생각하고 느끼고 행동하는지를 발견하도록 돕는 과정이라 보았다. 또한 김정희(2005)는 성장과 예방에 목표를 둘 때는 상담의 요소가 강하고, 병리적 상태의 개선이나 치유를 목표로 할 때는 심리치료라고 부를 수 있다고 언급하였다. 이러한 견해를 종합하면 상담은 정상인을 대상으로 발달 과정에서 경험하는 심리적 갈등, 관계 문제, 진로 등의 다양한 문제를 해결하도록 도울 뿐만 아니라 문제를 예방하고 인간이 보다 더 건강하게 성장하도록 돕는 데 초점을 둔다. 반면, 심리치료는 가벼운 심리적 문제에서 보다 심각한 정신증적인 문제를 가진 환자를 대상으로 증상 완화에서 성격을 변화시키는 것까지 다양한 범위의 문제에 초점을 둔다고 말할 수 있다. 이처럼 상담과 심리치료는 누구를 대상으로 하고 어떠한 문제에 초점을 두느냐에 따라 구별을 하고 있으나, 치료 과정이나 내용 측면에서 보면 엄격하게 구별되지는 않는다. 따라서 이 장에서는 상담과 심리치료를 같은 의미로 사용하고자 한다.

2) 상담과 심리치료의 유형

상담과 심리치료를 받으러 오는 사람들은 다양하다. 개인적으로 도움을 받고자 하는 경우도 있고, 가족이나 부부가 함께 도움을 받고자 하는 경우도 있다. 또한 여러 명의 내담자가 집단의 상호작용을 통하여 심리적 문제를 해결할 뿐만 아니라 삶의 기술을 배우고자 할 수도 있다. 치료자가 훈련받은 이론적 접근이나 내담자의 문제 특성에 따라 개인상담, 가족/부부상담 혹은 집단상담을 적용할 수 있는데, 이 절에서는 개인상담, 집단상담, 부부/가족상담을 살펴보고자 한다.

(1) 개인상담

치료자가 한 명의 내담자(혹은 환자)를 대상으로 치료할 때 이를 개인상담이라 한다. 개인상담에서는 내담자가 호소하는 내용을 언어적·비언어적 대화나 다른 도구를 사용하여 해결하는 것이 목적이다. 이러한 과정에서 치료자는 각자 가지고 있는 이론적 입장에 따라 상담을 진행하게 되는데, 내담자가 호소하는 문제와 증상에 따라 치료자의 주된 접근법이 아닌 다른 접근법을 사용하기도 한다. 실제로 심리치료사 중 절반 이상은 절충적 접근을 선호하는 편이다(Castonguay & Goldfried, 1994). 개인상담의 대상을 아동, 청소년, 대학생, 성인, 여성, 노인 등으로 분류할 수 있는데, 각 대상에 따라 발달적 특성과 문제 유형이 다르며, 그에 따른 접근 방법도 조금씩 다르다. 또한 문제에 따라 학습, 진로, 성격, 정신 건강, 성문제, 중독 문제 상담으로 분류하기도 하는데, 이러한 문제 영역에 해당하는 전문 지식과 상담 방법이 필요하다.

(2) 집단상담

집단상담은 한 사람 혹은 여러 치료자가 다수의 집단원을 대상으로 집단 상호작용을 이용하여 행동의 변화, 문제 해결, 잠재 능력의 개발을 돕는 과정이다. 집단상담은 정보 제공에서부터 사회기술, 대인관계 능력 향상, 자기 이해와 수용 능력의 향상 등 다양한 목적으로 활용된다. 집단상담은 개인상담과 다르게 상담자가 한꺼번에 많은 사람들을 도울 수 있으며, 집단원들이 서로에게 도움을 줄 수 있다는 장점이 있다.

집단상담은 집단 진행 내용이 구체적으로 정해져 있는 구조화 집단상담과 지금 여기에서 일어나는 생각이나 느낌을 나누고 집단 상호작용을 이용하는 비구조화된 집단 상담으로 나눌 수 있다. 집단에 참여하는 사람들의 특성과 목적에 따라 치료 집단, 성장 집단, 자조 집단 등으로 분류하기도 한다. 치료 집단은 우울, 불안 등과 같은 정서행동 문제나 정신장애를 치료하기 위한 목적을 갖고 정신장애에 대한 전문성을 가진 전문가가 집단을 진행한다. 성장 집단은 집단원의 자기 이해와 잠재력 개발과 같은 발달상의 문제 등을 다루는 집단이다. 자조 집단의 경우 동일한 문제를 갖고 있는 사람들이 서로 지지 체계가 되어 정서적 지지뿐만 아니라 정보 교류, 제도 개선을 위한 제안 등 다양한 목표를 갖고 활동한다.

집단상담에서는 상담자의 역할보다는 집단원의 상호작용과 역동이 변화의 촉진 요인이 된다. 얄롬에 의하면, 집단치료가 진정으로 효과적이려면 집단 구성원들이 서로 자유롭게 상호작용할 수 있는 장을 마련해 주고, 그들이 상호작용을 하면서 무엇이 잘못되었는지 파악하고 이해하도록 도와주며, 궁극적으로는 각자의 부적응적인 양상을 변화시킬 수 있어야 한다(Yalom, 1995/2001).

(3) 부부/가족상담

치료자가 부부 또는 가족 구성원을 대상으로 치료할 때 이를 부부/가족상담이라 한다. 가족상담에서는 특정한 문제를 지닌 가족 구성원을 IP(Identified Patient, 주로 역기능 가족에서의 자녀)라 칭하고, 그가 보이는 문제 행동은 가족 체계 내의 역동 속에서 발생·유지되며, IP와 다른 가족 간의 관계에 변화가 생길 때 그 문제 행동이 사라진다고 가정하고, 가족 체계 전체를 치료 대상으로 삼는다. 가족상담에서는 문제를 가진 한 개인만을 변화시키기보다는 가족을 하나의 체계로 보고 역기능적인 가족의 구조와 가족 간의 상호작용을 변화시킴으로써 문제를 가진 가족 구성원뿐만 아니라 가족 구성원 전체의 변화를 가져오게 한다. 부부/가족상담에서는 구성원 간의 이해, 화해와 성장 등을 목적으로 하며, 가족 구성원의 부적응적인 관계 패턴을 확인·이해하고, 나아가 변화할 수 있도록 돕는다. 이러한 과정을 통해 역기능적인 가족 체계의 변화뿐 아니라 구성원 내 개개인의 성장도 촉진한다. 골든버그와 골든버그(Goldenberg & Goldenberg, 2000)에 의하면 가족치료에는 대상관계 가족치료, 경험적 가족치료, 다세대 가족치료, 구조적 가족치료, 전략적 가족치료, 인지행동적 가족치료, 사회 구성주의적 가족치료 등 다양한 이론적 관점이 있다. 이러한 이론적 관점들은 주로 가계도, 가족 조각(family sculpting), 가족 규칙(family rules), 가족 신화(family myths), 의사소통 방식 등을 통하여 가족 구조 및 관계를 이해하고, 가족 간의 상호작용을 변화시키기 위해 노력한다.

3) 상담과 심리치료의 치유 요인

심리치료에서 어떠한 요인이 변화를 일으키는지에 대한 연구가 꾸준히 이루어지고 있다. 코시니와 로젠버그(Corsini & Rosenberg, 1955)는 치료 과정에서 사람을 변화시키는 데 필요한 아홉 가지 요인을 제시했으며, 이들을 인지적·감정적·행동적 요인으로 유목화할 수 있다. 이를 구체적으로 살펴보면 다음과 같다.

인지적 요인은 보편화, 통찰, 모델링의 세 가지 요인을 포함한다. 내담자는 자신이 혼자가 아니고, 다른 사람들도 유사한 문제를 가졌으며, 인간의 고통은 보편적이라고 깨달았을 때 개선될 수 있다. 상담 과정에서 내담자는 점차적으로 자기 자신과 타인을 이해할 수 있으며, 자신의 동기와 행동에 대해 다른 관점을 가질 수 있다. 이러한 통찰은 내담자를 성장하게 만드는 주요 요인이 될 수 있다. 내담자는 다른 사람을 지켜보는 것에서도 도움을 받을 수 있는데, 특히 치료자는 내담자의 좋은 모델이 된다.

감정적 요인은 수용, 이타성, 전이를 포함한다. 내담자는 치료자에게 무조건적인 긍정적 존중을 받을 때 변화가 일어난다. 특히 치료자에게 존중받고 수용되고 있다는 느낌은 내담자의 변화에 큰 영향을 미칠 수 있으며, 이러한 경험은 긍정적인 전이 형성에도 영향을 미칠 수 있다. 내담자는 치료자와의 관계에서, 그리고 집단 상황에서는 집단 구성원 사이에 일어나는 감정적 유대와 전이를 통해 변화가 일어날 수 있다. 이 외에도 내담자는 자신이 치료자나 집단원의 관심과 사랑을 받는 대상이라는 것을 인식할 때, 또는 자신이 다른 사람을 돕거나 사랑과 관심을 제공하는 사람이 될 때 변화가 일어날 수 있다.

행동적 요인은 안전하고 수용되고 있다는 느낌이 동반되는 상황에서의 현실 검증(reality testing), 환기(ventilation), 상호작용을 포함한다. 내담자들은 지지와 피드백을 받는 안전한 상황 속에서 새로운 행동을 실험할 때 변화가 가능해진다. 때로는 소리를 지르고, 울거나 분노를 표출하는 것을 통하여 감정을 발산하는 것은 가치가 있으며, 이러한 과정은 변화를 시작하도록 촉진할 수 있다. 이 외에도 내담자는 자기 자신 또는 자신의 행동에 무언가 잘못이 있음을 개방적으로 인정할 때 향상될 수 있다.

2. 상담 및 심리치료 이론

인간의 심리적 문제는 다양하다. 이러한 심리적 문제를 이해하고 설명하려는 이론적 접근 방법은 다양하다. 치료 이론들은 인간이 심리적으로 어떻게 발달하고, 성격이 어떻게 형성되며, 심리적 문제의 원인이 무엇인지, 내담자의 문제를 어떻게 해결할 수 있는지에 관해 각기 다른 관점에서 설명하고 있다. 그러나 인간의 심리적 문제를 설명해 주는 단일한 이론적 모델은 없으며, 각각의 이론은 내담자의 문제를 이해하는 데 유용한 측면이 있다. 따라서 어떤 치료자들은 특정한 이론적 입장에서 내담자의 문제를 이해하고 치료하는 반면, 어떤 치료자들은 내담자의 문제에 맞게 치료 이론을 절충해서 사용하기도 한다.

심리치료 이론들은 인간의 문제를 보다 명확하게 설명하기 위해 꾸준히 수정·발전하고 있다. 또한 우리나라에서도 서양의 심리치료 이론을 적용하기도 하지만 한국적 상담 모형을 개발, 적용하려고 노력하고 있다. 대표적으로 도(道) 정신치료(이동식, 2008), 온마음 상담(윤호균, 2007) 등이 있다. 이 장에서는 심리치료 이론에서 가장 널리 알려진 정신역동적 접근, 인지행동적 접근, 인본주의적 접근에 대해 살펴볼 것이다.

1) 정신역동적 심리치료

프로이트(S. Freud)의 정신분석 이론이 창시된 이래로 현대 심리치료에 끼친 영향력은 막대하다. 대부분의 초기 치료자들은 정신분석 훈련을 받았으며, 어떤 치료자는 Freud 관점을 부정하고 전혀 다른 이론을 개발하기도 하였고, 어떤 치료자는 정신분석적 개념을 확장시키는 등 심리치료 이론 발달에 많은 기여를 하였다(Sharf, 2013). 또한 정신분석을 따르는 치료자들은 현재까지도 계속해서 이론을 확장, 변화시키고 있으며, 이러한 접근들은 문제의 원인에 대한 관점이나 접근법들이 약간씩 다르다. 그러나 이들은 문제의 근원이 무의식적인 갈등에 의한 것이라고 본다는 점은 동일하다. 정신분석적 치료는 프로이트의 정신분석 이론과 아들러의 개인심리학, 융의 분석심리학 및 현대 정신분석 이론인 자아심리학, 대인관계 심리학, 대상관계 이론, 자기심리학 등을 포함하고 있다.

(1) 정신분석

프로이트는 인간을 생물학적 존재로 보며, 인간이 경험하는 말, 생각, 행동은 정신 내적인 요소에 의해 결정된다고 보았다. 이러한 정신 내적인 요소들은 무의식과 관련이 있는데 무의식은 인간이 받아들이기 어려운 성적 충동과 공격적 충동이나 생각, 기억, 감정들이 억압된 것으로 대부분 인식하지 못한다. 또 정신분석에서는 개인이 경험하는 현재의 어려움과 성격 특성은 대부분 아동기에 경험한 중요한 사건 그리고 이와 관련된 소망이나 환상 등에서 비롯된다고 보고 있다. 이 아동기 경험은 무의식적인 조각과 패턴으로 남아 개인에게 지속적인 영향을 미치게 된다.

정신분석 치료에서는 현재 문제와 관련이 있지만 미처 인식하지 못한 채 반복되었던 무의식을 인식하고 조절할 수 있도록 하며, 나아가 성격 구조를 재구성할 수 있도록 돕는다. 내담자들은 이러한 분석 과정을 통해 무의식의 지배에서 벗어나 더 자유로운 삶을 추구할 수 있게 된다. 정신분석에서는 무의식의 의식화를 위해 자유연상, 꿈의 분석 등의 방법을 사용하며, 전이와 저항에 대한 해석을 통해 내담자들이 자신의 문제의 근원을 통찰하도록 하고, 반복적인 훈습을 통해 현실적 자아 기능 향상 및 성격 구조의 변화까지 이룰 수 있게 한다.

특히 정신분석적 심리치료는 환자-치료자 사이에서 일어나는 상호작용에 대해 세심한 주의를 기울이고 그 상호작용에 치료자 자신이 기여하는 바를 잘 이해하며, 치료에서 나타나는 전이와 저항에 초점을 두는 치료법이다(Gunderson & Gabbard, 1999). 전이와 저항은 현재 내담자의 삶에서 문제를 일으키는 무의식적 패턴을 인식하고 통찰하는 데 중요한 역할을 한다.

자유연상   내담자의 무의식적 자료를 탐색하기 위해 사용하는 기법이다. 자신의 마음에 떠오르는 생각은 어떤 생각이든 거르거나 선택하지 않고 말하며, 자신의 의식 흐름을 수동적으로 관찰하는 사람이 되어 마치 창밖으로 보이는 풍경의 모습을 설명하듯이 전달하도록 격려받는다. 자유연상은 내담자 방어기제의 작용에도 불구하고 분석자가 환자의 비밀과 무의식적 소망을 분별할 수 있도록 도와준다.

꿈의 분석   갈등을 일으키는 내담자의 소망은 꿈속에서 위장된 형태로 나타나며, 꿈의 진정한 의미는 정교한 왜곡의 과정을 거친 후에야 꿈으로 경험된다. 그래서 꿈을 꾸는 사람은 궤도에서 벗어난 내용 때문에 본래 꿈의 의미를 더욱 잃게 된다. 따라서 분석가는 꿈속에서 나타난 각 요소를 분리하고 연상을 통해 내담자의 무의식 속에 억압되어 있는 소망을 찾아내도록 한다.

전이   전이는 내담자가 과거 경험했던 중요한 인물과의 관계를 분석가와의 관계에서 재현하는 것이다. 분석가와의 관계를 통해 내담자는 무의식적으로 억압되었던 감정, 신념, 욕망을 행동으로 표현하게 된다. 이러한 전이를 분석함으로써 내담자는 현재의 문제에 대한 무의식의 영향을 탐색하고 통찰할 수 있게 된다. 전이 관계의 해석은 정신분석 치료의 핵심적인 요인이라고 볼 수 있다.

저항   저항은 상담의 진행을 방해하고 변화를 가로막는 모든 생각, 태도, 감정, 행동을 말한다. 저항을 다스리기 위해서는 그 이유를 먼저 분석해야 한다. 특정한 주제에 대해서 더 많은 저항을 보일 때는, 그 주제가 내담자가 해결해야 할 핵심 문제일 수도 있다는 점에서 저항이 해결의 실마리가 되기도 한다.

해석   해석은 내담자가 말한 것이나 행한 것의 무의식적 근원을 인식할 수 있도록 분석가가 전달하는 것이다. 해석은 내담자가 이를 수용할 준비가 되었을 때, 소화할 수 있는 정도의 깊이까지만 해야 한다. 저변에 깔려 있는 무의식의 정서나 갈등을 해석하기 전에 저항이나 방어를 지적하는 것이 좋다.

통찰과 훈습   적절한 해석은 갈등의 본질에 대한 통찰을 경험하게 한다. 그러나 한두 번의 통찰만으로 변화가 오는 것은 아니다. 지금까지 익숙하게 지내 왔던 방식대로 되돌아가려는 성향이 있기 때문이다. 따라서 분석은 여러 번, 여러 가지 다른 방식으로 지속되는데, 이를 통해 자신의 문제에 대한 통찰이 반복되고, 정교화되어 확대되는 과정인 훈습이 이루어지게 된다. 이러한 과정을 통해 자신의 무의식적인 패턴에 대해 인식, 이해 및 변화가 시작될 수 있다.

(2) 개인심리학

개인심리학의 창시자 아들러(Adler)는 신프로이트학파로 프로이트와는 관점이 다르다. 아들러는 본능을 강조하는 프로이트와는 달리 개인의 운명에 대한 책임감을 강조하고, 인간을 창조적이며 총체적인 존재로 보았으며, 사회적 관심을 중요하게 생각하였다. 개인심리학에 의하면 개인은 타고난 열등감을 극복하고 우월함을 추구하려는 욕구를 가지고 있으며, 발달 과정에서 이러한 목표를 달성하기 위해 생활 양식과 사회적 관심을 발달시킨다. 따라서 문제를 이해하기 위해서는 각 개인의 인지 조직과 생활 양식을 이해하는 것이 필요하다. 아들러는 개인은 사회적 관심, 상식, 용기가 결여되었을 때 문제를 경험하게 되며, 용기를 잃고 낙담하게 되었을 때 심리적 문제를 가지게 된다고 하였다. 내담자들은 낙담으로 인해 고통받고 있으므로 생활 양식의 분석과 격려를 통해 자신에 대한 희망과 믿음을 갖고, 변화하기 위한 용기와 사회적 관심을 가질 수 있으며, 새로운 생활 양식을 개발할 수 있다.

따라서 개인심리학의 치료에서는 내담자가 인식하고 있는 생활 양식을 파악하고 내담자의 신념과 행동을 변화시켜 바람직한 방향으로 생활 양식을 바꾸도록 조력한다.

생활 양식 생활 양식은 초기 아동기에 발달하는 것으로 완전성과 우월감을 획득하고, 열등감을 극복하기 위해 노력하는 방식이다. 이러한 생활 양식은 잘 변하지 않고, 다른 사람과의 관계, 직업, 사랑 등에 나타나며, 현재 경험하는 문제 행동과도 관련이 있다. 따라서 치료자는 내담자의 생활 양식을 이해하는 것이 필요하다. 생활 양식은 내담자의 모든 행동, 가족 구도, 초기 기억의 회상 등을 통해 이해할 수 있으며, 자기 개념과 타인과 세상에 대한 신념 등과 같은 생활 양식을 파악하고 내담자가 가지고 있는 기본적인 오류를 찾아낼 수 있다. 이러한 기본적인 오류에는 과잉 일반화, 그릇되거나 불가능한 '안전'의 목표, 인생과 인생의 요구에 대한 잘못된 지각, 개인 가치의 최소화 또는 부인, 그릇된 가치관이 포함된다. 상담 과정에서는 이러한 그릇된 생활 양식을 변화시켜 보다 효과적으로 문제를 해결할 수 있도록 돕는다.

열등감   인간은 태어날 때부터 열등감에 노출된다. 또한 자기 개념과 현실 간에 차이가 있을 때 열등감이 생긴다. 이러한 열등감은 우리를 불편하게 만들 수 있지만, 보편적이며 정상적인 것이다. 열등감이 있기 때문에 개인은 우월을 추구할 수 있게 되며, 삶에 의지와 도전을 가지며, 끊임없이 발전할 수 있게 된다. 그러나 열등감 자체에 강하게 사로잡혀 열등감을 극복할 수 없다는 믿음을 갖게 되는 경우는 오히려 발전을 저해하거나 병리에 이르도록 영향을 미칠 수 있다.

사회적 관심   인간은 사회적 관계를 갖고 협력하기 위한 선천적 능력이나 소질을 갖고 태어나며, 다양한 활동을 통해 사회에 협력하는 능력을 발전시킨다. 특히 부모-자녀 관계는 사회적 관심을 발달시키는 데 중요하다. 이 사회적 관심은 정신 건강을 측정하는 수단으로, 건강하거나 정상적인 사람은 사회적 관심을 발달시킨 사람이라고 본다. 이러한 사람은 회피하거나 방관자가 되지 않고 인생과 생활 과제에 기꺼이 전념한다(Wolfe, 1932).   사회적 관심이 결여된 사람은 자기중심적이고, 다른 사람을 무시하는 경향이 있으며, 목표 추구가 부족하다.

가족 구도와 출생 순위   아들러에 의하면 출생 순위는 사회적 관계를 맺고 생활 양식을 개발하는 데 영향을 미친다. 하지만 실제 출생 순위보다 가족 안에서의 심리적 위치가 더 중요하다. 상담 과정에서 상담자는 출생 순위뿐만 아니라 형제들 간의 관계, 부모-자녀 관계, 발달 과정을 통해 생활 양식을 파악하고, 이를 토대로 치료적 해석과 개입을 한다.

(3) 분석심리학
분석심리학의 창시자 융(Jung)에 의하면, 개인에게 영향을 미치고 개인을 지배하는 힘의 원동력은 개인의 출생 이전인 인류의 역사에서 시작되었다고 한다. 인간은 전체성을 타고났으며, 일생을 통해 타고난 전체성을 가능한 한 분화시키고 발전시키게 된다. 그러나 더 이상 개성화 또는 자기실현을 하지 못하고 멈추었을 때, 개인은 문제를 경험하게 된다. 따라서 분석적 심리치료에서는 본질적으로 좀 더 높은 수준의 기능으로 내담자의 성격을 성장시키고 치유하고 새로운 통합을 촉진하기 위해 노력한다(Douglas, 2000/2004).

콤플렉스　　개인의 무의식 속에 연합된 감정, 사고, 기억의 그룹인 콤플렉스는 전체의 인격에서 분리된 작은 인격과 같이 작용한다. 콤플렉스는 독립적이고, 그 자체로 추진력을 가지고 있으며, 개인의 생각과 행동을 조절하는 매우 강한 힘을 갖고 있다. 분석치료의 목표는 콤플렉스를 해소하고 그 지배 상태에서 내담자를 해방시키는 것이다.

원형　　융은 콤플렉스가 아동기 초기의 체험보다 훨씬 더 깊은 인간 본성의 무언가로부터 생기는 것임을 깨달았다. 이에 인간의 무의식이 개인적인 경험에만 의존하지 않는다고 주장하며, 인류의 태고 및 유기체의 진화가 시작된 더 먼 과거의 영향을 받은 집단 무의식에 의해 영향을 받는다고 보았다. 원형은 집단 무의식의 내용을 말하며, 페르소나, 아니마와 아니무스, 그림자, 자기 등을 포함한다. 원형은 서로 별개로 존재하지만 다양하게 상호작용을 할 수 있기 때문에, 결국 서로 다른 개개인의 인격을 형성하게 만드는 요인이 된다.

개성화　　개인은 미분화된 전체성의 상태에서 시작되며, 분화와 발전을 통해 균형 잡힌 인격으로 발달하게 된다. 개인은 자신의 성격에서 조금 더 부정적인 면을 수용하고, 완성과 전체성을 이루기 위해 노력한다. 이와 같이 자신의 미발달된 부분을 개척하고, 이러한 측면의 성격을 좀 더 완전하게 채우는 것을 개성화라고 한다. 따라서 분석적 심리치료에서는 내담자가 개성화를 통해 자기실현을 할 수 있도록 초점을 맞추며, 이를 위해 전이와 꿈의 분석, 여러 활동과 도구를 이용한 적극적 심상화를 한다.

(4) 최근 정신분석의 동향

프로이트 이후 정신분석의 흐름과 변화를 자아심리학, 대인관계 심리학, 대상관계 이론, 자기심리학 등으로 보면 다음과 같다.

자아심리학　　자아심리학의 선구자 안나 프로이트는 개인 성격의 기본 양상이 방어에 뿌리를 두고 있으며, 이러한 무의식적 방어 과정이 완벽하게 분석되지 않는다면 제대로 된 분석치료는 이루어질 수 없다고 보았다. 안나 프로이트는 원초아의 파생물을 추적하기보다는 중립적으로 원본능, 자아, 초자아 세 구조 모두에 관심을 갖는 쪽이 보다 더 적합한 분석적 태도라고 주장하면서 분석의 초점을 원본능 충동이 아닌 자아

안나 프로이트(A. Freud)

의 자각되지 않은 활동에 맞추었다.

안나 프로이트, 하트만(Heinz Hartman, 1894~1970) 등의 자아심리학자들은 정상적인 심리적 기능과 정신병리에 관한 이해를 폭넓게 해 주었다. 이들은 자기를 관찰, 성찰하며 현실성을 유지할 수 있게 해 주는 넓은 의미의 자아 기능에 관심을 보였으며, 그 결과 환자와 분석가의 '치료 동맹'을 형성하는 기술이 개발되었다. 또한 치료적 협력 관계 자체가 치료적이라는 사실이 밝혀지면서 분석 과정에 대한 근본적 시각의 변화가 일어났다. 결국, 분석은 분석가와 환자가 협력해야 할 작업일 뿐만 아니라 하나의 성장 경험으로 이해되며, 분석가와 환자의 관계는 초기 발달적 경험을 교정하는 기회로 받아들이게 되었다.

자아심리학자들은 정신의 정상적인 발달 과정에 미치는 환경적 요소와 부모와의 초기 관계를 다룬다는 점에서 다른 현대 정신분석 이론과 관심거리를 공유하고 있으나, 프로이트의 이론을 보전하고 있다는 점에서 다른 학파들과 구별된다.

대인관계 심리학   설리반(Harry Sullivan, 1892~1949)은 인간 존재가 대인관계의 장에서 분리될 수 없으며, 개인의 성격은 다른 사람들로 구성된 환경 안에서 형성되기 때문에 사람들 사이의 복잡한 상호작용을 이해하지 않고서는 올바르게 알 수 없다고 보았다. 설리반에 의하면, 개인의 성격은 오랫동안 계속하여 반복되는 대인관계 상황의 유형이기 때문에 과거와 현재의 관계를 고려하는 것이 대상을 이해하는 데 중요하다. 또한 불안은 개인이 자기의 경험과 타인과의 상호작용을 조성해 가는 방식을 결정하는 중요한 요소이기 때문에 자기를 형성하고 타인과의 상호작용을 조절하는 데 영향을 미친다. 사람들은 불안에 직면하게 되면 안전 작용으로 인해 개인의 익숙한 과거의 행동 유형으로 되돌아가게 된다. 따라서 대인관계 정신분석의 가장 중심적인 기법 중 하나는 질문과 자기 성찰을 통해 환자로 하여금 자기 체계가 어떻게 작동하는지를 깨닫게 하는 것이다.

설리반(H. S. Sullivan)

현대적 형태의 대인관계 정신분석학에서는 '지금-여기'라는 현재를 강조한다. 치료를 위해 중요한 것은 환자의 발달 초기 관계 유형이 현재에 미치는 영향을 파악하는 것이며, 환자가 타인과 맺는 통합적 관계 방식에 초점을 맞춘다. 또한 분석 상황에서 역전이는 중요한 요소이며, 분석가를 단순한 관찰자가 아닌 환자와 함께 상호작용에 참여하는 존재로 본다. 이를 통해 환자는 자신이 계속해서 회피해 온 것이 무엇인지 깨닫게 되며, 불안과 같은 문제를 통제하기 위해 사용했던 방법이 오히려 자신의 더 나은 삶을 방해하고 있다는 사실을 깨닫게 된다.

대상관계 이론   프로이트가 오이디푸스 시기에 조금 더 초점을 맞추었다면, 대상관계 이론가들은 그 이전의 발달 시기에 초점을 맞춤으로써 개인 심리의 형성 과정에 대한 이해의 폭을 넓혔다.

또한 대상관계 이론가들은 인간은 욕구 충족을 위해 관계를 맺는 것이 아니라 대상과 관계를 맺고자 하는 욕구를 기본적으로 가지고 있다고 보았다. 유아는 자신의 환경과 조화로운 상호작용을 할 수 있는 능력이 있으며, 이러한 능력을 바탕으로 초기 양육자와의 관계에서 경험한 대상관계, 즉 양육자의 대상 이미지와 어머니에게 돌봄을 받는 유아의 자기 이미지, 그리고 대상 이미지와 자기 이미지의 관계를 내재화한다고 보았다.

개인은 이러한 내면화된 초기 관계의 유형에 따라 성격과 자아 발달이 영향을 받는다. 페어베언(Ronald Fairbairn, 1889~1964)에 의하면 자아는 개인이 태어날 때부터 존재하고, 만족스럽고 적절한 부모와의 상호작용은 본래의 자아를 강하게 하며, 강해진 자아는 성장 과정에서 경험하는 어려움을 견뎌 내는 능력을 가질 수 있다고 한다. 그러나 이상적인 부모란 사실상 있을 수 없다는 사실에 기초하여 자아의 분열은 보편적인 현상이라 볼 수 있다. 분열된 내적 대상관계의 영향이 개인의 삶에 강하게 영향을 미치는 경우, 새로운 경험이라 할지라도 투사와 내면화 등을 통해 과거의 경험과 같은 것으로 해석될 수 있다.

성격과 대인관계장애가 변화하기 어려운 것은 이러한 과거의 관계 유형이 계속해서 투사되고 다시 내면화되기 때문이다. 치료 과정에서도 환자들은 희망을 갖고서 무언가 새로운 관계를 찾지만 불가피하게 분석가를 (전이 속에서) 과거의 나쁜 대상으로 경험하게 된다. 따라서 치료 과정에서는 내담자가 치료자라는 새로운 긍정적 대상관계를 경험하게 될 때, 내담자의 내적 대상 표상은 더욱 성숙하게 변할 수 있으며, 나아가 대상 활용 능력을 갖추어 나갈 수 있게 된다. 위니컷(Donald Winnicott, 1896~1971)은 이러한 과정에서 치료자의 안아 주는 능력, 공감적 이해, 반영, 견디어 주는 능력이 중요하다고 보았으며, 이러한 능력을 바탕으로 치료자가 충분히 좋은 어머니의 역할을 하는 것을 통해 치료가 이루어진다고 보았다.

코헛(H. Kohut)

자기심리학　　코헛(Heinz Kohut, 1913~1981)은 프로이트의 고전적인 접근 방식의 한계를 느꼈으며, 건강한 자기애 발달에 대해 언급하였다. 건강한 자기애가 발달하기 위해서는 어린 시절에 특별한 자기 대상의 경험을 돕는 발달적 환경이 필요하다고 가정하였다. 아이들은 생후 초기에 자신이 웅대하다고 여기는데, 부모는 아이의 이런 자기감에 대해 칭찬과 지지를 해 주어야 한다. 또한 아이는 자라면서 자신이 웅대하기보다는 부모의 힘이 크다는 점을 느끼면서 부모를 절대적이고 전능하다고 여긴다. 이 시기에 부모는 아이가 존경하고 의지할 수 있는 대상이 되어 주어야 한다. 이러한 대상 경험과 함께 아이는 현실에서 부딪히는 사건들을 직면하고 좌절과 실망을 견뎌 내면서 자기 대상의 기능적 특성을 내면화할 수 있게 되며, 안정되고 융통성 있는 자기를 구축하게 된다. 건강한 자기애가 정상적으로 발달하면 내적인 견고성과 생명력 있는 느낌을 가질 수 있을 뿐 아니라 재능을 연마하고 목표를 향하여 점진적으로 도달해 가는 능력, 실망에 직면해도 지속적이고 견고하게 희망을 유지하는 능력, 그리고 성공 앞에서 솔직한 긍지와 기쁨을 누릴 수 있는 자존감으로 나타난다.

자기심리학에서는 자기 대상이 주는 긍정과 칭찬 욕구, 타인과의 연결에 대한 욕구들은 개인이 성숙해 가는 과정에서 그 형태가 변화할지라도 죽을 때까지 계속된다고 보았다. 즉, 초기 경험을 통해 환자가 형성한 심리 구조와 이미지들이 지속적으로 현재에 영향을 미치며 분석 상황에서도 나타난다.

따라서 분석 상황에서 환자의 아동기에 좌절했던 발달 과정을 재활성화하고, 분석가는 환자의 주관적인 현실에 공감해 주며, 환자가 필요로 하는 자기 대상이 되어 주어서 환자가 분석가에게 어떤 역할을 요구하는지를 스스로 깨닫도록 한다. 치료 과정에서 분석가는 좋은 부모가 하듯이 발달 과정에서 필요한 안아 주는 환경을 제공하면서 환자를 서서히 좌절시키고, 자기애적인 전이가 보다 현실적이면서도 생기 있고 건강한 자기와 타자를 구별할 수 있는 건강한 자기애로 발달할 수 있도록 돕는다. 치료 과정은 초기의 정신분석에서 해석을 강조했던 것과 달리 분석가가 덜 객관적이고 덜 해석적인 방식으로 환자에게 개입해야 하며, 환자의 경험을 공감해야 한다고 하였다.

2) 인지행동적 심리치료

무의식적 동기와 갈등 개념을 반대하여 새롭게 형성된 심리치료법으로 행동치료와 인지행동치료를 들 수 있다. 학습 이론에 근거하여 행동을 직접적으로 수정하는 데 초점을 둔 행동적 접근과 행동을 수정하기 위해서는 인지의 변화가 선행되어야 한다는 입장인 인지적 접근은 문제의 원인에 대한 관점은 다르지만, 학습의 기본 원리를 사용하고 구체적이며 구조화된 목표를 강조한다는 점에서 공통점이 있다. 인지행동적 심리치료는 행동치료, 합리적 정서행동치료, 인지치료와 인지행동치료의 최근 경향인 마음챙김 인지치료, 수용전념치료, 변증법적 행동치료 등을 포함하고 있다.

(1) 행동치료

행동치료는 행동장애의 치료를 위하여 학습 이론을 체계적으로 적용하는 치료를 말한다. 행동치료는 대부분의 비정상적인 행동은 학습을 통해 획득하고 유지하는 것으로 가정하고 비정상적인 행동을 소거하거나 효율적이고 바람직한 행동을 새롭게 학습하도록 내담자를 도와주는 것이라 할 수 있다.

행동치료는 내담자의 정신역동에 대한 통찰이나 이해에 관심을 갖기보다 행동의 변화에 더 큰 관심을 갖는다. 내담자의 문제 행동의 발생 원인을 파악하기 위하여 과거를 탐색하기보다는 객관적인 행동 관찰을 통해 문제 행동을 지속하게 하는 요인을 파악하고 이를 변화시킨다. 행동치료에서는 객관적으로 관찰할 수 있는 측정 가능한 행동을 상담 목표로 설정하고, 구체적이고 체계적인 상담 절차를 이용한다.

행동치료는 상담의 효율성과 성과 및 진전 정도를 객관적으로 평가한다. 상담 목표를 달성하도록 하기 위해 상담자는 적극적이고 지시적인 역할을 하며, 내담자가 변화시켜야 할 문제 행동과 문제 행동을 가장 잘 수정할 수 있는 방법을 결정한다.

현재의 행동치료는 고전적 조건형성, 조작적 조건형성, 사회학습 이론뿐 아니라 인간의 인지적 요인을 강조하고 변화를 돕는 인지행동치료로 발전하고 있다.

역조건형성   역조건형성(counter conditioning)은 고전적 조건형성과 관련된 기법으로, 문제 행동이 학습이 되었다면 역조건형성을 통해 문제 행동을 감소시키고자 하는 치료 기법이다. 이완훈련, 체계적 둔감화, 노출치료, 혐오적 역조건형성 등의 치료 기법이 해당된다.

이완훈련은 일상생활에서 경험하는 스트레스에 대처하는 방법이다. 이완(훈련)은 근육 이완, 심상법, 호흡법을 통하여 이루어지는데, 지속적인 훈련을 통하여 힘든 상황에서 언제든지 이완할 수 있도록 한다. 이완훈련은 체계적 둔감화 과정의 한 부분으로 사용되어 왔지만, 최근의 이완 절차는 개별적으로 혹은 다른 기법들과 결합하여 다양한 심리적인 문제 해결에 적용하고 있다. 이완훈련은 가장 일반적으로 스트레스와 불안에 관련된 문제에 적용하는데 고혈압, 기타 심장 질환의 문제, 편두통, 천식, 불면증 등에 도움이 된다.

체계적 둔감법은 특정한 상황에서 또는 상상에 의하여 조건형성된 공포 및 불안 반응을 극복하도록 할 때 이용된다. 체계적 둔감법에서는 내담자로 하여금 이완을 한 상태에서 점차 불안 강도가 높은 자극이나 상황을 상상하도록 하여 결국은 가장 심하게 불안을 유발하는 상황을 아무런 불안감 없이 머릿속으로 그려 보고, 경험할 수 있게 한다. 체계적 둔감법은 먼저 내담자에게 근육과 마음을 이완시키도록 가르치고 충분한 연습을 하도록 한다. 다음으로 내담자에게 가장 약한 불안 유발 상황에서부터 가장 강한 불안 유발 상황까지의 위계를 목록으로 작성하게 한 다음, 가장 약한 불안 유발 상황부터 점차 강한 불안 유발 상황까지의 장면을 제시하고 각 장면에서 더 이상 불안이 일어나지 않을 때까지 반복해서 이완을 하도록 한다. 이 방법은 대인관계 불안, 시험 불안, 신경증적 불안, 신경성 식욕 부진, 강박증, 우울증 등을 제거하는 데 매우 효과적이다.

노출법은 두려움을 일으키는 자극을 지속적으로 제시하는 기법이다. 실제 상황 노출법은 실제적으로 불안을 유발하는 자극에 오랫동안 노출시키는 것이다. 불안을 감소시키는 특정한 행동을 하지 않으면서도 오랫동안 불안 자극에 노출된 채 그냥 있으면 불안이 저절로 감소된다. 상상적 노출법은 일상생활 대신 불안 유발 자극을 상상으로 제시하는 것이다.

혐오적 역조건형성은 내담자의 바람직하지 않은 행동에 대해 강력한 회피 반응을 일으키도록 자극을 제시하는 것이다. 그러므로 증상이 나타날 때마다 고통스러운 혐오 자극을 가하여 문제 행동을 처벌하면서, 동시에 대처할 수 있는 다른 행동을 강화해 줄 때 효과가 더욱 크다.

강화   강화는 조작적 조건형성과 관련된 기법으로, 바람직한 행동을 한 뒤에 부적 강화물 제거나 정적 강화물의 제시로 바람직한 행동을 증가시키는 방법이다. 강화물로 토큰이 사용되는 토큰 경제(환표 이용법, token economy)가 있다. 토큰 경제는 바람직한 행동을 구체적으로 정한 다음에 그러한 행동이 나타날 때에 내담자가 원하는 보상과 교환할 수 있는 토큰으로 보상을 주어 행동을 늘리도록 한다. 또한 내담자로부터 토큰을 돌려받음으로써 바람직하지 못한 행동을 소거하려는 목적으로 사용되기도 하며, 교실에서나 빈둥거리는 청소년들이 있는 가정, 정신과 병동과 같은 집단 상황에서 적용한다.

한편, 문제 행동을 감소시키기 위해 처벌 사용을 들 수 있다. 처벌은 주로 바람직하지 않은 행동을 소거할 목적으로 사용하는데, 행동이 감소되지 않으면 벌의 효과가 없다. 따라서 처벌을 사용할 시에 주의해야 할 점이 있다. 처벌은 행동이 일어난 즉시, 그리고 일관성 있게 주어져야 하며, 행동의 강도에 맞게 주어져야 효과적이다. 또한 처벌을 사용할 때는 바람직한 대안 행동을 제시하면 효과적이다.

모델링　　관찰학습이란 타인의 행동을 관찰함으로써 학습하는 것이다. 관찰학습의 원리를 이용한 모델링은 경비가 많이 들지 않아 경제적이고 시행착오를 줄여 시간을 절약할 수 있는 효과적인 학습 방법이다. 모델링은 뱀에 대한 공포증의 상담과 수술에 직면한 아동의 공포를 제거하는 데 사용되며, 학급에서 사회성이 결여된 아동에게 새로운 행동을 가르칠 때 사용한다. 그리고 모델링은 지체아동에게 필요한 기본 사회적 기술을 습득시키거나 장애아에게 언어적·운동 기능적 기술을 가르치는 데 사용한다. 마약중독자나 알코올중독자가 인간관계 기술을 배우는 데도 모델링을 사용할 수 있다.

(2) 합리적 정서행동치료

합리적 정서행동치료(Rational Emotive Behavior Therapy: REBT)를 창시한 엘리스(Albert Ellis, 1913~2007)는 인간의 사고와 감정, 행동이 상호작용하며, 잘못된 사고를 바꾸는 것을 통해 감정과 행동의 변화가 일어날 수 있다고 가정하였다. 이 치료에서는 문제를 가진 대부분의 사람은 당위적·과장적·비하적 사고를 포함한 비합리적인 신념을 가지고 있으며, 비합리적 신념 체계를 검토하고 평가하는 과정을 통하여 보다 효율적인 사고를 선택할 수 있도록 도울 수 있다.

엘리스(A. Ellis)

합리적 정서행동치료모형은 흔히 ABCDE모형으로 언급하는데,

A는 선행사건(activating event)으로서 집에서 싸웠다든지, 다른 사람들이 자신을 무시했다든지, 부부 싸움 같은 일반적으로 어떤 감정의 동요나 행동에 영향을 끼치는 사건들을 의미한다. B는 신념 체계(belief system)로서 어떤 사건이나 행위 등과 같은 환경적 자극에 대해서 각 개인이 가지게 되는 태도 또는 그의 신념 체계나 사고방식이라고 볼 수 있다. 신경증이나 생활에 부적응을 보이는 사람들은 합리적 신념 체계나 사고방식 대신에 비합리적 신념 체계를 가지고 있는 경우가 많다. C는 선행사건을 경험한 뒤 개인의 신념 체계를 통해 사건을 해석함으로써 생기는 정서적·행동적 결과(consequence)를 의미한다. 비합리적 신념 체계를 가지고 있어서 초래할 수 있는 결과에는 지나친 불안, 우울, 분노, 죄책감, 상처 입음, 질투, 수치심 같은 것이 있다. D는 자신과 외부 현실에 대한 내담자의 왜곡된 사고와 신념을 논박하는 것(dispute)을 의미한다. 내담자가 그들의 비합리적인 신념에 도전하도록 도와주기 위해 과학적인 방법을 적용하는 것이다. 논박을 통해 내담자들은 논리적 원리를 배우고 이 원리를 통해 비현실적이고 증명할 수 없는 가설을 파괴할 수 있다. 이때 상담자가 할 일은 내담자가 비합리적인 메시지에 의문을 갖도록 도와주는 것이다. 예를 들면, "왜 그것이 끔찍한 일인가?" "왜 그것이 일어나서는 안 되는가?"와 같은 질문을 통하여 내담자의 비합리적인 메시지에 의한 자기 메시지가 합리적인지 의문을 던지도록 하는 것도 한 방법이다. 마지막으로는 이러한 논박이 잘 이루어지며 발생하는 긍정적인 정서와 적응적인 행동(effect)을 의미한다. 이 과정을 그림으로 나타내면 [그림 13-1]과 같다.

(3) 인지치료

인지치료를 창시한 벡(Aaron Beck)은 어린 시절의 경험에서 비롯된 개인의 인지 도식이 전체 삶에 영향을 미친다고 보았다. 즉, 역기능적인 사고 패턴을 가지고 있을 때 개인은 심리적인 어려움을 경험할 수 있다. 따라서 인지치료에서는 개인이 사건을 지각하고 해석하며 의미를 부여하는 방식인 인지 체계를 다룸으로써 부적응적인 사고

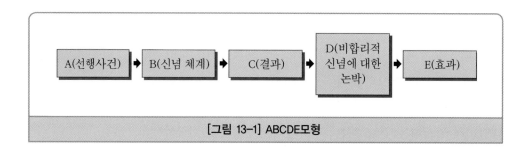

[그림 13-1] ABCDE모형

와 부적응적인 감정을 인식하고 변화시킬 수 있도록 한다. 인지행동치료는 치료 과정에서 내담자의 자동적 사고뿐만 아니라 내재된 가정과 규칙 및 핵심 믿음을 다룬다.

아론 벡(A. Beck)

자동적 사고는 자기도 모르는 사이에 환경적 사건으로 인하여 특정한 감정 및 행동 반응이 자동적으로 일어나는 경향을 말한다. 심리적 문제를 호소하는 내담자들이 가지는 자동적 사고의 내용은 많은 경우 비현실적으로 왜곡되거나 과장되어 있다. 이들은 주변의 사건이나 상황을 체계적으로 왜곡해서 그 의미를 해석한다. 인지 오류의 종류에는 이분법적 사고, 평가절하, 과장/축소, 넘겨짚기, 과잉 일반화 등이 있다.

내재된 가정과 규칙은 중간 믿음이라고도 하는데, "절대로 사람들을 실망시키면 안 된다."와 같이 사람들이 가지고 있는 믿음으로 사람들에게 행동의 방향과 기준을 제시하고 따라야 할 법칙을 만들게 한다. 내재된 가정과 규칙에 의하여 기준대로 행동하지 못하고 규칙이 깨지면 문제가 조금씩 나타나고, 이러한 문제로 인해 가장 밑바닥에 있는 핵심 믿음이 드러난다.

핵심 믿음은 주로 어린 시절의 경험을 통해 형성되며 관련된 사건이 생길 때까지는 잘 드러나지 않는다. 핵심 믿음이 작동하기 시작하면 핵심 믿음을 확인해 주는 정보는 받아들이거나 그와 반대되는 정보를 거부하는 방식으로 정보를 왜곡해서 처리한다.

치료 과정은 내담자의 머릿속을 순간순간 스치고 지나가는 자동적 사고에 주의를 기울이고 인식하는 데서 시작된다. 이를 통해 자신의 생각을 들여다보게 되고, 생각이 자신의 정서와 행동에 어떠한 영향을 미치는가를 알게 된다. 예를 들면, 중간고사에서 나쁜 점수를 받은 학생이 "나는 형편없는 학생이고 아무짝에도 쓸모가 없다."라는 자동적 사고를 하게 되면 매우 우울해질 것이다. 이와 같은 자동적 사고로 인하여 고통을 겪는 학생이 상담자와 대화를 통해 현실을 객관적으로 검토하면, 이 학생은 자동적 사고가 지나치게 과장되어 있다는 것을 스스로 인식할 수 있다. 그리고 나서 상담자는 이 학생의 자동적인 사고를 합리적인 사고로 변화하도록 격려하게 된다.

"나는 이번 시험에서 성적이 나빴다. 그것은 내가 열심히 공부를 하지 않았기 때문이다. 만일 내가 공부하는 습관을 고친다면 충분히 좋은 성적을 얻을 수 있을 것이고, 졸업하고 나서 괜찮은 직업도 가질 수 있을 것이다."라는 식으로 생각이 긍정적으로 변화되면 우울한 기분도 나아지게 된다.

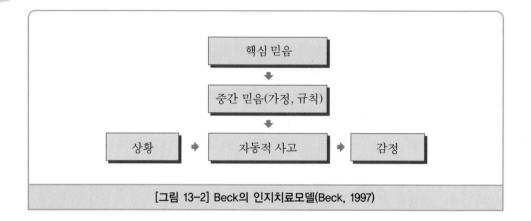

[그림 13-2] Beck의 인지치료모델(Beck, 1997)

이러한 방식으로 여러 가지 자동적인 사고를 구체적으로 인식하고 자동적 사고를 보다 합리적인 사고로 변화시킨다. 그 다음에는 내담자가 주로 보이는 인지적 오류들을 확인할 수 있으며, 내담자가 가지고 있는 역기능적인 가정이 어떤 것인지 인식할 수 있게 된다. 이러한 역기능적 가정을 재구성함으로써 내담자가 가지고 있는 부적응적인 도식을 변화시키는 단계까지 상담이 진행된다. 또한 상담자는 상담 과정에서 내담자가 긍정적인 경험을 할 수 있도록 행동적인 과제를 부과하는 방법도 병행한다.

(4) 최근 인지행동치료의 동향

최근 인지행동치료 접근은 맥락과 상황을 강조하며, 정서나 인지의 직접적인 변화보다도 경험을 통한 변화를 추구한다. 인지나 정서를 직접적으로 바꾸는 것보다는 문제라고 인지하는 정도와 문제의 행동적 영향을 변화시키는 개입을 활용하여 치료 효과를 증진한다(문현미, 2005).

마음챙김 인지치료(Mindfulness Based Cognitive Therapy: MBCT) MBCT는 우울증 재발에 핵심적으로 기여하는 사고 패턴을 자각하고 수용하는 상위 인지 능력을 기르는 것에 초점을 두어 개발되었으나, 우울증 재발 방지뿐만 아니라 다른 심리장애에도 긍정적인 효과가 보고되고 있다. MBCT는 알아차림 명상의 기술을 사용하여 자신의 생각과 감정, 감각을 더 자각하고, 현재에 초점을 맞추며, 생각을 판단하지 않고 수용할 수 있도록 함으로써 부정적인 생각과 감정 및 신체감각에 대한 관점을 근본적으로 변화시켜 탈중심적·상위 인지적 자각을 기르는 것에 초점을 맞춘다.

수용전념치료(Acceptance and Commitment Therapy: ACT) ACT에서는 내담자들이 자신의 감정을 조절하기 위해 회피와 같은 비효과적인 방법을 사용하여 많은 정서적 문제가 일어난다고 보았다. 상담자는 내담자가 부정적인 정서를 회피하지 않고 느낌, 사건, 상황을 그대로 받아들이도록 하고 내담자가 자신의 가치를 분명히 하여 이런 가치에 맞게 행동하도록 한다.

변증법적 행동치료(Dialectical Behavior Therapy: DBT) DBT는 정서를 회피하거나 억압하는 것이 개인이 경험하는 문제의 원인이며, 정서적 고통의 수용을 통해 오히려 정서적 고통을 감소시킬 수 있다고 본다. 따라서 내담자들이 혐오스러운 감정이나 자신의 과거사 그리고 현재의 상황을 있는 그대로 수용하고, 고통의 수용과 승인의 차이를 변별할 수 있도록 격려하며, 더 나은 삶을 위해 행동과 환경을 변화시켜 나가도록 돕는다. DBT는 경계선 성격장애의 치료를 위해 고안된 방법이지만, 회피나 도피를 시도하는 강렬한 정서적 고통이나 충동을 경험하는 환자에게 진단과 상관없이 효과적으로 적용될 수 있다. DBT는 고전적 행동치료에서 탈피하여 정서 조절의 중요성을 강조하고 있으며, 수용과 변화의 맥락 내에서 의미 창출, 마음챙김, 정서 조절, 고통 감내, 전략적 행동 기술 등을 사용한다.

3) 인본주의적 심리치료

인본주의적 심리치료는 인본주의 철학, 현상학, 실존주의에 바탕을 두고 있으며, 개인의 내적 경험을 중시한다. 사람들은 누구나 자기실현을 추구한다는 가정에서 출발하며, 치료자는 내담자가 자기실현을 할 수 있도록 촉진하는 역할을 하는 것이라고 보았다. 인본주의적 심리치료에는 인간중심치료, 게슈탈트치료 등이 있다.

(1) 인간중심치료

인간중심치료를 창안한 로저스(C. Rogers, 1902~1987)는 인간을 지속적으로 변화하고 성장하려는 동기를 가진 존재로 보았다. 아이는 태어나 성장하면서 긍정적인 존중에의 욕구를 가지게 되며 자기 개념을 형성해 나간다. 이러한 긍정적 존중의 욕구로 인해 부

로저스(C. Rogers)

모의 사랑과 칭찬을 받으려고 하는 욕구가 강해지고, 아이의 생각과 사고는 부모의 사랑과 칭찬을 받을 수 있는 방향으로 발달하게 된다. 그러다 보면 아이는 사랑받고 긍정적 욕구를 채울 수 있는 부모의 가치 조건에 길들여져서 자신도 모르게 이러한 가치 조건을 받아들여 자기 개념을 형성한다. 이렇게 형성된 자기 개념은 현실과 불일치하는 경우가 많고, 이러한 불일치는 내담자에게 불안을 야기시키고, 위협으로 작용하여 방어를 하게 된다. 따라서 인간중심치료에서는 내담자의 자기 개념과 경험 간의 불일치를 제거하고 방어기제를 해체함으로써 충분히 기능하는 사람이 되도록 돕는 것을 목표로 한다.

치료 과정에서는 특정한 기법보다 치료자의 태도를 중시한다. 치료자는 따뜻하고 허용적인 분위기를 제공하여 내담자가 자유롭게 자신의 감정을 표현하도록 하고, 표현을 적극적으로 경청하고, 비판 없이 반영하면서 존중할 때 내담자는 스스로 자신의 문제를 극복하고 성장하게 된다. 치료자가 기본적으로 갖추어야 할 태도는 진솔성, 무조건적 긍정적 존중, 공감적 이해다.

진솔성   진솔성은 상담자가 내담자와의 상담 관계에서 순간순간 경험하는 감정을 있는 그대로 솔직히 인정하고 표현하는 태도로서, 상담자가 겉으로 표현하는 것과 내면에서 경험한 것의 일치를 말한다. 치료자가 자신이 경험하는 감정을 부인하지 않으며, 내담자와의 관계 속에서 일어나는 지속적인 감정에 대하여 기꺼이 표현하고 개방할 때 내담자와의 관계는 강화되며, 그 안에서 진실을 발견할 수 있게 된다.

무조건적 긍정적 존중   무조건적 긍정적 존중이란 내담자를 한 인간으로 존중하면서 그의 감정이나 생각을 비판하거나 평가하지 않고, 있는 그대로 수용하는 것을 말한다. 치료자가 비판단적으로 내담자를 존중하는 것을 통해 치료적 움직임과 변화가 일어날 가능성이 크다. 내담자는 이를 통해 방어하지 않고 자신의 경험을 자유롭게 탐색할 수 있게 되며, 안정감, 자기 개념의 변화를 경험할 수 있다.

공감적 이해   공감은 상담자가 겉으로 드러난 내담자의 행동이나 말만을 피상적으로 이해하는 것이 아니라 이면의 감정을 마치 자신의 감정인 것처럼 느끼면서 내담자의 경험 세계를 주관적으로 경험하는 것을 말한다. 내담자의 감정은 내담자가 의식하고 있는 것일 수도 있고 의식하지 못하는 것일 수도 있는데, 보다 더 심층적인 감정일수록 내담자의 의식 수준으로 표면화시키지 않는 경향이 크다. 이때 상담자는 내담자가 의식하여 표면화시키지 못한 감정까지 함께 느끼고, 내담자가 이를 안전한 상담 관계 속에서 다시 경험하고 표현할 수 있도록 도와주어야 한다.

로저스는 세 가지 특성 중 진솔성이 가장 중요하다고 보았다. 진솔성과 무조건적 긍정적 존중을 바탕으로 내담자가 경험하는 감정과 의미를 상담자가 민감하고 정확하게 이해하고, 이해한 것을 표현하였을 때 내담자에게 이해받는 느낌을 갖게 하며, 이로 인해 더 깊은 탐색이 이루어질 수 있다. 상담자는 자신의 주체성을 잃지 않으면서 내담자의 표현에 접근하고 몰입하기 위해 최대의 노력을 해야 하며, 이를 위해서는 집중적·지속적·적극적인 주의가 필요하다.

(2) 게슈탈트치료

게슈탈트란 개체에 의해 지각된 유기체의 욕구나 감정을 뜻한다. 개체는 자신의 욕구나 감정을 하나의 의미 있는 전체로 조직화하여 지각한다. 건강한 유기체는 삶에서 매 순간 분명하고 강한 게슈탈트를 형성할 수 있으며, 지각한 욕구나 감정을 해결해 나갈 수 있는 능력이 있다. 그러나 개체가 게슈탈트 형성에 실패하거나 형성된 게슈탈트를 상황적 여건으로 해결하지 못할 경우 미해결 과제로 남게 되며, 새로운 게슈탈트가 형성되는 것을 방해하고 심리적·신체적 장애를 겪게 된다.

게슈탈트치료에서는 인간을 전체적으로 자각할 수 있고 자유롭게 선택하며 책임을 질 수 있는 존재로 보고, 개인이 행동하고 경험하는 것을 자각하여 자신의 느낌, 생각, 행동에 대하여 책임을 져야 한다고 보았다. 게슈탈트치료의 중요한 목표는 내담자로 하여금 자신이 가지고 있는 잠재력을 어떻게 실현할 수 있는가를 깨달아 순간순간을 신선하고 풍요롭게 살도록 하는 데 있다. 게슈탈트치료의 보다 직접적인 목표는 내담자가 자각을 얻는 것이다. 내담자가 현재 무엇을 하고 있는지, 어떻게 하는지를 자각하게 하는 동시에 자신을 수용하고 존중하는 것을 배우는 것이다. 자각을 통해 내담자는 자신의 존재에서 부정되었던 부분을 직면하고 수용할 수 있게 되며, 주관적 경험과 실제를 만나게 되고, 통일된 전체로서 존재하게 된다. 또한 삶에서 미해결되었던 중요한 문제를 발견하고 처리할 수 있게 된다.

게슈탈트치료 과정에서 상담자는 내담자의 자각이 방해를 받고 있을 경우 내담자의 책임에 대한 자각을 높이는 데 중점을 둔다. 이때 치료자는 내담자의 자각에 장애가 되고 있는 습관적인 행동을 다양한 방법을 통해 자각하고, 환경과의 접촉을 통해 해소할 수 있도록 한다. 게슈탈트치료에서는 어떤 상황에 대한 추상적인 이야기보다 직접적인 경험을 생생하게 드러내게 하며, 내담자가 다른 사람이나 상담자와 상호작용하는 데서 생기는 느낌, 생각, 행동을 경험적으로 파악한다. 또한 내담자의 성장은 상담자의 상담 기법이나 내담자에 대한 해석에서 오는 것이 아니라 두 사람 사이의 진실한 접촉에 의해 이루어진다.

미해결 과제   미해결 과제는 어떠한 사건과 관련된 감정을 무시하거나 경험하지 않았을 때 구성되며, 기억과 환상뿐 아니라 표현되지 못한 감정으로 나타난다. 미해결 과제는 인간의 분노, 격분, 증오, 고통, 불안, 슬픔, 죄의식, 포기 등과 같은 표현되지 못한 감정을 포함한다. 이와 같은 감정은 비록 표현되지는 못했지만 분명히 기억 속에 남아 있다. 미해결된 감정은 충분히 자각하지 못했기 때문에 배경에 남아 자신이나 다른 사람과 효율적으로 접촉하는 것을 방해하면서 현재 생활에 나타난다. 이러한 미해결 과제는 개인이 직접 직면해서 표현하지 못한 감정을 다룰 때까지 계속되며, '지금-여기(here and now)'를 알아차리는 것을 통해서 해결될 수 있다.

자각   자각은 게슈탈트치료의 치료 목표로, 자각을 통해 변화는 저절로 일어나게 된다. 자각은 지금-여기를 경험하는 것에 근거하며, 자기 인식, 환경에 대한 인식, 선택에 대한 책임, 자기 수용 및 접촉하는 능력을 요구한다. 치료자는 치료적 관계를 통해 내담자가 문제를 해결하는 데 필요한 지지를 제공하고, 내담자가 자신의 생각, 행동, 경험과 감정을 인식하도록 직면시켜서 내담자 스스로 책임질 수 있도록 한다.

3. 심리치료의 효과

심리치료의 효용성을 연구한 결과는 심리치료에 대한 낙관적인 전망을 제시한다. 25,000명의 환자가 포함된 475개의 연구 결과를 종합적으로 분석한 스미스 등(Smith, Glass, & Miller, 1980)의 연구에서 얻은 결론은, 치료를 받은 사람들이 치료 종료 시에 치료를 받지 않은 사람의 80%보다 더 좋은 상태에 있다는 것이다. 그 후의 다른 연구에서도 유사한 연구 결과를 얻었으며(Andrews & Harvey, 1981; Shapiro & Shapiro, 1982), 치료 후 수개월이나 수년이 지난 후에 추적 조사한 연구에서도 호전 상태가 유지됨을 보여 주었다(Nicholson & Berman, 1983).

　심리치료의 이론과 기법 중 어떤 방법이 더 효과적인가에 대해서는 연구자마다 다른 생각을 가지고 있다. 심리치료의 결과에 대한 대부분의 연구는 여러 치료법 간에 효과의 차이가 미미하거나 전혀 없다는 것을 시사하고 있다. 이러한 견해는 보통 '도도새의 판결(dodo bird verdict)'이라고 부르는데, 이는 『이상한 나라의 앨리스』에 나오는 도도새가 "모두가 이겼으며 모두가 상을 받아야 한다."라고 판정한 것에서 유래한 용어다. 최근에는 특정 문제 유형을 치료하는 효과적인 치료법이 무엇인지에 대한 더 많은 관심과 연구가 진행되었다. 그러나 치료적 효과를 검증하기 위해 철저히 통제된 연구 결과는 가변성이 많은 현실 상황에 적용되지 못하는 경우가 많기 때문에 연구 결과의 유용성을 재검토해야 한다.

　심리치료에서 어떠한 이론적 관점과 치료 기법을 사용하였는지도 중요하지만, 어떠한 치료자가 어떠한 내담자를 치료하였는지가 더 중요한 요인일 수도 있다. 즉, 심리치료에서 '어떻게'는 '누가'와 '누구를'의 결합보다 덜 중요할 수도 있다(Corsini, 2005/2007). 어떤 체계에서는 실제 기법상의 차이점이 비교적 적을 수 있으며, 때로는 한계가 있어 보이는 접근법으로 더 우수한 결과를 성취할 수도 있다. 따라서 성공적인 치료자는 자신에게 맞는 이론과 방법론을 가지고 있지만, 훌륭한 치료는 자신의 이론과 방법만을 고수하기보다 내담자 개개인에 맞는 치료적 접근을 통해 효과적으로 상담의 목표를 달성하는 것이라고 볼 수 있다.

요약 및 학습과제

요약

1. 상담과 심리치료는 전문적 훈련을 받은 치료자와 도움을 받고자 하는 내담자 간의 상호작용을 통하여 내담자가 심리 문제를 해결하고 행복한 삶을 살아가도록 돕는 과정이다.

2. 일반적으로 상담은 내담자가 발달 과정에서 경험하는 다양한 문제를 예방하고 건강하게 성장하도록 돕는 데 초점을 두며, 심리치료는 보다 심각한 정신과적 문제를 가진 환자의 증상 완화와 성격의 변화 등에 초점을 둔다.

3. 상담과 심리치료의 치유 요인으로 인지적 요인은 보편화, 통찰, 모델링, 감정적 요인은 수용, 이타성, 전이, 행동적 요인은 현실 검증, 환기, 상호작용을 포함한다.

4. 상담과 심리치료는 다양한 형태를 취할 수 있으나, 대상에 따라 나누어 보면 개인상담, 집단상담, 부부/가족상담으로 구분할 수 있다. 개인상담은 치료자가 한 명의 내담자를 대상으로 내담자가 호소하는 문제와 증상의 해결을 위해 치료하는 것을 말한다. 집단상담은 치료자와 다수의 내담자가 집단 구성원 간의 상호작용을 통해 변화를 촉진한다. 부부/가족상담은 치료자가 부부 또는 가족 구성원을 대상으로 가족 구성원 간의 이해, 화해와 성장을 목적으로 치료하는 것을 말한다.

5. 정신역동적 심리치료는 문제의 근원이 무의식적 갈등에 의한 것이라고 보는 관점이다. 환자-치료자 사이의 상호작용에 치료자 자신이 기여하는 바를 잘 이해하며, 치료에서 나타나는 전이와 저항에 대한 시기적절한 해석을 사용하는 치료법으로, 현재 내담자의 삶에서 문제를 일으키는 무의식적 패턴을 인식하고 통찰과 훈습을 통해 자신의 삶을 변화시킬 수 있도록 조력한다.

6. 인지행동적 심리치료는 무의식적 농기와 갈등에 반대하여 형성된 심리치료법으로, 객관적인 행동 관찰을 통하여 문제 행동을 지속시키는 요인을 파악하고 행동을 직접적으로 수정하는 데 초점을 둔 행동적 접근과 행동을 수정하기 위해서는 인지의 변화가 선행되어야 한다는 인지적 접근이 있다.

7. 인본주의적 심리치료는 사람들은 누구나 자유의지를 가지고 있고, 자기실현을 추구한다고 가정하고, 내담자의 개인 내적인 경험을 중시하고, 자발성과 자율성을 강조한다. 대표적으로 인간중심치료와 게슈탈트치료 등이 있다.

8. 심리치료에서 치료자가 가지고 있는 이론적 관점과 사용되는 치료 기법도 중요하지만, 어떠한 치료자가 어떠한 내담자를 치료하였는지가 더 중요한 요인일 수도 있다. 훌륭한 치료는 자신의 이론과 방법만을 고수하기보다 내담자 개개인에 맞는 치료적 접근을 통해 효과적으로 상담의 목표를 달성하는 것이라고 볼 수 있다.

학습과제

1. 개인상담과 가족치료의 차이점을 설명하시오.

2. 정신역동치료의 최근의 동향에 대해 논의하시오.

3. 정신분석에서 필연적으로 일어나게 되는 전이와 저항 현상이란 어떤 것인지 설명하시오.

4. 행동치료에서 문제 행동을 감소시키기 위해 사용되는 학습 원리에 대해 설명하시오.

5. 합리적 정서행동치료에서 ABCDE모형에 대해 설명하시오.

6. 인지행동치료에서 인지 왜곡이란 무엇인지 설명하시오.

7. 인간중심치료에서 강조하는 치료자가 갖추어야 할 태도는 무엇인지 설명하시오.

8. 게슈탈트치료에서 사용하는 기법을 예를 들어 설명하시오.

chapter

14

사회적 행동

- 귀인의 작동 원리에 대해 학습한다.
- 점화 효과에 대해 학습한다.
- 동조와 복종 현상의 작동 원리에 대해 학습한다.

　인간은 사회적 동물이라고 불린다. 태어나면서부터 사회에 소속되고 다른 구성원들과 상호작용하면서 살아가는데, 인간이 다양한 장면에서 경험하는 수많은 심리, 행동적 주제를 연구하는 것이 바로 사회심리학이다.

　이 장에서는 사회심리학의 세 가지 주제에 대해 학습할 것이다. 우선, 사회적 행동의 원인이 어디에 있는지를 추론하는 귀인(attribution)의 작동 원리에 대해 학습한다. 둘째, 사회적 생각의 무의식적인 활성화인 점화(priming)의 원리에 대해 학습하고 다양한 사회적 생각의 점화가 우리의 행동에 미치는 영향에 대해 학습할 것이다. 마지막으로, 사회적 영향의 대표적 현상인 동조와 복종 현상의 작동 원리에 대해 학습할 것이다. 이를 통해 나와 타인의 마음과 행동이 다양한 사회적 상황에서 어떻게 작동하는지에 대해 이해하게 될 것이다.

14 chapter
사회적 행동

사회적 동물이라고 불리는 인간은 태어나면서부터 사회에 소속되고, 다른 구성원들과 상호작용하면서 생활한다. 사람들이 사회 활동을 하면서 다양한 장면에서 경험하는 수많은 심리, 행동적 주제를 연구하는 것이 바로 사회심리학이다. 이 장에서는 사회심리학의 다양한 연구 주제 중에서 크게 세 가지 주제에 대해 다룰 것이다. 우선, 나와 타인의 행동의 원인에 대한 추론 과정인 귀인에 대한 연구들을 통해 사람들이 사회적 정보를 어떻게 처리하는지를 알아볼 것이다. 두 번째로는, 최근 들어 사회심리학 분야에서 가장 활발하게 연구되고 있는 주제인 점화 효과에 대해 알아볼 것이다. 점화효과에 대한 연구들은 사람들이 가지고 있는 생각의 무의식적 활성화가 우리의 사회적 행동에 어떤 영향을 미치는지를 보여 줄 것이다. 마지막으로, 사람들이 집단 속에서 생활할 때 경험하게 되는 동조와 복종 현상에 대해 사회심리학의 고전적인 연구들을 통해서 알아볼 것이다.

1. 귀인: 사회적 행동의 원인에 대한 추론

A는 실업자다. 대학 졸업 후 여기저기에 입사 지원서를 계속 내고 있지만 취직이 된적이 없다. A는 왜 취업을 하지 못하고 있는 것일까? A가 직장을 구하지 못한 진짜 이유 또는 원인은 어디에 있는 것일까? A의 능력이 부족하기 때문일까? 아니면 정부의 경제정책 실패 때문에 일자리가 줄어들었기 때문일까? 감기에 걸린 이유는 내 몸이 원래 부실하기 때문일까? 아니면 최근에 더 심해진 미세먼지 때문일까?

사람들은 자신과 타인에게 어떤 사건이 발생하면 그 사건을 유발한 원인이 무엇인지 추론한다. 또한 자신이나 타인이 어떤 행동을 하면 자신이나 그 사람이 왜 그렇게 행동했는지, 행동의 진짜 원인은 무엇인지 추론한다. 이렇게 사건과 행동의 원인을 추론하는 과정을 귀인(歸因, attribution)이라고 한다. 사건이나 행동의 원인을 어디에다 돌릴지 결정하는 과정이다.

귀인은 사회적 정보 처리의 매우 중요한 과정이다. 그 이유는 동일한 행동 또는 동일한 사건임에도 귀인을 어떻게 했느냐에 따라 그 의미가 완전히 달라지기 때문이다. 귀인의 결과에 따라 우리의 생각, 감정 그리고 행동이 달라진다.

만약에 취업을 하지 못한 이유가 개인의 능력 부족 때문이라고 귀인하면, 앞으로도 취업에 성공할 가능성은 매우 낮을 것이라고 생각하게 된다. 자존감은 낮아지고 우울감에 빠질 가능성도 높아진다. 반면, 실업 상태가 지속되는 이유가 정부가 국민의 세금을 엉뚱한 곳에 낭비했기 때문이라고 귀인하면, 자존감을 지킬 수 있고 정부에 대해서는 분노라는 감정을 경험할 가능성이 높아진다. 그 결과, 정부의 경제정책 변경을 요구하는 시위에 참여하거나 선거에 적극적으로 참여해서 정책 실패에 대한 책임을 묻기 위해 행동할 가능성도 높아진다.

1) 상응추론 편파

사람들이 사회적인 정보를 처리하는 과정에는 인지적 또는 동기적인 이유 때문에 다양한 오류와 편파가 발생하는데, 귀인의 경우도 마찬가지다. 귀인 과정에서 발견되는 가장 대표적인 편파 중의 하나는 상응추론 편파(correspondence bias)다. 사람들의 행동은 크게 그 사람의 내적 요인(예: 성격) 때문에 발생하거나 외적 요인(예: 상황) 때문에 발생한다. 그런데 귀인 과정에서 사람들은 내적인 요인에 치우친 판단을 하는 경향이 있다. 예를 들면, A가 실업 상태인 원인은 정부의 정책 실패(외적 요인) 때문이라고 생각하기보다는 A의 무능력(내적 요인) 때문이라고 생각하는 것이다. 이렇게 어떤 개인의 행동이 그 사람이 처한 상황보다는 그 사람의 성격과 상응한다고 생각하는 경향을 상응추론 편파라고 한다. 그리고 귀인 연구 초기에 상응추론 편파가 너무 강력하고 보편적으로 나타난다고 생각했던 심리학자들은 이러한 귀인 경향을 기본적인 귀인 오류(fundamental attribution error)라고 불렀다.

존스와 해리스(Jones & Harris)는 미국인들에게 쿠바의 피델 카스트로 정권이 혐오의 대상으로 인식되던 시절에 수행한 연구에서 실험 참여자들에게 카스트로 정권을 지지하는 에세이나 비난하는 내용을 담고 있는 에세이 중에서 하나를 읽게 하였다. 참여자들의 과제는 에세이를 쓴 학생이 카스트로 정권에 대해 가지고 있는 진짜 태도를 추론하는 것이었다. 자유 조건의 참여자들에게는 에세이를 쓴 학생이 개인의 생각을 자유롭게 기술했다고 알려 주었다. 비자유 조건에서는 에세이를 쓴 학생이 자신의 생각을 기술한 것이 아니고, 교수가 지시한 방향에 맞춰서 에세이를 작성했다고 알려 주었다. [그림 14-1]에 나와 있는 것처럼, 자유 조건에서 카스트로 지지 에세이를 읽은 참여자들은 비난 에세이를 본 참여자들보다 글을 쓴 학생이 카스트로 정권을 더 지지하고 있다고 판단하였다. 흥미로운 것은 비자유 조건에서도 지지 에세이를 본 참여자들이 비난 에세이를 본 참여자들보다 에세이를 쓴 학생이 카스트로 정권을 더 지지하고 있다고 판단하였다는 것이다. 즉, 교수가 지시한 대로 에세이의 내용을 지어냈다는 것을 알았음에도 불구하고, 에세이의 내용이 에세이 작성자의 진심을 반영한다고 판단한 것이다. 이러한 결과는 우리가 타인의 행동에 대해 판단할 때 그가 처한 상황을 충분히 고려하지 않는 경향이 있다는 것을 보여 준다. 타인의 행동의 원인을 추론할 때 행위자의 내적 요인에만 과도한 주의를 기울이고 그가 처한 외적 요인에는 눈길을 제대로 주지 않는 경향이 있다는 것이다.

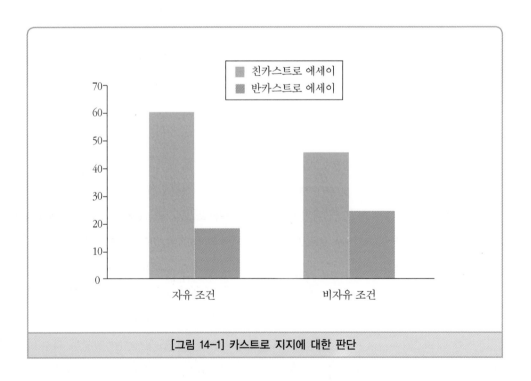

[그림 14-1] 카스트로 지지에 대한 판단

상응추론 편파는 우리의 자존심을 증가시킬 때 더 강하게 나타나는 경향이 있다. 즉 자존심을 고양시키려는 동기가 상응추론 편파에 영향을 미치는 것이다. 디토 등(Ditto et al., 1997)의 연구에서는 남성 참여자들에게 한 여성을 만나게 했다. 그리고 난 후에 그 여성이 쓴 남성 참여자에 대한 인상평가서를 보여 주었다. 실제로 이 여성은 실험 공모자(confederate)였다. 남성 참여자들은 이 여성이 실제로 자신을 얼마나 좋아하는지 판단하였다. 자유 조건에서는 이 여성이 자유롭게 의견을 기술했다고 알려 주었고, 비자유 조건에서는 실험자가 지시한 대로 인상평가서를 작성했다고 알려 주었다. 남성들은 여성이 자신에 대해 부정적인 인상을 형성했다고 기술한 평가서를 봤을 때는 상응추론 편파를 범하지 않았다. 즉, 그녀가 실험자의 명령에 따라 인상평가서를 작성했다는 것을 알았던 경우에는 이 여성이 실제로는 자신을 싫어하지 않는다고 생각한 것이다. 하지만 그녀가 자신에 대해 긍정적인 평가를 했던 경우에는, 명령에 따라 인상평가서를 작성했다는 것을 알았을 때도 이 여인이 실제로 자신을 좋아하고 있다고 판단하였다. 즉, 여성이 자신에 대해 호감을 나타낸 경우에는 바로 상응추론 편파를 범하고 만 것이다.

상응추론 편파가 발생하는 또 다른 이유는 지각적인 수준에서 찾을 수 있다. 우리가 다른 사람의 행동을 관찰할 때 그가 처한 상황보다는 그의 행동에 주목하는 경향이 강하다. 그 결과, 주의를 두지 않았던 상황보다는 주의를 기울였던 행위자로부터 사건의 이유를 찾으려고 하는 것이다. 지각적 관점에 따르면, 상응추론 편파는 우리가 무엇을 바라보느냐에 의해 결정되는 것이다.

2) 행위자-관찰자 차이

관찰자들의 시야에 상황보다는 행위자가 주로 들어오는 반면, 행위자는 행동하는 자신을 볼 수 없다. 행위자의 시야에는 주로 자신을 둘러싼 상황에 대한 정보들이 들어온다. 이러한 지각적 관점의 차이는 관찰자와 행위자의 판단에 큰 차이를 유발시킨다. 즉, 관찰자가 행위자의 행동의 이유를 외적 요인(상황)보다는 행위자의 내적 요인(성격)에서 찾으려는 경향이 강한 반면, 행위자는 자신의 행동의 이유를 자신의 내적 요인보다는 자신을 둘러싼 외적 요인 때문이라고 생각하는 경향이 강한 것이다. 이러한 행위자와 관찰자 사이에서 발견되는 행동원인 추론의 차이를 행위자-관찰자 차이(actor-observer difference)라고 부른다.

니스벳 등(Nisbett, Caputo, Legant, & Maracek, 1973)의 연구에서는 대학생들에게 자신이 전공을 선택한 이유와 친한 친구가 전공을 선택한 이유에 대해 물었다. 결과에 따르면, 자신의 선택(행위자의 관점)은 전공의 특징(외적 요인)에서 많은 이유를 찾았지만, 친구의 선택(관찰자의 관점)은 그 친구 개인의 성격(내적 요인)에서 이유를 찾는 경향이 강하게 나타났다. 예를 들어, 자신이 심리학을 선택한 이유는 심리학이 미래가 유망한 학문이기 때문이라고 생각한다면, 친구가 심리학을 선택한 이유는 그 친구의 성격이 심리학과 잘 어울리기 때문이라고 생각한다는 것이다.

행위자-관찰자 차이는 개인 간 오해와 갈등, 심지어는 국가 간 오해와 갈등의 원인이 되기도 한다. 정해진 시간보다 한참 늦게 약속 장소에 도착한 당사자(행위자)는 자신이 늦은 이유를 일찍 출발했음에도 오늘따라 차가 많이 막혔기 때문이라고 상황에 귀인할 가능성이 높다. 하지만 약속 장소에 정시에 나와서 기다리던 상대방(관찰자)은 행위자가 늦은 이유를 그 사람이 불성실하기 때문이라고 성격에 귀인할 가능성이 높다. 어떤 나라가 미사일을 개발하는 이유는 옆 나라의 군사 위협 때문이라고 자국이 처한 상황에 귀인한다. 하지만 옆 나라가 보기에 상대 국가가 미사일 개발에 박차를 가하는 이유는 그 나라가 매우 호전적인 성향을 갖고 있기 때문이라고 귀인하는 것이다. 동일한 사건 또는 행동의 원인에 대한 귀인의 차이는 오해를 불러일으키고 더 나아가 개인 간 그리고 국가 간 갈등을 촉발하게 된다.

그렇다면 행위자-관찰자 차이를 줄일 수 있는 방법은 무엇일까? 만약 행위자와 관찰자의 시점의 차이와 그로 인해 주목하게 되는 정보의 차이 때문에 귀인이 달라진다면, 자신이 보지 못하던 것을 볼 수 있게 해 주면 어떨까? 스톰스(Storms, 1973)는 네 명의 실험 참여자에게 다른 역할을 부여했다. 대화자 역할을 부여한 실험 참여자 두 명의 과제는 5분 동안 자연스럽게 서로 대화를 나누는 것이었다. 관찰자 역할을 부여한 다른 참여자 두 명의 과제는 두 명의 대화자 중 자신이 맡은 한 명이 이야기하는 모습을 관찰하는 것이었다. 즉, 관찰자 1은 대화자 1이 말하는 모습을, 관찰자 2는 대화자 2가 이야기하는 것을 지켜보았다. 대화가 종료되고 난 다음에는 대화자들 스스로 대화 도중 한 자신의 행동의 원인이 자신의 성격적 특성 때문인지 아니면 상황적 특성 때문인지 판단하게 했다. 관찰자의 경우에는 자신이 담당한 대화자의 행동이 성격 때문인지 상황 때문인지 판단했다.

이 실험에서는 대화자들이 서로 이야기를 주고받는 모습을 비디오에 녹화했다. 통제 조건에서는 대화자와 관찰자에게 비디오를 보여 주지 않았다. 자기시점 조건에서는 대화자와 관찰자가 실제 대화가 진행되는 동안 봤던 것과 동일한 시점에서 촬영된 비디오를 보여 주었다. 상대시점 조건에서는 대화자에게는 관찰자의 시점에서 촬영된 비디오를 보여 주고, 관찰자에게는 대화자의 시점에서 촬영된 비디오를 보여 줬다. 결과에 따르면, 통제 조건과 자기시점 조건에서는 행위자-관찰자 차이가 발생했다. 예를 들면, 대화자들은 자신들이 긴장했던 이유가 실험실이라는 새로운 상황에서 다른 사람들이 지켜보고 있는 가운데 처음 만나는 사람과 대화를 했기 때문이라고 생각한 반면, 관찰자들은 대화자들이 성격상 내성적이고 대범하지 못하기 때문이라고 판단한 것이다. 흥미로운 결과는 실제 대화 과정에서 보지 못했던, 즉 상대방의 시점에서 촬영된 비디오를 본 경우에 발견되었다. 상대시점 조건의 대화자는 자기 행동의 원인을 자신의 성격적 특성에 근거해서 설명하는 경향을 강하게 드러냈다. 하지만 대화자의 시점에서 촬영된 비디오를 본 관찰자는 대화자의 행동의 이유를 상황적 요인에 근거해서 설명하고자 하였다. 즉, 전형적인 행위자-관찰자 차이가 역전되어서 나타난 것이다. 이러한 결과는 일반적으로 관찰되는 행위자-관찰자 차이가 행위자와 관찰자의 시점의 차이와, 그로 인해 주목하게 되는 정보의 차이 때문에 발생한다는 것을 보여 준다.

3) 귀인의 문화차

앞서 언급했듯이 상응추론 편파를 기본적인 귀인 오류라고 불렀던 이유는 이 편파가 너무 강력하고 보편적이라고 생각했기 때문이다. 하지만 어떤 사람의 행동의 원인을 그 사람의 성격적 특성에서 찾는 경향은 문화에 따라 크게 차이가 나는 것으로 보인다. 모리스와 펭(Morris & Peng, 1994)은 미국에서 영어로 발행되는 신문인 뉴욕 타임스와 중국어로 발행되는 신문인 월드 저널이 다룬 두 개의 살인 사건에 대한 기사를 분석했다. 두 개의 살인사건 중 하나는 중국인 대학원생이 저지른 것이었고 다른 하나는 백인 우체부가 저지른 것이었는데, 두 사건 모두 여러 명을 살해한 사건이었다. 분석결과는 영어 기사가 중국어 기사보다 두 개의 살인 사건 모두의 원인을 범죄자의 성향에서 찾는 경우가 많은 것으로 나타났다. 즉, 미국인 기자가 쓴 기사가 중국인 기자가 쓴 기사보다 사건의 이유를 범죄자의 내적 요인에 귀인하는 경향이 강하게 나타난 것이다. 예를 들어, 미국인 기자는 범죄자의 정신적이고 부정적인 성격 특질에서 이유를 찾았다면, 중국인 기자는 동일한 살인자에 대한 기사에서 지도 교수와의 관계 또는 그가 다른 사람들로부터 고립되었다는 것을 원인으로 지목한 것이다.

동아시아 사람들이 서양 사람들에 비해 어떤 사람의 행동의 원인을 그 사람의 상황에서 찾는 경향이 강한 것은, 기본적으로 동아시아 사람들이 서양 사람들에 비해 배경 정보에 주목하는 경향이 강하기 때문이다. 기타야마 등(Kitayama, Duffy, Kawamura, & Larsen, 2002)은 미국과 일본인 참여자들에게 사각형 박스를 보여 주었다. 이 사각형의 바닥에는 수직선이 하나 있었다. 참여자들이 첫 번째로 본 이 사각형은 이후 판단 과제의 기준 역할을 한다는 점에서 기준 사각형이라고 할 수 있다. 기준 사각형을 본 후에, 참여자들에게는 빈 사각형이 주어졌다. 빈 사각형은 수직선이 있던 기준 사각형보다 크거나 작았다. 참여자들의 과제는 기준 사각형과는 크기가 다른 빈 사각형 안에, ① 기준 사각형 안에 있던 수직선과 동일한 길이의 수직선을 그리거나(절대적 길이 과제), ② 이전에 기준 사각형 안에 있던 수직선과 동일한 비율의 수직선을 그리는 것(상대적 길이 과제)이었다. 이 과제에서 빈 사각형은 맥락 또는 상황의 역할을 한다. 절대적 길이 과제에서는 빈 사각형이라고 하는 맥락을 무시할수록 기준 사각형에 있던 수직선의 길이에 가까운 수직선을 그릴 수 있다. 반면, 상대적 길이 과제에서는 빈 사각형이라고 하는 맥락을 많이 반영할수록 기준 사각형 안에 있던 수직선과 동일한 비율의 수직선을 그릴 수 있다. 따라서 절대적 길이 과제는 전경에 주목하고 맥락 또는 상황의 영향을 덜 받는 서양 사람들에게 유리하고, 상대적 길이 과제는 배경에 주목하고 맥락 또는 상황에도 주목하는 경향이 강한 동아시아인들에게 유리할 것이라고 예상할 수 있다. 결과에 따르면, 절대적 길이 과제의 수행은 미국인들이 일본인들보다 좋았지만, 상대적 길이 과제의 수행은 일본인들이 미국인들보다 좋은 것으로 나타났다.

동아시아 사람들이 서양 사람들에 비해 상황 또는 배경 정보에도 주목하는 이유는 무엇일까? 니스벳(Nisbett, 2003)은 그 이유를 동아시아와 서양의 전통적인 생활철학에서 찾는다. 즉, 사회 구성원들의 사고방식을 구성하는 역할을 하는 철학적 관점의 차이가 정보 처리 방식의 차이를 유발했다는 것이다. 동아시아는 유교, 도교, 불교 등의 영향을 받았는데, 이들은 모든 존재는 서로 연결되어 있다는 것과 상대성의 중요성을 강조한다. 동아시아의 문화는 대상과 연결되어 있는 환경에도 주목하는 방식으로 정보 처리하는 것을 강조한다는 것이고, 그 결과 동아시아 사람들은 배경 또는 환경 정보에도 주목한다는 것이다. 반면, 서양은 그리스 철학의 영향을 받았는데, 이는 맥락과는 독립적으로 대상을 지배하는 법칙의 중요성을 강조한다. 그 결과, 서양 사람들은 대상에 주로 주목한다는 것이다.

미야모토 등(Miyamoto et al., 2006)은 환경의 차이가 다른 사고방식을 발전시켰을 가능성을 지적하였다. 한국의 도시는 미국의 도시보다 동일한 면적에 훨씬 많은 사람들과 건물들이 위치해 있다. 더 복잡하고 더 많은 지각 대상들이 존재하는 것이다. 이러한 환경에서는 하나의 대상에 주목하기보다는 전체를 포괄적으로 지각하는 것이 생존에 훨씬 유리한 전략일 수 있는 것이다. 미야모토 등은 동아시아 사람들이 사는 공간이 서양 사람들이 사는 공간보다 더 복잡하고 더 많은 지각 대상이 존재하기 때문에 동아시아 사람들이 서양 사람들에 비해 더 포괄적인 방식으로 정보를 처리했을 가능성이 있다고 가정한다. 이러한 가능성에 대해 알아보기 위해서 미국, 일본 대학생에게 사진 속의 도시에 있다고 상상하도록 지시했다. 한 조건에선 복잡한 일본의 도시 사진을 보여 주었고, 다른 조건에서는 상대적으로 단순한 미국 도시 사진을 보여 주었다. 결과에 따르면, 복잡한 도시 사진이 제시되었을 때 미국, 일본 학생은 모두 틀린 그림 찾기 과제에서 배경의 변화를 탐지하는 것으로 나타났다. 반면, 단순한 미국 도시 사진을 제시했을 때는 미국, 일본 학생 모두 대상의 변화를 탐지하는 것으로 나타났다. 이러한 결과는 동아시아 사람이든 서양 사람이든 모든 사람들은 대상과 환경 모두에 주목하는 포괄적 사고와 대상에 주목하는 분석적 사고라는 생각의 도구를 모두 가지고 있지만, 자신이 처한 환경에 따라 환경에 적합한 생각의 도구를 선택해서 사용한다는 것을 보여 준다.

2. 점화: 사회적 생각의 무의식적 활성화

사람들의 사회적 행동은 행동의 순간에 어떤 생각을 하느냐에 따라 크게 달라진다. 화가 나는 순간에 어떤 생각이 우리 마음을 차지하느냐에 따라 그 순간이 평화롭게 넘어갈 수도 있고, 반대로 평생 잊지 못할 폭력으로 물들 수도 있는 것이다. 따라서 우리의 생각이 어떻게 행동에 영향을 미치는지를 연구하는 것은 사회심리학의 중요한 주제 중 하나다. 흥미로운 것은 행동의 순간 어떤 생각이 우리의 마음에 떠올랐는지를 의식적으로 명확하게 자각하는 것은 생각보다 쉽지 않다는 것이다. 최근의 사회심리학은 점화에 대한 연구들을 통해서 무의식적으로 활성화된 사회적 생각이 우리들의 판단과 행동에 미치는 영향에 대한 연구들을 수행하고 있다.

점화(priming)는 어떤 사회적 자극을 제시함으로써 특정한 생각을 활성화시키고, 그 생각의 접근 가능성(accessibility)을 증가시키는 것을 말한다. 점화 자극(prime)은 특정한 생각의 접근 가능성을 높이기 위해서 제시하는 자극이다. 예를 들어, 총이 그려진 그림을 보면 '공격'이라는 개념이 점화될 가능성이 높아진다. 이때 총은 점화 자극의 역할을 하는 것이다. 총이라는 점화 자극을 통해 '공격'이라는 생각이 점화된 상태에서 타인을 공격할 기회가 주어지면, 사람들은 보다 쉽게 자신의 공격성을 표출하게 되는 것이다.

1) 고정관념의 점화

점화 연구의 고전 중 하나인 바지(John Bargh) 등의 연구에서는 노인에 대한 고정관념이 무의식적으로 활성화된 참여자들이 통제 집단의 참여자들에 비하여 걸음걸이의 속도가 느려진다는 것을 보여 주었다(Bargh, Chen, & Burrows, 1996). 이들의 연구에서는 문장구성과제(Srull & Wyer, 1979)를 이용해서 한 조건에서 노인에 대한 고정관념을 점화시켰다. 문장구성과제는 특정한 개념을 점화하기 위해 연구자들이 자주 사용하는 방법이다. 다섯 개의 단어를 섞어서 제시하고, 그중에서 네 개의 단어만을 선택해서 문법적으로 완성된 문장을 만드는 과제다. 이때 선택해야만 하는 네 개의 단어 중에 연구자가 점화시키고자 하는 개념과 밀접하게 연결된 단어들을 포함시키는 것이다. 이 실험의 노인 고정관념 점화 조건에서는 노인과 강하게 연합되어 있는 단어들인 gray(흰색 머리카락), bingo(미국 노인들이 자주 하는 게임), Florida(많은 미국 노인들이 은퇴 후에 거주하는 주) 등의 단어가 들어 있는 문장구성과제를 실시하였고 통제 조건에서 제시된 단어들은 노인과는 관련성이 없는 것이었다. 문장구성과제를 마치고, 실험이 종료되었다는 이야기를 들은 참여자들은 건물 밖으로 나가기 위해서 우선 실험실이 위치한 층에 있는 엘리베이터로 걸어가야 했다.

문장구성과제를 끝낸 후에, 연구자들은 실험 참여자들이 눈치 채지 못하게 참여자들이 실험실 문밖을 나서서 약 10m 떨어진 곳에 위치한 복도 끝 엘리베이터로 걸어가는 걸음걸이의 속도를 측정하였다. 그 결과, 노인과 무관한 단어들을 사용하여 문장을 완성한 조건의 학생들보다 노인과 관련된 단어들로 문장을 완성한 조건의 학생들이 엘리베이터까지 걸어가는 데 더 오랜 시간이 걸린 것으로 나타났다. 즉, 노인과 관련된 단어들을 사용하여 문장을 완성하는 동안 자동적으로 떠오른 노인에 대한 생각이 대학생의 발걸음을 더 무겁게 한 것이다. 이러한 결과는 노인에 대해서 가지고 있는 '느리다' 또는 '몸이 무겁다'라는 고정관념의 활성화가 참여자들의 행동에 영향을 미쳤다는 것을 보여 준다.

홍미로운 점은, 모든 실험이 끝난 후에 실험에 참여한 대학생들에게 실험의 목적에 대해 설명했을 때, 문장을 완성하는 과제인 문장구성과제를 하는 동안 보았던 (노인과 관련된) 단어들이 자신의 걸음걸이 속도에 영향을 미쳤을 것이라고 의심하는 사람은 아무도 없었다는 것이다. 노인과 관련된 단어들을 참여자들에게 제시함으로써 자동적으로 노인과 관련된 고정관념을 활성화시켰고, 그 결과 노인에 대한 고정관념과 일치하는 방향으로 행동의 변화(느린 걸음걸이 속도)가 발생한 것이다. 고정관념에 대한 최근의 연구들은 무의식적으로 활성화된 고정관념이 사람들의 태도와 행동에 영향을 미친다는 것을 보여 주고 있다.

2) 돈에 대한 생각의 점화

사람들이 돈에 대해 가지고 있는 믿음 중의 하나는 돈이 많으면 많을수록 더 행복할 것이라는 생각이다. 더 많은 재산을 가지고 있을수록, 더 많은 월급을 받을수록 더 행복한 삶을 누릴 수 있다는 것이다. 사실 이러한 믿음은 진실을 담고 있다. 입에 풀칠을 하기 힘들 정도로 아주 가난한 사람보다는 돈 걱정을 하지 않고 살아가는 부자가 더 행복할 가능성이 크다.

하지만 연구들에 따르면, 우리가 가지고 있는 돈이 일정 수준을 넘어서면 돈은 더 이상 우리의 행복을 증진시키는 데 많은 도움을 주지 못한다. 사람들이 가지고 있는 기본적인 욕구를 충족시킬 정도 이상의 돈은 행복을 증진시키는 데 큰 기여를 하지 못하는 것이다. 그 결과, 아주 가난한 사람보다는 중산층이 훨씬 더 행복하지만, 중산층에 비해 부자들이 훨씬 더 큰 행복감을 느끼면서 살아가는 것은 아니라는 얘기이다.

돈이 행복을 증진시키는 데 우리가 생각하는 것보다 큰 영향을 미치지 못하는 이유는 무엇일까. 돈이 행복을 증진시키는 주요한 요인 중의 하나인 타인과의 사회적 관계를 차단할 가능성이 있기 때문이다.

보스(Vohs, 2015)는 '돈'에 대한 생각이 타인과의 사회적 관계를 위축시킬 수 있다는 것을 보여 주었다. 'money'라는 단어가 들어가 있는 문장을 완성하는 것만으로도 자신이 어려울 때 타인에게 도움을 요청하는 경향이 감소하고, 반대로 타인이 도움을 필요로 할 때는 타인에게 도움을 주는 경향이 감소한다는 것이 발견되었다. 또한 '돈'에 대해서 생각하면 혼자 놀고 혼자 일하는 것에 대한 선호는 증가하고, 새로운 사람을 만날 때 더 많은 물리적 거리를 유지하는 경향이 나타났다.

'돈'이라는 개념이 점화된 사람들은 마치 혼자 생활하는 것을 추구하는 사람처럼 행동한 것이다. 이는 돈을 가지고 있으면 사람들은 타인의 도움을 받지 않고 생활을 할 수 있기 때문일 수 있다. 즉, '돈'은 자기 자족적인 행동 양식과 강하게 연합되어 있고, 그 결과 '돈'에 대한 생각이 사회적 관계를 차단하는 행동 양식을 촉진할 가능성이 있다는 것이다.

이러한 결과는 '돈'이라고 하는 개념의 활성화가 돈과 관련된 단순한 모방행동을 야기하는 것이 아니라, 실험 참여자들의 목표를 재설정하도록 했을 가능성이 높다는 것을 시사한다. 즉, 무의식적으로 자기 자족적 목표가 활성화되고, 그 결과 복잡하고 다양하지만 이 목표와 일치하는 행동 양식들이 관찰된 것이라고 볼 수 있다.

3) 협력과 경쟁의 가치관 점화

상대방을 신뢰하고 협력할 것인가, 아니면 상대방을 믿지 않고 경쟁적인 선택을 할 것인가. 죄수의 딜레마 게임(Prisoner's Dilemma Game)을 이용한 한 연구에서 무의식적으로 점화된 개념 또는 가치관이 실험 참여자들의 협력 또는 경쟁적인 의사결정에 영향을 미치는지 알아보았다(Kay & Ross, 2003).

죄수의 딜레마 게임에서는 둘 중 하나만 선택할 수 있다. 협력할 것인가, 아니면 경쟁적인 선택을 할 것인가. 공범의 혐의를 받고 있는, 하지만 범죄 혐의를 입증할 만한 아무런 증거도 남기지 않는 두 명의 용의자가 있다. 이들의 죄를 입증할 수 있는 유일한 방법은 자백을 받는 것이다. 검사는 한 가지 제안을 한다. 두 명의 죄수가 모두 죄를 고백하면 둘 다 3년을 감옥에 있어야 하지만, 둘 중 한 명만 자백하면 자백한 사람은 무죄 방면하고 자백하지 않은 사람은 30년형을 구형할 것이라고 한다. 만약 두 명이 모두 자백하지 않으면 증거 불충분으로 무죄가 되지만, 다른 가벼운 사건에 책임을 물어서 30일을 구형할 것이라고 말한다.

죄수의 딜레마에서는 협력적인 의사결정, 즉 자백을 하지 않는 것이 자신과 상대방 모두를 생각한다면 최선의 선택이 되는 상황이다. 하지만 문제는 상대방이 다른 방에 격리되어 심문을 받고 있어서 그가 어떤 생각을 하고 있는지 알 수 없다는 것이다. 내가 협력적인 의사결정을 선택했을 때 상대방도 협력적인 의사결정을 할 것이라고 확신할 수 없다. 만약 나는 상대를 믿고 자백을 하지 않았는데 상대가 자백을 해 버리면, 최악의 결과에 직면하게 된다. 상대방은 무죄로 풀려나고 나만 30년을 감옥에 있어야 한다. 과연 이러한 상황에서 상대방도 의리를 지킬 것이라고 믿고 협력을 선택할 것인가, 아니면 상대방을 믿을 수 없기 때문에 자신의 이익만을 생각하는 경쟁적인 선택을 할 것인가.

그 연구에서는 협력 또는 경쟁 단어를 이용한 문장구성과제를 통해 협력적 가치관과 경쟁적 가치관을 점화했다. 협력 점화 조건에서는 협력과 연합된 단어(예: 도움을 주는, 조화로운, 동맹, 협동 등)들을 사용하여 문장구성과제를 수행하도록 하였다. 반면에 경쟁 점화 조건에서는 경쟁과 관련된 단어(예: 경쟁적인, 한발 앞선, 토너먼트, 패배한 등)를 사용하여 문장구성과제를 완성하도록 하였다.

결과에 따르면, 협력적 가치관이 점화된 조건의 참여자들은 경쟁보다는 협력적 의사결정을 선택하는 비율이 높은 것으로 나타났다. 하지만 경쟁적 가치관이 점화된 사람들은 상대를 믿고 협력하기보다는 상대방을 믿지 못하고 경쟁적인 의사결정을 선택한 사람의 비율이 더 높게 나타났다. 이러한 결과는 무의식적으로 점화된 가치관이 우리의 의사결정에 영향을 미칠 수 있다는 것을 보여 준다. 우리가 의식적으로 자각하지 못했음에도 우리의 머릿속에 떠올랐던 생각에 따라 다른 사람을 믿고 협력하거나, 반대로 다른 사람을 믿지 않고 경쟁적으로 행동할 수 있다는 것이다.

더 흥미로운 결과는 실험에 참여한 사람들에게 다른 사람들의 경우에는 이러한 상황에서 어떠한 선택을 할 것이라고 생각하는지 물어보았을 때 발견되었다. 협력적 가치관이 점화된 참여자들의 경우에는 다수(약 61%)가 다른 사람들도 협력적인 선택을 할 것이라고 응답하였다. 하지만 경쟁적 가치관이 점화된 사람들의 생각은 완전히 달랐다. 이들 중 다수(약 62%)의 사람들이 다른 사람들도 경쟁적인 선택을 할 것이라고 답했던 것이다. 협력적 가치관이 점화된 사람들은 다른 사람들도 협력적인 행동을 할 것이라고 믿고 있었다. 하지만 경쟁적 가치관이 점화된 사람들은 다른 사람들이 협력할 것이라고 믿지 못했다. 다른 사람들도 분명히 경쟁적으로 나올 것이라고 생각하고 있었던 것이다. 이러한 연구 결과는 무의식적으로 점화된 가치관이 상대방의 미래 행동을 예측하게 하고, 결국 자신의 의사결정에도 영향을 미친다는 것을 보여 준다(Kay & Ross, 2003).

경쟁만을 강조하는 사회는 의식적으로나 무의식적으로 경쟁적 가치관을 지속적으로 점화하고 있는 셈이다. 케이와 로스의 연구에서처럼 경쟁적 가치관이 점화되면 사람들은 상대를 믿지 않고, 다른 사람들도 나를 믿지 못할 것이라고 생각한다. 그 결과, 경쟁은 심화되는 것이다. 경쟁이 나쁜 것은 아니지만 경쟁적 가치관이 만들어 내는 불신은 사람들의 관계를 망가뜨릴 수 있는 것이다. 어떤 종류의 가치관이 집단의 무의식을 지배하느냐에 따라 그 사회의 인간관계의 질도 달라질 수 있는 것이다.

4) 물리적 온도의 점화

'따뜻함'은 물리적인 온도를 표현할 때 사용하는 개념이지만, 심리적인 온도를 표현할 때 사용하기도 한다. "따뜻한 커피 한 잔"이라고 말할 때 '따뜻함'은 물리적인 온도를 의미하지만, "마음이 따뜻한 사람"이라고 말할 때의 '따뜻함'은 심리적인 온도를 의미한다. '차가움'이라는 개념도 물리적인 온도와 심리적인 온도를 표현할 때 모두 사용되기는 마찬가지다.

'따뜻함'이나 '차가움'을 물리적인 개념과 심리적인 개념을 묘사하는 데 모두 사용하는 것은 한국어에만 국한된 것이 아니다. "마음이 따뜻하다." 또는 "마음이 차가운 사람"이라고 우리가 흔히 말하듯이, 영어에서도 "warm-hearted" 또는 "cold-hearted"라는 표현을 마음의 온도를 표현하기 위해 사용한다.

물리적인 온도와 심리적인 온도가 매우 밀접하게 연합되어 있다면, 물리적인 따뜻함을 경험하게 함으로써 심리적인 따뜻함을 유도하는 것이 가능할 것이라고 예상할 수 있다. 역으로, 심리적인 따뜻함을 경험하게 함으로써 물리적인 따뜻함을 유도하는 것도 가능할 것이다.

한 연구에서는 물리적 온도에 대한 점화를 통해서 심리적 온도를 변화시킬 수 있는지 알아보았다(Williams & Bargh, 2008). 구체적으로, 물리적인 따뜻함을 점화시키면 심리적으로 따뜻해지는지 알아보았다. 이를 위해 실험 참여자가 엘리베이터를 타고 4층에 있는 실험실로 올라가는 도중에, 잠깐 동안 커피 컵을 들어 달라고 부탁했다. 한 조건에서는 컵에 따뜻한 커피가 담겨 있었고, 다른 조건에서는 차가운 아이스커피가 담겨 있었다. 참여자들은 실험실에 도착해서 지적이고, 솜씨 좋고, 근면하고, 단호하고, 실제적이고, 신중한 성격 특성을 가진 A라는 익명의 개인에 대한 간단한 정보를 보고 인상 평가를 했다.

결과에 따르면, 따뜻한 커피가 담겨 있던 컵을 들고 있었던 사람들이 차가운 커피가 담겨 있던 컵을 들고 있었던 사람들보다 A가 훨씬 더 따뜻한 사람이라고 판단하였다. 참여자들은 자신의 A에 대한 인상이 컵에 담겨 있던 커피의 온도에 의해서 영향을 받았다는 사실을 전혀 의식적으로 자각하지 못했다. 이러한 결과는 우리가 어떤 물리적 온도를 경험했느냐에 따라 상대방에 대한 추상적인 또는 심리적인 차원의 인상이 달라진다는 것을 보여 준다.

두 번째 실험에서는 실험 참여자들에게 찜질용 패드를 손으로 만져 보고 이 제품이 얼마나 치료에 효과적일지에 대해 평가해 보도록 하였다. 한 조건에서는 따뜻한 온열 찜질용 패드가 제시되었고, 다른 조건에서는 차가운 얼음찜질용 패드가 제시되었다. 참여자들이 제품에 대한 평가를 마치고 나면 실험 참여에 대한 보답으로 두 개의 선물 중 하나를 선택할 수 있는 기회를 제공했다. 둘 중의 하나는 자신이 가져가는 것이었고, 다른 하나는 친구에게 자기 선물을 주는 것이었다.

결과에 따르면, 차가운 패드를 검사하는 과정에서 물리적인 차가움이 점화된 사람들 중에는 친구보다는 자신을 위한 선물을 선택한 사람들이 더 많았다. 하지만 따뜻한 패드를 만지면서 물리적인 따뜻함이 점화된 사람들 중에는 자기보다 친구에게 선물을 양보한 사람들이 더 많은 것으로 나타났다.

이러한 연구 결과는 물리적인 온도에 대한 신체적 경험이 심리적인 온도에 영향을 미친다는 것을 보여 준다. 즉, 물리적으로 따뜻한 대상과의 신체적인 접촉이 심리적인 따뜻함을 무의식적으로 활성화시킨 것이다. 그 결과, 물리적 따뜻함에 대한 경험이 타인을 더 좋게 보도록 만들고, 더 따뜻한 방식으로 타인에게 행동하도록 유도한 것이다.

5) 후각 정보의 점화

최근의 연구는 물리적 차원의 냄새가 심리적 차원의 냄새와 밀접하게 연결되어 있을 가능성을 보여 준다. 우리가 일상적으로 경험하는 냄새 중의 하나는 세탁이나 청소를 위해 사용하는 세제의 냄새다.

네덜란드의 홀란드(Rob Holland)는 세탁이나 청소와 같은 행동을 할 때마다 반복적으로 노출되었던 세제 냄새는 우리의 정신 표상에 '청결'에 대한 지식과 밀접하게 연결되어 있을 가능성이 높다고 가정한다. 그 결과, 세제 냄새라는 후각 정보의 점화가 청결과 관련된 생각과 행동을 무의식적으로 촉진할 가능성이 높다고 예상했다. 이러한 가능성에 대해 알아보기 위해서 이들은 다용도 세제 냄새가 나는 실험실에서 단어-비단어 판단 과제를 실시하였다(Holland, Hendriks, & Aarts, 2005). 결과에 따르면, 다용도 세제 냄새 조건의 실험 참여자들이 통제 조건 단어(예: 자전거 타기, 탁자, 컴퓨터)에 비해 청소 관련 단어(예: 청소하기, 정돈하기, 위생)에 대한 반응속도가 더 빠른 것으로 나타났다. 하지만 실험실에서 아무런 냄새도 나지 않았던 무취 조건의 실험 참여자들은 청소 관련 단어나 통제 조건 단어에 대한 반응에 차이를 보이지 않았다. 이러한 결과는 물리적 냄새(예: 세제 냄새)가 장기기억 속에 특정 개념(예: 위생) 또는 목표 추구 행위(예: 청소하기)와 강하게 연결되어 있다는 것을 보여 준다.

만약 세제 냄새가 청결에 대한 지식과 연합되어 있다면, 세제 냄새는 청결 관련 행동을 해야겠다는 생각을 활성화시킬 가능성이 높을 것이라고 예상할 수 있다. 이들의 두 번째 연구에서는 실험 참여자들이 실험이 끝나고 난 다음에 당일에 수행할 계획을 가지고 있는 다섯 가지 활동을 적게 했다. 결과는 세제 냄새 조건에서 아무런 냄새도 나지 않았던 통제 조건보다 실험 참여자들이 청소와 관련된 행동 계획을 더 많이 적은 것으로 나타났다. 즉, 세제 냄새 점화 조건에서 통제 조건에 비해 "책상 정리를 해야겠다."라거나 "'밀린 빨래를 해야겠다.'라는 생각 등이 더 많이 활성화되었던 것이다."

그렇다면, 세제 냄새 점화는 실제로 사람들로 하여금 청결을 위한 행동을 하도록 만들 수 있을까? 이들의 세 번째 실험에서는 세제 냄새가 나는 실험실이나 아무 냄새도 나지 않는 통제 조건의 실험실에서 실험 참여자들에게 설문 조사를 실시했다. 설문에 대한 응답이 완료된 후에 참여자들은 옆에 있는 다른 실험실로 이동해서 두 번째 실험에 참여했다. 두 번째 실험실은 아무런 냄새가 나지 않는 곳이었다. 이 실험실에서 과제를 준비하는 동안 준비된 비스킷을 먹도록 했다. 연구자들은 실험 참여자들이 비스킷을 먹는 동안 탁자에 떨어지는 부스러기를 얼마나 자주 치우는지 몰래카메라를 이용해서 촬영했다. 결과에 따르면, 세제 냄새 조건에서 통제 조건에 비해 테이블에서 비스킷을 먹는 동안 약 3배 이상 더 자주 부스러기를 치우는 것으로 나타났다.

이 연구에서 참여자들은 냄새와 자신의 판단 및 행동 간의 관련성에 대해 전혀 의식적으로 자각하지 못하는 것으로 나타났다. 이러한 결과는 세제 냄새가 청소와 관련된 지식을 무의식적으로 활성화시키고, 이렇게 활성화된 개념이 청소와 관련된 미래 계획과 실제 행동을 유발할 수 있다는 것을 보여 준다. 물리적 냄새가 그 냄새와 관련된 심리적 차원의 정신적 표상 또는 무의식적 목표를 활성화시키고, 그 결과 행동으로 이어진 것이다.

6) 무의식적 목표의 점화

사람들은 자신이 원하는 목표나 결과를 얻기 위해서 행동한다. 이러한 목표 추구 행동은 그동안 지극히 의식적인 과정으로 간주되어 왔다. 하지만 최근의 연구들은 우리의 목표 자체가 무의식적으로 활성화될 수 있다는 것을 보여 준다. 삶의 과정에서 경험하는 사건들이 우리들이 의식하고 있지 못하는 사이에 어떤 목표를 점화시키고, 동기를 부여하고, 목표를 향해 행동하도록 이끌 수 있다는 것이다.

전우영 등의 연구에서는 무의식적으로 점화된 목표가 콜라의 맛 지각에도 영향을 미칠 수 있다는 것을 보고하였다(Chun, Kruglanski, Keppler, & Friedman, 2011). 연구자들은 9·11의 두 가지 사건을 통해 미국인 참여자들 자신의 국가에 대한 무의식적 동일시 목표를 조작하였다. 동일시 목표 조건에서는 9·11이 발생한 직후에 미국 시민들이 참사 현장으로 달려가 피해자들을 돌보고 헌혈을 하는 모습에 대한 보도를 접했을 때 들었던 느낌에 대해 짧은 글을 작성하도록 하였다. 비동일시 조건에서는 9·11이 일어나고 얼마 지나지 않아서 미국인을 대상으로 탄저균이 든 편지를 보내는 테러를 범한 사람이 미국인이라는 보도를 접했을 때 들었던 느낌에 대해 쓰도록 하였다. 글의 내용을 분석한 결과에 따르면, 자원봉사 조건의 참여자들이 탄저균 조건의 참여자들보다 미국과 동일시하려는 목표를 더 강하게 드러낸 것으로 나타났다.

이어서 실험 참여자들은 콜라의 맛을 결정하는 요인을 파악하기 위한 실험에 참여하였다. 그들의 과제는 펩시콜라, 코카콜라 그리고 지역 브랜드인 샤퍼스콜라를 맛보고 제일 맛이 좋은 콜라를 선택하는 것이었다. 이 실험을 위한 예비 연구에서는 대부분의 미국인 참여자들이 코카콜라를 미국의 가장 대표적이고 전형적인 탄산음료로 지각하고 있다는 것이 밝혀졌다. 따라서 미국인들이 자신의 국가와 동일시하려는 무의식적 목표가 점화되면 코카콜라를 선택할 가능성이 높을 것이라고 예상할 수 있다. 이 실험에서 콜라병은 코카콜라, 펩시콜라, 샤퍼스콜라였지만, 내용물은 샤퍼스콜라와 물을 섞어서 만든 것이었다.

이 실험의 한 조건에서 샤퍼스콜라병에 든 콜라는 물과 샤퍼스콜라를 4대 1의 비율로 섞은 것이었고, 코카콜라와 펩시콜라병에 든 것은 샤퍼스콜라와 물을 1대 1의 비율로 섞은 것이었다. 객관적으로 코카콜라나 펩시콜라가 샤퍼스콜라보다 맛이 더 좋았다. 따라서 맛이 좋은 콜라를 찾아야 하는 의식적인 목표는 코카콜라나 펩시콜라를 선택하면 충족시킬 수 있었다. 하지만 자신의 국가와 동일시하거나 비동일시하고자 하는 무의식적 목표는 코카콜라나 펩시콜라 중 하나만이 만족시킬 수 있었다. 자원봉사 조건에서는 미국을 대표하는 코카콜라를 선택함으로써 가장 맛이 좋은 콜라를 선택하고자 하는 의식적 목표를 성취할 수 있고, 동시에 자신의 국가와 동일시하고자 하는 무의식적 목표도 성취할 수 있을 것이다. 하지만 탄저균 조건에서는 코카콜라를 선택하지 않음으로써, 즉 펩시콜라를 선택함으로써 의식적 목표를 성취할 수 있고, 동시에 자신의 국가와 비동일시하고자 하는 무의식적 목표도 성취할 수 있을 것이라고 예상할 수 있다.

결과에 따르면, 참여자들의 선택은 그들의 무의식적 목표에 의해서 결정되었다. 예상했던 것처럼, 자원봉사 조건에서는 대부분의 참여자들이 코카콜라를 선택했고, 탄저균 조건에서는 많은 참여자들이 펩시콜라를 선택했다. 참여자들이 실험 후에 자신의 선택 이유에 대해 보고한 내용들을 보면, 모든 이유가 콜라의 맛과 관련되어 있었다. 참여자들은 콜라가 더 톡 쏘거나 맛이 있었기 때문에 선택했다고 생각하고 있었다. 자신의 선택이 9·11에 대한 글을 쓰는 과정에서 점화된 미국과의 동일시나 비동일시 목표에 의한 것이라고 생각한 사람은 아무도 없었다. 참여자들은 자신의 선택이 무의식적 목표에 의해서가 아니라 콜라 자체의 맛에 의해 결정되었다고 믿고 있었던 것이다. 이러한 연구 결과는 사람들이 하나의 성취 수단을 선택함으로써 의식적인 목표와, 동시에 무의식적인 목표를 성취하려 한다는 것을 보여 준다.

3. 사회적 영향

한 사회의 구성원으로 생활하는 동안 사람들은 서로 다양한 경로를 통해 영향을 주고받는다. 지도 교수가 학생과 진로상담을 하면서 던진 말 한마디, 수천 명의 군중들이 모인 광장에서 갑자기 뛰기 시작한 어떤 사람의 행동, 심지어는 오디션에서 노래를 부르는 참가자를 조용히 바라보고 있는 심사위원의 존재가 학생, 군중 그리고 오디션 참가자의 생각과 감정 그리고 행동에 영향을 미치는 것이다. 이러한 사회적 영향의 대표적인 현상이 동조와 복종이다.

1) 동조

사람들은 자신의 생각이나 행동을 다른 사람들의 명시적이거나 암묵적인 압력 때문에 바꾸는데, 이를 동조(conformity)라고 한다. 즉, 다른 사람들의 생각이나 행동에 맞추기 위해서 자신의 생각이나 행동을 수정하는 것이다. 동조는 크게 두 가지 사회적 영향 때문에 발생한다. 그중 하나는 정보적 영향이고, 다른 하나는 규범적 영향이다.

(1) 정보적 사회 영향

외국인 가정에 저녁 식사 초대를 받았다. 만약 그 나라의 식사 문화에 대해서 아는 게 하나도 없다면, 어떻게 행동해야 할까? 가장 안전한 방법 중 하나는 다른 사람들이 어떻게 행동하는지를 보고 그들의 행동을 따라 하는 것이다. 정답이 없는 애매한 상황 또는 어떻게 행동하는 것이 맞는지 알지 못하는 상황에서 사람들은 다른 사람들이 어떻게 행동하는지 관찰하고, 다른 사람들의 행동을 정보로 활용한다. 이 과정에서 다른 사람들의 행동에 동조하게 되는데, 이를 정보적 사회 영향에 의한 동조라고 한다. 정보적 사회 영향(informational social influence)은 우리가 정확한 정보를 추구하는 과정에서 동조가 발생할 수 있다는 것을 보여 준다.

쉐리프(Sherif, 1936)의 고전적 연구는 착시 현상을 이용해서 동조 현상이 어떻게 정보적 사회 영향에 의해 발생할 수 있는지 알아보았다. 캄캄한 암실에서 고정된 광점을 응시하면, 불빛이 실제로는 전혀 움직이지 않음에도 마치 움직이는 것처럼 보인다. 이와 같은 착시 현상을 '자동운동효과(autokinetic effect)'라고 한다. 실험의 1단계에서 연구자는 개별 실험 참여자들을 암실에 혼자 들어가도록 하였다. 참여자들의 과제는 광점이 얼마나 멀리 움직였는지 보고하는 것이었다. 결과에 따르면, 광점이 움직인 거리에 대한 참여자들의 지각은 제각각이었다. 예를 들어, 어떤 사람은 광점이 약 5cm 정도만 움직였다고 보고한 반면, 다른 사람은 약 20cm나 움직였다고 보고하였다.

실험의 2단계에서는 혼자만 있던 암실에 몇 명의 다른 참여자를 들어가게 했다. 참여자들의 과제는 소리 내서 광점이 움직인 거리를 보고하는 것이었다. 따라서 옆에 있던 다른 참여자들이 서로 다른 참여자들의 추정치를 들을 수 있도록 한 것이다. 이렇게 집단 속에서 광점이 움직인 거리를 추정하면서 참여자들은 서로의 추정치에 영향을 받기 시작했다. 그 결과, 혼자서 광점이 움직인 거리를 추정했을 때는 서로 매우 달랐던 추정치가 집단 속에서 몇 차례의 시행이 반복되면서 점점 하나의 값에 수렴하기 시작했다 ([그림 14-2] 참조). 정답이 없는 애매한 상황에서 사람들은 정답을 찾기 위해서 다른 사람들의 의견을 정보로 사용하기 시작했고, 이러한 과정에서 광점의 움직임에 대한 집단의 규범이 형성된 것이다. 그리고 사람들은 이러한 규범에 동조하기 시작한 것이다.

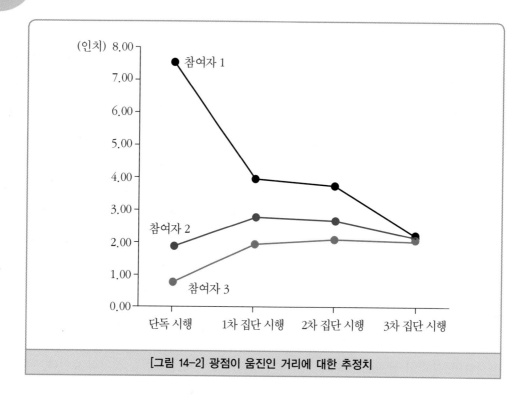

[그림 14-2] 광점이 움진인 거리에 대한 추정치

흥미로운 결과는 약 1년 후에 참여자들에게 다시 혼자서 광점이 움직인 거리를 추정하게 했을 때 발견되었다. 참여자들은 1년이라는 시간이 지난 후에도 실험의 2단계에서 동조한 집단의 추정치에 영향을 받은 것으로 나타났다. 즉, 시간이 지난 후 단독으로 판단을 했기 때문에 집단의 압력이 전혀 존재하지 않는 상황임에도, 1년 전 집단 속에서 추정했을 때의 값에 가까운 응답을 한 것이다. 1년 전에 형성된 집단 규범을 혼자 있는 상황에서도 지키고 있었던 것이다. 이러한 결과는 2단계에서 형성되었던 집단 규범을 참여자들이 자신의 것으로 받아들이는, 내면화 현상이 발생했다는 것을 보여 준다. 정보적 사회 영향에 의해 발생한 규범과 이 규범에 대한 동조는 구성원들로 하여금 그 규범을 자신의 가치로 받아들이는 내면화를 이끌 수 있는 것이다.

(2) 규범적 사회 영향

사람들이 모여서 집단을 이루면 구성원들 사이에 특정한 상황에서 어떻게 행동해야하는지에 대한 합의가 생기는데, 이를 규범이라고 한다. 예를 들면, 자신에게 아무리기쁜 일이 있어도 장례식장에 가서 슬픔에 빠져 있는 상주 앞에서 기쁘게 웃으면 안 되는 것이 우리 사회의 구성원들이 공유하고 있는 규범 중의 하나다. 사람들은 자신들이 공유하고 있는 집단 규범을 지키지 않는 사람을 불편해하고 배척하며, 심지어는 규범을 어긴 사람에게 물리적 폭력을 가하기도 한다. 따라서 사람들은 집단의 규범이 무엇인지 정확하게 알아내려고 하고, 일단 규범을 파악하게 되면 스스로 그 규범을 준수하기 위해 노력하고, 더 나아가 규범에서 벗어난 행동을 하는 사람에게 다양한 방법을 통해 규범을 따르도록 요구한다. 그 결과, 사람들은 집단이 제시하는 규범에 따라 행동하기 위해 동기화된다.

규범적 사회 영향(normative social influence)은 집단에서 자신이 거부되는 것에 대한 두려움 때문에 집단의 의견에 반대하지 못하고 집단의 의견에 동조하는 것이다. 애쉬(Asch, 1956)는 애매하지 않고 분명한 답이 있는 상황에서도 사람들이 집단의 잘못된 의견에 동조하는지 알아보고자 하였다. 이를 위해, 이제는 심리학 역사상 가장 유명한 실험 중 하나가 된, 선분 판단 실험을 하였다. 실험 참여자가 연구실에 도착하면 함께 실험에 참여하는 6명의 사람들이 이미 와서 자리를 차지하고 있다. 1번부터 7번까지 번호가 붙어 있는 좌석 중에 6번 좌석만이 비어 있었기 때문에 마지막에 도착한 이 사람은 6번 좌석에 앉게 된다. 실제로 이 실험에서는 6번 좌석에 앉은 사람만 진짜 실험 참여자이고 나머지 6명은 연구자의 지시에 따라 연기를 하는 공모자였다. 실험에서는 먼저 선분이 하나 그려진 카드를 보여 준다. 그리고 난 후에 두 번째 카드를 보여 주는데, 이 카드에는 세 개의 선분이 그려져 있다. 참여자의 과제는 첫 번째 카드에 있는 선분과 길이가 똑같은 선분을 두 번째 카드에 있는 세 개의 선분 중에서 선택하는 것이다. 이 과제는 굉장히 쉽게 답을 찾을 수 있도록 만들어졌다. 따라서 혼자서 할 때는 거의 틀리지 않는다.

실험이 시작되고, 1번 좌석에 앉은 참여자부터 차례로 답을 소리 내서 말하는 식으로 실험이 진행되었다. 따라서 같은 공간에 있던 모든 참여자들은 다른 사람이 뭐라고 답을 하는지 들을 수 있었다. 실험이 시작되고 두 번은 모든 사람들이 정답을 맞혔다. 그런데 세 번째 카드가 나왔을 때 1번 좌석에 앉은 사람이 오답을 정답이라고 말했다. 2번, 3번, 4번, 5번까지 모두 동일한 오답을 정답이라고 말했다. 다섯 명이 모두 길이가 명백히 다른 선분을 정답이라고 지목한 것이다. 과연 6번 좌석에 앉아 있던 진짜 참여자는 자신에 앞서 오답을 정답이라고 말한 다섯 명이 모두 틀렸다는 것을 이야기할 수 있을까?

이 실험에서 오답에 대한 동조 압력은 총 12회 가해졌다. 결과에 따르면, 12번의 시행 중 최소한 한 번이라도 동조한 사람은 약 75%인 것으로 드러났다. 절반 이상의 시행에서 동조한 사람도 약 50%나 됐고, 전체 시행 중 동조가 발생한 시행은 약 37%인 것으로 나타났다.

이러한 결과는 실험 상황을 고려하면 매우 놀랄 만한 것이다. 애쉬(Asch, 1956)의 실험 상황은 쉐리프(Sherif, 1936)의 실험 상황처럼 정답을 찾는 것이 모호한 상황이 아니었다. 무엇이 정답인지는 매우 명백했고, 정답을 찾는 것은 매우 쉬웠다. 혼자서 단독으로 이 과제를 수행했던 통제 집단의 경우에는 거의 하나도 틀리지 않을 정도로 정답을 쉽게 찾아냈다. 또한 참여자들에게 집단의 오답에 동조한다고 해서 어떤 보상이 주어지는 것도 아니었고, 집단의 오답에 동조를 거부한다고 해서 어떤 처벌을 주지도 않았다. 더구나 실험에 참여한 다른 사람들과 다시 만날 계획이 있었던 것도 아니기 때문에 미리 인상을 관리해야 할 필요도 없었다. 따라서 다른 사람들이 제시한 오답을 따라야 할 이유가 하나도 없는 상황이었다. 하지만 실험 결과는 사람들이 오답을 강요하는 집단의 동조 압력에 얼마나 쉽게 굴복할 수 있는지를 보여 준다. 규범적 사회 영향에 대한 애쉬의 실험은 집단이 제시하는 규범이 틀렸다는 것을 알고 있음에도 불구하고, 구성원들이 그 규범에 쉽게 저항하지 못한다는 것을 보여 준다.

동조 현상에는 몇 가지 요인들이 영향을 미친다. 첫 번째 요인은 집단의 크기이다. 동조 압력을 행사하는 사람의 수가 많을수록 동조 압력은 커진다. 하지만 흥미로운 것은, 집단의 크기가 3~4명일 때까지만 동조 압력이 커진다는 것이다. 애쉬(Asch, 1951)의 연구는 4명을 넘어서면 추가된 인원이 더 이상 동조 압력의 크기를 증가시키지 못한다는 것을 보여 준다. 심리적으로 2명보다는 4명의 압력이 훨씬 크게 느껴지지만, 4명이나 10명이나 동조 압력의 크기에는 차이가 없다는 것이다.

둘째, 집단 내에서 의견이 만장일치를 이룰 경우에 동조 압력은 최대가 된다. 집단 내에서 한 명이라도 이탈자가 있으면 동조는 크게 줄어든다. 만장일치가 깨지는 순간 나 혼자만 이탈된다는 두려움이 감소하기 때문이다. 애쉬의 선분 실험에서 정답은 A인데, 6명의 집단 구성원이 B라는 오답을 제시해서 동조 압력을 행사한다고 생각해 보자. 이때 진짜 참여자 외의 다른 한 명이 정답은 A라고 답함으로써 만장일치를 깨뜨리면 진짜 참여자가 느끼는 동조 압력은 급격하게 감소한다. 흥미로운 것은 만장일치를 깨는 이탈자가 반드시 정답을 말하지 않아도 된다는 것이다. 만약 만장일치를 깬 한 명의 이탈자가 오답인 C를 정답이라고 주장해도 동조 압력은 크게 줄어든다는 것이다. 사람들은 다른 사람이 용감하게 다수의 의견과 다른 의견을 내는 것을 보면, 그 의견이 틀린 경우에도 자신의 목소리를 낼 용기를 얻게 되는 것이다.

셋째, 전문가나 사회적 권력이 높은 사람의 의견에 동조할 가능성이 높다. 전문가가 정확한 정보를 제공할 가능성이 높다고 생각하고(정보적 사회 영향) 권력이 높은 사람이 자신에게 더 큰 영향을 줄 수 있다고 생각하기 때문이다(규범적 사회 영향).

넷째, 개인의 독립성을 강조하는 문화보다는 집단 구성원들 간의 상호 의존성을 강조하는 문화에서 집단 의견에 동조하는 경향이 강하게 나타난다.

다섯째, 성별에 따라 더 쉽게 동조하는 영역에 차이가 있다. 자신과 반대의 성이 더 우세하다고 고정관념적으로 간주되는 영역인 경우에 더 쉽게 동조하는 경향이 있다. 예를 들어, 여성은 남성이 더 우세하다고 알려진 지리학이나 사냥과 같은 영역에서 더 쉽게 동조하고, 남성의 경우에는 여성이 더 우세하다고 알려진 화장품이나 양육과 같은 영역에서 더 쉽게 동조하는 경향이 있다.

여섯째, 과제의 난이도와 모호성이 동조에 영향을 미친다. 진행 중인 과제가 쉽고 분명하다면 정보적 사회 영향은 줄어든다. 하지만 어렵고 애매하다면 타인의 행동을 따라 하는 것이 개인의 안녕에 더 도움이 되기 때문에 정보적 사회 영향은 더 커진다.

일곱째, 익명성이 증가하면 동조 압력은 줄어든다. 자신의 의견에 익명성이 보장되면 규범적 사회 영향은 줄어든다. 아무도 자신이 어떤 의사결정을 했는지 모른다고 확신하면, 집단의 처벌에 대해 염려할 필요가 없기 때문이다.

여덟째, 다른 사람들의 반응이 나와 다른 이유가 명확하고, 그 이유가 무엇인지 알게 되면 동조 압력을 크게 느끼지 않을 수도 있다. 예를 들어, 애쉬의 실험에서 틀린 오답을 말하는 사람들이 모두 시력이 매우 나쁜 사람들이라고 알려 주면, 진짜 참여자가 느끼는 동조 압력은 크게 약화되는 것이다.

2) 복종

명령은 주로 상대적으로 더 큰 권력을 가지고 있는 사람이 자신보다 적은 권력을 가진 사람에게 어떤 특정한 행동을 하도록 구체적으로 요구하는 것이다. 명령에 잘 복종할수록 권위자로부터 칭찬을 포함한 다양한 유형의 보상을 얻을 수 있다. 문제는 권위자의 명령이나 지시가 비합리적이거나 심지어는 비인간적인 것일 때 발생한다. 과연 사람들은 비합리적인 권위자의 명령에 얼마나 잘 저항할 수 있을까? 밀그램(Stanley Milgram)의 복종(obedience) 실험은 사람들이 우리가 생각하는 것보다는 훨씬 쉽게 권위자의 비합리적인 명령에 복종한다는 것을 보여 준다(Milgram, 1963).

밀그램은 예일 대학교에서 처벌이 학습에 미치는 영향에 대한 연구에 참여할 사람을 모집한다는 광고를 냈다. 참가자가 실험실에 가면 먼저 온 또 다른 참가자를 소개받았다. 실험에는 두 명이 함께 참여하는데, 먼저 온 사람은 진짜 참가자가 아니라 연구자의 지시에 따라 연기를 할 공모자였다. 참가자와 공모자는 제비뽑기를 해서 선생님과 학생 역할을 담당할 사람을 정했는데, 제비뽑기는 참가자는 선생님으로, 공모자는 학생으로 뽑히도록 미리 조작되어 있었다.

이 실험에서 선생님은 학생에게 학습 과제를 주고, 학생이 이를 정확하게 기억하고 있는지를 확인하는 역할을 수행했다. 처벌을 받으면 학습이 더 잘되는지 알아보는 것이 이 실험의 주된 목적이기 때문에 학생이 기억 과제에서 오류를 범하면 선생님은 학생에게 처벌을 줘야 했다. 이 실험에서 처벌은 전기충격이었다. 전기충격은 30개의 스위치가 달려 있는 기계 장치를 통해서 전달됐다. 1번 스위치를 누르면 15볼트의 전기충격이 학생에게 주어지고, 30번 스위치를 누르면 무려 450볼트의 전기충격이 전달되도록 만들어졌다. 스위치 위에는 전압이 유발하는 충격의 정도가 적혀 있었다. 예를 들어, 15볼트에는 '약한 충격', 330볼트에는 '극도로 강한 충격' 그리고 450볼트에는 그저 'XXX'라고 표시되어 있었다. 참여자들에게는 그들이 실험을 하다가 마음에 내키지 않으면 언제나 실험을 중단하고 실험실을 떠날 수 있다고 알려 주었다.

연구자는 선생님 역할을 하는 진짜 참가자가 보는 앞에서 학생의 손목에 전기충격이 전달되는 전극을 부착하고 학생을 의자에 묶었다. 그리고 선생님은 실험 전에 자신의 손목에 전극을 연결하고 3번 스위치(45볼트)를 올려서 전기충격을 실제로 체험해 보도록 했다. 선생님은 체험을 통해 진짜 전기충격이 주어진다고 믿었지만, 실제로는 학생 역할을 맡은 공모자에게 전기충격이 가해지지 않았다. 공모자와 참가자는 서로 분리된 방에 있었는데, 공모자의 방에는 참가자가 몇 볼트의 스위치를 올렸는지 알 수 있는 장치가 있었고, 공모자는 이를 보고 마치 전기충격을 실제로 받은 사람처럼 연기를 했던 것이다. 두 방은 인터콤으로 연결되어 있었기 때문에 학생의 신음과 비명 소리는 고스란히 선생님의 귀에 전달되었다.

연구자는 선생님에게 학생이 문제를 틀릴 때마다 한 단계 더 높은 전기충격을 주라고 지시했다. 공모자는 연구자와 약속한 대로 점점 더 많은 문제를 틀렸고, 그때마다 참가자가 줘야 하는 전기충격의 강도도 높아졌다. 참가자들이 전기충격을 주는 것을 망설이면, 연구자는 단계적으로 준비된 명령을 선생님에게 했다. 처음에는 "계속하세요."라고 가볍게 압박하고, 그다음에도 주저하면 "당신이 계속하셔야 실험이 됩니다."

"당신에게 다른 선택권은 없습니다."와 같은 명령으로 점점 압박의 수위를 높였다. 전기충격이 강해지면서 학생의 신음 소리도 커졌다. 150볼트에는 "내가 심장이 안 좋다고 했었죠. 심장의 느낌이 안 좋아요. 그만둘래요. 내보내 줘요."라고 외쳤다. 이후 학생은 지속적으로 실험 거부 의사를 밝혔고, 충격이 주어질 때마다 고통스러운 비명을 질렀다.

만약 우리가 이런 실험에 참여해서 선생님의 역할을 맡았다면 학생 역할을 맡은 사람에게 최대 몇 볼트의 전기충격을 주었을까? "나 같으면 450볼트까지 주었을 거야."라고 생각하는 사람은 거의 없을 것이다. 실제로 밀그램은 실험에 참여하지 않은 학생들과 일반인들을 대상으로 이런 실험을 하면 몇 %의 사람들이 450볼트까지 충격을 줄 것이라고 생각하는지를 예상해 보도록 하였다. 결과에 따르면, 조사 대상자들은 450볼트 스위치를 누르는 사람은 참가자 중 3% 정도밖에 되지 않을 것이라고 예측하였다.

하지만 이러한 일반적인 예상과는 달리, 밀그램의 실험에 참여했던 사람들 중 62.5%가 450볼트의 전기충격을 처음 본, 인상 좋게 생긴, 심장이 좋지 않은, 전기충격을 멈추라고 애원했던, 중년의 남성에게 준 것으로 나타났다. 심지어 한 연구에서는 학생이 전기충격이 주어지는 판에서 손을 떼지 못하도록 실험 참가자로 하여금 강제로 학생의 손을 붙잡아 누르도록 한 경우에도 약 30퍼센트의 참가자들이 끝까지 연구자의 명령에 복종한 것으로 나타났다.

밀그램의 실험에 참여한 사람들이 아무런 양심의 가책도 느끼지 않고 무고한 상대방에게 전기충격을 가한 것은 아니었다. 이들은 고통을 호소하는 상대방의 외침을 들으면서 엄청난 스트레스를 받고 갈등했다. 이런 스트레스와 갈등을 해결해 줬던 것은 바로 자신이 모든 책임을 지겠다고 한 실험자의 말이었다. 예일 대학교 소속 과학자가 "내가 모든 책임을 질 테니 계속하라."라는 말을 했을 때, 참여자들은 책임감의 측면에서 면죄부를 받은 느낌을 가진 것이다. 자신의 행동에 대한 책임을 명령을 내린 권위자에게 돌릴 수 있다고 생각할 때, 사람들은 자신의 비합리적이고 비이성적인 수준의 폭력을 합리화할 수 있는 것이다.

밀그램의 실험에서 참여자들이 실험 진행을 거부하지 못했던 이유 중의 하나는 처음부터 450볼트의 전기충격을 주지 않았기 때문이다. 처음에는 15볼트의 충격만 주면 됐다. 30, 45, 60볼트 정도는 가벼운 충격이니 실험에서 이 정도의 충격은 줘도 될 것이라고 생각했을 것이다. 그리고 점진적으로 조금씩 충격의 강도를 높인 것이다.

밀그램의 실험에서 150볼트의 충격은 이 참여자가 전기충격을 450볼트까지 줄지를 예측할 수 있는 결정적인 순간이다. 150볼트의 충격이 주어지면 공모자가 강력하게 실험을 거부한다. 심장이 안 좋다고 말하고, 그만두고 싶으니 내보내 달라고 요구한다. 이 시점이 바로 참여자가 가장 크게 갈등하는 순간이다. 이 순간에 멈추지 않은 사람들 중에는 약 80%가 450볼트까지 충격을 가하는 것으로 나타났다.

인류의 역사에서 벌어진 많은 폭력과 학살의 출발은 권위자의 작지만 부당한 명령에서부터 시작된 경우가 많다. 권위자의 부당한 명령은 작은 것에서부터 시작해서 점점 폭력과 학살의 수준에까지 도달한다. 따라서 부당함을 느끼고, 그것 때문에 스스로 심리적으로 갈등을 경험하는 순간(밀그램의 실험에서는 150볼트 충격을 준 직후) 즉시 부당함에 저항하지 못하면, 우리는 머지않은 미래에 큰 부당함에 매우 쉽게 복종하고 있는 자신을 발견하게 될지도 모른다. 가랑비에 옷이 흠뻑 젖는 줄도 모르는 것이다.

밀그램의 실험이 진행된 지 50년도 넘었다. 그동안 개인의 자유와 인권에 대한 인식은 훨씬 높아졌다. 그렇다면, 과연 밀그램의 복종 실험을 현재 다시 수행한다면, 이전처럼 많은 사람들이 권위자의 비합리적인 명령에 순순히 따를 가능성이 있을까? 시대가 변했으니 권위를 대하는 사람들의 방식도 변했을까? 산타클라라(Santa Clara) 대학교의 버거(Jerry Burger)는 21세기에 밀그램의 실험을 다시 재현하는 것이 가능한지 알아봤다(Burger, 2009). 밀그램의 실험 이후 심리학 연구에서 실험 참여자에 대한 보호조치는 실험 수행의 가장 중요한 선결 요건 중의 하나가 되었다. 버거는 대학의 생명윤리심의위원회(IRB)로부터 최대치로 전기충격을 주는 상황을 150볼트까지로 하는 조건으로 실험 수행을 승인받았다. 또한 버거는 두 번의 사전 검사를 통해서 트라우마나 우울 등의 심리적 상처가 있는 사람들이 이 실험에 참여해서 스트레스를 받지 않도록 조치했다. 그 외의 실험 절차는 밀그램의 실험과 동일했다.

결과에 따르면, 150볼트 스위치를 누른 다음에 학생 역할의 공모자가 고통을 호소하고 실험을 멈춰 달라고 했지만, 약 70%의 참여자들이 계속 실험을 하겠다고 결정했다. 밀그램의 실험에서는 150볼트의 충격 제공 후에 약 82%의 사람들이 실험을 지속했는데, 분석 결과 70%와 82%의 차이는 통계적으로 유의미한 차이는 아니었다. 이는 50여 년 전이나 지금이나 밀그램의 복종 패러다임을 사용했을 때 복종하는 사람들의 비율에는 차이가 없다는 것을 의미한다.

앞서 언급했듯이, 150볼트는 참여자가 전기충격을 450볼트까지 줄지를 예측할 수 있는 결정적인 순간이다. 따라서 버거의 연구 결과는, 밀그램 실험 이후 50년이 더 지난 지금도, 선량한 시민들이 권위자의 명령에 따라 아무 잘못도 저지르지 않은 또 다

른 선량한 시민에게 치명상을 입힐 수 있는 수준의 고통을 가할 수 있다는 것을 보여
준다.

복종 실험의 결과가 발표되었을 당시에 많은 사람들이 연구 결과에 충격을 받았고,
동시에 불편해했다. 연구 결과가 많은 사람들이 가지고 있던 인간에 대한 믿음과는 정
면으로 배치되었기 때문이다. 자유 의지를 가지고 있는 존재라고 생각했던 인간이 권
위자의 명령에 따라서 꼭두각시처럼 움직이는 존재에 불과한 것처럼 보였기 때문이
다. 더구나 자신이 선한 존재라고 믿고 있었던 사람들에게 당신도 악마가 될 수 있다
고 말하는 것 같은 밀그램의 연구는 위협이 되기에 충분했다.

하지만 밀그램 연구의 핵심은 선량한 보통 사람도 그가 어떤 상황에 처했느냐에 따
라서 대량 학살의 하수인과 같은 방식으로 행동할 수 있다는 것을 보여 준 것이다. 따
라서 이러한 비극을 막기 위해서는 상황을 변화시켜야 한다는 것을 이야기해 주고 있
는 것이다. 불합리하고 폭력적인 명령을 거부할 수 있는 환경, 보다 구체적으로는 사
회적 시스템이 만들어져야 사람들은 자신이 원하는 선한 존재로 살아갈 수 있는 것이
다. 그런 면에서 밀그램의 실험은 문제 해결에 우리가 처한 사회적 상황이 얼마나 중
요한지를 알려 준 사회심리학의 정수를 보여 준 셈이다.

요약 및 학습과제

요약

1. 우리는 다른 사람들과 함께 살아간다. 사회적 동물이라고 불리는 인간은 태어나면서부터 사회에 소속되고, 다른 구성원들과 상호작용하면서 생활한다. 사람들이 사회 활동을 하면서 다양한 장면에서 경험하는 수많은 심리, 행동적 주제를 연구하는 것이 바로 사회심리학이다.

2. 사람들은 자신이나 타인이 어떤 행동을 하면 왜 그렇게 행동했는지, 행동의 진짜 원인은 무엇인지 추론한다. 이렇게 사건과 행동의 원인을 추론하는 과정을 귀인(歸因, attribution)이라고 한다.

3. 어떤 개인의 행동이 그 사람이 처한 상황보다는 그 사람의 성격과 상응한다고 생각하는 경향을 상응추론 편파(correspondence bias)라고 한다. 그리고 귀인 연구 초기에 상응추론 편파가 너무 강력하고 보편적으로 나타난다고 생각했던 심리학자들은 이러한 귀인 경향을 기본적인 귀인 오류(fundamental attribution error)라고 불렀다.

4. 관찰자가 행위자의 행동의 이유를 외적 요인(상황)보다는 행위자의 내적 요인(성격)에서 찾으려는 경향이 강한 반면, 행위자는 자신의 행동의 이유를 자신의 내적 요인보다는 자신을 둘러싼 외적 요인 때문이라고 생각하는 경향이 강하다. 이러한 행위자와 관찰자 사이에서 발견되는 행동원인 추론의 차이를 행위자-관찰자 차이라고 부른다.

5. 동아시아 사람들이 서양 사람들에 비해 어떤 사람의 행동의 원인을 그 사람의 상황에서 찾는 경향이 강한데, 이는 동아시아 사람들이 서양 사람들에 비해 배경 정보에 주목하는 경향이 강하기 때문이다.

6. 점화는 어떤 사회적 자극을 제시함으로써 특정한 생각을 활성화시키고, 그 생각의 접근 가능성(accessibility)을 증가시키는 것을 말한다. 점화 자극(prime)은 특정한 생각의 접근 가능성을 높이기 위해서 제시하는 자극이다.

7. 점화 효과에 대한 연구들은, (1) 무의식적으로 활성화된 고정관념이 고정관념과 일치하는 방향으로 사람들의 행동을 변화시킨다는 것을 보여 주고, (2) 돈에 대한 생각의 점화는 자기 자족적 목표를 활성화시켜서 사회적 관계를 차단하는 행동 양식을 촉진하고, (3) 경쟁에 대한 가치관의 점화는 인간 간의 불신을 유발하고, (4) 물리적인 따뜻함의 점화는 사람을 심리적으로 따뜻한 사람으로 행동하게 만들고, (5) 청결과 밀접하게 연결된 후각 정보는 청결과 관련된 생각과 행동을 무의식적으로 촉진하고, (6) 무의식적으로 활성화된 목표는 우리의 선택에 영향을 미칠 수 있다는 것을 보여 준다.

8. 동조는 크게 두 가지 사회적 영향 때문에 발생한다. 그중 하나는 정보적 영향이고, 다른 하나는 규범적 영향이다. 답이 없는 애매한 상황 또는 어떻게 행동하는 것이 맞는지 알지 못하는 상황에서 사람들은 다른 사람들이 어떻게 행동하는지 관찰하고, 다른 사람들의 행동을 정보로 활용한다. 이 과정에서 다른 사람들의 행동에 동조하게 되는데, 이를 정보적 사회 영향에 의한 동조라고 한다. 규범적 사회 영향은 집단에서 자신이 거부되는 것에 대한 두려움 때문에 집단의 의견에 반대하지 못하고 집단의 의견에 동조하는 것이다.

9. 명령은 주로 상대적으로 더 큰 권력을 가지고 있는 사람이 자신보다 적은 권력을 가진 사람에게 어떤 특정한 행동을 하도록 구체적으로 요구하는 것이다. 스탠리 밀그램(Stanley Milgram)의 복종 실험은 사람들이 우리가 생각하는 것보다는 훨씬 쉽게 권위자의 비합리적인 명령에 복종한다는 것을 보여 준다.

학습과제

1. 상응추론 편파에 대해 실험 연구의 예를 들어 설명하시오.

2. 행위자-관찰자 차이가 발생하는 이유에 대해 설명하시오.

3. 문화가 귀인 과정에 미치는 영향에 대해 설명하시오.

4. 점화가 무엇인지 설명하고, 점화 효과에 대해 실험 연구의 예를 들어 설명하시오.

5. 동조를 유발하는 두 가지 사회적 영향에 대해 설명하시오.

6. 밀그램의 복종 실험을 설명하고, 이 연구 결과의 사회적 의미에 대해 설명하시오.

chapter

15

광고와 소비자

학습목표

- 소비자의 정보 처리 과정을 단계별로 이해하고 각 단계별 해당 광고 사례를 알아본다.
- 소비자의 기억이 어떻게 이루어지고 광고에 어떠한 영향을 미치는가를 이해하며, 기억과 광고의 관계를 알아본다.
- 소비자의 의사결정 과정을 이해하고 구매 후 부조화 과정에 대해 알아본다.
- 소비자 행동에 영향을 미치는 환경적 요소를 파악하고 문화와 사회계층 및 준거집단 영향력에 대해 알아본다.
- 소비자 행동에 영향을 미치는 개인적 요소를 파악하고 학습 과정이 광고에 적용되는 과정을 알아본다.

　　소비자로서 우리는 아침에 눈을 떠서 저녁에 잠자리에 들 때까지 수많은 자극에 노출되며, 그 자극에 반응하면서 살아가고 있다. 이러한 소비자의 행동을 이해하는 것은 우리가 일상생활 속에서 당면하는 하나의 과제라고 할 수 있다. 따라서 소비자 행동에 관여되는 심리 기제를 이해하는 것이 필요하다고 하겠다.

　　이 장에서는 소비자 행동을 조망하는 체계로서 소비자의 정보 처리론적 과정과 의사결정 과정을 살펴보고자 하며 소비자 행동에 영향을 미치는 환경적 요소와 개인적 요소를 통해 소비자 행동의 이해의 틀을 넓히고자 한다. 또한 각 단계에 관여되는 심리학의 기본 개념과 심리적 기제를 소개함과 더불어, 현재 광고 분야에서 적용되고 있는 광고와 캠페인 사례를 중심으로 소비자 행동에 관한 이해의 틀을 확립해 본다.

15 chapter 광고와 소비자

1. 소비자 정보 처리 과정

소비자는 일상생활 속에서 자신이 의도했든 의도하지 않았든 간에 수많은 외부 자극(예: 광고, 판매원 등)에 노출되어 있다. 이러한 외부 자극에 대해 소비자들은 어떤 자극에 대해서는 주의(attention)를 기울이고, 다른 자극에 대해서는 주의를 기울이지 않는다. 소비자들이 주의를 기울이게 되는 자극에 대해 나름대로의 의미를 부여하게 되는데, 이러한 과정을 지각 과정이라 한다. 이 지각 과정에서는 자극에 대해 긍정적이든 부정적이든 간에 평가 과정이 수반된다. 이러한 평가 과정에는 장기기억 속에 저장된 기존의 관련 지식이 영향을 미치게 되는데, 이와 같은 일련의 과정을 정보 처리 과정(information processing)이라고 한다. 정보 처리 과정을 단계별로 좀 더 상세히 살펴보면 다음과 같다.

1) 노출

노출(exposure)은 소비자 정보 처리 과정의 첫 단계로서, 소비자 개인이 자극에 대해 물리적으로 접근하여 하나 혹은 그 이상의 감각기관이 활성화된 상태라고 할 수 있다. 노출은 의도적 노출과 우연적 노출로 구분할 수 있는데, 전자는 소비자가 자신의 문제를 해결하기 위해 의도적으로 자신을 외부 자극에 노출하는 것을 말한다. 예를 들면, 영희가 새로운 스마트폰을 구매하고 싶다면 휴대전화 판매점을 방문하게 될 것이다. 그러나 항상 소비자가 의도하여 자극에 노출되는 것만은 아니다. 원하지 않더라도 우리는 소비자가 되어 거의 매일 수많은 자극에 우연적으로 노출되게 된다. 아침에 잠에서 깨어 다시 잠자리에 들 때까지 우리는 수많은 방송매체 또는 광고물 그리고 판매원들의 외침 등을 접하게 된다. 이러한 노출 과정을 우연적 노출이라고 한다.

그 밖에 소비자는 주위 환경에서 많은 자극에 노출됨에 따라 불필요한 노출을 되도록 회피하게 되는데, 예를 들면 재핑효과(zapping effect)가 이에 해당된다. 즉, TV를 시청하고 있는 시청자가 TV 시청 중에 광고가 나오면 광고를 회피하기 위해 리모트 컨트롤을 이용하여 다른 채널로 돌리는 행위를 말한다. 이와 같은 소비자의 선택적 노출은 광고 효과를 무위로 만드는 결과를 초래한다. 따라서 광고에 대한 소비자의 선택적 노출 행위에 대처하기 위해 광고에 대한 노출 자체를 즐길 수 있도록 광고를 제작하여야 한다. 그렇다면 즐길 수 있는 자극으로서의 광고는 크리에이티브가 살아 있는 광고라고 할 수 있다. 흔히 이용되고 있는 소비자에게 효과적인 광고 유형으로는 유머광고와 시리즈 형태의 광고 유형을 들 수 있다.

소비자에게 광고가 하나의 의미 있는 자극이 되기 위해서는 자극 강도가 식역 수준을 넘어야 한다. 식역 수준이란 노출 현상이 일어나기 위한 자극적 에너지의 강도를 말하며, 절대적 식역(absolute threshold)과 차이식역(differential threshold)이 있다. 절대적 식역은 감각기관이 자극을 감지할 수 있기 위한 자극 에너지의 최소한의 강도를 말

유머광고의 예

하며, 이는 소비자 개인마다 차이가 있다. 차이식역은 두 개의 자극이 지각적으로 구분될 수 있는 최소한의 차이를 말하며, JND(Just Noticeable Difference)라고도 한다. 이러한 차이식역을 제품의 가격을 상승시키거나 제품의 용량을 줄이는 전략에 이용하기도 한다. 예를 들면, 제품의 가격을 내리고자 할 때 소비자가 가격 변화를 감지할 수 있는 만큼(차이식역 이상)의 가격 인하를 시도해야 하며, 반대로 가격 상승 요인이 발생했을 때 가격을 올리기보다는 제품 용량을 소비자가 감지할 수 없는 양만큼(차이식역 이하)의 용량을 줄이는 방법을 사용하기도 한다. 그러나 자극의 강도가 절대적 식역 수준에 미치지 못하는 경우에도 소비자가 그 자극을 무의식중에 지각하는 식역하 지각을 이용하는 광고도 있다. 이러한 형태의 광고 유형을 식역하 광고라 한다(Brean, 1958). 다만, 식역하 광고는 소비자가 의식하지 못한 상태에서 소비자에게 영향을 미친다는 비윤리적 측면으로 인하여 국내에서는 법적으로 규제하고 있다.

2) 주의

주의는 특정 자극에 대한 정보 처리 능력의 집중이라고 할 수 있다. 이러한 주의는 선택적 주의(selective attention) 과정을 통해 이루어진다. 소비자들이 자극에 우연하게 노출되었을 때 그 자극이 소비자 자신에게 중요하거나 깊이 관여되어 있는 제품군에 대한 정보일 경우에는 상당한 주의를 기울일 것이나, 그렇지 않은 경우에는 주의를 기울이지 않게 되는 과정을 말한다. 예를 들면, 노트북을 구입하고자 하는 소비자는 전자제품 쇼핑몰에 전시된 다양한 제품 중 노트북의 종류, 가격표 등의 정보에 주의를 기울이게 된다. 이러한 소비자의 선택적 주의에 영향을 미치는 요인은 크게 개인적 요인과 자극적 요인으로 구분할 수 있다.

(1) 선택적 주의에 영향을 미치는 개인적 요인

소비자의 선택적 주의에 영향을 미치는 가장 기본적인 요인은 그 대상에 대한 개인적 관여도(involvement)다. 즉, 자신과 관련성이 높은 자극에 대해서는 주의를 기울이고 그렇지 않은 자극에 대해서는 주의를 기울이지 않는 것이다. 광고 분야에서 자사 제품에 대한 관여도를 높이기 위해 사용되는 전략으로는, 첫째, 표적 소비자와 유사한 모델을 사용하는 경우다. 실소비자를 모델로 사용함으로써 동일시를 쉽게 유발한다. 동아제약 박카스 광고에서 실제의 대학생이 취업 장면에 나타나는 광고 또는 실제 여

시리즈 광고의 예

대생이 모델로 등장하여 유한킴벌리 생리대 제품을 광고하는 경우 등이 이 전략을 이용한 광고다. 둘째, 브랜드의 특징을 드라마화하여 제시하는 방법이다. 예를 들면, 삼성전자의 '또 하나의 가족' 유머 시리즈 광고와 유한킴벌리의 '우리 강산 푸르게 푸르게'의 시리즈 캠페인 등이 있다. 셋째, 공포심을 유발하는 광고를 사용한다. 이 경우는 주로 공익광고 캠페인에서 활용된다. 제품을 사용하거나(담배, 마약), 잘못 사용하거나 혹은 사용하지 않는 데(보험, 예방검진) 따른 공포소구(fear appeal)를 활용하여 부정적 결과를 소비자에게 제시함으로써 해당 제품과 소비자 자신과의 관련성을 높이는 전략이다.

선택적 주의에 영향을 미치는 두 번째 요소는 기존의 신념과 태도다. 소비자는 자신의 신념과 태도에 불일치하는 정보에 노출되면 이를 회피하는 경향이 있으며, 이와 같은 정보에 강제적으로 노출되면 그 정보를 왜곡시킴으로써 자신의 기존 신념과 태도를 보호하려는 심리적 경향이 있는데, 이를 지각적 방어(perceptual defence)라고 한다. 지각적 방어가 일어나기 용이한 경우는, 첫째, 소비자가 어떤 대상에 대하여 더 강한 신념과 태도를 지니고 있을수록, 둘째, 경험의 일관성이 높을수록, 셋째, 자극에 의해 발생되는 불안감이나 걱정이 클수록, 넷째, 구매 후 부조화가 클수록 지각적 방어가 나타날 가능성이 크다. 따라서 AIDS 예방광고, 금연광고 등에서 AIDS나 금연으로 인해 소비자가 수용하기 어려울 만큼 매우 부정적인 결과를 보여 주게 되면 오히려 그 효과가 감소할 수 있다.

세 번째 요인은 적응(adaptation)으로서 소비자가 동일한 자극에 반복적으로 또는 연속적으로 노출되는 경우에 그 자극을 주목하지 않거나 주의를 기울이지 않는 현상을 말한다. 예를 들면, 대도시로 이사를 온 경우 처음에는 시골보다 더 심한 소음이 귀에

광고적응 감소 전략의 예

거슬리고 잠을 설치지만, 점차 익숙해지면서 적응이 되고 나면 그 소음을 의식하지 않게 되는 것이다. 광고에서는 이러한 적응 현상을 감소시키기 위해 어떤 제품의 광고를 할 때 동일한 광고를 반복적으로 하는 대신 광고의 실행 단서(모델, 배경음악, 분위기 등)를 조금씩 다르게 함으로써 소비자의 적응을 감소시키려는 노력을 한다. 광고에서 핵심 메시지는 그대로 유지하고 실행 단서인 배경과 배경음악, 분위기 및 모델 등을 변경하여 연출하는 시리즈 광고 전략도 적응을 감소시키는 데 활용하고 있다. 예를 들면, 대한항공의 시리즈 광고에서는 여행지 배경 요소를 변경하지만, 모든 광고에서 "Excellence in Flight, Korea Air"의 핵심 메시지로서 끝을 맺는다.

　그 밖에 소비자 개인의 주의 범위(attention span)와 감정적 상태(affective states)가 선택적 주의에 영향을 미치는 것으로 나타났다. 사람들은 일반적으로 하나의 자극물에 오랫동안 주의를 집중하지 못하는 경향이 있어 광고 제작자들은 광고 메시지를 간단하게 해야 한다는 점에 고심하고 있다. 또한 사람들은 기분이 좋을 때에는 자신들의 환경에서 긍정적 정보에 선택적으로 주의를 기울이지만, 기분이 좋지 않을 때에는 부정적 정보에 주목하는 경향이 있다(Peter & Olson, 1994). 종업원이 소비자의 기분을 긍정적으로 유지해야만 하는 필요성이 여기에 있다고 하겠다.

　(2) 선택적 주의에 영향을 미치는 자극적 요인
　소비자가 노출된 자극에 대해 어떤 자극에는 주의를 기울이고 또 다른 어떤 자극에는 그렇지 않은 것은 소비자 개인의 특성(개인적 요인)뿐만 아니라 자극 그 자체의 속성에 의해서도 영향을 받는다. 소비자는 제품에 대해 중요하게 여기지 않거나 관심이 없더라도 광고 자체가 매우 독특한 자극이거나 즐거운 정서를 유발하는 자극이라면 주의를 기울이게 된다. 선택적 주의에 영향을 미치는 자극적 요인과 광고 제작 시사점을 제시하면 다음과 같다 (Engel, Blackwell, & Miniard, 1995).

매력적인 모델을 이용한 소비자 주의 유발 광고의 예

첫째, 다른 자극에 비해 두드러진 자극(prominent stimuli)은 소비자들의 더 많은 주의를 유발하는 것으로 나타났다. 예를 들면, 삽화나 광고 자체가 클수록 더 높은 주의를 유발하는데, 이때 크기 요인은 광고물의 상대적 크기, 즉 지면에 대비한 광고물의 크기가 중요한 요소가 된다. 또한 흑백광고보다는 컬러광고가 일반적으로 더 높은 주의를 유발할 수 있다. 신문광고에 있어서 컬러광고가 흑백광고에 비해 약 41%의 매출 증대를 가져오는 것으로 나타났다(임종원 외, 1997). 그러나 대조효과(contrast effect)가 나타날 수 있다. 즉, 다른 광고들이 대부분 컬러인 경우에는 흑백광고가 더 높은 주의를 유발할 수 있다. 예를 들면, 캘빈클라인의 경우 잡지광고에 흑백광고를 게재함으로써 다른 컬러 잡지광고들에 비해 대조효과를 얻으려는 전략을 사용하고 있다. 더구나 한 광고물 내에서도 중요한 요소(제품, 브랜드, 핵심 메시지 등)는 컬러로 배경 요소(모델, 배경 등)는 흑백으로 표현하는 전략을 활

신기한 자극을 사용한 광고의 예

흑백컬러 대조효과 광고의 예

용하기도 한다. 뿐만 아니라, 자극의 강도가 높을수록 소비자의 주의를 이끌 수 있다. 따라서 TV광고처럼 일반 프로그램보다 광고를 더 큰 소리로 만드는 경우가 있다. 이 밖에 질문에 의한 표제를 이용하면서 소비자의 호기심을 유발할 수 있으며, 유명인이나 매력적인 모델을 사용하면서 소비자들의 주의를 유발시킬 수도 있다.

둘째, 신기한 자극(novel stimuli)은 소비자들의 높은 주의를 이끈다. 이 경우, 특이한 자극일수록 주의를 유발한다. 또한 호기심을 유발시키는 광고도 주의를 끌 수 있는데,

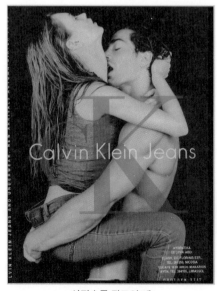

성적소구 광고의 예

호기심을 유발하는 전략으로는 먼저 기존의 스키마(schema)와 매우 다른 속성의 정보가 노출되는 경우다. 예를 들면, 베네통 광고에서 신부와 수녀의 키스 장면을 광고 배경으로 사용함으로써 소비자의 높은 주의를 이끌었다. 또한 유머소구(humor appeal) 광고, 은유법을 이용하는 광고와 고의적으로 정보를 누락시킨 광고를 제작하는 방법이다. 이러한 광고 제작 전략은 소비자들이 일반적으로 완결되어 있지 않은 부분이 있을 때 심리적으로 부족한 부분을 채워서 지각하는 경향(완결성의 원리)이 있다는 것에 착안한 것이다.

셋째, 소비자들은 즐거움을 유발시키는 자극에 더

많은 주의를 기울이는 경향이 있다. 따라서 쾌락적 욕구에 소구하는 실행 단서(광고모델, 배경음악 등)를 이용하여 광고를 제작함으로써 소비자들의 주의를 이끌 수 있다. 현재 이 분야 연구에 따르면 성적소구(sexual appeal) 광고가 소비자들에게 높은 광고 인지도와 상표 회상률을 보이는 것으로 나타났다.

넷째, 인쇄광고에 있어서는 광고물의 위치 요인이 주의에 영향을 미친다. 예를 들면, 전면이 여러 개의 광고물로 구성되어 있는 경우 상단에 위치하는 것이 더 바람직하다. 또한 신문의 경우는 광고와 관련된 기사가 그 페이지에 함께 있는 경우 주의를 끌 수 있다(박찬웅, 현용진, 1994). 잡지광고의 경우에는 전체 페이지의 상위 10% 이내에 있는 광고물이 다른

격리에 의한 광고의 예

광고물보다 더 주의를 유발시키며, 특정 지면 위치효과[표2(잡지 앞표지 안쪽 면), 표3(잡지 뒤표지 안쪽 면), 표4(잡지 뒤표지 표지면), 목차대면(목차의 상대 페이지면)]가 있는 것으로 나타났다.

끝으로, 관심이 유발되는 학습된 자극을 이용하거나 격리(isolation)효과를 이용하여 주의를 끌 수도 있다. 학습된 자극을 이용한 경우는 주로 휴대전화 메시지 수신음, 전화벨, 사이렌과 초인종 소리 등을 TV나 라디오 광고물에 삽입함으로써 소비자의 관심을 유발하는 방법이고, 격리효과를 이용한 경우는 상표명 등 주요한 광고 메시지를 전체 광고 면에서 중앙 또는 한쪽 모서리에 고립시킴으로써 소비자의 주의를 이끄는 방법이다.

3) 지각

지각(perception)은 "여러 감각기관을 통해 두뇌로 유입된 자극을 개인의 주관적 기준으로 해석하고 이해하는 과정"이다. 지각은 소비자가 외부 자극의 요소를 조직화하고 나름대로 의미를 부여하여 하나의 전체적 형상을 그리는 것으로, 동일한 자극에 노출되더라도 소비자들마다 다를 수 있다. 소비자의 지각 과정은 지각적 조직화(perceptual organization)와 지각적 해석(perceptual interpretation)에 의해 이루어진다.

(1) 지각적 조직화

지각적 조직화 과정은 소비자들이 여러 개의 단편적인 정보를 수집하여 유용한 정보를 도출하는 것을 말하는 것으로, 이는 지각적 부호화(perceptual encoding)와 지각적 통합화(perceptual integration)를 통해서 이루어진다. 부호화란 감각에 대해 심리적 기호(mental symbols)를 부여하는 과정으로, 심리적 기호는 소비자가 이해할 수 있는 언어, 숫자, 그림 등의 형태를 갖는다. 지각적 통합화는 형태주의 심리학 이론에 근거하는 것으로, 개인은 자극의 일부분에 대한 지각만을 가지고는 자극이 주는 의미를 파악하기가 힘들기 때문에 여러 자극물을 별개의 것이 아닌 '조직된 덩어리(organized whole)'로 지각하는 경향이 있다는 것이다. 이러한 지각적 조직화의 원리는 다음과 같다.

완결성   완결성(closure)이란 자극물이 불완전할 때 잘못된 요소를 고치거나 빈 것을 채우려는 지각자의 심리적 성향이다. 소비자는 완전한 형상을 형성하려 하며, 또한 스스로 메시지를 완결시키는 데에서 만족을 느낀다. 따라서 소비자에게 불완전한 메시지를 제공하고 소비자 스스로 불완전한 광고를 완성하게 함으로써 소비자가 광고에 기울이는 관심을 향상시키며, 메시지를 더 쉽게 회상시킬 수 있다. 소비자에게 완전한 광고와 불완전한 광고가 광고 회상에 미치는 영향을 비교하기 위한 실험 결과, 불완전한 광고가 완전한 광고보다 회상률이 34%나 더 높았다(Heimback & Jacoby, 1972). 이러한 현상을 자이가르닉 효과(Zeigarnik effect)라 한다. 예를 들면, 켈로그(Kellogg) 사는 광고 게시판의 광고에 회사명의 첫 글자인 'K' 자를 삭제한 광고를 실었던 적이 있었다. 그 결과, 이 광고에 대한 소비자의 주의 정도는 크게 향상되었다.

집단화   집단화(grouping)는 소비자가 여러 요소를 분리된 단위가 아닌 청크(chunk)로서 지각하는 것을 말한다. 여기서 청크는 의미의 단위로 묶어서 지각하는 것을 말한다. 형태주의 심리학에서 유래된 집단화의 원리는 근접성, 유사성, 연속성의 특징을 가지고 있다. 첫째, 근접성(proximity)은 한 요소가 가장 가까운 다른 요소와 연결되어 지각하는 경향이다. 많은 광고가 근접성의 원리를 이용하여 제품의 속성과 근접한 상징이나 이미지를 이용하여 소비자에게 소구하고 있다. 예를 들면, 피죤 광고에서 섬유 유연제의 가장 중요한 속성인 부드러움을 강조하기 위해 부드러운 털을 가진 샴고양이를 광고모델로 사용하여 제품을 연상시키려 하였다. 둘째, 소비자들은 유사성

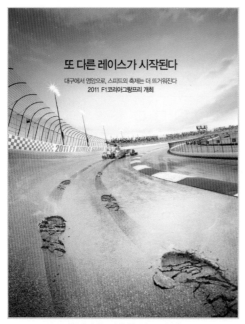

| 근접성을 이용한 광고의 예 | 연속성을 이용한 광고의 예 |

(similarity)을 통해 자극을 집단화한다. 유사성은 자극의 요소 중 유사한 것끼리 연결시켜 지각하는 경향이다. 실제 소비자를 광고모델로 기용하는 경우 유명인 모델보다 동일시가 잘 유발되는 현상이 유사성을 활용한 광고 전략이다. 예를 들면, 애경 스파크 세제 광고에서 세제의 가장 중요한 소비층인 실제 주부를 광고모델로 활용하는 경우다.

전경과 배경　사람들은 그들의 지각을 두 가지 유형으로 조직화하는 경향이 있다. 그중의 하나는 전경(figure)으로, 이는 자극에서 보다 두드러진 요소로 받아들이는 부분이다. 그리고 다른 하나는 배경(ground)으로, 이는 상대적으로 덜 두드러지게 지각하는 부분이다. 이 같은 원리는 진열장에 놓인 여러 상표의 제품 중에서 소비자에게 보다 더 친숙한 상표가 쉽게 눈에 띄는 것도 전경과 배경으로 설명할 수 있다.

그러나 광고에 쓰이는 배경음악은 단지 소비자들로 하여금 광고에 좀 더 주의를 기울이도록 하는 역할에 머물러야지, 그 효과가 너무 크면 광고 메시지가 음악으로 인해 소비자에게 전달되지 못할 수도 있다. 또한 광고에서 모델이 너무 두드러지게 지각되면 제품은 기억되지 않고 광고모델만 기억되는 역효과를 초래한다. 이 전경과 배경은 너무 매력적인 모델은 광고 효과를 저해할 수도 있다는 이론적 근거를 제공한다. 따라

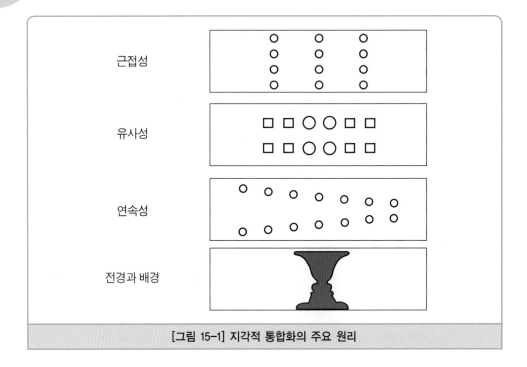

[그림 15-1] 지각적 통합화의 주요 원리

서 매력적이거나 유명인을 광고모델로 기용할 경우, 제품이나 브랜드 명은 컬러로 제작하는 반면 모델은 흑백으로 처리함으로써 매력적 모델로 인한 역효과를 제거하려는 노력을 기울이기도 한다. 따라서 광고의 핵심 요소인 메시지와 제품 및 브랜드 명 등

매력적인 모델이 형상으로 지각될 수 있는 광고의 예

은 전경으로 지각되게 제작되어야 하며, 반대로 광고의 주변 요소인 모델, 배경음악, 분위기 등은 배경으로 지각되게 제작되어야 한다.

(2) 지각적 해석

소비자는 자극의 요소를 조직화하게 되면 그 자극을 해석하게 된다. 이러한 지각적 해석에는 지각적 범주화(perceptual categorization)와 지각적 추론(perceptual inference)의 두 가지 기본 원리가 적용된다. 지각적 해석은 동일한 자극에 대한 평가에서 개인이 가지고 있는 독특한 경험과 동기 등에 따라 독특하게 나타난다. 지각적 범주화는 소비자가 자극에 노출되면 그 자극을 기억 속에 가지고 있던 기존의 스키마에 있는 것과 관련지음으로써 자신의 방식으로 이를 지각하게 되는 것을 말한다. 예를 들면, 소비자가 벤츠 승용차 광고를 보았을 때 "이 승용차는 성능이 좋을 것이다." 또는 "값이 비쌀 것이다."라고 쉽게 지각하는 것은 그 소비자에게 벤츠 승용차에 대한 고성능과 고가격 스키마가 있기 때문이다.

지각적 추론 광고의 예

지각적 추론이란 어떤 요소에서 다른 요소를 추리하는 것을 말한다. 예를 들면, 사람들은 특정 국가에서 만든 제품이라면 그 제품이 질이 좋거나 나쁘다고 쉽게 추론한다. 즉, 제조 국가 정보는 제품의 품질을 추론하는 단서로 작용한다. 제조 회사 또한 제품의 품질을 추론하는 단서이다. 딤채의 인쇄광고는 "조금 비싸도 딤채로 사기로 했습니다."라는 메시지를 제시한다. 소비자는 제품의 품질을 알 수 있는 충분한 정보를 갖고 있지 못할 때 가격이 높을수록 품질이 더 좋을 것이라고 생각하는 경향이 있는데, 이는 지각적 추론에 의해 유발되는 생각이다. 광고에서도 지각적 추론 원리를 이용하는 것을 흔히 볼 수 있다. 예를 들면, 소비자는 어떤 제품이 히트상품으로 선정되었다거나 고객 만족도에서 높은 순위를 차지하였다는 사실에서 그 제품의 품질이 우수하다고 생각하는 경향이 있어 광고 제작 시 이러한 요소를 반영한다. 품질에 대한 추론적 신념을 가져올 수 있는 단서로는 가격, 광고, 보증기간 이외에도 패키지, 브랜드명, 제조 회사, 판매 점포, 제조 국가, 시장 점유율 등이 있다.

(3) 지각에 대한 영향 요인

지각에 대한 영향 요인은 크게 개인적 요인과 자극적 요인으로 나눌 수 있다. 먼저 개인적 요인으로는, 첫째, 소비자의 동기(motivation) 수준이 지각에 영향을 미친다. 오렌지를 보기 전에는 갈증을 지각하지 못하던 사람이 오렌지를 보고는 갈증을 지각하고 시원한 오렌지 주스를 마시고 싶어 한다. 또한 소비자는 노출된 광고 자극에 대하여 동기가 강할수록 정보를 처리할 때 그 제품에 대하여 보다 더 깊게 생각하는 경향이 있다.

둘째, 개인이 가지고 있는 기대(expectation) 수준이 지각에 영향을 미친다. 이는 개인이 어떤 자극을 지각하는 시점에서 기대하던 것에 따라 자극을 달리 지각하는 것을 말한다. 예를 들면, 소비자가 맥주 맛 테스트를 하는 경우 블라인드 테스트(blind test)에서는 여러 브랜드 간에 맥주 맛의 우열을 잘 가리지 못하지만, 레이블드 테스트(labeled test)에서는 많은 소비자가 유명 상표의 맥주가 맛이 더 우수하다고 평가한다.

셋째, 소비자의 지식(knowledge) 수준이 지각에 영향을 미친다. 소비자는 노출된 자극에 대한 지식이 많을수록 그 자극을 보다 정확하게 지각한다. 예를 들면, 특정 제품에 대한 지식이 많은 소비자는 그 제품의 광고 자극에 노출되었을 때 메시지의 주장에 대해 주의를 기울여 지각하는 반면, 지식이 없는 소비자는 광고의 배경적 요소, 즉 배경음악, 모델 등에 주의를 기울여 지각하는 경향을 보인다.

넷째, 소비자의 자신감(confidence)이 지각에 영향을 미친다. 자신감에 찬 소비자는 환경의 복잡성을 빨리 파악하고 그것의 요소를 호의적으로 바라보며 더 상세하게 받아들이는 경향이 있고, 실제로 나타나지 않은 환경의 영향에 대해서도 자세히 파악한다.

다음으로, 지각에 영향을 미치는 자극적 요인에는 감각적 요소, 언어적 표현, 순서효과와 맥락 등이 있다. 첫째, 자극의 색깔이나 냄새에 따라 소비자는 다르게 지각한다. 예를 들면, 커피 병의 상표가 짙은 갈색이냐 연한 갈색이냐에 따라 소비자는 커피 맛의 강도를 달리 지각할 수 있다. 즉, 상표의 라벨 색이 짙을수록 커피의 농도를 짙게 지각하는 경향이 있다.

둘째, 동일한 광고 메시지라도 언어적 표현을 달리함에 따라 소비자의 지각에 영향을 미친다. 따라서 광고 카피라이터가 메시지를 작성할 때에는 일상생활에서 사용하는 구어적 표현이 문어적 표현보다 더 쉽게 이해되고 기억된다는 점과 부정적인 표현에 비해 긍정적인 표현이 쉽게 이해된다는 점, 그리고 수동적 표현보다 능동적 표현이

상대적으로 이해가 더 쉽다는 점을 고려하는 것이 좋다.

　셋째, 동일한 내용이라도 그 내용의 순서를 달리함으로써 개인마다 다르게 지각한다는 것이다. 순서효과에는 두 가지 경우가 있다. 먼저 최신효과(recency effect)는 자극의 내용들이 시간적 순서에 따라 제시된 경우 개인이 맨 끝에 제시된 부분에 더 비중을 두어 지각하는 것이며, 초두효과(primacy effect)는 맨 처음에 제시된 부분에 더 높은 비중을 두어 지각하는 것을 말한다. 따라서 광고 제작자는 제품을 광고하기 위해 제품의 특징을 나열할 때 소비자가 어떤 부분에 더 많은 비중을 두고 지각할 것인가를 고려하여 순서를 정해야 한다. 따라서 제품의 이미지를 전달하고자 하는 내용은 광고 전반부에, 브랜드 명처럼 기억을 시켜야 하는 정보는 끝에 제시하는 것이 바람직하다. 대다수의 광고들이 브랜드 명을 외치면서 광고를 종료하는 것이 순서효과를 고려한 광고 제작 전략이라고 할 수 있다.

　넷째, 동일한 자극이라도 자극이 제시된 맥락에 따라 다르게 지각한다. 예를 들면, TV 프로그램에 광고가 삽입되는 경우 그 프로그램의 내용에 따라 광고에 대한 소비자의 지각이 달라질 수 있다. 일례로, General Foods 사와 코카콜라 사는 뉴스 시간에는 광고를 게재하지 않는데, 이는 부정적 감정을 유발하는 내용의 뉴스가 자사 제품에 대한 지각에 부정적 영향을 미칠 수 있다고 생각하기 때문이다. 이러한 맥락효과를 노리는 대표적인 광고의 예는 호스트셀링 광고(Host-selling Advertising)로서, 최근에는 아동뿐만 아니라 성인을 대상으로 한 광고에서도 그 효과가 확인되었다(박종원, 김성기, 1997). 호스트셀링 광고란 프로그램에 등장하는 주인공이 연이어 제시되는 광고의 모델로 등장하는 것을 말하며, 공중파 TV의 경우 프로그램 후 블록광고에서 첫 번째 위치가 가장 효과적으로 확인되었다(이상민, 유승엽, 2004). 또한 제품을 판매하는 점포도 그 제품에 대한 맥락으로 작용한다. 1980년대 초 Levis 청바지가 미국의 중급 백화점에 판매되자, 소비자들은 더 이상 Levis를 고급 제품으로 인식하지 않게 되었다.

4) 기억

　소비자는 정보 처리 과정을 통해 습득되거나 변화된 제품에 대한 신념과 태도를 기억(memory) 속에 저장하게 된다. 이러한 저장된 기억은 새로운 제품에 대한 정보에 노출되었을 때 기억 속에 저장된 정보를 이용하여 이에 대한 의미 부여를 하게 된다. 소비자들은 제품을 구매하고자 할 때 여러 가지 대안 상표 중 일부분만을 고려 대상에 포함시키는 것이 일반적이다. 따라서 소비자들로 하여금 자사 상표를 고려 상표군에 속하도록 부단한 노력을 기울이며, 바람직한 대안 상표의 하나로 기억하게 하고 자사 상표와 관련된 정보를 기억 속에서 쉽게 인출할 수 있게 노력한다. 결국 소비자의 제품이나 상표에 대한 기억 형성 과정 및 관련 정보의 인출 과정에 대한 이해가 소비자의 구매 행동을 이해하는 데 선행되어야 한다.

다음에서는 소비자의 기억구조에 대한 설명 중 다중기억구조모델을 중심으로 제시하고자 하며, 기억 증대를 위한 전략 및 기억과 광고의 관계를 살펴보고자 한다.

(1) 다중기억구조모델

이는 인간의 기억이 감각기억(sensory memory), 단기기억(short-term memory), 장기기억(long-term memory)으로 구성되며, 각각의 기능은 서로 다른 것으로 가정하는 것이다(Atkinson & Shiffrin, 1968). 먼저, 감각기억은 감각기관을 통해 들어온 정보를 처음 처리하는 곳으로, 습득된 정보가 보다 높은 단계로 처리되지 않으면 곧 망각되어 버리며, 기억 시간이 짧은 특징을 지닌다. 이는 습득한 정보를 정보 처리 과정을 통하여 여과하고, 다음 단계인 단기기억으로 전달해 주는 역할을 한다. 감각기억 중 시각과 관련된 영상기억(iconic memory)과 청각과 관련된 잔향기억(echoic memory)에 대한 연구가 가장 많이 이루어지고 있다.

감각기억에서 이전된 정보에 대한 처리는 단기기억에서 이루어진다. 단기기억은 제한된 정보 용량 때문에 보다 세밀하고 자세한 정보 처리에 의해서만 활성화되고 유지될 수 있다. 단기기억의 제한된 정보 용량은 7±2 청크(chunk)인데, 이는 정보를 처리하고 리허설하는 데 필요한 처리 용량과 주

정보 과부하를 일으킬 수 있는 광고

의력이 한정되어 있기 때문이다. 단기기억은 감각기억에서 전달된 정보와 장기기억에서 인출된 기존의 관련 정보를 모아서 이해하고 해석하는 정보 처리 과정을 수행한다. 그리고 정보 처리 과정 수행 후 정보를 장기기억으로 전달하는 역할을 수행한다.

소비자가 단기기억에서 처리할 수 있는 용량은 제한되어 있기 때문에 정보 전달자가 제품에 대한 너무 많은 정보를 제공하게 될 경우 소비자의 선택에 혼란을 가져오게 되어 제품 선택을 방해하는 역기능을 초래하게 된다. 즉, 많은 정보의 취득이 의사결정에 유리할 것 같으나, 실제로는 너무 많은 정보가 구매 의사결정을 더욱 어렵게 만들게 되는 결과를 가져온다는 것이 정보 과부하(information overload) 가설이다(Jacoby, Speller, & Kohn, 1974). 따라서 고관여 제품일수록 많은 정보를 제공하는 것이 효과적일 수 있지만, 저관여 제품의 경우 특히 제한된 시간에 많은 정보를 제공하는 것은 바람직하지 않다. 특히 TV광고를 통해 정보를 제공할 경우 소비자가 정보를 처리하는 데 시간적 제약이 많기 때문에 매우 중요한 정보만을 기억하도록 제시하는 것이 중요하다.

장기기억은 무제한적이고 영구적인 기억으로, 시각과 청각 코드 등 다양한 코드 형태로 기억된다. 장기기억은 평상시 의식에서 단절되어 정보를 저장하고 있다가 정보 처리가 이루어질 때 정보 처리와 관련된 정보가 의식 수준으로 인출되어 정보 처리가 이루어진다. 이러한 장기기억은 어의적 개념과 그 개념 사이의 연관이 주요 부분을 차지하고 있다.

(2) 단기기억 증대를 위한 광고 전략

소비자들은 일상생활 속에서 수많은 제품 정보를 시시각각으로 받으며 살고 있다. 그러나 그들은 정보 처리 능력의 한계를 가지고 있기 때문에 이러한 정보 중 극히 일부분만을 기억하게 된다. 따라서 소비자들로 하여금 자사 제품에 대한 정보를 어떻게 기억시킬 것인가 하는 문제는 매우 중요한 과제다. 소비자의 단기기억을 촉진하기 위해서 광고에서 흔히 사용되고 있는 방법은 소비자에게 시각화를 유도하는 방법, 부호화를 이용하는 방법, 기억 증대 기법을 이용하는 방법과 반복광고를 이용하는 것 등이 있다.

시각화를 유도하는 방법　시각화(visualization)에 의한 기억 증대 전략은 소비자에게 심상(mental imagery)을 이끌어 내는 기법이다. 심상이란 마음속에 어떠한 개념을 시각화하도록 유도하는 것을 말하며, 이는 일반적으로 기억을 촉진한다. 예를 들면, 야구, 축구, 테니스, 만족과 같은 단어들을 생각해 보자. 야구, 축구, 테니스와 같은 단어들은 당신의 마음속에 분명한 이미지를 떠오르게 한다. 그러나 만족이라는 단어는 상당히 추상적이기 때문에 이미지를 떠올리기가 쉽지 않다. 따라서 이를 기억하는 데에는 전자의 단어들보다 더욱 많은 학습이 필요하다.

루츠와 루츠(Lutz & Lutz, 1978)는 소비자의 심상을 이끌어 내기 위한 커뮤니케이션 전략으로, 첫째, 그림을 이용하는 방법, 둘째, 구체적인 정보를 사용하는 방법, 셋째, 소비자가 기억해야 할 제품 정보를 마음속에 시각화하도록 하는 심상 지시 방법(imagery instruction)을 제시하였다. 인지심리학의 기억에 관한 이중부호화 이론(dual-coding theory)에 의하면, 그림이 기억 속에 저장될 때 시각적 형태와 함께 어의적 형태가 함께 저장된다. 반면, 단어나 말의 경우는 주로 어의적 형태만이 저장되며 시각적 형태가 저장될 가능성이 적다고 한다. 그러므로 언어적 정보와 함께 그림을 제공하는 것이 언어적 정보만을 제공하는 것보다 기억에 더 도움이 된다. 인쇄광고(시각적 형태의 자극)나 라디오광고(청각적 자극)보다 TV광고(시각적 및 청각적 자극)가 더 효과적인 것도 같은 이유이다. 또한 관련 광고와 비관련 광고의 개념이 이를 적절히 설명할 수 있다.

관련 광고란 그림과 주어진 메시지가 상당히 관련성이 있는 광고를 가리키며, 비관련 광고란 주어진 광고의 그림과 메시지가 관련이 전혀 없는 광고를 가리킨다. 관련 광고가 이중부호화 원리를 활용하기 때문에 비관련 광고보다는 기억에 더 효과적임이 밝혀지고 있다(임종원 외, 1997). 이는 메시지 내용과 제품과의 분명한 연결이 소비자의 정보 처리에 더 긍정적인 영향을 미치기 때문이다.

또한 소비자들은 추상적 단어보다는 구체적 단어를 보다 더 쉽게 저장하고 인출한다고 한다. 정보 처리 과정에서 제시되는 단어를 선택하는 데 있어 기존에는 신제품의 상표를 불필요하게 추상적이고 이국적인 단어를 자주 사용하여, 이러한 정보를 접한 소비자들이 이를 정보 처리하는 데 어려운 경우가 많았다. 따라서 광고 제작자들은 광고 문안과 상표명 선택에 있어 구체적인 단어, 즉 뜻이 분명하고 쉬운 단어를 선택하여 제품을 구매하는 소비자의 태도와 신념에 호의적인 결과를 가져오도록 유도하여야 한다. 예를 들면, 2080치약의 경우 "20개의 건강한 치아를 80세까지 유지하는 데 도움을 주는 치약"이라는 의미로 구체적인 브랜드 명의 예이며, LG생활건강의 한스푼 브랜드의 경우 세제 사용량에 대해 소비자에게 구체적인 정보를 제공하는 예시가 되었다.

끝으로, 심상 지시 전략을 이용하여 기억 증대를 도모하는 것으로, 이는 소비자로 하여금 상상을 통하여 마음속(심상)에 광고 메시지에서 제시하는 장면을 시각화하도록 지시함으로써 기억을 높이는 방법이다. 예를 들어, 제주도 중문 관광단지에 대한 광고의 경우라면 소비자에게 '비취색의 쪽빛 바다와 상아색으로 끝없이 이어진 모래사장, 그리고 제주도의 토착적인 돌하르방'을 상상해 보도록 유도함으로써 소비자의 기억을 높일 수 있다.

부호화 이용 방법   부호화(coding)는 개인이 되뇌기(rehersal)를 위하여 정보를 구조화하는 방식이다. 즉, 개인이 정보를 체계화하는 것과 관련된다. 언어 학습의 주제로서 기억술, 연상, 이미지 등의 여러 가지 정보 부호화 전략이 기억을 증대하기 위하여 사용된다.

광고에서는 새로운 상표명을 기억시키기 위해 소비자들에게 그 상표명을 암시할 수 있는 어떤 이미지와 연결하여 광고를 수행한다. 예를 들면, 임페리얼 위스키 광고의 경우에는 제품명과 신뢰감이라는 이미지를 연결하기 위하여 '믿을 신(信)' 한자를 이용하여 제품의 기억을 촉진하고, 한자 의미 이미지와 제품 품질에 대한 신뢰 이미지를 연결하여 소비자들에게 전달하려고 시도한다.

기억 증대 기법의 이용   단어의 리듬을 이용하는 단순한 기법을 사용해서도 기억 증대를 도울 수 있다. 기업은 자사의 상표명을 소비자에게 쉽게 기억시키기 위해 광고에서 상표명과 관련된 어구를 상표명과 반복적으로 연결하는 방법을 자주 사용한다.

감각 부호화를 이용한 광고의 예

"알 만한 사람은 다 알잖아요-알마겐" "네-네프리스" "시력이 나쁜 눈을 모아 모아-모아겐" "잇몸 튼튼 이가 탄탄-이가탄" "바로 코 밑에 있잖아요-바로코민" 등은 광고에서 기억 증대 기법(memonic devices)을 이용한 예들이다. 이 밖에도 음악을 이용하는 방법이 있다. 소비자의 기억을 돕기 위해 광고에서 음악을 활용하는 것으로, "손이 가요 손이 가∞(농심 새우깡)" "하늘에서 별을 따다 하늘에서 달을 따다 두 손에 담아 드려요∞오오오

기억 증대 기법의 광고의 예

〈표 15-1〉 상표를 소리로 기억시키려는 광고의 예

상표명	광고
화이투벤	'화-이-투-벤'(큰 소리로 각각이 발음됨)
예시드린	'애시당초'라는 비슷한 발음을 이용
속 청	'김청'이라는 배우의 이름을 단서로 이용
그레이스	'그래서'라는 비슷한 발음을 이용

(오란씨)" "열두 시에 만나요∞(브라보콘)" 등이 있다.

또한 많은 기업이 상표명을 선택할 때 평범한 것을 피하기 위하여 특이한 이름이나 외래어를 선택하는 경향이 있다. 이러한 경우는 발음이 생소하여 소리로 기억하는 데 상당한 장애가 된다. 따라서 기업은 많은 광고에서 상표명을 쉽게 기억시키기 위하여 상표명을 큰 소리나 쉬운 발음을 사용하여 기억시키려고 한다. 이러한 광고의 예를 표로 요약하면 〈표 15-1〉과 같다.

반복광고   소비자들은 자신이 중요하게 여기거나 높게 관여되어 있는 제품 정보에 노출되어 있다면 단 한 번의 광고 노출에도 이를 쉽게 이해하여 기억에 저장할 수 있을 것이다. 그러나 제품 정보에 대해 낮게 관여되어 있는, 즉 동기 부여가 낮거나 정보 처리 능력이 부족한 소비자들은 단 한 번의 제품광고에 노출되어 이를 기억 속에 저장하기는 어렵다. 따라서 소비자들이 제품 정보를 이해하고 기억하게 하기 위해서는 반복적으로 제품광고를 시도해야만 한다.

일반적으로 제품광고의 효과는 반복될수록 학습효과가 증가하지만, 반복 횟수가 지나치게 많아지면 그 효과는 감소하게 된다. 이러한 반복 노출에 의한 피로효과(fatigure effect) 즉, 적응(adaptation) 현상을 막기 위해 광고 제작자들은 시리즈 광고나 드라마 형식의 광고를 제작하여 집행한다.

(3) 기억과 광고의 관계

기억의 특성에 대한 올바른 이해는 실제로 광고를 제작하고 이를 소비자에게 전달하는 광고 담당자에게 필수적이고 중요하다. 실질적으로 기억과 관련된 특성과 현상을 광고에 어떻게 적용하여야 하는가를 알아보면 다음과 같다.

첫째, 독특한 광고 메시지는 기억 잠재력이 높다. 이는 광고 메시지가 독특할수록 망각의 간섭효과를 덜 받기 때문이다. 따라서 카피라이터는 경쟁 제품광고와 자사광고를 차별화하기 위해 부단한 노력을 기울인다.

둘째, 광고물이 소비자에게 제시되는 순서에 따라 기억 가능성이 달라진다(초두효과와 최신효과 발생). 특히 제시되는 순서가 중간인 광고의 경우는 쉽게 망각될 우려가 있다. 따라서 광고 메시지의 가장 중요한 부분은 광고의 맨 처음이나 마지막에 제시되어야 한다. 광고물 제시 맥락 또한 광고 효과에 영향을 미친다. 뉴스 후에 광고를 집행하지 않거나 호스트셀링 기법을 활용하여 광고를 집행하는 경우에 해당된다. 광고매체 담당자는 이러한 사실을 숙지하고 광고매체 및 시간대를 설정하여야 한다.

셋째, 광고에서 소비자에게 제시되는 정보의 양은 단기기억의 정보 처리 용량(7 ± 2 청크)을 고려하여 최대 5~9개의 정보 단위를 제시하는 것이 가장 효과적이다. 그러나 기업 입장에서는 고관여 제품과 고관여 매체(예: 인쇄매체)인 경우는 저관여 제품과 저관여 매체(예: TV매체)에 비해 많은 정보를 제공하는 것이 효과적일 것이다. 다만, 고관여일 경우 시간 제약이 있느냐의 여부가 중요한 요인으로 나타났다. 즉, 정보를 처리할 충분한 시간이 부여될 경우 정보 과부하 현상은 나타나지 않았다.

넷째, 정보가 입력된 후 즉시 되뇌기가 이루어진다면 더욱 기억이 잘될 것이다. 실제로 광고에 있어서 소비자에게 전화번호나 상표명을 여러 차례 반복하여 제시함으로써 소비자의 되뇌기를 돕고 있으며, 제시되는 숫자의 의미 있는 형태를 개발하기 위해 노력을 기울이고 있다.

다섯째, 각 개별 정보가 효과적인 청크로 조직된다면 더욱 많은 정보가 처리되고 기억된다. 단기기억에서 한꺼번에 처리되는 용량에는 한계가 있으므로 광고 전달자는 시간과 공간의 제약 속에서도 많은 정보를 소비자가 수용할 수 있도록 정보의 조직화를 촉진하는 수단을 개발하여야 한다.

여섯째, 기억은 단서에 의존하고, 관련 있는 단서의 제시는 회상을 촉진할 수 있다. 따라서 광고 전달자는 자사 제품의 특성과 이미지에 알맞은 포장 디자인의 개발과 구매 시점 전시(point of purchase display) 등을 최대한 활용하여 소비자에게 끊임없이 제품에 대한 단서를 제공하여야 한다.

일곱째, 개인에게 특히 관심이 있고 관련성이 높은 정보는 쉽고 빠르게 기억된다. 그러므로 광고는 소비자들에게 의미를 부여할 수 있는 메시지로 함축되어야 한다. 이러한 상황을 유도할 수 있는 특정 상황으로는 그림과 사진 등의 화상 정보, 상호작용하는 이미지, 불완전한 메시지 광고, 기억을 증대시키는 방안 개발 등이 있다.

2. 소비자 의사결정 과정

소비자의 상표 선택은 습관적 혹은 무의식적으로 일어날 수도 있고, 광범위한 정보 탐색을 통해 상표에 대한 정보를 충분히 수집한 후 각 상표를 비교하고 평가하여 상표에 대한 선호도를 결정하고 난 이후에 선택하는 과정을 거칠 수도 있다. 이 절에서는 소비자의 의사결정 과정을 개괄적으로 살펴보고자 한다.

1) 문제의 인식

소비자가 어떤 문제와 관련하여 어떤 시점에서 자신의 실제 상태와 이에 상응하는 바람직한 상태 간에 차이가 있다고 인식하게 되면 그 차이를 해소시켜 주는 수단에 대한 욕구를 갖게 된다. 소비자 행동은 욕구 충족을 기본적 동기로 이루어진다고 할 수 있으므로 이러한 욕구의 유발이 소비자 의사결정의 출발점이 된다. 소비자 의사결정은 욕구를 충족할 수 있는 여러 대안 중에서 가장 적절한 수단을 찾는 과정이다. 따라서 소비자 자신에게 특정 문제에 대해 실제 상태와 바람직한 상태 간에 차이가 있다는 것을 인식하는 욕구의 환기 과정을 문제의 인식 단계라 할 수 있다. 광고는 일반적으로 제품에 대한 바람직한 상태를 최대한 높여 소비자에게 제시함으로써 실제 상태와 격차가 있게 하여 해당 제품에 대한 소비자의 욕구를 유발하려 한다.

이러한 문제의 인식은 충분한 동기 부여가 있어야만 구매 의사결정으로 전환이 가능하며, 구매 행동에 영향을 미치는 동기 부여 요인은 두 가지로 요약된다. 즉, 실제 상태와 소비자가 지각하는 바람직한 상태 간의 차이가 크면 클수록, 또한 문제의 중요성을 높게 인식하면 할수록 문제 인식은 구매 행동으로 나타날 가능성이 커

문제 인식 유발 광고의 예

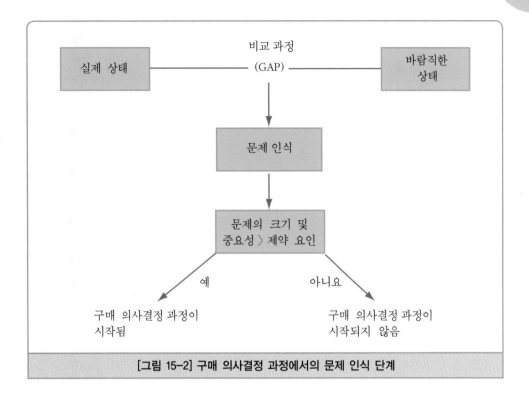

[그림 15-2] 구매 의사결정 과정에서의 문제 인식 단계

진다. 그러나 모든 욕구 유발이 구매 행동으로 이어지는 것은 아니다.

구매 행동의 제약 요인으로는 금전, 시간적 여유와 사회적 규범 요인 등이 있다. 따라서 소비자의 구매 행동은 동기 부여 요인과 제약 요인을 비교하여 전자가 후자보다 약간이라도 더 커야만 소비자의 욕구가 구매 행동으로 전환될 수 있다([그림 15-2] 참조).

2) 정보의 탐색

소비자는 욕구 충족의 제약 요인과 동기 부여 요인의 크기를 비교하여 동기 부여 요인의 크기가 크게 인식되면 구매를 목적으로 정보를 탐색하게 된다. 정보의 탐색 과정은 내적 정보 탐색 과정과 외적 정보 탐색 과정으로 구분할 수 있다. 소비자는 욕구를 충족하기 위해 먼저 자신의 경험과 기억에 의존하여 욕구 충족 수단을 찾는 과정을 거치게 되는데, 이를 내적 정보 탐색이라고 한다. 경험과 지식이 문제를 해결(구매 의사결정)하는 데 충분하다면, 내적 정보 탐색 과정 후에 즉각적으로 구매 행동으로 이어질 수도 있다. 그러나 내적 정보 탐색에 의하여 문제를 해결하는 데 충분한 정보를 얻지 못했을 때에는 외부의 정보원(판매원, 광고 등)으로부터 추가적인 정보 탐색을 하

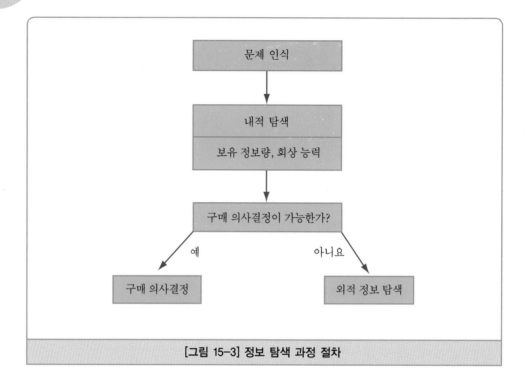

[그림 15-3] 정보 탐색 과정 절차

게 되는데, 이를 외적 정보 탐색이라 한다. 이러한 정보 탐색 과정을 도식화하면 [그림 15-3]과 같다.

3) 구매 전 대안평가

소비자는 어떤 대상(제품)에 대한 욕구가 발생하여 그 대상에 대한 욕구 충족의 필요성이 클 때, 먼저 자신의 기억에 의존하거나 외부의 정보원으로부터 정보를 탐색하게 된다. 이러한 정보 탐색 과정을 거쳐 얻게 된 정보에 의하여 여러 가지 대안 중에 의사결정을 통해 구매 행동이 일어난다. 소비자의 구매 행동은 필연적으로 여러 대안을 평가하는 과정을 요구하게 되는데, 이때 대안평가의 기준과 평가 방식을 선정하여 소비자는 비교 평가를 한다. 따라서 여기에서는 평가 기준의 특성과 상표 대안의 평가 방식에 대해 살펴보고자 한다.

(1) 평가 기준의 특성

소비자는 여러 가지 평가 기준에 따라 대안을 평가하여 구매 행동을 하게 된다. 예

를 들면, 한 주부가 세탁기를 구매하고자 할 때에는 먼저 자신이 지금까지 세탁기를 사
용한 경험에 따른 지식에 의존하여 정보를 탐색하거나
(내적 정보 탐색 과정), 가전제품 대리점을 방문하여 판매
원으로부터 세탁기에 대한 정보를 취득하거나, 또는 광
고나 홍보 책자를 통해 정보를 얻을 수 있다(외적 정보 탐
색 과정). 그리고 이러한 정보 탐색 과정을 거쳐 얻은 정
보를 통해 여러 회사의 세탁기 제품을 비교 평가한 후 특
정 제품을 구매하게 된다.

정보 탐색을 유도하는 비교 광고

(2) 상표 대안의 평가 방식

소비자들이 대안의 상표들을 평가하는 방식은 여러 가
지가 있을 수 있으나, 여기에서는 크게 보완적 평가 방식
과 비보완적 평가 방식에 대해서만 살펴보도록 하자.

보완적 상표 평가 방식   보완적 평가 방식은 각 상표에
대한 한 가지 속성의 장점이 다른 속성의 단점을 보완하
여(즉, 장점이 단점을 상쇄시켜) 전반적인 평가를 하는 방
식을 말한다. 이와 같은 보완적 방식으로 표적 시장에 있
는 소비자들이 상표 대안을 평가한다면, 먼저 소비자들
이 중요하게 여기는 평가 기준을 찾으려고 노력해야만
한다. 그러기 위해서는 표적 시장의 소비자 중 일부의 소
비자를 대상으로 자료를 수집해야 한다. 평가 기준의 상
대적 중요도는 소비자의 내면적 가치 체계를 반영함으로
써 일반적으로 잘 변하지 않는 특성을 보인다. 따라서 기
업의 담당자는 광고와 같은 촉진 노력을 통해 평가 속성
에 대한 평가치를 변화시키는 데 노력을 기울여야 한다.

속성별 상표 처리 소구 광고 예

이 외에 각 평가 기준의 상대적 중요도는 앞으로 제품 개선, 기존 제품에 대하여 소비
자의 인식을 기업의 의도에 맞도록 유도하는 포지셔닝 전략(positioning strategy)과 신
제품 개발을 위한 중요한 정보가 될 수 있다. 이러한 보완적 평가 방식은 주로 소비자
가 고관여 제품을 선택할 때 활용된다.

비보완적 상표 평가 방식　　앞에서 설명한 보완적 상표 평가 방식은 소비자가 여러 가지 중요한 평가 속성 모두를 고려하여 상표를 비교 평가하는 것인데 반하여, 비보완적 상표 평가 방식은 중요한 속성 한두 가지를 고려하여 비교적 간단히 상표를 평가하는 방식이다. 이 방식은 한 평가 속성의 단점이 다른 평가 속성의 장점에 의해 보완되지 않는, 즉 약점이 강점에 의해 상쇄되지 않는 평가 방식이다. 비보완적 상표 평가 방식에는 사전 편집식과 순차적 제거식 등이 있으며, 주로 소비자가 저관여 제품을 선택할 때 사용한다.

(3) 대안평가상의 여러 오류

감성 의존식 대안평가　　앞서 설명한 상표 평가 방식(보완적 방식이든 비보완적 방식이든)들은 모두 제품의 속성에 근거한 평가 방식이다. 이와는 달리 소비자들은 자신과 친숙한 제품인 경우에 제품의 속성에 의존한 평가를 하기보다는 그 제품과 관련된 자신의 기억에 담겨 있는 전반적인 평가(overall evaluations)에 근거하여 평가하는 경우가 흔히 일어난다. 이와 같은 평가 방식을 감성 의존식(affect referral) 대안평가라고 한다(Wright, 1975). 예를 들면, 칠성사이다의 '소풍 편' 광고를 살펴보자. 이 광고는 광고 제작자들이 칠성사이다의 제품 속성을 소비자들에게 소구한다기보다는 과거 소풍 갈 때 칠성사이다를 마시던 아련한 추억에 대한 기억을 흑백영상으로 표현함으로써 칠성사

감성 의존식 광고의 예

이다와 관련된 자신들의 경험에 의해 이미 형성된 평가를 단순히 소비자들의 기억에서 상기시켜 대안을 평가하도록 유도한 경우라고 볼 수 있다.

후광효과에 의존한 대안평가   후광효과는 타인에 대한 인상평가에서 도입된 개념으로, 본래의 의미는 한 개인이 어떤 면(얼굴이 잘생긴 미남이라면)에서 장점을 지니고 있다면 사람들은 그 사람의 다른 면(예의도 바르고, 사교적이며, 지능도 높을 것이다)에서도 좋은 점을 갖고 있다고 보는 경향을 말한다. 소비자 행동의 측면에서는 소비자들이 제품을 평가할 때 그 제품과 관련된 일부 속성에 의해 형성된 인상 또는 평가가 이와는 직접적으로 관련이 없는 다른 속성에 대한 평가에 영향을 미치는 것을 말한다.

이러한 후광효과는 긍정적인 후광효과뿐만 아니라 부정적인 후광효과도 일어날 수 있다. 예를 들면, 중국에서 만들어진 장난감인 경우 소비자들은 중국에서 제조되었다는 속성만으로 그 장난감의 여러 가지 다른 속성까지도 실제보다 더 낮게 평가하는 경향을 보인다. 반면에 독일에서 제조한 자동차는 안정성이 높을 것이라고 지각하는 긍정적 후광효과도 있다.

맥락효과에 의한 대안평가   일반적으로 소비자들은 대안의 평가 과정에서 그 대안의 선호에 의해서뿐만 아니라 그 대안이 어떤 맥락에서 제시되었는가에 의해 영향을 받게 된다. 소비자들이 맥락에 의해 영향을 받는 경우는 크게 두 가지가 있다. 그 하나는 유인효과이며, 다른 하나는 유사성 효과다.

유인효과(attraction effect)는 제품 시장에 기존의 대안보다 열등한 대안이 새로이 도입됨으로써, 열등한 대안보다 우월한 기존 대안의 선택 확률이 증가하는 현상을 말한다(하영원, 채정호, 1993). 그리고 유사성 효과(similarity effect)는 새로운 대안이 소비자들의 선택 상표군(choice set) 내에 진입할 경우, 기존 상표들이 새로운 상표와 유사하면 할수록 선택 확률이 더 많이 감소하는 현상을 지칭한다(Tversky, 1972). 예를 들면, 청량음료 시장에 식혜 음료와 대추 음료가 있을 경우 새로운 상표의 식혜 음료가 시장에 진입하게 되면, 대추 음료보다는 기존의 식혜 음료의 시장 점유율이 더 많이 감소하는 현상을 유사성 효과라고 할 수 있다.

4) 구매와 구매 후 행동

(1) 구매 행동

소비자의 구매 행동 유형은 제품에 관련된 소비자 개인의 관여 수준과 제품을 사용한 경험의 유무에 따라 크게 복잡한 의사결정 구매 행동, 상표 충성도 구매 행동, 관습적 구매 행동, 다양성 추구 구매 행동으로 구분된다(〈표 15-2〉 참조). 이 밖에도 충동구매 행동 등이 있다.

첫째, 소비자가 관여 수준이 높고 새로운 제품을 최초로 구매하는 행동으로, 복잡한 의사결정 구매 행동이라고 한다. 예를 들면, 소비자 자신에게 매우 중요하고 구매 의사결정에 많은 노력과 시간이 투여되며 관련성이 높은 고관여 제품(예: 노트북)을 대학 신입생이 입학 기념으로 처음 구입하는 경우를 말한다.

둘째, 소비자가 관여 수준이 높고 반복적으로 구매하는 경우에 해당되며, 이러한 구매 행동 유형은 소비자가 특정 상표(예: 갤럭시)에 대한 선호도가 높아 상표 선호도 때문에 그 특정 상표(갤럭시)만을 반복적으로 구매하는 경우이다. 또한 소비자가 자신이 현재 사용하고 있는 기업의 제품에 대해 만족한다면 그 제품에 대해 호의적인 태도를 갖게 되며 동일한 제품을 반복 구매하게 된다. 이러한 구매 행동 유형을 상표 충성도 구매 행동이라 한다.

매력적인 모델을 이용한 소비자 주의 유발 광고의 예

셋째, 소비자가 관여 수준이 낮고 최초로 구매하는 행동을 다양성 추구 구매 행동이라고 한다. 즉, 소비자는 저관여 구매 상황에서 그동안 사용해 오던 상표에 싫증이 나서, 또는 단지 새로운 것을 추구하려는 의도에서 다른 상표로 전환하는 것이다. 소비자가 L사의 샴푸를 반복 구매하다가 단지 싫증이 나거나 또는 새로운 향의 제품이 출시된 것을 보고, 단지 변화를 추구하기 위해 다른 상표의 샴푸를 구매하기도 하는 경우에 해당한다. 이러한 소비자의 다양성 추구 행동은 최적자극화 이론 (optimum stimulation theory)에 의해 설명된다. 이 이론에 따르면, 사람들은 적정 수준의 활성화를 유지하려는 경향이 있다(Raju, 1980).

마지막으로, 제품을 사용한 경험이 있는 저관여 소비

자가 구매한 상표에 대해 복잡한 의사결정을 피하기 위해 단순히 동일한 상표를 반복 구매하게 되는 경우를 관습적 구매 행동이라고 한다. 관습적 구매 행동은 앞서 상표 충성도 구매 행동과 유사한 구매 행동을 보이지만 차이가 있다. 즉, 소비자가 호의적인 태도를 지닌 특정 상표를 반복 구매하는 경우를 상표 충성도 구매 행동이라 한다면, 관습적 구매 행동은 호의적 태도에 의한 반복 구매라기보다는 단지 구매 노력을 줄이기 위해 친숙한 상표를 반복 구매하는 경우이다. 따라서 관여도가 낮은 소비자들의 관성적 구매 행동을 유도하기 위해, 반복광고를 통해 자사 제품에 대한 소비자들의 친숙도를 높이려는 노력을 기울여야 한다. 흡연자들이 담배 구매 시 습관적으로 동일한 상표 제품을 구매하는 행동이 이에 해당된다.

이 외의 구매 행동 유형으로 비계획 구매 행동 또는 충동구매 행동이 있다. 이는 문제 인식이 없거나 또는 점포 방문 전까지 구매 의도가 없는 상황에서 발생한 구매 행동으로 제품에 대한 강한 호의적 감정이 발생하는 순간, 즉각적으로 구매가 이루어지는 것을 말한다. 이러한 충동구매는 일상생활에서 빈번하게 발생한다. 백화점 구매의 39%, 그리고 식품점 구매의 67%가 계획 없이 이루어진 충동구매 행동으로 나타났다(Weinberg & Gottwald, 1982). 충동구매를 하는 소비자들은 구매 행동의 결과를 전혀 의식하지 않으며, 제품을 구매해야 한다는 강한 느낌을 갖는다. 다른 연구 결과에 의하면, 소비자들은 충동구매를 불유쾌한 무드(예: 우울함, 좌절, 무료함)를 벗어나기 위한 수단으로 활용한다고 한다(Gardner & Rook, 1988). 또한 응답자의 90%가 충동구매에 의한 즉각적 욕구 충족으로 행복감을 느낀다고 응답하였다.

〈표 15-2〉 소비자 구매 행동 유형

관여도 수준 과거 경험	고관여	저관여
최초 구매 반복 구매	복잡한 의사결정 구매 행동 다양성 추구 구매 행동	상표 충성도 구매 행동 관습적 구매 행동

(2) 구매 후 행동

소비자는 자신이 선택한 구매 행동에 대해 다양한 반응을 보인다. 같은 제품을 구입한 경우, 어떤 소비자는 자신이 구매한 제품에 대해 만족해하는 반면, 다른 소비자는 불만족해하기도 한다. 또한 자신의 불만족을 묵인하면서 그 제품을 사용하는 사람

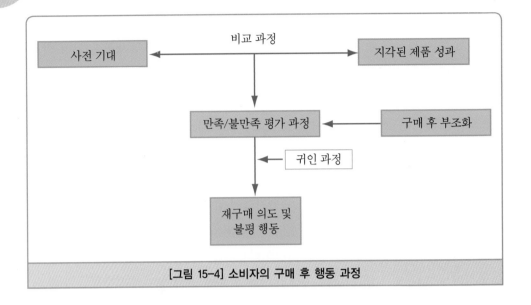

[그림 15-4] 소비자의 구매 후 행동 과정

이 있는가 하면, 불만족한 제품을 다른 제품으로 교환하거나 환불하는 다양한 불평 행동을 보이기도 한다. 그렇다면 왜 소비자들은 같은 제품을 구매한 후에 다양한 소비자 행동을 보이는 것일까? 이러한 질문에 대해 소비자들의 구매 후 행동을 도식화해 보면 [그림 15-4]와 같다.

소비자의 구매 후 행동은 자신이 구매한 제품에 대한 사전 기대 수준과 제품 사용 경험을 통해 지각되는 제품 성과를 비교하는 과정에서 시작된다. 소비자는 자신의 사전 기대 수준과 제품 사용 이후에 느끼는 제품 성과 간에 차이가 없거나 제품 성과가 높게 지각되는 경우에는 그 제품에 대해 만족한 행동을 보이게 된다. 그러나 소비자는 지각된 성과가 자신의 사전 기대 수준 이하라고 생각되면, 그 제품에 대해 불만족하게 된다. 소비자들은 구매 의사결정 이후에 자신의 구매 의사결정에 대한 불안감을 느끼게 되는데, 이를 구매 후 부조화 경험이라고 한다. 이는 소비자가 구입한 상표가 고려했던 다른 대안 상표들보다 더 올바른 선택이었다는 것에 대한 심리적 불안정 상태라고 할 수 있다. 소비자는 구매 후에 부조화 경험이 줄어들게 되면 만족감을 느끼게 될 것이며, 그렇지 못한 상태가 되면 불만족감을 갖게 될 것이다.

이러한 소비자의 만족감 및 불만족감 경험은 제품에 대한 재구매 의도에 영향을 미치게 되는데, 이 과정에서 자신의 만족 및 불만족에 대한 원인을 찾게 되는 인과 추론 과정, 즉 귀인 과정(attribution process)을 거치게 된다. 이와 같은 귀인 결과에 따라 소비자의 재구매 의사가 달라질 수 있다.

구매 후 부조화는 구매 결정을 취소할 수 없을 때, 선택하지 않았던 대체 대안이 더 바람직한 모습을 가지고 있을 때, 여러 개의 바람직한 대안이 존재할 때, 자신에게 중요한 의사결정일 때, 소비자가 자유의사에 의해 전적으로 의사결정을 내릴 때 등에 발생할 가능성이 높다. 이러한 구매 후 부조화는 대체 대안에 대한 그의 평가를 변화시킴으로써, 그의 선택을 지지하는 새로운 정보를 탐색하고 반박하는 정보를 회피함으로써, 자신의 의사결정 자체를 그리 중요하지 않은 것으로 생각함으로써, 자신의 태도를 변화시킴으로써 부조화감을 감소시킬 수 있다.

한편, 인지 부조화가 광고 분야에 적용되고 있는 사례는 강화광고(reinforcement advertising)를 들 수 있다. 강화광고란 자사 제품의 좋은 면을 강조함으로써 구매자의 선택이 옳았음을 확인시켜 주는 광고를 말한다. 고관여 제품의 경우 구매 후 부조화가 발생할 가능성이 높으므로, 특히 강화광고를 수행할 필요성이 높다고 하겠다.

3. 소비자 행동에 영향을 미치는 요인

소비자 행동에 영향을 미치는 환경적 영향 요인으로는 문화, 사회계층, 준거집단과 가족 등이 있고, 개인적 영향 요인으로는 지각, 학습, 동기, 성격과 라이프 스타일 등이 있다. 여기서는 각 요인을 간략하게 설명하고 광고 분야와의 관련성을 중심으로 그 시사점을 기술하고자 한다.

1) 환경적 영향 요인

환경적 영향으로 문화는 오래전부터 소비자의 행동에 영향을 미치는 것으로 인식되어 왔다. 오늘날과 같은 국제화, 세계화 시대에서는 문화권이 상이한 여러 나라에서 다양한 마케팅 활동이 확대되는 추세인데, 상대방 국가의 문화를 이해하지 않으면 그 나라의 소비자 행동 또한 이해할 수 없다. 문화는 사회 구성원에 의해 공유된 그 사회 특유의 가치와 라이프 스타일을 반영하기 때문에 소비자 행동에 가장 폭넓고 깊은 영향을 미친다. 특히 소비자들에게 어떤 상황에서 적절한 생각이나 행동이 무엇인지에 대한 지침을 제공한다.

광고도 문화에 따라 조정되어야 한다. 만일 어느 나라에서 상대적으로 중시하는 제

라이프 스타일 요소가 반영된 광고의 예

품 특성이 다른 나라와 다르다면 광고 내용도 여기에 맞추어 변경되어야 한다(김동기, 이용학, 1993). 예를 들면, 한 광고대행사에서 타이어를 광고하면서 영국에서는 안전성을 강조하고, 미국에서는 내구성과 주행거리를 강조하고, 독일에서는 안락함을 각각 강조하였다고 한다(The Wall Street Journal, 1982). 이러한 경우와 같이 해외시장에 진출함에 있어 그 나라의 문화를 이해하지 못하고 자기준거기준(self-reference criterion)에 의해 광고를 시행하게 되면 실패하는 경우가 많다.

- 치약광고에서는 으레 치아를 하얗게 한다는 것을 강조하고 있으나, 검은색 치아를 만들기 위해 구장잎을 씹는 동남아시아 사람들은 이러한 광고를 받아들이지 않는다.
- 도토리를 저장하는 다람쥐를 보여 주는 한 미국 은행의 광고물이 그대로 라틴아메리카에도 적용되었는데, 불행히도 라틴아메리카의 일부 국가에는 다람쥐가 없기 때문에 사람들은 다람쥐를 쥐로 해석하였고, 그 은행에 대하여 나쁜 이미지를 가지게 되었다.
- '위대한 미국 커피'로 광고에 성공한 맥스웰 하우스는, 독일에서는 이것을 별로 인정하지 않는다는 사실을 뒤늦게 알게 되었다.

또한 기업들은 국내에서 사용하는 상징과 색채라도 해외에서는 수용되지 않을 수 있다는 사실을 명심해야 한다. 예를 들면, 아모코 오일(Amoco oil) 사는 중국에서의 기업광고에서 외국 문화에 적합한 광고를 함으로써 성공하였다. 즉, 중국 문화에서 빨간색은 생명을, 자주색은 고급 제품을 나타내기 때문에 광고에 빨간색과 자주색을 많이 사용하였으며, 또한 여러 광고에서 달을 사용하였는데, 그 근거는 달이 행운의 상징이었기 때문이다(Gage, 1982).

다음으로, 사회계층이란 유사한 가치관, 흥미, 라이프 스타일과 행동 패턴을 지니고 있는 비교적 영속적이고도 동질적인 집단이라고 정의할 수 있다(한상진, 1984). 따라서 소비자가 어떤 사회계층에 속하느냐에 따라 그들의 행동이 달라질 것으로 기대되기 때문에 이에 대한 연구가 필요하다. 사회계층에 따라 소비자의 기호와 욕구가 달라지는 것이 보통이므로 많은 기업이 사회계층에 따른 시장 세분화를 하고, 각 세분화된 시장별로 다른 제품을 제공하며, 각기 다른 포지셔닝을 한다.

최근 우리나라는 하이트, 라거와 카스 등 고급 맥주가 개발되어 다양한 계층의 소비자를 표적집단으로 삼아 공략하고 있다. 우리나라 성인들이 가장 좋아하는 술이 맥주라는 사실을 고려할 때, 맥주 소비자에 대한 이해는 중요하다고 하겠다.

셋째, 준거집단(reference group)은 개인의 행동에 직접적으로 또는 간접적으로 영향을 미치는 사람들로서 개인이 어떻게 생각하고 행동하는가에 대한 기준이나 가치를 제공한다. 흔히 소비자는 자신의 태도와 행동을 타인과 비교하기 때문에, 준거집단을 이해하는 것은 소비자 행동 연구에서 필수적이다. 소비자들이 자사 제품을 구매하도록 준거집단을 이용하고 있는 전략으로는 탤런트, 영화배우, 운동선수 등 유명인을 자사 제품의 광고에 등장시켜 그들을 좋아하는 소비자들을 자사 제품의 고객으로 삼는 방법이 있다. 유명인이 광고모델로 등장하는 광고는 그렇지 않은 광고보다 소비자들에게 호의적으로 평가되며, 특히 청소년을 대상으로 하는 제품광고에서 그 효과는 더욱 두드러진다.

마지막으로, 가족이란 결혼, 혈연, 입양 등을 통해 함께 살아가는 운명 공동체 집단이라 할 수 있다. 개인 소비자는 대부분 2명 이상으로 구성된 한 가족의 구성원으로서 제품 구매 시 다른 가족 구성원의 영향을 받는 경우가 많다. 그러므로 가족은 개인 소비자의 행동에 가장 중요한 준거집단이 된다. 가족 구성원은 가족 전체가 소비 사용하는 제품뿐만 아니라 개인이 소비 사용하는 제품의 구매에도 서로 영향을 미친다.

2) 개인적 영향 요인

소비자 행동의 개인적 영향 요인(individual influence)으로는 지각, 학습, 동기, 성격과 라이프 스타일이 있다. 지각은 앞부분에서 설명하였으므로 여기서는 생략한다. 학습(learning)이란 "과거의 경험에서 야기하는 비교적 영속적인 행동의 변화"라 정의된다(Robertson, Zielinski, & Ward, 1984). 이와 관련하여 소비자 학습이란 기업 측으로부터의 각종 판촉 노력과 소비자 자신의 경험(구매와 소비 행동)을 바탕으로 생성되고 강화된 지속적인 행동의 변화라고 볼 수 있다.

학습의 형태에는 행동주의적 접근과 인지적 접근이 있다. 행동주의적 접근은 학습을 자극(stimuli)과 반응(response)의 연결 내지는 연합이 이루어지는 것으로 본다. 이 접근은 단순히 자극과 반응의 관계만을 가지고 학습을 설명하는 고전적 조건화(classical conditioning)와 반응에 대한 결과를 가지고 학습을 설명하는 도구적 조건화(instrumental conditioning)로 구분된다. 다른 접근 방법인 인지적 접근은 학습이 소비자의 사고 과정에 의해서 이루어지는 것으로 본다. 즉, 소비자가 여러 가지 대안에 관한 정보를 취득하고 처리하여 이 정보를 소비자가 가지고 있던 기존의 신념과 통합하는 적극적 과정이라고 본다. 따라서 인지적 관점에서는 학습을 정보 처리의 결과로 인한 장기기억에 저장된 지식 등의 변화로 본다(앞의 정보 처리 과정모델 참조).

행동적 학습(behavioral learning)은 소비자가 앞에서 기술한 인지적 노력 없이도 구매 행동 또는 호의적 태도를 나타내도록 유도할 수 있다고 본다. 행동적 학습은 환경 내의 사건들 간에 관련성이 있다고 볼 때 일어나며, 고전적 조건화와 조작적(또는 도구적) 조건화, 대리적 학습의 세 가지 종류가 있다.

첫째, 소비자들에게 좋은 반응을 유발시킨다고 알려져 있는 원래의 자극 또는 단서에 대해 소비자가 가지는 반응이 특정 상표와 서비스 또는 점포에 전이 내지는 대체되며, 그 결과로서 원래의 자극이 없는 일상적 구매 상황하에서도 원래의 자극에 대해 일으키는 동일한 반응을 특정 상품에 대해 불러일으키도록 만드는 것이다. 이러한 학습 방법을 고전적 조건화라고 일컫는다. 예를 들면, 소비자들이 좋아하는 인기 연예인을 상품광고에 등장시키는 것은 소비자들이 이 연예인에 대해 가지는 좋은 태도(이미지)가 상품에 대한 태도에 전이되기를 기대한다고 볼 수 있다. 소비자 행동에서 조건 자극으로는 상표, 제품, 점포 등 소비 대상을 들 수 있으며, 무조건 자극으로는 유명 인사, 연예인, 좋아하는 음악 등이 포함된다. 해당 광고의 예로는 아이시스 8.0 생수 제

품광고에서 송혜교(무조건 자극)가 가진 긍정적 이
미지가 아이시스 브랜드(조건 자극)에 전이되어 소
비자가 해당 브랜드를 긍정적으로 인식하고 구매하
게 하는 과정에 해당된다.

둘째, 고전적 조건화에서는 행동의 결과로써 어
떤 특정 보상을 소비자가 얻는다는 보장이 없고, 단
지 얻을 것이라는 암시만 있을 뿐이다. 그러나 또
다른 형태의 조건화인 도구적 또는 조작적 조건화
에서는 어떤 행동이 실제로 소비자들이 원하는 어
떤 보상을 준다는 사실을 소비자들에게 학습시킴
으로써 구매 반응을 유발시킨다. 예를 들면, 반액세
일, 파격세일 등 많은 판촉 활동이 소비자에게 구매
를 통한 보상을 사전에 보장함으로써 구매를 유발
한다. 해당 광고의 예로는 펜잘 진통제 광고모델이

고전적 조건화 이용 광고의 예

두통, 치통, 생리통 때문에 고통을 당하고 있다가 펜잘 진통제를 복용함으로써 그 고통
에서 벗어나는 결과를 제시함으로써 구매 행동을 유도하는 것이 해당된다.

셋째, 소비자는 직접적으로 보상을 경험하지 않고도 어떤 행동의 결과를 예상함
으로써 같은 행동을 하게끔 학습될 수 있다. 이것은 다른 사람을 통한 대리적 학습
(vicarious learning) 또는 모델링(modeling)이라고 한다. 관찰자는 모델이 행동 후 좋은
결과를 얻게 되면 이 모델의 행동을 모방하게 되고, 좋지 못한 결과를 얻게 되면 이런
행동을 하지 않도록 학습하게 된다. 대리적 학습이 효과적이기 위해서는 모델이 매력
적이고, 신뢰할 수 있거나, 관찰자와 유사한 경우 더 효과적일 것이다(=모델의 특성).
또 관찰자가 의존적이며 자신감이 결여된 사람으로서 과거에 모델의 행동을 모방하여
서 좋은 결과를 얻었던 경우이거나(=관찰자의 특성), 모델이 행동한 결과가 긍정적일
때 더 효과적일 것이다(=행동 결과의 특성). 해당 광고의 예로는, 전지현이 한율 화장품
을 사용함으로써 소비자에게 광채피부, 꿀광피부를 가졌다고 소비자에게 인식되면 전
지현을 모방하는 모델링 행동을 하게 되어 해당 제품을 구매하는 행동이 나타나는 것
이 있다.

라이프 스타일이란 "사회 전체 또는 일부 계층의 고유하고 특정적인 생활 양식(the
model of living)"을 가리킨다(Lazer, 1963). 최근 들어 소비자의 행동을 연구할 때, 외형

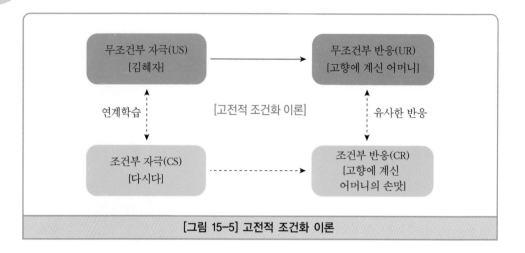

[그림 15-5] 고전적 조건화 이론

적인 인구통계적 특성보다는 심리적인 차이에서 오는 라이프 스타일의 특성에 더 많은 관심을 보이고 있다. 라이프 스타일을 측정하기 위하여 널리 이용되고 있는 기법으로는 사이코그래픽스(psychographics)가 있다. 이는 '심리적(psychological)'이라는 말과 '인구통계적(demographic)'이라는 말을 혼합하여 만든 것으로, "다양한 상황, 욕구 및 자극하에서 소비자들이 구매하는 성향을 측정하는 것"이라고 정의할 수 있다 (Bernstein, 1978). 사이코그래픽스는 AIO(activity, interests, opinions)의 세 가지 변수에 의하여 측정된다. 즉, "소비자는 주로 어떤 행위를 하면서 시간을 보내는가? 중요하게 여기고 있는 관심사는 무엇인가? 각종 사물이나 사건에 대해 어떤 의견을 가지고 있는가?"로 측정된다.

광고에서 라이프 스타일을 사용하여 제품을 성공적으로 포지셔닝시킨 사례로는 쉴리츠(Schliz) 사의 맥주 광고를 들 수 있다(Plummer, 1972). 과거에 사용해 오던 광고 내용을 변경하고자 노력하던 중 맥주를 많이 마시는 사람들의 공통적인 라이프 스타일이 '실현시킬 수 없는 꿈과 소망을 가진 사나이'들이라는 것을 알게 되었다. 그리고 이러한 특성에 맞추어 광고 내용을 남성적이고 쾌락적이며 환상적인 맥주로 소구하여 성공하였다.

요약 및 학습과제

요약

1. 소비자 정보 처리 과정은 노출, 주의, 지각 과정으로 이루어지며, 노출은 우연적 노출과 의도적 노출로 구분된다. 광고를 의도적으로 회피하는 재핑효과가 나타나며, 식역하 지각을 이용한 식역하 광고가 있다.

2. 선택적 주의에 영향을 미치는 개인적 영향 요인은 관여도, 신념과 태도, 적응, 주의 범위 및 감정적 상태다. 지각적 영향 요인은 두드러진 자극, 신기한 자극, 즐거움 유발 자극, 광고물 위치, 학습된 자극 및 격리효과가 있다.

3. 지각적 조직화 원리는 완결성, 집단화(근접성, 유사성, 연속성), 전경과 배경이 있으며, 광고 자극을 이해하는 과정에 영향을 미친다. 광고에 쓰이는 배경음악과 유명인 모델은 광고에 주의를 기울이는 역할에 머물러야지, 너무 두드러지게 지각되면 제품은 기억되지 않고 광고음악과 모델만 기억되는 역효과를 초래한다.

4. 지각적 해석 과정은 지각적 범주화와 지각적 추론 과정의 두 가지 기본 원리를 적용한다. 지각적 범주화는 기존의 스키마를 이용하여 외부 자극을 해석하는 과정이며, 지각적 추론은 어떤 요소로부터 다른 요소를 추리하는 것을 말한다. 소비자에게 히트상품으로 선정되었다는 메시지에서 제품의 품질이 우수하다는 생각을 도출하는 과정에 이용된다.

5. 지각 과정에 영향을 미치는 개인적 요인은 동기, 기대, 지식 수준 및 자신감이다. 자극적 요인은 감각적 요소, 언어적 표현, 순서효과 및 맥락이다. 광고 제작자는 제품의 특징을 나열할 때 순서효과를 고려하여 배치한다. 동일한 자극이라도 자극이 제시된 맥락에 따라 다르게 지각되는 예가 호스트셀링 광고다.

6. 다중기억구조모델은 감각기억, 단기기억, 장기기억으로 구성된다. 단기기억에서 소비자가 처리할 수 있는 용량이 제한되어 일어나는 현상은 정보 과부하 가설로 설명된다. 기억 증대를 위한 광고 전략으로는 시각화를 유도하는 방법, 부호화를 이용하는 방법, 기억 증대 기법의 이용, 반복광고가 있다.

7. 소비자 의사결정 과정은 문제 인식, 정보 탐색, 구매 전 대안평가, 구매, 구매 후 행동으로 이루어진다. 문제 인식은 동기 요인과 제약 요인에 의해 구매 행동으로 전환될 수 있다. 정보 탐색은 내적 정보 탐색과 외적 정보 탐색 과정을 거친다. 대안평가는 보완적 평가 방식과 비보완적 평가 방식으로 이루어지며, 감성 의존식 대안평가, 후광효과에 의존한 대안평가, 맥락효과에 의존한 대안평가의 예외 방식이 있다.

8. 소비자 구매 행동은 관여도 수준과 과거 경험 여부에 따라 복잡한 의사결정 구매, 상표 충성도 구매, 다양성 추구 구매, 관습적 구매 행동이 있으며, 이 외에 충동구매 행동이 있다. 구매 후 행동은 구매 후 부조화 경험과 귀인 과정을 거친다. 구매 후 부조화를 감소시키기 위해 강화광고를 활용한다.

9. 소비자 행동에 영향을 미치는 환경적 영향 요인으로 문화, 사회계층, 준거집단과 가족 등이 있고, 개인적 영향 요인으로는 지각, 학습, 동기, 성격과 라이프 스타일 등이 있다. 광고 내용은 문화에 따라 조정될 필요가 있다. 문화를 이해하지 못하고 자기 준거기준에 의해 광고를 하면 실패하게 되는 경우가 많다.

10. 학습의 형태는 행동주의적 접근과 인지적 접근이 있다. 행동주의적 접근은 고전적 조건화, 조작적 조건화로 구분된다. 소비자가 좋아하는 인기 연예인을 상품광고에 등장시키는 것은 소비자들이 이 연예인에게 가지는 좋은 태도가 상품에 대한 태도에 전이되기를 기대하기 때문이다. 조작적 조건화는 반액세일, 파격세일 등 많은 판촉 활동이 소비자에게 구매를 통한 보상을 사전에 보장함으로써 구매를 유발한다.

학습과제

1. 소비자 정보 처리 과정은 어떠한 단계를 거치며 광고에 영향을 미치는가?

2. 기억에 관련된 심리적 메커니즘은 광고 전략에 어떻게 활용되고 있는가?

3. 소비자 의사결정 과정은 어떠한 단계를 거치며, 구매 후 부조화 과정은 어떻게 해소되는지 설명하시오.

4. 소비자 구매 행동에 영향을 미치는 환경적 요소는 무엇이며, 광고 적용 사례는 무엇인지 설명하시오.

5. 소비자 구매 행동에 영향을 미치는 개인적 요소는 무엇이며, 광고 전략에 어떻게 활용되고 있는가?

참고문헌

곽금주, 박혜원, 김청택(2001). 한국 웩슬러 아동 지능검사(K-WISC-III). 서울: 특수교육.

곽금주, 오상우, 김청택(2011). K-WISC-IV 한국 웩슬러 아동 지능검사. 서울: 학지사 심리검사연구소.

권석만(2003). 현대 이상심리학. 서울: 학지사.

김교헌(2008). 현대심리학 입문. 서울: 학지사.

김동기, 이용학(1993). 소비자행동분석: 마케팅전략으로의 적용. 서울: 박영사.

김민경, 신민섭(1995). 벤더-게스탈트 검사에 대한 한국아동의 발달적 규준 및 임상적 유용성에 대한 예비 연구. 한국심리학회지 임상, 14(1), 149-160.

김영환, 김지혜, 오상우, 임영란, 홍상황(2001). PAI 표준화연구: 신뢰도와 타당도. 한국심리학회지: 임상, 20(2), 311-329.

김은영, 송현주(2011). 만 14개월 한국 영아들의 합리적 모방 능력. 한국심리학회지: 발달, 20, 123-136.

김정희(2005). 심리학의 이해. 서울: 학지사.

김중술, 한경희, 임지영, 이정흠, 민병배, 문경주(2005). 다면적 인성검사 II 매뉴얼. 서울: 마음사랑.

김태련, 서봉연, 이은화, 홍숙기(1976). 아동용주제통각검사(K-CAT). 서울: 한국가이던스.

김홍근(1999a). Rey-Kim 기억검사: 해설서. 대구: 신경심리.

김홍근(1999b). Kims 전두엽-관리기능 신경심리검사. 대구: 신경심리.

김홍근(1999c). 아동용 Kims 전두엽-관리기능 신경심리검사. 대구: 신경심리.

문수백(2014). 한국 카우프만 아동 지능검사 II: KABC-II. 서울: 학지사 인싸이트.

문수백, 변창진(1997). 카우프만 아동용 지능검사. 서울: 학지사.

문현미(2005). 인지행동치료의 제3동향. 상담 및 심리치료, 17(1), 15-33.

민병배, 오현숙, 이주영(2007). 기질 및 성격검사 매뉴얼. 서울: 마음사랑.

박경숙, 윤점룡, 박효정, 박혜정, 권기욱(1987). KEDI-WISC 검사요강. 서울: 한국교육개발원.

박병관, 김정호, 신동균(1995). 한국판 벤튼신경심리검사(BNA)의 개관-임상적 유용성 검증을 중심으로. 임상심리학회편. 신경심리평가의 연구 및 임상적 활용.

박영숙(1994). 심리평가의 실제. 서울: 하나의학사.

박종원, 김성기(1997). 호스트셀링 광고가 어린이들의 제품태도형성에 미치는 효과에 대한 실험 연구. 광고학 연구, 8(1), 85-99.

박찬웅, 현용진(1994). 신문기사의 관심도 및 신문광고의 크기가 광고 주목률에 미치는 영향에 관한 연구. 마케팅 연구, 9(1), 39-56.

박혜원, 곽금주, 박광배(1996). K-WPPSI 실시요강. 서울: 특수교육.

박혜원, 이경옥 안동현(2016). K-WPPSI-IV 한국 웩슬러 유아지능검사(4판). 서울: 학지사 인싸이트.

신민섭(1994). 한국판 아동용 Luria-Nebraska 신경심리검사의 표준화연구 I: 척도제작, 신뢰도 및 뇌손상진단을 위한 규준산출. 소아 · 청소년 정신의학, 5(1), 54-69.

신민섭, 구훈정(2007). 아동 색 선로 검사. 서울: 학지사.

신민섭, 구훈정(2008). 아동 색 선로 검사의 표준화 연구. 소아청소년정신의학, 19(1), 28-37.

신민섭, 구훈정, 김수경(2009). 레이-오스테리스 복합 도형 검사 한국판 발달적 채점 체계. 서울: 마인드 프레스.

신민섭, 김미연, 김수경, 김주현, 김지영, 김해숙, 류명은, 온싱글(2005). 웩슬러 지능검사를 통한 아동 정신병리의 진단평가. 서울: 학지사.

신민섭, 김수경, 김용희, 김주현, 김향숙, 김진영, 류명은, 박혜근, 서승연(2002). 그림을 통한 아동의 진단과 이해-HTP와 KFD를 중심으로. 서울: 학지사.

신민섭, 김은정, 민병배, 박수현, 박중규, 송현주, 신민영, 이혜란, 이훈진, 최진영, 하승수, 현명호, 홍상황, 황순택(2017). 심리평가핸드북. 서울: 사회평론아카데미.

신민섭, 박민주(2007). 스트룹 아동 색상-단어 검사 실시요강. 서울: 학지사.

신민섭, 조수철(2010). 한국판 라이터 비언어성 지능검사. 서울: 학지사.

염태호, 박영숙, 오경자, 김정규, 이영호(1992). K-WAIS 실시요강. 서울: 한국가이던스.

오경자, 이혜련, 홍강의, 하은혜(1997). K-CBCL 아동 · 청소년 행동평가척도. 서울: 중앙적성출판사.

오상우(1989). 한국판 Stroop 색채 단어 간섭검사, 원광정신의학, 5(1), 53-68.

유승엽(1997). 포스트모던광고의 유형별 사례분석연구. 남서울대학교논문집, 제3집(pp. 387-408). 천안: 남서울대학교.

유승엽(2001). 매체 수용자의 심리적 특성이 광고재인에 미치는 영향: 광고혼잡도를 중심으로. 광고학 연구, 12(4), 73-96.

유승엽(2004). 광고 맥락과 게재면 및 심리적 특성이 생활정보신문의 광고 효과에 미치는 영향. 창업정보학회지, 7(4), 335-368.

유한익, 이중선, 강성희, 박은희, 정재석, 김붕년, 손정우, 박태원, 김봉석, 이영식(2009). 국내 아동 및 청소년 주의력 평가를 위한 종합주의력검사의 표준화 연구. 소아청소년정신의학,

20(2), 68-75.

윤호균(2007). 한국적 상담모형: 온마음 상담. 상담 및 심리치료, 19(3), 505-522.

이동식(2008). 도정신치료 입문. 서울: 한강수.

이상민, 유승엽(2004). 호스트셀링 광고 효과에 관한 연구: 맥락효과와 프로그램 전후 및 중간광고 비교. 광고학 연구, 15(5), 29-55.

이종구, 현성용, 최인수(2014). M-fit 다요인 지능검사. 서울: 학지사 인싸이트.

이창우, 서봉연(1974). K-WISC 실시요강. 서울: 교육과학사.

임종원, 김재일, 홍성태, 이유재(1997). 소비자행동론: 이해와 마케팅에의 전략적 활용. 서울: 경문사.

전용신(1970). 고대-비네검사 요강. 서울: 꿈나무.

전용신, 서봉연, 이창우(1963). KWIS 실시요강. 서울: 중앙적성연구소.

정범모, 이정균, 진위교(1965). MMPI 다면적 인성검사. 서울: 코리안테스팅센타.

조명한, 이정모, 김정오, 신현정, 이광오, 도경수, 이양, 이현진, 김영진, 김소영, 고성룡, 정혜선(2003). 언어심리학. 서울: 학지사.

천성문, 박명숙, 박순득, 박원모, 이영순, 전은주, 정봉희(2009). 상담심리학의 이론과 실제(제2판). 서울: 학지사.

최진영, 김지혜, 박광배, 황순택, 홍상황(2011). K-WMS-IV. 대구: 한국심리주식회사.

최진영, 김지혜, 박광배, 황순택, 홍상황(2012). K-WMS-IV. 대구: 한국심리주식회사.

탁진국(1996). 심리검사, 개발과 평가방법의 이해. 서울: 학지사.

하영원, 채정호(1993). 열등한 대안의 위치와 빈도가 유인효과에 미치는 영향에 관한 연구. 경영학연구, 11월호, 201-232.

한상진(1984). 계급이론과 계층이론. 서울: 문학과지성사.

현성용, 김교헌, 김미리혜, 김아영, 김현택, 박동건, 성한기, 유태용, 윤병수, 이봉건, 이숙문, 이영호, 이주일, 이재호, 진영선, 채규만, 한광희, 황상민(2015). 현대 심리학 이해(제2판). 서울: 학지사.

홍강의, 신민섭, 조성준(2010). ATA(Advanced Test of Attention) 정밀주의집중력검사. 서울: 브레인메딕.

황순택, 김지혜, 박광배, 최진영, 홍상황(2012). 한국 웩슬러 성인지능검사(4판). 서울: 학지사 인싸이트.

황순택, 김지혜, 홍상황(2016). 시각-운동 통합 검사(6판). 대구: 한국심리주식회사.

Achenbach, T. M. (1991a). *Manual for the Child Behavior Checklist/4-18 and 1991 Profile*. Burlington, VT: Department of Psychiatry, University of Vermont.

Achenbach, T. M. (1991b). *Manual for the Youth Self-Report and 1991 profile*. Burlington, VT: Department of Psychiatry, University of Vermont.

Aguiar, A., & Baillargeon, R. (1999). 2.5-month-old infants' reasoning about when objects should and should not be occluded. *Cognitive Psychology, 39,* 116-157.

Aguiar, A., & Baillargeon, R. (2002). Developments in young infants' reasoning about

Ainsworth, M. D. S., Blehar, M., Waters, E., & Walls, S. (1978). *Patterns of attachment.* Hillsdale, NJ: Erlbaum.

Allport, G. W. (1937). *Personality: A psychological interpretation.* New York: Holt, Rinehart & Winston.

Allport, G. W. (1961). *Pattern and growth in personality.* New York: Holt, Rinehart and Winston.

Altman, I., & Taylor, D. A. (1973). *Social penetration: The development of interpersonal relationships.* New York: Holt, Rinehart & Winston.

American Psychiatric Association (2000). *Diagnostic and Statistical Manual of Mental Disorders-4th edition-Text Revision.* Washington, DC: The Author.

Anastasi, A. (1988). *Psychological testing.* New York: Macmillan.

Anastasi, A., & Urbina, S. (1997). *Psychological Testing* (7th ed.). Upper Saddle River, NJ: Prentice Hall.

Anderson, N. H. (1965). Averaging vs. adding as a stimulus-combination rule in impression formation. *Journal of Experimental Psychology, 70,* 394-400.

Andrews, G., & Harvey, R. (1981). Does psychotherapy benefit neurotic patients? A reanalysis of the Smith, Glass, and Miller data. *Archives of General Psychiatry, 36,* 1203-1208.

Arnold, M. B. (1960). *Emotion and personality* (Vols. 1 & 2). New York: Columbia University Press.

Aronson, E. (1969). The theory of cognitive dissonance: A current perspective. In L. Berkowitz(Ed.), *Advances in Experimental Social Psychology* (Vol. 4, pp. 1-34). New York: Academic Press.

Asch, S. (1955). Opinions and social pressure. *Scientific American, 193*(5), 31-35.

Asch, S. (1956). Studies of independence and conformity: A minority of one against a unanimous majority. *Psychological Monographs: General and Applied, 70*(9), 1-70.

Atkinson, J. W. (1964). A theory of achievement motivation. In J. W. Atkinson (Ed.). *An introduction to motivation* (pp. 240-268). New York: Van Nostrand.

Atkinson, J. W., Heyns, R. W., & Veroff, J. (1954). The effect of experimental arousal of the affiliation motive on thematic apperception. *Journal of Abnormal and Social Psychology, 49,* 405-410.

Atkinson, R. C., & Shiffrin, R. M. (1968). Human memory: A proposed system and its control processes. In K. W. Spence & J. T. Spence (Eds.), *The psychology of learning and motivation: Advances in research and theory* (Vol. 2). New York: Academic Press.

Baddeley, A. D. (1986). *Working memory*. Oxford: Oxford University Press.

Baddeley, A. D. (2000). The episodic buffer: A new component of working memory?. *Trends in Cognitive Science, 4*, 417–423.

Baddeley, A. D., & Hitch, G. (1974). Working memory. In G. H. Bower (Ed.), *The psychology of learning and motivation: Advances in research and theory* (Vol. 8, pp. 47–89). New York: Academic Press.

Baddeley, A. D., & Hitch, G. J. (1974). Working memory. In G. H. Bower (Ed.), *The psychology of learning and motivation* (Vol. 8). London: Academic Press.

Baddeley, A. D., Grant, S., Wight, E., & Thompson, N. (1975). Imagery and visual working memory. In P. M. A. Rabbit & S. Dornic (Eds.), *Attention and performance* (Vol. 5, pp. 205–217). London: Academic Press.

Baddeley, A. D., Thomson, N., & Buchanan, M. (1975). Word length and the structure of short-term memory. *Journal of Verbal Learning and Verbal Behavior, 14*, 575–589.

Bahrick, H. P., Bahrick, L. E., & Wittlinger, R. P. (1975). Fifty years of memory for names and faces: A cross-sectional approach. *Journal of Experimental psychology: General, 104*, 54–75.

Baillargeon, R., & DeVos, J. (1991). Object permanence in young infants: Further evidence. *Child Development, 62*, 1227–1246.

Baltes, P. B., & Staudinger, U. M. (2000). Wisdom: A metaheuristic (pragmatic) to orchestrate mind and virtue toward excellence. *American Psychologist, 55*, 122–136.

Bandura, A. (1965). Behavioral modification through modeling procedures. In L. Krasner & L. P. Ullman (Eds.), *Research in behavior modification*. New York: Holt, Rinehart & Winston.

Bandura, A. (1965). Vicarious processes: A case of no-trial learning. In L. Berkowitz (Ed.), *Advances in experimental social psychology* (Vol. 2). New York: Academic Press.

Bandura, A. (1997). *Self-efficacy: The exercise of control*. New York: W. H. Freeman.

Bargh, J. A., Chen, M., & Burrows L. (1996). Automaticity of social behavior: Direct effects of trait construct and stereotype activation on action. *Journal of Personality and Social Psychology, 71*, 230–244.

Baron-Cohen, S., Leslie, A. M., & Frith, U. (1985). Does the autistic child have a 'theory of mind'?. *Cognition, 21*, 37–46.

Barsh, G. S., Farooqi, S., & O' Rahilly, S. (2000). Genetics of body-weight regulation.

Nature, 404, 644-651.

Bartlett, F. C. (1932). *Remembering: A study in experimental and social psychology.* Cambridge: Cambridge University Press.

Bartram, D. (2001). The development of International Guidelines on Test use: The International Test Commission Project. *International Journal of Testing, 1*(1), 33-53.

Bates, E., Thal, D., & Janowsky, J. S. (1992). Early language development and its neural correlates. In I. Rapin & S. Segalowitz (Eds.), *Handbook of Neuropsychology* (Vol. 7, 69-110). Amsterdam: Elsevier.

Baumeister, R. F., & Leary, M. R. (1995). The need to belong: Desire for interpersonal attachments as a fundamental human motivation. *Psychological Bulletin, 117*, 497-529.

Beck A. T., Steer R. A. & Brown G. K. (1996) Beck Depression Inventory-2nd Edition Manual. The Psychological Corporation, San Antonio.

Beck, A. T., Epstein, N., Brown, G., & Steer, R. A. (1998). An inventory for measuring clinical anxiety: Psychometric properties. *Journal of Consulting and Clinical psychology, 56*, 893-897.

Beck, A., & Steer, R. (1987). *Beck Depression Inventory Manual.* San Antonio, TX: The Psychological Corporation.

Beck, J. S. (1997). 인지치료 이론과 실제. (최영희, 이정흠 공역). 서울: 하나의학사. (원전은 1995 에 출판).

Bellak, L. (1949). The use of oral barbiturates in psychotherapy. *American Journal of Psychiatry, 15*, 844-850.

Bellak, L. (1959). The Thematic Apperception Test in clinical use. In L. E. Abt & L. Bellak (Eds.), *Projective psychology.* New York: Grove Press.

Bellak, L., & Bellak, S. S. (1949). *Children's Apperception Test.* Oxford, England: C P S Co, P O Box 42, Gracie Sta.

Belter, R. W., Mckintosh, J. R., Finch, A. J., & Williams, L. D. (1989). The Bender Gestalt Test as a method of personality assessment with adolescent. *Journal of Clinical Psychology, 45*(3), 414-422.

Bem, D. J. (1972). Self-perception theory1. *In Advances in experimental social psychology* (Vol. 6, pp. 1-62). New York: Academic Press.

Bender, L. A. (1938). *A Visual Motor Test and its use.* New York: American Orthopsychiatric Association.

Berkowitz, L. (1990). On the formation and regulation of anger and aggression: A cognitive neoassociationistic analysis. *American Psychologist, 45,* 494-503.

Berkowitz, L., & Daniels, L. (1963). Responsibility and dependency. *Journal of Abnormal and Social Psychology, 66,* 429-436.

Bernstein, P. W. (1978). Psychographics: Is it the elusive 'Perfect Marketing Tool'?. *TWA Ambassador* (April), pp. 25-27.

Berridge, K. C. (2003). Comparing the emotional brains of humans and other animals. In R. J. Davidson, K. R. Scherer & H. H. Goldsmith (Eds.), *Handbook of affective science.* Oxford: Oxford University Press.

Berridge, K. C., & Kringelbach, M. L. (2008). Affective neuroscience of pleasure: Reward in human and animals. *Psychopharmacology, 199,* 457-480.

Berthoud, H. R., & Morrison, C. (2008). The brain, appetite, and obesity. *Annual Review of Psychology, 59,* 55-92.

Bickerton, D. (1990). *Language and species.* Chicago: University of Chicago Press.

Binet, A., & Henri, V. (1895). La psychologie individuelle. *L'Anné Psychologique, 2,* 411-465.

Blanchard, R. (2001). Fraternal birth order and the maternal immune hypothesis of male homosexuality. *Hormones and Behavior, 40,* 105-114.

Blanke, O., Ortigue, S., Landis, T., & Seeck, M. (2002). *Stimulating illusory own-body perceptions. Nature, 419,* 269-270.

Bornstein, R. F. (1989). Exposure and affect: Overview and meta-analysis of research, 1968-1987. *Psychological Bulletin, 106,* 265-289.

Bouchard, T. J., & Loehlim, J. C. (2001). Genes, evolution, and personality. *Behavioral Genetics, 31,* 243-273.

Bower, G. H., Clark, M., Winzenz, D., & Lesgold, A. (1969). Hierarchical retrieval schemes in recall of categorized word lists. *Journal of Verbal Learning and Verbal Behavior, 8,* 323-343.

Brean, H. (1958). What hidden sell is All About. *Life,* (March 31), pp. 104-114.

Breiter, H. C., Abaron, I., Kahnaman, D., Dale, A., & Shizgal, P. (2001). Functional imaging of neural responses to expectancy and experience of momentary gains and losses. *Neuron, 30,* 619-639.

Breland, K., & Breland, M. (1966). *Animal Behavior.* New York: Macmillan.

Breslow, L. & Enstrom, J. E. (1980). Persistence of health habits and their relationship to mortality. *Preventative Medicine, 9,* 469-483.

Brown, J. A. (1958). Some tests of the decay theory of immediate memory. *Quarterly*

Journal of Experimental Psychology, 10, 12-21.

Brown, P. K., & Wald, G. (1964). Visual pigments in single rods and cones of the human retina. *Science, 144*, 45-52.

Bruce, M. E. (2010). 스트레스의 종말. (이연경, 최준식 공역). 서울: 시그마프레스. (원전은 2002년에 출판).

Buck, J. N. (1948). The H-T-P technique: A qualitative and quantitative scoring manual. *Journal of Clinical Psychology, 5*, 1-20.

Buck, J. N. (1964). *The House-Tree-Person (H-T-P) Manual Supplement*. Los Angeles: Western Psychological Services.

Burger, J. M. (2009). Replicating Milgram: Would people still obey today? *American Psychologist, 64*, 1-11.

Burke, D. M., & Shafto, M. A. (2004). Aging and language production. *Current Directions in Psychological Science, 13*, 21-24.

Burns, R. C., & Kaufman, S. (1970). *Kinetic family drawings(K-F-D): An introduction to understanding children through kinetic drawings*. Oxford: Brunner/Mazel.

Butler, D. (2004). Science of dieting: Slim pickings. *Nature, 428*, 252-254.

Cannon, W. (1932). *The wisdom of the body*. New York: Norton.

Cannon, W. (1932, reprinted 1963). *The wisdom of body*. New York: Norton.

Carey, S., & Bartlett, E. (1978). Acquiring a single new word. *Papers and Reports on Child Language Development, 15*, 17-29.

Carlson, N. R. (1997). 생리심리학의 기초. (김현택, 박순권, 조선영 공역). 서울: 시그마프레스.

Carlson, N. R. (2004). *Physiology of Behavior* (8th ed.). Boston: Allyn and Bacon.

Castonguay, L. G., & Goldfried, M. R. (1994). Psychotherapy integration: An idea whose time has come. *Applied & Preventive Psychology, 3*, 159-172.

Cattell, R. B. (1971). *Abilities: Their structure, growth, and action*. Boston: Houghton Mifflin.

Chess, S., & Thomas, A. (1984). *Origins and evolution of behavior disorders*. New York: Brunner/Mazel.

Chivers, M. L., Rieger, G., Latty, E., & Bailey, J. M. (2004). A sex difference in the specificity of sexual arousal. *Psychological Science, 15*, 736-744.

Chomsky, N. (1975). *The logical structure of linguistic theory*. New York: Plenum.

Chomsky, N. (1981). *Lectures on government and binding*. Dordrecht, Holland: Foris.

Chomsky, N. (1986). *Knowledge of language: Its nature, origin, and use*. New York: Praeger.

Chun, W. Y., Kruglanski, A. W., Keppler, D. S, & Friedman, R. S. (2011). Multifinality in implicit choice. *Journal of Personality and Social Psychology, 101*, 1124-1137.

Cloninger, C. R., & Svrakic, D. M. (1997). Integrative psychobiological approach to psychiatric assessment and treatment. *Psychiatry, 60*(2), 120-141.

Cohen, G., Conway, M. A., & Maylor, E. A. (1994). Flashbulb memories in older adults. *Psychology and Aging, 9*, 454-463.

Cohen, L. B., & Marks, K. S. (2002). How infants process addition and subtraction events. *Developmental Science, 5*, 186-201.

Cohen, S., Kamarck, T., & Mermelstein, R. (1983). A global measure of perceived stress. *Journal of Health and Social Behavior, 24*, 385-396.

Colby, A., Kohlberg, L., Gibbs, J., Lieberman, M., Fischer, K., & Saltzstein, H. D. (1983). A longitudinal study of moral judgment. *Monographs of the Society for Research in Child Development, 48*, 1-124.

Colcombe, S., & Kramer, A. F. (2003). Fitness effects on the cognitive function of older adults: A social psychology. *Psychological Science, 14*, 125-130.

Conners, C. K. (2000). *Conners' Continuous Performance Test II: Computer program for Windows technical guide and software manual.* North Tonawanda, NY: Multi-Health Systems.

Conrad, R. (1964). Acoustic confusion in immediate memory. *British Journal of Psychology, 55*(1), 75-84.

Cooper, J., & Fazio, R. H. (1984). A new look at dissonance theory. In L. Berkowitz (Ed.), *Advances in Experimental Social Psychology* (Vol. 17, pp. 229-266). New York: Academic Press.

Corsini, R. S. (2007). 서론. 현대심리치료. (김정희 역). 서울: 박학사. (원전은 2005년에 출판).

Coyne. J. C. (1992). Cognition in depression: A paradigm in crisis. *Psychological Inquiry, 3*, 232-235.

Craik, F. I. M., & Lockhart, R. S. (1972). Levels of processing: A framework for memory research. *Journal of Verbal Learning and Verbal Behavior, 11*, 671-684.

Craik, F. I. M., & Watkins, M. J. (1973) The role of rehearsal in short-term memory. *Journal of Verbal Learning and Verbal Behavior, 12*, 599-607.

Cramer, R. E., Schaefer, J. T., & Reid, S. (1996). Identifying the ideal mate: More evidence for male-female Convergence. *Current Psychology: Developmental, Learning, Personality, Social, 15*, 157-166.

Creed, F. (1993). Stress and psychosomatic disorder. In L. Goldberger & S. Breznitz (Eds.),

Handbook of stress: Theoretical and clinical aspects (2nd ed.). New York: Free Press.

Critchley, H. D., Wiens, S., Rotschtein, P., Öhman, A., & Dolan, R. J. (2004). Neural systems supporting interoceptive awareness. *Nature Neuroscience, 7,* 189–195.

Csikszentmihalyi, M. (1975). *Beyond boredom and anxiety: The experience of flow in work and play.* San Francisco: Jossey–Bass.

Curran, J. P., & Lippold, S. (1975). The effects of physical attraction and attitude similarity on attraction in dating dyads. *Journal of Personality, 43,* 528–539.

D'Elia, L., & Satz, P. (1989). *Color Trails 1 and 2.* Odessa, FL: Psychological Assessment Resources.

Dahlstrom, W. G. (1993). Tests: Small samples, large consequences. *American Psychologist, 48*(4), 393–399.

Daly, M., & Wilson, M. (1988). Evolutionary social psychology and family homicide. *Science, 242,* 519–524.

Damasio, A. R. (1996). The somatic marker hypothesis and the possible functions of the prefrontal cortex. *Philosophical Transactions: Biological Sciences, 351*(1346), 1413–1420.

Damasio, A. R. (2001). Fundamental feelings. *Nature, 413,* 781.

Daneman, M., & Carpenter, P. A. (1980). Individual differences in working memory and reading. *Journal of Verbal Learning and Verbal Behavior, 19,* 450–466.

Daniel, H. J., O'Brien, K. F., McCabe, R. B., & Quinter, V. E. (1985). Values in mate selection: A 1984 Campus Survey. *College Student Journal, 19,* 44–50.

Danner, D. D., Snowdon, D. A., & Friesen, W. V. (2001). Positive emotions in early life and longevity: Findings from the nun study. *Journal of Personality and Social Psychology, 80*(5), 804–813.

Darley, J. M., & Berscheid, E. (1967). Increased liking caused by the anticipation of interpersonal contact. *Human Relations, 10,* 29–40.

Darwin, C. (1872/1965). *Expressions of the emotions in man and animals.* London: John Murray/Chicago: University of Chicago Press.

Davidson, J. M. (1980). Hormones and sexual behavior in the male. In D. T. Krieger & J. C. Hughes (Eds.), *neuroendocrinology.* Sunderland, MA: Sinauer.

Davidson, R. J. (2003). Affective Neuroscience and psychophysiology: Toward a synthesis. *Psychophysiology, 40,* 655–665.

Davis, M. (1992). The role of the amygdala in fear and anxiety. *Annual Review of*

Neuroscience, 15, 353-375.

Day, J. J., Roitman, M. E., Wightman, R. M., & Carelli, R. M. (2007). Associative learning mediates dynamic shifts in dopamine signaling in the nucleus accumbens. *Nature Neuroscience, 10*, 1020-1028.

De Groot, A. (1965). *Thought and choice in chess.* The Hague, Netherlands: Mouton Publishers.

De Neys, W., Schaeken, W., & d'Ydewalle, G. (2005). Working memory and everyday conditional reasoning: Retrieval and inhibition of stored counterexamples. *Thinking & Reasoning, 11*, 349-381.

De Renzi, E., Liotti, M., & Nichelli, P. (1987). Semantic amnesia with preservation of autobiographic memory: A case report. *Cortex, 23*(4), 575-597.

DeCasper, A. J., & Spence, M. (1986). Prenatal maternal speech influences newborns perception of speech sounds. *Infant Behavior and Development, 9*, 133-150.

Deci, E. L. (1975). *Intrinsic motivation.* New York: Plenum.

Deci, E. L., & Ryan, R. M. (1985). *Intrinsic motivation and self-determination in human behavior.* New York: Plenum.

Deci, E. L., & Ryan, R. M. (1987). The support of autonomy and the control of behavior. *Journal of Personality and Social Psychology, 53*, 1024-1037.

DeLongis, A., Folkman, S., & Lazarus, R. S. (1988). The impact of daily stress on health and mood: Psychological and social resources as mediators. *Journal of Personality and Social Psychology, 54*, 486-495.

Deutsch, M. (1949). A-theory of cooperation and competition. *Human Relations, 2*, 129-152.

Devalois, R. L., & Devalois, K. (1980). Vision. *Annual Review of Psychology, 31*, 309-341.

Di Tella, R., MacCulloch, R. J., & Oswald, A. J. (2003). The macroeconomics of happiness. *Review of Economics and Statistics, 85*, 809-827.

Diener, E., & Diener, C. (1996). Most people are happy. *Psychological Science, 7*, 181-185.

Ditto, P. H., Scepansky, J. A., Munro, G. D., Apanovitch, A. M., & Lockhart, L. K. (1998). Motivated sensitivity to preference-inconsistent information. *Journal of Personality and Social Psychology, 75*(1), 53-69.

Dollard, J., Doob, L. W., Miller, N. E., Mowrer, O. H., & Sears, R. R. (1939). *Frustration and aggression.* New Haven, CT: Yale University Press.

Douglas, C. (2004). 분석적 심리치료. 현대심리치료. (김정희 역). 서울: 학지사. (원전은 2000년에 출판).

Drake, C. L., Friedman, N. P., Wright, K. P. Jr., & Roth, T. (2011). Sleep reactivity and insomnia: Genetic and environmental influences. *Sleep, 34*(9), 1179-1188.

Dutton, D. G., & Aron, A. P. (1974). Some evidence for heightened sexual attraction under conditions of high anxiety. *Journal of Personality and Social Psychology, 30*(4), 510.

Ebbinghaus, H. (1885). *Über das Gedächtnis*. Leipniz: Duncker and Humblot.

Egan, G. (2008). 상담의 특징과 상담모델. Egan 상담모델과 상담기술. (제석봉 역). 서울: 시그마프레스. (원전은 2003년에 출판).

Eimas, P., Siqueland, P., Jusczyk, P., & Vigorito, J. (1971). Speech perception in infants. *Science, 171*, 303-306.

Ekman, P. (1992). Facial expressions of Emotion: New findings, new questions. *Psychological Science, 3*, 34-38.

Ekman, P., & Friesen, W. V. (1971). Constants across cultures in the face and emotion. *Journal of personality and social psychology, 17*(2), 124.

Ekman, P., & Friesen, W. V. (1986). A new pan-cultural facial expression of emotion. *Motivation and emotion, 10*(2), 159-168.

Ekman, P., Levenson, R. W., & Friesen, W. V. (1983). Autonomic nervous system activity distinguishes among emotions. *Science, 221*, 1208-1210.

Ellis, L., & Cole-Harding, S. (2001). The effects of prenatal stress, and of prenatal alcohol and nicotine exposure, on human sexual orientation. *Physiology and Behavior, 74*, 213-226.

Endler, N. S., & Parker, J. D. A. (1990). Multidimensional assessment of coping: A critical evaluation. *Journal of Personality and Social Psychology, 58*, 844-854.

Engel, J. F., Blackwell, R. D., & Miniard, P. W. (1995). *Consumer Behavior* (7th ed.). Chicago: The Dryden Press.

Ericsson, K. A., Chase, W. G., & Faloon, S. (1980). Acquisition of a memory skill. *Science, 208*, 1181-1182.

Exner, J. E. (2003). *The Rorschach: A comprehensive system, Volume 1: Basic foundation and principles of interpretation* (4th ed.). New York: Wiley.

Eysenck, H. J. (1967). *The biological basis of personality*. Spring field, IL: Charles C. Thomas.

Eysenck, H. J., & Eysenck, M. W. (1985). *Personality and individual differences: A natural science approach*. New York: Springer.

Feigenson, L., Carey, S., & Spelke, E. S. (2002). Infants' discrimination of number vs. continuous extent. *Cognitive Psychology, 44*, 33-66.

Feldman, R., Greenbaum, C. W., & Yirmiya, N. (1999). Mother-infant affect synchrony as an antecedent of the emergence of self-control. *Developmental Psychology, 35*, 223–231.

Felleman, D. J., & Van Essen, D. C. (1991). Distributed hierarchical processing in primate visual cortex. *Cerebral Cortex, 1*, 1–47.

Fernandez, E., & Sheffield, J. (1996). Relative contributions of life events versus daily hassles to the frequency and intensity of headaches. *Headaches, 36*, 595–602.

Festinger, L. (1957). *A theory of cognitive dissonance.* Stanford, CA: Stanford University Press.

Fields, D. (2008). White matter in learning, cognition and psychiatric disorders. *Trends in Neurosciences, 31*, 361–370.

Finkel, D., & McGue, M. (1993). The origins of individual differences in memory among the elderly: A behavior genetic analysis. *Psychology and Aging, 8*, 527–537.

Fiorello, C. D., Tobler, P. N., & Schultz, W. (2003). Discrete coding of reward probability and uncertainty by dopamine neurons. *Science, 299*, 1898–1902.

Fischler, I., Rundus, D., & Atkinson, R. C. (1970). Effects of overt rehearsal procedures on free recall. *Psychonomic Science, 19*(4), 249–250.

Flack, W. F. (2006). Peripheral feedback effects of facial expressions, bodily postures, and vocal expressions on emotional feelings. *Cognition and Emotion, 20*, 177–195.

Fodor, J. (1983). *The modularity of mind.* Cambridge: MIT Press.

Forgas, J. P. (1995). Mood and judgment: The affect infusion model (AIM). *Psychological bulletin, 117*(1), 39–66.

Fredrickson, B. L. (2001). The role of positive emotions in positive psychology: The broaden-and-build theory of positive emotions. *American Psychologist, 56*, 218–226.

French, J. L. (1964). *Pictorial Test of Intelligence: Manual.* Boston: Houghton Mifflin.

Friedman, J. M. (1997). The alphabet of weight control. *Nature, 385*, 119–120.

Friedman, M., & Rosenman, R. (1974). *Type A behavior and your heart.* New York: Knopf.

Frijda, N. H. (1993). The place of appraisal in emotion. *Cognition and Emotion, 7*, 357–388.

Garcia, J., & Koelling, R. A. (1966). Relation of cue to consequence in avoidance learning. *Psychonomic Science, 4*, 123–124.

Gardner, H. (1983). *Frames of mind: The theory of multiple intelligences.* New York: Basic Books.

Gardner, H. (1993). *Multiple intelligences: The theory in practice.* New York: Basic Books.

Gardner, H. (1999). *Intelligences reframed: Multiple intelligences for the 21st century.* New York: Basic Books.

Gardner, H., & Hatch, T. (1989). Multiple intelligences go to school: Educational implications of the theory of multiple intelligences. *Educational Researcher, 18*(8), 4–10.

Gardner, M. P., & Rook, D. (1988). Effects of Impulse Purchase on Consumers' Affective States, In Michael, J. H (Ed.), *Advances in Consumer Research, 15*, 127–130.

Gary G. Brannigan, & Scott L. Decker(2006). "The Bender–Gestalt II" Am. J. Orthopsychiatry 10.

Gazzaniga, M., & Halpern, D. (2015). *Psychological science* (5th ed.). New York: W. W. Norton & Company.

Gazzaniga, M., Heatherton, T., & Halpern, D. (2010). Psychological science (3rd ed.). New York: W. W. Norton & Company.

Gergely, G., Bekkering, H., & Kiraly, I. (2002). Rational imitation in preverbal infants. *Nature, 415*, 755–756.

Gibbs, W. W. (1996). Gaining on fat. *Scientific American, 275*(2), 88–94.

Gilligan, C. (1982). *In a different voice: Psychological theory and women's development.* Cambridge: Harvard University Press.

Glanzer, M., & Cunitz, A. R. (1966). Two storage mechanisms in free recall. *Journal of Verbal Learning and Verbal Behavior, 5*, 351–360.

Godden, D. R., & Baddeley, A. D. (1975). Context–dependent memory in two natural environments: Onland and underwater. *British Journal of Psychology, 66*, 325–331.

Golden, C. J. (1978). *Stroop Color and Word Test: Manual for clinical and experimental uses.* Chicago: Stoelting.

Golden, C. J. (1987). *Luria–Nebraska Neuropsychological Battery: Children's Revision.* Los Angeles: Western Psychological Services.

Golden, C. J., Purisch, A. D., & Hammeke, T. A. (1982). *Luria–Nebraska Neuropsychological Battery.* Los Angeles: Western Psychological Services.

Goldenberg, I., & Goldenberg, H. (2000). *Family therapy: An Overview* (5th ed.). Pacific Grove, CA: Brooks/Cole.

Goodman, W. K., Price, L. H., Rasmussen, S. A., Mazure, C., Fleischmann, R. L., & Hill, C. L. (1989). The Yale–Brown Obsessive–Compulsive Scale (Y–BOCS). Part I: Development, use and reliability. *Archives of General Psychiatry, 37*, 1336–1339.

Gopnik, A., & Choi, S. (1990). Do linguistic differences lead to cognitive differences? A cross–linguistic study of semantic and cognitive development. *First Language, 10*(30), 199–215.

Gouldner, A. (1960). The norm of reciprocity: A preliminary statement. American *Sociological*

Review, 25, 161-178.

Graham, J. R. (2006). *MMPI-2. Assessing Personality and Psychopathology* (4th ed.). New York: Oxford University Press.

Granvold, D. K. (Ed.). (1994). *Cognitive and behavioral treatment.* Pacific Grove, CA: Brooks/Cole.

Gray, J. A. (1994). Three fundamental emotion systems. In P. Ekman and R. Davidson (Eds.), *The nature of emotion: Fundamental questions* (pp. 243-247). New York: Oxford University Press.

Gray, P. O. (2010). *Psychology* (6th ed.). New York: Worth Publishers.

Green, S. K., Buchanan, D. R., & Heuer, S. K. (1984). Winners, losers, and choosers: A field iuvestigation of dating initiation. *personality and Social Psychology Bulletin, 10*, 502-511.

Greenberg, J. H. (1963). *Universals of language.* Cambridge, MA: MIT Press.

Greenberg, L. S., & Safran, J. D. (1989). Emotion in psychotherapy. *American Psychologist, 44*(1), 19-29.

Greene, K., Krcmar, M., Walters, L. H., Rubin, D. L., & Hale, J. L. (2000). Targeting adolescent risk-taking behaviors: The contributions of egocentrism and sensation seeking. *Journal of Adolescence, 23*, 439-461.

Gross, J. J. (2002). Emotion regulation: Affective, cognitive, and social consequences. *Psychophysiology, 39*(3), 281-291.

Grossmann, K., Grossmann, K. E., Spangler, G., Suess, G., & Unzner, L. (1985). Maternal sensitivity and newborns' orientation responses as related to quality of attachment in Northern Germany. In I. Bretherton & E. Waters (Eds.), Growing points in attachment theory and research (pp. 233-268). *Monographs of the Society for Research in Child Development*, 50(1-2, Serial No. 209).

Guilford, J. P. (1959). Three faces of intellect. *American Psychologist, 14*(8), 469-479.

Guilford, J. P. (1967). *The nature of human intelligence.* New York: McGraw-Hill.

Guilford, J. P. (1977). *Way beyond the IQ: Guide to improving intelligence and creativity.* Buffalo: Barely Limited.

Guilford, J. P. (1988). Some changes in the Structure-of-Intellect model. *Educational and Psychological Measurement, 48*(1), 1-4.

Gunderson, J. G., & Gabbard, G. O. (1999). Making the case for psychoanalytic therapies in the current psychiatric environment. *Journal of the American Psychoanalytic Association, 47*, 679-704.

Halstead, W. C. (1947). *Brain and intelligence: A quantitative study of the frontal lobes*. Chicago, IL: University of Chicago Press.

Hamermesh, D. S., & Biddle, J. E. (1994). Beauty and the labor market. *Amercian Economic Review, 84*, 114-195.

Hammer, E. F. (1969). Hierarchical organization of personality and the HTP achromatic and chromatic. In J. N. Buck & E. F. Hammer (Eds.), *Advances in the House-Tree-Person technique: Variations and applications*. Los Angeles, CA: Western Psychological Services.

Hammes, J. G. (1978). *The Stroop Color-Word Test: Manual*. Lisse: Swets & Zeitlinger.

Harlow, H., & Zimmerman, R. (1959). Affectional response in the infant monkey. *Science, 130*, 421-432.

Harmon-Jones, E., Lueck, L., Fearn, M., & Harmon-Jones, C. (2006). The effect of personal relevance and approach-related action expectation on relative left frontal cortical activity. *Psychological Science, 17*, 434-439.

Hatfield, G., & Epstein, W. (1985). The status of the minimum principle in the theoretical analysis of visual perception. *Psychological Bulletin, 97*, 155-186.

Hauser, M. D. (1997). *The evolution of communication*. Cambridge, MA: MIT Press.

Heider, E. R. (1972). Universals in color naming and memory. *Journal of Experimental Psychology, 93*, 10-20.

Heider, F. (1958). *The psychology of interpersonal relations*. New York: Wiley.

Heimbach, J. T., & Jacoby, J. (1972). The Zeigarnik effect in advertising. In M. Venkatesan (Ed.), *Proceedings of the 3rd Annual Conference of the Association for Consumer Research* (Special Volume, pp. 746-758). Chicago, IL: Association for Consumer Research.

Helmers, K. H., Krantz, D. S., & Merz, C. N. (1995). Defensive hostility: Relationship to multiple markers of cardiac ischemia in patients with coronary disease. *Health Psychology, 14*, 202-209.

Hergenhahn, B. R. (2009). *An introduction to the history of psychology* (6th ed.). Belmont, California: Thomson Wadsworth.

Hergenhahn, B. R., & Henkey, T. (2014). *An introduction to the history of psychology* (7th ed.). Belmont, California: Thomson Wadsworth.

Hirsh-Pasek, K., & Golinkoff, R. M. (1996). *The origins of grammar: Evidence from early language comprehension*. Cambridge, MA: MIT Press.

Hochschild, A. R., (1983). *The managed heart. Berkeley*, CA: University of California Press.

Hoff, E. (2007). 언어발달. (이현진, 박영신, 김혜리 공역). 서울: 시그마프레스. (원전은 2005년에 출판).

Holland, R. W., Hendriks, M., & Aarts, H. (2005). Smells like a clean spirit: Nonconscious effects of scent on cognition and behavior. *Psychological Science, 16*, 689-693.

Holmes, T. H., & Masuda, M. (1974) Life change and illness susceptibility. In B. S. Dowhrenwend & B. P. Dohrenwend (Eds.), *Stressful Life Events: Their Nature and Effects* (pp. 45-72). New York: Wiley.

Holmes, T. H., & Rahe, R. H. (1967). The social readjustment rating scale. *Journal of Psychosomatic Research, 11*, 203-218.

Howard, I. P., & Rogers, B. J. (1995). *Binocular vision and stereopsis.* New York: Oxford University Press.

Hubel, D. H., & Wiesel, T. N. (1959). Receptive fields of single neurones in the cat's striate cortex. *The Journal of Physiology, 124*(3), 574-591.

Hull, C. L. (1943). *Principles of behavior: An introduction to behavior theory.* Oxford, England: Appleton-Century.

Hull, C. L. (1952). *A behavior system: An introduction to behavior theory concerning the individual organism.* New Haven, CT: Yale University Press.

Hurvich, L. M., & Jameson, D. (1957). An opponent-process theory of color vision. *Psychological Review, 64*(6, Part I), 384-404.

Huttenlocher, P. R. (1994). Synaptogenesis in human cerebral cortex. In G. Dawson & K. W. Fischer (Eds.), *Human behavior and the developing brain* (pp. 137-152). New York: Guilford Press.

Hyde, T. S., & Jenkins, J. J. (1969). The differential effects of incidental tasks on the organization of recall a list of highly associated words. *Journal of Experimental Psychology, 82*, 472-481.

Hyman, I. E., Malenka, R. C., & Nestler, E. J. (2006). Neural mechanisms of addiction: The role of reward-related learning and memory. *Annual Review of Neuroscience, 29*, 565-598.

Inhelder, B., & Piaget, J. (1958). *The growth of logical thinking from childhood to adolescence.* New York: Basic Books.

Insel, T. R., & Shapiro, L. E. (1992). *Oxytocin receptor distribution reflects social organization in monogamous and polygamous voles. Proceedings of the National Academy of Sciences of USA, 89*, 5981-5985.

Iverson, P., & Kuhl, P. K. (1996). Influences of phonetic identification and category goodness on American listeners' perception of /r/ and /l/. *Journal of Acoustical Society of America, 99*, 1130-1140.

Izard, C. E. (1989). The structure and functions of emotions: Implications for cognition, motivation, and personality. In I. S. Cohen (Ed.), *The G. Stanley Hall lecture series* (Vol. 9, pp. 39-63). Washington, DC: American Psychological Association.

Izard, C. E. (1991). *The psychology of emotions.* New York: Plenum Press.

Jacoby, J., Speller, D. E., & Kohn, C. A. (1974). Brand behavior as a function of information load. *Journal of Marketing Research, 11*, 63-69.

James, W. (1884). What is an emotion?. *Mind, 9*(34), 188-205.

James, W. (1890). *The principles of psychology.* New York: Henry Holt.

John, O. P., & Srivastava, S. (1999). The Big Five trait taxonomy: History, measurement, and theoretical perspectives. In L. A. pervin & O. P. John (Eds.), *Handbook of personality: Theory and research* (2nd ed., pp. 102-138). New York: Guilford Press.

Johnson, M. H. (1999). *Developmental cognitive neuroscience: An introduction.* Oxford: Blackwell.

Jones, E. E., & Harris, V. A. (1967). The attribution of attitudes. *Journal of Experimental Social Psychology, 3*, 1-24.

Joseph, L. D. (2006). 느끼는 뇌. (최준식 역). 서울: 학지사. (원전은 1998년에 출판).

Kahneman, D., Krueger, A. B., Schkade, D. A., Schwarz, N., & Stone, A. A. (2004). A survey method for characterizing daily life experience: The day reconstruction method. *Science, 306*(5702), 1776-1780.

Kalat, J. W. (2011). *Introduction to psychology.* Belmont, California: Wadsworth.

Kalat, J. W. (2017). *Introduction to psychology* (11th ed.). Belmont, California: Wadsworth.

Kaufman, A. S. (1990). *Assessing adolescent and adult intelligence.* Boston: Allyn and Bacon.

Kawachi, I., Sparrow, D., Vokonas, P. S., & Weiss, S. T. (1994). Symptoms of anxiety and risk of coronary heart disease. *Circulation, 90*, 2225-2229.

Kay, A. G., & Ross, L. (2003). The perceptual push: The interplay of implicit cues and explicit situational construals on behavioral intentions in the Prisoner's Dilemma. *Journal of Experimental Social Psychology, 39*, 634-643.

Kelley, A. E., & Berridge, K. C. (2002). The Neuroscience of natural rewards: Relevance to addictive drugs. *The Journal of Neuroscience, 22*, 3306-3311.

Kelley, H. H. (1967). Attribution theory in social psychology. In D. LeVine (Ed.), *Nebraska symposium on motivation* (Vol. 15). Lincoln, NE: University of Nevraska Press.

Kim, K., Bae, J., Nho, M., & Lee, C. H. (2011). How do experts and novices differ? : Relation vs. attribute and thinking vs. feeling in language use. *Psychology of Aesthetics, Creativity, and the Arts. Vol. 5*(4), 379-388.

Kim, K., Lee, S., & Lee, C. (2015). College students with ADHD traits and their language styles. *Journal of Attention Disorders, 19*(8), 687-693.

Kirschbaum, C., Pirke, K. M., & Hellhammer, D. H. (1993). The 'Trier Social Stress Test'— a tool for investigating psychobiological stress responses in a laboratory setting. *Neuropsychobiology, 28*(1-2), 76-81.

Kitayama, S., Duffy, S., Kawamura, T., & Larsen, J. T. (2002). Perceiving an object in its context in different cultures: A cultural look at the New Look. *Psychological Science, 14*, 201-206.

Klüver, H., & Bucy, P. C. (1937). "Psychic blindness" and other symptoms following temporal lobectomy in rhesus monkeys. *American Journal of Physiology, 119*, 352-353.

Kobasa, S. C. (1982). Commitment and coping in stress resistance among lawyers. *Journal of Personality and Social Psychology, 42*, 707-717.

Köhler, W. (1926). *The mentality of apes*. New York: Harcourt, Brace.

Kolers, P. A. (1975). Specificity of operations in sentence recognition. *Cognitive Psychology, 7*(3), 289-306.

Kolers, P. A. (1976). Reading a year later. *Journal of Experimental Psychology: Human Learning and Memory, 2*(5), 554-565.

Kossek, E. E., & Ozeki, C. (1998). Work-family conflict, policies, and the job-life satisfaction relationship: A review and directions for organizational behavior-human resources research. *Journal of Applied Psychology, 83*, 139-149.

Kroger, J. (2003). What transits in an identity status transition: A rejoinder to commentaries. *Identity, 3*, 291-304.

Kuhl, P., Tsao, F., & Liu, H. (2003). Foreign-language experience in infancy: Effects of short-term exposure and social interaction on phonetic learning. *Proceedings of the National Academy of Sciences, 100* (15), 9096-9101.

Kwon, Y., & Lawson, A. E. (2000). Linking brain growth with the development of scientific reasoning ability and conceptual change during adolescence. *Journal of Research in Science Teaching, 37*, 44-62.

Langer, E. J., & Rodin, J. (1976). The effects of choice and enhanced personal responsibility for the aged: A field experiment in an institutional setting. *Journal of Personality and Social Psychology, 34*(2), 191-198.

Latane, B., & Darley, J. M. (1968). Group inhibition of bystander intervention in emergencies. *Journal of Personality and Social Psychology, 10*, 215-221.

Lazarus, R. S. & Folkman, S. (1984). *Stress, appraisal, and coping*. New York: Springer.

Lazarus, R. S. (1990). Psychological stress in the workplace. *Journal of Social Behavior and Personality*, *6*, 1-13.

Lazarus, R. S. (1991). Cognition and motivation in emotion. *American Psychologist, 46*, 352-367.

Lazarus, R. S. (1991). Progress on a cognitive-motivational-relational theory of emotion. *American Psychologist*, *46*, 819-834.

Lazarus, R. S. (1993). Why we should think of stress as a subset of emotion. In L. Goldberger & S. Breznitz (Eds.), *Handbook of stress: Theoretical and clinical aspects* (2nd ed., pp. 21-39). New York: Free Press.

Lazarus, R. S., & Folkman, S. (1984). *Stress, appraisal, and coping*. New York: Springer.

Lazer, W. (1963). Life style concepts and marketing. In S. A. Greyser (Ed.), *Toward scientific maketing* (pp. 140-151). Chicago: American Marketing Association.

LeDoux, J. E. (1996). *The emotional brain: The mysterious underpinnings of emotional life*. New York: Simon & Schuster.

Lee, J. H., Lee, K. U., Lee, D. Y., Kim, K. W., Jhoo, J. H., Kim, J. H., Lee, K. H., Kim, S. Y., Han, S. H., & Woo, J. J. (2002). Development of the Korean version of the Consortium to Establish a Registry for Alzheimer's Disease Assessment Packet(CERAD-K): Clinical and neuropsychological assessment batteries. *Journal of Gerontology Psychological Sciences*, *57*, 47-53.

Lee. S. H., Nam, H. S., Kim, H. B., Kim, E. J., Noh, J. W., & Chae, J. H. (2018). Factors associated with complicated grief in students who survived the Sewol Ferry Disaster in South Korea. *Psychiatry Investigation*, *15*(3), 254-260.

Lenneberg, E. H. (1967). *Biological foundations of language*. New York: Wiley.

Lepper, M. R. (1981). Intrinsic and extrinsic motivation in children: Detrimental effects of superfluous social controls. *In Minnesota symposium on child psychology* (Vol. 14, pp. 155-214). Hillsdale, NJ: Erlbaum.

Lezak, M. D. (1995). *Neuropsychological assessment* (3rd ed.). New York: Oxford University Press.

Lezak, M. D., Howieson, D. B., & Loring, E. W. (2004). *Neuropsychological Assessment* (4th ed.). New York: Oxford University Press.

Lieberman, M. (1984). *The biology and evolution of language*. Cambridge, MA: Harvard

University Press.

Lilienfeld, S. O., Wood, J. M., & Garb, H. N. (2001). What's wrong with this picture?. *Scientific American, 284*(5), 80-87.

Loehlin, J. C. (1992). *Genes and environment in personality development.* Newbury Park, CA: sage.

Loftus, E. F. (1997). Memory for a past that never was. *Current Directions in Psychological Science, 6,* 60-65.

Loftus, E. F., & Palmer, J. C. (1974). Reconstruction of automobile destruction: An example of the interaction between language and memory. *Journal of Verbal Learning and Verbal Behavior, 13*(5), 585-589.

London, M., & Greller, M. M. (1991). Demographic trends and vocational behavior: A twenty year retrospective and agenda for the 1990s. *Journal of Vocational Behavior, 38*(2), 125-164.

Luo, Y. (2011). Do 10-month-old infants understand others' false beliefs?. *Cognition, 121,* 289-298.

Luria, A. R. (1887/1968). *The mind of a mnemonist: A little book about a vast memory* (L. Solotaroff, Trans.). Cambridge, MA: Harvard University Press.

Lutz, K. A., & Lutz, R. J. (1978). Imagery-eliciting strategies: Review and implication of research. In H. Keith Hunt (Ed.), *Advances in Consumer Research* (Vol. 5, pp. 611-620). Ann Arbor, MI: Association for Consumer Research.

Maccoby, E. E., & Martin, J. A. (1983). Socialization in the context of the family: Parent-child interaction. In P. H. Mussen (Series Ed.) & E. M. Hetherington (Vol. Ed.), *Handbook of child psychology: Vol. 4. Socialization, personality, and social development* (4th ed., pp. 1-101). New York: Wiley.

Maddi, S. R. (1989). *Personality theories: A comparative analysis* (6th ed.). Pacific Grove, CA: BrooKs/Cole.

Marcia, J. E. (1966). Development and validation of ego-identity status. *Journal of Personality and Social Psychology, 3,* 551-558.

Marmot, M. G., Bosma, H., Hemingway, H., Breunner, E., & Stansfeld, S. (1997). Contribution of job control and other risk factors to social variations in coronary heart disease incidence. *The Lancet, 350*(9073), 235-239.

Martin, L. (1986). Eskimo words for snow: A case study in the genesis and decay of an anthropological example. *American Psychologist, 88,* 418-423.

Marx, J. (2003). Cellular warriors at the battle of the bulge. *Science, 269,* 846-849.

Masters, W. H., Johnson, V. E., & Kolodny, R. C. (1992). *Human sexuality* (4th ed.). New York: HarperCollins.

May, P. A., Gossage, J. P., Marais, A., Hendricks, L. S., Snell, C. L., Tabachnick, B. G., Stellavato, C., Buckley, D. G., Brooke, L. E., & Viljoen, D. L. (2008). Maternal risk factors for fetal alcohol syndrome and partial fetal alcohol syndrome in south africa: A third study. *Alcoholism: Clinical and Experimental Research, 32*, 738-753.

May, R., & Yalom, I. (2004). 실존 심리치료. 현대심리치료. (김정희 역). 서울: 학지사. (원전은 2000년에 출판).

Mayer, J. (1953). Glucostatic mechanism of regulation of food intake. New England *Journal of Medicine, 249*(1), 13-16.

McCann, I. L., & Holmes, D. S. (1984). Influence of aerobic exercise on depression. *Journal of personality and social psychology, 46*(5), 1142-1147.

McClelland, D. (1987). *Human motivation*. New York: Cambridge University Press.

McCrae, R. R., & Costa, P. T. (1999). A five-factor theory of. In L. A. pervin & O. P. John (Eds.), *Handbook of personality: Theory and research*(pp. 135-153). New York: Guilford Press.

Meichenbaum, D., & Fitzpatrick, D. (1993). A constructive narrative perspective on stress and coping: Stress inoculation applications. In L. Goldberger & S. Breznitz (Eds.), *Handbook of stress: Theoretical and clinical aspects* (2nd ed., 706-723). New York: Free Press.

Menyuk, P., Liebergott, J., & Schultz, M. (1995). *Early language development in full-term and in premature infants*. Hillsdale, NJ: Lawrence Erlbaum Associates.

Meyer, G. J., & Archer, R. P. (2001). The hard science of Rorschach research: What do we know and where do we go?. *Psychological Assessment, 13*(4), 486-502.

Milgram, S. (1963). Behavor study of obedience. *Journal of Abnormal and Social Psychology, 1*, 127-134.

Milgram, S., Bickman, L., & Berkowitz, O. (1969). Note on the drawing power of crowds of different size. *Journal of Personality and Social Psychology, 13*, 79-82.

Milgram. S. (1963). Behavioral study of obedience. *Journal of Abnormal and Social Psychology, 67*, 371-378.

Miller, D. T., & Ratner, R. K. (1998). The disparity between the actual and assumed power of self-initerest. *Journal of personality and Social Psychology, 74*, 53-62.

Miller, G. A. (1956). The magical number seven, plus or minus two: Some limits on our capacity for processing information. *Psychological Review, 63*, 81-97.

Miller, M. A., & Rahe, R. H. (1997). Life changes scaling for the 1990s. *Journal of Psychosomatic Research*, *43*, 279-292.

Miyamoto, Y., Nisbett, R. E., & Masuda, T. (2006). Culture and the physical environment: Holistic versus analytic perceptual affordances. *Psychological Science*, *17*, 113-119.

Molfese, D. L., Freeman, R. B., & Palermo, D. S. (1975). The ontogeny of brain lateralization for speech and nonspeech stimuli. *Brain and Language*, *2*, 356-368.

Mollon, J. D. (1982). Color vision and color blindness. In H. B. Barlow & J. D. Mollon (Eds.), *The senses*. London: Cambridge University Press.

Money, J., & Ehrhardt, A. (1972). *Man and woman, boy and girl*. Baltimore: Johns Hopkins University Press.

Morgan, C. D., & Murray, H. A. (1935). A method for investigating fantasies. *Archives of Neurology and Psychiatry*, *34*, 289-306.

Morris, C. D., Bransford, J. D., & Franks, J. J. (1977). Levels of processing versus transfer appropriate processing. *Journal of Verbal Learning and Verbal Behavior*, *16*, 519-533.

Morris, M. W., & Peng, K. (1994). Culture and cause: American and Chinese attributions for social and physical events. *Journal of Personality and Social Psychology*, *67*, 949-971.

Moscovici, S., & Zavalloni, M. (1969). The group as a polarizer of attitudes. *Journal of Personality and Social Psychology*, *12*, 125-135.

Murdock, B. B. Jr. (1962). The serial position effect of free recall. *Journal of Experimental Psychology*, *64*(5), 482-488.

Murray, H. A. (1943). *Thematic Apperception Test manual*. Boston: Harvard College Fellows.

Myers, J. (2000). Physical activity and cardiovascular disease. *IDEA Health and Fitness Source, 18*(10), 38-45.

Neenam, M., & Dryden, W. (2011). 인지치료에 대해 알고 싶은 100가지 이야기. (이종호, 박희관, 이중용, 전명호, 김관엽 공역). 서울: 학지사. (원전은 2004년에 출판).

Neisser, U. (1967). *Cognitive psychology*. New York: Appleton-Century-Crofts.

Neville, H. J. (1995). Developmental Specificity in neurocognitive development in humans. In M. S. Gazzaniga (Ed.), *The cognitive neurosciences* (pp. 219-231). Cambridge, MA: MIT Press.

Nicholson, R. A., & Berman, J. S. (1983). Is follow-up necessary in evaluating psychotherapy?. *Psychological Bulletin*, *93*(2), 261-278.

Nisbett, R. E. (2003). *The geography of thought: How Asians and Westerners think differently … and why.* New York: Free Press.

Nisbett, R. E., Caputo, C., Legant, P., & Maracek, J. (1973). Behavior as seen by the actor and as seen by the observer. *Journal of Personality and Social Psychology, 27,* 154-164. occluded objects. *Cognitive Psychology, 45,* 267-336.

Oh, K. J., & Lee, H. R. (1997). *Development of Korean version of Child Behavior Checklist (K-CBCL).* Seoul: Korean Research Foundation Report.

Ohayon, M. M. (2002). Epidemiology of insomnia: What we know and what we still need to learn. *Sleep Medicine Reviews, 6*(2), 97-111.

Ohayon, M. M., Riemann, D., Morin, C., Reynolds, C. F. 3rd. (2012). Hierarchy of insomnia criteria based on daytime consequences. *Sleep Medicine, 13*(1), 52-57.

Olds, J., & Milner, P. (1953). Positive reinforcement produced by electrical stimulation of septal area and other regions of rat brain. *Journal of Comparative and Physiological Psychology, 47*(6), 419-427.

Onishi, K. H., & Baillargeon, R. (2005). Do 15-month-old infants understand false beliefs?. *Science, 308,* 255-258.

Ornish, D. (1998). *Love and survival.* New York: HarperCollins.

Osterrieth, P. A. (1944). Le test de copie d'une figure complexe: Contribution a l'etude de la perception et de la memoire. *Archives de Psychologie, 30,* 206-356.

Paivio, A. (1969). Mental imagery in associative learning and memory. *Psychological Review, 76*(3), 241-263.

Paivio, A., Rogers, T. B., & Smythe, P. C. (1968). Why are pictures easier to recall than words?. *Psychonomic Science, 11*(4), 137-138.

Paivio, A., Smythe, P. C., & Yuille, J. C. (1968). Imagery versus meaningfulness of nouns in paired-associate learning. *Canadian Journal of Psychology, 22*(6), 427-441.

Pavlov, I. P. (1927). *Conditioned reflexes.* London: Clarendon Press.

Penick, N. I., & Jepsen, D. A. (1992). Family functioning and adolescent career development. *The Career Development Quarterly, 40,* 208-222.

Pennebaker, J. W. (1993). Putting stress into words: Health, linguistic, and therapeutic implications. *Behaviour Research and Therapy, 31*(6), 539-548.

Perret, E. (1974). The left frontal lobe of man and the suppression of habitual responses in verbal categorical behavior. *Neuropsychologia, 12,* 323-330.

Pervin, L. A. (1996). Personality: A view of the future based on a look at the past. *Journal of Research in Personality, 30*(3), 309-318.

Peter, J. P., & Olson, J. C. (1994). *Understanding consumer behavior*. Chicago: Irwin.

Peterson, L. R., & Peterson, M. J. (1959). Short-term retention of individual verbal items. *Journal of Experimental Psychology, 58*(3), 193-198.

Phillips, P. E. M., Stuber, G. D., Helen, M. L., Wightman, R. M., & Carelli, R. M. (2003). Subsecond dopamine release promotes cocaine seeking. *Nature, 422*, 614-618.

Phillips, W. A. (1974). On the distinction between sensory storage and short-term visual memory. *Perception & Psychophysics, 16*(2), 283-290.

Pinker, S. (1994). *Language Instinct*. New York: William Morrow.

Pinker, S., & Bloom, P. (1990). Natural language and natural selection. *Behavioral and Brain Sciences, 13*, 707-784.

Plummer, J. T. (1972). Life style and advertising: Case studies. *In Combined Proceeding of Spring* (1971, April) *and Fall Conference* (Vol. 11, pp. 290-295). Chicago: American Marketing Association.

Plutchik, R. (2001). The nature of emotions. *American Scientist, 89*, 344-350.

Posada, G., Jacobs, A., Richmond, M. K., Carbonell, O. A., Alzate, G., Bustamante, M. R., & Quiceno, J. (2002). Maternal caregiving and infant security in two cultures. *Developmental Psychology, 38*, 67-78.

Postman, L., & Phillips, L. W. (1965). Short-term temporal changes in free recall. *The Quarterly Journal of Experimental Psychology, 17*(2), 132-138.

Pruitt, D. G. (1998). Social conflist. In D. T. Gilbert, S. T. Fiske, & G. Lindsey (Eds.), *The handbook of social psychology* (4th ed., Vol. 2, pp. 470-503). New York: McGraw-Hill.

Rahman, Q., & Wilson, G. D. (2003). Born gay? The psychobiology of human sexual orientation. *Personality and Individual Difference, 34*, 1337-1382.

Raju, P. S. (1980). Optimum stimulation level: Its relationship to personality, demographics, and exploratory behavior. *Journal of Consumer Research, 7*(3), 272-282.

Ramachandran, V. S. (2011). *The tell-tale brain*. New York: W. W. Norton & Company, Inc.

Rasmussen, H. N., Scheier, M. F., & Greenhouse, J. B. (2009). Optimism and physical health: A meta-analytic review. *Annals of Behavioral Medicine, 37*(3), 239-256.

Raynor, H. A., & Epstein, L. H. (2001). Dietary variety, energy regulation, and obesity. *Psychological Bulletin, 127*, 325-341.

Reason, J. T. (1979). Actions not as planned: The price of automatization. In G. Underwood & R. Stevens (Eds.), *Aspects of consciousness* (pp. 67-89). London: Academic Press.

Reeve, J. (2011). 동기와 정서의 이해 [Understanding motivation and emotion (5th ed.)]. (정봉

교, 윤병수, 김아영, 도승이, 장형심 공역). 서울: 박학사. (원전은 2009년에 출판).

Regan, P. C. (1998). What if you can't get what you want? Willingness to compromise ideal mate selection standards as a function of sex, mate value, and relationship context. *Personality and Social Psychology Bulletin, 24*, 1294-1303.

Reitan, R. M. (1955). Investigation of the validity of Halstead's measures of biological intelligence. AMA. *Archives of Neurology & Psychiatry, 73*(1), 28-35.

Reitan, R. M. (1958). Validity of the Trail Making Test as an indication of organic brain damage. *Perceptual and Motor Skills, 5*, 271-276.

Reitan, R. M. (1971). Trail Making Test results for normal and brain-damaged children. *Perceptual and Motor Skills, 33*, 575-581.

Reitan, R. M. (1992). *Trail Making Test: Manual for administration and scoring.* Tucson, AZ: Reitan Neuropsychology Laboratory.

Reitan, R. M., & Wolfson, D. (2004). Theoretical, methodological, and validational bases of the Halstead-Reitan Neuropsychological Test Battery. In G. Goldstein, S. R. Beers, & M. Hersen (Eds.), *Comprehensive handbook of psychological assessment vol. 1. Intellectual and neuropsychological assessment.* (pp. 105-131). Hoboken, NJ: John Wiley & Sons.

Rey, A. (1941). L'examen psychologique dans les cas d'encephalopathie traumatique (Les problems). *Archives de Psychologie, 28*, 286-340.

Rizzolatti, G., & Graighero, L. (2004). The mirror-neuron system. *Annual Review of Neuroscience, 27*, 169-192.

Robertson, T. S., Zielinski, J., & Ward. S. (1984). *Consumer Behavior.* Glenview: Scott, Foresman & Co.

Rodin, J. & Langer, E. J. (1977). Long-term effects of a control-relevant intervention with the institutionalized aged. *Journal of Personality and Social Psychology, 35*(12), 897-902.

Roediger, H. L., & McDermott, K. B. (1995). Creating false memories: Remembering words not presented in lists. *Journal of Experimental Psychology: Learning, Memory, and Cognition, 21*(4), 803-814.

Rorschach, H. (1942). *Psychodiagnostics: A diagnostic test based on perception* (P. Lemkau & B. Kronenberg, Trans.). Berne, Switzerland: Huber. (Original work published 1921).

Rotter, J. B., Rafferty, J. E., & Lotsof, A. B. (1954). The validity of the Rotter Incomplete Sentences Blank: High School Form. *Journal of Consulting Psychology, 18*(2), 105-111.

Rubin, D. C. (Ed.). (1996). *Remembering our past: Studies in autobiographical memory*. New York: Cambridge University Press.

Rumelhart, D. E. (1980). Schemata: The building blocks of cognition. In R. Spiro, B. Bruce, & W. Brewer (Eds.), *Theoretical issues in reading comprehension* (pp. 33-58). Hillsdale, NJ: Erlbaum.

Rundus, D. (1971). Analysis of rehearsal processes in free recall. *Journal of Experimental Psychology, 89*(1), 63-77.

Russell, J. (1980). A circumplex model of affect. *Journal of Personality and Social Psychology, 39*(6), 1161-1178.

Russell, J. (2003). Core affect and the psychological construction of emotion. *Psychological Review, 110*, 145-172.

Ryan, R. M. (1995). Psychological needs and the facilitation of integrative processes. *Journal of Personality, 63*(3), 397-427.

Sachs, J. S. (1967). Recognition memory for syntactic and semantic aspects of connected discourse. *Perception & Psychophysics, 2*(9), 437-442.

Saffran, J. R., Aslin, R. N., & Newport, E. L. (1996). Statistical learning by 8-month-old infants. *Science, 274*(5294), 1926-1928.

Sanford, R. N. (1939). *Thematic Apperception Test - Directions for adminisitration and scoring*. Cambridge: Harvard Psychological Clinic.

Sattler, J. M. (1992). *Assessment of children* (3rd ed.). San Diego: J. M. Sattler Publisher.

Sattler, J. M., & Ryan, J. J. (2009). *Assessment with the WAIS-IV*. LaMesa, CA: Jerome Sattler, Publisher.

Schachter, S., & Singer, J. E. (1962). Cognitive, social, and physiological determinants of emotional states. *Psychological Review, 69*, 379-399.

Schacter, D. L. (2001). *The seven sins of memory: How the mind forgets and remembers*. Boston: Houghton Mifflin.

Schaie, K. W. (1996). *Intellectual development in adulthood: The seattle longitudinal study*. Cambridge: Cambridge University Press.

Schank, R. C., & Abelson, R. (1975). *Scripts, plans, goals, and understanding*. Hillsdale, NJ: Erlbaum.

Schlicht, W., Kanning, M., & Bos, K. (2007). Psychosocial interventions to influence physical inactivity as a risk factor: Theoretical models and practical evidence. In J. Dordan, B. Barde & A. M. Zeiher (Eds), *Contributions toward evidence-based psychocardiology: A systematic review of the literature* (pp. 107-123). Washington DC: American

Psychological Association.

Schmidt, H. G., Peeck, V. H., Paas, F., & van Breukelen, G. J. P. (2000). Memory distortions develop over time: Recollections of the O. J. Simpson trial verdict after 15 and 32 months. *Psychological Science, 11*, 39–45.

Schone, B. S., & Weinick, R. M. (1998). Health-related behaviors and the benefits of marriage for elderly persons. *The Gerontologist, 38*, 618–627.

Schonfield, D., & Robertson, B. A. (1966). Memory storage and aging. Canadian *Journal of Psychology, 20*, 228–236.

Seeman, T., Rodin, J., & Albert, M. (1993) Self-efficacy and cognitive performance in higher functioning older individuals: MacArthur Studies of Successful Aging. *Journal of Aging & Health, 5*(4), 455–474.

Segal, M. W. (1974). Alphabet and attraction: An unobtrusive measure of the effect of propinquity in a field setting. *Journal of Personality and Social Psychology, 30*, 654–657.

Seligman, M. E. P. (1975). *Helplessness: On depression, development, and death.* San Francisco: W. H. Freeman.

Seol, S. H., Kwon, J. S., & Shin, M. S.(2013). Korean slef-report version of the Yale-Brown Obsessive-Compulsive Scale: factor structure, reliability, and validity. *Psychiatry Investigation, 10*, 17–25.

Shapiro, D. A., & Shapiro, D. (1982). Meta-analysis of comparative therapy outcome studies: A replication and refinement. *Psychological Bulletin, 92*, 581–604.

Shaughnessy, J., Zechmeister, E., & Zechmeister, J. (2015). *Research methods in psychology* (10th ed.). New York: McGraw-Hill.

Shepard, R. N., & Metzler, J. (1971). Mental rotation of three-dimentional objects. *Science, 171*(3972), 701–703.

Sherif, M. (1936). *The psychology of social norms.* New York: Harper.

Shertzer, B., & Stone, S. C. (1980). *Fundamentals of counseling* (3rd ed.). Boston: Houghton Mifflin Company.

Sinclair-deZwart, H. (1969). Developmental psycholinguistics. In D. Elkind & J. Flavell (Eds.), *Studies in cognitive development* (pp. 315–336). New York: Oxford University Press.

Skinner, B. F. (1938). *The behavior of organisms.* New York: Appleton-Century-Crofts.

Slater, A., & Quinn, P. C. (2001). Face recognition in the newborn infant. *Infant and Child Development, 10*(1-2), 21–24.

Smith, M. L., Glass, G. V., & Miller, T. I. (1980). *The benefits of psychotherapy.* Baltimore:

Johns Hopkins University Press.

Sohn, Y. W., & Doane, S. M. (2003). Roles of working memory capacity and long-term working memory skill in complex task performance. *Memory & Cognition, 31*(3), 458-466.

Song, H., & Baillargeon, R. (2008). Infants' reasoning about others' false perceptions. *Developmental Psychology, 44*(6), 1789-1795.

Spearman, C. (1904). "General intelligence" objectively determined and measured. *American Journal of Psychology, 15*, 201-292.

Sperling, G. (1960). The information available in brief visual presentations. *Psychological Monographs: General and Applied, 74*(11), 1-29.

Spielberger, C. D. (1988). *Manual for the State-Trait Anger Expression Scale (STAX)*. Odessa, FL: Psychological Assessment Resources, Inc.

Spielberger, C. D., Gorsuch, R. L., & Lushene, R. E. (1970). *Manual for the State-Trait Anxiety Inventory*. Palo Alto, CA: Consulting Psychologists Press.

Squire, L. R., Knowlton, B., & Musen, G. (1994). The structure and organization of memory. *Annual Review of Psychology, 44*, 453-495.

Sroufe, L. A. (2002). From infant attachment to promotion of adolescent autonomy: Prospective, longitudinal data on the role of parents in development. In J. Borkowski & S. Landesman (Eds.), *Parenting and the child's world: Influences on academic, intellectual, and social-emotional development* (pp. 187-202). Mahwah, NJ: Erlbaum.

Srull, T. K., & Wyer, R. S. (1979). The role of category accessibility in the interpretation of information about persons. some determinants and implications. *Journal of Personality and Social Psychology, 37*, 1660-1672.

Stanley, B. G., & Gillard, E. R. (1994). Hypothalamic neuropeptide Y and the regulation of eating behavior and body weight. *Current Directions in Psychological Science, 3*, 9-15.

Steer, R. A., & Beck, A. T. (1997). Beck Anxiety Inventory. In C. P. Zalaquett & R. J. Wood (Eds.), *Evaluating stress: A book of resources* (pp. 23-40). Lanham, MD, US: Scarecrow Education.

Stein, M. I. (1955). *The Thematic Apperception Test*. Cambridge: Addison-Wesley.

Sternberg, R. J. (1984). The Kaufman Assessment Battery for Children: An information processing analysis and critique. *Journal of Special Education, 18*, 269-279.

Sternberg, R. J. (1985). *Beyond IQ: A triarchic theory of human intelligence*. New York:

Cambridge University Press.

Sternberg, R. J. (1986). A triangular theory of love. *Psychological Review, 93*, 119-135.

Sternberg, S. (1966). High-speed scanning in human memory. *Science, 153*(3736), 652-654.

Stoner, J. A. F. (1961). A comparison of individual and group decisions including risk. Unpublished Master's Thesis, School of Industrial Management, Massachusetts Institute of Technology.

Storms, M. D. (1973). Videotape and the attribution process: Reversing actors' and observers' point of view. *Journal of Personality and Social Psychology, 27*(2), 165-175.

Strack, F., Martin, L. L., & Stepper, S. (1988). Inhibiting and facilitating conditions of the human smile: a nonobtrusive test of the facial feedback hypothesis. *Journal of Personality and Social Psychology, 54*(5), 768-777.

Stunkard, A., Sorensen, T., Hannis, C., Teasdale, T., Chakraborty, R., Schull, W., & Schulsinger, E. (1986). An adoption study of human obesity. *New England Journal of Medicine, 314*, 193-198.

Surian, L., Caldi, S., & Sperber, D. (2007). Attribution of beliefs to 13-month-old infants. *Psychological Science, 18*, 580-586.

Swami, V. (Ed.) (2011). *Evolutionary psychology: A critical introduction*. New York: Wiley, John & Sons.

Tabossi, p. (1991). Understanding words in context. In G. B. Simpson (Ed.), *Understanding word and sentence*(pp. 1-22). Amsterdam: North-holland.

Takahashi, K. (1990). Are the key assumptions of the "Strange Situation" procedure universal? A view from Japanese research. *Human Development, 33*(1), 23-30.

Talarico, J. M., & Rubin, D. C. (2003). Confidence, not consistency, characterizes flashbulb memories. *Psychological science, 14*(5), 455-461.

Thibaut, J. W., & Kelley, H. H. (1959). *The social psychology of groups*. New York: Wiley.

Thomas, A., & Chess, S. (1977). *Temperament and development*. Oxford, England: Brunner/ Mazel.

Thomas, A., Chess, S., & Birch, H. G., (1968). *Temperament and behavior disorders in children*. New York: New York University Press.

Thomas, E. L., & Robinson, H. A. (1972). *Improving reading in every class: A source-book for teachers*. Boston: Allyn & Bacon.

Thorndike, E. L. (1898). Animal intelligence: An experimental study of the associative processes in animals. *Psychological Review Monograph Supplement, 2*.

Thorndike, E. L., Bregman, E. O., Cobb, M. V., & Woodyard, E. (1926). *The measurement of intelligence.* New York: Teachers College, Columbia University.

Thurstone, L. L. (1938). *Primary mental abilities.* Chicago: University of Chicago press.

Tietjen, A. M., & Walker, L. J. (1985). Moral reasoning and leadership among men in a Papua New Guinea society. *Developmental Psychology, 21*(6), 982–992.

Tincoff, R., & Jusczyk, P. W. (1999). Some beginnings of word comprehension in 6-month-olds. *Psychological Science, 10*(2), 172–175.

Tolman, E. C. (1932). *Purposive behavior in animals and men.* New York: Appleton.

Tolman, E. C., & Honzik, C. H. (1930). "Insight" in rats. *University of California Publications in Psychology, 4*, 215–232.

Triplett, N. (1898). The dynamogenic factors in peace making and competition. *American Journal of Psychology, 9*, 507–533.

Tulving, E. (1972). Episodic and semantic memory. In E. Tulving & W. Donaldson (Eds.), *Organization of memory* (pp. 381–403). New York: Academic Press.

Tulving, E. (1986). What kind of a hypothesis is the distinction between episodic and semantic memory? *Journal of Experimental Psychology: Learning, Memory, & Cognition, 12*(2), 307–311.

Tulving, E. (1989). Remembering and knowing the past. *American Scientist, 77*(4), 361–367.

Tulving, E., & Pearlstone, Z. (1966). Availability versus accessibility of information inmemory for words. *Journal of Verbal Learning and Verbal Behavior, 5*, 381–391.

Tulving, E., & Thompson, D. M. (1973). Encoding specificity and retrieval processes in episodic memory. *Psychological Review, 79*, 281–299.

Turner, S. M., Beidel, D. C., Dancu, C. V., & Stanley, M. A. (1989). An empirically derived inventory to measure social fears and anxiety: The Social Phobia and Anxiety Inventory. *Psychological Assessment, 1*, 35–40.

Tversky, A. (1972). Elimination by aspects: A theory of choice. *Psychological Review, 79*, 281–299.

Twenge, J. M., Campbell, W. K., & Foster, C. A. (2003). Parenthood and marital satisfaction: A meta-analytic review. *Journal of Marriage and Family, 65*(3), 574–583.

Ursin, H. (1997). Sensitization, somatization, and subjective health complaints. *International Journal of Behavioral Medicine, 4*, 105–116.

Valenstein, E. S. (1986). *Great and desperate cures: The rise and decline of psychosurgery and other radical treatments for mental illness.* New York: Basic Books.

Vallerand, R. J., & Reid, G. (1984). On the causal effects of perceived competence on intrinsic motivation: A test of cognitive evaluation theory. *Journal of Sport Psychology, 126*, 649-656.

van den Boom, D. C., & Hoeksma, J. B. (1994). The effect of infant irritability on mother-infant interaction: A growth-curve analysis. *Developmental Psychology, 30*, 581-590.

Van IJzendoorn, M. H., Vereijken, C. M., Bakermans-Kranenburg, M. J., & Marianne Riksen-Walraven, J. M. (2004). Assessing attachment security with the attachment Q Sort: Meta-analytic evidence for the validity of the observer AQS. *Child Development, 75*(4), 1188-1213.

Vohs, K. D. (2015). Money priming can change people's thoughts, feelings, motivations, and behaviors: An update on 10 years of experiments. *Journal of Experimental Psychology: General, 144*(4), e86-e93.

Vohs, K. D., Mead, N. L., & Goode, M. R. (2006). The psychological consequences of money. *Science, 314*, 1154-1156.

Waber, D. P., & Holmes, J. M. (1986). Assessing children's memory productions of the Rey-Osterrieth Complex Figure. *Journal of Clinical and Experimental Neuropsychology, 8*(5), 563-580.

Walker, C. (1977). Some variations in marital satisfaction. In R. Chester & J. Peel (Eds.), *Equalities and inequalities in family life* (pp. 127-139). London: Academic Press.

Wallisch, P. (2017). Illumination assumptions account for individual differences in the perceptual interpretation of a profoundly ambiguous stimulus in the color domain: "The dress". *Journal of Vision, 17*(4), 5. (doi:10.1167/17.4.5)

Wallston, B. S. & Wallston, K. A. (1978). Locus of control and health: A review of the literature. *Health Education Monographs, 6*, 107-117.

Walster, E., Aronson, V., Abrahams, D., & Rottmann, L. (1966). Importance of physical attractiveness in dating behavior. *Journal of Personality and Social Psychology, 4*, 508-516.

Warrington, E. K., & Weiskrantz, L. (1968). New method of testing long-term retention with special reference to amnesic patients. *Nature, 217*(5132), 972-974.

Warrington, E. K., & Weiskrantz, L. (1970). Amnesic syndrome: Consolidation or retrieval?. *Nature, 228*(5272), 628-630.

Watson, J. B. (1925). *Behaviorism.* New York: Norton.

Watson, J. B., & Rayner, R. (1920). Conditioned emotional reactions. *Journal of Experimental psychology, 3*, 1-4.

Waugh, N. C., & Norman, D. A. (1965). Primary memory. *Psychological Review, 72*(2), 89-

104.

Wechsler, D. (1939). *The measurement of adult intelligence*. Baltimore, MD: Williams & Wilkins.

Wechsler, D. (1946). *Wechsler-Bellevue intelligence Scale, Form II*. San Antonio, TX: Psychological Corporation.

Wechsler, D. (1949). *Wechsler Intelligence Scale for Children: Manual*. New York: Psychological Corporation.

Wechsler, D. (1955). *Manual for the Wechsler Adult Intelligence Scale*. Oxford, England: Psychological Corporation.

Wechsler, D. (1967). *Manual for the Wechsler Preschool and Primary Scale of Intelligence*. San Antonio, TX: Psychological Corporation.

Wechsler, D. (1974). *Manual for the Wechsler Intelligence Scale for Children-Revised*. New York: Psychological Corporation.

Wechsler, D. (1981). *Wechsler Adult Intelligence Scale-Revised*. New York: Psychological Corporation.

Wechsler, D. (1987). *Wechsler Memory Scale-revised*. San Antonio, TX: Psychological Corporation.

Wechsler, D. (1989). *Wechsler Preschool and Primary Scale of Intelligence-Revised*. San Antonio, TX: Psychological Corporation.

Wechsler, D. (1991). *Wechsler Intelligence Scale for Children: Third Edition*. San Antonio, TX: Psychological Corporation.

Wechsler, D. (1997). *Wechsler Adult Intelligence Scale: Third Edition*. San Antonio, TX: The Psychological Corporation.

Wechsler, D. (2002). *Wechsler Preschool and Primary Scale of Intelligence: Third Edition*. San Antonio, TX: Psychological Corporation.

Wechsler, D. (2003). *Wechsler Intelligence Scale for Children: Fourth Edition*. San Antonio, TX: Psychological Corporation.

Wechsler, D. (2008). *WAIS-IV Wechsler Adult Intelligence Scale-Fourth Edition: Administration and scoring manual*. San Antonio, TX: NCS Pearson.

Weinberg, P., & Gottwald, W. (1982). Impulsive consumer buying as a result of emotions. *Journal of Business Research, 10*(1), 43-47.

Weiner, I. B. (2003). *Principles of Rorschach interpretation* (2nd ed.). London: Lawrence Erlbaum.

Weiss, L. G., Saklofske, D. H., Prifitera, A., & Holdnac, J. A. (2006). *WISC-IV advanced clinical interpretation*. San Diego: Elsevier.

Werker, J. F., & Tees, R. C. (1984). Cross-language speech perception: Evidence for perceptual reorganization during the first year of life. *Infant Behavior and Development, 7*(1), 49-63.

Whitney, P., Ritchie, B. G., & Clark, M. B. (1991). Working-memory capacity and the use of elaborative inferences in text comprehension. *Discourse Processes, 14*, 133-145.

Whorf, B. L. (1956). Science and linguistics. In J. B. Carroll(Ed.), *Language, thought, and reality: Selected writings of Benjamin Lee Whorf* (pp. 207-219). Cambridge, MA: MIT Press.

Wickens, D. D. (1973). Some characteristics of word encoding. *Memory & Cognition, 1*(4), 485-490.

Wickens, D. D. Dalezman, R. E., & Eggemeier, F. T. (1976). Multiple encoding of word attributes in memory. *Memory & Cognition, 4*(3), 307-310.

Wiebe, D. J., & Smith, T. W. (1997). Personality and health: Progress and problems in psychosomatics. In R. Hogan, J. Johnson & S. Briggs (Eds.), *Handbook of Personal Psychology*. New York: Academic Press.

Williams, L. E., & Bargh, J. A. (2008). Experiencing physical warmth promotes interpersonal warmth. *Science, 322*, 606-607.

Willis, S. L., Tennstedt, S. L., Marsiske, M., Ball, K., Elias, J., Koepke, K. M., Morris, J. N., Rebok, G. W., Unverzagt, F. W., Stoddard, A. M., & Wright, E. (2006). Long-term effects of cognitive training on everyday functional outcomes in older adults. *JAMA: Journal of the American Medical Association, 296*, 2805-2814.

Winer, G. A., Cottrell, J. E., Gregg, V., Fournier, J. S., & Bica, L. A. (2002). Fundamentally misunderstanding visual perception: Adults' belief in visual emissions. *American Psychologist, 57*(6-7), 417-424.

Winter, D. G., & Swewart, A. J. (1978). Power motivation. In H. London & J. Exner (Eds.), *Dimensions of personality*. New York: Wiley.

Wolfe, W. B. (1932). *How to be happy thought human*. London: Routledge & Kegan Paul.

Wolpe, J. (1958). *Psychotherapy by reciprocal inhibition*. Stanford, CA: Stanford University Press.

Wood, J. M., Nezworski, M. T., Garb, H. N., & Lilienfeld, S. O. (2001). Problems with the norms of the comprehensive system for the Rorschach: Methodological and conceptual considerations. *Clinical Psychology: Science and Practice, 8*(3), 397-402.

Woods, S. C., Seeley, R. J., Porte, D., & Schwartz, M. W. (1998). Signals that regulate food intake and energy homeostasis. *Science, 280*(5368), 1378-1383.

World Health Organization(2017). Prevalence of tobacco smoking. Retrieved 24 May 2017, from http://www.who.int/gho/tobacco/use/en/

Wright, P. (1975). Consumer choice strategies: Simplifying vs. optimizing. *Journal of Marketing Research, 11*, 60-67.

Wynn, K. (1992). Addition and subtraction by human infants. *Nature, 358*, 749-750.

Yalom, I. (2001). 최신 집단 정신치료의 이론과 실제. (최해림, 장성숙 공역). 서울: 하나의학사. (원전은 1995년에 출판).

Yamada, J. E. (1990). *Laura: A case for the modularity of language.* Cambridge: MIT Press.

Yeomans, M. R., & Gray, R. W. (1996). Selective effect of naltrexone on food pleasantness and intake. *Physiology and Behavior, 60*, 439-446.

Zajonc, R. B. (1965). Social facilitation. *Science, 149*(3681), 269-274.

Zajonc, R. B. (1968). Attitudinal effects of mere exposure. *Journal of Personality and Social Psychology, 9*, 1-27.

Zeki, S. (1993). *A vision of the brain.* Oxford: Blackwell Scientific Publications.

〔 찾아보기 〕

〈인명〉

〈내용〉

저자 소개(집필 순서)

〈1장〉 윤가현(Gahyun Youn)
미국 조지아 대학교(박사)
현재 전남대학교 심리학과 교수

〈저서 및 논문〉
성 문화와 심리(3판, 학지사, 2016)
認知症高齡者の性的な行爲とその對應(老年社會
　科學, 2011)
Challenges facing sex therapy in Korea. In
　K. Hall & C. Graham (Eds.), The cultural
　context of sexual pleasure and problems:
　Psychotherapy with diverse clients(New
　York: Rutledge, 2012)

〈2장〉 최준식(June-Seek Choi)
미국 매사추세츠 대학교(박사)
현재 고려대학교 심리학과 교수

〈저서 및 논문〉
느끼는 뇌(역, 학지사, 2006)
스트레스의 종말(역, 시그마북스, 2010)
학습과 기억(역, 시그마북스, 2011)
Choilab409.wixsite.com/choilab/publications

〈3장〉 남종호(Jong-Ho Nam)
미국 럿거스 뉴저지 주립대학교(박사)
현재 가톨릭대학교 심리학과 교수

〈저서〉
심리학 연구방법(센게이지, 2016)
공학심리와 인간수행(시그마프레스, 2017)
감각 및 지각 심리학(박학사, 2015)
응용인지 심리학(학지사, 2018)

〈4장〉 김경일(Kyungil Kim)
미국 텍사스 대학-오스틴(박사)
현재 아주대학교 심리학과 교수

〈저서〉
이끌지 말고 따르게 하라(진성북스, 2015)
지혜의 심리학(진성북스, 2017)
우리가 어쩌면 거꾸로 해 왔던 것들(진성북스,
　2018)

〈5장〉 김신우(ShinWoo Kim)
미국 뉴욕 대학교(박사)
현재 광운대학교 산업심리학과 부교수

〈저서 및 논문〉
인과적범주의 속성추론 모델링(인지과학, 2017)
Influence of category coherence and type
　of base-rate acquisition on property
　generalization(Acta Psychologica, 2017)
Do Americans have a preference for rule-based
　classification?(Cognitive Science, 2017)
형용사의 의미가 색 반응에 미치는 영향: 스트룹
　과제를 통한 검증 (인지과학, 2017)

〈6장〉 이현진(Hyeonjin Lee)
미국 캘리포니아 대학교 Irvine(박사)
현재 영남대학교 유아교육과 교수

〈저서 및 논문〉
인간의 의사소통 기원(역, 영남대학교 출판부,
　2015)
Language and False-Belief Task Perfomance
　in Children With Autism Spectrum
　Disorder(Journal of Speech and Hearing

Disorder, 2017)

Language and false belief in Korean-speaking and English-speaking children(Cognitive Development, 2013)

의사소통 조망 수용, 틀린 믿음, 실행 기능 간의 관계에 대한 종단연구(한국심리학회지: 발달, 2017)

〈7장〉 송현주(Hyun-joo Song)
미국 일리노이 대학교(박사)
현재 연세대학교 심리학과 교수

〈논문〉

Song, H., & Baillargeon, R. Infants' Reasoning About Others' False Perceptions (Developmental Psychology, 2008)

Kim, E., & Song, H. Six-month-olds actively predict others' goal-directed actions. (Cognitive Development, 2015)

Jin, K., & Song, H. You changed your mind! Infants interpret a change in word as signaling a change in an agent's goals. (Journal Experimental Child Psychology, 2017)

〈8장〉 최해연(Hae Youn Choi)
서울대학교 심리학과(박사)
현재 한국상담대학원대학교 상담학과 교수

〈논문〉

한국인의 정서 구조와 측정(한국심리학회지: 사회 및 성격, 2016)

정서 처리 유형의 구분에 따른 정서 경험과 대처 방식의 이해(한국심리학회지: 사회 및 성격, 2013)

정서 강도, 정서주의, 정서 명료성, 및 정서 표현 양가성의 군집과 심리적 적응의 관계 측정(한국심리학회지: 사회 및 성격, 2008)

〈9장〉 천성문(Seongmoon Cheon)
영남대학교 대학원(박사)
현재 부경대학교 평생교육상담학과 교수

〈저서〉

학생상담과 생활지도(공저, 학지사, 2010)
상담심리학의 이론과 실제(공저, 학지사, 2015)
학교 집단상담의 실제(공저, 학지사, 2011)
집단상담: 이론과 실제(학지사, 2017)

〈10장〉 신민섭(Min-Sup Shin)
연세대학교 대학원(박사)
현재 서울대학교 의과대학 정신과학교실 교수

〈저서〉

그림을 통한 아동의 진단과 이해(학지사, 2002)
웩슬러 지능검사를 통한 아동 정신병리의 진단평가(학지사, 2005)
아동청소년 로샤의 이론과 실제(학지사, 2006)
WISC-IV 임상 해석(시그마프레스, 2014)
심리평가 핸드북(사회평론 아카데미, 2017)

〈11장〉 권석만(Seok-Man Kwon)
호주 퀸즐랜드 대학교(박사)
현재 서울대학교 심리학과 교수

〈저서〉

현대 이상심리학(2판, 학지사, 2013)

이상심리학의 기초(학지사, 2014)
현대 심리치료와 상담 이론(학지사, 2012)
인간이해를 위한 성격심리학(학지사, 2017)

〈12장〉 서수연(Sooyeon Suh)

오하이오 주립대학교(박사)
현재 성신여자대학교 심리학과 교수

〈저서〉

불면증을 위한 인지행동치료(공역, 군자출판사,
    2013)
건강심리학(9판, 공역, 시그마프레스, 2016)
사례를 통해 배우는 불면증을 위한 인지행동치료
    (시그마프레스, 2017)

〈13장〉 이영순(Youngsoon Lee)

전북대학교 대학원(박사)
현재 전북대학교 심리학과 교수

〈저서〉

심리치료와 상담이론(공역, 센게이지, 2019)
상담심리학의 이론과 실제(공저, 학지사, 2015)
최신 행동수정(공역, 센게이지러닝, 2011)

(14장) 전우영(Woo Young Chun)

연세대학교(박사)
현재 충남대학교 심리학과 교수

〈논문〉

Chun, W. Y., Kruglanski, A. W., Keppler, D.
    S, & Friedman, R. S. Multifinality in implicit
    choice(Journal of Personality and Social
    Psychology, 101, 1124-1137., 2011)

Chun, W. Y., & Kruglanski, A. W. The role
    of task demands and processing resources
    in the use of base-rate and individuating
    information(Journal of Personality and Social
    Psychology, 91, 205-217., 2006)
Chun, W. Y., Spiegel, S., & Kruglanski, A.
    W. Assimilative behavior identification can
    also be resource-dependent: The unimodel
    perspective on personal-attribution
    phases(Journal of Personality and Social
    Psychology, 83, 542-555., 2002)

〈15장〉 유승엽(Seung Yeob Yu)

중앙대학교 대학원(박사)
현재 남서울대학교 광고홍보학과 교수

〈저서 및 논문〉

광고심리학(공저, 커뮤니케이션북스, 2009)
스마트워크 2.0(공저, 커뮤니케이션북스, 2011)
Yu, S. Y. (2019). Causal Model Affecting
    the Satisfaction of Social Commerce
    Users in Websites: Mediating Effects of
    Benefit Factors. *International Journal of
    Innovative Technology and Exploring
    Engineering, 8*(3), 180-186.
Lee, J. H., & Yu, S. Y. (2018). The cause-
    and-effect relationship among the factors
    of wechat use intent: With a focus on the
    mediating effect of empathy. *Journal of
    Advanced Research in Dynamical and
    Control Systems, 10*(14), 46-56.

심리학의 이해 (5판)
Introduction To Psychology (5th ed.)

1993년 2월 20일 1판 1쇄 발행
1997년 2월 20일 1판 8쇄 발행
1998년 1월 10일 2판 1쇄 발행
2005년 4월 15일 2판 11쇄 발행
2005년 9월 5일 3판 1쇄 발행
2012년 3월 25일 3판 13쇄 발행
2012년 8월 10일 4판 1쇄 발행
2019년 3월 21일 4판 15쇄 발행
2019년 6월 30일 5판 1쇄 발행
2024년 1월 25일 5판 8쇄 발행

지은이 • 윤가현 · 권석만 · 김경일 · 김신우 · 남종호 · 서수연 · 송현주
신민섭 · 유승엽 · 이영순 · 이현진 · 전우영 · 천성문 · 최준식 · 최해연
펴낸이 • 김 진 환
펴낸곳 • (주) 학지사

04031 서울특별시 마포구 양화로 15길 20 마인드월드빌딩 5층
대표전화 • 02) 330-5114   팩스 • 02) 324-2345
등록번호 • 제313-2006-000265호
홈페이지 • http://www.hakjisa.co.kr
인스타그램 • https://www.instagram.com/hakjisabook

ISBN 978-89-997-1760-4 93180

정가 22,000원

출판미디어기업 학지사

간호보건의학출판 학지사메디컬 www.hakjisamd.co.kr
심리검사연구소 인싸이트 www.inpsyt.co.kr
학술논문서비스 뉴논문 www.newnonmun.com
원격교육연수원 카운피아 www.counpia.com